REPORTING AND
WRITING
News
新闻采访与写作

武 斌／编著

ZHEJIANG UNIVERSITY PRESS
浙江大学出版社

图书在版编目(CIP)数据

新闻采访与写作 / 武斌编著. —杭州：浙江大学出
版社,2019.5

ISBN 978-7-308-18384-0

Ⅰ.①新… Ⅱ.①武… Ⅲ.①新闻采访－教材 ②新闻
写作－教材 Ⅳ.①G212

中国版本图书馆 CIP 数据核字(2018)第 146714 号

新闻采访与写作

武　斌　编著

责任编辑	李　晨	
封面设计	春天书装	
责任校对	孙　鹏	
出版发行	浙江大学出版社	
	(杭州天目山路 148 号　邮政编码 310007)	
	(E-mail：zupress@mail.hz.zj.cn)	
	(网址：http://www.zjupress.com)	
排　　版	杭州隆盛图文制作有限公司	
印　　刷	杭州杭新印务有限公司	
开　　本	787mm×1092mm　1/16	
印　　张	23.25	
字　　数	580 千	
版 印 次	2019 年 5 月第 1 版　2019 年 5 第 1 次印刷	
书　　号	ISBN 978-7-308-18384-0	
定　　价	60.00 元	

序　言

转眼,退休已经7年了,生活充实,幸福快乐。其间,用5年时间完成了一项国家社科基金特别委托项目"关于藏语新闻媒体影响力问题的研究",也就此交往了一批厚道敬业的藏族朋友。另外,还经常与媒体、高校的同仁们小聚,或者会议交流,共同探讨一些当下热门的话题。其中,为朋友,特别是为自己的学生著书立说写序好多篇,这是一件很快乐的事。师生之间,亦师亦友,无话不谈。读学生的书更感亲切,一是很欣慰,二是互相学习,其乐融融。

给武斌的书写序,已经是第三次了,他是很勤奋的。这次是为他的浙江省普通高校"十三五"首批新形态教材、绍兴市重点教材《新闻采访与写作》写序。我总觉得,武斌的书,好读不枯燥。武斌的特色是,他曾经是一个优秀、忠诚、肯干、有作为的媒体人。

我曾经在多种场合讲过一句话,也可能会得罪一些人,"一个写不出好新闻作品的新闻系教师,不是一个优秀的教师"。我总以为,在新闻传播学院给学生教新闻采访与写作的老师,有点类似运动员教练员的角色。比如,一个球星退役后做教练,和一个不会踢球的教练肯定感觉不一样。球星教练,知根知底,信手拈来,举重若轻,润物无声,运动员一个眼神他都懂得,新闻采写亦如此。有些教师讲授新闻采写,他没有媒体经历这个生活体验、工作环节,只能是就文本而文本,缺少感性那一块内容。因此,他对新闻实事的获得和理解,就差了那么一个由感性上升到理性的过程,是非线性的,不连续的,不接地气的。一个成功的新闻记者,要实现两个飞跃:一是从感性到理性的飞跃,二是再从理性回归到现实中去。前者强调记者在大量调查取证过程中的理解、认识、概括和提炼;后者则强调,这种理解、认识、概括和提炼,要在文本中去质朴地呈现,这即是习近平提倡的有温度、有品质,具有吸引力和感染力,群众爱听、爱看、产生共鸣的新闻报道。武斌的书,避免了空洞和教条。

作为一本教材,我以为《新闻采访与写作》一书,在中规中矩中,不失创新和个性。它涵盖了新闻采写的主要内容,包括新闻概念、新闻报道原则、判断与发现、感知新闻采访、采访前的准备、新闻稿件的结构、新闻标题、新闻导语、新闻主体与结尾、新闻背景等基本内容。与其他一些新闻采写教材不同的是,武斌在本书的绪论中,开宗明义就讲了"新闻人职业素养",历数中外新闻名家的新闻实践,从新闻人如何培养敬业精神,忠于职业道德,提升知识素养,练就文字功夫,一直讲到要学会沟通交流,娓娓道来,如数家珍,这无疑对受教者有很大启发。武斌还特别加了"恪守新闻客观性原理"一章,包括防止情感偏向、克制主观意见、杜绝文学想象等,这无疑也是很必要的。习近平同志曾多次强调,新闻工作者是党的政策主张的传播者、时代风云的记录者、社会进步的推动者、公平正义的守望者。要增强政治家办报意识,在围绕中心、服务大局中找准坐标定位,牢记社会责任。要弄清楚,我是谁,依靠谁,为了谁。要转作风、改文风,俯下身、沉下心,察实情、说实话、动真情,努力写出有思想、有温度、有品质的作品。

我始终认为,新闻采写是一件实践性、操作性很强的事情。武斌特别结合自己的新闻从业经历,突出操作性和借鉴性。比如,他在"采访前的步骤"中就写道,如何拟定采访提纲,如何与受访者沟通,如何集纳背景资料,包括着装礼仪,都一一列举。在"采访中的提问"一章,他设计了心诚则灵、提问类型、提问方式、提问技巧、注意事项等多个环节,包括采访语境把握中的倾听、观察、记录等,这些用心之处,为读者提供了很多操作功能的联系和把握。对稿件的文本结构,武斌列举了时空结构、沙漏结构、悬念式结构、并列式结构、华尔街日报体等。

近年来,特别是在新媒体的语境下,新闻时效的权重大大降低,受众更多关注的是新闻背后的那些深层次问题,从新闻落点来看,更多是新闻的第二落点、第三落点……因此,特稿、深度报道、系列报道等格外受到追捧。武斌在这本教材中,特意设了特稿写作和深度报道写作的章节,我以为这也是与时俱进的。

武斌的《新闻采访与写作》,案例比较多。作为一本教材,大量的案例大大增加了它的实用性和可借鉴性。

祝贺武斌,期待再有新书出版。

是为序。

南京大学新闻传播学院教授　方延明

2018 年 4 月 29 日

目　录

第一章
新闻人职业素养

　　"这是最好的时代,这是最坏的时代;这是智慧的年代,这是愚蠢的年代;这是信仰的时期,这是怀疑的时期;这是光明的季节,这是黑暗的季节;这是希望之春,这是绝望之冬;我们拥有一切,我们一无所有;我们正走向天堂,我们都在奔向与其相反的地方。"这是英国作家查尔斯·狄更斯在小说《双城记》中的开头。用这段话来描述当下互联网和数字人工智能技术对传统媒体带来的冲击和震荡是合适的。传统新闻生产模式下的高成本、慢反馈和社会监管的严密性遭遇到新技术浪潮前所未有的挑战,草根记者崛起,自媒体内容生产如同钱塘江潮汹涌澎湃。网络大V、网红、短视频明星聚合了数以百万计的粉丝,他们的一句话、一个段子、一篇文章动辄引发现象级传播,彰显了新媒体无远弗届的传播平台和传播渠道的优势;数字人工智能将信息服务、受众调查和注意力售卖融为一体,实现了实时互动反馈、精准传播,以最快速、最高效的精细化营销满足市场和用户的需求;算法技术将传播的各种操作后台化,使得新媒体拥有"忽如一夜春风来"的蓬勃生机,这种恰似雨后春笋般的潜滋暗长平添了公共力量对传播的监督和干预难度,扩张了其社会舆论权力,使得新媒体垄断传播资源的优势十分突出。新媒体的上述技术优势使得传统媒体丧失了昔日的传播平台和传播渠道,影响力退潮,广告收入锐减,人才流失,全球许多新闻机构不得不承受着动荡、裁员和持续不断地深层重组。2017年年底,被誉为"世界第一财经日报"的《华尔街日报》因为广告收入缩水的影响,停止在欧洲和亚洲发行纸质版报纸。互联网新媒体一方面使得"地球村"成为现实,人人都是传播者和信息接收者,沟通的距离和边界消失,人们借助手机尽享丰富多彩的融合媒体资讯;另一方面,新媒体以井喷式的崛起和裂变式的传播形态对当下的媒体内容生产带来了冲击,平台的极度扩张和乱战致使新闻内容出现了碎片化、空心化和劣质化趋势,博人眼球的新闻和虚假新闻令我们看不清真相。2017年,一位美国受访者在接受牛津大学路透研究所委托开展的受众调查时说:"它们(在线新闻)简直像火车车祸现场……那些争吵、那些搏斗、那些骂战……每一方都持有偏见,这实在让人烦透了。"一位芬兰受访者希望在线新闻:"它应该让我觉得有用,是那种我在其他地方都得不到的新闻,一篇深思熟虑的、写作精良的文章,而不是那种匆匆拼凑起来放到网上的东西。"[1] 在《维系民主?西方政治与新闻客观性》一书中,作者罗伯特·哈克特和赵月枝认为:"在一个信息泛滥的年代,许多新闻消费者本身就会非常需要那些能够选择、编辑、验证、分清本末、综合并诠释的令人信赖的信息过滤者。受众所表达的这种需求,给传统新闻媒体的把关者们带来了在新的数字世界中找到自己位置的希望。"[2]

当下新闻传播的渠道和平台迁移到了互联网,媒介融合成为传统媒体浴火重生的必然选择,新技术卖萌炫技令人着迷,但新闻内容生产的一般规律并没有随风而去,真实、客观、新鲜、有价值的内容仍然在决定着媒介的高度和影响力。2017 年 3 月 25 日,《南方周末》记者王瑞锋、实习生李倩采写的深度报道《刺死辱母者》通过微信客户端等新媒体发布后立即被刷爆朋友圈,在短短的几天之内阅读量过亿。网易传播该报道 5 天后,跟帖互动量高达 239 万。它启示传播者:优质的新闻仍旧是今天的受众所痴迷的。新闻采访与写作的高质量是新闻媒体市场品牌与信誉的保证。因此,新闻采访与写作的技能不仅是专业新闻人的必备素养,也是利用自媒体传播信息的公民记者的媒介素养。从媒体人才的成长来看,具备了高水平新闻采写能力的记者才有机会担任新闻编辑,才有机会成为媒介经营管理者。因此,新闻采访与写作是有志于从事新闻事业者成才的专业基石,其重要性不言而喻。2017 年 7 月出版的《2017 年度路透社研究所数字新闻报告》和 2017 年 8 月出版的《付费阅读在线新闻的意向——一份定性调查报告》显示,当被问及什么样的新闻内容会吸引受众更愿意付费时,36 个国家和地区的受访者中,41% 的人选择突发新闻,37% 的人选择近期新闻,只有 22% 的人选择娱乐新闻。这两份报告预测,制作高质量的、准确可靠的新闻产品,尤其是突发新闻和近期新闻产品,将它们与社交媒体上粗制滥造的内容区分开来,会赢得更多的在线新闻用户。它提示在线新闻业应进行更广泛的大众宣传,使公众更了解职业记者对于新闻制作的价值,关切新闻业的资金危机给读者自身带来的危害。[3]

"新闻采访与写作"侧重于实践,学好这门课程需要你在理解原理的基础上,通过坚持不懈的实践将知识转化为自己的应用能力,正所谓"纸上得来终觉浅,绝知此事要躬行",唯有经过实践训练才能做到知行合一。我们该如何学习这门课程呢? 古人云:"欲得其中,必求其上;欲得其上,必求上上。"学好新闻采访与写作技能,同样需要有清晰的规划。记者作为时代风云的观察者和记录者,是传播信息的第一道把关人,并非有闻必报,而是以新闻专业主义精神为指针,通过自己的思考,建构报道的角度和主题,发掘真相,报道事实。受众对世界的认知是由媒介建构的。面对客观世界,同样的事实,不同的记者有不同的报道角度和不同的主题,其中有新闻框架的影响,也反映出记者专业素养的差异。因此,记者是一个行动者,更是一个思想者。宋代诗人陆游作诗近万首,谈及写诗的诀窍,他概括为十个字:"汝果欲学诗,功夫在诗外。"这句话用在"新闻采访与写作"这门课程的学习上也是相通的。一个优秀的记者首先是一个有理想、有道德、有好奇心、有激情的人,一个有人文关怀精神的人,一个兴趣广泛、知识渊博的人,一个笔走龙蛇、善于观察和思考的人,一个有良好合作精神和沟通能力的人……

一、培养敬业精神

约瑟夫·普利策用一句话概括了记者职业的使命与责任:"假使国家是一条船,新闻记者应是站在船头的瞭望者,他要在一望无际的海面上观察一切,审视海上的不测风云和浅滩暗礁,及时发出警报。"2016 年 1 月 14 日,印度尼西亚首都雅加达发生恐怖袭击,新华社雅加达分社摄影雇员维里面对正面走来的一名持枪恐怖分子连拍了 50 多张照片,最近距离只有 20 米,他冒死拍摄的照片迅速传遍全球,成为记录这次恐袭者的"独家影像"。2017 年 2

月25日，针对日本政府宣称"福岛辐射值处于正常水平"诱导中国人去旅游的质疑，新华社驻日本记者华义携带测量仪，深入5年前发生严重核泄漏事故的福岛核心区域，用亲身体验告知受众：测量仪震得手麻表明，这里的核辐射仍然处于高危水平……与此形成鲜明对比的是，2016年7月8日《北京晨报》报道，墨西哥一名女记者莉迪娅·卡明去墨西哥中部普埃布拉报道洪灾时，怕鞋被水浸湿而让两名居民抬着她走，事情曝光后这名女记者受到网民嘲讽并被辞退。无独有偶，2016年9月20日上午，厦门电视台一女记者因戴墨镜打伞采访救灾志愿者成为"网红"，遭网络曝光后，厦门广电决定对该记者停职。网友讥讽她"戴着小墨镜，打着小洋伞，扭着小腰挎着包"的形象与救灾现场太不搭调。

约瑟夫·普利策

敬业精神是记者事业成功的基石。记者首先应具备理想主义精神，对新闻事业充满激情。周国平认为："理想主义（idealism）一词可有二义。一是与实利主义（materialism）相对立，指注重精神生活达到价值，视精神生活的满足为人生真正幸福之所在。二是与虚无主义（nihilism）相对立，指信仰某种绝对价值，这种信仰与某宗教某学说的信奉并无必然联系，一个不是任何教条的信徒的人仍可有执着的精神追求。说到底，理想主义是一种精神素质，凡具此素质的人，必孜孜以求'一'（绝对精神价值），无论是否求得，都仍是理想主义者。"[4] 开头提到的新闻人维里、华义为什么在关键时刻践行了"在大事发生的时候，我在现场"这样的敬业精神？关键还是心中充满着理想主义的精神素质。那些奔跑在枪林弹雨中的战地记者正是这种精神素质最杰出的记者代表，尤其值得我们尊重，他们用生死考验的经历诠释了对新闻事业的理想和激情。如美国哥伦比亚广播公司（CBS）记者爱德华·默罗、中国摄影记者方大曾、美国摄影记者罗伯特·卡帕、路透社记者库尔特·肖尔克、美联社摄影记者黄幼公、英国《星期天泰晤士报》美国籍女记者玛丽·科尔文……"如果你没法阻止战争，那你就把战争的真相告诉世界"，这是战地记者永恒的格言。热爱新闻事业，胸怀理想主义精神，就会在任何需要的时候充满激情，如同战士，哪里有新闻就冲到哪里，在第一时间、第一现场完成报道任务。1934年夏，上海新生通讯社记者袁舒为纪念刚刚诞生的"记者节"，写了一首《新闻记者歌》，刊登在《大美晚报》上。这首歌诠释出了记者的职业精魂，讴歌了记者的理想主义情怀，赞美了记者对新闻事业的激情，至今朗诵一遍仍令人热血沸腾，荡气回肠：

从清晨到深宵，

我们的职责：新闻报道。

不问风霜寒暑，

在街头奔跑，

申诉人间苦难，

给社会知道。

帝国主义者，

大肚吃不饱；

社会恶势力，

更在逞强暴。

打开镜箱，

照出他们醉生梦死的微笑；

提起笔来，

揭发那些蝇营狗苟的奸巧。

舆论的权威，

要大众支持；

神圣的事业，

是我们的瑰宝；

不准无耻的家伙，

去卖身投靠；

万万千千的读者，

要求着精神面包。

莫自夸帝王无冕，

我们要举起"集纳"的旗号！

大家准备起三千毛瑟，

有笔如刀！

　　放眼全球，有多少新闻人为了维护正义、报道真相而彪炳史册！内丽·布莱伪装成精神病人进入一家精神病院，在《纽约世界报》(New York World)上用系列报道揭露了精神病院的恐怖和残酷行径，迫使这一状况得到改善；塞莫尔·赫斯基顶着压力对美军于 1968 年在越南进行的"美莱大屠杀"的真相进行了揭露报道；《华盛顿邮报》(Washington Post)记者卡尔·伯恩斯坦和鲍勃·伍德沃德通过缜密调查，揭开了"水门事件"背后的黑手尼克松总统，使其黯然下台……优秀的记者有一个共同的特点：爱岗敬业。美国著名的专栏作家阿瑟·克罗克写到 81 岁；詹姆斯·赖斯顿做《纽约时报》专栏作家到 80 岁时才退休；沃尔特·李普曼于 1967 年 3 月 25 日写完《新闻周刊》最后一期专栏文章时，已经 78 岁了；美国著名记者、作家和历史学家戴维·哈伯斯塔姆于 2007 年 4 月在采访途中遇车祸去世，时年 73 岁。

　　敬业精神是不怕辛苦，排除万难，为报道真相无所畏惧。当了 50 年战地记者，共获得57 个主要新闻奖项的美国战地记者彼得·阿奈特说："我坚信真理和事实，寻找真理和事实的最好的方法是到事发现场。"新闻时时可能发生，为了追求报道的时效，记者必须时时做好准备赶赴新闻现场，节假日随时会取消。天灾人祸发生时，无论道路多么遥远，无论现场多么危险，无论生活条件多么艰苦，哪怕跋山涉水，哪怕风餐露宿，哪怕饥肠辘辘，有新闻的地方就有记者，有记者的地方就有最及时的新闻。记者在新闻发生后最短的时间到达现场，必须克服一切困难，在限定的时间内完成采访报道任务，这是记者的天职。只有脑勤、腿勤、嘴勤、耳勤、眼勤、手勤，反应快，敏于行，机智果敢才能完成报道任务。2008 年 5 月 12 日，四川省阿坝藏族羌族自治州汶川县发生烈度 11 级地震，记者数次先于救援部队到达飞石随时滚落的灾区采访。2011

方大曾

年3月11日,日本东北地区宫城县北部发生里氏7.9级地震,福岛第二核电站3个反应堆的冷却系统出现故障,日本自卫队因惧怕危险而撤退,而《新京报》的记者则逆行逼近核辐射污染区采访。2015年8月12日,天津滨海新区跃进路的一处储存化学品的集装箱码头发生爆炸,《人民日报》天津分社记者靳博是全国媒体里最早进入爆炸现场的记者之一,他拍摄了最早的现场照片,报道了最开始的伤亡数据。记者职业是脑力劳动,也是体力劳动,工作压力大,精神长期处于高度紧张状态,如果吃不好、睡不好,健康极易受到损害。据2015年的统计数据,内地有持证记者20.8万名,其中男女比例分别为53.25%和46.75%,以中青年为主。新闻职业经常加班加点,国内9成以上媒体人处于亚健康状态。笔者在媒体工作时,有两个地方每天待的时间最长,一是新闻现场,二是办公室,熬夜写稿,吃方便面充饥是常态。复旦大学教授刘海贵说:"近些年来,由于中国新闻业的竞争日趋激烈,新闻从业人员的健康状况每况愈下,四五十岁就躺在病床上的不在少数,三四十岁英年早逝的也早已不是个别现象。近些年来,笔者所教的毕业生中因患各种疾病早去世的已达十余人,每每想起白发人送黑发人的场景,仍感伤心不已,刻骨铭心!"[5]

新闻工作忙起来没日没夜,为寻找新闻线索殚精竭虑,为采访成功呕心沥血,为完成写作苦思冥想,快节奏、高强度,每天面临着机遇与挑战,需要付出的不仅仅是脑力和体力的透支,有的还付出了宝贵的生命。自从新闻业诞生以来,不少记者不惜为真理而献身。1903年3月,沙俄强迫清政府签订密约七条,以确保帝俄在我国东北的所谓特权。探访员(记者)沈荩得到密约的内容后,在天津《新闻西报》的英文版上披露,引发舆论沸腾。在国内外强大舆论的压力下,清政府不得不放弃签订《中俄密约》的计划。清政府恼羞成怒,命狱卒用特制木棍毒打沈荩逾四小时之久,使其粉身碎骨,最终用绳将奄奄一息的沈荩勒死。时年31岁的沈荩成为我国新闻史上第一个为新闻献出生命的

沈荩

人。翻开中国新闻史,像沈荩这样为报道真相而流尽了鲜血的新闻人不胜枚举,邵飘萍、林白水、史量才……前仆后继,赴汤蹈火。

据统计,新华社在从1931年11月7日创立到2016年11月7日为止的85年历史中,牺牲的新闻工作者共计150余人,其中:土地革命战争时期4人,抗日战争时期110余人,解放战争时期28人,中华人民共和国成立以后17人。[6]自从1993年以来,全球有1400名记者殉职。2006—2016年,至少有827名记者在报道新闻的过程中被杀害。勇敢的新闻人,精神不朽。为了唤起全世界人民对新闻记者的尊重,每年的11月2日被确立为"终止针对记者犯罪不受惩罚现象国际日"。2016年11月8日记者节,《北京晚报》周家望先生有感而发,撰写了一副对联——上联:旧唤访员,今称记者,无非秉一支笔,用十分心,说百姓事。下联:日求真相,夜出现场,不外酬平生愿,行千里路,读万卷书。横批:报人情怀。这副对联饱含激情,概括了新闻人的崇高使命和历史责任。2016年11月7日的"央视新闻"公众号推送的文章"记者,记着"中有一首献给记者的诗——《致敬,坚守》:

坚守,

为了国家和社会尽职瞭望,

为了尚未被遮蔽的真相,

为了灾难关头无助的目光,

为了经受不公弱小无力的肩膀。

相信，

生活的角落里，总有一些人和事，

值得记录和书写，值得流泪与歌唱，

尽管，追寻真相的道路不平坦，

或许还要面对困厄、危险与恐惧。

坚守，

因为相信，

无论何时，

有些火种，

永远埋在每个人的心底，

关于公平与正义，关于良知与希望。

一根笔，一支话筒，一台摄像机，

蕴藏着改变的力量。

发现美好，鞭挞不公，书写真相，

永远不会过时。

邵飘萍

敬业精神还表现在对工作兢兢业业、一丝不苟、严谨细致、精益求精的作风上。新闻首要的功能是传播信息，一旦出现失误就会误导受众。新闻人需要有高度的责任心。2017 年 10 月 19 日的"中国记者俱乐部"微信公众平台发布了一条新闻《十九大首场"严"记者会：字何解？数字说话！》。这个标题你看懂了吗？佶屈聱牙，令人费解。再看其导语的第一句话：

"全面从严治党成效显著"，在党的十九大开幕会上，习近平对十八大以来党的建设工作作出论述。

"中国记者俱乐部"微信公众平台的这篇新闻是从新华网转载的，有两名编辑把关。笔者查阅了新华网原稿，发现原标题是"十九大首场记者会：'严'字何解？数字说话！"，原稿的第一句引语是"全面从严治党成效卓著"。对比可见，"中国记者俱乐部"微信公众平台在转载新华网报道时弄错了标题和第一句引语。标题和第一句话多么醒目啊，竟然弄错了，多么严重的工作失误。不可理解的是，到了 10 月 20 日，笔者再次点开这个微信公众号，发现错误依旧，没有修改。两名编辑难道对这么明显的错误视而不见？！责任心到哪去了？其实，在新媒体上，类似的失误并非个别现象。腾讯网 2016 年 7 月违规报道中国共产党成立 95 周年大会时，在新闻中将"习近平发表重要讲话"误写成"发飙重要讲话"，其总编和主编被撤职。这些问题反映出从业者的工作责任心淡漠，工作作风不扎实。

2016 年 4 月上旬，江苏省首届报纸优秀作品审核委员会 9 位审核委员对总计 200 万字的 599 件参评作品认真审核，发现差错总计 555 处，有差错的作品 287 件，占参评作品总数的 47.9%。审核委员会最后决定：48 件有明显硬伤的作品被建议取消参评 2015 年度江苏省报纸优秀作品资格。审核委员会将参评作品的差错归纳为 10 类：(1)标点符号使用不当；

(2)字、词误用;(3)直接引语和间接引语使用不当;(4)词语搭配不当;(5)语义重复;(6)句子成分残缺;(7)句式杂糅;(8)事实差错;(9)不合逻辑;(10)语意不明。[7]清代学者、文学家、书法家包世臣(1775—1853)说过一句话:"每临行文,必慎所许,恒虑一字苟下,重污后世。"他的意思是,写文章必须慎重,一个字的疏忽,都会给后世造成严重的后果。记者是见证历史、记录历史的人,肩负着崇高的职业使命,应珍惜自己写下的每一个字、每一句话,严谨细致,一丝不苟。美国华裔作家哈金说:"在开始写作之前,每个作者都需要先问一个亚里士多德式的问题:你是作为谁,为了谁,为了谁的趣味来写作?"[8]直面社会现实的新闻报道比虚构的小说对受众的影响更大,新闻人更应该用这样的问题鞭策自己。

知名记者范敬宜说:"五种人不可以做记者:不热爱新闻工作的不可以,怕吃苦的不可以,畏风险的不可以,慕浮华的不可以,无悟性的不可以。"其中,最关键的是"热爱新闻工作"。记者职业的价值在于"发现美好,鞭挞不公,书写真相",这需要记者高扬理想主义大旗,充满工作激情,兼怀天下,心系苍生,忠于使命,不惧艰险,百折不挠,勇往直前。记者是历史真相的记录者,是公平正义的守望者,是社会的良心。知名新闻人梁衡说:"记者是社会性劳动者,社会工作者,社会活动家,天赋大责。所以是会得到大成功,能成为大学者,得到大幸福的人。"

二、忠于职业道德

2016年2月14日,《财经》杂志微信公众号发表作者高胜科名为"春节纪事:一个病情加重的东北村庄返乡日记"的文章。文中描绘了东北农村种种难堪的现象,"在家里的老人们生不如死、正遭活罪之时,几个农家妇人在密谋着一场向外省远征的组团'约炮'"。光明网、中国青年网、中国网等媒体纷纷转载了这篇特稿,成为舆论热点。新华社记者随即深入事件发生地调查,发现文中描绘的礼崩乐坏的"时间、人物、地点都是虚构的"。辽宁省委宣传部证实此文为虚构杜撰。2016年2月26日,《财经》杂志微信公众号发文称:高胜科今年并未还乡,只是根据过往返乡见闻和今年春节电话采访而成,却发表于"返乡日记"栏目,是不严肃而且错误的;对于随笔中所述家乡的部分故事,在时间、地点、人物名称等细节方面,记者也进行了加工,影响了文章的准确性,文字表述多有失当之处。该媒体编辑部称,发稿把关不严,发表未经严谨处理的随笔文章,对给文中所提到地区的群众带来负面影响,深表歉意。2016年4月22日,国家新闻出版广电总局公开通报《财经》杂志微信公众号等15家媒体发布虚假失实报道的查办情况:已依法吊销涉事记者的新闻记者证,并将其列入新闻采编不良从业行为记录,对发布该虚假新闻的《财经》杂志和未经核实转载该虚假新闻的光明网、中国青年网、中国网、中国台湾网等分别做出警告、罚款的行政处罚,责成省级新闻出版广电行政部门依法对《文萃报》等报刊及其所办网络媒体做出行政处罚,并追究相关人员责任。新时期我国传媒伦理道德观的失范,主要表现在虚假新闻、有偿新闻和媚俗煽情三个方面。提倡新闻职业道德,强化新闻人的自我修养时不我待。

"新闻职业道德的本质特征,是指新闻职业道德区别于包括一般社会公德和别种行业职业道德在内的其他社会现象的内在规定。"[9]"内在规定"表明,新闻人只有真心接受新闻道德并付诸实施到采访报道当中,通过自律的方式才能发挥作用。这正如《大学》中所言:"欲修其身者,先正其心;欲正其心者,先诚其意。"作为新闻人,你要将职业道德作为内心的信念,诚信之,笃行之,严于律己才能使之有意义。

在人人都是传播者的新媒体时代,所有发布新闻的人都应该遵守新闻道德。作为职业新闻人,尤其要恪守新闻职业道德,因为这不仅仅是记者个人的立身之本,还牵涉到一个媒体的公信力。在受众眼里,记者是新闻媒体的形象大使,是公众利益的代言人,是社会公平正义的守望者,肩负着讲真话、说真相的社会责任。上文提及的《春节纪事:一个病情加重的东北村庄 返乡日记》的文章,记者被吊销记者证并被记入"黑名单"就意味着他永远丧失了成为职业新闻人的资格。作为新闻人,心中有职业道德理念,才能自觉地遵守职业道德规范。《中国新闻工作者职业道德准则》(2009年11月9日修订)第三条规定:坚持新闻真实性原则。要把真实作为新闻的生命,坚持深入调查研究,报道做到真实、准确、全面、客观。

(1)要通过合法途径和方式获取新闻素材,新闻采访要出示有效的新闻记者证。认真核实新闻信息来源,确保新闻要素及情节准确。

(2)报道新闻不夸大、不缩小、不歪曲事实,不摆布采访报道对象,禁止虚构或制造新闻。刊播新闻报道要署作者的真名。

(3)摘转其他媒体的报道要把好事实关,不刊播违反科学和生活常识的内容。

(4)刊播了失实报道要勇于承担责任,及时更正致歉,消除不良影响。

新闻采访与写作为了突出新闻的时效性,要求记者在工作中必须高效率、快节奏。在截稿压力下,记者匆匆忙忙地赶赴现场采访,在短时间里要迅速完成新闻写作报道。为了防止出现新闻失实,必须恪守职业道德规范,必须遵守新闻生产的流程,以质疑、核实、求证的理性、全面、客观、公正、平衡地搜集素材,力求最大限度地逼近事实真相,坚守新闻真实性的职业伦理。李希光教授认为,新闻真实的原则要求是,事实为真、事实具体、事实准确、事实相关、事实透彻。

法国社会学家埃米尔·涂尔干在论述职业伦理道德问题时这样写道:"任何能够在整体社会中占据一席之地的活动方式,要想不陷入混乱无序的形态,就不能脱离所有明确的道德规定。一旦这种力量松懈下来,就无法将其自身引向正常的发展,因为它不能指出究竟在哪里应该适可而止。"作为推动社会进步的新闻事业,没有职业道德规范的约束,就会陷入混乱无序,阻碍社会文明的进程。因此,记者选择了新闻职业,承担作为一个新闻职业工作者的职责就是天职,遵循新闻职业的道德规范责无旁贷,没有选择。

1914年,瑞士新闻业总会通过决定,较早提出了新闻道德规范。第二次世界大战以后,1947年,联合国拟定了《国际报业道德规范》。新闻媒体将职业道德作为文化建设的核心,记者将新闻职业道德理念内化为自身的品质,在新闻实践中时时刻刻规范自己的行为,自律自觉,新闻真实就筑起了第一道防线。

但道德毕竟是依靠自我约束的软力量,在现实社会中面临着复杂环境的考验,对于熟悉新闻生产规程的记者来说,在权力、体制、金钱、物质、利益等种种压力或诱惑下,人性的弱点会销蚀道德的理念,使道德规范的条条框框变得虚弱无力,比如在企事业单位举办活动期望利用媒介宣传功能发布新闻包装形象而给予记者红包或礼物或宴请成为风气的社会大环境下,而媒介对此潜规则也睁一只眼闭一只眼,置身于讲究人情关系社会现实中的记者就会以"金额不大""小恩小惠""盛情难却"或"给对方面子"等想法而为自己开脱,暂且将职业道德的具体规范放到一边去,尤其是初入职场,面临收入低、工作紧张、经济压力大的"新闻民工",面对这样既能写篇报道应付工作量,又能获得一点经济补偿的甜头,也会为自己寻找心理上的自我安慰:别的记者都没拒绝,我何必当恶人呢?大环境就这样,一个愿给,一个愿拿。除了外部社会环境给记者造成职业道德困惑,来自媒介对广告客户的谄媚、媒介经营管理者对新闻规律的漠视、媒体工作量考核压力、记者兼任拉广告的量化压力等,也都会导致新闻人陷入两难选择困境。近些年来,随着社会利益的日趋多元和各种利益冲突的加剧,媒体和记者违背新闻职业道德的事件屡有发生,给中国新闻工作者的形象和新闻媒体的公信力带来了严重的损害。对当前新闻道德存在的具体问题,上海新闻工作者认为,第一是"有偿新闻"(占比 51.9%),第二是"低俗新闻"(占比 48.2%),第三是"虚假新闻"(占比 46.1%),第四是"恶意炒作新闻、妨害社会正常生活与工作秩序"(占比 43.2%),第五是"新闻失实"(占比 42.7%),第六是"剽窃、抄袭他人劳动成果"(占比 39.5%),第七是"新闻工作者缺乏敬业精神"(占比 37.7%),第八是"把广告处理成新闻"(占比 33.5%),第九是"侵犯他人名誉或隐私"(占比 16.0%),"其他方面"占比 2.5%。可见,当下提倡坚持新闻职业道德是一个多么迫切的话题,自律又显得多么重要。朱熹的话值得新闻人思考:"日省其身,有则改之,无则加勉。"

当职业道德与现实冲突的时候,记者心目中应对职业道德怀有敬畏之心,如果把占小便宜视为心安理得甚至理所当然,缺乏自我反省,以恶小而为之,无所顾忌,恣意妄为,导致胃口贪婪、私欲膨胀,无视职业道德规范,公器私用,最终就会走向吃拿卡要、敲诈勒索的犯罪道路。孔子在《论语》中曾经感叹:"德之不修,学之不讲,闻义不能徙,不善不能改,是吾忧也。"孔子的忧虑在今天仍有现实意义。

2014 年 10 月 17 日,原《新快报》记者陈永洲因虚假报道、捏造事实被判刑 1 年 10 个月,罪名是损害企业商誉。2015 年 12 月 24 日,二十一世纪传媒股份有限公司及其原总裁沈灏等因涉嫌敲诈勒索、强迫交易等系列案件受到法律审判,此案涉及二十一世纪传媒股份有限公司旗下的《21 世纪经济报道》、21 世纪网、《理财周报》等 3 家媒体,上海二十一世纪广告有限公司、上海二十一世纪信息技术服务有限公司等 7 家广告、运营公司,以及 30 名相关人员。其中沈灏被判 4 年,并处罚金 6 万元;对系列案件的其余被告人分别处 1 年 6 个月至 10 年 6 个月不等有期徒刑并处罚金 3 万元至 5443 万元。被告单位二十一世纪传媒股份有限公司判处罚金 948.5 万元,追缴违法所得 948.5 万元。

二十一世纪传媒股份有限公司主要涉案两方面:一是通过负面新闻逼迫企业支付合作费用,二是收取企业的"保护费",承诺不对其进行负面报道。沈灏曾经写出"总有一种力量让我们泪流满面""即使新闻死了,也会留下圣徒无数""一张纸很小,但一张报纸很大;个人很渺小,但一个媒体人使命神圣"等经典语句,被一代中国媒体人奉为心目中的偶像。在庭审当天,沈颢拿着长达 3000 余字的悔罪书叹息:"千里之堤,溃于蚁穴。长期小问题的累积终于造成了崩溃,悔之晚矣!"加拿大传播学家马歇尔·麦克卢汉常说一句话:"只有发现了空气,鱼才会意识到水的存在。"[10]沈颢面对法律的制裁时才幡然悔悟:职业道德自律对于记者的新闻理想有多么珍贵!除了法律监督,如今互联网自媒体为公民监督媒体和新闻人的职业道德提供了"第二种他律"。

2015 年 6 月 23 日,新华网(长沙)发表了一篇标题为"走私'僵尸肉'窜上餐桌,谁之过?"的报道,该报道称,广西某口岸一些走私冻肉包装上的生产日期显示,"肉龄"竟然长达三四十年。该报道引发舆论风暴。自称食品安全资深记者的洪广玉在"食品安全参考"微信公众号上发文反驳:这是一起无中生有的报道。洪广玉利用自媒体传播,使新华网的公信力受到了质疑,这对当下的媒体和新闻人是一个职业道德的警示。2015年10月黄金周期间,凤凰卫视报道的"中国老人在日本碰瓷"新闻刚刚成为舆论热点就被反转。当事人女儿利用微博发布照片和文字还原真相:医疗档案和带团的导游都证实事情发生在当年8月,中国福建的女性老年游客的确在日本东京街头遭遇车祸受伤。随后日本东京的警察也证实,没有处理过任何投诉指证这名中国老人碰瓷。为记者提供材料的一个日本当地的民间社团也为此公开道歉。

互联网自媒体用融合新闻倒逼真相,让专业媒体的不专业采访报道受到了职业道德的拷问。值得注意的是,我们的专业媒体在新闻失实后没有按照职业操守公开赔礼道歉的现象比较普遍。在互联网新媒体时代,因记者的种种失误,如为私利写人情稿关系稿、对采访对象带有先入为主的偏见成见、采访不深入不全面而导致新闻失实的情况仍旧频频出现,同时,网络虚假信息泛滥对记者的误导成为影响新闻真实的更为复杂的现实。2017年,美国的假新闻写手保罗·霍纳在自己的网站上发布谣言说,美国前总统奥巴马是一个激进的穆斯林,决定自掏腰包建立一个"穆斯林文化博物馆",美国福克斯电视台把这条假新闻当真事儿发布了。《牛津英语词典》2016年选出的"年度词汇"是"后真相"(post-truth),定义是:"诉诸情感及个人信念,较之陈述客观事实更能影响舆论的情况。"没错,我们进入了互联网"后真相时代",很多人宁愿跟着感觉走,感性多于理性,不愿意探究事实真相,懒得思考,让感情走在了事实的前面。在这样的传播环境下,新闻记者坚守新闻职业道德理念,践行职业道德规范变得任重而道远。

对于新闻人而言,法治观念对职业道德的自律提出了更高的要求。《中国新闻工作者职业道德准则(2009年11月9日修订)》第六条规定:遵纪守法。要增强法治观念,遵守宪法和法律法规,遵守党的新闻工作纪律,维护国家利益和安全,保守国家秘密。

(1)严格遵守和正确宣传国家的民族区域自治制度、各民族平等团结和宗教信仰自由政策,维护国家主权和社会稳定。

(2)维护采访报道对象的合法权益,尊重采访报道对象的正当要求,不揭个人隐私,不诽谤他人。

(3)维护未成年人、妇女、老年人和残疾人等特殊人群的合法权益,注意保护其身心健康。

(4)维护司法尊严,依法做好案件报道,不干预依法进行的司法审判活动,在法庭判决前不做定性、定罪的报道和评论。

(5)涉外报道要遵守我国涉外法律、对外政策和我国加入的国际条约。

上述5条具体的规定提醒记者应熟悉新闻报道可能涉及的法律法规问题,在采写流程中尽职尽责,遵循全面、公正、平衡的报道原则,预先权衡、评估报道传播效果可能会对事件当事人和社会公众产生的伤害程度,避免新闻中报道与法律对立冲突。记者在采写与上述规范相关的报道时,如履薄冰,如临深渊,只有做到理性谨慎,考虑周全,规避风险,方能从容不迫,维护公平正义。在报道有关个人信息时,以下四点是媒体避免诽谤诉讼的"戒律":一是明知发布的是失实信息,二是全然不顾事实,三是报道中明显疏忽,四是出于恶意。[11]

今天的新闻是明天的历史。新华社前社长郭超人有句话掷地有声:"记者笔下有是非曲直,记者笔下有毁誉忠奸,记者笔下有财产万千,记者笔下有人命关天。"言犹在耳,慎思笃行。作为公众代言人,记者应始终铭记:新闻真实是新闻报道的生命,恪守职业道德理念责无旁贷。莎士比亚说:"一个人的天赋无论如何优异,他的外表或内在的资质无论如何丰美,也必须在他的德性光辉照耀到他人身上,才能体会到本身价值的存在。"[12]根据2015年国家新闻出版广电总局发布的数据,我国在册的新闻记者总数超过了20万人,其中电台、电视台记者人数是11.6万人,报纸记者人数是8.2万人。这是一支庞大的新闻队伍,如何将这支队伍锻造成职业道德高尚的"铁军",不负时代的重托,成为维护社会良序和公正的守望者,值得媒体慎思笃行。

三、提升知识素养

《台州晚报》2017年10月1日发布的新闻《罕见!浙江一新生女婴带块"玉"出生》从标题到内容都有哗众取宠、违背科学知识之嫌。所谓的"玉",医学术语应为"腹腔内游离体",它是孕妇体内肠外脂肪组织坏死纤维化、钙化形成白色、表面光滑的物质,柔软、有弹性。因此,这种物质无论质地、外观、成因任何一方面都与"玉"毫无关联,怎么能借"玉"之名来炒作呢?显然不准确,误导受众。

凤凰网开设了一个专栏叫"暖新闻",即关于"真、善、美"等社会美德方面的新闻。这个栏目名称就有问题,新闻是对客观事实的报道,要求事实与观点分离,不带记者个人情感,该栏目一个"暖"字就违背了新闻客观性的原理。

正是这种刻意的、主观的思维导致该网站作茧自缚,找不到人间的"暖"新闻,为赋新词强说愁,居然把动物的本能行为也拿来凑合成所谓"暖新闻"。请看2017年6月2日该网站标榜的"暖新闻"《荷兰:一对同性恋兀鹫领养了被遗弃的孤儿鸟蛋》:

荷兰是最早通过同性婚姻合法化的国家之一,在荷兰,不只是人类同性恋,连鸟类同性恋都享有平等权利,包括组建家庭、领养儿童等。

以上是我胡说的,但是也是真的哟~荷兰阿姆斯特丹的一家动物园,最近一对同性恋西域兀鹫,领养了一只被亲妈遗弃的孤儿蛋,在两只鸟爸爸的关心呵护下,孤儿蛋孵化出了一只健康的小兀鹫。

阿提斯动物园的管理员最早在鸟舍的角落里发现了这只被遗弃的蛋,它的妈妈生了它之后就跑了,管理员无法找到蛋蛋的亲妈,可怜的小蛋蛋还没破壳就成了孤儿……

为了让小蛋蛋成功破壳,管理员把这枚孤儿蛋放进了孵化器里。随后,管理员发现鸟舍里的一对"成婚"多年的同性恋兀鹫,正在收集树枝筑巢,于是他们决定,试试看这对兀鹫是否愿意领养这枚孤儿蛋。

管理员试着把孤儿蛋放进了这对同志兀鹫的鸟巢里,结果两只兀鹫开心得不行,马上担起了爸爸的责任,两鸟轮流趴窝孵蛋,认真地领养起了小蛋蛋。

在两个爸爸的不懈努力下,小兀鹫终于顺利破壳啦!

首先,这个新闻标题就有问题。动物不具备人的思维和行为能力,怎么可能懂得"领养"?从新闻内容看,明明就是管理员把鸟蛋放入这对兀鹫的巢的。"孤儿"应删除,没有孵化出小鸟,如何判断一只鸟蛋是不是"孤儿"?有受精卵的鸟蛋才可以孵化出小鸟。将"孤儿"与"鸟蛋"并列还容易产生歧义,即"孤儿的鸟蛋",令人费解。标题应改为"荷兰:一对'同性恋'兀鹫孵出了一只小秃鹫"。

　　导语中"在荷兰,不只是人类同性恋,连鸟类同性恋都享有平等权利,包括组建家庭、领养儿童等"这句话完全是违背科学和逻辑的胡言乱语,请问哪个国家干涉过动物的"同性恋"? 再说,两只雄性兀鹫因为被人类束缚在了狭小的动物园里不得不相伴,与人类因情感自由选择的"同性恋"根本无法相提并论。

　　新闻主体中"一只被亲妈遗弃的孤儿蛋"是一个病句,"孤儿蛋"不准确,"亲妈"拟人化了,容易误导受众以为是人的行为,改为"一只被母兀鹫遗弃的蛋"才语义清晰。"管理员无法找到蛋蛋的亲妈,可怜的小蛋蛋还没破壳就成了孤儿"这句话同样是病句,口语化的"蛋蛋"一词在书面表达的新闻中不规范,也会被误解成小孩子的名字,"没破壳"的鸟蛋不能肯定是否会孵化出小兀鹫,再说,孤儿是出生后失去赡养的孩子,该句话本身就不符合逻辑。"试试看这对兀鹫是否愿意领养这枚孤儿蛋"中的"领养"应加引号,避免歧义。"结果两只兀鹫开心得不行,马上担起了爸爸的责任,两鸟轮流趴窝孵蛋,认真地领养起了小蛋蛋","开心得不行"和"认真"都是人类才具备的心理素养,与动物的天性完全不是一个概念,应删除。该新闻的谬误提醒新闻人:做新闻得具备知识修养,学文科的尤其要补充一点自然科学常识,不要为渲染和煽情而刻意弄出上述违背科学的所谓"暖新闻"。

　　我们学新闻的,承担着传承文明、传播文化的使命,只有自己知识修养扎实才能够肩负起记录时代风云、弘扬先进文化的重任。除了新闻专业知识,在当下的智能时代,还应涉猎其他相关的学科知识。如今,媒体对新闻人才的选拔不仅仅局限于新闻传播专业的学生,文学、历史、法律、政治、经济等其他学科毕业生具有专业背景优势,更容易在新闻专业领域报道岗位上快速成长,因此新闻传播专业之外的人才会得到媒体的青睐。这就提醒我们,除了学好与新闻传播专业相关的理论知识与实务技能,博览群书,丰富自己文学、历史等各类专业知识的素养有利于我们成为优秀的传媒人才。美国《纽约太阳报》采访主任丹那早在1880年就说过:"记者必须是一个全能的人,他所受的教育必须有广阔的基础,他知道的事情越多,他工作的路子就越广,一个无知之徒,永无前途。"

　　要成为一名新闻人,还得养成阅读(收听、收看)新闻的习惯,通过对新闻作品的赏析熟悉其写作的规律,缩短成长的时间。网络媒体编辑喜欢选择刺激、煽情的社会新闻并使用夸张的标题进行渲染,以此来吸引受众点击,被人们贬斥为"标题党"。网络中常见错别字、不通顺的语言、结构冗长的新闻,这对于学习者提高专业修养有负面影响,笔者建议学习新闻专业的大学生应有意识地阅读研究《参考消息》《南方周末》《中国青年报》《新京报》等纸媒新闻,收听、收看广播电视优秀节目,从中汲取有益的营养。《工人日报》资深新闻人孙德宏对当下新闻专业的毕业生颇有微词,原因是去该报面试的硕士学历以上的学生十个里面有九个对"谈谈你认为最好的新闻经典名篇和名记者"这样简单的提问回答不上来。他感慨:"新闻业界的管理者们喜欢那些有思想、有学术训练的优秀的大学生、研究生的加盟。这样素质的年轻人入行后只要坚持用功,路子不要走偏,若干年后就极有可能成为名编辑、名记者。说到底,优秀的编辑、记者都有较好的思想和专业功底,对若干经典烂熟于胸就是其中之一。这一点很重要,十分重要。"[13]过去,有心的记者会将报纸上的好新闻分门别类剪贴在旧杂志上做成资料本,在写作新闻时按图索骥,反复地琢磨名篇佳作的主题、角度和结构,期望从中获得启发,可以模仿。这是一种在写作上快速成长的小窍门。如今,我们更多地从移动互联网上获取新闻了,如果碰到好的新闻作品,采用传统媒体时代有心人的做法,建一个文件夹,

新
闻
采
访
与
写
作

将自己喜欢的报道分类存储以供不时之需仍旧是提高写作能力的捷径。从传统媒体到新媒体，新闻传播的渠道和平台发生了迁移，但新闻的生产规律并没有消亡。优秀的新闻报道仍旧是我们学习和借鉴的样板。

曾经有一种说法比较流行：新闻无学。其内涵是，新闻业门槛低，不需要多深的文化修养。似乎记者都是不学无术的人。在近代新闻业滥觞的19世纪早期，最初的新闻工作者来自印刷行业的发行人或工人、学徒，文化程度不高，靠东奔西走到处"包打听"搜集新闻材料，不像医生和律师那样因"专业"而受尊重，经济和政治地位也低人一等。1833年《纽约太阳报》的横空出世，标志着美国进入"便士报"时代，新闻业开始进入大众传播时代，媒介市场化运作催生了新闻的客观性法则的诞生。1896年，美国人阿道夫·奥克斯购买了《纽约时报》，提出"高尚的新闻政策""独立公正的评论""正确详尽的新闻资料"三大目标，与当时甚嚣尘上的以极度煽情刺激的黄色新闻招徕读者的美国报业潮流相对抗。在报业大王普利策"培养有学养的新闻人"的呼吁鼓动下，1908年，美国第一所新闻学院——密苏里大学新闻学院诞生了，从此新闻专业开始进入了高等教育殿堂。第一次世界大战后，新闻专业主义的思想渐渐深入人心，1923年，美国报纸编辑人协会制订了《报业信条》；1934年，美国记者公会制订了《记者道德律》。这标志着新闻的专业和规范得到了认同。第二次世界大战后，以芝加哥大学校长罗伯特·M.哈钦斯为首的出版自由委员会通过调查写成的《一个自由和负责的报业》文件正式号召新闻媒介专业化。从此社会责任理论成为新闻业追求的圭臬，新闻专业主义精神得到了弘扬。

如今，我们对"新闻无学"的陈词应进行新的解读：这正说明新闻业需要记者具备一个"杂家"的学养，不仅懂新闻专业知识，还要懂得文史哲等其他对采访写作有益的一切相关的知识。在职业生涯中，记者只有对知识的求索永无止境才有大作为。这正说明记者应该是一个知识渊博的人。《纽约时报》历史上有一个著名的主编叫卡尔·范安达，他的知识十分渊博，他推动了这家报纸对极地考察和航空事业伟大功绩的采访，为报纸在太空时代的形象奠定了基础。有一次，他在审查一篇关于爱因斯坦的一次演讲的报道中发现这位大名鼎鼎的科学家写错了一个方程式。一天晚上，精通象形文字的范安达用放大镜研究一个4000年前的埃及墓穴的铭文时，发现了一处疑点，后经古埃及学家证实，古埃及第十八王朝国王图坦卡蒙是被一个名叫霍伦海布的军事首领暗杀的。范安达还对有人宣扬泰坦尼克号不会沉没的断言给予了驳斥，当这艘船发出紧急信号后杳无音讯，他立即推断出事了，督促记者赶紧报道这次灾难，抢先发布了新闻。在第一次世界大战期间，范安达经常研究军事地图，他预见了后来的几次战役，提前派记者去战地现场采访，使得《纽约时报》的新闻报道抢先一步，无与伦比。[14]在新闻实践中，一个知识丰富的记者在与采访对象沟通时更容易获得对方的好感和信任，使采访顺畅，同时，在写作时对新闻角度、新闻主题、新闻结构和新闻语言的掌控也会更为自由。面对时代的进步，光做一个什么都懂一点的"杂家"还不够，记者还要做一个对某一专业领域懂一切的"专家"。在当下媒介融合时代，媒体对新闻人才的要求就更高了，你得有丰富、扎实的新闻素养，同时谙熟互联网技术，具备融合新闻制作的综合技能。

著名哲学家康德说，人的一生有两件事使我们日想日新，并且产生巨大的敬畏，这就是"我头顶上的星空和我心中的道德律"。"头顶上的星空"指的就是知识。[15]我们唯有终生勤学不辍，才能适应"互联网＋"时代对高素质人才的要求。知名记者范敬宜忠告新闻人："如果头脑空空，没有积累，恐怕只能说些空话。石头里是榨不出油来的。"[16]这两句话值得我们深思。

四、练就文字功夫

有一则称颂欧阳修为文简练的轶事说，一匹脱缰的奔马踏死一只狗，一人赋诗："有犬卧于通衢，逸马蹄而死之。"另一人吟诵："有马逸于街衢，卧犬遭之而毙。"这两人都用了12个字。欧阳修仅用了6个字："逸马杀犬于道"。欧阳修的文笔正是今天的新闻人所需要的。我们仔细地阅读当日新闻就不难发现，如今在互联网新媒体时代，借助科技的力量，新闻报道传播的速度和影响力较之传统媒体时代更快、更高、更强了，但是新闻报道文字冗长、写作粗糙的现象也比以往更为显眼了。我们来看2017年3月14日《钱江晚报》的一篇新闻。

杭州富商3次走上楼顶要自杀 妻子知道后当场吓哭

不久前，上海一家外企部门经理余辉带着两瓶安眠药离家出走，临走前留下的短信"连续一周睡不着太痛苦了，我走了"成了临终遗言。

昨天，杭州有一位中年富商在医生的诊室里坦言"老是睡不好实在令人崩溃，我曾有好几次想要自杀"，把陪着来看病的妻子当场吓哭。

杭州富商睡不好想自杀

当场吓哭妻子

这位富商的年龄刚40岁出头，为了保护个人隐私，我们姑且称他一声陈先生。他曾经是一位文化工作者，几年前下海经商，跟几个朋友一起创业搞起了一家互联网公司，事业做得风生水起，每年公司的盈利分红颇丰，让全家人的生活都有了极大的改善。而有了稳定的经济基础后，陈太太也辞去了原先的文职工作，在家专心照顾他们唯一的女儿。每年的寒暑假里，一家三口都会分别安排一次出国旅游。生活可谓幸福美满，羡煞旁人。

就在几天前，陈先生突然十分严肃地与妻子提出："我约了个睡眠障碍的专家门诊号，你到时候陪我一起去看看。"陈太太听后心里咯噔一下，天天与自己同床共枕的丈夫有失眠的困扰，她竟浑然不知。

昨天，陈太太陪着陈先生去了杭州市七医院，走进的是中西医结合治疗睡眠障碍专家张永华院长的诊室，按照规定得一人一诊室，但因陈太太一再坚持，最后她也留在了诊室中。

"医生，我感觉自己睡不好已经有近两年时间了，一开始，因为是断断续续的，我以为是那段时间经常出差太累的缘故，并没怎么在意。后来我有意识减少工作，每天都按时下班回家，晚上也尽量不出去应酬，可晚上还是很难睡着，经常是过了午夜都没睡意，又怕起来打扰家人休息，就这么躺在床上盯着天花板，脑子里么漫无目的地胡思乱想，每过一分钟就如过十分钟那么煎熬。"陈先生说。

正好那几个一起开公司的朋友也说偶尔会睡不着，说是吃几颗安眠药就好，他也去买来试过，开始那几天，好像是稍微好了点，吃了以后至少让他可以在12点前睡着，但只好了一个多星期就没什么用了。他曾想着是不是得加大剂量吃，可又担心吃多了会产生依赖，于是就选择继续忍着。

陈先生是个非常会隐忍的人，有事都不太喜欢跟别人讲，尤其是在妻子和女儿的面前更不愿意表露，生怕她们担心。晚上睡不着时，多数日子里都是看着天花板数羊，实在睡不着，就借口加班独自躲进书房。因为长时间睡眠不好,这两年来陈先生显得憔悴了许多,白头发多了不少,以前说话从来不大嗓门的他也变得偶尔会冲妻女发火。然而,对于这一切,陈太太看在眼里,总觉得只是丈夫因公司里的事压力太大而已。

"原本,我觉得晚上睡不着,只是会影响第二天的精神而已,等想睡的时候补上就好。但最近半年来,我自己都越来越觉得不对。"陈先生说着突然停了下来,足足静了两分多钟才鼓起勇气说,"老是睡不好实在令人崩溃,我曾有好几次想要自杀。有三次,我都已经走上了楼顶,在上面站了许久,最后想到妻子和女儿,才放弃了跳下去的念头。但我觉得要是继续这样下去,总有一天会走到这一步。"

此时,一旁的陈太太当场泪崩,吓得一屁股瘫在地上。

睡眠不好

5年增加了近4倍

按照正常的生活节律,人的一生中至少有1/3的时间应该在睡觉,睡觉本是人类最起码的本能。可如今这项本能在"退化"的人是越来越多。

在3月21日"世界睡眠日"来临前,杭州市睡眠障碍诊疗中心(杭州市七医院)公布了一组数据,自2012年该中心成立以来,门诊总量逐年递增,10758人次、18060人次、22634人次、39862人次、51403人次,5年增加了近4倍。

"这些人中单纯睡眠不好的只占很少的一部分,绝大多数是伴有精神心理疾病,其中以抑郁最为多见。据不完全统计,在我们的睡眠障碍门诊中,70%的睡眠障碍患者共病抑郁情绪,30%的患者则是共病更严重的抑郁症。"杭州市七医院张永华院长说,睡眠和情绪之间有着相互影响的关系,睡不好会让人情绪低落,而情绪低落又会反过来让人更睡不着,若不及时纠正,会把人带入一个恶性循环当中,可能会导致一系列悲剧发生。

经过详细的问诊和一系列的检查,张永华院长觉得,陈先生就是睡眠障碍共病抑郁症的典型代表,如果他想摆脱长久以来睡不着的困扰,光靠几颗安眠药是绝对不行的,需要同时进行情绪调整,并为他制订了一个综合治疗方案,包括西药、中药、针灸、放松训练等。

另外,张永华院长还跟陈先生分享了如何通过养心来调养睡眠。他自己空闲时就比较喜欢捧起那些儒家和道家的经典来看,整个人就会平静许多。

从其新闻价值来判断,这件事具有时新性和显著性,但没有造成严重的后果,因此,算不上大新闻。这篇报道有1714字,比较啰唆,其文风不符合新闻文风简明扼要的特征。其实,只需500字写这篇新闻就足够清晰、准确地传播信息了,我的修改如下:

杭州富商因失眠3次上楼顶要自杀

昨天,杭州一位中年富商在医生的诊室里坦言"老是睡不好实在令人崩溃,我曾有好几次想要自杀",把陪着来看病的妻子当场吓哭。

这位姓陈的富商年龄40岁出头,他睡不好觉已经有近两年时间了,最近陈先生经常是过了午夜都没睡意,又怕起来打扰家人休息,就这么躺在床上盯着天花板,"每过一分钟就如过十分钟那么煎熬。"陈先生说。

他不得已吃安眠药,但只好了一个多星期就没什么用了。因为长时间睡眠不好,这两年来陈先生显得憔悴了许多,白头发多了不少,以前说话从来不大嗓门的他也变得偶尔会冲妻女发火。

"老是睡不好实在令人崩溃,我曾有好几次想要自杀。有三次,我都已经走上了楼顶,在上面站了许久,最后想到妻子和女儿,才放弃了跳下去的念头。"

昨天,陈太太陪着陈先生去了杭州市七医院。中西医结合治疗睡眠障碍专家张永华认为,陈先生就是睡眠障碍共病抑郁症的典型代表,光靠几颗安眠药是绝对不行的,需要同时进行情绪调整,并为他制订了一个综合治疗方案,包括西药、中药、针灸、放松训练等。

杭州市睡眠障碍诊疗中心(杭州市七医院)公布了一组数据,自 2012 年该中心成立以来,有睡眠障碍的人 5 年增加了近 4 倍。

除了在都市报上常见的上述新闻语言冗长的缺陷,还有一种常见的问题是语言空洞乏味,类似的现象在企业和校园媒体上比较常见,例如:

我院举行教学楼消防演习活动

本报讯 为进一步加强学生消防意识,提高对火灾补救工作的组织和处理能力,更好地了解教学楼的防火制度及楼层的消防逃生路径,提高自救能力,11 月 15 日,我院与龙湾消防站勤保障大队在教学楼联合举办消防应急疏散演练。学院院长助理孙东升及各系部负责人、辅导员到场指挥协调工作。

这次演习的目的就是通过逼真的现场气氛,增加同学们的感性认识,掌握紧急情况下的疏散逃生技能,确保人身安全;加强全体师生的安全意识,提高他们的安全素质;同时也是对学校事故应急处理反应能力的锻炼和检验。

上述消息空话套话连篇,言之无物。新闻的首要功能是传播信息,其语言应具体写实,言之有物,上述 225 字新闻的有效传播的信息只需要两句话:

我院与龙湾消防站勤保障大队在教学楼联合举办了消防应急疏散演练。这次演习的目的是让同学们掌握紧急情况下的疏散逃生技能,加强全体师生的安全意识。

在当下的新媒体上,常见到令人费解的新闻语言,例如一篇揭露贪官的新闻中有这样一句话:"他擅自越权,替不受市民欢迎,屡次出乱子,出乱子甚至连买卫生纸这回事,都变成全球报纸笑柄,因妻子有美国公民身份关系,可以随时根据欧盟指令 2004/38/EC 的欧盟公民及其非欧盟国及家属自由行动权利,定居任何欧盟国家的前司法局副局长拉票。"这样的表述用眼睛看令人一头雾水,不知其所以然,如果用之于视听媒体,靠耳朵听,受众更是丈二和尚摸不着头脑了。凡此种种都提醒我们:作为传播者,要有过硬的文笔,表达一定要清晰准确、简洁明了。

好文笔源自对写作的挚爱。乌镇木心美术馆里有木心在人生最困苦时留下的手稿,那是"文革"期间,他被无故关押殴打,在禁闭室中很难得到写作的纸张,他在能找到的任何纸片上写作,连烟盒也视若珍宝,为了在金贵的纸片上多写一点字,木心尽量将每个字写得如米粒一般大小,行距也压缩到了几乎没有空隙的极限。我想,我们看到这些手稿应该感到心灵的震颤,为木心热爱写作的精神而感动。诚然,写作能力的提高不是一朝一夕的事。能写首先要会读,杜甫的"读书破万卷,下笔如有神"说的就是这个道理。多读书不但能够丰富我们的知识,同时也能够使我们在潜移默化中获得对写作的兴趣和认知,通过阅读名人名家的作品,我们会在遣词造句、文章立意、布局谋篇、思想情感等方面受到熏陶,这样我们自己在写作的时候就可以通过模仿学会初级的写作,持之以恒,日积月累,随着文笔渐渐成熟,最终形成自己的风格。其次要经常练笔,就像学习唱戏的人曲不离口,学习拳术的人拳不离手一样,写作是一项实践技能,天天重复才能参悟其中的奥妙,久而久之就能够运用自如。我们练习写作不妨从写日记着手,因为日记是对自己每天亲历事件的鲜活记录,不拘一格,可长可短,抒发心情,比较容易操作。其好处是,可以养成勤动笔的习惯,使写作变成一种爱好,也为自己的人生留下真实的记录。写日记可以培养自己对日常琐事的观察能力、思维能力和分析能力,有助于使自己从细微之处发现有意义的事实,练就一双锐眼,洞若观火,明察秋毫,这正是新闻人必备的能力。写日记还能培养自己做事持之以恒的毅力,这也是将来从事新闻职业执着探索真相、发现新闻的一种素养。有句话说,态度决定一切。在中国文化传播史上,不乏对写作精益求精的人——唐代的卢延让"吟安一个字,捻断数茎须",唐代的贾岛"两句三年得,一吟双泪流",清代的顾文炜"为求一字稳,耐得半宵寒"……这种对写作严谨认真的态度值得我们仿效。19世纪法国文学大师福楼拜是莫泊桑的写作老师,他要求自己的文字具有"诗歌的韵律和科学语言的精确性",认为同义词是不存在的,必须找到"唯一合适的词"[17]。这种孜孜以求、精益求精的写作态度值得我们学习。

诗人马雅可夫斯基有感于当年居里夫人提炼化学元素镭所付出的艰巨劳动,写下了这样的句子:"开采一克镭,需要终年劳动。你想把一个字安排妥当,就需要几千吨语言的矿藏。"的确,吹尽狂沙始到金。美国著名作家约翰·托兰在43岁时出版了他的第一本书,而在此之前,他写过25个没有上演过的剧本和5部没有出版的小说。我们比较熟悉的《盗墓笔记》作者"南派三叔",他自称在写这套小说之前,已练习写作一千多万字了。新闻写作要求时效性,记者必须写得快、写得好,没有多少时间像作家那样反复琢磨一个字、一个词是否是最合适的,必须倚马可待、一气呵成。这对我们文字功底的考验十分严苛,平时长期的写作基本功训练显得尤为重要。我国新闻界的前辈张季鸾、王芸生、范长江、邓拓等,都是名噪一时的快手和高手。探寻新闻界名流的成才之路可以得出结论:过硬的文笔源自勤学苦练。光读不写眼高手低,只具有欣赏鉴别的能力,不能将所读所思转化成自己的文字。光写不读坐井观天,不懂得站在巨人肩上,登高望远,下笔有神。一句话,好风凭借力,读写结合才能练就得心应手的文笔。阅读优秀的作品,我们就会得出结论:文约义丰、言简意赅是写作的境界。新闻传播追求速度,以求先声夺人,掌握舆论话语权。记者在截稿压力下写作,须眼到、心到、手到。在这种挑战和压力面前,记者平时练就的文字功底是否过硬高下立判。语言功力深厚,才能得心应手。中国有句老话"唱戏的腔,厨师的汤",通俗简洁地概括了两种职业的代表性传播符号,同样,记者的语言表达能力如何代表着专业水准。"传播媒介无论怎样变化,传播业不变的需求是对高超的叙事能力的需求。媒介愈是多元,信息愈是丰盈,对叙事能力的需求愈高。如何运用多媒体进行叙事,以与用户产生心灵共鸣,或者说'入耳、入脑、入心',考验的是传播者的叙事能力。……可以毫不夸张地说,如果新闻传播院校毕业的学生没有突出的叙事能力,那么在任何媒介都将没有竞争力。"[18]

五、学会沟通交流

2000年3月5日下午,中央电视台《新闻调查》栏目主持人王志在江西省原副省长胡长清临刑前48小时采访了这位贪官。此前,胡长清拒不配合媒体采访。王志因为沟通技巧而获得了独家报道。他认为:"在我眼里,他不仅是一个即将被行刑的贪污犯,更是一个重要的采访对象。采访能不能完成,关键取决于胡长清本人的意愿。"当胡长清从监狱里向王志走过来的时候,王志提前从座位上站了起来,握住他的手说:"我是中央电视台《新闻调查》的记者,我们还是老乡,我也是湖南人,想和你聊一聊。"胡长清提出怕冷要穿一件军大衣,王志就向监狱的看守转达了他的请求。这些举动让胡感受到了记者对他的尊重,但他并不是十分主动地配合采访,王志对他说:"退一万步来讲,你还留了声音在这个世界上,让大家看到一个真实的胡长清是怎样的,而不像小报上说的胡长清有十几个情人或者贪污了几千万,你自己说的话可能更权威一些。"王志这种平等、和气的态度打动了胡长清,这个说服过程只花了短短的几分钟,结果采访进行了 3 个小时。

懂得与人打交道的技巧对于一个有志于从事新闻事业的人而言是必备的能力。对于一个初出茅庐的"菜鸟",做新闻的第一关就是如何与人沟通,有的人因为不擅长人际交流而陷入苦恼。记者是社会活动家,外出采访其实就是与人沟通交流。谁的人脉广、朋友多,谁的新闻线索来源就多。所以,学习新闻业务,首先要培养自己的交际能力。但是,在日常教学中却经常碰到不擅长沟通的同学,我对此深有体会,比如有同学申请加我 QQ,说有问题要请教。我一看对方是化名,就问对方是哪个班的、叫什么名字,没有回音。对方只是要求通过"好友"验证。假如你是记者,除非暗访迫不得已,正常采访你必须先自我介绍,报出自己所属媒体、真实姓名,体现出交流的诚意才能获得对方的诚意,否则,谁愿意面对一个戴着面具的陌生人接受采访呢?有一名大三的学生通过微博私聊功能发给我 7 页手机拍摄的图片,说想考新闻学专业研究生,这些图片就是新闻改写的一次练习,希望我批改。我浏览了一下图片,是将深度报道改写成消息,重点是标题和导语写作。这么长的深度报道和她两页手写的练习,要我下载后通过放大图片来评估她的练习,非常费时费力,难以操作。我请她通过 QQ 发给我,当然,我忘了提醒她最好都是 WORD 文档格式,这样看起来便捷。很快我收到了她 QQ 传来的 WORD 文件,下载后发现格式上并无变化,还是和微博发送的一模一样,都是手机图片。最后我只好明明白白地提醒她,最好把这些材料打印出来,到办公室来找我,这样比网上文字交流沟通要高效快捷。她这才恍然大悟。相比之下,另一位担任院刊《追风》编委的学生的沟通能力值得称道。他从学工办老师那里要了我的手机号,又从教科办查明我一周的课程表,选择我课最少的一天用文明客气的手机短信与我联系,当天第二节课下课时他守在教室门外,虽然上完两节课有点累,但经不住这份热诚和礼貌,我带他去办公室对他咨询的改刊提出了自己的建议。这个学生用言行诠释了作为一名未来新闻人该如何与人沟通的技巧。

对于有志于从事新闻事业的人,培养沟通能力十分重要。采访前与采访对象电话联系采访时间、地点等需要沟通技巧,方法不当对方可能就会拒绝采访。采访时与当事人见面的衣着、谈吐,采访中记者的提问、眼神、表情等,采访后记者的道谢等都体现着沟通的技巧,每一个细节都不能忽视。对于新闻专业的学生,了解沟通的常识同学习相关专业知识一样重要。沟通的方式多种多样,可以利用新媒体,也可以面对面交流,因时而异,因事而异,简单的事通过网络传递简单高效,复杂一点的事恐怕还是当面交流才能说得清楚。就拿这名学生的改写练习来说,还是当面交流省时省力,通过网络要写很多字还不一定能把事情说清楚,更何况发来的还是手机照片,那就更让人抓狂了。不管采用什么样的沟通方式,作为求助者,要先替他人着想,不要让对方为难是最基本的沟通礼节。

有一次我在微信圈里看到有一位同学发牢骚差评某位教师的一堂课,事后通过沟通得知,原来不过是这位老师因为任教班级多,忘记了授课进度有差异,在这个班上课时把讲过的一部分内容再次展示了 PPT 并做了讲解。这名同学直接做出主观判断,认定这名教师课前没有备课才这样重复授课内容。其实,处理这个小问题的方法很简单,当场提醒一下这位老师就解决问题了。不料,当我建议这名同学要学会沟通交流方法时,她用非常生硬的口气回复:"我在社交媒体发表感慨也不行吗?"我告诉她,新闻专业的学生,要学会新闻的专业素养"用事实说话",不要用自己的情感或意见代替事实。这时,另一位为她点赞的女生发微信说,她认为在微信圈里发句牢骚没什么大不了的。我说:"微信是自媒体,只要是媒体,表达自己的观点就是在公共空间制造舆论,会影响公众的认知,没有事实,只有价值判断是没有说服力的,传播者要承担社会责任。"我建议她最好的沟通方式是课间或课后与任课教师面对面沟通,有问题当场解决才是有效的。即便在自媒体上吐槽,这名同学也应该求证核实事实后,搞清楚真相再传播才是客观公正的。有意思的是,这名教师当天着重讲解强调的知识点就是新闻的客观性原理——记者只负责报道事实,不要在采访写作中带有个人情感和主观意见。我认为,学生并没有理解这节课的内容,在自媒体中没有提供事实,只是偏颇的情感和观点。而且,公开发表片面的观点不是最好的沟通交流方式,弄不好会激化矛盾。作为新生,面对陌生的专业课有焦虑情绪,最好的沟通方式是与教师面对面或者微信聊一聊,消除疑虑和烦恼何乐而不为? 在搞清楚事实之前要防止先入为主的偏见和成见。借用一句广告词:沟通从"心"开始。真诚和理性是有效沟通交流的前提。

　　2014 年中国人民大学新闻学院的蔡雯教授和其研究生选取了部分传统媒体机构 2013—2014 年针对新媒体岗位的招聘信息作为研究样本,通过词频分析和深度访谈发现:绝大多数与新媒体相关的岗位都对应聘者提出了较高的新闻基本功要求,其中,"采访沟通能力"在"能力"要素中排列第三位。在"性格素养要求"中,"沟通"被提及 6 次。于是得出结论:"如何培养开朗、热情、严谨、善于沟通与协作、理性与耐心的新闻人才,是高校需要反思和探索的重要课题。"因此,新闻传播专业的学生要注重培养自己良好的沟通交流能力,这种情商对于未来从事新闻职业是必不可少的。"对于一个全方位的记者来说,最有用的特质就是人缘。可以随意跟任何人相处,对每个人都有兴趣;每个人都喜欢跟他说话,他们一开始就像一般人那样亲和,其次才让人感觉到他们的记者身份。"[19]综上所述,著名记者范敬宜先生总结的做好记者的四句话值得我们铭记:"提高把握全局的能力;保持旺盛不衰的激情;培养淡泊名利的心态;锻炼得心应手的文笔。"

【注释】

1.杨博编译:《在线新闻付费困局或迎来转机》,《青年记者》2017 年 11 月上。

2.李康乐:《传统媒体如何妥善利用网络新闻》,人民网—人民日报新闻研究网,2012 年 10 月 16 日 16:42。

3.杨博编译:《在线新闻付费困局或迎来转机》,《青年记者》2017 年 11 月上。

4.周国平:《灵魂只能独行》,北京:人民文学出版社,2012 年,第 79—80 页。

5.刘海贵:《中国新闻采访写作学》,上海:复旦大学出版社,2012 年,第 5 页。

6.万京华:《85 年新华社,那些献身新闻事业的英烈》,《中国记者》2016 年第 12 期。

7.许建军:《"啄木鸟"捉到了哪些"虫子"——审核 2015 年度江苏省报纸优秀作品参赛作品实录》,《传媒观察》2016 年第 6 期。

8.《南方周末》编辑部:《作家在现场》关注版,E26,2016年6月2日。

9.何梓华主编:《新闻理论教程》,北京:高等教育出版社,1999年,第256页。

10.马歇尔·麦克卢汉:《谷登堡星汉璀璨:印刷文明的诞生》,杨晨光译,北京:北京理工大学出版社,2014年,第23页。

11.查尔斯·斯特林:《大众传媒革命》,王家全等译,北京:中国人民大学出版社,2014年,第319页。

12.马歇尔·麦克卢汉:《谷登堡星汉璀璨:印刷文明的诞生》,杨晨光译,北京:北京理工大学出版社,2014年,第319页。

13.孙德宏:《新闻演讲录》,北京:海豚出版社,2016年,第46页。

14.盖伊·特里斯:《王国与权力:撼动世界的〈纽约时报〉》,张峰、唐宵峰译,上海:上海人民出版社,2016年,第47—48页。

15.孙德宏:《新闻演讲录》,北京:海豚出版社,2016年,第36页。

16.成思行:《一个记者能走多远——艾丰评传》,北京:北京大学出版社,2007年,第117页。

17.飞利浦·马尔尚:《麦克卢汉传——媒介及信使》,何道宽译,北京:中国人民大学出版社,2015年,第169页。

18.马锋:《媒介变革与新闻传播教育"迁移"》,《青年记者》2017年11月上。

19.萨利·亚当斯、文弗·希克斯:《新闻采访:第一线采访手边书》,郭琼俐、曾慧琦译,上海:上海三联书店,2004年,第7页。

【思考与练习】

1.在本章中,出现了一些你也许感到陌生的人物名字和名词,如"美莱大屠杀""水门事件""新闻框架""新闻专业主义"等,请你将它们画出来并用手机查阅它们的详尽解释,注明在书上。

2.谈谈你对普利策的"新闻记者应是站在船头的瞭望者"这句话的理解。

【延伸阅读】

总有一种力量让我们泪流满面

来源:《南方周末》新年献词　作者:长平　时间:2009-07-15

这是新年的第一天。这是我们与你见面的第777次。祝愿阳光打在你的脸上。

阳光打在你的脸上,温暖留在我们心里。这是冬天里平常的一天。北方的树叶已经落尽,南方的树叶还留在枝上,人们在大街上懒洋洋地走着,或者急匆匆地跑着,每个人都怀着自己的希望,每个人都握紧自己的心事。

本世纪最后的日历正在一页页减去,没有什么可以把人轻易打动。除了真实。人们有理想但也有幻想,人们得到过安慰也蒙受过羞辱,人们曾经不再相信别人也不再相信自己。好在岁月让我们深知"真"的宝贵——真实、真情、真理,它让我们离开凌空蹈虚的乌托邦险境,认清了虚伪和欺骗。尽管,"真实"有时让人难堪,但直面真实的民族是成熟的民族,直面真实的人群是坚强的人群。

没有什么可以轻易把人打动，除了正义的号角。当你面对蒙冤无助的弱者，当你面对专横跋扈的恶人，当你面对足以影响人们一生的社会不公，你就明白正义需要多少代价，正义需要多少勇气。

没有什么可以轻易把人打动，除了内心的爱。没有什么可以轻易把人打动，除了前进的脚步……

这是新年的第一天，就像平常一样，我们与你再次见面，为逝去的一年而感怀，为新来的一年作准备。祝愿阳光打在你的脸上。

阳光打在你的脸上，温暖留在我们心里。有一种力量，正从你的指尖悄悄袭来，有一种关怀，正从你的眼中轻轻放出。在这个时刻，我们无言以对，唯有祝福：让无力者有力，让悲观者前行，让往前走的继续走，让幸福的人儿更幸福；而我们，则不停为你加油。

我们不停为你加油。因为你的希望就是我们的希望，因为你的苦难就是我们的苦难。我们看着你举起锄头，我们看着你舞动镰刀，我们看着你挥汗如雨，我们看着你谷满粮仓。我们看着你流离失所，我们看着你痛哭流涕，我们看着你中流击水，我们看着你重建家园。我们看着你无奈下岗，我们看着你咬紧牙关，我们看着你风雨度过，我们看着你笑逐颜开……我们看着你，我们不停为你加油，因为我们就是你们的一部分。

总有一种力量它让我们泪流满面，总有一种力量它让我们抖擞精神，总有一种力量它驱使我们不断寻求"正义、爱心、良知"。这种力量来自于你，来自于你们中间的每一个人。

所以，在这样的时候，在这新年的第一天，我们要向你、向你身边的每一个人，说一声"新年好"！祝愿阳光打在你的脸上。

因为有你，才有我们。

阳光打在你的脸上，温暖留在我们心里。为什么我们总是眼含着泪水，因为我们爱得深沉；为什么我们总是精神抖擞，因为我们爱得深沉；为什么我们总在不断寻求，因为我们爱得深沉。爱这个国家，还有她的人民，他们善良，他们正直，他们懂得互相关怀。

【图书推荐】

1. 柴静：《看见》，桂林：广西师范大学出版社，2013 年。

2. 克里斯蒂娜·德斯特凡诺：《从不妥协：法拉奇传》，陈晗奕、魏然然译，北京：新星出版社，2014 年。

3. 迈克·华莱士、贝丝·诺伯尔：《光与热：新一代媒体人不可不知的新闻法则》，华超超、许坤译，北京：中国人民大学出版社，2017 年。

4. 戴维·福尔肯弗里克：《头版：纽约时报内部解密与新闻业的未来》，赵奕译，北京：中国人民大学出版社，2017 年。

5. 盖伊·特立斯：《王国与权力：撼动世界的〈纽约时报〉》，张峰、唐霄峰译，上海：上海人民出版社，2016 年。

6. 迈克尔·奥康纳：《决不后退：泰德·特纳传》，张雪译，北京：中国友谊出版公司，2011 年。

7. 乔治·比姆：《太阳王：默多克和他的传媒帝国》，北京：华夏出版社，2015 年。

8. 罗伯特·卡帕：《焦点不太准》，张炽恒译，北京：人民文学出版社，2015 年。

9. 飞利浦·马尔尚：《麦克卢汉传——媒介及信使》，何道宽译，北京：中国人民大学出版社，2015 年。

10.约翰·本杰明·鲍威尔:《我在中国的二十五年》,刘志俊译,南京:译林出版社,2016年。

11.王健壮:《凯撒不爱我:追寻新闻人的自由传统与典范》,桂林:广西师范大学出版社,2014年。

12.邓利平:《中外名记者研究》,北京:北京大学出版社,2012年。

13.辜晓进:《重走美国大报——美国报业转型:颠覆与重生》,广州:南方日报出版社,2018年。

拓展资源

第二章
什么是新闻

　　不管你在不在乎,新闻每天都与我们同在,每天打开微信刷朋友圈,你会看到有人深更半夜了还在转发评论一条他感兴趣的新闻;清早走在公园里,晨练的老人手里拿着收音机边听新闻边健身;乘坐公交车,移动电视播放的新闻和广告声音刺耳,你想打个盹也不可能;出租车里,司机边开车边听广播路况信息、新闻或音乐节目,让你的耳朵不寂寞;地铁里,有人阅读免费的报纸,有人看着对面的移动电视,更多的人用手机刷屏……但如果让你给新闻下一个定义,新闻是什么? 也许你就答不上来了。"新闻"这个词,在汉语里,既可指新鲜重要的信息,又可以用来作新闻作品的名称。而用作新闻作品名称的"新闻",在中国新闻界又有广义和狭义之分。广义的新闻是消息、特稿等各种新闻文体的统称,狭义的新闻专指消息。在中国,"新闻"这个词最早出现在《新唐书》。英语 news 一词,源于希腊,《牛津词典》的解释是"新鲜报道",说始于 1423 年苏格兰国王詹姆斯一世诏书:"我把可喜的新闻带给他"。[1]

一、新闻定义

　　有人对"新闻"做出了望文生义的另类解释:news 是 north/east/west/south(东西南北)四个单词首字母的组合,意味着新闻的含义是,来自东西南北的所有事实。还有一种说法是,news 是 new(新的)的复数形式,指新闻是所有新的事物或事件。也有人对"什么是新闻"做出了片面而绝对的理解,如英国《每日邮报》(*The Daily Mail*)的创始人北岩爵士(Lord Northcliffe)说:"新闻就是某个地方有人想要封锁的消息,其余的一切都是广告。"

　　自从新闻业诞生以来,很多人做过各种尝试回答这个问题,但似乎总不能让人满意。长期以来,国内教科书比较认可陆定一对新闻的定义:新近发生的事实的报道。该定义言简意赅,但也有明显瑕疵。过去发生但是没有报道的事实是不是新闻呢? 媒体报道的事实不是受众需要的是不是新闻? 是不是所有的事实都可以报道? 是不是所有的事实都值得报道? 是不是所有的事实都应该报道? ……该定义没有回答哪些客观事实属于新闻。新闻不是有闻必录,并非所有发生的事实都是新闻,尚未发生但已经计划确定将要发生的事实只要有新闻价值,也值得报道,如 2020 年奥运会开幕式和闭幕式、中国共产党第二十次全国代表大会。

　　《纽约太阳报》新闻编辑约翰·博加特对新闻的定义颇受关注:狗咬人不是新闻,人咬狗才是新闻。不错,人咬狗太反常了。但如果我们反问:狗咬了名人或名人的狗咬了人是不是新闻? 狗咬伤了一个身无分文的流浪汉是不是新闻? 一条狗多次在同一地点咬伤多人是不是新闻? 狗咬人导致伤者得狂犬病死亡是不是新闻? 狗咬人被打死,狗主人状告打狗人要求巨额赔偿是不是新闻? ……一连串的追问下来,可能下定义的人也犯晕了。

　　笔者在百度中输入关键词"狗咬人"找到相关结果约 7070000 个。我选择了 2017 年 10 月 14 日首页显示的几篇新闻,标题如下:

　　大学生被狗咬伤没打疫苗 病发不到三天离世引爆朋友圈　东莞时间网 6 月 5 日

　　世界狂犬病日:被狗咬没出血需要打狂犬疫苗吗?　网易 9 月 28 日

　　被健康的狗咬伤,需不需要打狂犬疫苗?　凤凰科技 9 月 28 日

　　南昌每年超 2 万人被狗咬伤 这些救命知识要知道　凤凰江西站 9 月 29 日

　　环卫工被狗咬伤不好意思索赔 网格员出面协调　腾讯大楚网 10 月 13 日

　　周至疯狗咬伤数名儿童且均为头面部 被村民杖毙　人民网陕西站 10 月 13 日

　　以这组新闻为例,对照陆定一对新闻的定义会发现,其"新闻是新近事实的报道"的内涵和特点并不准确。比如,大学生被狗咬伤是一年前发生的事,只是因为最近多个媒体官微转发此案例并突破 10 万阅读量而成为新闻。接下来的三条新闻是服务性新闻,传播相关防疫知识,并没有发生新近狗咬人的事实。第五条新闻是社区工作人员关怀帮助被狗咬的弱势人群的故事。最后一条是关于 10 天前多名儿童被一条恶狗咬伤的事件。

　　美国新闻学教授梅尔文·门彻认为,在任何时代,大众媒介上的新闻遵循两个基本原则:

　　(1)新闻是从正常的时间流程中脱轨而出的信息,是某种预期的中断。

　　(2)新闻是一种信息,人们需要根据这种信息来对自己的生活做出明智的决定。[2]

　　从梅尔文·门彻的这两个基本原则可以得出结论:其一,新闻具有反常性,令人意外、震惊的事发生了就是新闻。约翰·博加特"人咬狗才是新闻"其本意也是说新闻具有反常性特点。其二,新闻应新鲜,是受众欲知未知而且需要的信息。提供及时的、新鲜的信息体现媒介的服务功能。

　　我国台湾地区学者周庆祥、方怡文对西方种种有代表性的新闻定义归纳出以下 9 种(每则定义后括号内的宋体字注释为笔者所加):

　　(1)新闻是东、西、南、北所发生的事(news 一词妙解:north/east/west/south)。(该定义牵强附会,并不科学)

　　(2)新闻是由许多重要元素的组合(新闻价值、新闻强调的重点、六要素、新闻来源)。(该定义比较宽泛、笼统,实际上涵盖了新闻生产的规范)

　　(3)新闻指阅听人(受众)关心的事。(该定义强调了受众本位意识)

　　(4)新闻是指符合新闻室需求的消息。(该定义强调媒体对新闻的报道框架决定着新闻生产,新闻不是有闻必录)

　　(5)新闻是指不寻常的事。(该定义强调的是新闻的反常性)

　　(6)引起众人兴趣的消息是新闻。(该定义也体现了受众本位意识,但忽略了媒介的社会责任意识)

　　(7)最新、最近的消息是新闻。(该定义强调的是新闻的时新性特征)

　　(8)新闻是被制造出来的。(该定义强调的是媒体对新闻的策划,即媒介事件)

　　(9)事实与报道是新闻的基本要素。[3](该定义强调的是新闻必须首先是真实的,其次经

过媒体报道的事实才是新闻)

可见,对新闻的定义仁者见仁,智者见智,很难给出一个完美的定义。英国资深电视记者约翰·赛金特说:"新闻记者一般多是靠直觉,讲不出什么道理,所以辩证何谓新闻,往往自讨苦吃。"[4] 话虽这么说,但为新闻界定一个比较清晰的概念,有助于人们认清其内涵是必要的。通过归纳上述新闻定义,可以发现新闻的几个要点:

(1)反常的事。

(2)受众关心(感兴趣)的事。

(3)媒体发现并公开报道的事。

(4)新鲜事实。

(5)满足受众需求的信息。

综合这几个关键点,笔者认为,新闻是媒介公开报道受众欲知的新鲜事实信息。该定义涵盖了几个要素:其一,媒介发现并公开报道的才是新闻,有的事虽然有报道价值,但媒介未能发现,没能公开报道就不会有多少人知道,也就不构成大众传播时代的新闻;其二,新闻应该是受众想知道的事实信息,按照马克思主义新闻观,人类社会对信息的需求催生了大众传媒的产生和发展;1948年,数学家香农在题为"通讯的数学理论"的论文中指出:信息是用来消除随机不定性的东西。称新闻报道的是"事实",突显了其本质特点是真实;称新闻报道的事实"新鲜",突出了其时新性、反常性的特点;称新闻报道的是"信息(客观真实)",区分了新闻与"宣传(主观观念)"的差异。传播信息是新闻的主要功能。纵观全球新闻传播史,新闻业从诞生到发展到繁荣,其主要驱动力是资本主义的全球贸易对信息的需求。

清华大学李希光教授认为,"新闻的终极目标是凭借大众媒介的'扩音'功能影响受众的思维和行为,新闻媒体以大多数人感兴趣的方式和语言传递信息。因此,新闻采访写作的两个基本目标:一是让读者看;二是让读者关心。新闻应该包含'读者需要知道'和'读者想要知道'两个方面的内容"。[5] 新闻语言通俗易懂的风格、提供新闻背景的规范等正是为了让大多数人轻松阅读、喜闻乐见。追溯世界上第一份商业化报纸《纽约太阳报》1833年诞生标志着人类社会开始步入大众传播时代以来的媒介史不难得出结论,受众是否爱看、是否关心新闻决定着传媒业的生存与发展。我们来看网易新闻2017年10月14日的"热点排行"(数字为网民点击量):

(1)《网传家长群里汇报孩子情况 这个爸爸简直一股清流》,41714。

(2)《姑娘用4元买彩票中1320万 母亲:别发疯,去洗碗!》,35926。

(3)《蒙古国大雪降温 民众涌入中国"疯狂"扫货》,31850。

(4)《日本神户制钢称不会回收问题制品 已波及500家企业》,25779。

(5)《美墨边境墙揭开面纱:最高达9米 防攀抗砸防挖道》,18571。

(6)《河南老人马路中间拦车要钱 司机"自觉"排队交费》,15605。

(7)《吃早餐了没? 这个爸爸为女儿做2000多天早餐》,12929。

(8)《重庆轻轨夹缝中穿行 屋顶上演"穿越"戏》,10987。

(9)《最后的非洲皇帝:嗜好人肉的"精神拿破仑"》,7513。

(10)《大妈为女儿征婚只要程序员:收入高性格沉稳还顾家》,7079。

这10条新闻是通过网友点击阅读自动排序的,具有可信度。它们有几个特点:与受众的生活贴近的有趣味、反常、奇异的事,有实用价值的事,开阔眼界的事,受众想知道的事,它们的共性是真实、新鲜,满足人们的好奇心,有用有益。其中 6 条国内新闻,4 条国际新闻,说明受众对"地球村"里的新鲜事有一个共同的接受心理:从关心身边的人和事延伸到关心远方的人和事。对比搜狐网排名前 5 的新闻:

(1)《访高校电竞专业:学生忙学习吃饭叫外卖》。

(2)《新驾考太难了?别担心!交警为你画好了备考重点》。

(3)《丘吉尔 1947 年抽剩半支雪茄 网上 1.2 万美元售出》。

(4)《坦桑尼亚驻华大使:中国减贫成就归功于中共成功领导》。

(5)《神秘巨洞曾离奇关闭 42 年后再次出现在南极洲》。

第一条新闻内容新鲜,满足受众好奇心;第二条新闻具有实用性和服务性,贴近生活;第三条新闻"名人＋不平凡的事"突出其显著性,"辣眼睛";第四条新闻满足受众对身边事的接近性心理,角度巧令人好奇;第五条新闻有显著性,能满足受众的知识需求,"惹眼"。可见,"新闻就是具体的问题、事件和过程提供的关于现实的当代景象的报道。它通常监视着个人或社会关系重大的变化,并且把这些变化同普通或特殊的社会背景联系起来"。[6] 上述新闻被受众从新闻海洋中打捞出来,成为多数人喜欢的新闻,这启示我们:新闻应该是多数人感兴趣的事实,是受众想知道、要知道或者应该知道的新鲜信息。我国新闻学先驱徐宝璜先生说:"新闻者,乃多数阅者所注意之最近事实也。故第一须确实……第二须新鲜。"[7] 这话至今仍不过时。

二、新闻特质

真实、新鲜是新闻的两大基本特征。

(一)真实

一听到"新闻"这个词,人们下意识地就知道说的是真人真事,和小说不一样。先有事实,后有报道,这是常识。真实是新闻的生命,报道事实是新闻核心竞争力的内涵,是新闻公信力的标志。新闻真实是记者的职业道德,报道事实是记者的天职,从入职的第一天起就应该从思想认识上牢固树立"用事实报道事实(马克思)"这样的职业理念。全国记协从 1991 年开始修订了四个版本的《中国新闻工作者职业道德准则》,其中都强调了"要把真实作为新闻的生命"。每个新闻人不管学习何种专业,入职后大都会接受媒体的业务培训,自己也会买几本新闻业务书随时翻翻,为尽快上手做准备,也为评职称写业务论文打基础。尊重事实、报道真相是新闻媒体的社会责任,对于记者来说这是常识,但为何新闻失实和虚假报道屡禁不止呢?个中原因值得反思。

从 2002 年开始,《新闻记者》每年元月都会公布上一年的 10 大假新闻。2016 年的 10 大假新闻是:(1)江西九江发生 6.9 级地震;(2)上海姑娘逃离江西农村;(3)"礼崩乐坏"的东北村庄;(4)北大才女回乡创业送快递;(5)患癌保安资助四川贫困女孩;(6)范冰冰母女共侍大佬;(7)津巴布韦总统因奥运会没能得奖牌下令逮捕代表团;(8)女员工每日排队吻老板;(9)叙利亚诗人阿多尼斯获诺贝尔奖;(10)山西教屯留县纪委书记屈世贵被免职。这 10 条假新闻都在社会上引发了广泛的关注,成为网络热点。其中 8 篇都是先由传统媒体的微博或微信客户端发布的,2篇是先由传统媒体报纸发布的。第一篇是澎湃新闻根据不实的信源发布新闻,随后,人民日报客户端、网易新闻客户端、一点资讯等也纷纷开始推送这个消息;第二篇是一网友编造的帖子被《华西都市报》官方微博当成事实直接修改后以新闻发布;第三篇是在《财经》杂志微信公众号发表后引发光明网、中国青年网、中国网等媒体纷纷转载;第四篇是《成都商报》报道后多家媒体进行了转载;第五篇是浙江嘉兴多家媒体报道了"先进人物"消息后,当地的《南湖晚报》跟进进行了深度报道,随后平面媒体和网络媒体广泛传播;第六篇是《中国日报》中文网转载的一篇假新闻;第七篇是尼日利亚一家网站上刊登的假新闻被台湾媒体翻译成中文,随后凤凰网、网易等网站不加求证就转载了;第八篇是失实文字解释配发的视频及其截图引发东方头条、光明网、央广网等媒体纷纷转发;第九篇是一财网、凤凰网、中国日报网等多家媒体根据 Twitter 上的不实信息以新闻发布了;第十篇是新京报网记者将微信朋友圈里网友恶搞的一份假文件信以为真。

探究上述十大假新闻,有这么几个特点:其一,依托网络资源报道新闻,缺少了采访环节,偏听偏信,人云亦云;其二,因采访不深入导致报道失实;其三,缺乏核实、质疑和求证,以讹传讹;其四,违反新闻职业道德,捏造新闻;其五,以融合新闻方式造假,容易误导受众,增加了辨识假新闻的难度。总之,上述媒体放弃了把关人责任是导致假新闻误导公众的关键所在。从这十条假新闻也可以发现一个问题,过去假新闻往往是记者采访没有严格执行新闻专业主义规范导致的,而今媒体连采访也省略了,直接从网上扒新闻,这就使得新闻真实变得更加脆弱了。

从新闻的传播途径看,在自媒体兴起之前,热点新闻往往是知情人利用网络曝光事实,传统媒体以之为线索跟进采访报道,然后门户网站转载传统媒体报道形成舆论热点,这种流转由传统媒体权威专业的报道主导,而且多家专业媒体参与竞争挖新闻,舆论形成热点的周期长,媒体有时间自我审查和相互交叉对比纠错;而今,传统媒体的发布平台迁移到了互联网,为了争抢新闻以快取胜,赢得注意力,直接利用自媒体第一时间改编或转发网络信息不加核实,以融合新闻精确推送,在移动互联网时代传播速度和到达率更快、更精准、更广泛,虚假新闻瞬间就能引爆网络舆论,其危害性比以往任何时候都大了。另一方面,人人都是传播者,互动反馈及时高效,也为遏制虚假新闻、反转舆论提供了便利。由此可见,对新闻人的职业道德教育应该常抓不懈,同时对管理者也要进行岗位责任监督,杜绝浮躁、玩忽职守的工作作风,遵循新闻采访报道的流程规范,从思想上、业务上提高专业素养。

《纽约人》杂志要求每一名记者将采访稿传回编辑部时要提供受访人的联系电话,编辑在审核稿件时会打电话向每一个当事人进行核实,这个方法有利于监察记者的采访质量,有利于保证新闻的客观真实,值得借鉴。著名记者奥利亚娜·法拉奇说:"采访是一场探询事实真相的战斗。"新闻真实首先得把好采访流程这个关卡,记者不带有个人的偏见成见、不先入为主,在现场采访全面、深入、扎实,核实、质疑每一个事实,新闻六要素(人物、时间、地点、事件、原因、过程)真实、准确、清楚,新闻来源(信源)清晰,新闻就成功了一半。新闻真实要求记者把好新闻采访这一关,采访遵循新闻专业主义规范,写新闻才有真材实料。按照新闻采写的这种基本专业规范,你如何评价下面这篇新闻?

绍兴 1 女子收到奇葩快递　盒子上 3 个血红大字:强奸你

来源:绍兴 E 网　时间:2016-11-22

　　过去一周可谓是快递员的噩梦,双十一这么多包裹如何最快送到消费者手里无疑是个大难题,顶着这巨大的压力,当然免不了有"意外"发生,但是绍兴这姑娘收到的快递未免太……

　　昨天中午,绍兴网友发帖称,收到的快递盒子上竟写着 3 个血红大字"强奸你"。遇上这档子事已经够糟心了,问题是姑娘发现还投诉无门。

　　该新闻只有明确的何时要素"昨天中午"和不完整的何事要素——快递盒子上写着 3 个血红大字"强奸你",其地点要素不具体,人物要素不清晰,如姑娘和快递员无名无姓,没有交代快递员是哪个公司的,没有新闻来源。它没有交代事件发生的过程和结果,其事实发生的前后经过如该女性是如何讨公道的、快递员如何解释、快递公司如何解释、谁该为此负责均缺失,结果要素如当事人是如何解决这件事的也没有交代。"奇葩快递"语言表达主观。开头与新闻主题无关。该报道的新闻来源"绍兴网友发帖称"也不清晰。这种双方纠纷的事件报道至少要提供两个以上新闻来源才能让受众相信其真实性。总之,该新闻事实不完整、不清晰、不准确。这是一条"后真相时代"感情和观点多于事实导致真相不明的网络新闻。

　　"网媒正在为高额利润厮杀,不惜降低新闻的品质,每天喷涌大量'危言耸听、哗众取宠'的魔咒式新闻。一些传统媒体也在紧跟、效仿。各类严肃媒体却流失千万受众,束手无策地在那里落寞发呆。他们不是没有回天之力,而是被禁锢在另一种没有品质的新闻框子里。"[8]在互联网新媒体时代,海量信息泥沙俱下,新闻传播无远弗届,虚假新闻的传播速度和传播范围更快、更广,对社会的负面影响也比以往传统媒体时代更大。要减少虚假新闻,首先要强化媒体人的社会责任感,恪守新闻职业道德的底线,把新闻真实奉为信条并身体力行;其次,对违反新闻真实性原则,生产、传播虚假新闻的人不姑息迁就,依法对当事人进行追责,严惩相关责任人。如果媒体的经营管理者可以担负失职失察的主要责任,才能更有效地遏制虚假新闻。

　　《新闻记者》评选了 2016 年 10 大假新闻后,仅有 4 起受到了查处。这 4 起虚假新闻的处罚主要是针对媒体的负责人,分别是停职检查、扣罚奖金;警告、罚款;批评教育等行政处理。最严厉的处罚是一名虚构《"礼崩乐坏"的东北村庄》的记者被吊销记者证,并被列入新闻采编不良从业行为记录。虚假新闻年年曝光年年不缺的现状或许与上述事件发生后对记者、编辑的处罚不到位,对媒体负责人追责轻有关联。媒体的经营管理者是把关人,是防止虚假新闻的最坚固也最有权威的一道防线,拥有对新闻发布的决定权力。出现虚假新闻,管理者责权最重。在公民新闻时代,加强对公民的媒介素养教育,提高公众正确利用媒介的能力,对制造传播谣言者依法惩治也是有效控制虚假新闻的途径。一句话,未经核实验证的事不是新闻,而是小道消息,是流言或传言甚至是谣言。新闻真实需要记者在采访中求证核实,有多个独立的消息来源交叉验证,有完整的证据链。真实是新闻的本质特点,也是新闻的核心价值。

　　2016 年奥斯卡"最佳影片"美国电影《聚焦》改编自一段真实的新闻故事,它说的是 2001年到 2002 年间,《波士顿环球报》"聚焦"栏目的 6 名编辑和记者克服重重阻力追查天主教牧师性骚扰儿童的事件。电影《聚焦》的制片人妮可·洛克林在接受《南方周末》记者采访时认为:"社交媒体并不是报道新闻,那是人们分享的平台。在社交媒体上,每个人对每件事都可以发表看法,但并不代表每个人所说的都是真相。"妮可·洛克林还说:"我觉得因为有了社交媒体和网络就不需要记者的想法是很可怕的。没有记者,你如何知道事件的真相? 我有工作,有孩子,没有时间去自己调查真相。我们需要记者,因为我们需要真相。"[9] 在新媒体时代,专业的新闻人是保证新闻真实的把关人,其社会瞭望者的角色依然如故。

真实性是新闻的根本属性,是新闻报道的基本原则,是新闻的生命,是新闻区别于其他文体的本质特征,也是新闻记者恪守的基本道德准则。如果新闻失去了真实性,媒体就失去了公信力,也就失去了对读者的影响力,失去了存在的价值。新闻真实性是指新闻的6要素(时间、地点、人物、事件、原因、过程)、背景材料、新闻来源等都是准确的,不能不经核实,用推测、估计、想象取代事实,如人物名字不能张冠李戴、人物的身份不能搞错、时间地点必须精确、事件发生的过程必须简明完整清晰、与新闻事实关联的数字不能模糊笼统。字字句句力求准确无误,符合事实本身的原貌。总之,新闻真实要求记者不能像文学创作那样用情感和想象虚构故事,用朦胧含蓄的语言表达个人的幻想。

(二)新鲜

新闻常被称为"易碎品",还有一种说法"新闻只有一天的生命",指的其实就是新闻的另一个特征——新鲜。新闻要新鲜,从其名称上即可判断出这是新闻的天然属性,媒介竞争的前提是新闻真实加时间内容新鲜,尤其是突发事件,谁抢第一,谁就拥有了话语权,影响力就大,品牌就响亮,市场占有率就高。从大众媒介诞生之日起,拼抢新闻的时效就是各媒体争夺受众的制胜法宝。新闻真实决定着媒介的公信力,新闻新鲜决定着媒介的影响力。两者缺一不可。我们对比下面两条2007年同主题突发事件新闻的导语:

新华网乌鲁木齐1月5日电(记者曹志恒)由于热力公司供热主管网发生爆裂,1月4日凌晨起,新疆阜康市城区共计95万平方米范围内近5万户居民住宅及单位停暖。

中新社阜康一月五日电(汪金生 程勇)新疆阜康市因暖气管爆裂自四日早晨开始停止供暖,截至今日下午已逾三十小时。

这两条导语各有千秋。但就时间表达的新鲜感而言,后者占优,因为它提供了"最近的时间点"——今日下午,将事发时间与公开报道时间之间的差距缩小到了力所能及的程度。

当重大突发事件发生的时候,记者反应快,报道及时,把最新鲜的事实传播出去就是忠实地履行自己应尽的职业使命。例如:

纽约曼哈顿发生卡车撞人恐怖袭击事件8人死亡

来源:新华网　时间:2017-11-01 05:40:26

新华社纽约10月31日电(记者王文)据纽约警方消息,纽约曼哈顿下城10月31日发生卡车撞人袭击事件。纽约市长德布拉西奥说,事件已导致8人死亡、多人受伤,是一起恐怖袭击行为。

纽约警方在推特上发文说,31日下午,一辆卡车在曼哈顿下城世贸中心附近冲入行人、自行车道,撞倒多人后继续行驶,并撞上另一辆车。司机随后持仿真枪下车,后被警察开枪击伤。

警方说,嫌疑人目前已被拘留。

过去,我们的新闻在时间和内容上"保鲜度"都不佳,新闻导语中以"最近""最近一段时间以来""今年以来""前不久""不久前""日前"开头的时间表达屡见不鲜。1976年7月28日3时42分,河北省唐山市发生了震级为7.8级的大地震。次日的《人民日报》头版刊发了400余字充满政治口号的新闻《河北省唐山丰南一带发生强烈地震 灾区人民在毛主席革命路线指引下发扬人定胜天的革命精神抗震救灾》,其中报道地震后果的话仅有一句:"震中地区遭到不同程度的损失。"大地震发生三年多之后的1979年11月22日,新华社才告诉受众唐山大地震的真实损失:"总共死亡24.2万多人,重伤16.4万多人。"看到了吗?两个关键数字还不精确。2008年5月12日14时28分,四川汶川大地震发生之后不到20分钟,新华社就发布了消息,随后,电视、网络、报纸、广播等立即全方位报道了地震破坏的程度,及时更新精确的伤亡人数,及时报道国际国内救援的情况,为中国赢得了世界的尊重。正是因为国内媒体透明、公开、及时、客观的报道,汶川地震凝聚了民心,也获得了国际的关注,震后捐款捐物数额为自中华人民共和国成立以来最多的一次,"我们都是汶川人"的口号响彻大地,真实与新鲜的新闻凝聚人心,建构了一个"想象的共同体"(本尼迪克特·安德森)。

新闻要新鲜,这是受众对新闻传播信息的需求,也是大众使用媒介关注新闻的心理需要。新鲜首先意味着报道发布的时间与新闻发生的时间差越小越好,重大新闻现场直播就是为了突出新鲜。同时,报道的内容也应该是公众闻所未闻的新鲜信息。美国有线电视新闻网(CNN)是世界上第一家每天二十四小时直播全球新闻的电视媒体,1980年6月诞生,一直亏损,到了1991年1月17日以美国为首的多国部队发动针对伊拉克的海湾战争爆发时,CNN终于抓住机遇,以直播战争全程而享誉全球,赢得了丰厚的市场回报。2001年9月11日美国发生系列恐怖袭击,史称"9·11"事件,刚刚成立的香港凤凰卫视资讯台闻讯后,立即中断正常节目,连线纽约的记者进行现场直播,凤凰卫视资讯台由此声名远播。2003年春天,非典型肺炎病毒(SARS)在广东暴发并随着人流迅速蔓延扩散,2003年5月1日起试播的中央电视台新闻频道及时报道了这场令人恐惧的"非典"阻击战,新闻频道很快赢得了声誉,当年参与现场深度体验式报道的女记者柴静也由此扬名。重大事件发生时,报道的时效尤其重要,抢先就赢得了影响力。

在传统媒体时代,广播新闻时效性优势最突出,其新闻以快著称,主要是其作为电子媒体,比电视新闻制作更简单,比印刷媒体报纸传播便捷,当日新闻当日播出,重要新闻记者用手机与直播室连线,口头即时播报现场新闻。纸媒则以深度报道凸显自己的优势。进入互联网时代,报纸、广播、电视媒体积极拓展以网站、微博、微信、客户端为代表的新媒体平台,传统媒体和新兴媒体在内容、渠道、平台、经营、管理等方面日渐深度融合。各媒体针对不同媒体特点和受众"胃口",分别将各类新闻源素材,加工制作为图文、图表、音视频等各种"美味佳肴"的融合新闻,从可读到可视,从静态到动态,实现报网联动、多渠道传播,形成"一次性采集、多渠道发布、快速度传播、广覆盖受众"的多媒体、多平台的传播矩阵。传统媒体之间的传播介质界限不存在了,都拥有了聚合新闻生产与发布的互联网渠道和平台,在报道的时效方面都站在了同一条起跑线上,新科技伴随无人机新闻、VR(虚拟现实)新闻、大数据新闻等为受众提供更加直接、鲜活的新闻体验。新闻追"新"的竞争比以往任何时代都更为激烈。全球传播使人类真真切切感觉到了生活在"地球村"里。

如今,我们点击人民网的"滚动"栏目会发现,其新闻时时更新,将发布新闻的时间精确到了当日的几分几秒。新媒体时代,新闻传播方式发生了变化,不再像传统媒体那样记者将事件完整地采访结束后才报道了,而是在事件出现苗头时就开始同步跟踪报道,碎片化滚动传播,从起点到终点同步文字或视频直播。现在,以"机器写作"为代表的人工智能技术正在参与到传媒业的变革之中,2016 年巴西里约奥运会期间,"今日头条"的写稿机器"XiaomingBot"在比赛结束 2 秒内就完成了赛事报道的创作审核和分发,几乎与电视直播同步。值得提醒的是,在全民传播时代,职业新闻人为争抢事件报道的时效,对刚刚露出苗头的事实信号不经核实就用"疑似发生了某事"的标题进行报道,这是有风险的。不管时代如何变化,记者在追求新闻时效的同时仍要恪守新闻真实的底线,不被网络传言、流言、谣言误导,不忘初心,用严肃的态度做新闻。

【注释】

1.冯建总主编:《中国新闻实用大辞典》,北京:新华出版社,1996 年,第 1 页。

2.梅尔文·门彻:《新闻报道与写作》第 9 版,展江主译,北京:华夏出版社,2003 年,第74 页。

3.周庆祥、方怡文:《新闻采访写作》,台北:台北风云论坛有限公司,2003 年,第 5—9 页。

4.托尼·哈尔卡普:《新闻学原理与实务》,董素兰、顾淑馨译,台北:台北学富文化事业有限公司,2011 年,第 73 页。

5.李希光、孙静惟、王晶:《新闻采访写作教程》,北京:清华大学出版社,2011 年,第4 页。

6.梅尔文·L. 德弗勒、埃弗雷特 E. 丹尼斯:《大众传播通论》,颜建军译,北京:华夏出版社,1989 年,第 446 页。

7.徐宝璜:《新闻学纲要》,上海:上海书店出版社,2011 年,第 3 页。

8.刘建明:《新闻的品质不是审美标准而是思想定力》,《新闻爱好者》2017 年第 4 期。

9.《南方周末》文化版,E25,2016 年 4 月 26 日。

【延伸阅读】

中国新闻工作者职业道德准则

(1991 年 1 月通过,1997 年 1 月第二次修订)

中国新闻事业是中国共产党领导的有中国特色社会主义事业的重要组成部分。新闻工作者要适应形势发展的需要,努力学习和宣传马克思列宁主义、毛泽东思想和邓小平建设有中国特色的社会主义理论,坚决贯彻执行党的基本路线、基本方针,坚持以科学的理论武装人,以高尚的精神塑造人,以优秀的作品鼓舞人,牢牢把握正确的舆论导向,为人民服务,为社会主义服务,为全党全国工作大局服务,为推进社会主义物质文明建设和社会主义精神文明建设,实现我国社会主义现代化的宏伟目标努力奋斗。

继承和发扬党的新闻工作优良传统,树立良好的职业道德,维护新闻工作的严肃性和声誉,对于发挥新闻舆论的引导作用,对于建设一支政治强、业务精、纪律严、作风正的新闻队伍,保证新闻事业健康发展,具有十分重要的意义。树立正确的世界观、人生观、价值观,自觉遵守新闻职业道德,应该是每一个有理想、有抱负、有操守和富于敬业精神的新闻工作者对自己的基本要求。

一、全心全意为人民服务

为人民服务是社会主义道德建设的核心,是社会主义道德的集中体现,也是我国新闻工作的根本宗旨。

新闻工作者要在党的领导下,发挥密切党和政府同人民群众联系的桥梁、纽带作用,坚持对党、对国家负责和对广大群众负责的一致性。

努力使党和政府的方针、政策及时、准确、广泛地同群众见面,为人民群众提供参与政治、经济、文化等社会生活以及了解世界所需要的新闻和信息,热情宣传他们建设社会主义的伟大创造和奉献精神,准确反映他们的愿望、呼声和正当要求。

支持符合人民利益的正确思想和行为,勇于批评、揭露违背人民利益的错误言行和消极腐败现象,积极、正确发挥舆论监督作用。

牢固树立群众观点,满腔热情地做好群众工作,密切联系群众,重视群众的来稿,妥善处理群众有关建议、批评、申诉和检举的来信、来访,开展多种多样为群众服务的活动。

二、坚持正确的舆论导向

新闻工作者要增强政治意识、大局意识、责任意识,坚持正确的舆论导向。在新闻报道中,要弘扬爱国主义、集体主义、社会主义的主旋律,动员和团结全国各族人民投身到建设祖国、振兴中华的伟大事业中来。要坚持推进稳定鼓劲、正面宣传为主的方针,造成有利于推进改革开放、建立社会主义市场经济体制、发展社会生产的舆论,有利于加强社会主义精神文明建设和民主法制建设的舆论,有利于鼓舞和激励人们为国家富强、人民幸福和社会进步而艰苦创业、开展创新的舆论,有利于人们分清是非、坚持真善美、抵制假丑恶的舆论,有利于国家统一、民族团结、人民心情舒畅、社会政治稳定的舆论。新闻报道不得宣扬色情、凶杀、暴力、愚昧、迷信及其他格调低劣、有害人们身心健康的内容。

三、遵守宪法、法律和纪律

新闻工作者必须在宪法和法律的范围内活动,自觉遵守宪法、法律和宣传纪律。

坚定地宣传、贯彻党的理论、路线、方针、政策。不得利用自己掌握的舆论工具,宣传同中央决定相违背的内容。

维护宪法规定的公民权利,不揭人隐私,不诽谤他人,要通过合法和正当的手段获取新闻,尊重被采访者的申明和正当要求。

维护司法尊严。对于司法部门审理的案件不得在法庭判决之前作定性、定案和案情的报道;公开审理案件的报道,应符合司法程序。

严格遵守和正确宣传国家的民族政策和宗教政策,坚决维护各民族的团结,维护安定团结的政治局面。严格保守党和国家的秘密,自觉维护国家的利益和安全。

四、维护新闻的真实性

真实是新闻的生命。新闻工作者要坚持发扬实事求是的作风,深入基层、深入实际、深入群众,加强调查研究,报实情、讲真话,不得弄虚作假,不得为追求轰动效应而捏造、歪曲事实。

力求全面地看问题,防止主观性、片面性,努力做到从总体上、本质上把握事物的真实性。采写和发表新闻要客观公正。不得从个人或小团体利益出发,利用自己掌握的舆论工具发泄私愤,或作不公正的报道。

工作要认真负责,避免报道失实。如有失实,应主动承担责任,及时更正。

五、保持清正廉洁的作风

新闻工作者要坚持发扬清正廉洁的作风,自觉抵制拜金主义、享乐主义、个人主义思想的侵蚀,坚决反对"有偿新闻"等不正之风,树立行业新风。

新闻工作者不得以任何名义索要、接收或借用采访报道对象的钱、物、有价证券、信用卡等;参加各种会议和活动不得索取和接受任何形式的礼金;不得在企事业单位兼职以获取报酬;不允许个人擅自组团进行采访报道活动;不得利用职务之便谋取私利。

新闻报道和经营活动要严格分开。新闻单位不得用新闻形式做广告;不得向编采部门下达"创收"任务。记者编辑不得从事广告或其他经营活动。

坚持廉洁自律,提倡勤俭作风,记者不得向被采访地区或单位提出工作以外的个人生活方面的特殊要求。要自觉遵守财经纪律和财务制度,严禁讲排场、比阔气、挥霍公款。

六、发扬团结协作精神

团结协作,形成合力,是社会主义新闻工作的一大优势。新闻界同行之间应建立平等、团结、友爱、互助的关系。提倡相互学习,相互支持,开展正当的业务竞争。

尊重同行和其他作者的著作权,反对抄袭、剽窃他人的劳动成果。

在同国外新闻界的交往中,要维护祖国的尊严,维护中国新闻工作者的尊严。

【图书推荐】

1. 刘华清:《人民公社化运动纪实》,北京:东方出版社,2014年。

2. 伊恩·布鲁玛:《创造日本:1853—1964》,倪韬译,成都:四川人民出版社,2018年。

3. 叶永烈:《陈伯达传》,成都:四川人民出版社,2016年。

4. 张典婉:《太平轮一九四九》,北京:生活·读书·新知三联书店,2011年。

5. 章诒和:《往事并不如烟》,北京:人民文学出版社,2004年。

6. 龙应台:《目送》,桂林:广西师范大学出版社,2014年。

拓展资源

第三章
新闻报道原则

好新闻与烂新闻泾渭分明。如何做出好新闻呢？其要领是准确、溯源、核实、完整、客观、公正、平衡、简洁、清晰、有人情味、可读性强。

一、准　确

真实是新闻的生命。记者职业的使命和价值就是报道真相。新闻报道的真实性建立在记者采访写作的准确性上，采访获得的材料准确无误，贴近真相，写作才能准确地还原事实，公众才能通过新闻这扇窗口看到真实的世界。新闻报道的准确要求记者在采访和写作全过程中，对构成新闻的六要素（5W1H）"关于谁的事"（Who）、"在什么时间发生的事"（When）、"在什么地方发生的新闻故事"（Where）、"发生了什么事"（What）、"为什么发生"（Why）以及"怎么发生的"（How），要进行质疑、核实和求证。这六个要素是新闻报道的基本要素。我们来看下面这篇选自外语教学与研究出版社《英语报刊阅读教程》（2009 年出版）第 340 页的新闻案例：

猴眼金睛，凶犯现形

在云南西双版纳傣族自治州（**具体是什么地方？**），一只猴子（**什么种类？年龄？**）在协助捕获三个杀人犯的过程中发挥了关键性的作用（**具体说发挥了什么作用？形容词抽象，应用事实呈现**）。

六月的一天（**具体是哪一天？**），解放军（某部）政治指导员张某和战士刘某（**两人的真实名字？他们的军衔？年龄？**）驾车（**什么车？**）经过西双版纳山区（**哪个山区？**）时，一只猴子突然跳到公路（**公路的名字和具体的地点？**）上，挡在吉普车（**什么品牌的车？**）的前面。它一边指着朝南的方向，一边还不停地扯着他们的手臂（**车停了吗？它跳上车了吗？扯了谁的手臂？左手臂还是右手臂？它一只手能同时扯住两个人的手臂吗？从下一句看，此时两人没下车，猴子如何扯两个人的手臂？**）。

于是，两人下车，随猴子来到一土坑前（**位于什么方向？距离停车的公路多远？土坑有多大？土壤是什么颜色的？是沙土、泥土还是含有石头的土？土是干是湿？有什么迹象？**）。猴子拼命地挖土，全然不顾指爪流血（**不应用表述主观、抽象、空洞的修饰词**）。张和刘感到奇怪，遂即把猴子带到了当地（什么地方？）的公安局（公安局的名称？）。

猴子又把警察（多大年龄？叫什么名字？警衔？几名警察？）带到了那个土坑前。警察在那儿挖出（用的什么工具？挖了多久？挖了多深？）了两具尸体（样貌、特征、情形？）。当警察"问"（怎么问的？用的什么语言？）猴子谁是凶手时，猴子指向附近（多近？具体的数据？）的一个村子（叫什么名字？）。

当晚（几号？几点？），村里召开大会（地点？以什么名义开会？全村共多少人？多少人参加了会议？）。猴子一进会场就扑向一个企图溜走（为什么要溜走？因为看到了猴子？）的年轻人（名字？年龄？性别？），另有两人（名字？年龄？性别？）正想逃跑也被当场抓获。

三人随后供认，是他们谋杀了猴子的主人——两名从内地（哪个地方？）来的巡演艺人。这两名艺人（名字？年龄？）在村里表演了一场之后，三人把他们灌醉（如何得逞的？），而后用刀子刺死（三人同时动手的吗？什么样的刀？尺寸？刺中了什么部位？刺了多少刀？当场死亡？猴子此时在干吗？）了他们，并抢走了他们的钱（多少钱？）。凶犯（应用"犯罪嫌疑人"）还试图杀死猴子（猴子当时在哪里？在干什么？），结果让它逃跑了（怎么跑的？）。他们交代，案发时，猴子一个劲儿地大声叫喊。

读完这篇新闻，你相信它是真实准确的事实吗？

从新闻的六要素来看，这篇新闻发生的时间、地点、人物、事件、过程、原因等要素都不够清楚准确，没有准确的人名、人物年龄、职业、身份等具体信息，没有一个新闻来源（记者从何处得到的事实）。在这篇新闻中，所有的事实信息都是模糊不清的。这是文学写作，不符合新闻写作的基本规范。这样的新闻因为没有准确、具体、清楚的事实信息，漏洞太多，让人根本看不到真相，无法相信这是真实的新闻。新闻写作应准确地还原事实，重建现场，句句是事实，字字有出处，忌空洞含混的空话、套话、大话、废话。

记者对事实的准确呈现是工作责任心的体现。2017 年 11 月 2 日，网上盛传"中国最后一位压寨夫人杨丙莲仍健在，如今 96 岁，容貌惊艳惊人"的消息。封面新闻记者通过采访杨丙莲户籍所在地的乡政府工作人员、村干部张峰，以及杨丙莲的第四个儿子和她的孙子，得到的答案是杨丙莲已去世近 3 年。此外，杨丙莲的孙子张学法告诉封面新闻记者，网上传的杨丙莲共生了 8 个儿女的信息不准确，他的父亲一辈，总共有 7 个兄妹，父亲排老四，他的姑姑排行老五。目前，父辈一代，还有 5 人健在。如今网络媒体人云亦云的现象比较常见，新闻事实不准确的问题也频繁发生，有时只要打个电话就能够核实的事实偏偏没有人去做，这反映出当下新媒体野蛮生长的陋习，新闻人的专业素养不足。在新闻实践中，低级的失误是，记者采访写作时把新闻当事人的名字写错、年龄搞错，新闻要素模糊不清。按照新闻职业道德，媒体在报道中出现任何差错都应公开道歉。

新闻的准确性与采访直接关联。记者通过自己观察得到的第一手材料能够保证新闻的准确与生动，这就是提倡记者深入现场发掘新闻的意义所在。对于目击者和亲历者提供的第二手材料和知情者（第三方）提供的第三手材料，记者应带着质疑进行核实验证，以两个或三个独立的新闻来源形成证据链。不能听风就是雨。记录、文件、报告、媒体报道相对比目击者、亲历者和知情者提供的材料更可信。总之，新闻采访与写作应以"准确"为基本前提，因为唯有准确的表达才能让受众清晰地理解传播者的意图，才能产生传播者所预期的传播效果。新闻作为大众传播的内容，恪守真实性原则，事实准确，表述准确才能避免错误的导向，维护传播媒介的品牌和声誉。

二、溯　源

"一般来说，除非来自记者的直接观察，否则就要交代信息来源。"[1] 新闻报道要交代新闻来源，这是新闻报道的操作规范。它为把关人和受众提供了对事实进行追根溯源核实验证的清晰线索。但当下不少国内的新闻报道却做不到这一点，比如：

7 岁娃娃撞倒 3 岁娃娃　29 字道歉信刷爆朋友圈：对不 qi

来源：《钱江晚报》微信公众号　　时间：2017-10-28

"对不 qi，今天我 zhuang shang 一位弟弟……"日前，深圳一名七岁小学生骑单车撞倒三岁娃娃，因沟通不畅未作处理就各自回家。然而当小学生妈妈下班知晓后，先是严厉批评儿子，再让他手写六份夹杂着拼音的道歉书，妈妈也进行补充道歉，称发生这样的事是自己教育的疏忽，提出如果被撞的宝宝需要去医院检查和治疗都会负责，并在文末留下自己的联系方式。"希望通过这件事让孩子知道对错，明白犯错要承担责任。"然后在全小区张贴寻找被撞的孩子，最终成功找到并登门道歉。被撞孩子的父母很大度，表示不需要他们赔偿费用。有儿童教育专家表示，身边有很多的事情都是很好的教育题材，如果能够及时抓准它，给予孩子正确的引导和教育，将会对孩子身心成长起到非常重要的作用。

这篇新闻中没有一个人名，新闻来源（简称信源）均为匿名。若不是配有一张照片，谁能相信这是事实？即便是有照片，其真实性也令人怀疑，因为现在图片造假很容易。所谓新闻来源，指的是新闻事实的提供者，新闻中的人、报告、档案、文件、权威机构、媒体等。记者在采访报道时，必须搞清楚每一个事实的来源及真相，避免失实。交代新闻来源，即将被访人的身份和姓名呈现给受众，可以使受众判断新闻的可靠程度。这样做是为了让受众信任媒体的公信力，对新闻媒体有效监督，避免记者道听途说和主观臆测，维护新闻真实性。此外，该报道对时间要素、地点要素的交代都不清晰，是明显的缺点。专业的新闻写作应该是这样的：

日本两个柿子拍出 4800 美元　培育用了 11 年

来源：中新网　　时间：2017-10-27

中新网 10 月 27 日电 据俄罗斯卫星网报道，日本全国农业协同组合联合会（JA 全农）岐阜县分会销售部代表伊藤良之（Ito Yoshiyuki）称，当地的两个柿子在拍卖会上卖出 4800 美元。

他说："这是今年的首场拍卖，也许这对价格也有影响，但拍出如此高价主要还是因为这两个柿子异常的甜。如果说普通柿子的含糖量为 15 至 16（白利糖度），那么这种上等柿的含糖量则超过 18。而今天拍出的这两个则超出 25，而且还很可口，因为够硬，像梨一样脆。"

报道称，培育这种上等柿子花费了 11 年时间，去年才上市。当时最高价约达 3000 美元，一个柿子重 300 克。

这篇消息有两个清晰的新闻来源："据俄罗斯卫星网报道""日本全国农业协同组合联合会（JA 全农）岐阜县分会销售部代表伊藤良之（Ito Yoshiyuki）称"。如果一篇新闻没有清晰的新闻来源(身份＋真实姓名),会使受众怀疑新闻的客观真实。在报道中准确地交代新闻来源也有利于保护记者和媒体的声誉,新闻来源为自己接受记者采访时提供材料的真实性承担责任。在法治新闻、揭黑报道中,为了保护新闻中的未成年人、当事人的隐私、名誉或人身安全,新闻来源可以匿名,如"一名不愿意透露姓名的人""消息灵通人士""知情者"等。

三、核 实

做新闻最重要的是保证新闻真实,记者需要对新闻事实进行验证核实,追求零误差。新闻与流言和谣言有着本质的区别,记者需要在采访环节对新闻六要素涵盖的所有事实信息进行核实。非虚构写作的经典作品《巴黎烧了吗》描绘了 1944 年 8 月解放巴黎的全过程。两位作家是美国记者拉莱·科林斯和法国记者多米尼克·拉皮埃尔。他们花了将近三年时间搜集材料,翻阅了美、法、德三方面的军事档案,采访了从政要到普通人共 800 多人,对每个人都通过核实提供了准确的事实信息,做到了事事有根据,人人有下落,句句有出处。这种严谨认真的写作态度值得我们学习。下面这篇新闻你觉得怎么样?

90 后女星疑在温州拍戏鼻子受伤 现场就医照片外泄

来源:《温州都市报》 时间:2017-10-30

10 月 27 日,网传某女星在温州拍戏遇意外,鼻部受伤被紧急送医治疗,随即现场就医照片也被外泄。

10 月 27 日,微博一组题为"90 后某女星温州拍戏出意外,鼻部受伤紧急前往整形医院"的路透照吸引了大批网友的关注。照片中的女子因高鼻梁大眼睛的清秀侧颜,引发了网友对其真实身份的热议。

爆料网友称,整形医院内,27 日下午 3 时许,突然看见有两人搀扶着一女子快步进入医院电梯内,女子全程用手遮住鼻子,身后跟有几位工作人员。该网友在电梯等待的间隙,听见其中一人通过手机汇报女子的情况。在通话过程中提及了"演员""剧组"等字眼,由此该网友推断对方为在温拍戏的某剧组演员及相关工作人员。

在网传的现场照片中,女子身着古装被人搀扶进入电梯,全程低头用手遮挡住鼻子,依稀能看见其胸口的斑驳血迹。该女子就诊包扎的现场照片也随即被曝光,路透照中有两三位医护人员围绕在女子身边,正对其受伤的鼻部进行包扎处理。

受伤女子因外泄照片中高鼻梁大眼睛的清秀侧颜,一时间掀起了网友对其真实身份的热烈讨论,也有不少网友对此提出了猜测与疑问。拍摄中途遭遇何种意外,才会导致女星鼻部受伤?受伤女星以手遮面,真实身份会是谁?

据整形专家介绍,该女子内鼻骨受损及表皮层擦破,须对受损鼻骨、鼻翼、鼻小柱等软体部位复位塑形,效果理想,而且不会影响到美丽面容。

经小编求证,近期有多个剧组陆续在温州取景拍摄。有疑似剧组工作人员对话流出,但截至发稿前,相关剧组并未发布有关组内演员因拍摄意外受伤的声明,受伤女星的身份有待进一步确认核实。

读完这篇配有多幅照片的所谓新闻,我们半信半疑,无法断定其真假,因为它的材料来源主要是网络上扒下来的，记者没有去采访核实，新闻的基本要素含糊不清，没有任何人的姓氏，没有可靠的新闻来源，爆料者的网名、整形医院的名字、医生的姓名都没有，这样的新闻让人猜来猜去也无法搞清楚事实真相究竟是什么，这种新闻损害了新闻文化的严肃性，任性轻率，如同道听途说的流言，失去了新闻文化的品位。记者始终要对新闻来源带着质疑和求证的专业精神，不偏听偏信，也不轻信盲从，不被偏见和刻板成见所左右，在采访中通过自己的追问、观察核实事实信息，同时向两个或两个以上独立的新闻来源核实、验证材料，这样才能在截稿期限的压力下避免因草率、疏漏导致新闻失实。

四、完　整

完整意味着记者通过全面采访挖掘的故事能够满足受众的知情权和舆论监督权，不会因为事实模糊、信息残缺而对报道产生费解和疑惑，在阅读中产生一连串的"为什么会这样"，这种如同雾里看花的阅读体验对受众是一种折磨。例如：

浙一男子在婚恋网站谈恋爱　花了3.5万元收到对方病故消息

来源：新浪浙江　时间：2017-11-02 08:17

日前，江先生向开化县公安局城关派出所报警称，他在百合网上认识的女友突然死亡，两人谈了不到20天的恋爱无疾而终，而自己付出的钱财也是有去无回。付出真心却落得如此下场，江先生表示无论如何都无法接受。

那么，江先生究竟遭遇了什么……

原来，10月18日，江先生通过百合网结识了一湖南籍妹子王某，两人在微信上相聊甚欢，江先生"一厢情愿"地认为两人已经发展到谈婚论嫁的地步了。

21日，江先生希望与王某在开化见面商量两人的婚事，并主动转账2000元作为路费，王某欣然答应。谁知，王某父母知晓此事后表示强烈反对，除非江先生按照湖南当地习俗给付女方5000元，后又以保证金为理由索取19800元，江先生为尽早见到自己的恋人，于是按照对方要求如数转账。

就当江先生以为美梦即将成真时，一个电话如晴天霹雳般使梦成了泡影，一个自称是王某嫂子的女人告诉江先生，王某不幸发生了车祸，让江先生帮忙缴纳5000元医药费。在王某住院期间，江先生多次表示要去湖南看望，但屡次遭到女友的阻拦。10月29日，王某又以查出胆管结石向江先生索要5000元，江先生二话没说，将卡中仅剩的3000元全部转账给了王某。

直至10月30日凌晨，江先生突然接到了女友病故的消息，焦急万分的江先生急忙联系女友家人，却发现已经联系不上。此时，江先生才后知后觉，意识到自己被骗了，随即拨打了110。（浙江开化公安）

这篇报道的信源仅有江先生一人，没有采访湖南的王小姐核实这件事的原委，只有一面之词无法还原事实真相。全篇新闻中无一人有真实、完整的姓名。其结尾更是令人疑惑，新闻得有一个结果，江先生报警了，警方如何处理？事实不完整、不清晰的新闻让受众无法知晓事件的来龙去脉，令人失望和焦虑。新闻作为大众媒介产品，要通俗易懂，让受众轻松获知信息,没有阅读障碍。绝不能像悬疑小说那样故意留下种种谜团,疑点重重,令受众不忍卒读。

五、客 观

客观即新闻报道必须以客观事实为本源,按照事物原来的样子和本来的面目反映事物,新闻的六要素要准确;新闻涉及的数字要准确;新闻来源要准确。需要的时候,要用好直接引语。客观性需要记者保持中立的态度,以"零度情感"通过深入、全面的采访获得完整故事,写作时采用第三人称,用平实、直白的叙述语言简洁地将事实的原貌传播给受众,用事实说话,不把记者个人的主观情感和主观感受硬塞给读者。如果需要,可以借目击者、旁观者或知情者之口表达观点。下面这篇关于校园秋季运动会的新闻你觉得符合客观性的规范吗?

漫漫三千路,巾帼不输眉

没有虎一般的强壮,却有夸父逐日般的执着;没有豹一般的威猛,却有愚公移山般的坚定;没有鹰一般的迅捷,却有泰山崩于前的沉着。怀有必胜的信念,一次又一次向自我发起挑战。11月8日中午11点30分,女子3000米的预决赛正式开始。

随着枪声的响起,女将们冲出起跑线、沿着跑道、迎着风雨前不断奔跑,轻快的脚步渐渐沉重,却始终坚持如一地抬脚。最终经管系编号为882的陈玲智以14分55秒的优异成绩荣获第一,工程系编号为1140的楼佳获得第二,经贸系编号为984的林秀霞获得第三。

或许会有人认为赛场是男生的天下,但赛场的女生用自己的实际行动告诉我们:她们同样可以驰骋赛场。在雨水与汗水的浸透下,参加女子3000米的运动员们成为运动场上一道亮丽的风景线。

你发现了吧,这篇新闻标题没有准确地概括该新闻最重要的事实,有语病。正确的标题应该是:陈玲智获得女子3000米预决赛第一名。其信息量仅仅用两句话叙述即可:11月8日,女子3000米预决赛决出前三名。经管系的陈玲智以14分55秒获得第一名,工程系的楼佳获得第二名,经贸系的林秀霞获得第三名。其余的话都是抒发记者个人情感的话和表达意见的话,都是个人主观情绪和想法的表达,不符合新闻的客观性要求。有人将新闻(消息)称为"纯新闻",所谓"纯"指的就是客观性,记者通过采访报道事实真相,用中性词汇和简单句讲故事,用事实代替修饰词,不抒发个人情感,不表达个人观点,实实在在,不说空话,不说套话,将感受留给受众。

六、公 正

公正即记者在采访前不预设立场,不带偏见和成见,始终以事实为准绳,恪守新闻伦理,在报道新闻事件和新闻人物时不偏不倚,保持中立。在采访报道过程中,记者恪守新闻专业主义,遵守新闻规范,保持独立,不偏听偏信,为公众利益服务。2007年1月29日,纽约11

频道电视台播出新闻，说布鲁克林区"新福建"中餐馆外卖的盒饭中混有老鼠肉。报道还掺杂了诸如"令人作呕的食物""恶心的发现"等诽谤性词语。在 1 月 31 日的后续报道中，该电视台请了一名生物学家，而不是纽约市卫生局人员，检验菜里的是鼠肉还是鸡肉，借此证明其先前的报道正确。新闻播出后，纽约华人的餐馆、肉食海鲜批发及外卖盒饭生意都大受影响。这一不公正的报道提醒我们：涉及当事人名誉权等法律问题的报道必须获得权威的消息来源。

　　如今，记者从互联网的论坛、贴吧等和移动互联网自媒体上搜集新闻线索已经成为一种常态，但需要警惕的是，由于互联网发布信息门槛低，把关不如传统媒体严谨，海量的信息中有真实的，也不乏虚假的，还有大量情绪化的、误导舆论的和操纵舆论的不良信息，可谓"如万里黄河，与泥沙俱下"（袁枚）。面对鱼龙混杂的新媒体信息，记者要摈弃成见、偏见，保持理性，擦亮慧眼，凡事不以个人情感和价值观好恶先入为主，不站在道德高地上自以为是。坚持"没有调查研究就没有发言权"（毛泽东）。保持公正的态度、冷静的思考、独立的视角、多向观察的维度，在质疑、求证与核实中逼近真相，以事实说话。自媒体时代，舆论场上的"戏精"太多，他们谙熟"大众情绪规律"，善于利用受众媒介素养的缺失，摇唇鼓舌，煽风点火，误导受众，有意强化其刻板成见，借以操纵舆论，诸如：抢先利用自媒体发言者主导故事叙述主题；代表公权力的一方与民冲突，民众这边永远是对的；医患纠纷，患者肯定是受害者；师生纠纷，老师一定错了；两个司机发生矛盾，开豪车的有错；两个老百姓互掐，有钱的必定不是好人；男女离婚，男方当然是陈世美……还有诸如：官员是腐败的代名词；有钱人的孩子是"富二代"；穷人的孩子一定会"早当家"；家贫肯定出"孝子"；逆境一定出"天才"；有日本融资背景的大企业家有卖国嫌疑；演艺界的人的私生活都是混乱的……这些被偏见、成见主导的想象扭曲了事实真相，宛如沙尘暴，裹挟着网络群体极化心理，阻隔了网民对事实真假的理性观察与思考，混淆视听，误导舆论，让人们迷失了方向。这种煽情刺激的信息逆流遮蔽了事实真相，新闻人的专业素养就应该成为正本清源的定海神针，及时发出警报，提醒公众克制情绪化冲动，对容易产生痛点和泪点的后真相传播保持理性的距离。2016 年 11 月 27 日凌晨，中国经济网女记者段丹峰在朋友圈发表配有图片的长文，还连发 21 条微博，控诉"勾引"男友潘某婚前移情别恋的"第三者"，文字缠绵悱恻、凄凉忧伤，令人泪下，随后段丹峰从安徽合肥一处住宅楼 11 楼"婚房"跳楼殉情。由于主人公潘某是安徽电视台的摄像记者，所谓"小三"又是安徽电视台的新闻主播，此事引发了网络舆论风暴，网友纷纷评论，声讨"渣男"潘某，其与"小三"的工作单位、照片等个人信息在网上曝光。有记者听风就是雨，站在同情段某的角度，一边倒地报道了这件事。他们从网络上扒取段某的控诉、段某好友的爆料、不明真相网友的跟帖评论，没有采访男方潘某核实相关事实，也没有采访潘某的"新欢"，凭借第二手、第三手材料对潘某进行了道德审判。在报道的配图中，对自杀的段某照片面部用马赛克进行了模糊处理，而对潘某及其"小三"的照片清晰曝光，将双方的隐私权放在了不平等的地位。正是因为相关报道有失公正公平的客观性原理，激起了网络舆论对潘某和其女同事的审判，宣泄情绪的暴力语言如同滔天巨浪。完整、全面的事实究竟是怎样的，没有人感兴趣了。事实真相被情感和意见代替了。更不可思议的是，竟然有 200 多位媒体圈同仁签名在网上发布公开信，强烈建议安徽电视台台长主持"正义"，开除潘某和"小三"，语言犀利、情绪极化、丧失了理性思考。受众从记者的报道和公开信中接受到的不是新闻，而是对道德绑架、网络暴力、从一而终的婚恋观等陈腐观念、极端思维和偏执情绪的渲染，唯独缺少新闻职业应有的客观、公正原则。

七、平　衡

　　新闻报道的平衡原则指的是，记者在报道中保持独立，站在中立的立场呈现新闻事实，全面地、完整地报道新闻，让受众看到一件事的全貌，而不是局部，听到人们对事实的不同意见，而不是只提供一种声音。记者超然于事外，不预设立场，不在报道中流露个人情感和观点，才能逼近真相，让受众看到真实的"历史初稿"。就微观层次而言，在一篇新闻的具体操作层面上，新闻报道中涉及有利害关系的人物，记者不能听信一面之词，只讲"一面理"，应有多信源支撑报道的客观真实。报道中受指控的一方能够发出自己的声音，当事人双方或多方享有平等的话语权。对一个事物，赞成的声音和反对的声音应多元呈现，不能因为记者个人的好恶而被单方面忽略。"指控和指责的目的应该始终由他们自己说，回复应该尽可能安排在靠近指控的位置。"[2]如果一方接受了采访，而另一方拒绝，记者就应如实写出来，不加修饰地呈现给受众。下面这篇《环球时报》2011 年 12 月 8 日的报道《菲律宾民众对中国处决菲毒贩报道反应复杂》在新闻平衡的原则上做得比较专业。新闻称，中国于 12 月 8 日处死了一名在中国贩毒被判死刑的菲律宾籍毒贩，引发了菲国民众的关切，有一个段落如下：

　　对于菲律宾毒贩在中国被处决的消息，菲律宾首都马尼拉街头的民众抱以"复杂的反应"。美联社报道称，有些民众觉得，中国对这名毒犯的惩罚"有些太重"。但一位名为埃德温·克鲁扎多的建筑工人则称"如果一个人是无辜的，那这很让人悲哀。不过，如果他确实干了这些，他就罪有应得，这（一处决）是对的"，"贫穷不是犯罪的借口"。

　　该报道转引美联社的新闻，对菲律宾民众对于中国处决菲律宾毒贩的不同意见作了平衡呈现。平衡报道是新闻客观公正的规范，也是媒体社会责任的体现。2016 巴西里约奥运会女子 100 米蛙泳赛场上，美国运动员莉莉·金赛后接受采访时毫无直接证据就攻击俄罗斯运动员艾菲莫娃："你怎能一面使用兴奋剂，一面打出胜利手势呢？"艾菲莫娃愤怒地回应："我以为冷战早已被人们遗忘了，但为何现在又要重新按下启动键，而且是在奥运赛场上？"美国全国广播公司（NBC）是国际奥委会指定的独家转播商，却只播出了莉莉·金的话，随后被社交媒体传播放大，NBC 评论员称莉莉·金是"揭露丑行的女英雄"，这显然是在拉偏架，片面渲染民族主义情绪。当然，平衡原则的应用要避免绝对、机械和刻板，如果张三今天的表述有信息含量，符合新闻价值，而李四说的空洞无物，或者老调重弹，记者就只能选择报道张三的话。

八、简　洁

　　新闻文化追求简洁。新闻最重要的功能是传播信息，为了满足受众的普遍需求，新闻要新鲜也要有可读性，记者必须快速、高效地报道事实。新闻的文本简洁才能便于记者在写作速度、传播速度以及传播效果上出奇制胜。这是新闻文风的一个明显特色。老子倡导"大道至简"，我们熟悉的著名画家齐白石的国画就体现了这样的意境，其实，这个哲学命题也符合新闻生产的规律。西方有句谚语：简洁即美。新闻之美美在简洁。奥古斯特·罗丹是 19 世纪和 20 世纪初最伟大的雕塑家,他创作的巴尔扎克像全身都裹在宽大的睡袍之中,只露出人物那毛发散乱且拥有硕大智慧的头颅。据说原来作的小稿中,巴尔扎克有一双智慧的手。他的学生、助手布尔德尔赞美说:"他这双手雕得太好了!"罗丹听后觉得这双手过分突出,使人忽略了主要雕塑的精神内涵,于是他拿起锤子就砸掉了这双手。于是,代表罗丹最高艺术成就的巴尔扎克像诞生了。从中我们可以领悟到做新闻的原理——删除枝枝蔓蔓、冗言赘述,用简洁的文风传播清晰的事实信息。我们一起来阅读下面这篇新闻特稿:

最新"007"登陆中国

来源:《参考消息》　时间:2007-01-31

【澳大利亚《悉尼先驱晨报》网站 1 月 30 日报道】几周前,詹姆斯·邦德最新影片的盗版碟已经可以在北京街头买到了,不过昨晚,中国才首次正式欢迎英国情报机构最有名的特工 007 在本国亮相。

肖恩·康纳利、罗杰·摩尔、乔治·拉赞贝、提摩西·达顿以及皮尔斯·布鲁斯南都没能打败中国的电影审查人员,不过最新一任 007 扮演者——金发碧眼的英国演员丹尼尔·克雷格却在《皇家赌场》首映之际踏上了北京的红地毯,这是第一部通过了中国大陆审查的邦德片。

虽然此前邦德片的盗版影碟在中国流传甚广,但是 007 电影从来没有跻身在中国大陆获准放映的少数几部影片之列。每年,中国电影院可以放映 20 部从国外引进的电影,而几年以前,允许放映的外国影片只有 10 部。

对于中国官员来说,冷战的几十年中,邦德在咄咄逼人同时又成功地捍卫西方价值观的过程中表现出的颓废、小资以及好色的生活方式令他们无法容忍。

新近一些影片的剧情——比如《择日而亡》中布鲁斯南在朝鲜遭受折磨——也令中国官员皱眉不已。虽然平壤去年试射导弹和进行核试验的做法严重损害了它与北京之间的关系,但中国仍是朝鲜的盟友。

《皇家赌场》的剧情围绕中国所禁止的赌博活动展开,但是该片的发行方索尼公司说,它认为该片讲述的是打击恐怖主义这个人类共同的敌人,并成功地说服了中国方面。

索尼影视娱乐有限公司的负责人说,审查人员没有要求对该片做出任何删改。

但是扮演邦德上司的朱迪·丹奇说,为了让《皇家赌场》在中国上映,她不得不改了一句台词:"克里斯特,我真怀念冷战的时候。"丹奇说:"我不得不重新配音,把这段话改为'老天,我真怀念过去的时候。"

这篇 630 字左右的新闻特稿包含了十分丰富的信息量:

(1)最新的 007 系列电影之《皇家赌场》将在国内上映。

(2)这部新片的主演丹尼尔·克雷格 1 月 29 日在北京参加了为影片造势的首映式。

(3)丹尼尔·克雷格是英国人,他是 007 的最新扮演者。

(4)此前有多位演员扮演过 007,他们是肖恩·康纳利、罗杰·摩尔、乔治·拉赞贝、提摩西·达顿以及皮尔斯·布鲁斯南。

(5)《皇家赌场》是 007 系列电影中第一部获准在中国大陆上映的,过去的电影因为不符合中国大陆的价值观未获得通过,但盗版碟猖獗。

(6)《皇家赌场》的主要剧情符合当下的国际和国内情势——反恐,所以没有删节地通过了审查,这说明中国对西方电影的审查是严格的。

(7)《皇家赌场》的中国大陆版仅仅改了一句台词,淡化了意识形态,这说明为了迎合国内的电影审查制度,该片发行方不得不慎重。

(8)《皇家赌场》中邦德上司的扮演者是朱迪·丹奇。

(9)新近的一部007影片《择日而亡》因对朝鲜有不友好的剧情没能在中国上映,虽然朝鲜的两次不明智做法损害了中朝关系,但两国仍旧是盟友。

(10)中国每年只允许20部外国片上映,而几年前仅10部,这反映出中国在谨慎地放开电影市场。

这篇新闻特稿启示我们:新闻语言宜通俗简洁,同时要把事实真相叙述清楚。这就需要记者训练要言不烦的语言能力,同时具备披沙拣金的写作能力,能够从繁杂的材料中挑选出符合主题需要的最有价值的材料。美国记者兼著名作家欧内斯特·海明威1953年以《老人与海》获得诺贝尔文学奖,他的写作风格以简洁而著称,他执着于惜墨如金、轻描淡写,很少用装饰性的字眼。海明威的写作风格是受在《堪城星报》做记者时的影响:"句子要写得简洁,文章开首之段落要短,用强有力的字眼……"这种简洁、直接的写作风格成为海明威的名片。新闻时效要求快速报道,采访和写作时间仓促,写作简洁而有品质的报道考验记者的职业素养。"记者最重要的(能力)就是简练准确的表达能力。发生了一件10万字的大事,你能用500字说清楚,能通俗易懂地告诉不知道这个事的人……"[3]

九、清　晰

新闻语言要准确、清晰,否则,受众无法顺畅地了解事实真相,影响可读性,阅读效果差。《诡异报警电话传出惨叫声17岁少女险遭强暴终获救》(2017年05月27日　来源:看看新闻)的文字表述不佳,读起来令人劳神费力,阅读迷雾指数高,难以理解,如下面这段话:

据犯罪嫌疑人王某讲,他今年38岁,小学文化,家住延安市延川县农村,家里有6个孩子,他排行老五,15岁时他因为参与盗窃被判刑入狱,在服刑期间又将一名狱友打死,被改判无期徒刑,2016年10月才刑满释放。在监狱里面他整整待了22年,出狱后他无脸再回老家,便只身来到延安市打工,对新鲜的世界他完全不适应。

这段话对事实的叙述有断裂,让人疑惑。犯罪嫌疑人何年因参与盗窃被判入狱?当时判刑几年?何年在服刑期间打死一名狱友?何年被改判无期徒刑?他为何在2016年10月刑满释放了?从该结果猜测他被判无期徒刑后多次减刑,为何会被减刑?他何年来到延安打工的?……有网友留言:"就想问下,被判无期徒刑的惯犯为何还能危害别人?"该网友的疑问其实正是上述这段话呈现的事实不清晰导致的,原因在于记者的思维不连贯,对事实的叙述出现了多处"断点",导致信息支离破碎,受众无法得出一个完整的、精准的事实"拼图"。

在上述段落之后,作者的叙述再次出现了类似的混乱:

就在王某企图在路边的小树林里对小红图谋不轨时,小红悄悄拨通了110电话报警。这才发生了故事开头的一幕。据小红讲,王某当时的行为令她非常恐惧,为了拖延时间她借故小树林人多,太丢人,才勉强答应和王某去附近的宾馆开房。在僵持中她给民警发出了"河畔畔""小树林"的暗示短信。在民警打过来电话时,小红又谎称打电话的人是他的爸爸,再次给民警暗示。两人进入鑫隆宾馆房间后，小红又悄悄拨通了民警的电话，以各种理由拖延时间，并趁机巧妙说出了宾馆的名称。在王某企图对小红实施强奸的最后一刻，民警突然出现了。

作者对事实交代不清晰，如该段开头应讲清楚事发在哪条路边的小树林？当时几点？当事人小红姑娘处于何种环境状况？为何她不敢呼救？犯罪嫌疑人王某当时做出了何种行为令她非常恐惧？为何她答应王某去附近宾馆开房？她如何巧妙地说出了宾馆的名称？王某是如何将受害人带进宾馆开房的？进门后他做了什么？……作者的思维不连贯，对事实的叙述断断续续，呈跳跃状，留下了太多令人费解的疑惑，影响了叙事的效率。再看该报道的结尾：

现在犯罪嫌疑人王某因为涉嫌强奸，已被延安宝塔警方刑事拘留。得知自己即将面对的刑罚，犯罪嫌疑人悔恨不已。

警方依据何法规对犯罪嫌疑人实施拘留？拘留几天？犯罪嫌疑人是如何"悔恨不已"的，具体细节如何？该报道的写作质量低下，记者的文笔拙劣。对于有志于从事新闻职业的人而言，流畅、清晰的写作能力是核心竞争力。如要学会用简单句清晰地表现事实，引用数字要精确易读。不管时代怎么变，良好的写作能力是新闻传播的必要条件。单纯依靠新技术是无法做好新闻传播事业的。记者在报道中表述清晰有利于受众高效便捷地接受信息，使受众能够在轻松有趣的阅读体验中获悉事物原貌，洞察事实真相。比如你说"今天天气很冷"就难以让受众感受得到、想象得到有多冷，改为"今天气温零下 40 摄氏度，裸露的双手一眨眼就伸不直了"是不是更容易理解？

十、人情味

新闻是关于人或者与人有关的事实报道，让受众看到新闻中的真实人性，感受到人情味才能潜移默化地感染人、影响人，让悲伤者有希望，让无力者看到光明。下面这篇新闻你喜欢吗？

南阳就轿车冲撞学生事件发布通报

来源：南阳网　时间：2016-03-01 08:57

2 月 29 日中午，在南阳市宛城区建设东路南阳市一中门口，发生一起轿车冲撞学生事件。

12 时 03 分，一辆白色比亚迪越野汽车（豫 RHD235）撞向正在放学的学生，造成 12 名学生受伤，其中 1 名学生经抢救无效死亡，其余学生正在医院接受治疗。目前，学校师生情绪稳定，教学秩序正常。

事件发生后，省市领导高度重视，指示全力救治伤员，侦破案件。市领导迅速赶赴现场，组织各部门全力做好救治、抚慰等相关工作。

经初步调查：犯罪嫌疑人马高潮，男，1956 年 1 月 29 日出生，系南阳市人民检察院正处级退休干部。经公安机关进一步审讯调查，其作案动机主要是对社会不满，悲观厌世，制造事端，引起社会关注。经检验，其尿样呈阳性。

目前,犯罪嫌疑人马高潮涉嫌以危险方法危害公共安全罪被刑事拘留,检察机关已提前介入。

这条新闻从标题到结构都有失范。最大的失误是人情味冷漠。

报道称"学校师生情绪稳定,教学秩序正常",这是最没有人情味的表达,因袭了我们的传媒长期以来的思维定式,以宣传为本位,缺少了人文关怀。发生这么严重的灾难,而且是突如其来的,师生的情绪能不受到干扰吗? 类似套路化的叙述还有:"事件发生后,省市领导高度重视,指示全力救治伤员,侦破案件。市领导迅速赶赴现场,组织各部门全力做好救治、抚慰等相关工作。"

如此令人震惊的突发事件,报道忽略了遇难者和受伤者的现状,忽略了他们的亲人的心理伤痛,忽略了社会舆论的反应,只把当地领导事后在职责范围内该做的事大肆表扬,不惜笔墨涂脂抹粉,如此扭曲、倾斜的文字哪里还有一点人性的温度? 漠视普通人的存在,漠视个体的尊严,漠视生命的珍贵,漠视人格的平等……这样的突发事件报道怎么能让人不生气? 记者应有人文关怀精神,有悲天悯人的情怀,让受众从中感受到新闻文化向善向美的力量。

十一、可读性

可读性也叫易读性,它影响着大众传播媒介的传播效果。文学作品也追求可读性,但它也可以完全不顾及受众的感受,比如超现实主义的写作风格,毕竟文学是私人的个性化写作,作者可以孤芳自赏,可以只为满足某类人的品位而写作,追求高冷风格。但新闻是为大众服务的"文化快餐",让人人感到美味可口才有最好的传播效果。可读性是新闻产品应追求的共性。美国彭博新闻社的下列报道让你一看开头就忍不住想继续看。导语从一个现场的场景描写展开,这是西方记者常用的一种吸引受众的技巧——让文字报道视觉化。

温州小企业难挡经济寒流

来源:《参考消息》 时间:2012-06-14

【彭博新闻社网站6月13日报道】蒋湘松(音)必须在18天内还清欠银行的200万元债务,否则他在中国东部开的箱包公司就得破产。他把最后的希望寄托在一个政府办公室身上,但是当他意识到这也无济于事时,眼泪都快掉下来了。

他朝温州金融监管服务中心的一名官员嚷嚷道:"这一点用也没有:要是我有关系,还上这儿来干吗?"由于企业破产和因此导致的自杀情况增多,温家宝总理曾在去年10月前往温州考察并承诺提供支持,这个服务中心正是在那之后为帮助小型企业而建立的。

温州有超过40万家小商品生产企业,它们的很大一部分资金都是通过民间借贷筹来的。在2009年至2010年中国的信贷泡沫创下纪录之时,这种借贷方式也随之以燎原之势发展起来。由于温家宝总理采取措施抑制全国的房地产泡沫,这一被称作"影子银行"的借贷方式在温州衰落下去,从而使该市成了中国经济减速首当其冲的冲击对象。

中国计划推出比2008年的4万亿元救市计划更有针对性的刺激计划,这或许会给温州带来些许安慰。温州位于上海以南,相距5个小时火车车程。中国政府今年3月选择在温州进行试点,帮助私营企业融资。但这一举措没能缓解温州商人的沮丧心情。

温州商会的一位负责人陈锡军(音)6月6日在该市接受采访时说:"前几年的情况很艰难,今年则是一点光明也看不到。我们不知道经济会朝哪个方向发展。"

在温州最大的鞋类市场,70岁的商户林云海(音)对这种说法表示赞同。他在那个市场已经经营了20年。

他说:"今年的情况最糟糕。过去,全国各地的买家都挤到这里,而现在这里全是没卖出去的鞋。"

林云海打算把剩下的1000双鞋卖完后就关门大吉。他估计今年的收入大概只有7万元,还不够支付16万元的租金。他说:"我不干了。"

当中国在1978年开始改革开放时,温州是首先接纳私企的地方。而在中国于2001年加入世界贸易组织后的十年时间里,温州吸引了大约280万名农民工。该市70%的企业都依赖出口,大多从事劳动密集型产业,因此极易受到欧洲危机的冲击。

中国的经济增长已经连续5个季度减速,今年1月至3月的国内生产总值增长了8.1%,是将近三年来最慢的。央行在6月7日下调了基准利率(这是自2008年以来的第一次),并且在5月份下调了银行存款准备金率(这是2011年11月底以来的第三次)。

各地的经济减速程度是不同的。最大出口省份广东省的就业市场就呈现出一定弹性,该省十分注重向生产更高价值的产品转型。

香港工业总会的会员在广东开设了许多服装、钟表、玩具和鞋袜工厂。该组织副主席刘展灏上周在接受采访时说,大多数工厂的工人或技师人数仍然有5%到10%的缺口。

从第三自然段开始,记者由点到面,即从蒋湘松遭遇的情境延伸到了与报道主题关联的新闻背景,即温州超过40万家小商品生产企业当前面临的生存困境。为了印证当前温州中小企业经营者面临的困境并非箱包制造商蒋湘松一个人,记者由面到点,来到了温州最大的鞋类市场采访了70岁的商户林云海。这个故事有说服力:其一,环境典型——温州最大的鞋类市场;其二,采访对象典型——主人公有20年商海经历。记者引用了林云海的两句引语,通过这几句话,受众可以想象得到主人公内心的沮丧与焦虑,可以感觉到温州中小企业当下经济环境的严酷。随后,记者再次从"点"过渡到"面",用新闻背景点明了温州中小企业在欧洲债务危机冲击下陷入困境的深层次原因——该市70%的企业都依赖出口,大多从事劳动密集型产业,因此极易受到欧洲危机的冲击。写到这里,故事似乎可以结束了。但记者并未止步,而是用更为宽泛的视野将温州的私营企业不景气置于中国目前的经济发展速度递减的严峻现实和广东省转换产业结构避免了欧洲债务危机冲击的大背景之中进行了有机的联系和对比。三个段落的新闻背景非常重要,它们增加了报道的深度,引人深思。

记者最后陈述客观事实启迪受众:温州小企业要想逆风飞扬,必须得向广东学习,从依赖"人口红利"的低附加值增长模式转向高附加值的质量效益型经济结构。这篇报道让我们看到了经济新闻也可以讲好故事。

在西方新闻界,罗伯特·根宁提出3条可读性标准。(1)句子的形成。句子越单纯,其可读性越大。(2)迷雾系数。指词汇抽象和深奥难懂的程度。迷雾系数越大,其可读性越小。(3)人情味成分。新闻中含人情味越多,其可读性越大。此外,还有鲁道夫·弗莱施公式:(1)真实性。指"稳定与具体"的词汇总数。(2)传播力。指"有力与生动"的符号总数。(3)词和句子的平均长度。词的音节越少,句子越短,其可读性越大。(4)含有人情味的词汇量和句子的百分比。"个人词"(personal words)、"个人句"(personal sentences)越多,其可读性越大。[4]通过阅读优秀的新闻作品,我们会发现可读性强的报道具有的共性:用动词,用短句,用准确、通俗、简洁、具体、清晰的词汇呈现客观事实,慎用形容词和副词,用好直接引语,段落短小等,力避空话、套话和模糊不清的叙事。

在新闻写作中,言之无物的空话和食之无味的套话让新闻沉闷无趣,让人见之生厌,避而远之,还有什么传播效果呢?套用一句广告词,没有可读性的报道就像一个人嗓子哑了,"再好的声音也出不来"。这一点,西方记者在写作中强调新闻价值的"趣味性",刻意在可读性上下功夫的执念和实践值得效仿。

【注释】

1. 梅尔文·门彻:《新闻报道与写作》第 9 版,展江主译,北京:华夏出版社,2003 年,第52 页。

2. 梅尔文·门彻:《新闻报道与写作》第 9 版,展江主译,北京:华夏出版社,2003 年,第62 页。

3. 白岩松:《社会需要什么样的新闻工作者——白岩松 2017 年第十三届中国记者节公益论坛演讲实录》,中国好学者微信公众号,2017 年 11 月 10 日。

4. 可读性—在线百科全书查询:https://baike.supfree.net/get.asp? id=％BF％C9％B6％C1％D0％D4。

【思考与练习】

1. 阅读下面的新闻,按照新闻报道的要领对它们进行评析。

抛出活力　掷出实力

11 月 8 日上午 9 点,在赛场的一角男子铅球预决赛正如火如荼地进行着。铅球运动展现着青春的激情,锻炼着运动员的体能,激活的是无限的生命,收获的是从容的自信。

183 名参选者摩拳擦掌,个个铆足了劲,有的选手在抛掷时大声呐喊给自己打气;有的选手双脚微曲,奋力一起;有的摆好专业姿势,蓄势待发。赛事在持续进行中,志愿者记录着选手们的成绩,经过紧张的竞赛,逐出 10 名选手进入决赛。随着时间的过去,赛事进入白热化阶段,决赛中每名选手依次投掷,共投三轮,每位选手都有一种挑战"更远,更强,更好"的气势。最终,经管系的 033 号选手周全星以 11 米 83 的成绩夺得了冠军,并打破了学院的纪录,第二名和第三名分别是经贸系的 232 号选手陈伟杰和经管系 151 号选手戴建民。

男子铅球告一段落,但那一道道无与伦比的弧线,给人留下深刻的印象。

路人患急病情况危急
越秀两学子毅然出手相救
诠释当代大学生的人生态度
来源:《柯桥日报》　时间:2017-03-01

路见有人患急病,你是救还是不救?社会上有一些人因怕被误解而不愿伸援手。而越秀外国语学院的两位大学生,近日路遇一位年轻女子得急病,情况危急,两人毫不犹豫上前施救,最终这位女子脱离了生命危险。

2月21日上午,越秀外国语学院酒店管理1302班学生杨俞锋和工商管理1310班学生包璐嘉,一起去学校附近的东浦镇寻找可供出租的房源。他俩边找房源边朝东浦镇境内的洋江路走去,当步行至离洋江路不远的一条马路边时,他们突然看到马路对面一女子走路时神情恍惚,不一会儿,便紧闭双眼,身体渐渐支撑不住,倒在地上,不能动弹。身边没一个亲友,情况万分危急。杨俞锋和包璐嘉见状,当机立断:救人要紧。他俩马上跑到马路对面,将那名女子扶到路边,实施人工施救。

这时,那名女子已经说不出话,整个人抽搐颤抖,杨俞锋和包璐嘉一边做人工急救,一边把外套脱下来给她盖上。包璐嘉用双手托着这名女子,杨俞锋则拿起手机打电话给"120"和"110",说明了患病女子的情况和所在位置。之后,两学生一直托着那名女子等候救护车的到来。这时,路边很快围满了行人。当了解到两名大学生的救人之举时,大家纷纷赞扬两人的善举,其间还有位环卫工人送来被子给这位女士盖上。为了保持她周围空气的顺畅流通,两位学生还不断向围观群众宣传科学知识,让他们尽量别围在一起。最后,一辆救护车急急驶来,他俩又一起把那女子抬到了救护车上。

最终,那名女子转危为安。她的几位老师和同事事后特地向杨俞锋和包璐嘉致谢。她们动情地说,从这两名大学生身上,他们看到了当代大学生的大爱和时代风尚。

据记者了解,这两名大学生均为越秀外国语学院的优秀学生。杨俞锋曾多次获得越秀酒店管理学院征文比赛三等奖、校第二届心理话剧大赛三等奖。并担任酒店管理学院第27期党校学习班班长,先后随校教官队一起赴余姚进行台风灾后救援行动、赴曹娥江进行游艇展志愿服务活动,参加省运会志愿活动,曾被评为校优秀SPT道德风尚标兵,学院"优秀共产党员",绍兴市G20杭州峰会工作先进个人。

包璐嘉也曾参与2014年9月省运会表演,参与G20志愿服务,担任07期教官队镜湖分队班长和08期教官队镜湖分队副区队长等。(本报记者:吕福安 通讯员:胡惠琴)

太原男子将百元钞票并排插酒店门缝上,事后消失不见

来源:新浪新闻   时间:2017-10-28 07:52:42

天下之大,无奇不有,这不,太原一酒店就发生了一件怪异的事情,一男子来酒店入住被拒后,独自坐电梯上了楼,并将三张百元大钞插在酒店门缝上,同时包裹也扔在地上不要了,随后人直接消失不见了。10月28日,记者便从太原公安庙前派出所了解到这样一起奇葩事。

据庙前派出所民警介绍,10月25日上午,他们接到辖区一酒店工作人员报警称,酒店里来了一名行为怪异的客人,请民警帮忙来看看。

到达现场后,酒店工作人员介绍,涉事男子可能精神有点抑郁,当时他拿的钱不够押金,就没给他开房。

之后,他自己直接坐上电梯要去12楼,因为12楼封闭,他按不上,于是便去了11楼,并放了一些东西。

然而,当酒店工作人员上去查看时,被眼前的画面惊到了:该男子将三张百元钞票并排插在了门缝上,旁边还放着他的背包。

由于这名男子行为太过怪异,酒店工作人员连忙报警求助。

目前,民警已通过该男子留下的信息进行查询,案件正在进一步调查中。

两家子公社干部开始睡上安稳觉

夜无电话声　早无堵门人

来源:《辽宁日报》　时间:1982-03-15

三月三日、四日,记者夜宿辽宁康平县两家子公社秘书办公室,发现从就寝到次日早晨,没有来过一次电话,也没有一个社员来报案、告状或要钱要粮,公社干部睡得安安稳稳。

据当过六年秘书的公社干部赵富权说,前几年情况大不一样,经常刚刚睡下,电话铃又响了,不是下达播种指示,就是追生产进度。冬天只好把电话机搬到枕头旁边。随着领导作风的转变,上面这种靠电话指挥工作和搞形式主义的现象大大减少了。

一年前,两家子还是全县最穷的公社之一,一年到头,生产队干部和社员来公社要农贷和救济粮、救济款的推不开门,往往天不亮就有人来堵公社党委书记的被窝。现在已经看不到这种情景了。去年他们实行了包干到户的责任制,全社人均收入由历年六七十元增加到一百六十五元。社员生活好转了,不但不再向国家伸手,由于"穷泡、穷靠、穷打、穷闹"造成的民事纠纷和家庭纠纷也越来越少。

四日深夜,记者步出敞开的公社大门,遥望沐浴在银白色月光下的远方村庄,显得分外安谧,不禁遐想联翩,成诗一首:劫后灾痕何处寻? 月光如水照新村,只因仓廪渐丰实,夜半不闻犬吠声。

2. 对下列简讯进行评析。你觉得它写得是否符合新闻写作的规范?

热烈庆祝齐鲁文学院在山东新闻大厦新闻大会堂成立

本报讯 金秋送爽乐开怀,丹桂飘香好运来,文朋诗友汇泉城,挥笔为民写大爱,10 月 31 日下午,山东新闻大厦新闻大会堂灯火通明,金碧辉煌,中国第二十届山东品牌文化论坛暨首届传统文化创新论坛在山东新闻大厦五楼新闻大会堂举办。本次活动由山东华典知识产权服务集团、山东省通俗文艺研究会主办,中国华典知识产权学院、山东华典企业家俱乐部承办,山东新闻大厦、智汇品质生活联盟、济南市小荷爱心公益服务中心、山东银河星座文化发展有限公司协办。100 余家企业的嘉宾代表到来参加本次活动。

3. 请对南国早报新闻《西 78 岁老汉迎娶 33 岁娇妻,为证能力怒生二孩,离奇故事令人称奇》(2017 年 10 月 31 日)的结尾做出评价:

看完这对夫妻的故事/我们有理由相信/这是一段美丽的爱情/希望黄老先生一家能够幸福下去。

【延伸阅读】

凤凰卫视新闻总监对记者的选择标准

【编者按】吕宁思先生在 10 年前写的下列文字对今天的新闻学子仍旧有启发。在当下融媒体时代,对新闻人的专业素养要求更高了,新闻人需要掌握的技能更多了,做一个合格的新闻人需要更加努力地学习。

吕宁思在《凤凰卫视新闻总监手记》中这样写道:如果我挑选记者,就会逐条逐项询问考察:

一、对新闻有发烧热情——你要做新闻首先要看新闻,不但要看新闻还要喜欢追踪新闻,不但喜欢新闻还要痴迷新闻,也就是所谓的"新闻发烧友"。对八卦传言小道消息一律热情洋溢紧追不舍,打破砂锅问到底。

二、有英雄主义气概——所谓英雄主义,说白了就是强烈的个人表现欲望,有了这种欲望,就会无所畏惧一往无前越是艰险越向前。

三、有乡下人似的好奇心——看着什么都新鲜,前后左右都是新闻,脚下的石头都有故事。我曾经告诉驻巴黎、伦敦、莫斯科的记者,对于广大祖国观众来说,唐宁街门口、凯旋门前头、克里姆林宫墙边都是新鲜的,就像外地人想看北京天安门的心态,记者一定不能熟视无睹见怪不怪。

四、熟悉当地事务,掌握人脉关系——记者应是公关人才。在香港台湾,你要想申请当一名记者,特别是跑大陆新闻的记者,别的不说,先在总编辑面前拿出你的人脉联络图,你就成功了一半。我们在华盛顿和莫斯科的记者,都是白宫和克宫的好朋友。如果你是女记者,你丈夫最好就是白宫发言人,如果你是男记者,你岳父最好是克宫新闻局长。

五、掌握一门应用外语——即使你不出国采访,也难免要报道参加北京奥运会的英国足球队,停泊在黄浦江的法国军舰,到西安看兵马俑的西班牙首相,更不要说随时有可能派你去巴基斯坦山区采访联合反恐或者到海地专访中国维和部队或者到监狱去专访萨达姆侯赛因。地球都成了一个村,你不可能整天守在自家小院里不外出串门。

……

十、忧国忧民之心无哗众取宠之意——这与英雄主义气概没有矛盾,英雄主义的重要特点,是具有正义感。记者有时是一种明显的符号代表,忧国忧民是正义感的基础,但遇事又需非常清醒和冷静。

十一、有政治敏感无政治野心——虽然记者不是政治家,但新闻永远和政治相关联。懂政治是一个成熟的新闻工作者的标志,至于玩政治,那不是记者的专业。

十二、写稿编稿打字如飞——不管记者的装备如何迅速发展,大脑和创意总是你自己的,纵然我给你了十八般兵器,做出新闻还是有你自己的特殊印记。

十三、既要服从指挥又能独立作战——换言之,既能独立作战又要服从指挥。你的本领要能在驾驭与被驾驭之间充分展现出来才是。(引自 http://book.sina.com.cn/longbook/ent/1111644895_fenghuangweishixwzjshji/16.shtml)

【阅读推荐】

1.威廉·E.布隆代尔:《〈华尔街日报〉是如何讲故事的》,徐扬译,北京:华夏出版社,2006年。
2.刘冰:《融合新闻》,北京:清华大学出版社,2017年。
3.刘冰:《新闻报道写作》,广州:南方日报出版社,2011年。
4.黎勇:《发现独家——新媒体时代的独家新闻采写之道》,广州:南方日报出版社,2017年。
5.武斌:《新闻写作案例教程:范例、思路与技巧》,广州:南方日报出版社,2014年。
6.武斌:《融媒体背景下的新闻采访》,北京:电子工业出版社,2017年。

拓展资源

第四章
判断与发现

    2016 年 8 月 5 日到 8 月 21 日第 31 届夏季奥林匹克运动会在巴西举行。巴西成为第一个承办奥运会的南美洲国家。国际奥委会主席巴赫在闭幕式致辞中说,里约奥运会是"在'非凡之城'举办的一届非凡的奥运会"。《参考消息》报社副总编辑陶德言评论:"奥运会第一次在南美大陆落脚具有历史性意义。……不仅向世人证明举办奥运会不是 GDP 大国的专利,也为具有 120 年历史的现代奥林匹克运动注入了新活力。"[1] 在每一届奥运会期间,不同国家的不同媒体都会密切跟踪、密集报道,争抢新闻时效。这是为什么呢? 这其实是因为大家对新闻价值的认可是一致的。所谓新闻价值,指的是事实本身蕴含的诸因素符合社会公众共同的兴趣,是记者判断事实可否做新闻的根本标准。在中国,新闻价值的"重要性"被置于突出的位置,而在西方,更看重的是"趣味性"。

    新闻价值的理念源自 19 世纪 30 年代的美国便士报时期。1833 年本杰明·戴创办的《纽约太阳报》零售一份一分钱或一便士(penny),史称"便士报"或"廉价报纸",成为最早面向市场、面向大众公开销售的商业化报纸,也是私营报业中第一份赢得市场丰厚利润的报纸。为了使报纸成为畅销的商品,本杰明·戴在报道内容和发行方式上锐意创新。其报道内容主要是具有人情味的社会新闻、接近受众的本地新闻和耸人听闻的黑幕新闻。注重语言通俗,热衷讲故事。此后,《纽约先驱报》《纽约论坛报》《世界报》《纽约新闻报》等先后诞生,它们纷纷仿效《纽约太阳报》,大众化报刊时代来临。新闻贴近大众的需求,从实践上践行了新闻价值的理念:传播者与受众共同感兴趣的新闻到达率高、传播效果好。

一、新闻价值

    新闻学者陈力丹将新闻价值的基本特质概括为以下 10 个要素:

    (1)事实发生的概率越小,便越有新闻价值;(2)事实或状态的不确定性越大,越是减少不确定性的事实或信息,便越具有新闻价值;(3)事实的发生与受众的利益越相关,越具有新闻价值;(4)事实的影响力越大,影响面越广,越能立即产生影响力,这三个条件同时存在,则最具新闻价值;(5)事实与接受者的心理距离越近(兴趣、生活地域、性别、年龄、教育程度和专业、经济收入、民族或种族或宗族的心理距离),便越具有新闻价值;(6)越是著名人物,其身上发生的事实,就越具有新闻价值;越是著名地点,那里发生的事实,也越容易引起受众的关注;(7)凡是含有冲突的事实,多少都有新闻价值,内含的冲突越大,越具有新闻价值;(8)越能表现人的情感的事实(悲欢离合),便越具有新闻价值;(9)越具有心理替代性的故事性事实(各种成功者、英雄母题、撒旦母题、大团圆母题等),越具有新闻价值;(10)事实在比较中带有的反差性越大,越具有新闻价值。[2]

将上述 10 点进行概括浓缩,新闻价值包括以下 5 个要素。

(一)时新性

时新性包括时间新和题材新两个要素。时间新指的是新近发生、正在发生、刚刚发生的新闻事实,记者快速完成采访写作,在最小的时间差内利用大众媒体公开传播。新闻价值重大的事件或突发事件报道,要突出报道的速度,记者尽最大努力,在最短的时间内到达现场采访、搞清楚事实真相,用最少的时间完成报道并发回编辑部,让信息在第一时间到达受众。当然,也可以采用现场直播,把正在发生的事实鲜活地呈现给受众,依靠声音传播的广播和声画结合的电视在这方面具有优势。

2003 年 3 月 20 日第二次海湾战争打响,当日凌晨伊拉克时间 5 时 30 分,空袭警报声响彻巴格达夜空,一夜没睡的新华社巴格达分社外籍特约记者贾迈勒迅速抓起海事卫星电话向新华社中东总分社阿拉伯文编辑部拨打电话。瞬间,新华社的英文特急稿《巴格达响起警报声》传遍世界,时效超过法新社、路透社、美联社和 CNN 等世界知名媒体 10 秒钟。当日 5 时 36 分 55 秒(北京时间 10 时 36 分 55 秒),贾迈勒再次拿起电话,向开罗发出快讯:"巴格达响起爆炸声,美国对伊拉克开战。"随后,新华社用 7 种文字向世界发出了消息,成为第一家播发海湾战争打响新闻的媒体。2008 年 5 月 12 日 14 时 28 分,四川汶川发生 7.8 级地震,18 分钟后新华社就发布了新闻。

2014 年 3 月 10 日 13 时 18 分(北京时间),美国加利福尼亚州西岸海域发生 6.9 级地震,《洛杉矶时报》应用机器人 Quakebot 写稿,在地震发生 3 分钟后就发布了消息。2017 年 8 月 8 日 21 时 19 分 46 秒,四川阿坝州九寨沟县漳扎镇发生 7.0 级地震,《华西都市报》社与阿里巴巴联合打造的"封面传媒"应用机器人"小封"用时 25 秒完成写作,18 分钟后就发布了图文并茂的震级详情、震源地形天气等重要信息。视频直播报道重大新闻时效性与事件同步。2016 年 9 月 4 日—5 日杭州 G20 峰会时,《人民日报》新媒体对 8 场重要活动全部采用了高清视频信号视频直播。时间新还意味着权威部门新发布的计划、在预定日期将要发生的重大事实。如《2050 年,中国参与研发的"人造太阳"将点亮你家灯泡》(《华西都市报》2017 年 10 月 22 日),奥委会提前发布的四年一届的奥运会开幕式、闭幕式等。如果公布的计划、要举行的重要活动在报道后届时未能如期进行,那就是大新闻了。

题材新。指内容新鲜,即新发现的新闻事实。刚刚发生和新近发生的新鲜事受众想知道,每天媒体报道的大多数新闻都是时间新+内容新的新闻。但记者不可能及时获悉所有的新发生的事实,有时候有价值的事实被埋没在时间的尘埃中,因为偶然的因素被重新发现。虽然这样的新闻时间陈旧了,但其题材是新发现的,受众对其内容闻所未闻,仍然有报道价值。记者有责任不让新发现的旧事实成为过眼云烟。对这种发生在过去,时间不新鲜,但内容对受众而言是新鲜的题材,在报道的时候需要一个专业的技巧,就是为其寻找一个新闻由头或新闻引子(新闻报道之所以成立和发布的依据),用一个与之关联的最新鲜的时间将仍有报道价值的"旧闻"引出来,所谓由近及远,以新带旧。

台媒曝美曾在台湾部署核武器　有人亲见过核弹

来源:中国台湾网　时间:2013-10-14 08:30

中国台湾网 10 月 14 日消息 据台湾《联合报》报道,台湾曾有核武基地,就在台南。多名美国老兵昨天到台南空军基地寻访旧时足迹,其中有人在 1960 年代末期曾担任核弹守卫,证实美军协防台湾时期,在台南部署核弹。

岛内长期研究军史的高智阳表示,美国曾在台南与台中清泉岗机场建置空战装备,1979 年"断交"后才撤离;多年来一直有人揣测当年为了防御中共,美军曾在台部署核武,地点就在清泉岗,但随双方"国防"资料解密,才确定在台南。

高智阳说,在 20 世纪 50 年代到 70 年代冷战期间,台南空军基地陆续进驻过美军的屠牛士飞弹、核弹、EC-121 空中预警机,加上基地旁的美国空军契约维修中心亚洲航空公司,使得台南成为国共对抗中的美国核武吓阻基地及越战期间美军重要的后勤支持基地。

根据美国防部在 1978 年的文件,屠牛士飞弹 1957 年进驻台湾,来年即装上核弹头,一直到 1962 年。原因是 1958 年"8·23"炮战后,台海紧张,虽有大批美军驻守台湾,美国显然认为不够,才引进核武。

九名曾在台南与台中两处美国空军基地服役的美国老兵,昨天到台南忆往,有三人是当年 6214 战术中队的成员,1965 年到 1974 年间负责基地守卫等后勤工作,有人曾亲眼见过核弹。

高智阳表示,美军当时在台南建置的核武共有两种,最早是 1958 年到 1962 年的地对地屠牛士飞弹,配有核弹头,后来还有可吊挂在战斗机上的战术型核弹,在 1960 年到 1974 年间。他说,根据美国 1999 年解密的数据,艾森豪威尔 1952 年至 1961 年任职总统期间,在台部署十二枚核武。

在 20 世纪 60 年代末期担任守卫的约翰·麦克米克说,当时台南基地的美军弹药库与台湾空军的弹药库是分开的,美国有近百人驻守,其中核弹是单独存放,担任守卫的都知道自己守护的是核弹,但不能对外说出。

另名美军韦德·菲利浦也说,曾看过屠牛士飞弹被拖出机棚清洗,再放回机棚,核弹则是另外存放在特殊的弹药库中,不仅守卫森严,库房的墙壁也特别厚,另有温湿度控制的装备,他虽是守卫,也未曾靠近看过。(中国台湾网:王文英)

我们应格外注意这篇新闻导语中的画线部分。这就是如何针对过时但题材新鲜的内容给它找一个新由头,使其看上去新鲜的做法。这是做新闻的专业技巧。2017 年 11 月 20 日封面新闻的深度报道《女子遭强奸 3 次被威胁　丈夫砍死对方被判无期》采用了倒叙手法,以 2017 年 11 月 14 日女主人公带着两个孩子去探监,以新带旧,讲述了 2015 年 2 月 5 日发生在河北省涞源县南屯镇张家庄村的一桩凶杀案。

当突发事件发生时,人命关天,时效性尤为重要,及时、透明和公开报道能有效地阻击谣言蔓延。2017 年 10 月 15 日上午,湖北宜昌三峡景区发生滚石坠落造成 3 名台湾游客遇难,新华社当日就发布新闻披露了真相,并通报了国台办发言人马晓光对此事的关切和处理计划。台湾社会对此反应平静。对比 1994 年 4 月 1 日 24 名台湾游客在千岛湖遭劫杀事件,案发次日,罹难者家属赶赴现场,两岸的媒体被禁止采访,台湾家属受到监视,台湾旅行业代表也不容许去现场勘查及摄影拍照,引起台湾方面的怀疑。台湾记者在居住宾馆将这些场景进行了偷偷录像后带回台湾公开播放,加重了人们的猜疑心。新华社1994年4月7日才公开报道台湾家属来到浙江的新闻,4月9日才公开透露了千岛湖事件的消息。等到台湾社会已经被谣言和谎言蛊惑了,我们的媒体在事发两个多月后才开始深度报道事件的始末已经太晚了。正是因为我们的新闻媒体当年对千岛湖这起刑事案件报道不及时、不透明,引发了台湾社会的舆论风波,给两岸关系造成了严重损害。这是不尊重新闻规律的一次深刻教训。

(二)重要性

重要性指的是,新闻事实与人类的命运息息相关、与公众的生存发展等切身利益紧密联系,事件震撼人心,在社会上产生较大影响。(1)紧张与冲突性事件,如极端天气变化、损失重大的天灾人祸、罢工、学潮、集会、示威游行等;(2)公众事务,如牵涉百姓生活的食品供应、物价、住房、安全、交通、工资、福利、教育、医疗、保健、保险、环境等变动变化的信息;(3)政治和政府争议事件,如重要会议、政局变动、政治要地或要人职务变动,科技创新发明,经济、农业、工业、国防、国安、司法、外交、民族、宗教事务等出现的变动和异常。复旦大学刘海贵教授认为,重要性是中国新闻价值观的核心和基础,这也是中国与西方在新闻价值观上的一个显著不同之处。

中国共产党第十九次全国代表大会2017年10月18日上午在人民大会堂开幕,国内所有媒体都在显著位置和重要时段设置新闻专题栏目,且门户网站都采取了边框套红并打出了"热烈庆祝中国共产党第十九次全国代表大会召开"等标语。对中共十九大进行了全方位、大容量、高强度的报道,以10月19日的国内门户网站新浪、搜狐、腾讯、网易、凤凰网等为例,其关于中共十九大的新闻报道均占据了当日新闻首页的前9条之多。在十九大开幕式上,习近平代表第十八届中央委员会向大会做了题为"决胜全面建成小康社会 夺取新时代中国特色社会主义伟大胜利"的报告。媒体新闻报道以突出对这个报告的解读分析、参会代表对报告的讨论等为核心,因为这次会议的主题是"绘就伟大梦想新蓝图,开启伟大事业新时代"(新华社),它关系到中国决胜全面建成小康社会,夺取新时代中国特色社会主义伟大胜利,为实现中华民族伟大复兴的中国梦,为在21世纪中叶把中国建成富强、民主、文明、和谐、美丽的社会主义现代化强国描绘了宏伟蓝图。因此,中共十九大关系到中国迈向的新时代的伟大征程,也关系到所有中华儿女的命运和福祉,其新闻价值的重要性不言而喻。2017年10月25日中共十九大闭幕,公布了新一届中央政治局七常委名单和新一届中央政治局委员、书记处书记名单,当晚的央视新闻联播从平时的30分钟延长到2小时20分钟。

在中共十九大召开期间,国内媒体都开设了专题报道,平面媒体和新闻网站首页使用了表达喜庆的大红色作为版面的色调。在日常新闻报道中,国内报纸的头版头条、广播电视的新闻头条、网站新闻的头条编排都以时政新闻为重点,如党和国家领导人的活动、有关中国共产党的重要会议等,凸显重要性的新闻价值,以体现对当前工作的思想性、指导性和针对性,彰显新闻的宣传功能。各地方媒体的新闻报道也是把当地领导干部的政务活动作为新闻报道的重点。值得注意的是,重要的时政新闻日常作为主流媒体的报道模式并非一成不变。按照国际新闻报道的惯例,出现重大突发事件导致人员财产严重损失时,新闻报道应体现人文关怀精神,应在头版头条等显著的位置聚焦灾难中的死伤者和救援工作的展开,直到情势恢复正常。新闻价值的重要性也应体现以人为本的思想。传统媒体的天气预报受关注，广播的交通台受宠，报纸的分类广告、网站的信息服务查询等受到青睐，这些服务功能其实也是新闻价值重要性的体现。新闻编辑在决定头版头条新闻时，对多篇重要性价值的新闻是通过比较选择出来的。在比较中你会发现，新闻价值的重要性随着时间、时机而发生变化。

（三）显著性

显著性指新闻报道的对象因高知名度而引人注目，如社会名流、政府官员、演艺界明星等公众人物，平凡人因事迹不平凡而成为新闻人物，名胜之地、名牌商品、稀有物种、奇珍异宝……总之，所有因名气大而众人皆知的人物、事件和事物都具有显著性特质。新闻界公认的显著性定律：(1)名人＋平常事＝新闻，如丘吉尔1947年抽剩的半根雪茄拍出近8万元高价；(2)名人＋不平常事＝大新闻，如美国前总统克林顿与白宫实习生莱温斯基的性丑闻；(3)平凡人＋平常事≠新闻，如你我的日常琐事；(4)平凡人＋不平常事＝新闻，如84岁的杭州退休工人王坤森深夜拾荒助学。与知名地点相关的事是新闻，如天安门广场、王府井、长城等；与知名单位相关的事是新闻，如清华大学、北京大学、钓鱼台国宾馆出现了任何意外的事等；与知名商品、稀有物种、奇珍异宝有关的好事坏事等也是新闻。在新媒体时代，长得好看被称为"颜值高"，不少普通人因为天生丽质或相貌与某个名人相似而成为网红，也具有了显著性新闻价值，成为媒体跟风报道的新闻人物。

新闻传播以人为本，所以显著性新闻价值在日常新闻报道中比比皆是。以2017年10月19日凤凰网首页为例，25条新闻标题中与显著性有关的新闻占到了16条，与显著人物直接关联的有12条，与受关注的平凡人直接关联的有3条，与著名地点或事物相关的有4条。其中显著性人物按新闻顺序排列的：国家主席习近平、国务院总理李克强、中央政治局常委兼中央纪律检查委员会书记王岐山(现任国家副主席)、中共中央政治局常委兼国务院副总理张高丽、教育部部长陈宝生、中央政治局委员兼上海市委书记韩正(现在中央政治局常委，国务院副总理、党组副书记)、著名物理学家杨振宁与夫人翁帆、美国前国务卿蒂勒森、美国国防部长马蒂斯、俄罗斯社交名媛克谢尼娅·索布恰克、韩国前总统朴槿惠、牛津大学教授兼英国公共卫生机构临床顾问格雷、阿里巴巴集团董事局主席马云。关于因事迹被关注的平凡人新闻：女孩陷泥潭半小时被警察营救、辣妈带孩子边逛超市边健身被网友抨击、夫妻误扔5万货款被环卫工翻垃圾堆2小时寻回。关于著名事物或地点的新闻：在大连建造的相当于25层楼高的超大型集装箱货船、韩国平昌冬奥会、西班牙闹独立的加泰罗尼亚自治区、叙利亚"伊斯兰国首都"拉卡被解放。由此可见，与显著性关联的新闻在日常报道中占有的分量。

（四）接近性

我们打开新浪网浙江频道会发现其新闻标题显示，所有的新闻都是浙江各地的。这种现象在凤凰网、腾讯网等媒体上也一样，地方新闻频道的网页上选择的都是本地的新闻。通过传统媒体接受新闻的受众也会发现同样的现象，即本地的媒体报道的新闻突出本地特色。这是为什么呢？这种做新闻的方式是为了满足本地受众对新闻信息的需求，因为人们在接受信息时有一种心理：对距离自己越近的人或事越容易感兴趣。这种接近性主要是指地理、心理等方面的接近。地方媒体报道地方新闻正是为了凸显新闻价值的接近性，本地发生的事实具有令本地人关切的特质，因为人们有相同的地理背景，生活在同一片土地上，语言、习俗、文化、心理、生活习惯、饮食、相貌、传统服饰等都具有相似性，心理上具有亲近感。20世纪90年代的晚报热和都市报热、2003年以江苏电视台《直播南京》为代表的民生新闻、地方广播电视台的用方言说新闻节目等都是因为突出了地方新闻或都市新闻而受到传播覆盖区域内受众的热捧。

心理上的接近性指的是新闻事实在职业、家庭、年龄、经历、社会背景及利害关系方面能够引发受众产生内心的共鸣。这种心理的接近性穿越时空限制，使受众感同身受。比如交通广播、音乐广播、情感广播节目等，电视的综艺节目，各媒体对高考、春节探亲往返、极端天气、保健养生等提供的服务信息……都是为了满足受众的需求，使受众在心理上产生亲近感。

在新媒体时代，融合新闻将传统媒体的所有介质叠加组合，即融声音、画面、图片、动漫、表情包、网络截图、文字、色彩等综合元素为一体，再加上无国界迅捷传播打破了时空界限，还有转发、互动、分享等便利的功能，为网民建构了一个虚拟的"地球村"的感受，远在天边的人或事宛如近在眼前，一条打动网民情感的新闻或者有趣的事会瞬间刷屏引发围观。凡是在情感上能够打动人、符合共同价值观的新闻都会使网民产生心理共鸣。如2017年1月24日深夜，一名籍贯为黑龙江省的董姓女网友微博爆料称，在2016年11月11日凌晨3点半，她与朋友在丽江一烧烤店就餐时，遭多名男子辱骂殴打半个小时，被用碎酒瓶划脸致"毁容"。这名女网友之所以发微博曝光自己的遭遇是因为丽江公安已经拖延了两个月没有给出处理结果。丽江具有显著性，容易引起网民的关注。女子用简洁的文字配上了她毁容前后的对比照片一下子就唤起了网民的同情心，网络舆论对她的声援铺天盖地，这时只要人们看了图片相信这是事实就够了，因为同情弱者是人类普遍的价值观，加上人们对国内出游服务质量不高具有共同的感受，碰到这种能够唤起不愉快记忆的事实，更容易引发人们对公权力部门办事效率不高所郁积的不满心理，在新媒体强大的互动功能支持下舆论瞬间聚合发酵，产生共振，引爆网络。直到2017年8月17日6名被告人被判刑并给予了受害人经济赔偿后，这起网络热点事件才得以平息。这件事对当地的旅游形象造成了巨大的冲击。《新京报》的多起报道的线索是记者从互联网自媒体上发现的，有的事发生在江苏，有的发生在浙江，还有更为偏远的地方，记者通过跟进采访报道，通过互联网传播，都引发了舆论关注。可见，新媒体时代的新闻在营造"想象的共同体"方面比传统媒体时代更有效了。

其实，了解新闻价值的接近性特点对于采访也有益。当记者碰到受访者不愿意配合时，常常会想办法寻找双方在地理上或心理上的接近性来打开缺口，找到双方的共鸣点，使得对方消除顾虑，改变态度，与记者进行合作。

(五)趣味性

2017年6月21日新华社微信客户端推送了一条快讯《刚刚，沙特王储被废了》，其内容仅38字："沙特国王萨勒曼21日宣布，废除王储穆罕默德·本·纳伊夫，另立穆罕默德·本·萨勒曼为新任王储。"这条标题仅仅9个字的新闻瞬间刷屏，当日浏览量过百万。其实，该新闻受热捧的原因是编辑与网友的互动幽默而机智，一反高高在上的新华社风格，抖机灵、卖萌、耍点小聪明引发了网友的极大兴趣。有眼尖的网友指正，"废除"应为"废黜"。虽然有瑕疵,但这种互动的幽默感值得点赞。随后,引来了"刚刚体"新闻的跟风潮。

新闻价值的趣味性指新闻事实引发受众产生兴趣,具有喜闻乐见的特质,如令人感到愉悦的事、反常离奇的事、稀奇古怪的事、有人情味的故事、动物的故事、性等。2017 年 10 月北京大学历史系 2015 级埃及史方向在读博士、29 岁的娄滔因为患上了"渐冻症"失去行动能力,躺在了医院重症监护室的一张病床上。该事件经媒体报道后成为热点新闻。这种人世间悲欢离合、阴晴圆缺的故事因人情味而成为媒体关注的永恒主题,因为其令人感动,唤起受众的悲悯与同情。有的事与道德人伦不符,刺激人们对善良、爱心、宽容等美德的呼唤。例如下面这篇新闻:

母亲节聚餐不满丈夫先给自己夹菜妻子负气自杀身亡

来源:中国台湾网　　时间:2014-05-13 09:03

中国台湾网 5 月 13 日消息 妈妈和老婆同时掉入水里,你会先救谁? 当这个问题换成聚餐夹菜,先夹给长辈还是夹给老婆,没想到竟闹出人命!

据台湾媒体报道,前天母亲节聚餐,台北市 35 岁许姓少妇不满王姓老公先夹菜给她,然后才夹菜给长辈爆激烈口角,她竟趁老公离家"冷静"之际,在浴室上吊身亡。昨晨,王男返家惊见妻子冰冷的遗体,难过地报警并通知亲人。

王男向警方表示,前天中午家人母亲节聚餐,席间妻子对他没先帮长辈夹菜而有怨言,返家后依然无法释怀。深夜两人喝了点酒,老婆重提此事,认为他表现不得体,两人爆口角,老婆怒回房休息。

昨天凌晨零时许,老婆走出房门又与他争吵,两人还大打出手。他认为老婆太激动,便离家到附近的公园"冷静"。

不料隔 3 小时回家,王男发现浴室遭反锁,开锁见妻以毛巾在浴室通气窗上吊寻短,紧急报警将妻送医,但仍告回天乏术。

警方在现场未发现遗书,初步分析少妇应是负气才想不开。(中国台湾网　朱炼)

这种报道人间百态的社会新闻通常以离奇、反常、罕见等戏剧性的特质而使受众有浓厚的阅读兴趣,传播效果好,满足人们对奇特事实的好奇心,成为茶余饭后津津乐道的谈资。市场化小报比严肃类大报更受大众青睐,其中一个重要的原因就是前者注重了新闻的接近性,更注重新闻的趣味性。值得注意的是,趣味有高雅和低俗之别,新闻媒体应承担传承文化、传播文明的社会责任,不能为了讨好受众、吸引眼球而以庸俗甚至粗俗的新闻来满足受众的猎奇心。

考察全球新闻传播史,正是刻意追求新闻价值的趣味性使报纸成功走向商业化并结束了政党报刊的"黑暗时期",开创了新闻进入大众传播的新时代。如 1833 年美国第一份便士报《纽约太阳报》就是以通俗的语言讲故事,从人间琐事中选取有人情味、趣味性和幽默感的事实,以此赢得了市场,使报纸摆脱了政党津贴制约,成为报童沿街叫卖的文化商品。在新媒体时代,具有趣味性的事实以"卖萌"的表达方式而具有吸睛效应,分分钟就能刷屏,吸粉千千万,阅读量上 10 万。2015 年河南郑州女教师顾少强只因一句话"世界这么大,我想去看看"的辞职报告而成为网红,媒体对此进行跟踪报道。受到网民追捧的短视频多数也是具有趣味性的新闻。在传播趣味性新闻时,媒体要有社会责任感,不宜传播"色、膻、腥"的"黄色新闻"。记者作为公众的代言人、时代风云的记录者、社会良心的守望者,肩负传播新闻文化"讲品位、讲格调、讲责任"(习近平)的使命与责任,应自觉抵制趣味性新闻"娱乐化"中的三俗(庸俗、低俗、媚俗)现象。2016巴西里约奥运会期间,加拿大《环球邮报》和英国《镜报》都用大数据技术绘制出近几届奥运会发放避孕套数量的变化曲线,并对此作详细分析。《华盛顿邮报》作为品牌严肃类报纸,津津乐道于利用大数据分析美国游泳运动天才菲尔普斯的食量变化。这些媒体用最先进的科技满足受众"窥私"的欲望,其品位和格调低俗,吃相难看。

二、新闻敏感

2017年5月3日下午,在欢迎丹麦首相访华仪式上,中国礼炮兵首次采用立姿动作亮相天安门广场。与以往跪姿相比,这次采用立姿动作操炮,动作程序简化,操作性更强,更能展示国礼部队良好形象,彰显大国威仪。央视新闻联播播出的欢迎仪式新闻中,中国礼炮兵采用立姿动作画面只出现了2秒钟就被眼尖的网友发现了,中国军网敏感地意识到了网友在社交媒体上议论这一细节的碎片化信息背后的新闻价值,以此为线索立即进行全面采访,5月5日刊登图文新闻《新闻联播里这群兵只出现了2秒 细心网友却发现了一个重大变化》,其他媒体也纷纷转载。网友明察秋毫、以小见大的新闻敏感令人赞叹。中国军网对网友的敏感反应及时,通过专业的采访获得完整、全面的事实快速报道,这种职业新闻敏感同样值得称赞。

在江苏无锡环城东路的幽静处坐落着我国古代著名书院之一东林书院,院中有一副相传为顾宪成所撰的对联:"风声雨声读书声,声声入耳;家事国事天下事,事事关心。"此联对于新闻人而言也是有启迪意义的,一要多读书增长知识,二要心系苍生关心国家大事天下大事。平时养成多学、多问、多听、多看、多想的习惯,凡事总要问问是什么、为什么。"凡事物,不论草木鸟虫,且不管是辗转听闻,或偶有所感,皆不可漠不关心。"[3] 记者应对事事充满好奇心,对新闻事业始终怀有激情,念念在心,时时牵挂,有一双发现新闻的好眼力,随时就能够发现新闻,具备非同寻常的新闻敏感。

新闻敏感也被称为新闻嗅觉、新闻鼻、新闻眼,它是新闻人的职业素养,即凭借感官敏锐及时地发现新闻事实中潜在的新闻价值。约瑟夫·普利策认为:"一个人的'新闻鼻'可以在摇篮里诞生,但是他的新闻直觉却不可能是天生的。跟许多伟大的素质一样,新闻直觉需要通过教育、培训和实践来嗅出和判断善恶、是非、真假、美丑、成功失败。"[4] 普利策这句话指出了新闻敏感的培养途径:教育、培训和实践。对于有经验的新闻人,新闻敏感就是一种直觉、预感,一种下意识的职业能力。在西方新闻学概念中,新闻敏感被称为记者的"第六感官",与平常人相比,记者擅长根据新闻价值尺度衡量什么是新闻,好比除了眼、耳、鼻、舌、身之外,又多了一个感觉器官。一般人对于像天灾人祸这类突发事件会下意识地判断其是新闻,这样的灾难造成重大生命财产损失显而易见,普通人都会迅速判断其新闻价值。但对于身边不起眼的小事可能蕴含的新闻价值,由于是隐性的事实,以静态方式存在,恐怕只有经过训练并且富有新闻经验的记者才能够发现。

（一）从互联网上获得新闻线索

中国国产大型客机 C919 于 2017 年 5 月 5 日在上海首飞成功,这本来是值得中国人骄傲和自豪的大事,但有一些网友在网络上起哄称,中国只不过造了一个飞机外壳,根本不值得"炒作"。他们的依据是,C919 不少零部件都是全球多家公司分包生产的。新华社记者郭爽在洛杉矶专访了中国商飞美国有限公司总经理叶伟,请他从专业角度释疑解惑,用事实证明 C919 机体从设计、计算、试验、制造等均为中国自主进行,该飞机设计研制中有多项重大技术突破,如超临界机翼、新材料应用等,尤其是总体集成技术的突破正是中国航空制造业取得巨大进步的标志。同时,全球采购是国际化的商业发展必走之路,C919 承载着全世界的骄傲和希望。在网络传播时代,网民对热点问题的任何意见和异见都值得新闻媒体高度关注,跟进报道,用事实说话是理清认识、阻止谣言惑众、弥补社会裂痕、消弭舆情乱象的最好方法。类似的新闻事实需要记者有政治敏感,了解全局,站在更高层次上看问题,具备政治洞察力,能够从看似不起眼的小事当中发现其背后可能蕴含的新闻价值,立足当下挖掘事实真相对于受众的指导意义。1994 年 4 月,中国内地的电脑开始与国际互联网连接。到 2017 年 6 月,中国内地已经拥有了 7.51 亿网民。96.3% 的网民用手机上网,微信、微博和新闻客户端已经成为网民获取信息的第一来源。过去,传统媒体依靠热线电话获得新闻线索,一家媒体每天可接到受众数十个电话爆料,而今平均每天只有一两个电话。当下,自媒体成为记者及时发现新闻的富矿,微信朋友圈、微信公众号、微博等社交媒体每天都有海量的碎片化信息,记者从中能够发现有价值的新闻线索。2016 年的魏则西事件、雷洋事件等热点新闻都是先从新媒体爆料引起专业媒体关注而成为舆论热点的。近年来,多起引发舆论关注的新闻都是从新媒体发酵引发记者的注意,通过采访,挖掘完整事实及时跟进报道而形成舆论风暴的。记者建立广泛的人脉,利用手机自媒体与互粉好友聊天,每天刷屏看看微信朋友圈或微博了解网友在关心什么,浏览热门的网络论坛,从中能够发现鲜活的新闻线索。《无锡日报》民生热线部记者除了深入社区、机关和重要新闻源,勤于跑动之外,每天保持手机和电脑"双在线",上网浏览国内门户网站重大新闻,还有本地的热门论坛如"东林书院""二泉网""无锡新传媒"等,时时关注微博、QQ 群、微信等自媒体。"在网上获取线索后,记者还必须具备利用网络开展采访的能力,比如找到发帖者进行信息核实;与不愿面谈的采访对象通过 QQ 聊天的形式进行采访;将网络上'碎片化'的信息进行拼接,从而还原一个已经消失的现场等等。"[5] 澎湃新闻 2017 年 11 月 7 日至 12 月 5 日连续刊发了近 40 篇关于个人信息泄露的原创报道,引发广泛关注,其线索源自记者陈良飞与安徽铜陵的一位朋友在微信上的聊天,他通过在网上系统检索,发现这个看似司空见惯的问题其实是一个值得挖掘、报道的重要线索。

（二）从新闻来源的报料中发现新闻线索

记者是社会活动家,要广交朋友,善于发现和培养新闻来源。内蒙古赤峰市阿鲁科尔沁旗县的中学教师马铸铭 2005 年 9 月的一天走进《中国青年报·冰点周刊》编辑部,向记者包丽敏讲述了他们家因丧失医疗保障从小康坠入赤贫的故事。当包丽敏听着他的诉说不自觉地点头时,他激动地喊:"哈,你听了还会点头!说明你还有同情心。你听了能点头,我就已经非常感谢了!"当记者后来发短信告诉他决定采访时,他回复的短信是:"谢谢谢谢谢谢谢谢……"共有六七十个"谢"字。此前,马铸铭找过北京的多家媒体想倾诉家庭面临的焦虑和痛苦都被拒绝了。2005年9月28日《中国青年报·冰点周刊》发表了8000多字的特稿《从小康跌入赤贫》,女主人公王翠霞患了尿毒症,丈夫马国林和儿子马铸铭带着她到北京求医,花光了全家所有积蓄和借来的40多万元钱,马国林和妻子甚至在北京街头乞讨,最多一次有人给了20元让他们感激不已。马国林和儿子马铸铭连当时每晚20元的地下室都住不起,在医院大厅、楼道、水房、地下室凑合着躺一躺。马国林积劳成疾患胃癌去世,他的儿子接过了照顾母亲的重任。这是一个富有人情味的故事,被其他媒体看不上眼的一个弱势者的悲剧,其实折射出一个具有代表性的社会问题:来自卫生部的数据显示,在当时全国有一半人因为没有医疗保险、经济困难,生病不去就诊,医生诊断应该住院治疗的患者中有三成没有住院。卫生部的统计数据显示,2005年全国城镇贫困户中,有三成是因病致贫。表面上看,马铸铭一家遇到的事似乎是平常的,因为像他们这样的遭遇全国有千千万万,没有多大新闻价值,但是,透过他们悲惨的故事能够让公众洞悉社会存在的问题,发出警示的信号,唤起人们对这个群体的关爱,这不正是新闻推动社会进步的重要价值所在吗?新闻不仅仅是传播信息,不仅仅是记录时代风云,还有为被社会遗忘的群体记录鲜活的历史。这篇特稿在搜狐网转载后,当天的留言就有3700多条。该报道启发我们,记者有一颗为公众服务的热心,就能够从看似寻常的琐事中发现新闻。

在新闻界不乏这样的案例,有的百姓遭遇不幸告状无门,把新闻媒体当成了最后一个求助的地方,希望舆论能够主持公道,有的媒体新闻人眼睛只盯着上头,视野狭窄,见识短浅,缺乏对底层弱势者的同情和关怀,对百姓疾苦视若不见,对走投无路的人敷衍了事或者不冷不热,错失了有价值的新闻线索,损害了作为社会良心守望者的媒体的声誉,让受众失望。对这种非事件性的静态新闻选题,尤其考验记者对新闻的判断能力。从平凡中见奇崛,于无声处听惊雷,记者的人格和修养决定了其能够发现琐事中潜藏的新闻。2015年1月22日中共新华社党组对在推动呼格吉勒图案重审中做在突出贡献的新华社内蒙古分社记者汤计予以表彰,记个人一等功。1996年4月9日,内蒙古呼和浩特市卷烟厂发生一起强奸杀人案,呼和浩特市公安局新城分局副局长冯志明和办案人员认定18岁的报案人呼格吉勒图是凶手,但证据严重不足。61天后呼格吉勒图被判处死刑并执行。2005年,内蒙古系列强奸杀人案凶手赵志红落网,他交代的第一起案件便是当年被警方误判呼格吉勒图是凶手的"4·9"杀人案。新华社内蒙古分社政文采访部主任、高级记者汤计在赵志红被抓一个月后,通过搜集第一手材料,及时向中央高层发出了为呼格吉勒图鸣冤的内参《内蒙古一死刑犯父母呼吁警方尽快澄清十年前冤案》。当年制造冤案的警方办案人员均获得了重用提拔,导致"呼格案"重审纠错异常艰难。汤计连续追踪此事9年,共向中央发了5篇内参,为呼格吉勒图被冤杀鸣不平。2014年12月15日,内蒙古自治区高院再审判决宣告原审被告人呼格吉勒图无罪。2014年12月30日,内蒙古高院依法做出国家赔偿决定:支付呼格吉勒图父母李三仁、尚爱云国家赔偿金共计2059621.40元。呼格吉勒图案经内蒙古自治区高级人民法院改判无罪后,有关机关和部门启动追责程序,依法依规对呼格吉勒图错案负有责任的27人进行了追责。过去记者的新闻线索多不多看采访本里记了多少新闻来源人的电话,而今变成了微博、微信朋友圈里的朋友多不多。记者与新闻来源人时不时地保持沟通交流,节假日问候一声,稳定的关系有助于通过闲聊发现新闻。

（三）从会议中发现新闻线索

参加会议是记者结交新闻来源，发现新闻线索的有利时机。可以说，会议是记者发现新闻的富矿。会议主办方会给记者提供会议文件，留心阅读能从中发现有价值的信息。比如1976年7月28日凌晨发生在河北省唐山市丰南区一带里氏7.8级大地震造成242769人死亡，164851人重伤，因当时的新闻政策限制，死伤人数延迟到"文革"结束后的1979年才公开报道，新华社记者徐学江正是从中国地震学会召开成立大会上获悉这一信息的。虽然报道时间晚了，但内容是新发现的，仍旧值得报道。记者通过听会、研读会议材料还能够发现有价值的新闻线索，进一步采访或者查阅相关资料，挖掘新闻背后的新闻。如2017年10月23日中共十九大召开期间，新华社记者朱基钗、齐雷杰的新闻报道《用留置取代"两规"意味着什么？——解读国家监察体制改革》；2017年10月24日侠客岛《中央再提对香港的"全面管治权"意味深长》。需要提醒的是，会议材料的写法是概括式的语言，提到的事实一般是碎片化的，十分简单，与新闻讲故事的特点不同，只有结果，没有新闻必须具备的所有要素，需要记者从中提炼出新闻价值后确立报道思想，进行补充采访。即便是可以直接挑选出来报道的信息，记者也需要将程式化的语言转化成准确、通俗、简洁的新闻语言，不宜照抄。记者还可以通过现场的观察与思考，跳出会议报道，独辟蹊径，找到新的报道主题和新的报道角度，如：

峰会的尴尬

美联社约翰内斯堡8月30日电 尽管参加地球峰会的代表们在唇枪舌剑地争论保护地球迅速减少的资源的最好办法，但他们自己并没有率先垂范。

为期10天的地球峰会号称是有史以来规模最大的联合国会议。预料会议将产生300吨到400吨垃圾，到目前为止，只有其中的20％正在得到回收处理。

会议厅里摆放了盛放可回收物品的废物箱，但结果里面塞满的却是各种各样无法回收利用的废物。

数百个组织在峰会上散发了无数的小册子、新闻稿和宣传手册，希望引起与会者对他们各项事业的关注。会议组织者估计，整个会议将消耗掉500万页纸张。

峰会的代表们还在耗费其他资源。平均每个代表每天要用水200升，约翰内斯堡的用电量也因为这次会议而猛增。（2003年）

这篇新闻没有一句废话，句句含有信息。记者过人的新闻敏感和巧妙的报道角度给人留下了深刻的印象。内地媒体上的会议新闻冗长无趣者众，雷同者多，这与记者敬业精神不足有关，不少记者到了会场拿上文件袋就走，习惯了从会议文件中摘录材料的报道模式，只求政治正确，宣传意味浓厚，不尊重新闻规律。对比上述报道，传播效果不言自明。

参加会议报道过程中，记者要始终保持好奇心，对细微敏感的新事物要及时捕捉，不放过任何有价值的线索。中共十七大结束当天，新一届中共中央政治局常委与中外媒体记者见面。因比预定时间晚了些，胡锦涛代表常委们向在场的记者道歉。以摄影记者身份到场采访的王健写出文字稿《总书记一声"对不起"暖人心田》。当时，到场的中外媒体有200多家，只有王健敏锐地抓住了这条新闻。在宁夏好新闻评选现场，有评委说，作者在重大历史事件报道中独辟蹊径，抓了一条"大鱼"，是在重大时政新闻上的大胆突破和创新![6] 参加会议前,记者要带着问题去会场。2015 年 3 月 15 日上午十二届全国人大三次会议在人民大会堂举行记者会,在记者会即将结束时,秦枫抢先追问缅甸北部政府军与反政府军爆发军事冲突导致中国边民伤亡的问题,国务院总理李克强回应称:"你问了一个让我痛心的事,在中缅边界中国居民生命和财产受到损失,向遇难者家属表示哀悼和深切慰问。中国政府已经向缅甸提出交涉,中方坚决保护中国人民生命和财产安全。"参加采访的中外记者近 900 名,只有秦枫提问了这个刚刚发生的、对国内受众具有重要性和接近性的问题。

(四)从对日常生活的观察体验中发现新闻线索

1997 年 2 月 19 日邓小平逝世,美国记者率先报道了这一新闻。自从邓小平退休远离政坛和媒介之后,该记者就开始关注他的健康,想尽一切办法搜集相关信息,积累了大量数据,发现医院出现异常戒备且机关车辆骤然增加的现象,立即发出推测新闻。记者对新闻事实的发展趋势做出科学分析需要见微知著的调查与判断能力。1982 年 11 月 10 日早晨 8 点 30 分,苏联共产党中央总书记勃列日涅夫猝然去世,当天苏联没有宣布这一消息。可是,路透社驻莫斯科记者注意到这样一个情况:莫斯科电视台预定 10 日晚要播放的一场冰球赛,在没有作任何解释的情况下突然取消了,被演奏贝多芬的古典钢琴乐曲的音乐会所替代。而通常只有在苏联的重要政治人物去世的时候,才会有这样的变动。这位记者觉察到此事非同寻常,便打电话去苏共中央询问,但是没有得到回答。他就将这些反常的现象写成新闻稿传回了报社。与此同时,美联社记者也注意到了 11 月 10 日这一天莫斯科广播、电视节目变动的情况,还注意到 11 月 11 日苏联在给安哥拉的贺电中,勃列日涅夫的名字消失的情况,于是,美联社记者发出了消息:

勃列日涅夫的名字从给安哥拉的贺电中消失

【美联社莫斯科 11 月 11 日电】苏联主席勃列日涅夫的名字今天从给安哥拉的贺电中消失,引起了对这位 75 岁的克里姆林宫领导人的地位的猜测。

勃列日涅夫 1980 年和 1981 年都在致安哥拉的贺电中签了名。

苏联新闻机构星期四早晨没有报道苏联领导机构中任何人去世的消息,但是在电视节目中有了未作解释的改变。星期三夜里的广播中忽然播送严肃音乐。过去,在宣布重要人物去世消息之前,要播送严肃音乐。

路透社和美联社记者根据种种迹象所做的猜测,很快就被证实了。11 月 11 日莫斯科时间上午 11 点,莫斯科电台、电视台同时播发了苏共中央、最高苏维埃主席团、苏联部长会议关于勃列日涅夫去世的消息。

《齐鲁晚报》记者许恺玲于 2009 年新闻学本科毕业后从事新闻工作的第一个月因为一次意外而发现了新闻。她对济南人生地不熟,有一天坐错公交车,她发现很多公交车站牌相隔甚远,居然都叫一个名字。于是她拽着另一位同时入行的同事,以山东大学路为目标,从南端的经十路走到北端的花园路,步行了 5 千米左右,记录每一个路口的地标和经过的公交车路线,最后写出了一篇批评公交车站设置不合理的报道。《齐鲁晚报》随后派出老记者跟进连续报道,最终公交车站名被重新合理命名了。[7] 记者要多深入基层,深入百姓生活,做一个有心人,多听、多想、多观察、多问,准确、及时了解百姓的喜乐哀怒,洞悉公众的普遍关注点,就能从中找到源源不断的新闻线索。

(五)从其他媒体的报道中获得新闻线索

做新闻的人要关注自己服务的媒体每天的报道,也要浏览其他媒体的新闻,从中不但可以了解到当下的新闻报道重点和热点,也能从同行的报道中借鉴经验提升专业素养,同时,还有利于记者发现新闻线索。2017 年 11 月 18 日新加坡联合早报网的新闻《93 岁中国核潜艇之父:做梦都想不到习总书记请我坐下》就是根据前一天的中国中央电视台新闻联播改写的。再比如 2017 年 10 月 26 日参考消息网报道《美媒发布 2018 年全球大学排行榜:中国上榜 136 所位居第二》,转译自《美国新闻与世界报道》网站 10 月 24 日的报道。导语称,美媒发布了 2018 年全球大学排行榜,在总体排名中,美国的上榜高校比任何一个国家都要多,上榜高校数量排在美国之后的是中国和日本。读完该新闻发现,它只提到了每个洲排名第一的高校名称,中国入选的 136 所高校中仅提及清华大学的计算机科学和工程学的排名全球第一。作为中国的受众,肯定想了解究竟哪 136 所国内高校入选了这个全球大学的排行榜。教育是每个家庭都关心的话题,该新闻具有时效性、显著性和重要性三个叠加的新闻价值,是受众普遍想了解的信息,符合传受双方共同的新闻传播心理预期效果,因此,内地媒体的记者可以通过查阅美国网站,将相关信息中与中国有关的信息单独报道,也可以将美国、日本等全球的高校排名做多篇新闻,还可以通过采访内地研究高等教育的专家学者,对榜单进行评价等,满足受众需求。I. F. 斯东(1909—1989)是美国著名的左派报人。他每天至少要读十份报纸,一条不落,他有许多独家新闻是从报屁股新闻中找到的。《纽约时报》头版有一天刊登了一条原子弹地下试爆的新闻,其中包括氢弹之父泰勒在内的许多科学家都称,试爆在两百英里以外侦测不到。但斯东却在报纸的地方版上,看到一则多伦多侦测到地下试爆的小新闻。于是他把当天所有报纸都买回来,结果发现东京、罗马也有相同的消息。隔几天他去政府地质部门查资料,又发现连远在内华达 3000 多千米外的阿拉斯加都侦测到试爆。在他的逼问下,原子能总署不得不公开承认说谎。[8] 从其他媒体报道中发现新闻线索的途径有:(1)报道缺乏深度;(2)报道不准确;(3)报道不全面;(4)报道不完整;(5)报道失实;(6)报道有疑点;(7)报道不能满足受众的需求。对于存在类似问题的新闻,记者可以汲取经验教训,补充采访,换个角度、换个主题、换个报道形式,将其新闻价值吃透,将报道做出新意,做出高度和深度。

(六)从科研论文或专著中发现新闻线索

《参考消息》的"科技前沿"版刊登的新闻不少是西方媒体记者从科研论文中发现的新闻线索。这些报道符合受众对相关新知识的需要,有传播价值,如下文:

文身 15 年后仍可造成感染:墨水可渗入到淋巴结
来源:《参考消息》 时间:2017-10-07

医生提醒,文身在时隔 15 年后仍然可能造成感染。此前,一名妇女因为淋巴结肿大,被收治入院。

这名 30 岁的澳大利亚妇女发现腋窝出现肿块且有痛感,怀疑自己得了癌症。

但是,悉尼皇家阿尔弗雷德王子医院的医生摘除这块组织后发现其是无害的。

专家们判断,肿块是身体对 15 年前文身的反应造成的,因而要求医生在接诊淋巴瘤患者时询问是否有文身史。

由于渗入文身墨水的淋巴结会呈现墨水的颜色，因此以前医生就知道，文身墨水可以游走到清除人体毒素的淋巴结。新研究则表明，文身十多年后仍然可能发生墨水渗入淋巴结的现象。

现在，英国年轻成年人中约有1/3文过身。但是，欧洲同步加速辐射中心前不久的研究表明，文身墨水中的有毒纳米粒子二氧化钛可以在全身游走并在淋巴结停留，它们在那里能够造成麻烦。

该论文的作者之一、欧洲同步加速辐射中心的科研人员海勒姆·卡斯蒂略说："没有人检查文身彩墨的化学成分，我们的研究说明恐怕大家应当这样做。"

这些墨水可能含有防腐剂和污染物，后者如镍、铬、锰和钴等。

论文的主要作者之一、欧洲同步加速辐射中心客座研究人员伯恩哈德·赫西说："我们之前就知道，文身的颜料可以游走到淋巴结。"

他说："我们之前不知道的是，它们能以纳米粒子的形式游走。也就是说，它们可能与微米粒子的表现不一样。于是问题就来了：我们不了解纳米粒子的影响。"

这项新研究发表在美国《内科学纪事》月刊上。(英国《每日电讯报》2017年10月2日)

上述科技新闻是记者从美国《内科学纪事》月刊上发现的新闻线索，记者不满足于直接从论文中摘录材料，而是在阅读完论文后对该论文的两位作者海勒姆·卡斯蒂略和伯恩哈德·赫西进行了补充采访。该报道主题契合受众对健康知识的需要，使用了两位信源的直接引语，突出了新闻传播的语言特点，还采用了小段落的"跳笔"写作，使得该报道可读性强。从科技期刊中寻找新闻线索，这是西方媒体记者的一个好做法，值得国内记者效仿，丰富报道的体裁，更好地满足受众对知识的广泛需求。

(七)从研究档案资料中发现新闻线索

记者要善于对公开的档案资料进行研究，从中发现新闻线索。例如：

衣着服饰写春秋
来源：《参考消息》 时间：1998-08-15

目前尽管每个人穿着都很随意，但每件服饰都有自身的来源和特点，无论是男装还是女装。4000年前，中亚游牧部落穿长达膝盖的长袍以便于骑马，这个习惯蔓延到北欧，胡利奥·塞萨尔公元前55年在英国登陆时发现了它。罗马人认为这是野蛮人和奴隶的服装，并只允许士兵用来御寒。

裤子一词来自基督教殉教者圣潘塔莱翁，他是生活在4世纪的医生，突尼斯的守护者。1830年裤子改成了现在的式样。裤子史上的两个里程碑是美国利瓦伊·斯特劳斯1860年发现的蓝布工装裤，以及1939年欧洲妇女开始改穿裤子。服装变化最大的是衬衫，衬衫是希腊人在公元前5世纪发明的，起初被视为穷人的服装。中世纪发明了袖子，从而使它具有现代形式。到目前为止，仅有面料、颜色、领子和组扣的变化。

法国路易十四王朝时期，背心有了花边，并绣上了有当时政治和社会背景的图案。裙子是所知道的最古老衣物，第一条裙子是皮的。1915年裙子有的长达踝部，1965年玛丽·匡特发明了超短裙。

女外套是一位英国裁缝 1881 年发明的,在第一次世界大战期间成了所有女兵的军装。科科·河内尔重新设计并把它变成了男外套的竞争者。

罩衫开始时名声不大好。从公元前 15 世纪起,妇女穿长罩衫,但几个世纪中一直被认为是农妇的服装。1913 年开始出售有领口的罩衫。

首批领带是 1668 年问世的,当时路易十四国王在巴黎检阅克罗地亚雇佣军。他们在衣领上系着布带。领带结是英国 1868 年发明的。

袜子是 16 世纪开始使用的,在 1939 年使用尼龙质地前没有任何变化,先前多为羊毛和丝的。(哥斯达黎加《民族报》,1998-07-19)

这篇报道从资料中淘宝,用新闻语言通俗、准确、具体、简洁地表现服饰文化历史长河中的吉光片羽,让受众回眸历史,获得知识,体现媒介弘扬文化、传承文明的使命。有心的记者通过对公开的档案文献进行研究,能够发现被人忽视的大新闻。曾获得两次普利策奖和一次国家杂志奖的美国记者唐纳德·巴利特和詹姆斯·斯蒂尔搭档 30 多年,作为调查记者,他们与其他调查记者不同的是,别人专挖政客个人的滥权丑闻,但他们专门揭露政府公共政策弊端。别人靠公开的内幕消息跑新闻,他们依靠已经公开的文件档案挖内幕。为了调查费城司法系统不当起诉与不当判决重大犯罪案件的弊端,他们调阅了 1 万多件案子,看了 2 万多页文件,最后选了 1 万多个案例做分析报道。这项调查采访前后花了 7 个月时间,是新闻史上最早使用计算机作为分析工具的一项代表作。为了调查核废料处理的弊端,他们跑了两万英里到各地做现场采访,也看了 12 万多页的档案文件。为了调查联邦税务局纵容有钱人逃漏税的弊端,他们调阅了两万多件联邦税务申诉案件,看了 3 万多页的法院庭讯记录。这项采访让他们获得了第一个普利策奖。他们拿的第二个普利策奖主题是税制改革政策独厚特殊利益个人与团体的弊端。这项采访花了他们 15 个月的时间,为了这项调查,他们做了长达 70 年的个人所得税的数据分析。为了调查跨国石油公司操控石油危机的弊端,他们向证管会调阅了石油公司连续十年的年度财务报告。为了调查外国金援的弊端,他们不但看完了国务院提供的堆积如山的档案,还飞到秘鲁、哥伦比亚、泰国等接受援助的国家做实地采访。结果发现援外经费绝大部分落入了当地有钱人的口袋,平民百姓很少受惠。为了写《美国:哪里出了差错?》,他们花费了两年时间,看了 10 万多页文件,结果证明华盛顿的政客与华尔街的财阀联手在许多公共政策上出卖了中下阶层的老百姓。他们的报道被称为"解释性调查报道"的样板,每篇都有数据、有分析、有图表,甚至还有具体的政策建议,因此也有人以"专家新闻"赞美他们开创了调查采访的一个新典范。[9] 两人做调查报道的方法就是研究公开的官方资料,他们说"公开的资料是个宝藏,你只要知道它们在哪里以及如何去挖掘","不管你已经知道多少,永远有更多东西等你去发现","我们永远在寻找本来不知道在哪里存在的档案,并且去寻找本来不曾预期会发现的答案"。[10]

(八)对报道过的新闻人物或重大事件持续追踪

旧闻的故事只要还在延续、变化之中,记者就应该紧追不舍。2004 年 12 月 25 日,82 岁的著名物理学家杨振宁与 28 岁在读研究生翁帆结婚,在国内引起轰动,媒体更是不甘寂寞,从两人婚恋消息传出后就开始追踪报道,一直到现在仍不时地报道两人的婚姻关系。每一次报道都会成为网络舆情热点。也许有人会不屑地说媒体好无聊,但即便是说这种话的人也免不了想通过媒体了解新闻人物的故事。为什么媒体如此热衷于一个人的私生活呢?因为杨振宁是著名科学家、诺贝尔物理学奖的获得者,有关他的新闻,自然受人们关注。更何况他的妻子翁帆与他年龄相差如此悬殊,人们就更好奇了。这样的例子比比皆是,如第二次世界大战经典照片《胜利之吻》的男女主人公本来是小人物,但因为这幅照片而成了新闻人物,始终成为媒体追逐后续报道的新闻线索,一直到两人先后离世。对于进入历史镜头的名人、大事件或者曾经的新闻人物,都因新闻价值的显著性而被受众熟知,发掘新的信息或更换新的报道角度,这种后续报道可以一直做下去。2017年10月27日微信公众号"武汉帮"发文《中国人,你真的不了解杨振宁!》,对网络舆论非议、贬低杨振宁的种种不实之词用事实进行了澄清,将人们热衷于窥探其私生活的兴趣转向了如何公正认知杨振宁作为一个杰出物理学家的主题上。2017年11月13日网站上的两篇新闻都属于持续追踪旧闻的报道:《日本老板出右翼书叫嚣"你们几个月就忘记"如今怎样》《携程捆绑销售风波一个月后:捆绑问题依旧存在》。2017年11月20日全球媒体报道:美国历史上臭名昭著的连环杀手查尔斯·曼森死于美国加州监狱内,终年83岁。他是邪教组织"曼森家族"的头目,号称"杀人魔"。1969年,查尔斯·曼森和追随者闯入大导演罗曼·波兰斯基家中,将其妻子莎朗·塔特和4位朋友残忍杀死,当时导演妻子已经有8个月身孕。曼森被判终身监禁。从那时以来,媒体就一直关注着这个杀人魔的动态新闻。

(九)从热播影视剧中发现新闻线索

2017年,电视剧《人民的名义》热播,围绕这部反腐电视剧的相关报道层出不穷,采访报道原著作者、该电视剧导演、主要演员、电视剧拍摄背后的故事、电视剧中腐败人物的原型故事、生活在中国的外国人对这部电视剧的评价、日本网友在自媒体上对这部电视剧的评价等。2017年5月6日新华每日电讯独辟蹊径,刊登报道《中国的领导们为什么都爱穿黑夹克?》,其由头也是从电视热播剧《人民的名义》中的领导干部都穿黑色夹克说起,通过回顾中华人民共和国几代领导人着装的变化,解读了电视剧中细节背后的历史大背景,该报道记者善于从电视剧中的细微之处展开联想的新闻敏感令人赞叹。现象级影视剧因超高人气而成为公众的关注焦点,记者应及时捕捉这种有广泛影响力的事实并做出准确的判断,发现新闻。

(十)从广告中发现新闻线索

媒体的广告中也许蕴含着新闻,记者做一个有心人就会有意外的收获。《新京报》2004年一次做了5个版的调查性报道,揭露北京新兴医院以虚假广告欺诈消费者,是当年所有这一事件的报道中最深入、最全面的深度报道。策划人陈锋说,这得益于他们提前搜集的几乎所有新兴医院的广告,通过研究对比其广告就发现了大量的不法证据。笔者有一次策划了一组写小人物的系列报道,反映他们身处逆境自强不息的精神。但是人海茫茫,如何选择合适的采访对象呢?笔者偶然留意了一份地方小报,在其分类广告栏里,惊讶地发现一位自称曾经做过记者的外地男子的求职广告。记者登求职广告找工作,我还是第一次看到,觉得很稀奇。一般人既然当过记者,可以直接去媒体登门求职,何必要花钱在报纸上刊登广告呢?我打电话联系他,得知这位男士原来在黑龙江某小城市的一个煤矿企业报当记者,因为企业效益低迷发不出工资了,不得已远赴西部边城闯荡。联系他的时候,对方刚刚被一家期刊社录用了,最近就要出门做一次采访。我在他出门去采访那天,跟着他一道体验他采访的全过程,我这才了解到原来他的所谓采访实际上是去拉广告写软文。在来回的路上我见缝插针,以聊天的方式挖掘了一些他过去的故事。他这次"采访"不顺利,反而增加了报道的可读性。当天我跟着他回到了他租的房子,现场观察了他的生活环境,进一步搜集完善了报道材料。写完稿后,觉得缺点令人感兴趣的材料作结尾。周五这一天上午我打电话与他聊天,得知他正在参加期刊社的编辑部会议,我觉得也许可以从中找到一些有用的材料,赶紧赶到了这家期刊社,旁听了会议。他第一次外出"采访"失败受到了批评,显得垂头丧气,一脸沮丧。会议结束后,同事上前安慰他,为他加油打气,他又恢复了自信。我将这个场景作为报道的结尾,故事就显得曲折起伏,有可读性了。

(十一)从垃圾中拣出新闻线索

台湾女记者戴文采 1988 年在美国与传奇女作家张爱玲成为一个月的邻居。她根据亲身经历写下了《华丽缘:我的邻居张爱玲》一文,为读者揭开张爱玲晚年隐居生活的一角。当时戴文采在《美洲中报》新闻编辑部工作。一天,她收到台湾《联合报》副刊编辑苏伟贞寄来的一封信,给了她张爱玲的地址,请她就近去做个非访问的侧记。因当时张爱玲与外界隔绝交往,只选择几个朋友通信交流,戴文采无法与张爱玲见面,只能租住在她隔壁。有天晚上她在公寓里过夜,深夜十二点多,听到张爱玲开门,她跟出去,看到张爱玲在大门边的一排信箱摆东西,然后就回房了。第二天早上,戴文采发现张爱玲把一大沓信件摆在信箱上,用橡皮筋扎着,上面留了张黄便条,说她不要这些信了,大约是请邮差或公寓管理替她当垃圾扔掉。戴文采将张爱玲扔掉的这十几只美国超市大牛皮纸袋捡回家,从中发现了张爱玲的一些信件和草稿,正是根据这些材料完成了《华丽缘:我的邻居张爱玲》,独家报道了张爱玲当时鲜为人知的日常生活琐事。[11]《南方周末》一位记者在报道一起敏感的财经新闻内幕时,因得不到对方的合作,无法完成采访,他细心观察,灵机一动,从对方的废纸篓里拣出了有用的材料。

(十二)从热点事件中展开联想寻找新闻线索

2017 年 10 月底,14 岁俄罗斯女模特弗拉达·久巴在上海因病死亡,引发舆论关注。这件事第一家媒体报道之后,其他媒体没有后续新闻可做。《环球时报》记者以特弗拉达·久巴的意外死亡为原点展开联想思维:外籍模特大量进入中国,是近些年的事,她们给中国的很多行业领域增添了亮丽色彩,而她们的工作和生活也常常引发议论。为什么那么多外籍模特来中国? 她们的在华生活究竟如何? 记者通过采访来自俄罗斯的模特卡佳、娜塔莎,南京的模特经纪公司的胡小姐,做过多年外模经纪人的王东,上海英模文化发展有限公司总裁郑屹,不具名的业内人士,美国模特梅瑞迪斯·哈特姆在时尚模特界博客网站讲述的在中国做模特的回忆等新闻来源,发表特稿《听外籍模特讲述来华"淘金故事" 洋模特与中国市场谁更需要谁》,吸引了受众的好奇心。这种"蹭热点"的报道以受关注的新闻为由头,以关键词"外籍模特"为思考起点,由此及彼,通过联想思维寻找与之关联的线索,用新角度做新闻,是一种巧妙的方法。当地时间 2017 年 11 月 15 日凌晨津巴布韦总统穆加贝及家人(包括"第一夫人"格蕾丝·穆加贝)被军方控制,津巴布韦局势引发国际关注。11 月 21 日环球网发布融合新闻《原来每一口"中华烟",都有津巴布韦的味道……》,报道透露,2016 年,中国从津巴布韦购买超过 6 万吨烟草,占该国出口总量的 60%,直接和间接地带动了 20 万人就业。业内人士指出,"每一支中华香烟中,都有15%~20%的烟草来自津巴布韦。而在国内许多种高端品牌香烟中,津巴布韦烟草也是重要配方之一"。这篇融合新闻由央视新闻和2幅网络截图、7张照片加文字组成,生动形象地借助津巴布韦政局的新变化传播了延伸信息。

综上所述,发现新闻线索是记者新闻敏感的体现,这是一种在实践中磨炼出来的职业能力。记者获得新闻线索的途径还有:从道听途说的事实中发现新闻线索、从网络流言谣言中发现值得求证的新闻线索、从自己亲身经历的异常现象中发现新闻线索……政府办公室、党委办公室、党委宣传部、团委、警局、法院、检察院、军方、工商、税务、消防、医院、妇联、工会、工商联、文联、交通管理与运输中心、艺术团体、社区、商会、消费者协会、慈善组织、民间团体、公司、企业、公共事业机关(电力公司、自来水公司、环卫公司等)、特殊纪念日节日、影剧院、商业中心、律师协会、政府网站、微信公众号、微博……好记者总有做不完的新闻线索。新闻发现能力是记者工作责任心和使命感的自觉体现。

【注释】

1. 参考消息网:《2016 国际十大新闻》,2016-12-30 08:37:49。

2. 陈力丹:《新闻理论十讲》,上海:复旦大学出版社,2008 年,第 35—45 页。

3. 清少纳言:《枕草子》,林文月译,南京:译林出版社,2011 年,第 60 页。

4. 李希光、孙静惟、王晶:《新闻采访写作教程》,北京:清华大学出版社,2011 年,第 66—67 页。

5. 赵晖:《数字时代记者还须"网勤"——从采访案例看"网络报料"的意义》,《新闻战线》2007 年第 6 期。

6. 李东梅:《王健:不忘初心,方得始终》,《青年记者》2016 年第 12 期。

7. 许恺玲:《怀揣初心和梦想,新闻之路还将继续》,《青年记者》2017 年第 11 期。

8. 王健壮:《凯撒不爱我:追寻新闻人的自由传统与典范》,桂林:广西师范大学出版社,2014 年,第 36 页。

9. 王健壮:《凯撒不爱我:追寻新闻人的自由传统与典范》,桂林:广西师范大学出版社,2014 年,第 56—58 页。

10. 王健壮:《凯撒不爱我:追寻新闻人的自由传统与典范》,桂林:广西师范大学出版社,2014 年,第 59 页。

11. 忏意:《台湾女作家还原"侧写"始末——张爱玲曾挂号信退回稿件》,《劳动报》2013 年 5 月 19 日。

12. 托尼·哈尔普:《新闻学原理与实务》,董素兰、顾淑馨译,台北:台北学富文化事业有限公司,2011 年,第 80—81 页。

【思考与练习】

1. 请阅读当日新闻网站标题,判断其新闻价值。

2. 请从当日的网络新闻中选一条你认为体现了记者新闻敏感能力的新闻,谈一谈你的想法?

3. 请阅读下列新闻,根据所学知识,判断它是否值得报道。

小伙将烟头扔进废纸篓引发火灾

来源:安徽网　　时间:2013-04-25 16:15

安徽网讯(记者:郭龙) 今天下午 2 点,租住在合肥市潜山路嘉和苑南区的一名小伙在上厕所时抽烟,并随手将烟头扔进废纸篓,随后去上班。但这个烟头并未熄灭,渐渐点燃废纸,并引燃废纸篓,冒出浓烟,当时他的女朋友正在家午睡,没能第一时间发现。直到塑料制品越烧越多,焦煳味引起邻居注意,过来敲门,才开始灭火。

一阵忙乱后,火被扑灭,幸好尚未蔓延开来。

4.假如你是记者,看到一份会议材料中有下面这段话,你能从中发现新闻线索吗? 试着列出来。

有人曾做了极大的努力引进一种新玉米。这种新玉米在许多方面都优于原来的品种,比如它比老品种更耐寒、耐干旱、抗病虫能力强、营养成分多、营养价值高,极有希望改善人畜的食物营养构成和体质。政府方面也为推广这种玉米做了广泛的宣传。新品种玉米有一个缺点:由于耐寒和抗病虫能力强,这种玉米比较坚硬,不易于用手工碾磨,村民们也不愿意把玉米拉到城里磨坊去加工。不过,这种玉米可以酿出商业价值很高的酒。这样,宣传运动的结果不是改善了人们的食物构成,而是助长了酗酒的风气。

【延伸阅读】

美报文章七大动力激发记者工作热情

来源:《参考消息》　　时间:2006-12-05

【美国《纽约时报》12 月 3 日文章】题:独家新闻,产生影响还是荣誉感:激发记者积极性的动力来自哪里?(作者:拜伦·卡拉姆)

报纸记者的动力来自哪里? 在对数百名我曾与之合作并开展过竞争的同行进行调查后,我筛选出了以下七个主要动机。

• 成为新情况或新见解的首位报道者

争取成为一个有新闻价值事件的首位报道者,并如实加以报道,始终是每个编辑部乃至每位记者内在的驱动力。

• 写出能产生社会影响的报道

所有记者都希望写出能为人们津津乐道的报道,但有些人写作的动机是纠正社会上存在的偏差或让事态发生有益的改变。这些记者追求的两项主要目标是使有权势的人承担责任和替蒙冤者申冤。

一位记者对我说,"使掌权者对如何行使权力做出解释"是报纸监督作用的主要部分,"这也是促使我进入这一行的原因"。另一位记者认为,应该"使那些被剥夺了发言权的人发出声音",并"找机会让那些本不应心安理得地生活着的人坐卧不宁"。发表这些见解的记者们正在实践着自己所大力宣传的信念。

• 获得新闻奖

记者们最不愿承认获奖是促使他们努力工作的动力。然而,在许多新闻奖的评选中,那些能带来变化或引起轰动的报道往往会获奖。因此,记者不可避免会受到此目的的驱动。

有些奖项能给记者带来不胜枚举的利益,其中包括未来在选材方面会获得更大的自主权,而对有些记者来说这不啻为一个关键的动力。

- 给信息来源留下深刻印象

派去专门采访某个部门的记者可能接触到专家型的信息来源。给信息来源留下自己的报道准确、公正和富有深度的印象,仍然是许多记者的一个很重要的动机。毕竟,许多记者从信息来源方面获得的反馈要比从读者处获得的多。

- 搞清事实真相

好奇心是驱使记者对某个令人费解的复杂局面"打破砂锅问到底"的主要动力,也促使他们借助某种方式,对这一事件向读者进行解释。

- 以引人注目的方式讲述事件经过

这里,起作用的动机包括两方面内容。首先,几乎所有记者都渴望报道一个重要事件,这样读者才会将通篇文章看完。其次,许多记者都能从写出能引发读者强烈共鸣(如引发读者大笑或痛哭流涕)的好报道中获得满足感,甚至是快感。

- 上头版

如今,记者对稿件上头版的重视程度或许会有所减少,上头版已不再是促使记者积极工作的主要动力,但似乎没多少记者没有过这样的愿望。

坚守初心,砥砺前行

来源:青年记者　时间:2017-11(上)

一、南风窗杂志社高级记者韦星

一个人,如果对新闻事业没有理想追求,没有足够的热爱,他真的可以一辈子投身于新闻事业,并对文字、标题和标点符号精雕细琢吗?特别是对于那些深度报道的从业者和坚守者来说,如果没有职业理想支撑,要在各种艰难困苦和挑战面前持久坚持并为求一次次的突破是无法想象的。

记者最需要什么?是理想!是需要一帮志同道合的人,一起干事创业,他们相信新闻的力量并愿意为此付出,他们认同自己的存在和报道对社会和他人是有价值的。

二、光明日报高级记者庄电一

我看重的是记者有匡扶正义的使命,有针砭时弊的"特权",有指点江山的豪情,有为民代言的便利,有引导舆论的职责,有扭转事态的能力,有超然物外的清醒,有交际广泛的优势,可以藐视权势的淫威,可以远离官场的熏染,可以不受外界的束缚,可以较好地发挥个人的聪明才智,可以充分释放自己的主观能动性和创造性。

三、大众网采访中心记者樊思思

这个世界上,永远有传闻需要调查,有热点需要回应,有是非需要明辨,有真相需要还原,这个世界需要有理想、有担当的新闻工作者。年轻的媒体人,请牢牢记住你从哪里来,不忘初心,才能知道要往哪里去。

四、中国青年报编委曹林

我更看重的是这种状态,有时间就看书,而不是被手机所"奴役"。读书并没有什么功利目的,而是慢下来去思考一些问题,避免在此起彼伏的热点转换中成为一个自以为知道很多却无比肤浅的人。新闻人可能是更容易浮躁的一个群体,身处新闻场域中自以为懂很多,读书会让人清醒和谦逊一些。

五、新华社解放军分社社长贾永

新媒体只是一个变量，在科技飞速发展的时代，今天的新媒体还将被明天更新的传播形式所替代。时代总在前进，历史从不等待一切犹豫者、观望者、懈怠者、软弱者。一个媒体人如果跟不上时代变化继而适应这种变化，只有被时代所抛弃，过往的荣光也只能成为这个冬天里的遥远背景。因为，一切都是变化的，唯有变化是不变的。

六、南方日报主任记者林旭娜

要在历史的关键节点，抓住真正有价值的新闻，作者必须具备历史意识。在技术越来越发达的轨道上，媒体人不能越来越依赖技术，背离文化，而应该成为价值的主人，这取决于操作者是否具备良好的史家素养。

【图书推荐】

1. 中央党校采访实录编辑室：《习近平的七年知青岁月》，北京：中共中央党校出版社，2017年。

2. 埃德加·斯诺：《红星照耀中国》，董乐山译，北京：人民文学出版社，2017年。

3. 约翰·皮尔格编：《别对我撒谎：23篇震撼世界的新闻调查报道（修订版）》，牟磊、许庆豫译，上海：华东师范大学出版社，2015年。

4. 贾雷德·戴蒙德：《枪炮病菌与钢铁（人类社会的命运修订版）》，谢延光译，上海：上海译文出版社，2016年。

5. 尤瓦尔·赫拉利：《人类简史：从动物到上帝》，林俊宏译，北京：中信出版社，2017年。

6. 尤瓦尔·赫拉利：《未来简史》，林俊宏译，北京：中信出版社译，2017年。

7. 傅乐成：《中国通史》，北京：中信出版社译，2014年。

8. 威廉·曼彻斯特：《光荣与梦想：1932—1972年美国社会实录》，四川外国语大学翻译学院翻译组译，北京：中信出版社，2015年。

9. 齐邦媛：《巨流河》，北京：生活·读书·新知三联书店，2011年。

10. 蒋廷黻：《蒋廷黻回忆录（增补版）》，长沙：岳麓书社，2017年。

11. 钱钢：《唐山大地震》，北京：当代中国出版社，2017年。

12. 腾讯网燕山大讲堂编：《大时代与个人命运》，北京：九州出版社，2012年。

13. 张纯如：《南京大屠杀 第二次世界大战中被遗忘的大浩劫》，谭春霞、焦国林译，北京：中信出版社，2015年。

拓展资源

第五章
感知新闻采访

2017年2月21日新浪浙江发布了一条关于"小鲜肉"鹿晗来杭州录制娱乐节目《奔跑吧》的新闻：

鹿晗在杭照片曝光 网友：傻狍子与大猩猩的相遇

在跑男中独得各位成员恩宠的除了Baby就是鹿晗了，这一季的节目里Baby被迪丽热巴顶替，鹿晗的地位似乎高了不少，近日在杭州录制跑男的鹿晗与一只大猩猩的相遇，上演了傻狍子和大猩猩幸福相遇的场景。

大猩猩乖乖地蹲在地上，就像当初被五指山压了500年的孙悟空，鹿晗就是当时的唐僧，把这只大猩猩解救了。

傻狍子牵着大猩猩的手，这个画面中的胖助理，就像《西游记》中的猪八戒，这师徒三人就差三师弟了。

这只大猩猩真的很听话，难道鹿晗已经给这只大猩猩上了紧箍咒？

鹿晗的脚步与大猩猩的脚步看起来确实有几分相似。

鹿晗的粉丝感叹道："还不如一只大猩猩幸福。"

你读了这篇新闻，觉得怎么样？从专业的角度来看，这篇新闻存在着不少瑕疵。从体裁上说，它是一篇消息，就是以叙述为主的新闻文本。消息是新闻报道中最基本、最常用的体裁，文字简洁直白，新鲜、及时地传播信息。遗憾的是，上述报道却没有能够做到客观、清晰、准确地传播信息。问题出在哪里呢？

一、采访是写作基础

写新闻需要交代6个要素，即何人（Who）、何时（When）、何地（Where）、何事（What）、何故（Why）、如何（How），将这6个要素的英文单词的第一个字母取出来可以把它们概括为"5W1H"。我们把这6个要素串起来，可以概括成一句通俗易懂的句子：某人在某时某地因为某种原因干了某件事造成了某种结果。其实，这些要素和我们熟悉的记叙文的写作要求是一致的。

一般而言，以短、新、快见长的消息大多以倒金字塔结构叙述一件事的5个要素，即何人

(Who)、何时（When）、何地（Where）、何事（What）、如何（How）。在这五个要素中，何事（What）要素是核心。我们以此为标准来分析一下上述消息的写作，第一自然段（导语）中，时间是"近日"，这样表述太模糊了。"在杭州录制跑男的鹿晗与一只大猩猩的相遇，上演了傻狍子和大猩猩幸福相遇的场景"这句话含义也不清晰，地点在杭州的什么地方？与大猩猩相遇是偶然的还是因为拍摄节目需要由片方安排的？大猩猩来自哪里？几岁？有名字吗？记者称鹿晗是"傻狍子"，还称两者相遇"幸福"都不妥当，消息需要记者不带个人情感和观点，只用白描手法陈述事实。按照这样的要求，这条消息从第二自然段到第五自然段都有问题了，充满了记者的主观想象。所谓画面中的"胖助理"叫什么名字？结尾引用的直接引语是谁说的？鹿晗的粉丝千千万，不可能异口同声吧！新闻写作要把事实的来源交代清晰才能让人相信其真实性。

一句话，上述消息5个要素都有或多或少的问题，最大的硬伤是主观想象太多，没有给我们奉献"零度情感"的"纯新闻"——客观报道事实。这篇新闻为什么会出现不清晰、不客观、不准确的种种问题呢？透过现象看本质，就其根源，问题出在采访上。记者没有交代新闻来源，是通过片方发布的照片来写新闻的，没有在现场进行采访。记者不去现场采访，也没有向当事人求证核实，没有把整个事实和细节搞清楚，就无法还原或者重建现场，最终无法为我们提供清晰的、真实的信息。

27匹普氏野马放归大自然[标题]

来源：新疆新闻在线网　时间：2001-08-28

新疆台8月28日讯（记者 武斌 陈宏伟）[电头]昨天上午11点30分，由新疆野马繁育中心饲养的27匹普氏野马在新疆卡拉麦里山自然保护区北部的乌伦古河南岸放归大自然。[导语]

卡拉麦里山自然保护区曾经是普氏野马繁衍生息的地方（新闻背景）。这27匹普氏野马一出栏就显得格外亢奋，很快就融入了故乡的茫茫原野之中。[主体]

新疆野马繁育中心主任曹杰告诉记者（新闻来源），野马是唯一保留6000多万年基因的珍贵物种，被誉为活的基因库。"世界上几乎所有的优良马种都是由不同的野马驯化而来。普氏野马是目前地球上唯一保存下来的野马种群。"（新闻背景）[主体]

现在，全世界的普氏野马总数不到1000匹，而且都是人工饲养的。它们都是100多年前，欧洲人从我国准噶尔盆地和蒙古国西南边境捕捉去的野马的后裔。1986年，由野马国际组织建议的"还乡保种计划"在新疆开始实施。国家从英国、德国、美国等地先后引进了18匹第8代、第9代普氏野马，在新疆卡拉麦里山自然保护区外围南缘建成了占地9000亩的亚洲最大的野马饲养繁育中心。从1988年开始，新疆野马繁育中心平均每年繁殖野马17匹，成活率达83.4%，位居世界第一。（新闻背景）[主体]

中国科学院新疆生态与地理研究所研究员、新疆野马繁育中心专家组组长谷景和在谈到野马放归大自然的必要性说（新闻来源）："野马本来就属于自然界的，只有通过野外散放才能够使种群得到复壮，通过自然选择，那么这个野生（种群）真正能够得到恢复。"

国家林业总局副局长马福认为野马重归自然意义重大（新闻来源），"野马重归自然标志着我国野生动物保护工作已由单纯的物种异地保护阶段迈向以物种回归自然为代表的野外种群恢复阶段，充分显示了我国野生动物保护事业取得了举世瞩目的成就"。[主体]

今后，新疆野马繁育中心存栏的 117 匹野马还将有计划地放归大自然。[结尾]

对比第一条消息，这篇新闻清晰地交代了该事件的 5 个要素：何人（Who）、何时（When）、何地（Where）、何事（What）、如何（How）。导语开门见山，用一句话交代了最新鲜的时间（When）发生了什么事（What），这是全文最重要的事实。它决定了其后段落写作的走向。第二自然段到第六自然段是消息的主体（也可以叫躯干）部分。在主体的第一段（即新闻的第二自然段）对导语中提及的地点和放归的野马的情态进行了补充，使信息显得更为具体；主体第二段是对导语的进一步补充，它用新闻背景（直接引语）告诉受众野马这一物种的珍贵；主体的第三段也是新闻背景，解释了野马繁衍生息的历史与现状，即从新疆栖息地消亡—在国外人工繁殖—国内引进繁育的事实；主体第四段和第五段都用直接引语告诉受众野马在新疆卡拉麦里自然保护区放归大自然的必要性和重要意义。最后一个自然段是结尾，它用一句话对该新闻事实作了延伸，告知受众这一事件未来的延续性事实信息。该新闻有 3 处准确、清晰的新闻来源，目的是体现新闻事实的权威性和真实可信，使受众可以追根溯源进行验证。整篇新闻叙事遵循了新闻的客观性法则，没有显露记者的情感和观点，符合"一事一报"的规范，全文简洁明了。

上述这篇新闻记者采访花了 3 天时间。新闻的生命是真实，所有的事实都来源于采访，不能有想象和推测，更不能胡编乱造。由此，我们可以得出一个结论：好新闻来自于好采访。新闻采访决定了新闻写作，好记者首先是一个精于新闻采访的人。

新闻采访是新闻生产的第一道流程。好新闻在记者的脚下。

所谓脚底板下出新闻，过去是这样，现在还是这样。

（一）新闻采访的质量决定了新闻写作的质量

人物报道采访一般按照主人公成长的时间顺序提问故事的细节，问得清清楚楚才能在采访后的写作环节中选择合适的材料。2010 年 11 月 26 日，笔者采访了《温州晚报》副总编辑郑雪君。先看一个开头的采访提问片段：

武：你 1993 年以比较好的成绩考入了刚刚筹办的这个温州晚报社，对吧？

郑：对。

武：其实当时报社对你的压力挺大的，三个月试用期。

郑：对，对，对。

武：如果这三个月的话呢，你的发稿量达不到标准。那就对不起，走人！

郑：对，对，对，是这样的。

武：据我了解当时对你的压力是非常非常的大，你有一次是 20 个小时没有睡觉，就是为了写稿子。

郑：不止 20 个小时。

武：不止啊？

郑：三天三夜没回家。

武：三天三夜没回家，就是带了一件大衣在办公室待着写稿。你还记得写第一篇稿子是什么情况？

郑：第一篇稿子倒还是比较顺利，发了豆腐块这么大一块。

武：简讯？

郑:对,发在一版,发了一点点大。

武:大概——

郑:一百多字。

武:一百字左右的一个简讯。

郑:一个简讯发掉了,后来就一直发不出来,因为是试用期嘛。到最后一个月……

武:就是前两个月其实你只发表了一百多个字。

郑:对,对,对。

武:那最后一个月就是决定你生死——

郑:存亡了。

武:生死存亡。

郑:后来呢,就是在那个关键的时刻,我们的那个副主任他就跟我说了:"雪君你过来,你看看我这个台历上,有很多密密麻麻的名字,这些都是要报名到晚报来工作的。你如果再发不了稿子的话,只好叫你走人了,其他的像你这样的老早就走掉了。"

武:就是一般的人早就承受不了这种打击了。

郑:为什么呢?说我很勤劳,每天都是最早到报社,又是扫地又是泡茶又是擦桌子。这么勤劳,又当过书记的,觉得要给我点面子,所以才让我再试用段时间。但是现在都三个月快到了,你还,如果……

武:还是没有起色……

郑:没有起色的话,只好叫你走人了,因为我这里人很多。你走了马上有人顶替,我晚报不缺,不缺人。

武:这话我想,他讲完之后可能对你来说是五雷轰顶的。

郑:对,打击非常大,那阵子我是不停地写稿,不停地采访。心里老是在这么想,我就不相信自己搞不出来,我觉得自己脑袋也没比别人笨一点,为什么我会写不出来,我文章写得也不错的,就是对新闻窍门还没找到。所以我就想我一定要想办法突破,后来我就想到了多看看别人发出来的稿子,然后晚上自己稿子写好以后,就看编辑的稿子。看他为什么把这段……

武:追求进步。

郑:对,看他改,编辑改了以后,老总还要把关的。我又到老总的办公室看他改稿子。这样每天坚持看看看,看出门道来了,看出这段删掉有名堂的,这句话加进去也有名堂的。然后为什么把这个稿发头版,为什么发头条,我一看就知道,心里好像有数了一样的,出去采访的时候,知道哪个题材重要,哪个题材不重要。

武:就是对新闻价值的判断已经有谱了。

郑:有谱了。后来到最后一个星期的时候,那个每天发稿呢,就是起码两篇三篇了,都是发一版。有一天最多发了六篇,都在一版。所有的重要位置都被我占领了。我那天发了六篇的时候,发现版面上只有两个是真名,其他都是假名,都是老总给我取其他名字了。我还很有意见跑到老总的办公室跟他理论。我说:"老总,我好不容易发了六篇稿子,你为什么把我名字改掉?"他说:"雪君啊,你就不懂了,不懂新闻的规矩。一个版面有六个名字的话,我们温州人民会以为我们晚报没人了,就叫你一个人去写稿子。"(笑——)

武:还是这么弱小的一个女士。

郑:对呢,他说就要取名字,取了很多名:光儿啦,雨雪啦,小郑啦……

对于不懂新闻的人而言,会觉得这个采访的提问好琐碎啊!其实,新闻采访就得问得仔细、问得清楚、问得明白,我才能写出下面这段文字:

1993年郑雪君以优异成绩考入了刚刚筹办的温州晚报社。当时报社给了她三个月试用期。如果三个月内发稿量达不到标准,就得走人。头两个月,郑雪君仅在头版发了一百多字的简讯。眼看着试用期三个月快到了,有一天,报社的一位副主任把她叫去,指着台历上密密麻麻的人名说:"这些都是要报名到晚报来工作的。你如果再发不了稿子的话,只好叫你走人了。"这位副主任还告诉她,因为看她每天最早到报社,扫地、泡茶、擦桌,挺勤劳的,又当过一家企业的书记,才给她面子,再给她最后一点时间和机会,还没有起色的话,她就得走人。"因为我这里人很多。你走了马上有人顶替,我晚报不缺,不缺人。"副主任的这番话对当时天天不停地采访写稿的郑雪君如同五雷轰顶。怎么办?已经没有退路了。有一次,她带了一件大衣在办公室里待了三天三夜写作新闻稿。她暗暗自责:自己脑袋不比别人笨,为什么我会写不出来?我一定要想办法突破。她突然想到自己不能老是埋头干自己的事,她开始琢磨记者发表的新闻,晚上自己写好新闻后,先看编辑是怎么删改的,然后她又到总编辑的办公室看他在编辑修改的基础上又做了哪些修改。最后她终于看出门道来了,心里有数了,出门采访的时候,她对新闻价值的判断就比较准确了。在距离试用期结束的最后一个星期,她积聚的能量开始爆发了,每天在头版发稿起码两三篇,有一天最多发了六篇,都在头版,占据了整个版面。她发现版面上只有两篇报道用了她的真名,其他都是假名,她有点生气,去找总编辑理论:"我好不容易发了六篇稿子,你为什么把我名字改掉?"总编辑看着她,温和地回答:"雪君啊,你就不懂了,不懂新闻的规矩。一个版面有六个名字的话,我们温州人民会以为我们晚报没人了,就叫你一个人去写稿子。"回忆起当时的情境,郑雪君笑出了声。

与采访的记录比较,我们会发现,记者在写作时采用转述的方法,遵循采访中获得的事实,严丝合缝地将当事人的原话转换成第三人称叙事,对其中有个性的、有潜在信息的、精彩的话可以筛选出来作为直接引语,这样使叙述的节奏、语态起伏变化,同时也更为真实生动,能够唤起受众的想象,使其浮想故事中的场景画面。

(二)深入新闻现场捉"活鱼"

《钱江晚报》记者陈伟斌在《青年记者》(2017年5月下)上发表的一篇刊首语中对一些来报社应聘的青年颇有微词。有个研究生应聘时表达了个人的职业观:除了跑口单位安排好的采访,其他时间只要待在办公室,不用去一线采访,借助互联网就能获取信息,完成报道。另一名从一家媒体跳槽的青年对新闻职业的理解是:除了地震、爆炸或特大突发事件,其他报道只要获取信息进行整合就够了。这两个人殊途同归的职业观也许在当下一些有志于从事新闻事业的人眼里再正常不过了,是啊,现在打开手机,微信、微博、QQ说吧等自媒体和社区的网站上缺信息吗?用"爆炸""泛滥""溢出"等词汇来形容当下的互联网信息并不过分,抓取这些海量信息,从中提炼整合做新闻不是顺理成章的事吗?简便高效,何乐而不为?

2017年5月7日《华商晨报》新闻《女子家中猝死4岁儿伴尸2天3宿》的结尾:"如今,孩子爸爸一提到自己的老婆眼泪就在眼眶中打转,'平时都是孩子妈妈骑车带孩子上学,留下这么小的孩子也不知道以后要找妈妈该怎么办。'"如果记者不去现场采访,没有看到当事人的表情，没有听到当事人的心声，这篇新闻会有如此生动感人的结尾吗？

2010 年 1 月 12 日，海地首都太子港以西十五英里的地方发生了震级估计为里氏 7.0 级的强震，美国 CNN 女记者索莱达·奥布莱恩告诉自己："我是一名记者，对于怎样向人们讲述事件发生的故事我有与众不同的理念，我不去做别人都能做到的事情，我会带给观众更多的东西。"[1] 她主动请缨，与报道组赶到了现场，她看到了眼前的场景：

太子港已经被夷为平地，在整个城市上空弥漫着水泥灰雾。地面上一片死寂令人毛骨悚然，似乎这种寂静随时会被一声凄厉的呼喊声所打破。地面上没有活动着的东西，在一片刚清理出来的空地上，已经搭起少量的临时帐篷。直升机沿着海岸线低飞，这样我们可以有更好的视线，还能拍摄一些照片。在地面上有一些人，他们在直升机的轰鸣声中甚至连头也不抬，他们看上去就像是一些行走着的僵尸。地上到处可以看到一些防水布，盖着一些我们看不到的可疑东西。你可以看到有些人在瓦砾中漫无目标地翻找。有如此多构成日常生活场景的东西缺失了——交通、熙熙攘攘的人群、树木、灯光、儿童。有许多淡黄色的水泥块面朝着天空，把照向太子港的阳光反射了回去，光线如此强烈，我只能不断地眨着眼睛来继续我的观察。我不想看但是我必须看，我不能看但是我还在坚持着。直升机上的人们都不愿意互相对视，我在飞机降落前朝下看了最后一眼，然后就再也看不下去了。

在太子港的多米尼加大使馆有自己的直升机平台。……

人们看上去并不绝望和愤怒，他们只是显得痛苦、哀伤和疲惫，现在已经没有人有剩余的精力来实施暴力行为了。人们竭尽全力在废墟中寻找生还者，运送遗体，并且设法找到能让自己晚上睡觉或喝水的地方。开放的街道上几乎没有车辆，空气中弥漫着一股怪味，不像是尸臭，而是一种不自然不正常的味道，有点像是到了畜栏里。虽然我穿着建筑靴子，但似乎还不足以对付这样的街道，然而大多数人只是穿着运动鞋或凉鞋。[2]

她和同伴在地震现场将这样的场景向全球作了直播。这样的画面和解说将受众带到了新闻现场，使人如临其境，其传播效果是其他报道方式所难以比拟的。记者作为历史的记录者，就应该深入现场采访报道新闻。匈牙利裔美国人罗伯特·卡帕被誉为"最伟大的战地记者"，他有一句名言："如果你拍得不够好，那是你离得不够近。"1954 年 5 月 25 日，41 岁的卡帕在越南战场采访拍照时不幸踩上了地雷，就在他的躯体被撕成碎片之际，他本能地按下快门，留下了人生中最后一张照片《卡帕眼中的最后世界》。2013 年 7 月 2 日，在阿富汗拉格曼省一军事训练场，一枚迫击炮弹在炮管内爆炸，当场将 4 名阿富汗士兵炸死。美国战地女摄影师希尔达·克莱顿恰好在现场拍照，不幸身亡，就在爆炸发生的瞬间，她按下了快门，拍摄了人生最后一张现场照片。2016 年 12 月 19 日，俄罗斯驻土耳其大使卡尔洛夫在安卡拉参加一个艺术展开幕式，美联社土耳其籍记者布尔汉·欧兹比利兹在现场采访摄影，突然一名土耳其安保人员阿特林塔斯掏出手枪向俄罗斯大使连开几枪，事后查明，这是这名宗教极端分子计划好的一次蓄意谋杀，欧兹比利兹在本能地后退几步后，下意识地按下了快门，将几米远发生的这场谋杀清晰、完整地拍摄下来。最美丽的记者是这些在现场奔波，为了新闻与正义而奋不顾身的职业新闻人。

美国《纽约时报》著名记者迈耶·伯格得到一条新闻线索，一名叫霍华德·昂鲁的老兵在新泽西州坎登的大街上用手枪射击 13 人后向警方投降。伯格用了六个小时追溯了昂鲁事件的过程，采访了 50 名目击证人，然后他用两个半小时就完成了一篇《暴徒持枪行凶 十二人死于非命》的 4000 字报道，迈耶·伯格的这篇报道获得了普利策新闻奖。

在这篇报道中,迈耶·伯格用画面语言还原了现场:

昂鲁推开前门,手里拿着枪,走进了昏暗的起居室。他对着哈里夫人开了两枪。子弹打飞了,射到了墙上。第三颗子弹正中其左臂,她尖声叫了起来。阿曼德扑向昂鲁,想抱住他。退伍军人用鲁格尔的枪托砸倒了这孩子,接着朝他胳膊开了两枪。楼上,勒鲁瓦听到枪声大叫起来,钻入了床底。

整篇报道中有大量这样紧张、冲突的细节,使得报道充满了张力。在互联网和移动互联网时代,社交媒体的海量信息令人目不暇接,大量的新闻线索等待着我们去发现。也许有人会因此产生一个想法:既然可以在网上海淘新闻线索,可以顺藤摸瓜给当事人留言,请他(她)补充材料,还可以筛选网友的参与"分享"的信息和评论作为素材,整合一下就可以做新闻了,还需要去现场采访吗?回答是:当然。尽管媒介的环境在变化,但记者抵达现场采访仍旧是职业新闻人的专业素养。简单的采访可以使用电话或互联网自媒体,它们具有高效、便利、低投入等可取之处,但重要的采访还需要记者在现场的观察和感受,面对面采访便于核实、求证,便于发现细节,便于与受访者之间的互动体验,交流更富有人情味。下面这段话也许就是现场采访优势的佐证:"有几个晚上,我在 JW 家的电视房里做连续的观察并记录我所观察、感知到的一切。电视房里的电灯没有打开,狭小的屋子里只有电视机屏幕反射出来的微弱且不稳定的光线,门窗关得严严实实的。屋子里偶尔会弥漫着屁的味道。包括我在内的几个人会在电视房里抽烟,烟味长时间弥漫在屋子里。两集电视剧之间的间歇,人们进进出出,地上扬起的灰尘我也是通过鼻子感受到的。"[3]如果作者不在现场体验感受这样的场景,他能写出上面这段话吗?不去现场,你无法想象到只有在彼时彼地才有的特殊的细节,而缺少了这样生动、细腻、鲜活、有特色的现场体验,报道会失色很多。再说,新闻真实要求记者笔下的每一个字都应该经得起真相的检验,凭借想象虚构场景本身也是违反职业伦理的。

(三)采访的深度决定了报道的深度

2000 年 11 月底的一天,笔者在一份都市报上看到一条不起眼的图片新闻,文字解释只有一句话:新疆斋源食品厂生产的"康康乐羊肝精"最近获得了发明专利奖,但企业负责人汪泽山在接受记者采访时说,由于缺乏投资,这家企业目前不得不停产。当时我在深度报道节目组当记者,对这家企业曾被媒体多次报道获得过多项荣誉有印象,没想到它停产了,觉得这是一个值得挖掘的线索。既然是个好项目,为何停产呢?这背后究竟有什么原因?我从114 查询到了这家企业的电话,电话打通了,巧的是,接电话的正是这位汪厂长,我说明了采访的目的,他挺热情,一口就答应了。到了乌鲁木齐市新民路 93 号,发现这是一所小学,原来斋源食品厂挂靠在这所小学,属于学校的校办工厂。汪厂长看上去一脸愁容,他指着厂房说:"已经停产了,没钱投入。"如今就他一人在值班。在一间办公室里,我开门见山提出了一连串的问题,汪厂长口才好,表达生动,他将企业自创办以来遇到的困难一一道来,将产品获得的荣誉证书和奖杯等指给我看,如数家珍。说到最后,他的眼睛有些湿润了,我也被他创业的执着打动了。采访进行了将近两个小时后结束,我从汪厂长嘴里了解到了他办企业的故事和细节。这时已经临近中午了,汪厂长邀请我去外面的小餐馆吃午饭。我提出了一个请求,能否将开发这个产品的专家的电话给我,这只是采访力求全面的一个最简单的专业要求。没想到,我这一句普普通通的话竟然使得刚才讲述创业故事神采飞扬的汪厂长一下子显得神情淡漠了,他说:"你按照我讲的写报道就可以了,这么多事实还不够吗?"他还告诉我,其他媒体来采访都是这样的,他希望我这次能够写得比他们多一点,篇幅长一点。我一再给他解释要总工程师的电话只是为了搞清楚涉及这个专利产品的科技方面的事实,他表情显得不耐烦了,说话口气也生硬起来。我突然感觉到了有什么地方也许不对劲。我坚持要他提供电话,他拗不过,让我去找负责学校校办工厂的杨主任打听。我感觉奇怪,为何你一个厂长连自己的技术专家的电话也没有?汪厂长带着我找到杨主任后就出去了,杨主任帮我查到了总工程师家里的电话,对我提及的关于斋源食品厂的问题不愿意多说,总是欲言又止、吞吞吐吐,看出来他心里对汪厂长不满,但似乎害怕什么,他建议我去采访市教委主管勤工俭学的赵主任。令我不解的是,我一出门,汪厂长就站在门口,原来他并没有走。我坚定了要采访总工程师,把情况了解清楚的想法。食品厂原来聘用了三位技术员,我找到了刘勇民,他的说法和汪厂长大相径庭。为了求证,我又采访了另外两位技术员,他们的说法与刘勇民一致。其中一人还将汪厂长的老底揭露了,说他曾经在新疆农科院办过厂,垮了之后才承包这个校办工厂生产口服液的。我追根溯源,电话采访了农科院的知情者,果不其然,对方还告诉了我关于汪厂长人品的问题。到这一步,我不再相信汪厂长的说法了,但是要完全改变起初定的报道主题,从报道他面临的困境到揭露他中饱私囊,是个江湖骗子还得严谨细致,必须找到更多的新闻来源,有足够的证据,不然自己会面临法律诉讼。经过联系和等待,我终于采访到了原车间主任李文丽、原财务科长苗岩、业务骨干王秀丽和柳卫燕,她们的说法与三位技术人员的话完全一致,通过这样的交叉验证我心里有底了。最后我还去采访了乌鲁木齐市教委负责勤工俭学的赵振国主任,他对汪厂长仍旧抱有好感,认为他是人才。至此,我理解学校的杨主任为何不敢对我打开天窗说亮话了。到了这一步,这次采访已经完成了,做到了全面、深入、客观、公正、平衡,所有知情者都采访了,事实真相已经清楚了。于是,笔者改变了采访前确立的报道主题,对该"企业家"挥霍浪费贷款、欺骗舆论的真相进行了揭露。

美国哥伦比亚大学新闻学院研究生院名誉教授梅尔文·门彻说:"报道是一个通过各种方法(直接观察、采访、研究报告和文件、使用数据库和网络资源)收集、确认与分析相关材料的过程。当材料汇集起来以后,才能让读者、听众和观众很好地了解发生的事件。"[4] 梅尔文·门彻将报道与事实真相的层次分为三层。绝大多数新闻报道是关于第一层次的报道,记者仔细和准确地抄写消息来源提供的材料——记录、演讲、新闻发布会,就相当于在表层采矿。这一层次的优势在于,记者获取信息便利高效,不足在于可能会依赖寻求操纵媒体的消息来源制造的媒介事件(指经过政府、政党团体、企业、社团等组织以大众媒体为媒介和渠道,有计划地策划并向受众进行有目的传播的事件及其过程),简言之,多数消息属于第一层次报道,主要新闻来源渠道是公权力部门,媒体可能会被操纵。第二层次的报道是记者摆脱了那些试图操纵形势者的控制,不满足于第一层次由新闻来源提供信息进行报道,而是凭借自己爱岗敬业的精神,通过质疑和求证,顺藤摸瓜,抵近现场,主动地搜集信息,从第二个新闻来源中寻求证实,如新闻调查。第三层次的报道是记者通过深入采访对新闻的重大性、原因和结果进行解释和分析,"第三层次的报道告诉人们,事情是如何发展的、它们为什么那样发展,或者它们为什么不那么发展"。[5]

按照梅尔文·门彻对事实与报道的三个层次划分,《斋源食品厂为何走不出困境》摆脱了企业经营者汪厂长与市教育委赵主任的操纵,记者主动搜集素材,在质疑中全面采访多个新闻来源,揭露了事实真相。但理性反思后也会发现,这次报道也有未尽之处,即没有进行跟踪报道,将最终的结果告诉受众,满足受众的知情权和监督权。其实,该报道还可以继续深入挖掘下去,有四条思考路径。其一,记者在采访中了解到,汪泽山挥霍的380万元贷款是市教育局打报告请求主管金融的当地副市长签字批准的,可以对此进行挖掘,即谁该为批准给汪泽山贷款380万元买单?并以此更深入挖掘信息,银行贷款该不该受到权势者左右?其二,市教育局主管勤工俭学的负责人是否受贿了?该在这起事件中承担什么责任?其三,谁给了汪泽山这样一个不务正业者主管校办企业的机遇?该承担什么责任?该汲取什么教训?其四,汪泽山没把380万元贷款用在正经事上,该承担什么责任?仅仅撤职就一走了之,国家的损失谁来买单?银行如何填补这个窟窿?……当然,这样的选题阻力太大,媒介环境恐怕不允许这样去做。问题是,记者当时想到了吗?这才是深入思考、深入采访、深入报道的第三层次。

新闻界有句行话说:"七分采访,三分写作。"可见,先有采访,后有写作,采访有多深,写作就会有多深,新闻采访的质量决定了新闻写作的质量。记者在写作过程中是完全根据采访过程中获取的材料来谋篇布局,来塑造人物形象的,不能虚构、不能想象、不能杜撰,一篇报道中所有的事实,从整体到局部,都应该是符合采访中核实的事实,经得起验证,一句话,新闻的6个要素都是清晰的、准确的,每一个细节都是从提问、倾听和观察中捕获的,这样写出来的新闻才是客观、公正的,才有可读性。中央电视台《新闻调查》节目包装语有四句话:"质疑的精神、平衡的意识、平等的视角、平静的心态。"这四句话也可以作为记者应遵循的采访报道职业规范。

二、采访是调查方法

爱因斯坦说:"我唯一的东西就是我的好奇心。"[6] 记者同样要有好奇心,对生活中的人和事保持好奇心,对新闻现场保持好奇心,对逼近事实真相保持好奇心。这样才能发现新闻,完成采访报道。

(一)第二手、第三手材料需验证

记者是质疑的好奇者。记者亲自在现场实地调查采访获得的材料可信度高,属于第一手材料。亲历者和目击者告诉记者的事实属于第二手材料,知情者提供的事实属于第三手材料。对于第二手、第三手材料记者不能轻信,更不能盲信,要通过采访另外两个或更多独立的新闻来源对第二手、第三手材料进行核实、质疑、求证,进行全面、完整的采访,不放过任何疑点,不漏过任何细节。以专业的态度做新闻,深入现场,在提问、倾听和观察中挖掘完整故事。记者要有证据意识,有一分证据说一分话,绝不能靠想象补充采访材料,更不能虚构事实。

20世纪60年代,美国为遏制越南民主共和国越南共产党游击队,出兵支持越南南方的傀儡政权。时任美国总统肯尼迪竭力美化越南战况,以期获得公众对美国干涉越南事务的支持。在美国国内,华盛顿和西贡(现胡志明市)的官员说越南战况在好转,而前方的战地记者发回的报道却是有关腐败和战备的新闻。编辑部对这种矛盾的状况采取了偏向于权威新闻来源的官方。美国记者霍默·比加特于1962年12月抵达越南,他的采访风格超越了一般记者轻信官方权威新闻来源的"办事员作风",不把任何人的话当真,从不想当然,不做假设,对每个人说的话或者所下的断言都要求提供证据,每次报道前显得一无所知,避免先入为主的偏见和成见。对于美国军方宣称的战绩,比加特强烈要求去现场观察。进入战场前,他不断地向军方顾问提出问题,事无巨细,而其他美国战地记者却只是盼望着去战场观察,也担心不停地提问会显得对军事不专业,让军事顾问嘲笑自己迟钝和愚蠢。比加特通过一个接一个的提问明晰了应该关注的重点。他把战场上的战况与军官之前的回答进行对比,为的是证明真相究竟是什么。从战场归来,比加特再次开始向军官提出一连串与实际战况有关的问题,根据自己的观察一点一滴地分析美军对与越南共产党游击队交战的预期计划与实际情况是否一致。回到西贡市(现胡志明市)后,参加美军司令通气会的美国记者完全轻信了军方提供的第二手材料。美联社记者发回了如下报道:

越南歼击轰炸机今天在湄公河三角洲地区连续进攻。与此同时,地面部队在南中国海附近的沼泽区域前进,搜寻游击队……

军方消息称,周四在美军直升机的协助下,越南军队在最南部安川省(An Xuyen)的一次行动中击毙 33 名游击队员,抓获 4 人。[7]

比加特因为进入战场前就通过提问心里有谱,带着质疑去观察,同时再通过提问核实事实,于是他发回的报道独树一帜:

然而,与往常一样,敌人主力逃跑了。尽管空中袭击在垂直包围村庄过程中出色完成了突袭任务,但是敌军还是溜出了包围圈……

(南越)政府部队没能充分利用越共的休克状态。在美方顾问怒气冲冲地大喊道"让我们前进"之前,他们一直挤在椰子树下的排水沟里畏葸不前。

直到傍晚,战争才最终结束。据估计,村里有 200 个越共分子,大部分都逃走了。[8]

比加特的报道是唯一接近真相的新闻,他依靠的是第一手材料。比加特的采访风格值得我们学习,它提醒我们:即便是去现场,也得提前搜集相关的信息,做到心中有数,知道应该观察什么,带着质疑的头脑对看到的事实通过再一次提问对比验证,将第二手材料与第一手材料进行精细对比,直到逼近真相。"我们对于新闻的理解必须建立在事实——对事件的准确理解——的基础上。"[9]

美国记者霍默·比加特的新闻素养令人称赞。在当下互联网新媒体传播时代,社交媒体上信息溢出,泥沙俱下,其中也有一些有价值的新闻线索。有的记者从社交媒体上发现新闻线索后,不去现场采访,为了省时省事省力,直接依靠自媒体上网民的爆料写新闻,这种偷懒的工作作风不可取。如果不质疑、核实、求证,利用第二手、第三手甚至第四手材料写新闻,一旦被虚假信息误导,后果将十分严重,对记者本人的职业生涯和媒体的公信力都会带来重大打击。即便网友传播的信息真实可靠,但网友毕竟不是专业记者,对新闻要素的交代不全面,对事实的呈现不完整,记者不去现场,新闻来源单一,缺失了观察的环节,对新闻现场的细节无法猜测,也缺少了与新闻当事人直接沟通的人情味,新闻难以生动、难以深刻。此外,记者也失去了一次与新闻来源建立关系的机会。

(二)权威信源未必可靠

在每日新闻中大多数新闻来源为公共服务机构、掌握话语权的人、专家学者等,这些是权威的新闻来源。如果你认定他们提供的事实是公正、准确、真实的,那就是一种刻板印象。1879 年,在西班牙北部桑坦德市 270 米长的阿尔塔米拉洞穴内,西班牙考古者桑图拉偶然发现在长 18 米的侧洞的顶和壁上分布着 150 多幅欧洲旧石器时代晚期壁画。这些壁画使用的矿物颜料色彩鲜艳,是旧石器时代晚期人类发展史上最具代表性的艺术瑰宝。但是,在1886年12月5日,西班牙自然历史协会主席发表意见称这些壁画"是当下现代学校里的某一个普通学生的作品"。当时,几乎所有的专家都是这样想的。20年后,他们不得不承认他们错了。1985年,联合国教科文组织将阿尔塔米拉洞窟岩画列入人类遗产名录。1986年发生切尔诺贝利核事故,苏联官方对媒体否认或沉默。2011年发生了福岛核事故,日本政府同样三缄其口。英国记者克劳德·科克布恩绝望地说:"直到官方辟谣之前,你什么都不要相信。"[10] 2008年夏天,国内媒体天天报道如何防止热钱涌入导致中国经济的潜在风险,信源来自官方,官方的说法有数据支持。经济学家马光远无意中从银行接电话的业务员那里了解到,客户给银行打电话都要换外汇把钱转走,这与媒体的报道完全相反。最终的事实证明,银行基层业务员的信息是正确的,媒体报道失实。原因在于中国的经济结构不是完全市场化的,很多政策是官方顶层设计的结果,找到支持官方观点的数据很容易。由此可见,采访要全面、深入、公正,不能偏听偏信,即便是权威的新闻来源也需要记者采取笛卡尔倡导的科学方法论"大胆假设,小心求证"。轻信或盲信都会导致新闻事实背离真相,使媒体失去公信力。胡适说"有一分证据说一分话",新闻采访写作也应遵循这样的科学规律。

(三)知情者未必知情

记者在采访时可能会受到各种冗余信息的干扰,这时候需要记者有独立清醒的判断能力,排除干扰和误导,通过与新闻当事人和熟悉事实的目击者沟通交流,核实真相。新疆人民广播电台老记者陈忠祥在20世纪80年代的一次采访经历有启发意义。他和一位通讯员去采访昌吉州一位才貌双全的女教师嫁给同校盲人教师的人情味新闻时,当地负责宣传的干部说了三条反对理由:(1)姑娘与盲人结婚是为了钱;(2)她未婚先孕才不得已结的婚;(3)两人婚后感情不好,在闹离婚。陈忠祥和陪同的通讯员沮丧之余,很快冷静下来,决定还是亲眼去现场实地调查。当他们赶到这对小夫妻的家时,几十米开外就听到了手风琴欢快的音乐和女子的歌声,进门发现是男主人公在拉琴,女主人公抱着孩子伴唱。看上去家庭氛围温馨甜蜜。陈忠祥通过旁敲侧击,了解到女方父母都是干部,收入较高,而男方父亲是退休工人,母亲没有工作,他一岁半那年因患重病没钱治疗导致双眼致盲。从盲校毕业后男主人公当了小学老师,工资收入微薄。据此,陈忠祥断定,宣传科负责人说的第一条与事实不符。接着,陈忠祥又根据现场情景,从夸小女孩长得像父亲、打听她的名字、打听她的年龄,然后对比墙上挂着的结婚证得出结论:夫妻俩是在结婚11个月后才生的孩子,于是宣传科领导说的第二个理由也不成立了。随后,陈忠祥又让女当事人讲述她的爱情故事,从细节中发现,两人是为了爱情走到一起的。光凭两位当事人说还不够,陈忠祥去两人工作的学校采访他们的同事。没想到,十几位女教师众口一词地认为这件事不值得采访,当记者让她们逐一说明原因时,众人沉默。记者先后四次去学校深入采访,终于搞清楚为何会有一些人对两位当事人的结合冷嘲热讽了,因为盲人教师工作非常敬业,经常受到校长表扬,引起了一些人的嫉妒,还有少数老师观念陈旧,看不起残疾人,觉得女主人公嫁给他是"鲜花插在了牛粪上",现在还有记者来报道,他们心里就更不是滋味了。另外,那些追求过女主人公的男士也有酸葡萄心理,在背后散布流言蜚语,而上级宣传科并没有调查,听信了谣传。事后,陈忠祥对此深有感慨,他说:"要想写出优秀的稿件来,除了脑勤、耳勤、嘴勤、手勤外,还要腿勤。就是要不轻信,不怕吃苦流汗,勇于到新闻事件发生的现场去亲身体察,这样你才能获得最为真实可靠、最为生动感人的第一手材料。"[11]

（四）不用推测代替事实

英籍日裔作家石黑一雄获得了 2017 年诺贝尔文学奖，其代表作之一《长日将尽》中有一个片段是写达林顿邸总管史蒂文斯猜测女主人公肯顿小姐因为对他的爱意未获回应而悲伤的细节："我站在幽暗的后廊，手里端着盘子，内心源源涌生一股强烈的感应，确信就在几码之外，在那扇门的另一侧，肯顿小姐正在房里哭泣。据我记忆，当时虽没有任何确切证据能够证实这点——当然，我的确没有听到任何哭泣声——但那时我十分肯定，若我敲门而入，必然会发现她正泪流满面。"[12]小说是想象的艺术，新闻的本质是真实，记者不能凭借想象代替事实真相。2016 年 4 月 20 日央视《东方时空》直播神舟六号发射。大约 9 点半钟的时候，画面上出现了坐在指挥中心的杨利伟，这时白岩松说道："我想此时杨利伟的心情一定有两种，第一种是想到了当时他升上太空半小时后的情况；另一种是为他的两位战友感到骄傲，因为他们今天又成功了！"大约 9 点 50 分时，时任国务院总理温家宝与酒泉航天中心的工作人员握手，白岩松解说："我想此时酒泉发射中心的工作人员一定是如释重负！"对方的心理活动记者没有通过提问怎么可能猜得到？又怎么能够判断得如此确定？这种以主观想象代替事实真相的报道值得新闻人警惕。凤凰卫视谈话节目主持人窦文涛有一次谈到，某次矿难发生后，记者在现场看到一些家属根本不像想象中的那样悲怆，有位妇女甚至还说："救啥啊，肯定活不了了，赶紧给那 20 万！"记者惊愕地说："那是你丈夫啊，他死了你不难过吗？"没想到那位妇女说："我有 3 个孩子，4 位老人，我们原来太穷了，有这 20 万，我们全家就能过得好一些——牺牲他一个，幸福全家人！"[13]这就是血淋淋的现实！如果你不去现场观察聆听，单凭想象无论如何也不会猜透矿难中生死未卜的矿工的家属竟然会如此绝情。事实提醒我们：写入报道的每一个字都要经得起事实的验证，对于不知道的事实就谦逊坦然地承认自己不知道，不能用所谓"合理想象"代替采访。不能依据自己有限的经验推测当事人的心理活动。人的心理活动是非常微妙和难以揣摩的。人性远比你想象的复杂。世界并非只有黑白两色，有赤橙黄绿青蓝紫，还有被人忽略的灰色。带着成见、偏见去臆断事实中的场景，注定要为此付出沉重代价。

（五）有图未必有真相

2013 年 12 月 2 日，国际在线（北京）根据微博图片报道称"外国小伙北京街头扶摔倒中年女子遭讹诈"。多家新闻媒体不加核实查证转载、刊播此报道。后来查证这组现场照片是受雇于媒体的专职摄影师拍摄的，他碰巧遇到这起纠纷，但对于来龙去脉并没有采访，只是根据现场听到的争吵凭借自己的刻板成见推断这位中国妇女"碰瓷"，当即将图片和解说文字发到了微博上。事实的真相是该外国小伙子无证驾驶摩托车，在经过人行横道时把中年女子撞倒。可见，信奉所谓"有图有真相"的简单思维未必符合客观事实。自从 1839 年法国的达盖尔发明了世界第一台银版照相机开始，人类社会进入了"读图时代"。摄影图片因为其直观形象而受到人们的青睐。图片造假也伴随着摄影术的发明而产生。如第二次世界大战时美国海军陆战队把星条旗插在硫磺岛上的照片、苏军将红旗插在柏林大厦上的照片、苏军与美军在德国易北河会师的照片等都是事后摆拍的。进入互联网时代，手机拍照上传自媒体更为便捷。2002 年世界第一款智能拍照手机诺基亚 7650 面市。随着 2009 年微博和

2010年微信等社交媒体出现,手机随手拍照上传,在微信朋友圈、微博、QQ空间等晒图成为人们的一种生活方式。手机拍照功能中本身就带有图片编辑功能,还有专门的手机图片编辑软件,弹指间就能完成图片修改,因此,在当下做一个专业的新闻工作者,尤其需要保持冷静、理性的头脑,在网络上寻找新闻来源时,别被所谓的"现场图片"蒙蔽了双眼,理性的思考始终不能缺位。苏珊·桑塔格曾说:"照片本身不能解释任何事物,却不倦地邀请你去推论、猜测和幻想。"当你用手机记录生活中发生的新闻事件时,不要把瞬间的镜头记录当成完整的事实真相,还要通过还原事实的全过程,向当事人和目击者求证,才能查明、验证事物的本来面目,仅有图片是不能代表事实真相的。[14] 2017年4月日本媒体曝光了一位社交网络上的网红女神——日本女模西上真奈美。在社交网络上,她总是以非常漂亮可爱的形象出现,受到了25万宅男追捧。通过社交网络的图片来看,她的生活也十分精致。实际上这位网红女神并没有什么朋友,外出吃饭为了拍照,一个人点两人份。记者来到了她的家中,混乱得犹如垃圾堆一般。她的种种行为,只是为了让自己显得很完美。这也提醒我们,视频和图像未必是完全真实的,采访要深入现场。

【注释】

1.索莱达·奥布莱恩:《下一个大故事》,达真理译,广州:南方日报出版社,2016年,第142页。

2.索莱达·奥布莱恩:《下一个大故事》,达真理译,广州:南方日报出版社,2016年,第145页。

3.郭建斌:《雾锁"田野":如何在媒体机构内做田野调查》,《新闻记者》2017年第5期。

4.梅尔文·门彻:《新闻报道与写作》第9版,展江主译,北京:华夏出版社,2003年,第274页。

5.梅尔文·门彻:《新闻报道与写作》第9版,展江主译,北京:华夏出版社,2003年,第292页。

6.爱德华多·加莱亚诺:《时日之子》,路燕萍译,北京:作家出版社,2015年,第79页。

7.比尔·科瓦奇、汤姆·罗森斯蒂尔:《真相:信息超载时代如何知道该相信什么》,陆佳怡、孙志刚译,北京:中国人民大学出版社,2014年,第31页。

8.比尔·科瓦奇、汤姆·罗森斯蒂尔:《真相:信息超载时代如何知道该相信什么》,陆佳怡、孙志刚译,北京:中国人民大学出版社,2014年,第31页。

9.比尔·科瓦奇、汤姆·罗森斯蒂尔:《真相:信息超载时代如何知道该相信什么》,陆佳怡、孙志刚译,北京:中国人民大学出版社,2014年,第33页。

10.爱德华多·加莱亚诺:《时日之子》,路燕萍译,北京:作家出版社,2015年,第85页。

11.陈忠祥:《用"脚"写出的一篇好通讯》,《视听天地》1999年第6期。

12.石黑一雄:《长日将尽》,张淑贞译,台北:台湾新雨出版社,2015年,第295页。

13.薛宝海:《〈东方时空〉败在白岩松》,http://media. people. com. cn/GB/22114/54623/54625/3814364.html,2005年10月31日09:39。

14.苏珊·桑塔格:《论摄影》,黄灿然译,上海:上海译文出版社,2010年,第22页。

【思考与练习】

1.请在网上查阅两篇同题报道:吕娟《清华教授女儿公交命案调查》(2005年11月24日),《法律与生活》半月刊,2005年11月下半月刊;滑宝霞、刘勇《14岁少女命丧公交车事件追踪》，检察日报，2005 年 10 月 26 日。对比一下，请你谈谈哪一篇报道在采访上下的功夫更多、采访更全面，从中你获得了什么启示。

2. 请在网上查阅《记者用茶水冒充尿液送检　医院化验结论称发炎》，中国新闻网，2007年 3 月 20 日。说说你对这篇报道采访策划和实施的看法。

3. 阅读下列新闻，请分析其采访做得怎么样。

罕见！蚂蟥钻腿三年仍存活　最大一条约 8 厘米

来源：法制晚报网　　时间：2017-11-13 18：05

法制晚报·看法新闻（记者 董振杰）蚂蟥钻进身体并非奇闻，但在体内存活三年之久实属罕见。湖北长阳县男子覃纪虎就碰上了这样的糟心事儿，他于 11 月 12 日进京求医，成功取出体内的两条蚂蟥。

覃纪虎是湖北宜昌市长阳县渔峡口镇人，是著名的"献血英雄"，曾获卫生部等部门颁发的多个无偿献血奖章，四处打工漂泊的他，在三四年前回到老家生活。

"腿部经常疼痛、麻痹，也找不到原因。"覃纪虎说，他的左腿有过磕碰，以为是骨折或其他问题，在当地多家医院始终未能查找到病根，"现在腿部一瘸一拐很难受，所以不得不进京求医。"

11 月 12 日下午，覃纪虎来到解放军 301 医院求医。"医生怀疑有寄生虫，使用核磁共振等技术，先后在腿上多个位置尝试，终于抓到了蚂蟥。"覃纪虎说，他的左腿内被取出一大一小两条蚂蟥，小的约 4 厘米长，大的约 8 厘米长，医生看到虫子也表示吃惊。

覃纪虎回忆说，他的家乡水田比较多，经常种水稻等作物，有时农民会挽起裤腿在水中干活，三年前在农田劳作时，曾经发现蚂蟥钻进体内。"当时发现一只蚂蟥钻进腿部，身体还有一部分露在外面，我使劲往外拽，只拽出半截。"覃纪虎说，他觉得剩下的部分不会成活，没想到不但成活，体内还钻进了另一条蚂蟥。"这几年我根本不能干重活，也不能外出打工，很是痛苦，希望大家不要像我一样大意，看到蚂蟥钻进体内要及时就医。"

据了解，蚂蟥学名水蛭，喜欢吸附在人体皮肤表面。如果发现蚂蟥吸附在皮肤上时不要害怕，可以用水轻轻拍打皮肤，也可以用烟头、清凉油、醋、酒、盐水等涂抹在蚂蟥的身上，让它自然脱落。一定不要强行拽出，蚂蟥吸盘断入体内很难取出，容易造成感染。

【延伸阅读】

新华社原副社长兼常务副总编辑马胜荣对新闻学专业学生的建议

【编者按】新华社原副社长兼常务副总编辑马胜荣 2010 年 3 月 7 日接受新华网记者采访时认为，"要使新闻教育更能符合新闻机构用人的要求，必须着眼于提升学生的职业化水平"。以下节选他的四点建议。

第一，尊重事实。离开事实，无论稿件写得多好，都是个失败的报道。尊重事实，应该是新闻报道的最重要的原则，或者说是首要原则。

第二，注意自身修养。自身修养不高也不行。自身修养包括你的文字修养、知识修养，也包括对中国国情、对世界形势的了解，否则的话就会是坐井观天。

第三，新闻写作能力。有人说，现在的新闻写作不是很简单吗？就是几句话，把事实说说。这种说法非常片面。其实，新闻写作有相当的难度，要从繁杂的信息中提炼出最受读者关注、最有新闻价值的内容。特别是重大新闻事件发生后,在非常短的时间内传递出海量的信息,如何抓住重点? 这对新闻工作者的要求就很高了。

第四,学会辩证地思考问题。看问题要历史地看,前后看,左右看,要从宏观、微观的层面来考虑。这样判断事物时才能够有一个基本判断标准,才能够客观。

【图书推荐】

1. 奥里亚娜·法拉奇:《风云人物采访记Ⅰ》,嵇书佩、乐华、杨顺祥译,南京:译林出版社,2012 年。

2. 奥里亚娜·法拉奇:《风云人物采访记Ⅱ》,嵇书佩、乐华、杨顺祥译,南京:译林出版社,2015 年。

3. 杨瑞春、张捷编:《南方周末特稿手册》,广州:南方日报出版社,2012 年。

4. 杜涌涛、徐百柯编:《永不抵达的列车》,北京:中央编译出版社,2012 年。

拓展资源

第六章
采访前的步骤

　　采访是记者为报道事实真相而进行的搜集资料的过程，它是记者与新闻来源交流分享信息，共同完成对事实真相建构的活动。有人认为 1836 年对《纽约先驱报》老板詹姆斯·戈登·贝内特的采访是历史上的第一次采访，也有人认为源头是 1859 年对《纽约论坛报》老板霍勒斯·格里利的采访。[1] 如今，我们进入了互联网新媒体传播的时代，但产生于 19 世纪 50 年代的新闻采访的专业主义范式仍旧没有过时，深入现场倾听、观察、提问仍旧是记者获取报道材料的主要方法。中央电视台《新闻调查》节目包装语有四句话："质疑的精神、平衡的意识、平等的视角、平静的心态。"这四句话也可以作为记者应遵循的采访报道职业规范。

　　《时代》杂志上的一则广告描写了记者冲出会客室去抢发新闻的场面：

　　他连珠炮似的穷追不舍。没有任何东西是其表面的样子，所以他在表象中狂热地挑拣，直到抓破外壳、隐藏的丑事或宝贝暴露出来、满足了他贪婪的脑袋……他认识的人既有主教又有枪手，既有政客又有小偷；对付伟大的和虚假的东西，他都以同样漫不经心的傲慢……在玻璃一样坚硬的冷面之下，他的心肠像面团一样柔软……

　　出了什么事？谁干的？在哪里？什么时候发生的？为什么发生？只要优秀的记者问这样的问题，只要放手写，他们就能够找到最真实、最直白的答案，达到任意挥洒的自由境界。[2]

　　这段话将记者职业的特点描述得栩栩如生。记者是公众的代言人，是公众的眼睛和耳朵，新闻采访是记者履行公众赋予的使命和责任去逼近事实真相的调查活动。记者获得写作素材需要与被采访者沟通交流，要获得采访者的信任和好感，采访才能顺利完成。换言之，记者的采访活动是一种特殊的调查，记者没有权力要求任何人必须接受采访，被采访者愿意配合才能使记者得到想要的材料，所以，采访实际上是记者与受访者互动共建的对话交流活动。在截稿压力下，采访的时间有限，而面对记者这样有目的而来的陌生人，受访者内心里多少会有紧张、焦虑或不安，记者要在最短的时间里获得对方的信任，必须在采访之前做好各种充分的准备。记者在采访前应警醒自己：只有一次机会，要么成功，要么失败。采访前电话沟通确定采访时间和地点的技巧、为采访而选择得体的着装、提前查阅对方的资料、做好采访计划、写好采访提纲、谦逊文明的态度和举止、提问时平等交流的姿态等都是记者要思量的问题，这与记者平时的修养有直接关联。

一、明确目的

　　采访之前对新闻线索进行确认,对其新闻价值做出判断,查阅资料,摸清相关背景。随后记者要思考的问题是:要做一个什么样的报道? 要采访谁? 此前是否有人采访过这个人或这件事? 我该如何从一个新的角度进行采访? 记者要将事件或人物置于宏观的时代背景中考量,对采访做一个设想。要从受众的兴趣和需要的角度、从报道之于公众的意义和价值、从报道可能产生的传播效果等多角度思考。记者带着问题意识出门采访更有效率,也能够准确地把握新闻价值。

　　采访目的不同,提问就不一样。2005 年 12 月 22 日的《南方周末》刊登了记者石岩的专访《李大同:用新闻影响今天》,其由头是《中国青年报》高级编辑李大同在新出版的《冰点故事》里回顾了《冰点周刊》创办 10 年的历程,这本书引起了关注和争议。其采访目的是,以这本新书为由头,让李大同为读者解释他的新闻观与新闻理想:

　　记者:你经常引用一句话"新闻只有一天的生命力",但《冰点》的文章又不断结集出版。

　　记者:可是,现在即便不是特稿的新闻,也不会满足于只记录而不做分析了。

　　记者:也就是说,你写这本书的时候,是专门针对特稿这种文体的?

　　记者:你在书里说的一句话,我当时读到的时候,脑子里就打了个问号,你说新闻绝不是记录历史,而是要影响今天。

　　记者:你觉得新闻在多大程度上能够影响现实? 经常听到一些同行抱怨:我可以一件件揭露个别事件,但是我扳不倒背后的逻辑。

　　记者:当你这么说的时候,你觉不觉得有些像西西弗斯?

　　记者:你对《冰点》十年的描述是"从软到硬",这是你个人的新闻价值观发生了变化,还是你所面对的社会发生了变化?

　　记者:你对"硬"的概括,一个是时效性强,一个是从温情脉脉的东西变成揭黑报道,这就是你的"硬"的指标?

　　记者:问一个很"艺术人生"的问题,按理说你们 20 世纪 50 年代这一代人,很多东西都被固化了,你长年坚持的底气是什么?

　　记者:这特别有意思,你从一个信息特权的享用者变成了向别人传播信息的人。这可能也证明了信息本身的力量。

　　笔者在 2006 年记者节对李大同进行访谈时,面对的受众是新闻传播专业的学生,以记者节为由头,采访目的是通过他讲述自己的人生经历,尤其是创办《冰点周刊》过程中难忘的故事,启迪学生的新闻理性,因此提问与《南方周末》不同:

　　• 首先祝您记者节快乐! 我想问一下在今年的记者节你和往年不一样的地方在哪呢?

　　• 我听说你平时忙得几乎是"足不出户"的。

　　• 今年的记者节对你有什么特别的意义吗?

　　• 那你想不想知道你的同事、你的知己对你的评价?

　　• 你的同事李方是这样评价你的:"李大同是一个豪迈人,讲话风格也是大气十足。"你是吗?

- 能不能说一下你强悍在什么地方?
- 有一个同事是这样介绍你的,说李大同是一个牧民,他并没有很高的学历,他在草原生活了十一年,但是他走向《中国青年报》,走向了北京。我想问一下你在内蒙古的那些岁月里,刚才你也提到了那段岁月给了你深沉的收获,你在当记者时候的第一篇可以说是得意之作吧,也是在《中国青年报》,首次让《中国青年报》的编辑和记者认识你,是那次 20 世纪 80 年代写的内参,你能把这件事介绍一下吗?
- 在新出版的《冰点故事》当中,你在封面上这样写道:"我们报道,我们记录/不是因为我们是一些好事之徒/仅仅因为,这是我们/对公众、对国家、对历史、对未来/应该承担的一份责任。"为什么要在封面写这样的话?
- 那在今天,在第七个记者节这样的时机,你对责任感又是怎样认为的呢?
- 《冰点》的开篇之作,《北京最后的粪桶》,这是你在浏览《北京晚报》的时候看到的一个两寸大小的黑白照片配了几行文字,就凭这一幅版面上不起眼的小小的照片和两句话的背景介绍,你就策划了《冰点》的第一篇作品,也就是称为《冰点》的经典之作。那么你能简单地介绍一下你的策划过程吗?
- 那么在策划这个报道之前,你心里有底吗? 要一版的文章来登一个默默无闻的普通人,而且按传统的新闻学来说它不构成新闻这样一个题材。
- 写这篇报道的记者王伟群,她当时在写这篇报道时已经有十年的新闻工作经验了,为什么这篇报道打磨了 20 多遍才推出来?
- 一个老记者的稿子让你改得面目皆非,那你怎样处理和记者之间的这种关系?
- 中国社科院新闻研究所的时统宇当时对《冰点》作了这样的评价:"《冰点》它不是一块冰,它恰恰抓住了新闻的真正的热点。"在给这个栏目取名"冰点"的时候,是否已经决定了这个栏目的报道方向和报道风格?
- 据我所知,《冰点》有多篇在社会上引起轰动的报道都不是独家的,比如一篇关于语文教学改革的探讨是在《北京文学》上摘的。
- 《冰点》多次因为说真话而被告上法庭,而且还输过官司。 那么输官司的时候对你的自信心有打击吗?
- 冒着有可能败诉的风险,还要不停地去做这种批评性报道,你觉得值吗?
- 电影《超人》当中有这样一句话:"不要企图去寻找什么新闻,而要努力使新闻重要起来。"这也是你喜欢的一句话。 你怎样解读?
- 《大堂琴师》是你接到原稿后口述把它改编而成的,发表后也是广受关注,记得也是中央的一位领导看过以后说这才是真正的冰点。 那么你的业务素质是怎样练就的,口述就可以把一篇近万字的长篇特稿完成?
- 你最喜欢的是哪个传记作家的哪些传记作品呢?
- 有人说李大同是"中国第一编辑",是吗?
- 当时《冰点》的探索在国内外都产生影响,在 20 世纪 80 年代国外一家媒体把《中国青年报》的"冰点"说成是"中国激进改革派的喉舌",你觉得这种评价准确吗?
- 你在一篇文章中说过这样一句话:"信息的价值往往就是新闻价值。"这句话你是怎样理解的? 在我们传统的新闻教科书上是没有这种说法的。
- 请你分析一下特稿生命力恒久的原因。

• 《冰点》一度是与《焦点访谈》齐名的,《冰点》记者去了以后,有人说出"《冰点》记者来了"这句话也是很吓人的。请问这就是你追求的目标吗?

• 你给《冰点》的定位是"灰色地带",你在这能不能精确地解释一下究竟什么是"灰色地带"?

• 2002 年 10 月 9 日、16 日,《冰点》以两个版的规模报道了《吕日周在长治》,各大网站纷纷转载了,网友的跟帖也很多,这是首家也是唯一一家中央媒体报道了吕日周,用两版来报道吕日周,我想问一下,既然大家都有一个"潜规则",都不想报道,因为觉得这个报道可能会惹事,那么你为什么还非要去做这个报道,有压力吗?

• 实际上《冰点》不可否认地被打上了李大同的印记,没了你,今后的《冰点》还是《冰点》吗?

• 你在书中说:"当我离开一线往后撤的时候,我希望像马克思写完《哥达纲领批判》后那样说,不管怎么样,我已经拯救了自己的灵魂。"现在你已经离开了一线,你可以自信地说这句话了吗?

通过上述案例的对比和分析,我们应该明白新闻采访之前应有问题意识:面向谁传播?传播什么?目的何在?意义是什么?记者的好奇心如果与受众关心的问题一致,采访的目的就会得到实现。

二、查阅资料

记者凭借新闻敏感,发现新闻线索后要及时向上级汇报选题,经过编辑部审查通过后就要进入采访实施阶段了。这时,当务之急是赶紧搜集查阅相关的资料(包括档案材料、相关新闻报道等),通过细心研读材料,有助于记者熟悉情况,思考报道的角度,做好采访前的相关准备。其实,研究公开的档案、资料本身就能够发现有价值的新闻线索。2016 年 9 月 10 日《中国经营报》记者张家振看到了《库尔勒晚报》的一篇新闻:新疆库尔勒市食药监局执法人员对辖区鸿茅药酒"在媒体上宣传时,存在表示功能的断言,夸大宣传治疗范围"而被责令暂停销售。他以此为由头,在申请采访鸿茅药酒厂家得不到答复的情况下,通过网络查阅资料做了一项不完全统计:自 2009 年以来,鸿茅药酒已先后被吉林、辽宁、江西、山东、宁夏、河北、浙江、海南、湖南、四川、重庆等省区市及济南、绍兴、昆明、温岭等市食药监和工商部门曝光或查处,多次被采取暂停销售的行政强制措施。他又从鸿茅药酒的官方网站、羊城晚报网、南京某报业网、某门户网站中医频道搜集了材料,查看了新《中华人民共和国广告法》第十六条第一款第(四)采访了一位不愿具名的律师和江苏某地市食药监局工作人员,公开资料,写出了报道《鸿茅药酒被责令停售　治病药酒被指夸大宣传》。

高级记者鲁光对采访与写作的感悟是"读够、跑够、想透、动手",简洁的 8 个字将新闻从采访到写作的流程概括得具体而准确。所谓"读够"就是采访前把人物的资料阅读研究透彻,把事件的相关背景材料琢磨清楚,做到心中有数;所谓"跑够",就是对新闻现场不留死角,该实地观察、提问的尽量走遍,这样得到的材料可靠、充实;所谓"想透",就是写作前构思花费的心思。把报道主题、报道角度、报道结构等都想明白后"动手",写作就水到渠成。可见,在新闻生产的全过程中,前期查阅资料、研究资料是成功的第一步。对采访对象不了解,又没有临时做准备的记者会遭遇提问的尴尬,例如:

记者提问胡歌何时演古装剧　遭网友炮轰没做功课

来源:联合新闻网　时间:2016-02-23

胡歌以《琅琊榜》中的"梅长苏"一角暴红,他22日来台,TVBS记者在机场向他提出"何时演古装""何时演时装"等问题,不过画面一播出,引起网友炮轰,批该记者没做功课,TVBS对此则回应"谢谢指教,新闻部会再检讨加油"。

胡歌低调访台,仅仅停留一天,他22日下午抵达台湾,TVBS记者在机场问他"何时演时装呢",胡歌傻眼,回"我一直在演时装",记者再问"那古装呢",胡歌无奈说"也一直在演古装",其实胡歌出道多年,时装剧和古装剧的产量都不少,画面播出后,引发网友痛谯,批评该记者不做功课:"这记者在讲什么""让人好火大",表现有失专业。

据悉,该名记者资历尚浅,临危受命到机场采访,而胡歌没料到有媒体在机场守候,本没打算受访,后来协调边走边聊,推测或许是一时紧张才出包,TVBS后来播出该段新闻,也已不见这段访问画面,而TVBS对此也回应"谢谢指教,新闻部会再检讨加油"。

采访前通过查阅资料或向熟悉情况的人了解和研究采访对象的基本情况,获悉采访对象的相关背景资料,如性别、年龄、职业、经历、学历、专业、特长、兴趣、性格、爱好、家庭等与采访对象关联的各种信息,包括了解当事人从事专业的背景知识,有助于记者提炼主题,创新报道角度,这样在采访提问的时候直接挖掘别人忽略或者没有提问清楚的问题,把着重点放在新鲜问题上,提高采访的效率。美国新闻学者肯·梅茨勒说:"没有相关的背景,你就会重复相同的已经被问过100遍的问题,最后形成的报道内容就会是别人早已报道过的。"[3]我国已故著名剧作家曹禺有一次对比自己接受国内媒体和国外媒体记者采访的一些感受时说,美国记者不搞"马拉松"式的谈话。有一次《纽约时报》记者采访他,只提了几个问题。过后,这名记者在报纸上先后发表了3篇文章,事实没有出入,材料准确无误,其中有许多意想不到的事。可以看出,美国记者在采访之前做了许多研究工作,看了不少关于曹禺的书籍和资料。对此,曹禺感慨:"我们有的记者采写一个人物,往往寄全部希望于同采访对象作无休止的谈话,然后把谈话内容一股脑写进文章里去,等于是一篇谈话资料的堆积,我看这不是个好的方法。"

记者采访前的资料准备会给受访者留下良好的第一印象,有助于为采访创建良好的氛围。这是一种专业素养,会让受访者体会到记者的良苦用心,赢得受访者尊重,愿意与记者交流。同时,记者熟悉对方的背景,了解专业常识,提问才会准确、专业,有思考的深度,能够勾起对方交流的兴趣,采访变成了互动交流的谈心,对方感觉找到了知音,忘记这是采访,这才是采访的最高境界。例如1986年6月设在香港的《花花公子》中文版杂志社记者岑逸飞采访了台湾著名作家柏杨,他提问的60个问题显示了其采访准备做得非常扎实:

(1)柏杨先生,我曾整理过一些有关你的生平资料,现在先向你查证一下。你是在1920年生于开封,幼年丧母,那么你的父亲和兄弟呢?

(2)你先在开封高级中学读书,后来加入国民党,做过三民主义青年团干部。抗战胜利后,考进四川东北大学,对吗? 你是哪一年大学毕业的?

(3)那个时候,很多年轻人都加入共产党,我相信共产主义的吸引力很大。

(4)那个时候共产党的宣传很厉害?

(5)你是在1949年到台湾,1950年开始用"郭衣洞"本名写文章,当过省立成功大学副教授、台湾艺术专科学校教授，后来在台北《自立晚报》和《公论报》写文章，我听说你这个笔名的来历跟台湾的横贯公路通车有关？（柏杨称赞：你对我这么清楚，使我吓一跳；你的准备工作如此认真，更使我钦佩！）

（6）你是在1968年3月7日开始坐牢，本应在1976年3月6日释放，后来再软禁一年零二十六天。说到坐牢，我曾经有一个坐过政治牢的朋友跟我说，坐牢好像去过一次地狱，所以他不愿意谈坐牢的情形，认为外间的人永不会明白。你有没有这个感觉？

（7）然则坐牢算不算是一种锻炼？

（8）我这个说法也许刻薄一点。从另一个角度看，坐牢是不是一件好事，可以增加人生的体验？

（9）他们把你抓去，据说因为你翻译美国金氏社"大力水手"漫画而惹祸。那是怎么一回事？

……

（14）我听说你的眼睛不大好，是因为坐牢的时候晚上看书、写稿，但灯光不够，损坏了眼睛？

……

（19）现在许多人，已把"柏杨"这个名字，与"酱缸文化"连起来。我知道"酱缸文化"，是象征死水一潭、陈腐污腐之极，而其来源与君主专制政治的关系密切。但是否可以从思想的流派来看这个问题。也就是说，酱缸文化，是否与儒家、法家或道家扯上关系？

……

（21）明末研究《资治通鉴》的王船山，在他的《读通鉴论》中曾经指出，法家赏罚分明，问题不大；但法家和道家配合，贻害甚大，使皇帝的统治手法更趋高明。中国文化看来甚为复杂，不只是儒家的问题吧？

（22）说到"酱缸文化"，我留意到，读中国书愈多的人，似乎酱气愈大。这究竟是否中国读书人的问题？

（23）你有一篇演讲提到，文学先天具有道德性，可是在中国文人里，多的是文人无行，总是向强权屈服。而传统有句话说，"仗义每多屠狗辈"，为什么中国大部分文人会如此呢？

（24）刚才谈到读中国书的问题，我记得鲁迅曾写过"青年必读书"的文章，认为年轻人最好不读中国书，你觉得这个看法怎样？

（25）鲁迅自己也读了很多中国书。他的解释是，他好像吸烟上瘾，戒不掉，但他知道中国书的害处，所以劝告年轻人不要读。[4]

……

上述问题显示记者在查阅资料上下了多么大的功夫！难怪柏杨忍不住称赞这位记者，双方的感情一下子就拉近了。我们再看第19到第25个问题，体现出记者的思考和文化知识修养，提问有深度。这样的交流才是采访需要的，沟通愉悦，谈话深刻。

查阅资料也为报道写作奠定了基础，有的资料可以作为报道的新闻背景使用，深度报道需要更多更丰富的背景衬托主题。一位同学2011年在《现代金报》温州新闻中心实习时，碰到一位八旬老太太过斑马线时被车撞死的线索，她并没有就事论事，就这起车祸本身来说是一个普通的悲剧事件，但她通过查阅资料得知，近一段时间以来，当地发生过多起行人过马路走斑马线被撞身亡的事件，究竟这种现象是什么原因造成的？她通过采访交警、行人、肇事者、目击者等,发现机动车行驶速度快,与行人抢道是造成这一事故多发的根本原因,于是她写了一篇剖析这种现象的深度报道《斑马线缘何屡成"夺命线"》。正是借助于查阅资料,一起看似平常的交通事故的背后隐藏的深层次原因被挖掘出来了。报道主题由此得到了升华,对社会的警示意义得以强化,新闻价值得到了体现。

三、策划采访

在完成资料的研读准备,反复思考,明确报道目的之后,记者要对采访做一个计划,如花多少时间采访,要采访哪些人,采访这些人的先后顺序,采访的地点,如何科学安排好行程,等等。这些问题思考清楚后,记者需要设计采访提纲,即把要提问的重要问题按照采访目的由易到难、由浅入深地按照逻辑顺序罗列出来。采访的问题策划要充足,备有余量。如《西行漫记》作者埃德加•斯诺当年赴延安采访时拟定的采访提纲有 70 个问题。美国知名电视节目主持人迈克•华莱士的经验是,至少在准备好 30 或 40 个"扎实"的问题以后才去采访。通常他会先写出 100 个问题,然后从中挑选出最好的问题。2000 年 8 月 15 日,华莱士访问江泽民时,面前摊着一份四页采访提纲——比 A4 纸略大,正反面字迹密密麻麻罗列了 100 个问题,实际采访中双方一问一答 88 个回合。

对核心问题可以做好特殊的符号标记,预先设想可能遇到的困难,提醒自己一定要反反复复地提问,直到获得完整的、清晰的答案。在提问过程中,要始终紧扣主题,抓住本质问题,抗拒干扰。提问之后,要凝神倾听,注意对方是否回答得清晰完整,有任何疑问都要紧追不舍。采访提纲的设计宜细不宜粗,你可以列出多个问题,从中选择一个作为主题,然后将其揉碎细分成很多个小问题,从小角度提问,环环相扣,循序渐进,先易后难,层层递进,直到问出完整的、准确的、清晰的答案。2017 年 11 月 4 日,广东外语外贸大学英语语言文化学院副院长、博导冯光武教授莅临浙江越秀外国语学院参加商务英语教学研讨会。大学生传媒中心的一名学生记者列的采访提纲是:

(1)谈谈目前中国商务英语的现状?

(2)描述一下未来中国商务英语发展方向?

(3)商务英语具体可以用在哪些领域?

(4)谈谈今后商务英语复合应用型人才的培养方向。

(5)对商务英语翻译中存在的修辞审美问题有什么解决方法?

(6)对商务英语翻译中存在的中西方文化差异问题有何看法?

这 6 个问题都空乏而笼统,缺乏针对性,每一个问题之间没有逻辑衔接,其实每个问题都是一个单独的主题。这样提问是无法写报道的,显然采访者没有思考好报道的主题。根据新闻价值的接近性,第 4 个问题显然更贴近传播对象——浙江越秀外国语学院的师生,应该就这个问题来设计采访提纲,以它为主题,将问题细化为 20 个左右的采访提纲。记者应提前查阅一下冯光武教授的资料,从会务组找到他的发言材料,同时提前与商务英语专业的教师和学生沟通一下,看看他们面临着哪些问题需要解决。这样再设计采访提纲就靠谱了。

采访策划案例:

假如你是全媒体记者,接到下列新闻线索,你该如何采访?

据微博爆料,14岁的安徽女孩小杨与父母生活在杭州萧山,2016年12月5日凌晨,她在萧山医院生下了一个男婴。现在她的16岁的男朋友在医院陪护。

☐ 报道计划

首先要核实该事实是真是假。查到萧山医院的电话号码,核实该信息的真伪,如果是真的,按照这样的程序进行:(1)确定采访主题:报道该事件的真相,唤起未成年人对性与健康知识的认识;(2)报道体裁:消息;(3)采访的范围:小杨和其男友、小杨的父母、参与接生的医生、护士长、律师、青少年研究专家等;(4)采访顺序:小杨和其男友、小杨的父母、参与接生的妇产科医生、护士长、律师、青少年研究专家;(5)采访时间:半天;(6)采访素材种类:音频、视频、照片、文字;(7)采访重点:小杨怀孕的完整事实、其父母对此的态度、医院接生的过程、是否涉及法律责任、教训;(8)带上记者证、名片、手机、笔记本、圆珠笔、录音笔、摄像机,检查电子设备是否有足够的电量;(9)快速赶到医院。

☐ 采访提纲

(1)采访小杨:

①请问今年多大?

②可以看看你的身份证吗?(如果对方不出示身份证,就通过提问搞清楚其简历)

③领结婚证了吗?

④举办过结婚仪式吗?

⑤你们之间谈朋友的事双方家长都知道吗?

⑥知道性生活会导致怀孕吗?

⑦知道自己怀孕了吗?

⑧你自己还是个孩子,现在当了妈妈,有准备吗?

⑨今后怎么办呢?

(2)采访小杨的男朋友(先了解清楚其简历):

①你是怎么认识小杨的?

②认识她多久你们就那个了?

③知道这样做的后果吗?

④一直没有采取避孕措施吗?

⑤为什么?

⑥她怀孕后你知道吗?

⑦知道她怀孕后心里怎么想的?

⑧你们都还是未成年人,不担心后果吗?

⑨现在你有什么想法吗?

⑩今后怎么办呢?

(3)采访医生:

①小杨刚入院是什么状况?

②这么小的年纪怀孕对身体有没有影响?

③有什么影响?

（4）采访护士长：

①咱们是怎样接生的?

②花了多少时间?

③有危险吗?

④困难吗?

⑤孩子现在的情况好吗?

⑥这样的事你碰到过吗?

（5）采访小杨父母：

①小杨谈朋友的事你们知道吗?

②你们支持她谈朋友吗?

③知道她怀孕的事吗?

④听到她生孩子的事有什么反应?

⑤现在你们有什么想法?

（6）采访律师：

①这件事男方需要承担法律责任吗?

②作为法律工作者,你对此如何评价?

（7）采访青少年教育专家：

①对这件事你怎么看?

②谁该承担责任?

③如何正确引导青少年认识性知识和性健康?

□**相关注意事项**

以上采访都应该将采访对象的姓名、职业、职称、年龄、职务等基本情况搞清楚,保证新闻来源准确、清晰。采访要力求真实、客观、全面、平衡、公正。不预设立场、不带个人情感偏向。

上述采访的路线是从核心延伸到外围,如果做批评性报道或揭黑报道,宜从外围向核心突破。人物采访、问题设计的顺序都要符合一事一报（一人一报）的主题要求,问题的先后顺序有紧密的衔接。记者在采访前,把采访提问可能面临的困难想得复杂一点,问题逻辑设计得严密细致一点,准备充分只有好处没有坏处。其实,记者列采访提纲的过程就是厘清线索、严密思维的过程,就是对事实的深入分析过程,得不到当事人的回答,这些问题可以从其他人的口中寻找答案。在采访中要根据采访提纲提问,但不能拘泥于采访提纲,要随时关注采访对象有没有回答透彻自己的问题,没有就要临场发挥,及时补充问题追问。如果对方在回答中提到了记者没有料想到的新鲜信息,应打破原有的问题顺序,及时从采访对象的回答中发现新问题插问。即兴式的问题是意料之外的问题,往往比准备好的问题更有价值。

四、采访预约

采访进行之前应事先与采访对象电话预约商议采访的时间和地点,体现对受访者的尊重和礼貌。"提出采访要求时,不一定提'采访'两个字,因为'采访'容易让人紧张。"[6] 沟通的技巧需要事先想好,不要唐突,给人第一印象不好,恐怕对方会拒绝采访,尊称、礼貌、客气的表达都有助于说服对方接受采访。打电话最好站着说,面带微笑,这样在和对方沟通时语气自然有一种亲切感,讲话不疾不徐,表达简洁明了,让对方感觉到你的诚意。先自我介绍,把自己的姓名、单位、采访的主题、大概需要多长时间等告知对方。有的人会比较客气,一开始会委婉谢绝,这也许不是其本意,耐心地说出你的采访理由,适当地恭维,都是需要记者拿捏掌握的。自己不要显得紧张或闪烁其词,以免让对方心里不踏实不信任,担心猜疑,谢绝采访。电话语言中"你好""请""谢谢"是最容易沟通的词汇。对有的人,你需要告知对方采访的意义和目的,用社会效果、报道价值、给社会带来的有益启示等劝服对方。感情说服与理智说服相结合,换得对方的理解和支持。有位同学在媒体实习时,有一次联系富阳市运动休闲办党委副书记、常务副主任孙建楠,在联系孙副主任协商采访时间时,她特意要了一份对方近日的日程安排,仔细研究之后,她确定好了对方两个较为空闲的时间段,然后打电话与对方沟通,请对方决定哪个时间采访合适,对方被其细心和诚意打动了。

如果对方询问报道意图,记者可大致告诉对方。如果对方坚持要先看采访提纲,记者只提供部分问题。否则,对方会提前把答案准备好,那样的采访就如同演戏一样不真实不自然,更糟糕的是,采访对象会刻意回避敏感问题,掩饰事实真相,这样采访不会成功,更不会精彩。如果对方坚拒,趁对方尚未挂线之机,赶紧提几个关键问题,不错过提问机会。

五、有备无患

记者采访前的心理与物品准备决定着采访计划实施的效果。

(一)心理准备

每一次采访记者都会有心理压力。对于刚走上工作岗位的记者,由于长期生活在校园里,身边都是熟悉的老师同学,社会交往能力不足,走向社会面临要采访的一个个陌生人时难免会有心理上的不适应。有位参加毕业前实习的同学说:"在大学学习的专业知识大部分是书面的,采访对象也局限于校园内的老师同学,没有心理压力,但采访社会各阶层人士,有时电话联系采访时常会遭到对方婉拒或直接挂电话,起初脸皮薄,打一次电话被拒采访就放弃了,没法按时完成采访任务,心理压力自然加大了。"这位同学在采访知名人士时,也会因为觉得身份的巨大差异,心里无法调适,加上采访功力不足,心里会有莫名的压力难以克服,影响采访质量,继而影响写作质量。

如何突破采访的障碍(受访者拒绝采访、对记者进行信息封锁、采取语言或暴力威胁等),种种意外也许将考验记者的心理承受力。记者要有为公众利益不惧怕任何挑战和困难的韧性,吃苦耐劳,百折不挠,坚定乐观。有位同学在实习中报道火灾。当她第一时间赶到温州市景山山脚下一皮鞋仓库时,火灾现场有很多工厂员工,实习记者问他们老板姓什么、在哪里,他们谎称老板出差了,不知道姓甚名谁。通过向附近的村民求证,记者得知老板就在现场。记者采访老板问工人从仓库里搬出来的塑料桶里装的什么,老板轻描淡写地说是自来水。趁老板不注意,实习记者拧开了一个塑料桶的盖子,发现是易燃的胶水。另外一名同学在实习中也报道了一次中巴车行驶过程中突然起火的事件,看到现场一片混乱,她说:

"当时我看到被大火烧得面目全非的中巴车时,感到头脑一片空白,不清楚自己当前要做的最要紧的事情是什么。看到忙碌的消防员、医疗人员、惊叹的群众,不知道采访从哪里下手。"其实,还有比这更艰难的采访,比如调查报道,记者报道真相会被骂被打、会面临死亡威胁、会被损毁采访设备。2015 年 5 月 6 日南京江东门纪念馆扩容工程工地突然起火,赶到现场采访的江苏卫视《新闻空间站》栏目两记者被工地施工方中建八局第三建设有限公司的工人打伤……在"百度"输入"记者被打"词条,会发现相关结果约 820000 个。

面对面劝服当事人接受采访需要有足够的心理准备。央视原《面对面》记者王志在贪官胡长清临刑前的 48 小时里才获得了采访机会。但是在王志之前,胡长清接受过一个地方媒体的采访,只回答了四个问题,其中有两个问题缺乏新闻价值。王志采访胡长清前,一位警察向他建议,不要告诉胡长清他是中央电视台的,这样也许能顺利采访胡长清。王志并没有接纳这个建议,他说如果对方认识他,但他又说了谎,这样胡长清对他就不会有信任感。在王志见到胡长清时,他首先对他说:"这时候我对你的关注,其实就是关怀和关爱,而且即使你接受了我的采访,也不会对你有任何帮助。但是我想在生命的最后时刻,你应该有想留下些什么的心理诉求。"胡长清终于答应接受采访后,王志巧妙地提出了一些问题,他拿出一份写着胡长清有 80 多个情人的报道给胡长清看,胡长清看完后就哈哈大笑起来,他还说,自己从小就是个苦孩子,然后又说怎么怎么苦,再后来王志就逐渐与胡长清聊起了他的五个十年。

被采访对象限制采访时间和问题也会成为记者心理的一大障碍。2003 年非典期间,时任北京市代市长的王岐山在接受王志采访前,其秘书告诉王志只能问三个问题,采访时间要控制在 15 分钟内。正式采访时,王志手里一直拿着一份稿子,有人说他的架势像是要打人,其实这是他紧张的表现。王志非常怕问着问着王岐山就起身走了,但是心里再紧张,他还是不能在脸上表现出来。后来,王岐山告诉王志,在他问第一个问题时,就感觉出来王志不是一个好对付的记者,所以就格外认真对待他。最后采访超过了限定时间,王志用对方感兴趣的问题完成了 45 分钟的采访。

在采访默多克前,默多克的秘书就给王志打了"预防针":不能问私人问题,不能提有关他的负面报道。"在采访时,有些问题我是一定要问的。如果不问,整个节目的卖点就打了折扣。"最终王志还是达到了"曲线救国"的目的,在他引导默多克谈到家庭时,默多克甚至从口袋里拿出了孩子的照片。看到这样的场面,默多克的秘书也不便打断谈话,最后这位敬业的秘书谎称摄像机出了问题,强行打断了势头不错的采访。[7]

新华社高级记者张严平采访马班邮递员王顺友,开始很困难。因为王顺友长期一个人走山路,不善言辞,很木讷。张严平与同事们就跟随王顺友走山区邮路,走了两天,张严平才走进王顺友的内心世界。宿营在原始森林里时,一行人燃起篝火,扯成圈儿跳起了舞。此时,一向少言寡语的王顺友跳得如醉如痴。他不停地说:"我太高兴了!我太高兴了!今晚真像做梦,20 年里,我在这条路上从没见过这么多人!如果天天有这么多人,我愿走到老死,我愿……"然后,这个苗族汉子用手捂住脸,哭了……每次张严平讲到这个细节都会流泪。正因为她被深深打动了,才写出了能打动人的《索玛花为什么这样红》。

做足功课,把采访前的报道计划考虑周到,将主题思考清楚,对资料有充分的了解,采访提纲扎实,对可能遇到的困难做好充分的准备和应急预案,保持韧性,永不气馁,这些都为记者克服采访中可能遇到的逆境减轻了心理压力。有备而去,心里就会比较自信,比较踏实。

（二）物品准备

记者在外出采访时还应该做好采访设备准备。出门采访前，记者应检查一下身份证、记者证、圆珠笔、记录本、录音笔、摄像机、照相机、备用电池、充电器等采访需要的设备是否带齐，出远门去偏僻的地方采访最好携带一个高质量收音机方便了解最新的信息。遇到突发事件，有经验的记者会在办公室里准备一个双肩包或一个储物塑料桶，里面放有可长期保存的方便食品、牛奶、饮用水、饮料、常用药品、复合维生素、洗漱用品、雨伞、雨衣、手电、水杯、剃须刀、餐巾纸、湿巾纸、卫生纸、备用眼镜、帽子、手套、内衣、适应特殊野外环境的鞋袜、防晒防寒外套等，一旦碰到突发新闻，迅速准备好设备即可第一时间赶赴事发地点，有备无患。物质保障有力能够为采访提供战斗力。香港记者采访时政新闻或者采访明星需要长时间等待守望时会带着小马扎、面包、汽水有备而去，在现场吃饱喝足耐心等待。出门采访前，记者应查阅当日的气象预报，出远门最好将采访地点一周的气象都查阅一下，做好各方面的物品准备，确保采访顺利。记者对于采访过程中可能遇到的各种生活上的困难都要有充分的思想准备，带上手机充电器、备用电池、充电宝等，保证通信畅通，有问题可与编辑部即时沟通，遇到不测可以及时报警求援。出远门长时间采访得考虑带上笔记本电脑或平板电脑以备查资料、写稿、发稿，如果通信条件不具备，要考虑租用卫星电话。出门前检查一下，银行卡、名片、车票（船票、机票）等别忘记带上。有的地方刁难记者，还得开单位介绍信。足够的现金有时能应对意外状况，凤凰卫视驻莫斯科记者卢宇光报道俄罗斯别斯兰人质事件时花钱雇了一名当地人跟随摄像，还搭乘了一架当时唯一赶赴现场的俄罗斯军机，得以完成惊险的现场报道。如果去城市居民家采访，最好带上一双鞋套，进门就换上，省得脱鞋麻烦。暗访就另当别论了，着装、谈吐、名片、微信朋友圈、QQ、联系电话、单位等都要作伪装，偷拍偷录设备隐蔽，做好周密的安全保障措施，让对方误以为是同行。

六、着装礼仪

记者不光是会采访、写作、玩技术的时代的"瞭望者"，还应该是有职业风度的"社会活动家"，衣着要符合职业形象。在社交场合，陌生人之间交往的第一印象与人的仪容仪表有关，其中着装不可小觑。女记者秦枫有一次重大采访因为着深色正装提前到场，被误认为安保人员而得以留在现场，获得了独家面对面采访，其他记者均被清场等候统一集体采访。穿衣的要诀第一就是合适。即服装符合自己的形体、肤色、年龄，符合季节特点，还要与时间、地点、仪式内容相搭配；其次是衣着色彩控制在三色之内，显得大方、沉稳；另外，还要注意服装搭配协调，衣服、裤子和鞋子要么统一为休闲式搭配，要么是一套正装搭配。着装整体上简洁大方、庄重雅致即可。正式场合着西装应选择深色，黑色皮鞋，白衬衣搭配领带。别穿易染色的白色袜子，或鲜艳夺目的红色袜子。如今，生活节奏快，平时穿正装的人少，穿休闲装的人多。记者职业节奏更快，着休闲装比较便捷省时。总之，外出采访时，记者着装的实用技巧是，与采访对象的身份和职业对等，这其实是为了暗示对方"我们是同类的人"，有助于产生"自己人效应"，便于打开话题。"如果你不清楚你的受访者会穿什么，最安全的穿法，就是依着你代表的媒体的形象来穿着。"[8] 如我们常在电视新闻中看到，央视记者穿着胸前印有 CCTV 字样的蓝色夹克衫在现场采访。在特殊场合,如重要会议、重大活动记者会上,刻意选择鲜艳的外套有助于引起关注而获得采访提问的机会。

【注释】

1. 肯·梅茨勒:《创造性的采访》,李丽颖译,北京:中国人民大学出版社,2012 年,第 9 页。

2. 马歇尔·麦克卢汉:《机器新娘:工业人的民俗》,何道宽译.北京:中国人民大学出版社,2004 年,第 13 页。

3. 肯·梅茨勒:《创造性的采访》,李丽颖译,北京:中国人民大学出版社,2012 年,第 14 页。

4. 柏杨:《柏杨谈话录》,北京:人民文学出版社,2007 年,第 151—157 页。

5. 南方周末:《后台》(第三辑),广州:南方日报出版社,2010 年,第 129 页。

6. 李希光、孙静惟、王晶:《新闻采访写作教程》,北京:清华大学出版社,2011 年,第 358 页。

7. 裴艳:《王志面对面有招套话——寻找切入点 不怕被拒绝 曲线能救国 限制若等闲》,《每日新报》2004 年 07 月 01 日。

8. 萨利·亚当斯、文弗·希克斯:《新闻采访:第一线采访手边书》,郭琼俐、曾慧琦译,上海:上海三联书店,2004 年,第 32 页。

【思考与练习】

假如你是全媒体记者,接到下列新闻线索,你该如何采访? 请写一个采访计划和采访提纲。

16 岁的安徽籍女孩小雨(化名)随父母生活在宁波,吃减肥药一个月降体重 9 千克,近一周经常感到头痛。2016 年 12 月 5 日上午她突然头痛想吐、浑身发抖,很快不省人事,接着出现心跳多次骤停,在宁波市李惠利东部医院抢救时,医生发现小雨血色素只有 7 克,已经是严重贫血,血检查还显示其肝肾功能也出现了不同程度损伤。一天一夜后,小雨猝死。父母怀疑,女儿的死和减肥药有关。

【延伸阅读】

记者守则
美国密苏里大学新闻学院

1911 年美国密苏里大学新闻学院院长威廉博士提出,成为该院学生必须熟读背诵、奉行不渝的规则。共 8 条,具体内容是:

1. 新闻工作是一种专门职业。

2. 一张大众的报纸是一个大众的信托,所有与它有关的人们都是大众的信托人。如果他们没有完全做到为大众服务,那就意味着辜负了此种信托。

3. 清晰的思考与清楚的表白,正确与公平是良好的新闻事业的基础。

4. 记者只应写作他深信为真实的东西。

5.如果不是为了社会公益,刊载禁登新闻是没有理由可以辩护的。

6.作为一个记者,凡是他人不愿谈的,就不应该把它写出来;受贿于自己与受贿于他人一样应竭力避免。个人应负的责任,不能借口受人之命或为了他人的利益而推卸。

7.新闻、广告与社论都应为读者服务,并应有一个真实与廉洁的标准。良好新闻事业的最高测验应以它最大限度地为公众服务来度量。

8.最成功的及最能成功的新闻事业必须敬畏上帝和尊敬人类;坚持超然地位,不为成见、权力的贪欲所动摇。积极、容忍但不疏忽;自制、忍耐,永远尊敬读者,但也不怕读者。疾恶如仇,不为权势或者暴民的叫嚣所左右。设法给每个人以机会,而且在法律和公正的工作报酬以及在公众的认识所许可下给每个人以平等的机会。热爱国家同时竭诚促进国际友谊,增强四海一家的信念。(冯健总主编《中国新闻实用大辞典》,第 648 页,新华出版社,1996 年 3 月第一版)

【图书推荐】

1.王树增:《1911》,北京:人民文学出版社,2011 年。
2.梁鸿:《出梁庄记》,北京:台海出版社,2013 年。
3.梁鸿:《中国在梁庄》,南京:江苏人民出版社,2010 年。
4.迈克尔·麦尔:《东北游记》,何雨珈译,上海:上海译文出版社,2017 年。

拓展资源

第七章
采访中的提问

　　提问是记者的天职。为了获得准确、清晰和完整的事实,记者要通过提问来求证、核实新闻的六要素,还原事实,重建现场,逼近真相。好记者是一个会提问的人,让对方愿意回答你的问题,说出事实真相。正式提问前先寒暄两句,让对方放松。提问应从易到难,从对方好回答、容易回答的问题入手,语言简洁通俗,角度小,问题具体,表述清晰。对于受访者没有回答或回答不清楚的问题要不断追问,不放过任何你自己感到疑惑不解的问题。对于没听懂的问题,不要怕难为情,不要顾及自己的面子,谦虚地表示自己没有理解,请对方做出通俗易懂的解释,坦诚地说"抱歉,我没听懂"。如果对方讲得比较空洞,可以提醒"比如说……"也可以问"能举个例子吗",或者"具体是什么意思呢",要让对方回答问题有深度,多问"该如何解释呢""为什么",把对方不愿意回答的敏感问题安排在采访结束前委婉地提出来。提问过程中,不与对方争论,用一个个问题让对方说清事实。只要对方没有跑题,记者不要轻易打断话题,在聆听中及时发现对方回答问题是否清晰完整,立即追问、核实。采访中始终专注地平视对方,表情轻松自然。采访结束时,不要忘记核实对方的姓名、年龄、身份、职业、学历等基本信息。采访过程中,随时记录时间、地点、人物等基本要素,以及精彩的引语、逸闻趣事和细节等要点、易忘的数据和日期。采访前,为了避免干扰,将手机调成静音状态,免得电话、短信导致采访中断,打乱记者和采访对象的思路,影响采访效率。采访需要记者有执着的精神,英国广播公司记者帕克·斯曼曾经就一项有关英国怀特岛监狱管理的争议先后14次采访了前内政部长霍华德,质问他是否插手了监狱长刘易斯对该监狱的管理。帕克·斯曼问霍华德:"你是否曾恫言否决刘易斯的做法?"并不断问"有或没有",然而对方每次都绕开话题,帕克·斯曼坚持不懈。这种坚韧的职业态度值得赞赏。

一、心诚则灵

　　美国学者乔治·M.基兰葆和罗布·安德森认为:"记者对自己和人性的了解愈多,他们低估问题的力量和误用问题的可能性就愈少。"他们提出了以下几点建议。(1)人人都希望得到公允的对待。受访者都希望记者能公平和正确,因此记者在各方面都要尊重他人,必须能够易地而处,将心比心,这一点非常重要。(2)人们喜欢你怎么对他,他便怎么对你。记者有时候因为时间的仓促和急迫,不自觉地显露出不耐烦甚或蛮横的态度,这时受访者通常会表现消极的抵抗或不配合。(3)没有两个相同的人。记者常常过度依赖自己的经验去判断受访者的反应,事实上每个人都不一样,对事情的反应也不相同。(4)人都想满足基本的需求。礼貌而公正地对待他人,承认他们独一无二的个性,承认他们的需要,包括不愿被打扰的需求。记住别人在接受采访时不仅在满足你的目的,同时也在满足他们的目的。他们还认为,记者在采访提问时应该:探求而不是搜索;请求而不是挑战;建议而不是命令;发现而不是算计;诱导而不是强取;指导而不是强制。[1] 与采访对象建构平等的关系需要记者具备尊重人、理解人的理性和宽容心态,当事人出于顾虑或其他想法对记者的采访请求婉拒或犹豫不决属于正常情况,这时需要记者善解人意,通过巧妙、耐心的沟通说服对方,或者通过人脉资源劝服对方。毕竟采访需要当事人提供事实信息才能完成,让对方在最短的时间里提供最全面、最完整、最具体的有价值的事实信息,而且记者将按照自己的意图建构主题和角度,按照新闻的逻辑从这些事实中进行选择并公开报道,也许对方说了多个事实,记者只挑选了其中一个;也许对方说了成百上千句话,记者只选用了一句话。很多时候,采访对象看到公开报道的新闻时才清楚记者是如何使用采访材料的。采访对象提供的事实或者不经意的一句话经过公开报道有可能给自己带来困扰或麻烦,有可能会引来争议或曲解,因此,面对记者的采访,采访对象会形成一种无形的心理压力。采访也占用了对方的时间,消耗了其精力,记者自己换位思考可能都会有顾虑。要知道,对方没有义务配合记者。所以,采访的突破需要记者有谦逊而友好的态度,只能说服,不能强制。记者需要一颗坚韧而强大的内心,"别人把你从门口赶出去,你要从窗户跳进去"。不要因为焦虑而流露出怒意,自尊心不能脆弱,用真情换真心,用关爱换理解,善于化雪融冰而不是雪上加霜,谦虚实诚,和气机敏。铭记自己的身份是公众的代言人,采访是为了公共利益,目的是为大众公正、公开地传播新闻信息,满足受众对周边和异地认知的需求。在记者眼中,没有身份的高低贵贱之分,任何社会阶层的人接受采访都是需要平等尊重的,所以,无论遇到怎样的难题,以不卑不亢、不骄不躁、不抛弃不放弃的工作态度,执着、用心、专注地想尽一切办法解决问题,直至实现采访目的才是上上策。"放弃你的成见、面子和自尊,把工作做好。如果你能做到这一点,你就能学有所成,成为一名出色的记者。"[2] 美国人杰克·阿德尔斯坦在日本《读卖新闻》当记者时,有一次为调查一个案件去采访一个名叫关口的审讯人,临行前,他根据报社资深人士的建议去超市买了一个最大桶的哈根达斯巧克力冰淇淋,傍晚7点他来到了受访者的家门口,按门铃后,关口夫人出来开门。杰克·阿德尔斯坦在事后描述了当时的场景:

"很抱歉这么晚前来打扰。我叫杰克·阿德尔斯坦,是读卖新闻社的。"我用非常礼貌的日语说道,同时递上我的名片。

她一脸困惑:"嗯,我们已经订了《读卖新闻》。"

"谢谢,"我说着鞠了一躬,一个训练有素的公司员工应该做到这样,"其实,我是记者。我希望能有机会跟你丈夫交谈一下。"

"哦?让我问问他想不想跟你交谈。"

(趁着关口夫人进屋的空当,她的两个小女儿阿智和友纪对杰克·阿德尔斯坦耳朵尖、鼻子大的相貌产生了兴趣,她们认为他不是人类,可能是日本传说中的小妖精"天狗")

阿智要我弯下腰来,那样她就可以摸到我的鼻子了。我照着她说的做了。她毫不迟疑地把她的两只手指分别插进我的两只鼻孔里,然后死命往下拉,我差点摔倒。她在牛仔裤上擦了擦手指,又挠了挠脑袋。然后,她拍着手说:"我知道啦!你是半天狗半人类。你说呢,友纪?"

没等友纪来得及就我的生命形态提出她有见地的判断,关口夫人返了回来,"我丈夫不想跟任何记者交谈。对不起。"她带着歉意说道。

"我知道了,"我答道,"我通常为报纸采访有组织犯罪方面的新闻,我知道很多警察觉得跟记者交谈不太自在。有时候,不管你信不信,我个人对他们可能还是有用处的。"

关口夫人笑了起来:"嗯,或许下次吧。"

我把装着冰淇淋的袋子递给了她:"这东西肯定挺不到浦和(日本关东地方中部城市,位于日本首都东京市北部大约24公里处)了,就请收下吧。它已经开始化了。阿智和友纪肯定会喜欢的。"

我跟孩子们说了再见,对着她们抽动了一下我那半天狗的耳朵,然后慢吞吞地朝停车的地方走去。走到空地的中央时,我听见有一个深沉的声音大声喊道:"读卖先生,等一下!"

我转过身去,看到一个穿着牛仔裤和T恤衫的高大威风的身影站在门廊上,那是关口。我回头朝他走去。

"谢谢你的冰淇淋,"他紧紧地握了握我的手说,"四个人吃不完。你还不如也进来吃一点。"[3](以上括号内的文字为笔者所加)

杰克·阿德尔斯坦进屋后,把随身带的备用的啤酒递给了关口。关口询问他一些关于他和他的背景方面的问题,对他成功"破门"的技巧表示赞叹,同时发出疑问:"我可以信任你吗? 而且我应该信任你吗?"作为警察,关口询问了几个问题,如"你是怎么知道我的名字和地址的",杰克·阿德尔斯坦用职业的原则坦陈不能说出来的原因,获得了关口的理解。接着,关口又问他对涉案人的事知道多少,杰克·阿德尔斯坦把自己了解到的都告诉了关口。至此,杰克·阿德尔斯坦赢得了关口的信任,关口要他承诺不对任何人泄露是自己提供的信息,然后将涉案的核心事实和盘托出。精心的采访策划、富有人情味的礼物、彬彬有礼的言行举止、平等的互动、真诚的沟通、真情的交流、对公序良俗的认同、对职业操守的认知……这些都是杰克·阿德尔斯坦得以采访成功的原因。反之,如果记者违反了彼此尊重、平等待人的职业态度,采访就可能无果而终。某记者采访造假酒的犯罪嫌疑人时,扮演了审问者的角色:

问(记者):你叫什么名字?

答(嫌犯):(望问者,怔了怔)我叫×××。

问:今年多大了?

答:××岁。

问:家住在哪里?

答:我家住××村××。

问:你过去是干什么的? 为什么现在会干起这一行的呢?

答:我当时想……

问:如果当时不成功或者发生意外你又做如何打算?

答:我,我当时没想这么多。

问:难道一点都没有想过?

答:这……

问:这是不是假酒?

答:(欲辩)我们原……

问：(挥舞话筒)别说什么了,我只问你,是不是假酒?

答：……[4]

交流应建立在相互尊重和人格平等的前提下,不管你是否喜欢面前的受访者。美国CNN著名谈话节目主持人拉里·金在《非凡旅程——拉里·金自传》中有一个片段谈到了这个问题,他深有感触地说:"我会带着同样的好奇心看待总统和水管工。我觉得这就是我的与众不同之处。我不会因为要采访的人是总统而花数小时伏案准备,想出数百个问题。这不是我的风格,也不是让我获得今天这些成绩的秘诀。有时候,在一个重要的访谈快开始时会有人对我说:'今天晚上你一定要拿出最好的表现。'那意思就是说我要格外加把劲儿了。他们这么说是因为他们想给我鼓劲儿,但却常常让我觉得不舒服。他们的意思是不是说,如果我采访的是一个水管工就不用格外加把劲儿了呢? 当然,在采访总统的时候,我很清楚我是在采访总统,但是如果我对待总统的方式和对待其他人有分别的话,我就不是我了。"[5]2015年3月17日,新华社记者吴雨发表了她的"记者手记"《陈道明席地而坐,为我亲手改稿》,引发网络吐槽"很丢脸""自我矮化""有损尊严""没有专业素养"等,恶评如潮。起因是该记者在"手记"中的第一句话:"不少同行可能会'嫉妒'我——一位'男神'昨天与我席地而坐,亲手给我改稿子!"这句话中多少流露出她对陈道明的粉丝心态,"采访是记者的工作,用这种粉丝追星的心态采访是不够专业的"。[6]

二、提问类型

提问的类型可分为两大类:直接采访——闭合式提问;间接采访——开放式提问。

(一)闭合式提问

记者直截了当地引导采访对象,按照自己设定的路径提出问题,获得对方简洁、具体的回答,在为写作消息而进行的采访中使用较多,其优点是采访对象只能按照记者的引导回答,不会跑题偏题,缺点是记者不问的问题对方不谈,有价值的信息会埋没,而且令采访对象有"被审问"的感觉。如提问"是不是""对不对""要不要""有没有"之类的问题,而回答也是"是"或"否"式的简单答案。对方没有发挥的空间,只能选择一个答案,直接回答。对于年幼者、文化程度低者、不善言谈者,适合多用闭合式提问。求证、核实事实真相时,闭合式提问也适用。闭合式问题的特点是,采访效率高,但信息量小,记者难以获得问题之外的更多事实。2006年3月22日,俄罗斯总统普京访问了少林寺,央视《新闻会客厅》3月27日播出节目《接待普京的少林方丈》。主持人李小萌在提问8岁的释小广时采用了闭合式提问:

主持人:小广今年8岁了。是不是好多人都问你普京是怎么抱你的?

释小广:是。

主持人:他刚伸手要抱你的时候,你有没有下意识地要躲一下?

释小广:没有。

主持人:你觉得他就是来抱你的,不是要跟你过招的?

释小广:对。

主持人:一抱就抱起来了吗?

释小广:这样一只手把我拽起来,然后把我托到肩膀上。

主持人:你害怕吗? 那也挺高的呢,害怕没有?

释小广:有点吧。

(二)开放式提问

通常使用"什么""如何""为什么""怎么样"等词来发问,不对采访对象的回答设定狭小的范围,如"你怎么看这个问题""你对幸福是如何理解的"。受访者对这类问题需要给予详细的说明。至于受访者会怎样回答,记者是无法猜测的。采访人物需要沟通思想,交流情感,记者宜多提开放式问题,它令采访对象有被尊重的感受,情绪放松,同时记者可以在善谈者的侃侃而谈中,挖掘新信息,搜集有价值的引语。面对文化程度高、善谈、社会阅历丰富的人,适当多一些开放式提问会减轻记者提问的压力,有利于获得意想不到的、信息量大的回答,便于记者从中找到新的、即兴式的问题。开放式问题的不足是,对方说得兴奋了可能会跑题,采访花费的时间多,记者要在倾听中引导对方,发现对方跑题了可以巧妙地用提问将对方拉回来。如果采访人物全都用开放式问题会给对方一个感觉:记者缺乏查阅资料的准备。因此,单一的提问方式并不适合采访的全过程,具体情况具体对待,两种提问方式交叉应用比较妥当。例如 16 岁的甘肃省张家川县某中学初三学生杨某 2013 年因"编造、散布虚假信息"被刑拘,后被改为行政拘留。《新京报》记者采访他的问题如下(节选):

新京报:出来这一天主要做了些什么?(开放式问题)

杨某:上午接受采访。下午三点多去了趟学校,上了物理和化学两节自习课,明天就开始正式上课了。

新京报:能回忆一下事发经过吗?(开放式问题)

杨某:9 月 12 日,早上 8 点多,我和同学在网吧上网,不到 9 点的时候,网吧里一个收拾卫生的阿姨说钻石国际死人了。当天我没去现场,13 日也没去,14 日中午吃完饭,从家里去街上玩,从巷子里出来,看到围观的人挺多的,我就围上去了。围观的人说那是个杀人案,警察打人了什么的。我在现场发了条微博。

新京报:发了几条微博?(闭合式问题)

杨某:第一条是 9 月 14 日中午 12 时多;第二条是 14 日下午 6 点到 8 点之间发的。这两条都是在现场拿手机发的。第三条是 15 日发的,后来警察主要是说我 14 日微博的问题。

新京报:当时怎么被带走的?(开放式问题)

杨某:9 月 17 日下午两点多,我正在上数学课,副校长进来把我叫出去了,叫到办公室。有 4 个警察,其中 3 个便衣,1 个穿制服。问我手机在哪? 我说在教室。副校长给数学老师打了个电话,也不知道谁把手机送过来了。警察一看我手机型号就直接把我带走了。带到公安局,问我发了什么东西,啥时候发的,让我把我发的三条东西一个一个都说一遍。我当时也想不起来了,勉强说了几句。他们把我发的东西打印出来了,问我为什么发这些,还问我个别词的意思。下午 6 点多,他们管我要了我爷爷的电话,让我爷爷送被褥过来。7 点多就直接给我送看守所里了。

新京报:你当时为何说"必须得游行了"?(开放式问题)

杨某:当时我不知道警察是来尸检的,就说了那些话。

新京报:有没有想到自己的事情引起这么大的关注?(闭合式问题)

杨某：当时在里面的时候不知道，我昨晚被放出来的时候，才知道网上这么多人关注。

新京报：你现在后悔吗？（闭合式问题）

杨某：后悔（发微博时）没有核实内容，自己微博的语言也太粗俗。警察殴打家属是我听说的，案件是杀人案也是我听说的。

三、提问方式

（一）正问法

记者开门见山从正面提出问题，直接明确。不兜圈子，不绕弯子，提问效率高。对于工作繁忙的人、公众人物或官员、熟悉的采访对象、广播电视现场采访、记者会提问、突发事件现场采访等宜用正面提问法。如："发生事故的原因是什么？""为什么会出现这样的问题？""你对这件事怎么看？"

正面提问要针对对方的文化程度、理解表达能力、特殊身份等。对方能否回答、能否按记者的引导给出清晰、准确的答案，这是正面提问所必须考虑的问题。正面提问省却了寒暄预热，直来直去，如竹筒倒黄豆，干脆利落，节约时间，但要切忌口气生硬强势，更不可居高临下。温和、亲切的口吻，人际传播的交流感是双方互动的前提。对不涉及个人隐私、非敏感的一般问题提问，就事论事，采用正面提问不会引发对方的不快。电影《港囧》中有一个片段，包贝尔饰演的蔡拉拉一心要做导演，他缠着徐峥扮演的二姐夫徐来做纪录片访谈，在香港的酒店里他打开摄像机，提出了下列问题：

（1）请问你的性别是什么？

（2）请问你第一次给了谁？

（3）那你第二次呢？

（4）你出过轨吗？

（5）请问你的梦想是什么？

（6）作为我们家的顶梁柱，一个资深的倒插门，你对你的生活满意吗？

（7）你跟我姐这么长时间生不出孩子，我觉得，是不是你的心理上有问题？

（8）那就是生理上有问题？

（9）那你为什么谢顶？

（10）人家年纪到了为什么不谢顶？

……

这些问题尽拣别人的痛处穷追猛打，而且充满了个人的主观臆断。电影虽然是虚构的，但在新闻采访实践中，缺乏经验的菜鸟记者入职之初有可能会犯类似的错误，导致采访失败。

（二）侧问法

即迂回提问，旁敲侧击，启发引导，让采访对象顺着记者的思路回答问题，这种提问间接委婉，不会打击采访者的自尊心。对于不愿意表达意见的人、胆小谨慎害怕记者的人、对记者采访感到疑惑紧张的人等,采用侧面提问法有利于打破僵局。1980 年 8 月 21 日、22 日,意大利女记者法拉奇在人民大会堂采访邓小平时想问:"四人帮"犯的错误与毛泽东有关吗?她是这样提问的:对西方人来说,我们有很多问题不理解。中国人民在讲起"四人帮"时,把很多错误都归咎于"四人帮",说的是"四人帮",但他们伸出的却是五个手指。法拉奇问的这个问题非常尖锐,但她没有直接正面提问,而是采用了旁敲侧击的间接提问,从侧面迂回,让采访对象不至于难堪尴尬,可谓绵里藏针。[7] 侧面问常常从采访对象熟悉的问题入手,与采访的报道思想需要的问题有密切关联。一位学生在毕业实践报告中提到了自己的一次采访经历:"我去采访聋哑学校的一位手语老师,那位老师原本就很腼腆,见我要采访她就更紧张了,脸一下子涨得通红,支支吾吾地说不出话来。为了不让气氛更紧张,我看到她桌子上有一张她与聋哑学校的学生的合影,转移问题,问她:'孩子们都笑得好开心,有没有比较调皮的学生啊?'那位女教师一听到聊自己的学生,整个精神就不像刚才那样紧张了,话匣子一打开,就关不住了。就这样,我顺利地完成了采访。"面对性格内向、生性羞怯、不善与陌生人交往、第一次面对记者胆怯等各种原因导致情绪紧张的采访对象,记者开门见山、直截了当从正面提问效果不好,难以打开对方的"话匣子",不如见机行事,记者和颜悦色,聊点对方好回答、愿意回答、简单的问题,从侧面提问,迂回采访。只要对方开口了,情绪就会平静下来,双方进入交流对话的境界,陌生感和胆怯感就消失了。

(三)反问法

采访对象不愿意回答记者提问,记者无奈之下故意从采访对象回答问题相反的思考角度提问,明知故问,倒逼对方冲动之下吐露实情,"激将法"和"错问法"是最有效的两种反问法。

1. 激问法

采取激将的方法,故意提问刺激性问题,让对方感觉情感受到了挑衅无法接受,迫使其不得不开口说话,自我辩解,想纠正记者的说法。比如:"有人说,你的获奖成果涉嫌抄袭,真是这样的吗?""如果不是这样,为什么有人会说你抄袭?""你觉得他们说的不是真的?""为什么不是真的?"

2. 错问法

记者装作似乎知道一点真相的样子,故意从相反方向提出一个明显是挑衅的问题,激化采访对象的情感,令其因为生气或不满,急于辩解,想澄清事实,结果中计,说出记者想要的答案。如 1950 年 9 月 15 日至 9 月 28 日美军在朝鲜仁川发动了登陆战役,扭转了朝鲜战争韩国陷入困境的被动局面。就在登陆战役开始前,美国第 8 集团军司令沃克将军在韩国钟日昆将军的司令部向 40 位韩国将领透露美军将要在仁川对朝鲜发动突然袭击。美联社韩裔记者申华泰听到了大楼里的欢呼声,他猜测一定有重要的军情。当他看到一位认识的韩国少校金军伯出楼时,邀请他去一个酒吧喝酒。几杯酒后,申华泰故意说,他知道沃克将军告诉了参谋人员令人狂喜的事情,少校什么也不想说。申华泰说,一定是要在群山进行两栖登陆,群山是在仁川很远的港口。"不是群山!"这醉昏头的少校叫了起来,"是仁川!"待他明白自己都说了些什么时,便立即加以否认。记者叫他别着急,因为这一切三天之后才会公之于众。"蠢驴!"醉醺醺的少校大声说,"后天就要开始了。"申华泰将消息发到了东京。[8]

(四)假设提问法

记者或者主持人用假设性的问题提问,目的在于迫使对方换位思考。面对一个观点与人相左又比较固执己见的采访对象,如果正面提问和旁敲侧击都不能起到任何作用,对方不愿意改变自己的观点,也不愿意对个人观点做出比较深入的解释,那么试着用假设性的问题可能会打开缺口,迫使对方设身处地地思考问题,获得意想不到的答案。

CNN 原著名主持人拉里·金有一次邀请副总统丹·奎尔做节目嘉宾,丹·奎尔是反对堕胎的,而节目的主题是探讨人们对堕胎的看法。如果正面提问,双方肯定会发生争执,采访氛围会变得紧张,也许无法完成访谈,于是,拉里·金采用了一个假设性的提问(以下拉里·金简称"金",丹·奎尔简称"奎尔")。

金:如果有一天您的女儿抛给您那个让所有父亲都害怕的问题,您会怎么处理?

奎尔:我会为她提供建议,和她交谈。并且支持她做的任何决定。

第二天,新闻头条用大号黑体字写着"奎尔会支持女儿堕胎"。事后,拉里·金回忆说:"我并不是想让他难堪。我只是想让他设身处地地思考一下这个问题。假设性问题很能强迫一个人去思考。很多政客不愿意回答假设性问题也正是因为,假设性问题会迫使他们不得不换一种方式思考问题。"[9]

(五)即兴提问法

拉里·金作为美国 CNN 著名谈话节目主持人,他不无自信地说,任意一场比赛结束后,将他锁在一个房间里,不要告诉他是什么比赛,也不要告诉他比赛结果,他能够通过提问来准确地告诉你到底发生了什么。比如,他会问:

"今晚你有什么收获?"

"在你的下场比赛中,你还会使用今晚的队伍吗?"

"最困难的时刻是什么?"

"有什么让你感到惊奇的事情?"[10]

拉里·金认为,在时间充足的前提下,采用即兴式提问,对采访对象了解不多,可以一直用"谁""什么""为什么"提问,这比深入了解嘉宾背景的效果更好。拉里·金的即兴提问经验启示我们:来不及准备的即兴提问最好多用开放式问题引出对方的话,然后根据其回答追问。即兴式提问因为时间紧,记者心理压力大,提问开放式问题可以把压力抛给对方,让记者通过聆听找到提问的突破口。

即兴式提问应避免嘴比脑快的愚蠢提问。第一,要有人情味。1981 年 3 月 30 日下午,美国总统里根在华盛顿希尔顿饭店出口处遇枪击。他的儿子迈克·里根闻讯后离开办公室赶回家,这时,媒体已经将他家团团围住了。他一下车,媒体就拥上来,第一个问题就是:"你父亲中枪了,你感觉怎么样?"迈克·里根走进屋子对妻子柯林说:"媒体怎么能问这种问题?你要我怎么回答?……我觉得这是世界上最蠢的问题。"第二,记者要问对方有资格回答的问题。要避免无厘头式的提问。比如 2012 年 2 月 27 日,央视播出了对美国职业篮球联盟(NBA)新星林书豪的专访。记者忘记了对方是华裔美国人,追问对方两次"是否代表中国打比赛"。2008 年北京奥运会有电视记者提问一个男童:"你是不是很享受这场比赛?"对于一个低龄儿童,"享受"这个带有哲理性的词根本不能理解。第三,即兴提问应避免不是问题的问题,如央视体育频道记者冬日娜采访时问运动员"请问你得了冠军是不是特别高兴""你在落后的时候是不是没有放弃""这次 800 米比赛,应该是靠实力赢下来的吧"等。第四,即兴提问应避免主观臆断,如冬日娜提问刘翔:"你比赛服的号码是 441,4+4+1 等于 9,今天你又在第 9 道,是不是这次 9 是你的幸运数字?"如冬日娜问史冬鹏:"你觉得和刘翔在同一个时代是不是很悲哀?"2008 年 8 月 15 日北京奥运会赛场上,有记者赛后问获得铜牌的运动员谭钟亮:"你奋斗了二十多年,参加了四届奥运会,而只获得了一枚铜牌,你觉得你有愧祖国吗?"知名时评人曹林认为,记者先入为主的提问方式是复杂问题谬误,即用自己的主观推测,在道德判断上诱导绑架采访对象,使其陷入难堪或尴尬的境地。他在《时评十讲》中举例说,2010 年 5 月 8 日,蹲了 10 多年冤狱的赵作海被河南省高院法官宣布无罪释放,赵作海的冤情被洗清后成为社会热点。当时就有记者问赵作海:"你要感谢谁?"赵作海喃喃自语:"我要感谢谁? 我不感谢谁。"这个问题中已经悄悄地植入了记者的结论:赵作海一定要感谢谁,非要找出一个人来感谢一下。其实,赵作海的冤屈虽然被洗清了,可是,他坐了 10 多年冤狱,受了很多苦,如今只是一种迟到的纠错,这是本属于他的正义,他根本无须感谢谁。这种提问方式是记者用自己的主观观点设置了陷阱,迫使采访对象做出符合自己要求的回答,伤害对方自尊心。第五,即兴提问应根据现场观察提出合情合理的问题,如有电视记者看到一位未满周岁的婴儿问:"小弟弟你叫什么名字? 今年几岁?"对于初来乍到的嘉宾张口就问"您对这里的印象如何""谈谈你对这里的感想",类似低级的提问还有"你是怎么想的""你有什么感觉"。第六,即兴提问要善于通过聆听找到下一个问题。一台湾电视记者采访一名抢劫银行的嫌犯李师科被押解时是这样提问的:

记:你为什么抢银行?

李:要钱。

记:你抢这许多钱做什么用?

李:养老。

记:现在被捕,你有什么感想? (李报以白眼,汽车立即开走)[11]

记者第二个问题应该根据对方的回答反问:"要钱就可以抢银行?"最后一个问题也应根据对方的回答再次追问:"养老就有理由抢银行? 不知道这是犯法的? 有什么感想?"这样的提问是记者懒得思考惯用的提问套路,如果对方狡辩,记者就会被戏弄。第七,即兴提问要根据观察抓典型抓特点。如大型活动现场,记者要从一群人中挑出知名人物。还要善于抓特点,比如一群人中年龄最小的、最年长的、唯一的坐轮椅的残疾人、着装特别的人、表情最激动的人……第八,即兴采访找不到人应随机应变描述现场。《南京零距离》有一次现场直播一场交通事故时,一个记者在报道液氯运输车事故时因为没有找到肇事司机,没有采访到目击者,也没有采访到交警,对事故的所有要素一无所知,直播信号接通后,该记者面对镜头,十分无奈,一分钟一连说出 8 个"不知道":"不知道这辆车会不会掉下高架桥,不知道肇事司机现在是否安全……"新闻的主要功能是传播信息,记者什么也不知道,如此现场直播就成了笑柄。其实,描述现场场景也比说"不知道"有信息价值,如闻到了什么味道,看到了什么情形,听到了什么声音,此刻内心里是否紧张、害怕,然后拨打报警电话,看着表,计算抢险救援人员何时到达现场,及时到达是新闻,迟迟不到更是新闻。还可以做后续报道:司机第一时间有没有报警,事发后去了哪里,事故原因是什么,谁该承担责任,等等。

(六)追问法

面对采访对象避实就虚的回答、词不达意的回答、笼统的回答或模棱两可的回答,记者紧接着提出环环相扣的问题,或者采用重复关键词、停顿不语、皱眉、疑惑的眼神等提示对方继续解释,直到获得清晰、完整、准确的回答。追问是为了弄清事实真相。2018年2月9日外交部发言人耿爽主持例行记者会时,针对马尔代夫国内局势动荡,中国是否会与印度争夺对马尔代夫的影响力,记者反复追问:

问:第一,马尔代夫总统特使正在中国访问,与中方官员进行了会谈。马方提出了什么要求? 中方会给予马方什么样的支持? 第二,据报道,在美国总统特朗普和印度总理莫迪的通话中,双方重点讨论了马局势。双方表示关切,呼吁马政府维护法治。联合国安理会也举行了会议。联合国助理秘书长在会议前表示,如果国际社会不作为,马局势将继续恶化。中方对此有何回应?

问:据报道,印度军方消息人士称,印军目前已处于高度戒备状态,印特种部队已准备好随时进入马尔代夫帮助该国恢复国内秩序并撤离印侨民。中方对此有何评论?

问:在王毅外长和马尔代夫总统特使的会谈中,马总统特使表示他们愿意通过内部解决的方式解决问题。他是否提到马将如何具体解决目前的问题?

问:你刚才说马尔代夫政府自主解决问题是什么意思? 是单方面解决问题的意思吗? 因为马尔代夫当局关押了反对派领导人和最高院法官,所以只能被当作单方面解决这次事件。中方对此有何回应?

追问:马尔代夫总统特使是否说过,他们想寻求中国的帮助,希望中国在这个问题上发挥斡旋作用?

记者在追问时宜用温和的、平静的语气,不断地质疑对方的含糊回答,逼迫其给出清晰的解释。

四、提问技巧

采访前联系采访对象时要先做自我介绍,告知对方采访的目的,见面时也要这样做,友善的微笑总是让多数人不好意思拒绝的,有礼貌的人总是受人待见的。提问前适当恭维对方有益于创造和谐的谈话氛围。采访中除了提出准备好的问题,还要倾听对方的讲述,从其言谈中发现新的线索,立即即兴提问,最好的回答也许是临时现场的提问。有经验的记者都知道一个简单的道理:不与采访对象因为某个话题的观点不同而发生争执或争吵,以至于采访突然中止,前功尽弃。敏感问题间接问,关键问题反复问,尖锐问题巧妙问。采访结束后,问一句:"还有要补充的信息吗?"也许采访对象言犹未尽。不管面对的是什么样的采访对象,平等对话是前提,需要有人情味,更需要理性。记者采访就是调查事实真相,挖掘完整故事。

(一)提问要用口语化的简单句

在提问的诸多技巧中,首先是简洁清晰。2018 年 3 月 13 日上午"两会"期间,国资委主任肖亚庆在部长通道接受媒体访问时,一名穿大红外套自称"全美电视台执行台长张慧君"的女记者发问将近一分钟,如同朗诵表演。她的提问是:"国有资产监管责任的调整是一个人们普遍关注的问题。因此,作为国务院国有资产监督管理委员会主任,您在 2018 年将采取哪些新举措?今年是改革开放 40 周年,我国将进一步扩大对外开放。随着中共中央总书记习近平提出'一带一路'倡议,国有企业已经加大了对一带一路沿线国家的投资,如何对国有企业的海外资产进行有效监管,以防止资产流失?到目前为止,我们已经引入了什么机制?我们的监管结果如何?请简单介绍一下,谢谢。"这个提问包含了四个问题,其中穿插了不少空洞的话,问题本身大而空,没有价值,对方也难以做出精彩的回答。作为公众的代言人,记者的提问应与当下公众感兴趣的问题相关联。提出的问题不好,得到的回答也不会好。

其实,在全国"两会"上,类似的冗长、无趣的提问并非鲜见,有的记者一个问题足足要打上六行半的篇幅。2012 年 3 月 7 日在商务部部长陈德铭的记者会上,有记者提问先说一大堆背景"第一点……第二点……",却迟迟没说到想问什么,连主持人也忍不住提醒:"不要有第三点了。"这种问法其实意味着问题本身既散且乱,最终得到的答案也同样散乱。这些失败的提问浪费了其他记者的提问时间。2016 年 11 月 29 日搜狐体育频道丛硕鸣专访恒大国脚郜林提问:

丛硕鸣:入籍广州,拥有广州户口是最近发生的,郜林如何看待这件事?这是否意味着你将在广州扎根,职业生涯也在这里结束?

郜林:这是我所希望的,这个球队有如此好的基础,有很多好的朋友,好的球迷,希望在自己竞技状态能够达到的情况下,有更多的机会、更多的时间为广州恒大,为广州这座城市,为广州球迷奉献自己在足球上的贡献。

对于提问者一次提出的两个问题,郜林其实只回答了其中的第一个问题,对第二个问题并未回答。提问者没有继续追问第二个问题,接下来转移了话题。它提醒我们:一次最好问一个问题且提问简洁清晰,对方好回答。记者对答案有疑问或没听清楚对方的回答或者为了核实,未必要用完整的句子提问,皱眉、紧锁眉头、面露疑惑表情、用语气词、简单地重复关键词等都可以使对方明白记者的心理。如果记者事先对相关背景有比较全面的、深入的了解,有的问题只求对方核实就可以了。只把最关键的、最新的问题提出来,与主题关联。如果对方回答比较抽象笼统,可以要求对方解释,"比如说"或"能否具体谈一下"。

"我发现,能够提出又好又短问题的采访者要比那些陈述事实的采访者看起来更聪明一些。"美国 CNN 的风云主持人拉里·金总结自己的提问心得时说,"说来说去,记者应该在提问前就已经明确了报道思想,心里有底,成竹在胸,这样就会避免一团乱麻似的冗长而烦琐的提问。提问时克制自己的表现欲,不要自我炫耀,少说多问多听,对任何不懂的、疑惑的问题立即补问,没有人会笑你傻。"[12]

(二)提问要有人情味和交流感

记者在提问时,语音语调要亲切和蔼,说话不要装腔作势,不要给对方的感觉就像是在唠家常一样,表述要自然流畅,受访者的反馈也会是自然流畅的。2016 年 10 月 23 日,央视《面对面》节目主持人董倩采访了著名企业家、珠海格力电器股份有限公司董事长董明珠。1990 年,36 岁的董明珠孤身一人从南京来到珠海,成了格力的前身——海利空调器厂业务销售员。《面对面》对董明珠这段历史的访谈片段是:

记者:当年 36 岁,孩子才那么一点,能走出来,为什么?

董明珠:一次偶然的机会,我从深圳到珠海,觉得珠海太美了,天然的那种美,我本来想歇脚,在那歇下了,结果到了海利,当时格力前身是海利,当时海利选择工作的时候,我觉得我不愿意安逸,我觉得是一次挑战的机会,太安逸惯了,所以我当时选择了销售。

记者:但是孩子才 8 岁?

董明珠:对。

记者:那得做取舍,因为那个时候,可能孩子是最需要陪伴的?

董明珠:因为我孩子在 5 岁之前,是在我手上长大的,无论是出差也好,到哪里也好,几乎没有离开过我。

记者:越是这样越舍不得?

董明珠:是,但是我后来来了以后,因为选择这个职业,当时很简单,我当时在海利上班的时候每个月工资,大概 200 块钱,但是销售是提成的,所以当时那些后勤人员,一年大概也就是三四千块钱,但是我当年就可以拿十几万。

记者:是为了钱还是为了?

董明珠:不是纯粹为了钱,就是觉得那里环境好,但是后来因为选择的职业,它的收入又更高,你为什么不去挑战?

记者:可是以前并没有做销售的经历,你怎么知道,自己是行还是不行?

董明珠:就是因为不知道自己行不行,我可以去尝试。

记者:这就是你的性格?

董明珠:对,我就去尝试。

上述采访流程颇有人情味,像是两个熟识的朋友在聊天,问题简洁清晰,互动交流自然流畅,如同行云流水。记者提前对董明珠背景资料的查阅和准备起到了积极的作用。

(三)提问角度要小,问题应具体

采访时提出大而空的问题往往令对方茫然,一时不知从何说起,或者对方按照自己的理解答非所问。对于刚出道的记者,提问时容易犯这方面的错误,恨不得用几个笼统、空乏的抽象问题挖出所有的材料,这不现实。提出的大多数问题是点对点的问题。在采访实践中,记者提问具体对方容易回答,问得具体对方回答才会具体。提具体的小问题就如同吃饭一样,一口一口地吃。中央电视台新闻频道主持人敬一丹在石家庄签名售书时,一记者采访她时曾提问:"你如何看待中国目前的新闻舆论监督作用? 你怎样处理生活和事业的关系?"当时敬一丹听后回应说:"你的问题太大了,恐怕我回答不了。"

记者的采访就是为了挖掘完整的故事,记者不能心急,应用一个个小问题不断地追问,让受访者还原故事的细节、情节、场景,渐渐地复原完整的事实。2012 年 3 月 26 日,阿曼籍台湾渔船 Naham 3 号在塞舌尔以南海域被索马里海盗劫持,船上 29 名船员中有 11 名来自中国大陆,其中一人叫冷文兵。2016 年 10 月 22 日这些船员获释。同年 10 月 25 日中午,冷文兵回到了阔别 10 年的家中。《新京报》采访冷文兵的片段如下：

新京报：海盗是怎么出现的？

冷文兵：那天是我开船，捕了近 5 吨鱼，是个很不错的收获。夜里一点左右，我起完钩，把账本交给船长，我就下去休息。我到房间的时候，正准备看一会儿电视就睡觉，室友宋江星进来跟我讲，外面有海盗。当时我不相信，觉得不太可能。然后就听到"啪啪啪"的声音，刚开始还以为外面的船发生了什么事情。我跑到船后面的时候，确实是听到打枪声，子弹打到船的铁板上面。

新京报：你做了什么？

冷文兵：当时我叫人把船后面所有的灯全部关掉，前面的灯是船长叫船员关的。海盗坐的是那种玻璃纤维的快艇，那天天气比较平静，风浪不大。风浪大的话就好了，海盗就追不上我们了。

新京报：以前有没有预演过，碰到海盗怎么办？

冷文兵：谁能想到会碰到海盗。那次也不是在索马里海域，我们是在公海，距离索马里七八百海里呢。

新京报：那你们看到有海盗，有防守的准备吗？

冷文兵：他们打枪，我们没枪，只准备了刀。但是没有人敢干防守的事情。我们看到他们上船，就躲了起来，躲在房间或驾驶室里。

新京报：他们怎么上船的？

冷文兵：他们用一个铁梯子，前段带钩子，扒到我们船上就上来了。他们共两艘船，每艘五六个人，一开始只上来了四个海盗。

新京报：当时你在哪里？

冷文兵：我和室友宋江星躲在船舱的房间里。房间的门反锁着，我手上拿着 30 多厘米长的杀鱼刀。但木头做的门被海盗用锤子砸开，他们用枪对着我们。我没有办法，就把刀扔了。他们比画着叫我们出去。

新京报：海盗什么样子？

冷文兵：他们穿着短裤短袖，脏脏的，人很瘦，比我们高，手上拿着 AK47，随时放枪，子弹在船上打得到处都是。

新京报：你出去后看到了什么？

冷文兵：我的房间离驾驶台比较近，他们最先去的就是我的房间。我们上去后，慢慢大家都出来了，没有人反抗。

新京报：一个人都没有反抗吗？

冷文兵：只有台湾籍的船长钟徽德想用凳子砸海盗，但还没砸到就被枪打中喉咙。他中枪后自己跑到机舱躲起来。后来海盗把他找出来时他已经死了，尸体一直放在急冻室里面冷冻，也没有扔掉。

凤凰卫视的吴小莉 1998 年 11 月 16 日在吉隆坡 APEC 会议上提问时任国家领导人江泽民关于人民币是否贬值这个问题时，被提前告知江泽民不会就这一问题接受媒体采访，相关会议也不允许媒体参加。她和摄制组等在会议室外，会议结束后，她举起一张 10 元的人民币大声问："江主席，请问明年我这 10 元钱还当 10 元花吗？"这个侧面提问角度非常小，也非常巧，结果她得到了肯定答复，等于得到了人民币不贬值的答案。只有提问具体，对方才能回答具体;也只有用具体的问题才能唤起对方对往事的具体回忆,将事实一点一点从记忆中打捞出来,组合成一个完整的故事。

(四)提问敏感问题宜委婉间接

提问敏感的问题宜在采访临近结束时,需体谅对方的感受,表述礼貌、委婉、间接,避免刺激对方产生对抗冲突。2015年3月的"两会"期间,当毛新宇委员出现在人民大会堂前时,一个拿着手机录音提问的女记者用尖厉的声音问道:"你会减肥吗?"在公共场合这个涉及对方隐私和自尊的提问显得格外刺耳,对方自然无视。这个问题即便是在私下场合提问,也需要委婉、间接地提出,而且不宜作为开头的第一个问题提出。赵忠祥曾到北京某家精神病院采访一位即将出院的女患者,他以委婉的口气问:"您在医院住多久了?""住院前觉得怎么不好呢?"患者听到这委婉、亲和的话语,一一吐露了自己的心声,在谈话过程中她还表露出她对自己学生的思念,想尽快出院。假如赵忠祥直截了当地问患者什么时候得的精神病,采访对象肯定不会高兴,采访难以为继。

美联社记者希勒尔·依塔利采访好莱坞影星简方达时,这样提问一个对方不愿意谈的问题:一般大家会说,看,我知道这个问题你已经被问过了,但我还得提一下。我知道这件事很愚蠢,不过,你能和我谈一谈你对你侄女的看法吗? 依塔利的体会是:一般来说,对方会很理智地和你说些什么。而且有时如果对方感觉到你体会到了他(她)的尴尬处境,他甚至会对你更交心,就不会对这种问题感到有威胁。[13]

2012年"两会"温家宝总理记者招待会上,《华盛顿邮报》记者提问的技巧就比较高明,先回顾温家宝总理讲过的话,作为铺垫,目的是不至于太唐突,给对方一个好印象,然后抛出敏感的问题,该提问得到了温家宝总理的细心回答:

《华盛顿邮报》记者:总理您好,我是《华盛顿邮报》的记者。一年以前,我的一个记者同事曾经向您问到一个关于在中国进行直选的问题,当时您表示这个进程应该是循序渐进的,首先中国老百姓应该证明他们有能力来管好一个村的事务,然后他们逐渐可以管好一个乡、一个县的事务。今年,在世界许多国家老百姓都将会通过直接选举选出自己的领导人,人们不禁要问,什么时候在中国的老百姓才能够通过这种竞争性、直接性的选举选出他们的领导人呢?

从采访对象的履历、个性、性格、爱好、讲过的话、做过的事当中选取资料作为提问时的一种取悦对方的"敲门砖",迂回前进,表现出尊重与理解,获得对方的好感,容易打开话题。提问对方个人隐私问题时,可以用对方能够意会的词汇取代敏感词。比如:您现在的生活方式是您想要的吗?(有意避开"独身")。此外,有意申明是受众关心的问题,如:有人说,你不喜欢人们叫你"小鲜肉"? 另外,可以用恭维对方的方式提问。比如:有人说您选择今天的生活方式是因为您太优秀了,找不到合适的,是吗? 总之,敏感的问题不直接问,对方不至于下不了台而拒绝回答。当然,如果记者文明礼貌,但对方摆架子倨傲无理,有意掩盖真相、避实就虚、搪塞敷衍,记者为了维护自尊,为了追寻事实真相,不得已就会采用激问法迫使对方情绪激动而说出真相,如意大利女记者奥里亚娜·法拉奇的提问就充满了质疑与锐气。采访有法,而无定法。

（五）提问要符合受访者的身份

　　每个人的职业、性别、年龄、学识、性格等各不相同，针对不同的采访对象，记者要因势利导，采取不同的提问方式。美国国家人物画廊总监马克·帕赫特被史密森学会授予"访谈大师"称号。他认为采访公众人物要有"通感"，即与人物有心灵深处的"共鸣"，知道什么样的问题是对方"等待了一辈子想要被问到的问题"。他采访好莱坞的史蒂夫·马丁时，一开始就问："人们都说所有的喜剧演员都有着不愉快的童年，你的童年是否也是如此？"按照提问的常规，这个问题有点突然，也比较深沉，一般合适在采访后程提问。对方反问："那么你的童年是什么样的？"马克·赫伯特回答："我父亲很慈爱，也很支持我，所以我现在没这么无趣。"对方看着他，听完他真诚的回答，开始讲述自己的伤心故事。在采访美国舞蹈演员和杰出的舞蹈编导阿格尼斯·德·米尔时，马克·帕赫特问了对方一个意想不到的问题："你曾因为自己不漂亮而感到困扰吗？"[14]这是一个有攻击性的问题，但对方却认为这个问题"是她一生一直想要被问到的问题"。碰到类似愿意敞开心扉分享自己故事的公众人物，记者的采访触动对方心弦，才有动人的回响。提问要符合受访者的身份，问他（她）能够回答的问题。采访专业领域的问题只能找该领域的专家才有说服力。比如要采访杂交水稻方面的问题，采访袁隆平先生最合适，他是这方面的权威。对于采访，记者要找对人，问对问题。

（六）提问要体现记者思考的深度

　　记者提问的深度决定着报道的深度。记者在采访前与采访对象联系采访事宜能否成功，取决于很多因素，你的采访主题对方是否感兴趣、你所在媒体的品牌影响力、你个人的知名度、你在电话联系确认采访的时间地点时长等沟通的言语是否让人感觉真诚热情等，都是采访对象最终是否接受采访的因素。丰厚的人生阅历和博雅的知识修养有益于记者提出高质量的问题。在名人专访中，提问要有专业的深度。1996年11月7日下午，香港《明报》记者采访了被学界惊叹为旷世奇才的一代宗师饶宗颐先生，饶先生通晓多种文字，为国际汉学界知名学者，是香港学术界的巨擘。《明报》记者的提问得到了饶宗颐先生的积极回应，双方在沟通、交流中气氛融洽。这次访问中，不少问题可圈可点：

　　（1）中国的书法艺术在唐朝是高峰，或者说是达到顶峰，这种说法正确否？

　　（2）过去有尊碑派与尊帖派之分，假如您参加这场讨论，您大概是支持尊碑派。

　　（3）您是敦煌学专家，同时注意到敦煌写经的书法艺术。我想，您应该是见到敦煌经卷原件最多的一位中国学者。

　　（4）敦煌经卷的书者称作经生。他们应该是一批当时的民间书法家，他们的字被称作经生字，历来对经生字评价都不高，认为写得呆板，缺乏生气。北京大学周绍良教授很推崇经生字，他在评论您编纂的《敦煌书法丛刊》时谈到，其中某卷"大有兰亭序遗韵"，"后世的赵孟頫未必能称抗手"；某卷"笔若悬针"，"刚劲固不下于柳公权，实为后来瘦金体所本"，有的"可与褚遂良比美"等，这是我见到过对经生字最高评价的文字。您以为敦煌经卷整体上书法艺术价值如何？在中国书法史上地位如何？

　　（5）既然你对敦煌学艺术评价不高，为什么要花那么大精力来编撰《敦煌书法丛刊》呢？

　　（6）您在一首题画诗中曾有"石窟春风春柳绿，他生愿作写经生"的诗句，以前总以为您赞赏经生的书法艺术，现在应该理解您是在赞赏经生为宗教艺术的献身精神。是吗？

（7）过去很多人把中国的山水画分成南宗、北宗两大流派。您是南方人，又多在南方生活，请问您是否受南宗山水派的影响大些？

（8）人与自然的关系是一个很古老的主题，生存环境和文化心理决定一个人的艺术品行。饶先生身处繁华喧嚣的商业大都市，您笔下的山水为什么会有一种清秀、虚静、淡雅的美？（注：饶先生赞赏，"这个问题问得好"。）

（9）师古人和师造化是一个老话题，请问您笔下的山水主要是从写生得来还是从古人那里化来？

（10）您的画表现出一种很强烈的中国文人情结，这也是您特有的主体风格。您的诗词和您的画一样，都具有一种隐藏的美、和谐的美。那么，我很想知道您在写诗作画时是一种怎样的心灵营造过程？

（11）您在 20 世纪 70 年代、80 年代和 90 年代都不断举办画展，许多研究者都注意到，您每一次画展都有新的变化，但基本风格是不会变的。"涩"算不算是您画中的精华？（注：饶先生对此问题赞赏称，"您能看出我的'涩'，感谢您是我的知音"。）

（12）您人物画的线条也不是流的，这是您的创新，不同于张大千。

（13）现在一般人的审美观念都认为线条流畅才是美，所以这种风格的人物画知音较少。

（14）中国文人画讲究诗书画结合。齐白石评其艺术成就是诗第一、书第二、画第三，其实他以画知名。您诗、书、画三方面成就都很高，您如何评价自己在这三方面的成就？

（15）您今年已八十高龄，但对任何事物仍保持一种好奇心、一颗童心，可想见您书画艺术创造力之旺盛。请问您在这方面有没有明确的创作计划？

从香港《明报》记者对饶宗颐先生的专访中摘录的一些提问不难看出，记者对于饶宗颐先生的艺术创作和文化成就十分熟悉，做了充分的准备，同时记者对于中国文化的知识非常丰富、深入，因此提问才会如此深刻，逻辑性也较强，其中有两个问题直接得到了饶宗颐先生的称赞。在本次专访结束时，饶先生感叹事务多，影响了做学术、做艺术，时间总是不够用，但他表示，对于《明报》一个下午的专访，"谈得很愉快"。

提问有深度还意味着记者在针对现实问题或某种引人关注的现象时，不与谄媚和流俗为伍，超凡脱俗，面对政坛巨擘、社会名流敢于质疑，勇于交锋，能够提出尖锐的问题。这样往往能引起受访者对记者的欣赏和对问题的重视。1980 年 8 月 21 日意大利著名女记者法拉奇央求父亲的好朋友——时任意大利总理佩尔蒂尼说情，如愿在北京采访了邓小平。她首先祝贺邓小平 76 岁生日快乐，令邓小平意外和高兴，随后她就单刀直入，咄咄逼人地提问："天安门上的毛泽东肖像，是否将永远留在那里？""'大跃进'不是一个错误吗？"……正是法拉奇提问深刻锐利引发了邓小平的好感，第一次采访结束后，邓小平主动提出 8 月 23 日再给法拉奇一次采访机会，这是邓小平一生中绝无仅有的。邓小平在回家路上对工作人员说："这个记者很有意思，提出来的都是些关键性的问题。"第二次采访，法拉奇依旧犀利地提出了一连串尖锐的问题："你说在后一段时期毛主席身体不好，但刘少奇被捕入狱以及死在狱中时，毛主席的身体并不坏。当然还有其他的错误，'大跃进'难道不是错误？照搬苏联的模式难道不是错误？对过去这段错误要追溯到何时？他发动'文化大革命'到底想干什么呢？""我有一句话，希望您听了不要生气，这不是我说的，西方有人说您是中国的赫鲁晓夫！""邓先生，我确实感到困惑，因为一方面您谴责他（指毛主席），另一方面，您又维护他。而且在他的批准下，您曾经两次被贬下台。""那么毛主席纪念堂不久是否将要拆掉？""你说'四人帮'是少数,全国很多人反对他们。他们这些少数人怎么可以控制中国,甚至整老一辈的革命家?是否他们当中有一个是毛主席的夫人,他们的关系太好,你们不敢动她?""是否毛主席对江青的错误视而不见?江青是否是个像慈禧一样的人?""对江青你觉得应该怎么评价?给她打多少分?"[15]这次长达4个小时的采访让世人见识了法拉奇尖锐辛辣、锋芒毕露的提问风格,感受到了邓小平坦诚应对、睿智隽永的政治家气魄。双方的"过招"率直、畅快,充满思想的碰撞和观点的交锋。这次采访让世界第一次对中国共产党第二代领导人有了全面的认识。

(七)提问应有人情味,避免生硬冰冷

采访普通人和名人,提问中有人情味会引发对方的心灵共鸣。看历年的"两会"总理记者会,总是港台记者的提问让人眼前一亮。为什么?他们的提问不生硬,不别扭,在提问中总带着丝丝温情。正是因为他们的提问有温度,每每使国家领导人有感而发,做出精彩的回答。

1998年3月,刚刚出任国务院总理的朱镕基在人民大会堂举行了任内第一次记者招待会。在这次招待会上,来自凤凰卫视中文台的记者吴小莉获得了提问的机会,吴小莉在这次提问的最后问了一个人情味的问题:

吴小莉:海外的媒体对您的评价相当高,外界有人说您是"铁面宰相",或者说"经济沙皇",想请您谈谈您在进行改革过程当中的心路历程,有没有曾经想过沮丧?想要放弃过?

朱镕基总理的回答博得了满堂喝彩:

至于我本人,没有什么好说的,不管前面是地雷阵还是万丈深渊,我将勇往直前,义无反顾,鞠躬尽瘁,死而后已。

台湾《中国时报》记者在2012年"两会"上对温家宝总理的提问中先肯定两岸过去四年交流的成绩,然后提出对两岸交流前景的关心,最后也提出了人情味的问题:

记者:在去年6月份,您提到过的《富春山居图》在台湾展出,不晓得您当时的心情是什么样的?今天大家很关心在明年3月您退休以后有没有可能到台湾自由行?

温家宝:我2010年在这里讲了《富春山居图》的故事,精诚所至,金石为开。我高兴地得知,这幅分离很久的《富春山居图》终于在台北合璧展出,这反映出中华文化具有强大的向心力和震撼力。我虽不能至,但心向往之。我常想,难道几千年的文化恩泽就不能消弭几十年的政治恩怨?我真诚希望两岸进一步加强文化交流和人员往来。至于我在退休以后能不能到台湾去自由行,坦诚地讲,我愿意去,但是还得看条件。不过请你转达对台湾人民的问候。我想起了台湾割让以后,台中有一位诗人叫林朝崧,他曾经写过一句诗,叫"情天再补虽无术,缺月重圆会有时"。我相信,只要全体中华儿女共同努力,祖国统一和民族振兴的大业一定能够实现,这是整个中国人的骄傲。谢谢。

港台记者在严肃场合对国家领导人颇具人情味的提问为"两会"记者会增添了一丝温情,还原了政治人物普通人的一面,也挖掘出了他们的个性特征,令人印象深刻。

五、注意事项

（一）开头营造轻松的谈话氛围

一般情况下，采访正式开始前，可以用轻松的、易答的、简单的问题暖场，甚至可以是恰当的恭维，切入点可以是现场观察到的对方的服饰或墙上的照片、图片或家庭的装饰品等，也可以是对对方最新成就的祝贺，还可以是记者从资料中获得的关于采访对象的基本情况、最值得自豪的成就等，目的是为正式采访创造一个和谐的氛围。2008年1月5日上海电视台《走近他们》栏目记者骆新采访了被评为"中华慈善之星"的富大公司董事长袁立。开头的三句话是：

——袁总，我到您这儿来采访，您这个楼是我见过的企业当中唯——一个没有装电梯的。

——这是因为您这个楼老，还是您有意为之？

——我在这儿看了好多照片，看到您还不断地在进行健身。

记者提的问题有人情味，是对方好回答，也愿意回答的问题，这样开头让采访对象很放松，从中看到了记者的亲和力，产生好感，愿意与记者交流。2006年8月21日，央视《面对面》原记者王志专访易中天的开头因为预设立场，使对方产生了对抗的心理：

（解说）在这所传说房价已经达到每平方米一万元的房子里，刚从上海签售回来的易中天接受了《面对面》的专访。

记者：我们走进这个房子里的时候，有人告诉我们这里是富人住的地方。

易中天：不是。我楼下有住着出租车司机呢。这个房子刚开始的时候价位并不高。

记者：但是现在易老师在人们的心目中间，你已经属于有钱人的行列了。

易中天：什么叫有钱，多少钱叫有钱，其实比我有钱的多了去了。一个教书匠凭着自己劳动，挣了一点钱，怎么就撑破了新闻界的眼皮儿了。

记者：但是银行里存折数字的变化你晚上睡得好吗？

易中天：这有什么睡觉不好的，我根本不知道它在怎么变。

记者：怎么说？

易中天：我是不知道，我又不去查账，又不看，一切都是电脑在自动处理。包括出版社的版税也是直接打进账户，我都不去查。

记者：走上《百家讲坛》的时候呢？ 这个结果是意料得到的吗？

易中天：这个意料不到，《百家讲坛》你去讲一讲能挣多少稿费啊，一期就1000块钱。

记者：想到过有这样一种效益吗？

易中天：哪一种效益？

记者：名、利？

易中天：我就奇怪了，这个媒体，包括平面媒体也包括你们电视台，还包括阁下，怎么都关注这两个字？ 这难道就是当今老百姓关心的事吗？ 不会吧。

记者：可能跟我们平常心目中的学者形象有很大的一个反差。

易中天：意思就是大家公认学者就该穷。是不是这个意思？

記者：还有一个动机的问题。

易中天：刚才你提到的那两个字，它是副产品，搂草打兔子的事，现在没看见我搂草，都看见我逮着兔子了。

記者：那你看见电视上的自己的时候会不会觉得陌生呢？

易中天：没有。

記者：包括电视导演都觉得你是一个天生的上电视的学者，那么所有这一切是有人帮你策划的？

易中天：没人帮我策划。

記者：他们为什么选择你？你觉得？

易中天：我可以不"觉得"。我干吗要"觉得"呢？我非常简单，其实我是一个头脑简单的人，没有你们那么多弯弯绕，我就是这个活，你来找我，我就是一手艺人对吧，你来找我，那我觉得这个活我乐意干，也觉得能够干，就干了。

"一直要记得：受访者是主角；抱持怀疑的态度而不是对立的态度；给甜头吃比较有效。"[16]与采访对象建立好感、彼此信任首先是营造良好的谈话氛围，使对方从内心里会把记者当成"自己人"，产生"好感效应"，沟通就容易了。一般情况下，记者最好把尖锐的问题、让对方难堪的问题放在后面。"所谓对话，主导者既不应该是被访者，也不应该是采访者，我想它应该是记者代表自己的读者与被访者的一次交流，是互动的沟通。"[17]

(二)对受访者的称谓宜合规

采访双方人格平等，前面说过，记者要尊重每一位受访者，不要矮化对方，也不要自我矮化。避免自我矮化体现在采访中对受访者的称谓上，如年轻记者喜欢称白领年长者为"老师"，称蓝领年长者为"师傅"，这些称呼都不准确，使自己处于低人一等的地位，采访提问变成了仰视对方，而不是平视了，这会影响提问的质量。此外，还有按照日常生活中的社交常规称呼对方"大爷""奶奶""大叔""大妈""×爸爸""×妈妈""大姐""大哥""大兄弟""小弟弟""小姐姐""小妹妹""老张""小李""小伙""姑娘"，甚至昵称"娜娜"等，还有受到网络用语影响的称谓如"外卖小哥""×妹""×哥"等。在写作中，有记者将这些称谓也带入了，这是不妥当的，因为记者不是代表个人去和受访者交流的，而是代表公众利益，是公众的代言人，所以称谓应该符合公共礼仪标准，体现新闻的客观性，这种口头语的个人之间的交流用语带着朴素的情感，不符合记者的职业身份。习惯了会闹笑话，如有新闻就把酒后砸车毁坏他人车辆的犯罪嫌疑人称为"砸车哥"，这不是荒唐可笑的称呼吗？对采访对象的称谓看上去是个小事，实则反映出记者没有把自己当成公众代言人，忘记了自己的身份和责任。记者在采访中要平等待人，不亢不卑，真诚亲善。采访学龄前儿童或少年时，记者最好蹲下，用其名字称呼对方。

(三)恪守新闻职业道德

突发事件报道新闻价值重大，是记者的新闻富矿，往往会有大量的记者云集现场抢新闻，是一场白热化的媒体竞争，抢新闻是记者的天职，同时维护新闻职业的道德操守也是记者的天职。2008年5月12日14时28分，中国汶川发生8.0级大地震。5月17日，俄罗斯救援队救出第一名幸存者时，一名队员对着中国记者怒吼，因为他手中的摄像机的强光灯正对着幸存者的眼睛。在受难者被掩埋数十个小时的时候,突然出现强光照射极有可能导致失明。当俄罗斯救援队队员把门关上后,这名记者为了抢新闻又冲了进去。在汶川地震报道中,有记者在采访地震中失去亲人的灾民的时候,频频问"是否失去了亲人? 失去了哪些亲人? 地震当时是怎么样的?"之类的问题,这是对受害者的"二次伤害"。

"杨武事件"就显示出一些媒体公然侵犯人的价值和尊严的"话语权暴力"或"媒体暴力"。2011年11月6日,《南方都市报》接到读者杨武打来的电话,称联防队员杨喜利(化名)毒打、强奸了他的妻子王娟(化名),事发时他躲在隔壁的杂物间内没敢吭声。杨喜利对其妻凌辱伤害长达一小时之久,后来他报了警。之后,杨喜利的家人几次上杨武家威胁辱骂。记者赶到现场听完杨武的哭诉后,忍不住说:"你太懦弱了!"这句话连同杨武妻子悲哀无助的情态以及其他侵犯当事人隐私的细节描写一起出现在11月8日的《南方都市报》上,新闻标题是"女子遭联防队员毒打强奸,丈夫躲隔壁未敢出声"。随即,网络上就出现了王娟被杨喜利毒打和强暴的全过程监控录像。之后,更多的媒体赶到现场,文字、图片以及视频等集中传上网络,再加上微博转发,杨武、他的妻子王娟和年幼的女儿都毫无遮拦地被"示众",这些不加技术处理的图片、视频,强迫式和揭疤式采访,无休止地让受害人复述其受害细节过程,煽情渲染的文字表达,给原本遭受欺辱的杨武一家带来第二次伤害。这是一起典型的媒体"暴力式采访",记者的同情心、人文关怀、对人的尊严的尊敬、对人的隐私的保护、对他人价值观的尊重等最基本的职业伦理都受到了践踏。

(四)避免"媒介审判"

西方新闻界对媒介审判的定义是,一种不依据法律程序对被告人或犯罪嫌疑人实施的、非法的、道义上的裁判,也叫"报刊裁判"。[18] 2013年10月26日,央视《朝闻天下》节目播出被刑拘在押的《新快报》记者陈永洲剃光头、穿囚服接受审讯的影像,陈永洲涉嫌损害商业信誉罪,在电视新闻中他向警方坦承自己收受他人钱财,连续发表多篇失实报道。《朝闻天下》的报道播出后,成为当天网络舆论与社会舆论议论的热点话题。在法庭尚未按照司法正常程序审理陈永洲并定罪之前,媒体直接给陈永洲扣上罪名,让其在全国观众面前认罪并郑重道歉,在新闻语言中使用了"坦承""悔罪"等褒贬含义鲜明的词汇,对"犯罪嫌疑人"缺乏起码的公民权平等和人格尊重,法院未审媒体先判,这是一起典型的媒介审判。

事实上,近年来上述类似的现象屡见不鲜,如药家鑫案、李启铭案、李天一案等,都体现出媒体超越司法程序,对正在审理的案件进行采访报道时,对当事人的行为直接做出公开的判断并下结论,背离新闻客观公正的立场,选边站、偏袒一方,用明显的倾向性和导向性影响受众,造成舆论风暴,给司法独立审判带来舆论压力,从而使执法者受到舆论裹挟而可能导致审判不公正、不公平。媒介是社会公器,打着维护正义、舆论监督的旗号超越宪法和法律对新闻当事人进行定罪或人格羞辱是违反法治精神的现象,妨碍了司法公正,这种做法不符合新闻报道客观性的准则,违反了《中国新闻工作者职业道德准则》第六条第四项:维护司法尊严,依法做好案件报道,不干预依法进行的司法审判活动,在法庭判决前不做定性、定罪的报道和评论。

(五)坚持平衡报道立场

新闻报道要不偏不倚,忠于事实。2016年11月29日网站上的一条新闻《女记者因未

婚夫劈腿自杀 对方坚称两人已分手》铺天盖地,闹得满城风雨。该新闻报道了北京女记者段丹峰11月27日凌晨1时许,在合肥一处住宅楼从11层跳下身亡,该新闻详细披露了段丹峰在朋友圈和微博发布男朋友潘奥婚前劈腿的内容,潘奥是安徽电视台记者。不仅如此,该报道还披露了所谓第三者的真实姓名,将死者与前男友生前的照片毫无遮掩地曝光。该新闻采访了段丹峰大学同学张旭(化名)和其弟张先生,引用了他们对死者的好评和对其前男友的负面评价。在1500多字的报道中,记者对男方的信源仅仅25个字:"今日下午,前街一号记者多次拨打潘奥电话,均被挂断。"记者可以采访女方的朋友、弟弟,却没有采用同样的方法对男方进行平等的采访,引用等量的新闻来源,这明显有失公正,带有鲜明的情感倾向,对男方进行了道德审判。两个人之间的感情纠纷外人很难分清是非,真相也许只有当事人最清楚,新闻报道是公众的代言人,不是泄私愤的工具,记者应克制自己的情感,站在中立立场上,用事实报道事实,不做道德法官。

2017年5月5日《台州晚报》新闻《台州1女子嫌丈夫太丑 找十多个情人年龄从18岁到68岁》讲述了40岁的娟子(化名)与43岁老公邵飞(化名)的情感冲突故事。该新闻面对双方感情破裂的报道只采访了男方,任由男方做出缺席的"道德审判",剥夺了女方的话语权,偏离了中立立场,记者做了男方的辩护人。这种情感偏向的新闻并非少见。2017年5月17日各网站热点新闻《重庆男子供妻子读研读博 不料妻子却出轨多个男人》(源自《都市热报》)长达2225字,所有的信源均来自男方一人,文风煽情,对男方充满同情,而对女方未作采访。搜狐网当日该新闻引发了227条评论,1052网友参与,都是对女方的谴责。由此可见,新闻报道的失衡和偏向带来的传播效果必然是不公正的。新闻采访报道的平衡理念还包括在提问中要听取各方意见,保护每一个关系人表达意见的权益。此外,同时呈现有冲突和对立的各方言论,不偏不倚。

采访结束时,可以请对方作一个总结。此外,要确认对方的姓名、年龄、身份、学历、职业、家庭成员、住址、联系电话(或网络联系方式)等基本个人信息准确无误。否则,报道出现差错会令双方尴尬,让记者的职业素养蒙羞,也许从此失去了一个有价值的新闻来源。采访结束后,别忘记顺嘴问一句:"您还有要补充的吗?"或者"采访就到这里了,不知您有没有需要补充的?"也许采访对象言犹未尽,意犹未尽;也许采访对象因为与记者交流愉悦,彻底放松了,会说出在采访中保留的心底话。采访结束后,记者要向采访对象表示感谢。不承诺报道一定会刊登(播出),不承诺按照对方的希望写报道,不承诺发表前一定要让对方看一遍报道。

【注释】

1. 乔治·M.基兰葆、罗布·安德森:《报道之前——新闻工作者采访与传播的技巧》,李子新译,台北:台湾远流出版社,1992年,第71—74页。

2. 杰克·阿德尔斯坦:《东京罪恶:一个美籍记者的日本警方采访实录》,曾光译,广州:南方日报出版社,2013年,第22页。

3. 杰克·阿德尔斯坦:《东京罪恶:一个美籍记者的日本警方采访实录》,曾光译,广州:南方日报出版社,2013年,第85—86页。

4. 高陈:《记者? 法官?》,《现代传播》1994年第3期。转引自丁柏铨主编《新闻采访与写作》第28—29页。

5.拉里·金、卡尔·福斯曼:《非凡旅程:拉里·金自传》,北京:中信出版社,2010年,第234页。

6.陈力丹:《尊重采访报道对象的正当要求——评对记者请陈道明审稿改稿的某些意见》,《新闻与写作》2015年第5期。

7.奥里亚娜·法拉奇:《风云人物采访记Ⅰ》,嵇书佩、乐华、杨顺祥译,南京:译林出版社,2012年,第439页。

8.约翰·托兰:《漫长的战斗:美国人眼中的朝鲜战争》,孟庆龙等译,北京:中国社会科学出版社,1993年,第189页。

9.拉里·金、卡尔·福斯曼:《非凡旅程:拉里·金自传》,朱丽丽、吴海峰、王景婷译,北京:中信出版社,2010年,第114页。

10.拉里·金、卡尔·福斯曼:《非凡旅程:拉里·金自传》,朱丽丽、吴海峰、王景婷译,北京:中信出版社,2010年,第114页。

11.臧国仁、蔡琰:《新闻访问:理论与个案》,台北:台北五南图书出版股份有限公司,2007年,第3页。

12.拉里·金、卡尔·福斯曼:《非凡旅程:拉里·金自传》,朱丽丽、吴海峰、王景婷译,北京:中信出版社,2010年,第260—261页。

13.杰里·施瓦茨:《如何成为顶级记者:美联社新闻报道手册》,曹俊、王蕊译,北京:中央编译出版社,2003年,第73页。

14.新闻界微信公众平台:《采访的艺术:"通感"是人物访谈成功的关键》,2015-03-26。

15.王标:《1980年邓小平三天之内 两次接受意记者法拉奇采访始末》,人民网—中国共产党新闻网,2011年08月11日08:47。

16.萨利·亚当斯、文弗·希克斯:《新闻采访:第一线采访手边书》,郭琼俐、曾慧琦译,上海:上海三联书店,2004年,第14页。

17.徐列:《在追问中逼近真实:〈南方周末〉人物报道手册》,广州:南方日报出版社,2006年,第202页。

18.张芷宾、王敬:《关于"媒介审判"的思考》,《新闻传播》2008年第4期。

【思考与练习】

1.2016年8月,获得2015年诺贝尔文学奖的白俄罗斯作家阿列克谢耶维奇访华,在上海书展和北京国际图书博览会参加一系列的颁奖、座谈活动,为推销她的新作《二手时间》中译本造势。《南方周末》记者专访了阿列克谢耶维奇。请分析下列提问是否符合提问的要求。

(1)《二手时间》里的访谈从1991年跨到2012年,长年地、反复地听那些抱怨、唠叨、倾诉,大多数是痛苦的甚至残酷的经历,你会厌倦吗?

(2)是否存在这样一个采访,因为有它,让你有了写这一本书的念头?

(3)你采访过的很多从苏联时期过来的人,他们一边控诉,一边又很怀念,为什么会这样?

(4)1989年你随团访问中国,当时同来的那些作家,现在怎么样了?

(5)现在什么书赚钱? 你的书受欢迎吗?

（6）具体来说，什么叫复兴一个伟大的俄罗斯呢？

（7）柳德米拉·马利克娃的女儿尤里奇卡回忆她的维嘉叔叔有一次问她："现在他们怎么教苏联文学和苏联历史？难道都要忘记吗？"在俄罗斯，现实情况是怎样的？

（8）女工叶莲娜·拉兹杜耶娃爱上一个监狱里的囚犯，为此抛下丈夫和三个孩子。这个故事看上去跟时代大背景没有明显关联，相比《二手时间》里的其他故事，它显得特别。

（9）你写了女警员奥列西娅到车臣执行任务却在那里自杀的故事，你怎么接触到这件事？

（10）《二手时间》这个标题究竟是什么用意？

2.请评析下列的采访提纲。

徐真华校长接受《羊城晚报》记者专访

来源：《羊诚晚报》 时间：2015-12-19

日前，第二届"广东省优秀社会科学家"评选结果揭晓，我校徐真华校长成功当选。为此，《羊城晚报》记者何晶专题采访了徐真华校长。

（1）在您的学术生涯中，您个人最重视的学术成果有哪些？

（2）您的治学之路是怎样的？师承何处？到目前形成了怎样的学术脉络？

（3）在您及同行的努力下，您所在学科的研究居于全国学界何种地位？

（4）在讲究实用主义的时代，您认为社会科学基础学科的发展前景如何？

（5）您觉得目前学界存在哪些较突出的问题？您对于青年学人有怎样的期许？

3.在网上观看一期《杨澜访谈录》，记录每一个提问并分析其特点。

4.查阅意大利女记者法拉奇采访邓小平的文本，对其提问做出分析评价。

5.查阅央视原知名记者王志专访王岐山、刘姝威等人的文本，推敲提问的技巧。

【延伸阅读】

记者这个职业

新华社高级记者 杨继绳

这是一个卑鄙的职业，这个职业可以混淆是非、颠倒黑白、制造弥天大谎、欺骗亿万受众；这是一个崇高的职业，这个职业可以针砭时弊、揭露黑暗、鞭挞邪恶、为民请命，担起社会良心的重责。

这是一个平庸的职业，回避矛盾，不问是非，明哲保身，甘当权势的喉舌；这是一个神圣的职业，胸怀天下，思虑千载，批评时政，监督政府，沟通社会，使媒体成为立法、司法、行政之外的第四权力。

这是一个浅薄的职业，只要能够写出通顺的记叙文，不需要多少学识，不需要卓越的见解，听话顺从，就能如鱼得水；这是一个深不可测的职业，记者不是专业学者，他需要从整体上研究社会、把握社会，无论有多么渊博的学识、有多么卓越的洞察力，在复杂多变的社会面前，都会感到学力不足，力不从心。

这是一个舒适而安全的职业，出入于宫阙楼台，行走于权力中枢，灯红酒绿的招待会、歌舞升平的庆典，访大官，见要人，春风得意，风光无限。如果用文章与权势投桃报李，今日的书生可能是明日的高官,今日穷酸可能是明日的富豪;这是一个艰难而危险的职业,且不谈穿梭于枪林弹雨中的战地记者,就是在和平环境中,调查研究,探求真相,跋山涉水,阻力重重,除暴揭黑,千难万险。一旦触及权势集团的痛处,不测之祸从天而降。

是卑鄙还是崇高、是平庸还是神圣、是浅薄还是高深,在于从业者本人的良知、人格和价值取向。真正的职业记者会选择崇高、神圣、深刻、凶险,鄙视和远离卑鄙、平庸、浅薄、舒适。

然而,在卑鄙与崇高、平庸与神圣之间,没有鸿沟、没有高墙,黑白之道,全凭自己把握。如果一脚踏进了黑道,就会被钉在历史的耻辱柱上,自己写的白纸黑字,是永远抹不掉的证据。"卑鄙是卑鄙者的通行证,高尚是高尚者的墓志铭"这条黑色定律在记者职场十分盛行。要不被这一黑律逼向卑鄙之路,就得无所畏惧,勇于献身。

【图书推荐】

1. S. A. 阿列克谢耶维奇:《我不知道该说什么,关于死亡还是爱情》,方祖芳,郭成业译,广州:花城出版社,2014年。

2. 徐百柯编:《冰点·特稿(2012—2013)》,北京:中央编译出版社,2014年。

3. 新京报社编:《新京报十周年丛书:探底》,北京:中国发展出版社,2013年。

4. 野岛刚:《两个故宫的离合:历史翻弄下两岸故宫的命运》,张惠君译,上海:上海译文出版社,2014年。

拓展资源

第八章
把握采访语境

新闻采访提问很重要,但倾听和观察也不可或缺。事实上,采访是提问、倾听和观察三者的结合,单一的方式不足以使记者逼近真相,挖掘完整的故事。只提问,不认真倾听会使对方产生不受尊重的感觉,提问也许无法在融洽的氛围中持续下去,记者也错过了从对方回答中追问的机会。在采访提问和倾听中,记者的眼睛应始终与受访者进行目光交流,表情轻松亲和,通过观察对方的眼睛、表情、体态语等变化,揣摩对方的心理,及时发现有价值的信息,临场应变,提出即兴式问题。观察还有助于记者求证事实,反馈提问的质量,及时进行调整。

一、倾 听

采访提问很重要,但倾听和观察同样重要。"研究发现,平均来说,我们交流时间中的42%到53%是用来倾听的,16%到32%是在说话,15%到17%是在阅读,只有9%到14%是在写作。因此,我们花在倾听上的时间要比其他种类的交流形式多得多。"[1]采访提问的目的其实是听对方说出心里的故事。记者通过聆听,辨别回答中是否还有疑问没有得到解答,然后继续追问。通过连续不断的问答,记者挖掘出完整的故事,提问才结束。一般情况下,对方回答没跑题,记者就没有理由打断对方的讲述。

2015年6月16日"鲁豫有约"《横漂故事——我是路人甲》播出鲁豫访谈《我是路人甲》导演尔冬升和几位演员讲述银幕背后的故事。演员沈凯谈及自己在横店漂泊时热心助人反而被偷的经历:

沈凯:他是个甘肃人,说想来横店跑龙套,在我家住了半个月,然后那天(我)回来,忽然感觉家里东西少了……(被鲁豫打断)

鲁豫:他也不一定是个坏人,只是在那一瞬间,他做了一个错误的选择。

沈凯:然后,(讲述自己的包在片场被偷的故事)。

鲁豫:那你可能看人是有一些问题的。

该采访片段鲁豫两次打断对方,用自己的主观臆测去下结论实属不当。实际上,采访对象只要不跑题,记者就不要随意打断对方。如果采访对象善于表达,而且条理性强,与采访提纲契合,记者应仔细倾听,贸然打断对方抢话不礼貌,阻碍了采访对象的思维,致使对方心里不悦,产生抑制情绪,激情消退,表述也会因此不再流畅,表达的欲望消失了,采访效果会因此受到影响。采访中倾听首先是记者文明礼貌的表现,尊重谈话者。记者采访时凝神倾听的面部表情就传达出信号:我对你的讲述很有兴趣。这种暗示会激励采访对象放轻松,有讲述的激情和沟通的愉悦,谈话的质量高,生动流畅,富有情感,对于广播、电视等需要声音(同期声)的媒介,带有情感和个性的表达极为重要,讲述者激动人心或感人肺腑的声音本身就为新闻增色。因此,采访其实更重要的是聆听,把大多数时间留给采访对象。聆听中不要与对方就某一个观点辩论争吵,这样采访会中断,记者一无所获。不同意对方的某个观点,可以让其进行解释。

记者应始终保持谦逊的态度对待受访者,"要想完全了解别人的话,最重要的是先得具备兴趣。有了兴趣才能注意别人所说的,而全盘接受过来。仔细用心去听,便能听出他的优点或缺点,更能判断出它的正确性来。这样才可以增进我们听话的技巧。要发展我们听话的技巧,必得把我们的注意力,放在他那中心的观念上。不要管他说的插话,或是让一些不关紧要的事分散我们的注意力。分心是听话的最大的毛病,当我们集中思想来听某一个人讲话时,其他的声音我们都不见了。要能这样去听别人讲话,不但可以完全听懂他所说的,而且可以使说话的人发挥尽致,畅所欲言"。[2]

以下案例是忽略了倾听,只按照事先想好的问题提问的(记者简称"记",同学简称"陈"):

记:同学你好,据说你是一个报名参加话剧《我的第一次》的"裸替"海选的人? 你为什么参加这个活动呢?[第一个问题说明记者做了准备,但不该同时问两个问题,采访不宜同时提两个或两个以上的问题,因为采访对象无法记住太多问题,只能选择记住的一个问题或者其中一个感兴趣的问题,这样记者就白白浪费了问题,如果对方对其中一个问题回答时间长,记者在现场即兴提问的话,可能自己也忘记了究竟问过了哪几个问题,也许其中的好问题被遗漏了。]

陈:是的,好像我是第一个,呵呵(笑)。说起参加此次活动目的是想靠自己的努力,充实自己的人生,挑战自己吧。当然是一次很好的锻炼机会,同时也是一次很好展现自己的机会。所以很珍惜这个机会。[该同学回答了记者提问的两个问题,但回答得比较笼统、抽象,不具体。应该追问,让对方讲出事实。]

记:那你之前有没有参加过类似的活动?[这个提问与采访对象的回答没有直接联系,在上述两个提问回答都不具体的情况下,记者应该继续追问与上述提问关联的问题。不应在一个问题没有得到透彻回答时就转移话题。面对采访对象回答不具体、没有感性细节的答案,记者缺乏聆听,误以为对方回答了两个问题就达到了目的。其实,这时应该围绕"为什么"这个要素,追问对方几个核心问题,也是受众想知道的问题:作为一个在校大学生,为什么会参加话剧的女主角裸体替身? 有没有心理压力? 是否担心同学、好友、恋人、家人对此有看法? 如果有过顾虑,具体担心过什么? 为什么最终决定了参加海选? 海选有竞争会怎样面对? 看过话剧的剧本吗? 是否了解这个角色? ……采访提问是为了挖掘故事,故事有情节,情节由细节呈现,把感性的故事说清楚了再谈理性的认识,从生动到抽象,从感性到理性,从具体到一般,从浅显到深刻。]

陈:我曾经参加过模特比赛,比如"华人风采",拿到最佳身材奖;"新丝路模特大赛",获得十佳;"南京动感地带校园模特大赛"同样是十佳。现在我正在参加法国 Fashion TV,已经进入中国总决赛。[记者听到这样的回答应该立即意识到,这些比赛性质上与"裸替"有差异,不是一回事,应就此提出问题。]

记:参加这个活动要有很大的勇气的,要面对媒体、舆论的压力,你将如何面对这些? 哪来的勇气去克服的呢?[再次同时提出两个问题,没有就"裸替"与当事人此前的模特大赛不同的性质提出问题。]

陈:哦,当然是家人的支持还有朋友呀! 其实还是经验比较多点吧,自己也有这信心去做好。其实就是一个锻炼自己的机会,把自己做好就行了,不需要也没必要去关心这么多,做好自己的事情才是最重要的。[当事人的回答一如既往,记者问得不具体,对方回答也不具体,仅有理性的话无法给受众留下印象,受众无法从感性上了解采访对象,窥探其作为普通人的真情实感。记者提问到此结束了,如果注意倾听,发现对方并没有回答到点子上,应该继续提问,将提问具体化,问题开口小一点。]

以上提问显示这位记者对采访对象不了解,没有任何准备,也不懂得在提问中聆听的重要性,想用 5 个大问题完成采访,实际上不成功。上述提问可从当事人的基本情况入手,问题细微而精确,通过倾听把对方没有说完整的故事顺藤摸瓜,一个接一个地提出来,不让线索中断或者跳跃,不断地追问,让对方讲述具体的事实,最终获得完整故事。

有一句谚语说:"大自然给了我们两只耳朵,一张嘴巴,所以,我们听的东西应该是说的东西的两倍。"[3]"越是当你滔滔不绝的时候,你的愚蠢就越会暴露无遗。越是当你洗耳恭听的时候,你的智慧就越会快乐成长。聆听是取人之长,补己之短的良方;聆听是沟通双方,尊重对方的桥梁;聆听是抛弃错误,远离懊悔的法宝。沉默能省去许多烦恼,倾听是最大的智慧。学会倾听,你会发现世界很美。"[4]

一名学生在毕业实习报告中提到了自己在一家报社实习的经历:在采访一位叫吴勇的致富能人前,她把要采访的问题列在本子上。采访时,她就按照自己列好的问题照本宣科,不听对方说了什么,双方没有互动交流,采访对象失去了谈话兴趣。采访过程中,记者可用语言或语气助词与受访者互动,表示自己在聆听,还可以用点头、眼神、表情等非语言符号表达自己的聆听效果,鼓励对方讲述事实。

二、观　察

著名翻译家、作家钱歌川先生翻阅字典发现,仓颉造字足以证明眼睛观察比听还要重要,字典里关于"看"的同义词有 180 种,是所有"听"词汇的 60 倍。伽利略发明钟摆,人类得以制造出现代的时钟,这源于伽利略有一天在教堂里观察到僧侣为一盏悬挂在屋顶下的灯加油使得那盏灯在空中不停地摆动产生了灵感;哥伦布发现美洲大陆是因为在近乎绝望的大海上留意到了船边漂浮而过的水草,证明陆地已经相距不远了,他继续向前航行,果然发现了美洲新大陆。研究发现,我们人类近 90％的知识是靠观察得来的,可见观察多么重要。对于记者,"明察秋毫"的观察能力宛如哥伦布迷失在大海上看到水草一样,错过便功败垂成。

在特稿和深度报道写作中,离不开场景、细节描写,它们是报道可读性的"血肉"。如何还原这些具有画面感的场景和细节? 有两个途径:记者的现场观察和追问。记者在采访中要深入现场，细心观察环境，它是故事发生的场景，如同舞台之于剧情一样重要，精确的场景描写是特稿和深度报道不可或缺的，它们是故事发生的背景，是人物性格成长的特定空间，对于受众理解故事有着直接的帮助。如林珊珊的《少年杀母事件》一开始就出现了这样的场景：

这幽暗的小巷的深处，有一个拐角，几栋四层高的楼房围成一口天井，张明明的家在这儿。抬起头，天空依旧是一条狭长的线，被错综复杂的电线切割得支离破碎。一米多宽的小巷两边房门紧闭，垂吊的女人内衣透着湿气，牛仔裤则似乎长年挂在一边，一动也不动。还有一个个小口子，连接更小的巷子，有时候，一个安静的小孩跟着一个女人拐进去，或者，一个谢顶的中年矮男人藏在巷里，睁大眼睛瞪着过往行人。声音从远处隐约传来，光亮在100米外的巷口。

类似的场景描写在报道的每一节中都有。如在故事的第四部分，我们再次沉浸在故事发生的场景中：

张柱良往左拐出小巷。这条街总是这么热闹。穿开裆裤的小男孩在路中间嗑瓜子，鼻涕滴答、懵懂地看着你，中年男人围成一桌桌喝酒、搓麻将，小摊贩的玉米、番薯散发出热腾腾的香气，手机店里各种音乐混杂着人声车声孩子的哭闹声鼓捣着人们的耳朵。

在路的尽头他向右拐，那是一条阴暗狭小的路，只能推着走。下午四点钟的时候，这条街还很安静，到五点半，每走几步就可以看到一个站街女。

有时她们抓住他的手，"要不要？"他骂道，"每天都看见我经过，还抓！"他厌恶地甩开手。

这样的场景描写仿佛把读者带到了现场，有身临其境的感觉，报道因此而形象、生动。在这篇报道的每一节里都有类似上述栩栩如生的场景描写，它们刺激着读者的神经，使读者始终被这样的画面粘住，屏气凝神地阅读，不看到结尾不忍心放下。如果记者缺乏对故事发生的环境的体验和观察，是不可能写得如此细致的。除了观察人物表情、身体语言，记者在采访中还要善于观察环境中的细枝末节。这有助于记者在报道中触动情感，描述生动可感的具体事实，增强报道的可读性，还有助于记者见微知著，发现报道角度，深化报道主题。有位实习同学提到《丽水新闻》记者在采访遂昌金矿国家矿山公园旅游情况时，看到许多造型独特的钢雕，一打听，这些都是用以前报废的旧机器制作而成的艺术品。本来没有多少价值的废铜烂铁变废为宝，《丽水新闻》记者换个角度思考，觉得这件事不是普通的社会新闻，如果这些没用的旧设备扔在荒郊野地会污染大自然，拉出去当废品卖不值几个钱，变成艺术品是最佳选择，记者提炼的主题是废旧金属变身艺术品契合当下流行的低碳环保生态保护理念。2010年3月初，一位实习同学去采访海盐县一个采石场环保工程现状。她意外地看到采石场边有一位农妇正在晒衣服，于是她决定从采访写作采石场周边居民日常生活中感受到的空气质量的变化这个小角度切入，从侧面凸显环保带来的新变化：一年前，居民不敢在户外晒衣服，如今满阳台晾晒着五颜六色的衣服、被子；一年前，家家户户紧闭门窗还是挡不住飘扬的灰尘，而今居民坐在屋前晒太阳聊天。通过对比，以小见大，主题十分鲜明。

《太平洋大逃杀》讲述的是"鲁荣渔2682号"渔船载33名船员出海，11名生存船员杀害22名同伴的故事。在报道的开始，记者杜强是这样描写受访者"赵木成"的：

初次见面地点是条寒风吹拂的乡村公路。他不满30岁，面庞粗糙黝黑，眼角耷拉，矮壮的身躯裹在土黄色的夹克里，像是从一百年前的照片里走出来的人，带着那种时不时望向你背后的、犹疑的眼神。

……

我们在他家乡的柳河堤坝上钓着鱼，就像某种对比和象征——当初把他引向灾祸的正是遥远秘鲁和智利海域的钓鱿作业。他似乎时常感到焦躁，四下无人，仍不时回头、站起，在身后的空地兜转一圈，又坐回去，继续呆呆地盯向水面。

这两段人物细节描写表现了"赵木成"经历了九死一生的太平洋的生死劫杀之后，心灵深处留下了恐惧的阴影，变得小心谨慎，甚至提心吊胆，疑神疑鬼。这两段描写衬托出这一事件的残暴和惊惧。由此可以想到太平洋大劫杀的惊心动魄，为故事的展开做了"草蛇灰线"般的铺垫。记者在采访中，要多角度、全方位地观察环境，观察人物的表情、肢体动作、装扮等。这些潜在的信息都有助于记者从细枝末节的变化中准确地判断采访对象的心理，从中敏感地发现新的问题并及时提出来，挖掘人物内心深处的隐秘或判断对方叙述的真伪并当场提问验证，如"我注意到你听到我说×人名字时皱了皱眉头，为什么？"由此发现真相，改变原定的新闻主题。此外，观察的细节可根据新闻主题的需要，直接写入新闻，深化新闻主题。

有位同学 2010 年 3 月 7 日与媒体记者一同去临海汇溪镇采访大鳖山林场护林员王元福，他数十年如一日以山为家，看护森林。问："你是否想家人？"答："不想。"该同学当时埋头记录，没有观察对方的面部表情。事后，指导老师告诉她，在回答"不想"家时，王元福的眼角有一点点泪光，这是一个真实生动，能够烘托主题的细节！遗憾的是，该同学没有观察。这次采访让这位同学汲取了教训，2010 年 4 月 30 日，她采访连续六年当选浙江省劳模的环卫工人董素娥，采访中问到"你如何看待劳模精神的时代意义"时，董素娥的脸色凝重起来，叹了口气，该实习学生注意到了这个细节，立即追问："您怎么了？"董素娥说，劳模平时不受重视，只在劳动节前后有人关心。正是因为这句话使实习同学来了灵感，找到了报道的新角度，写成了《老劳模的新担忧》，凸显了报道的时代主题，有独到特色。

美国记者约翰·布雷迪说："丰富的细节赋予其无法估价的真实感、特征。留心的记者将其全都记下来，区区小事也意味深长。人物采访更是如此。手势、相貌、动词变化，这些显示人物个性的东西。还有色彩，会见时的'感觉'……采访中着意捕捉色彩和情调，要留心形成采访对象给你的主要印象的细节。这或许是他的外表，从衣着和姿势到明亮的眼睛和高高突起的喉结。也可能是他的房子、汽车、办公室，或许井然有序，或者混乱不堪。他的话被打断时他有什么反应？……他的办公室的布置是现代式的，还是传统式的？是浅色的还是深色？是整齐或者邋遢？屋子里有照片或油画吗？看看他的手，是否修了指甲？是否揭示出某些习性？是不是差不多总装在兜里？是布满皱纹还是细皮嫩肉？"[5]

记者培养自己的观察能力要从平时做起，养成习惯。美国盲聋女作家海伦·凯勒曾感叹，有的人在树林里散步了几个钟头回来，竟什么也没有看见。她问过几个做丈夫的人他们太太的眼睛是什么颜色的，结果没有一个人能明确地回答出来。这种"有眼无珠"的现象对于记者可是大忌。记者可以通过比较能抓住观察目标的特点，选择角度、位置、视线等最佳观察地点，清晰、准确、完整地观察目标的全貌全程和具体细节，力求获得比较客观的结果。观察到的现象未必都是事物的本质现象，看不透、看不清的事实仍需要结合提问获得准确的答案。

综上所述，采访是新闻报道中最为重要的环节。采访要顺藤摸瓜，追根溯源，通过全面、公正、平衡的调查，才能对事实真相客观报道。《南方周末》记者马肃平采写的特稿《美国早降温，中国正疯狂 走私泛滥的"失身酒"，是噱头》(2016-12-17)的新闻来源是：Four Loko(中文译名"四洛克")的美国酒精饮料在中国电商平台的宣传语、网络问答社区知乎上的网友评价、曾经留学美国的王亚晖在知乎上讲述的在美国目睹的三次"四洛克灾难"、南京鼓楼警方披露的一次相关案情、中国酒业协会针对四洛克酒发布的消费警示、对中酒协常务副秘书长何勇的采访、查阅四洛克酒的相关背景知识〔包括美国食品药品监督管理局（FDA）的警示〕、对四洛克生产商美国 Phusion Projects 有限公司的电子邮件采访、对中国总代理广西谨瑞贸易有限公司的采访、《南方周末》记者以消费者身份对一家电商违规销售四洛克酒的暗访、对中国农业大学食品科学与营养工程学院教授朱毅的采访、对中国品牌研究院食品饮料行业研究员朱丹蓬的采访、对一位曾经的留学生的不具名采访、查阅国外权威媒体及论文数据库(《纽约时报》的相关报道、美国《大西洋月刊》的相关报道)、对经销商沈阳澳美莱宇总经理闫磊明的采访(重点,第一个该产品中国内地经销商,熟悉整体情况和细节)。看了这个采访的路径你就不难发现,要搞清楚一件事的来龙去脉并不容易,不通过扎实的、全面的采访,根本无法完成一篇对复杂事件的报道。

三、记 录

"新闻记者采访时做笔记,以便可以写一篇精确的报道,这篇报道包含了事实、精彩情节、背景资料、轶事趣闻及引述句。"[6] 记者出门时时带着小本和圆珠笔,边采访边做笔记是通行的做法。广播电视记者更多地使用现场录音(摄像)采访,这是为了突出广播电视传播的优势。报纸记者用本子和笔做笔记的更多,因为录音采访结束后要把录音从头到尾听一遍会花费很多时间,对于时效性要求紧迫的动态新闻,报纸记者用笔记更为便捷。

有位同学在一家报社实习,有一次采访市领导录音时间长达 1 小时 48 分,回到办公室后,花了整整一天才将录音变成文字,影响了新闻报道的时效性。吸取这次教训后,她摸索出一套办法,采访重要会议时,边速记边录音,如果记录速度跟不上了,就在记录旁标注数字录音笔的录音自动记录序号,这样的好处是,写稿时不需要把所有录音都听一遍,只要对照笔记,根据数字符号就能很方便地找到需要的录音。

对重要人物做专访时,报纸记者也有全程录音的,这样的好处是比笔记更准确,不会出现失误,采访的效率也比较高,意大利名记者法拉奇就是这样做的,全程录音,然后将录音整理出来,原汁原味地刊登在报纸上。

如今智能手机功能强大,融合了所有传统媒介的优势,不少记者用手机录音采访十分方便。手机还有一个显而易见的好处,做突发事件报道时,可以快速录音、录像、拍照,摄录或拍摄现场场景有助于写稿时准确地描写场景。做暗访时,手机拍摄、录音等功能也有帮助,是记者调查取证的利器,因为暗访完成调查报道通常是揭露丑恶、腐败等负面事实的,记者可能会面临诉讼,手机拍摄的画面、记录的声音可以作为呈堂的有力证据。

不管是就职于何种媒体的记者,用传统的小本和圆珠笔做好采访记录仍旧是有用的。即便是电子媒体的记者,记录采访提问的问题、对方回答的要点、对方的基本资料、采访中疑惑的地方等方便当场确认、核实,也方便在后期写稿、制作节目时查找需要的音像资料。

记者采访时,记录什么呢?首先是采访对象的个人小档案,比如姓名、职业、年龄、家庭成员、简历等。有的教材告诉读者这些问题在采访结束后询问并记录。就笔者的个人经验,这些看似不起眼的小事最好还是先问清楚、记录准确,不然采访结束可能一下子就松懈了,或者与采访对象聊得非常投机而兴奋不已,会不经意间忘记了询问查证对方的个人档案,这就给随后的写作带来了困扰。需要提醒的是,不能把对方的姓名写错,同音不同形的字多,最好当场与对方核对,确保无误,不然会引起对方的误解,如果对方提供了名片就不存在这个问题了。其次,要准确记录新闻的六个要素,这是新闻写作的基本构成要素,也别用错同音字,相关的数据、术语不能记错。此外,要记录对方说的重要情节、细节、核心的证据证言、对方外貌衣着、神情举止、表述中的口头禅、个性化语言、对方提到的相关人物姓名、对方无意当中提到的新的线索、与材料不吻合的地方、对方的话对自己更新原有主题和角度的启示。同时,还要记录你观察到的场景、你看到的与写作需要材料有关联的景象、从对方讲述中获得的感受。对于采访提纲中最为关键的问题对方是否做了全面的、透彻的回答,在倾听的时候要对要点和疑点做相应的标记,可以通过反复提问、采访后核对等方式,不留下任何遗漏。

综上所述,记录:(1)事实六要素;(2)易忘的数据、名字、术语;(3)有特色的现场材料;(4)采访对象的个性化语言;(5)采访对象的想法;(6)记者现场感受;(7)疑点;(8)采访日期。记笔记的时候行距大一点、留白多一点,以免临时补充、增加新内容时没有合适的地方了。为了记录准确、完整,记者可以用一些方法赢得记笔记的时间:(1)掌控交流节奏,在记录完要点后提出下一个问题;(2)重复问题,让对方更清楚、更精确地复述;(3)目光交流,你的疑惑表情自然提醒对方解释说过的话,鼓励对方保持谈话的兴趣;(4)及时核实,用追问、反问等技巧;(5)恭维对方,使对方做出回应。

采访做笔记时记者要集中注意力倾听,排除任何干扰,在回味对方讲过的事实时,聆听其正谈及的话题,在对比中发现疑点、察觉有价值的新信息。记笔记还有一个好处,有的材料暂时用不完,有盈余,也许很久以后再次采访另一件事,根据新的主题构思,上次没用上的材料就可以使用了。有时因为时机不合适,一次采访无法报道,材料搁置了,一旦机会成熟了,还可以找个新由头写稿。经常翻阅一下自己的笔记,对于总结业务水平,用积累的经验写业务论文也会有帮助。所以,记录好采访笔记,写几句采访心得,保存好笔记对于记者的业务素养的提高有益。

学会速记的本领对于采访记录当然有帮助,准确高效。不会速记,记者在实践中会因地制宜摸索出一套记录信息的技巧,比如用关键词、简笔画、插入英文单词、拼音、特殊字母符号、手机拍照、手机录音、手机摄像等,只要在现场采访时方便快捷记录,实用就好。不过,由于现场记录匆忙,有的符号可能是记者临时应急写在采访本上的,有的字写得十分潦草,有的句子只有几个关键词,采访结束后最好趁着自己的记忆还比较鲜活,赶紧将笔记浏览一遍、整理一遍,以免写稿时自己被自己的"天书"所困。

在采访中,除了与可能的采访对象面对面谈话,还要留心观察、倾听和做笔记,有空收听收看当地广播电视节目,阅读当地的报纸、杂志,不放过任何搜集资料的机会。有位同学在实习报告中谈到一件事,他跟随温州苍南电视台的记者采访一个书画展,其中有两幅画正是苍南籍画家的作品,作品边有相关介绍文字。记者在拍摄画面时,该实习同学不知道自己该干什么,就站在一边看。记者提醒他赶紧把两幅画的说明文字记录下来,原来这些文字解释了创作的由来,对于新闻报道中介绍新闻背景是有用的资料。记者在采访中应有记录搜集一切有参考价值资料的敏感意识。一般安排好的采访活动,主办方都会提供资料袋,里面装有与活动主办方相关的资料,这些资料也许对于采访报道有重要参考价值,不能忽视。有经验的记者跑社会新闻时,连跑口单位的垃圾桶都惦记着去探视一番,里面被随手扔掉的纸团纸片中很可能有打开缺口的重要新闻线索。出门采访,对方赠送的所有与采访主题相关的文字、图片、影像、实物等都是非常宝贵的资料或者证据,有的只能在采访的当地才能够获得,有的看上去不起眼却是可能改变新闻主题的重要依据,碰到这样的机会,记者不要轻易错过。美国 20 世纪初《世界晚报》的传奇记者查尔斯·E. 查平有一次为坐勃艮第号去欧洲的朋友送行,他顺便从船上拿了一张旅客名单塞进了口袋。没想到,这艘船在航行途中与另一艘船相撞导致 600 名乘客中的 571 人落水身亡,当记者将消息用电报发到编辑部,查平突然想到了自己口袋里的这艘船的乘客名单,于是将它与新闻配发,做出了独家报道。[7] 有的资料本次采访写作可能用不上,但也许对于下一次或下一个采访报道主题就是非常有用的"珍宝"。平时通过研究这些资料,也许会从中受到启发,产生新的报道思想。即便写报道用不上,熟悉情况,为今后的采访积累贮备知识也是非常有益的。著名记者范长江在写成名之作《中国的西北角》时,每逢到达一个地方,总是想方设法阅读地方县志,这对他的采访报道有极大的助益。对于深度报道,除了记者采访方方面面的人,观察现场,获得丰富的细节,丰富而独家的背景非常重要。手头拥有别人没有的资料,深度报道就会提供独特的信息,让自己的报道独占鳌头。材料有时还可以作为质疑的证据。与知情者闲聊获得的材料有时比正式提问更真实。现在人人都有智能手机,如果时间紧张,来不及记录,用手机摄录资料方便快捷。采访结束后,记者需要马上整理采访笔记以免有的字迹太潦草记忆消失了自己也看不懂,随后就得反复思考确立报道主题,下笔写作了。新闻注重时效性,记者应快速完成报道写作。如果写作特稿和深度报道,稍迟两天无关紧要,但拖得过久了记者采访的亢奋和激情完全消退了,会找不到写作的灵感,失去了写作的欲望。

【注释】

1. 特里·K. 甘布尔、迈克尔·甘布尔:《有效传播》(第七版),熊婷婷译,北京:清华大学出版社,2005 年,第 148 页。

2. 钱歌川:《人贵自知》,北京:大众文艺出版社,2006 年,第 435—436 页。

3. 特里·K. 甘布尔、迈克尔·甘布尔:《有效传播》(第七版),熊婷婷译,北京:清华大学出版社,2005 年,第 150 页。

4. "@CCTV 证券资讯博览",微博,2014 年 4 月 13 日。

5. 约翰·布雷迪:《采访技巧》,范东生、王志兴译,北京:新华出版社,1986 年,第 175—176 页。

6. 萨利·亚当斯、文弗·希克斯:《新闻采访:第一线采访手边书》,郭琼俐、曾慧琦译,上海:上海三联书店,2004 年,第 143 页。

7. 詹姆斯·麦克格拉斯·莫里斯:《新新监狱的玫瑰匠》,张纯、胡群芳译,广州:南方日报出版社,2016 年,第 114—115 页。

【思考与练习】

1. 下面这个采访是一个学生完成的采访练习作业,请根据新闻采访写作的要求对它进行分析评价。

记者:同学,你好!你们是大一的吧?

同学:对。

记者:今天过中秋节有没有吃到月饼啊?

同学:吃到了。

记者:在哪吃的啊?

同学:操场、食堂。

记者:你们是外地的吧?是哪儿人呢?

同学:山西的。

记者:今年是第一次在外面过中秋节吧?

同学:对对对!

记者:有什么特别的感受?特别想家之类的?

同学:想!

记者:给家里打了电话没有?

同学:打了,昨天就打了。我给姥姥奶奶都打了。

记者:那今天如果还有什么话想给家里人说,你最想跟他们说什么?

同学:平常家里面我爸、我妈和我,三口人过中秋节,今年我不在,我爸我妈非常孤单,两个人没乐趣,我在就是一种快乐。

记者:那你说句祝福的话给他们吧。

同学:祝我爸我妈过节,吃好,身体好好的。

2.下面也是一个学生的采访作业,请你边阅读边思考:这位学生的提问怎么样?有没有问题?(提问者简称"记",采访对象简称"至")

记:看你们音乐上的水平也都很高,应该都是从小就开始接触和学习音乐的吧?

至:嗯,我是四岁开始学习钢琴的,也学了一些其他的乐器。他们学音乐也都是从小到大的。

记:小时候学钢琴应该很痛苦吧?看别的孩子都在外面玩,自己每天却都要弹琴。

至:呵呵(笑),是啊,小时候都是被家长逼着弹琴的,哪个小孩不贪玩啊。

记:有没有觉得父母小时候对自己太严格、太苛刻了?

至:小时候会有,但现在想起来,很感谢我的父母,让我有了特长,我也喜欢音乐这个领域。

记:嗯,那有没有想过在音乐的路上继续走下去?

至:没有特别地计划过,音乐能给我带来快乐就足够了。我们几个热爱音乐的人在一起享受着音乐带给我们的时光。至于以后会不会从事音乐方面的工作,现在还没想好。

记:音乐本身带给人们的也是欢乐与享受的。

至:所以我们会继续努力排练,带给大家更好的演出。

记:好,我们期待你们下一次的演出。感谢你接受我们的采访。

至:不客气。

值得你收藏的好问题

英国《星期日独立报》新闻主管大卫·兰德尔总结了采访中最实用的6个好问题：

1. 那之后发生了什么？

很多被访者不按时间顺序讲述，记者应把事件拉回到发生之初，然后询问"那之后发生了什么？"不断地提问这句话，推动被访者讲述故事，提供信息。

2. 你是怎么知道的？

被访者掌握信息的过程令人好奇，有故事可以挖掘。

3. 你知道谁可以证明这些吗？

不能相信单一消息来源，应该有其他消息证明才可信。如果只有他一个人掌握信息，记者应该再问："为什么？"

4. 你是怎么做到这一切的？

问"你是怎么做的"比问"怎么想的"好，前者更容易获得真实的事实信息，后者更容易获得主观的空泛的信息。

5. 做某事时你有什么感觉？

用开放式问题问对方做具体的某件事时有什么感觉，而不是用闭合式问题问他感觉困难还是不困难；获取更加丰富的信息，而不是简单的"是"或"否"的回答。

6. 然后呢？

不断地追问，深入获取更多的信息。

——大卫·兰德尔:《全球新闻记者》,上海:复旦大学出版社,2013年,第81—82页

【图书推荐】

1. 冯骥才:《一百个人的十年》,北京:文化艺术出版社,2014年。

2. 王年一:《大动乱的年代:1949—1976年的中国》,北京:人民出版社,2009年。

3. 潘鸣啸:《失落的一代:中国的上山下乡运动(1968—1980)》,欧阳因译,北京:中国大百科全书出版社,2010年。

4. 陈秉安:《大逃港》,广州:广东人民出版社,2016年。

拓展资源

第九章
新闻语言

中国新闻网 2014 年 11 月 15 日新闻《中国成功发射遥感卫星 23 号 将用于科学试验等》内容如下：

2014 年 11 月 15 日 2 时 53 分，中国在太原卫星发射中心用长征二号丙运载火箭，将遥感卫星 23 号送入太空。

遥感卫星 23 号主要用于科学实验、国土资源普查、农作物估产及防灾减灾等领域。

这是长征系列运载火箭的第 198 次飞行。

该新闻采用了倒金字塔结构，只有三个自然段、三句话，包含了何人、何时、何地、何事、何种结果等新闻要素，提供了准确的新闻背景，交代了消息来源，找不出一个多余的字，采用了跳笔手法，每一句话都达到了准确、简洁、具体、通俗的要求。

一、禁　忌

(一)语法不通

根据《现代汉语词典》，语法指语言的结构方式，包括词的构成和变化、词组和句子的组织，具有一定的民族特点和相对的稳定性，又称文法。叶圣陶在《给少年儿童写东西》中称："语法就是正常人的语言习惯。"我们来分析以下案例：

(1)中国有个越秀，越秀有个中文。

这句话由两个分句构成，形成了对应关系。"越秀"对应"中文"不通，前者是单位名称，是"越秀外国语学院"的简称，为具体名词；后者是语言种类名称，是抽象名词，不能用于代替"中文学院"，应在"中文"后面加上"学院"。

(2)自己与丈夫恩恩爱爱，两只鹦鹉的相处也相得益彰。

"相得益彰"出自《史记·伯夷列传》，指两个人或两件事物互相配合，使双方的能力、作用和好处能得到充分展示。新闻将相得益彰用于两只鹦鹉，显然与该成语的语义不相符合。

(3)朱父去世时，华仔高调牵着朱丽倩的手，从奔丧的马来西亚返回香港，确认了她的华嫂地位。后来朱丽倩顶着高龄飘着婶味为华仔生下女儿，家庭与事业，华仔两齐全。

"奔丧"是动词，在该句中被用作了形容词；"确认了她的华嫂地位"令人费解，"她"等同于"华嫂",是并列关系,不能用作偏正关系,应改为"确认了她作为华嫂的地位";"顶着高龄飘着婶味"应改为简明的新闻语言"46岁"。

(二)空话套话

2008年3月20日《西藏日报》通讯《拉萨抗击暴行纪实》讲了这样几个故事:医护人员奋不顾身救汉族孩童、广告业主冯女士因救两位藏族小孩自己左耳朵被割、三个藏族保安保护张先生的网吧免遭焚毁、冲赛康居委会的藏族干部救助吉日路开小商店的王先生。

该报道最大的不足是,报道开头、文中和结尾都有一些过去我们的通讯中常见的主观色彩浓郁、表述空洞的大话和套话。

(开头)雪山圣洁,高原祥和。然而,3月14日,极少数不法分子打砸抢烧的罪恶行径却让圣洁的雪山哭泣,让祥和的青藏高原控诉。

这次"达赖集团"组织的打砸抢烧事件,企图把西藏从祖国分裂出去,妄想破坏民族团结。危难时刻,血脉相连的西藏各族儿女团结一致,共同抵制暴徒的罪行。

(文中)危难时刻,各族师生用行动谱写了一曲民族团结的赞歌!

(结尾)记者在冲赛康居委会、夏萨苏居委会、丹杰林居委会采访时,处处可以听到这样感人的故事。危难时刻显真情。拉萨各族人民团结一致抗击暴行谱写的一曲曲民族团结动人赞歌,在古城上空久久回荡。

新闻语言应采用白描手法,用具体的事实来表现记者的报道思想,于无声处响惊雷,其效果是:不着一字尽得风流。唐诗曰:"随风潜入夜,润物细无声。"新闻报道也应如春风化雨,巧妙地选择报道角度和报道材料,用准确、平实、简洁的叙事感染受众,不要把空话和套话硬塞给受众。

(三)冗长定语

在主语前用一个浓缩短句做定语,影响了易读性。红网2015年10月3日新闻《湖南一官员与多名女性通奸 办公室藏黄碟避孕套》中有这样的表述:

(1)执掌编制工作重要权力的他,将此作为"生财之道",设法大肆疯狂敛财。

修改:他把执掌编制工作权力作为"生财之道",设法大肆敛财。

(2)2004年,从未参军入伍的他,还通过他人为自己办理了假军官证和伤残军人证,招摇撞骗,冒领伤残军人补助。

修改:2004年,他托人为自己办理了假军官证和伤残军人证,冒领伤残军人补助。实际上,他从未参过军。

记者在主语"他"之前加的定语过长,这两句话的定语实际上各是一个短句。原句中"大肆疯狂"和"招摇撞骗"用得也不妥当。第一句中,"大肆"与"疯狂"同义,只用一个词就足够了;第二句中,"招摇撞骗"空泛、主观,删除后句子简洁且不影响含义,而且显得客观,符合新闻报道的要求。

主语前最好不要加定语,这样句式才符合准确精练、朗朗上口的语言表达习惯,提高语言的表达效率。

还有一种表现是,作者在宾语前加了冗长的定语,如:

我通过当年的光明中学教导主任,也当过我班主任,教过我物理,把我从一个极其调皮的孩子"提拔"为副班长,激发了我的虚荣心,也唤醒了我的上进心的谢根福老师,很快就找到了已经退休的李新老师。

这句话中的宾语"谢根福老师"前有 59 个字的定语,受众读了这样的句子很难轻松、准确地理解其含义,尤其是作为电子媒介,这句话更不能用,主持人一口气怕说不下来,也让听众或观众如坠云雾中。不如改成三句话:

我通过谢根福老师,很快就找到了已经退休的李新老师。谢老师当年是光明中学教导主任,也当我过班主任,教过我物理。正是他把我从一个极其调皮的孩子"提拔"为副班长,激发了我的虚荣心,也唤醒了我的上进心。

语言修养是记者的基本功,写完之后最好自己默读一遍,将多余的字词句删除。新闻语言追求简约、清晰的风格。

(四)语焉不详

2011 年 2 月 13 日凤凰网娱乐新闻有一条未署名的消息称:

春晚话题延续至今仍不退烧,对各种节目的解读层出不穷。13 日,知名策划人曾念群在微博上爆料,黄宏的小品《聪明丈夫》中所提到的"已经有了三个孩子还在外面装单身的明星"确有其人。此后著名媒体人谭飞也在跟帖中表示"这有三孩子的光棍明星我知道是谁"。

如果无聊,为了吸引眼球发这样一条"神马"也没说清的新闻,写这么多也就非常勉为其难了。令人惊叹的是,还没完,洋洋洒洒地几百字跟着倾泻出来,最"妙"的是结尾:"具体是谁,到发稿时还没有结果。"

新闻要素不清晰,道听途说,飞短流长,网站竟然在显著位置发表,不知道是在羞辱谁?新闻要用事实说话。新闻专业主义精神提倡的客观、真实、准确、公正这些新闻操作的准则在这条新闻中完全被践踏了。

(五)逻辑混乱

《大河报》2014 年 1 月 25 日新闻《52 岁潮爸开着房车带家人游中国》中有这样一句话:

小朱说,她父亲以前对电脑一窍不通,为了带家人进行一次幸福的旅行,自己学习,将家里一辆很久不用的房车进行了内部改造。

这句话的逻辑有问题。起始句称主人公小朱的父亲对电脑一窍不通,其中"电脑"是关键词,按照逻辑关联,后面的句子必须与"电脑"相关,即小朱的父亲如何通过自己的努力掌握了电脑,通过第一句的语义必然得出这样的推理和结论。而该新闻中的这句话的结论却提到了与起始句无关的另外一件事——改造房车,两者之间没有关联度,也没有过渡,缺乏因果联系,逻辑上讲不通。

此外,这篇新闻的标题用"潮爸"也值得商榷,这个词是记者的主观评价,有违新闻报道的客观性原理。这位 52 岁的父亲"潮"还是"不潮",记者通过客观呈现事实,让受众得出结论才符合新闻的写作技巧。

2015 年 9 月 23 日的华声在线刊登新闻《跳水冠军熊倪之父疑因病坠河身亡》。其导语:

世界跳水冠军熊倪是湖南人骄傲,也是出了名的孝子。然而昨天下午,他的父亲熊老先生却在长沙岳麓区望月湖小区里离奇失踪,熊家全员出动寻找,可意外的是,今天早上,在湘江咸嘉湖段,钓鱼的市民发现了一具男性遗体。经过家属证实,正是熊倪走失的父亲。到底发生了什么? 很快,长沙岳麓刑侦民警赶到了现场。

其实,这段话应这样表述:今天早上,在湘江咸嘉湖段,钓鱼的市民发现了一具男性遗体。经过家属证实,正是前世界跳水冠军熊倪走失的父亲。原稿在表述中语句之间的逻辑关系显得混乱纠结,连接词使用不当,比如"然而昨天下午""可意外的是"。根据上下文的内在逻辑衔接,根本用不着这样转折的词汇,用了反而令人觉得费解。

(六)表述不清

新闻语言要准确、流畅,语义清晰明了。如果做不到这一点,文章就令人费解,增加了阅读的"迷雾"指数。百度百科关于贩毒女"陶静"这一词条"事件发展"的文字如下:

1991 年 10 月 26 日,在云南某自治州,有一大群(28 人)因贩毒数额巨大被宣判了死刑。在 28 人中,其中 23 人是当地农民,2 人是当地公职人员,2 人是当地农场职工子弟,唯有 1 人从北京远道而来。他们中的文化程度,大学和高中毕业的各 1 人,初中 9 人,小学程度 6 人,这是一群很有代表性的死刑毒贩(其中有 5 名妇女)。20 岁的文静女人临死前要求取下避孕环,在审讯室里,外科大夫为方某某搭起一个临时手术台。在与亲属最后诀别之时,20 岁的陶姑娘倒训斥起正为她流泪的哥哥,当终止会面时,瞬间撕心裂肺高喊她年迈的母亲:"妈呀!"母女俩抱成一团,泣不成声。最后留下了"亲爱的妈妈"的字条。

读了这一部分叙述语言,你能明白它究竟在表达什么吗? 如果修改成下面这样的表述,是不是就易读了呢?

1991 年 10 月 26 日,28 名毒贩在云南被宣判死刑。在这 28 人中有 5 名妇女,其中 27 人是当地人(农民 23 人、公务员 2 人、农场职工子弟 2 人),唯有 1 人是来自北京的毒贩陶静。他们多数人文化程度偏低,大学和高中毕业的各 1 人,初中 9 人,小学程度 6 人,其余都是文盲。20 岁的陶静临死前要求取下避孕环,在审讯室里,外科大夫为她搭起一个临时手术台。在与亲属最后诀别之时,20 岁的陶静看到哥哥为她泪流满面,当场训斥他。会面时间结束了,原本看上去无所谓的陶静瞬间撕心裂肺高喊:"妈呀!"年迈的母亲抱着她,泣不成声。陶静最后留下了一张纸条,上面写着"亲爱的妈妈"。

语言是新闻事实的物质载体,记者应下功夫学好语言,否则,写的新闻报道如上所述,其新闻传播效果可想而知。

(七)句式复杂

简单句易读性强,如果句式结构叠床架屋,堆砌过多成分,就会导致句式臃肿,例如下面这段话读起来令人十分吃力:

我们知道,互联网的发展已经由最初的网络化(所谓"连接一切",中国自接入国际互联网以来,虽然现象级意义上的变化林林总总,但究其实质,无非是构建起了三大网络:内容网络、人际网络以及物联网络)、数字化(大数据成为互联网世界的神经传导系统,市场洞察、用户洞察或为创新发展的关键,大数据方法应运而生、大行于世),演进到今天的智能化发展(譬如作为时下热点的"机器新闻写作")阶段上。

上述句子应改为:我们知道,互联网的发展已经由最初的网络化、数字化,演进到今天的智能化发展阶段上。网络化即所谓"连接一切",中国自接入国际互联网以来,虽然现象级意义上的变化林林总总,但究其实质,无非是构建起了三大网络:内容网络、人际网络以及物联网络。数字化意味着大数据成为互联网世界的神经传导系统,市场洞察、用户洞察或为创新发展的关键,大数据方法应运而生、大行于世。所谓智能化,譬如作为时下热点的"机器新闻写作"。

(八)使用插入语

中国语言多用短句,长于抒情,而西方语言逻辑严谨,长于说理,西式语言喜欢在句子中使用插入语,国内有的作者受到了其文化影响。例如:

十二团政委杨秀山观察了一会儿,想起在一次战斗中,一颗子弹打在他跟前的石头上,飞溅起来的石片使他的两腿七处受伤。杨秀山随即命令机枪向街道上的石板路上打。顿时,石板上飞溅起无数的小石片,躲在死角里的敌人果然出现了伤亡,他们只有从那些墙壁后面出来试图跑向另外的地方,红军的机枪一下子就扫了过去——杨秀山,余秋里负伤后出任十八团政委,十二团政委负伤后他又来到了十二团。

这句话是一个长句,其破折号在西式长句中常见,其后的句子被称为"插入语",一般是对前句的解释。在这句话中,破折号后的插入语与整句话之间没有关联。从逻辑上讲,关于对杨秀山的背景介绍应该置于开头,用简单句叙事容易理解。因此,上述句子应改为:

余秋里负伤后出任十八团政委,十二团政委负伤后他又来到了十二团。眼下,面对战场态势,杨秀山观察了一会儿,想起在一次战斗中,一颗子弹打在他跟前的石头上,飞溅起来的石片使他的两腿七处受伤。于是,他命令机枪向街道上的石板路开火。顿时,石板上飞溅起无数的小石片,躲在死角里的敌人果然出现了伤亡,他们只有从那些墙壁后面出来试图跑向另外的地方,红军的机枪一下子就扫了过去。

二、运　用

(一)准确

新闻语言应尊重事实,还原真相,所有的材料都来自于采访调查,字字有根据,句句有出处,不能通过想象虚构事实。新闻语言的准确与新闻真实、客观有直接的关联,是新闻语言写作的第一规则。新闻语言对新闻要素"5W1H"的叙述要准确、清晰、完整,交代新闻来源。下面这篇新闻你怎么看?

交换礼物收到真猪头　　女网友崩溃:亲不下去
来源:中国新闻网　　时间:2016-12-19

中新网12月19日电　据台湾联合新闻网报道,不少人喜欢在圣诞节前玩交换礼物的游戏,有网友分享她收到的交换礼物,只见纸箱打开,里面竟然装着一个咬着橘子的"猪头",引发网友热烈讨论。

这名女网友表示,收到猪头简直哭笑不得,因为她们交换礼物的规则是"必须使用",但她真的睁不开眼睛直视猪头,也亲不下去,头很痛。

网友对此正反意见两极，不少网友认为这玩笑也开太大了，"这超过分的！非常忌讳！"、"吃它也请尊重它"。

不过也有网友表示送猪头"真的很有创意""这个猪头也要不少钱"，但是一般人收到应该不晓得要怎么处理。

上述新闻中人物要素、时间要素、地点要素都没有，看不到一个人的姓名，连网名也没有，其真实性可疑。

其次，新闻语言要准确概括新闻事实。《重庆晨报》2014 年 7 月 16 日新闻标题"一张假的 二张假的 三张还是假的"让人费解，它没有主语和谓语，不符合语法规则。改为"男子连掏 3 张百元假钞买碗面 老板忍无可忍报警"概括新闻事实就准确清晰了。

语言的准确需要记者具备扎实的知识功底和语言功底，有良好的理解能力和语言表达能力。如新闻标题"杭州一男子大白天爬上电线杆偷电线 被抓后很淡定"(2018-04-24)与新闻内容不符，实际上该男子是偷割有线电视的"电缆线"。"电线"与"电缆线"一字之差，谬之千里。

记者对事实的叙述应采用量化的方法，用精确的数字表现事实。如：46 岁男子 16 年捡 40 块"陨石"致妻离子散。这句话在短短 16 个字中包含了三个数字，如果把它们都删除，这句话就会变得笼统、含糊，影响了我们对事实准确性的判断。

新闻作为大众传播媒介的产品，担负着文化引导者的角色，词不达意或者事实交代不清楚会令人疑惑，会产生错误的导向，影响受众的认知，有损于媒介的品牌和声誉。作为传播者，语言基本功要扎实，写作遣词造句应严谨认真，牢记准确是第一要务。唯有准确的表达才能让受众清晰地理解传播者的意图，才能产生传播者所预期的传播效果。新闻语言准确与新闻真实性有直接联系。

(二)简洁

乌拉圭记者、作家爱德华多·加莱西亚写过一篇短文《恐惧》：

一天上午，有人送给我们一只豚鼠。

它来的时候被关在笼子里。中午，我打开了笼门。

傍晚我回到家里，发现它仍和我离开时一样：待在笼子里，挨着笼条蜷缩着，被自由吓得浑身发抖。

72 个字！简单句，没有形容词，每一句都有动词，最后一句动词使用频繁。用言简意赅来形容它不过分吧？

有谚语称："简洁是智慧之母。"语言简洁有利于提高新闻传播效率，有助于新闻的可读性，符合新闻作为大众传播媒介产品的属性。用"主—谓—宾"结构的简单句，谨慎使用修饰词，删除与主题不相关的冗言，是语言简洁的有效表达方法。美国著名作家欧内斯特·海明威在写作时有一个习惯：站着使用打字机，为的是写简洁的语言。

2012 年 10 月 18 日《南方周末》有两个句子的表达不妥当。

其一是《诺贝尔奖得主的社会责任》中有一句："火星探测没有什么事是航天员能做，而遥控机器人做不到的。"这个句式过于复杂了，读者看到这句话，阅读速度不得不放慢，不得不反复读，领悟其确切的含义。其实，换一句简洁、通俗的句子就不存在这样的问题了，如"航天员能去火星探测，遥控机器人也能去"。它提示我们：双重否定句、复句等复杂句式、长句都不利于高效传播新闻。

其二是《"不做人上人，也不能做人下人"——莫言的家乡和家族》中有一句："莫言写《蛙》的时候，管贻兰已经退休了，和从医院开救护车岗位退休的老伴一起给她的四个孩子带小孩。"这句话的最后半句含义不够清晰，令读者费解。不如改成："莫言写《蛙》的时候，管贻兰已经退休了，她和老伴一起帮自己的四个孩子带小孩。那年，管贻兰的老伴也退休了，之前他在医院开救护车。"这句话提示我们：简洁不等于话少，而是怎样用最少的字清晰、准确地表现事实。

新闻产品本身就是快餐文化，让受众在最短的时间里不费太多力气就能接受信息，别写复杂的长句或者需要读者反复思考才能弄明白的句式，心里装着受众，为受众服务，要时时刻刻有这种传播的意识。

（三）具体

一则校园媒体报道铅球比赛的消息导语：

11月8日上午9点，在赛场的一角男子铅球预决赛正如火如荼地进行着。铅球运动展现着青春的激情，锻炼着运动员的体能，激活的是无限的生命，收获的是从容自信。

除了导语开头的时间是对事实的陈述，其他的句子言之无物，流于空泛。初学写作的人会不自觉地使用这种讲究辞藻和文采的语言，上文中的"如火如荼""青春的激情""体能""从容自信"都比较空洞，没有信息含量，看不到事实。不如用具体的细节呈现画面：11月8日上午9点，铅球预决赛开始了。经管系的周全星上场了，他走向场地，用T恤的一角擦了擦手掌，右手抓起一只5千克重的铅球，手掌托举着它搭在右肩上，他深深地呼吸了一口，在距离白线三米处身体后倾，右腿下蹲，左腿向前伸直，脚尖点地，他突然右腿发力向前快速移动，在临近白线前突然转身，右脚向前迈出一大步，左腿向后一蹬，右手迅速用力向前推，大吼一声"嘿"，铅球带着弧线飞了出去，"11米83！"裁判高声宣布。这个成绩打破了学院11米80的记录，周全星获得了冠军。

与上述新闻语言相似的还有这样的表述：

本届校运会赛风、赛纪文明健康，涌现出一批优秀的体育健儿，特别是运动员、裁判员们无畏骄阳、不怕风雨，勇于拼搏精神让人感动，充分展现学院师生团结奋进、积极向上的精神风貌，取得了运动成绩和精神文明双丰收，为学院的10年体育长卷续上了浓墨重彩的一页。

这些语言空洞无物，没有事实，不符合新闻语言的规范。在写作中，对于虽然简洁但是空洞的成语要保持谨慎，不如用具象的句子来描述。同时，对于名词的使用也要尽量选择具体名词，如作业本、圆珠笔、橡皮就比文具要具体，可以让人联想到实物。

国内权威的心血管病研究专家刘国庆教授在一次讲座中论及心血管病的危害性是这样开头的：

心血管疾病是当今人类社会的第一杀手，全球每年有1700万人死于该疾病。也就是"嘀嗒""嘀嗒"两声，每两秒钟，全世界就有一个人死于心血管疾病。在中国，每16秒，就有一个人死于心血管疾病。

这段话多么形象生动！新闻语言就是这样的。这个段落有两句话，第一句"全球每年有1700万人死于该疾病"表达准确但数字大，显得抽象，第二句让受众对1700万这个难以感知的数据进行了最小化的换算，还用了两个象声词，传播效果一下子就不一样了。

新闻语言应该让受众可以感觉得到,仿佛触摸到了真实的物体一样。对于抽象的概念比如数字,还可以将其换算成有形可感的物品。

2007年8月31日大河网新闻《河南彩票大奖得主"全副武装"现身领奖》的消息中有一段是这样写的:

如果是现金,这4170万元是什么概念呢?

省体彩给大家算了一笔账,4170万元如果都换成百元大钞,摞起来有60米高,首尾相连的话有60公里长,通过郑汴大道从郑州铺到开封还用不完。

按照国家的要求,这笔大奖要扣除20%的偶然所得税,即使如此,税后中奖人也能得到3336万元。

这段文字体现出了新闻语言的特点:用形象化的换算使得这笔巨款的抽象概念变得易读易懂,最后还交代了上税的比例和税后的实际收入,这种对准确、抽象的数字进行转换,使之变得具体、可感、易懂的表达值得赞赏。我们在采访中要善于通过提问和观察发掘细节,在写作中用具体的事实细节唤起受众的联想,呈现画面感、现场感,使新闻形象生动,对受众产生吸引力和代入感。

(四)通俗

还记得鲁迅写的小说《孔乙己》吧? 孔乙己是那个时代被科举考试折磨摧残的知识分子形象,一个落魄的酸腐文人代表,为了显示自己的清高和才学,逢人便问:"回字有四样写法,你知道么?"这就是在掉书袋,彰显自己比一般人有文化。作为记者,应忌讳卖弄语言,以刁难他人为能事。

从1833年美国《纽约太阳报》创刊开始,大众报业时代的来临标志着人类社会进入了大众传播时代。大众传播要求新闻通俗易懂,为大众所喜闻乐见,这样才能够取得最好的传播效果。作为"快餐文化",新闻文化的本质特性要求它避免"阳春白雪",曲高和寡,应面向所有受众,提供浅显易懂、晓畅如话、平实朴素的语言,争取最多的受众,获得最大的社会影响。

2017年5月4日新加坡《联合早报》新闻《取样速度比国际同行快2.4万倍 中国构建世界首台光量子计算机》是一篇科技报道,科技报道术语高深难懂,如何让受众理解并产生阅读兴趣? 该新闻有一段话是这样写的:

量子计算机是指利用量子相干叠加原理,理论上具有超快的并行计算和模拟能力的计算机。曾有人比喻说,若现在传统计算机的速度是自行车,量子计算机的速度就好比飞机;例如,一台操纵50个微观粒子的量子计算机,对特定问题的处理能力可超过全球目前运算速度最快的超级电脑"神威太湖之光"。

不用生涩冷僻的词汇,不用佶屈聱牙的句子,不用抽象模糊的表达,对于新鲜的知识、科技术语等提供易懂易读的解释,对费解的行话用对比、比喻、拟人等修辞手法使之变得容易理解,这是新闻语言通俗化常用的方法。

法新社消息《日内瓦湖的污染》(1981年8月25日)的导语:

如果把日内瓦湖当作病人,那么医生将诊断:"严重的慢性消化不良和呼吸道感染。"

这种拟人化的导语就使得这篇科技报道变得通俗、生动了。

引用俗语、歇后语等民间语言或约定俗成的网络语言有助于新闻通俗易懂。《联合早报》2017年5月5日新闻《今年最强沙尘暴袭华北 北京等地污染水平爆表》中有这样一个段落:

一些早已习惯北京恶劣天气的市民则调侃说："二月吃霾，三月吃沙，四月吃絮，五月吃树毛儿，今天吃套餐。"

引用了一个段子就使北京人的幽默和无奈跃然纸上。

对于比较大的数据，采用百分比、统计图、扇面图、矩形图、动漫等来表示，也能使之通俗易懂，如新华社 2017 年 5 月 10 日消息《文在寅当选新一任韩国总统　将火速上岗》：

截至当地时间 10 日凌晨 2 时 45 分左右，在已统计的 88.7% 的选票中，文在寅得票率为 40.3%，排在第二位的自由韩国党候选人洪准杓获得 25.0% 的选票。文在寅得票率的领先优势已超过尚未统计的选票比例，确认当选。

唐朝诗人白居易每写一首诗都会读给老妪听，老妪听懂了，他才满意。这就是白居易的诗能够流传广泛的原因。他的诗流传到了日本，受到追捧。搁在今天，白居易就是一个"网红"，国际传播大家。

三、技　巧

（一）用动词，用短句

余秋雨在《霜冷长河》这部散文集里提到一件事，20 世纪 90 年代湖北破获了一起绑票杀人案。破案的关键竟然是罪犯留下的十九个字的勒索纸条："过桥，顺墙根，向右，见一亭，亭边一倒凳，其下有信。"

有经验的侦探断定此人受过高等教育，果不其然，罪犯是附近一所大学的教师。侦查员凭什么断定这十九个字中隐含了罪犯的身份？余秋雨称："文字越简缩越能显现一个人的文化功底。"

余秋雨分析：罪犯为了把藏信的地点说清楚，不用东西南北、几步几米的一般定位法，而是用动词指引方向，四个动词"过、顺、向、见"用得准确而巧妙，其中"见"尤其显示了罪犯过人的文字功底，一般人会用"有"，但只有"见"能够保持住被指引者的主观视角，有"你按照我的指示，自己就能够发现信"这样的自信。整个句式用了"二三"结构重复后接了一个"五四"结构，且每个结构末尾都押韵，十分顺口。这是罪犯"长期读古文、写旧体诗的习惯的自然流露"。换句话说，短句、动词的应用，简洁而准确的表达不小心透露出了罪犯的文化底蕴。

这个案例对于学习新闻写作的人其实也是有启发的。新闻语言要求准确、通俗、简洁、具体、形象，要求多用动词，多用短句，少用修饰词，少用长句，其意义就在于能够客观、精准地呈现事实，使语言富有表现力。一般人写新闻喜欢用空洞的、抽象的、模糊的语言概括事实，甚至用大话、空话、套话堆砌没有信息含量的"新闻"，味同嚼蜡，令人不忍卒读。其实，这个案例也在暗示我们如何学好语言，其中一条途径便是借鉴中国传统文化中的精髓，多读一些古文、古诗词，学会用动感、平实、简洁的语言叙述事实。

《南方周末》2016 年 4 月 21 日特稿《"如果我去了，你们能派人保护我的安全吗？"——中国人海外安全风险预警》，其中有一段是这样写的：

这是王贵失踪的第 38 天。位于非洲东北部的热带草原国家——南苏丹已经提前进入雨季。常常五分钟前还晴空万里，眨眼便狂风大作，雷霆密布。大雨倾盆而下，位于首都朱巴附近,一处中国营地的 20 厘米小水坑,不到十分钟就被灌满。

这一段新闻语言都是短句,用动词,简洁有力,数字的应用使句式表达精确,描写有画面感,有现场感,具体生动,仿佛场景就在眼前,历历在目,可读性强。

(二)慎用修饰词

凤凰网 2014 年 5 月 9 日新闻《广州火车站开枪制暴警察:凶徒中枪后仍挥刀砍来》源自中国新闻网,原标题为"警方公开广州火车站砍人事件警察开枪制暴细节"。对比后可以看出,凤凰网修改的标题更为具体,原标题比较虚。

该新闻在写作上过多地使用了形容词,典型段落如下:

"住手!"警察一声断喝,丧心病狂的凶徒猛地听到民警的喝止,举着刀的手停顿了一秒。凶徒红着眼,旋即挥舞着寒光闪闪的刀带着划出的风声就向他扑过来。"砰"的一声枪响,警察果断扣下扳机,子弹击中凶徒,然而凶残的歹徒只是用手摸了摸中弹的部位,继续挥刀向他砍来。"砰!"第二声枪声响起,歹徒连中两枪,终于垂下了邪恶的胳膊,失去了作恶的能力,随即被闻讯赶来的支援警察和见义勇为的民众死死地摁在地上。

把上述段落中的形容词和副词删除,将"凶徒"改为"犯罪嫌疑人",并不影响信息的传播,相反,句子更为紧凑、简洁,节奏感也更强了。

按照新闻客观性原则,不带情感倾向,公正公开,不偏不倚是写作的基本要求。形容词、副词等修饰词往往体现出作者个人的情感或意见,因此,写作时要慎用。

2014 年 9 月 7 日的《燕赵都市报》特稿《东陵大盗秘密档案》中有一句话:

在慈禧陵,记者看到,虽历经洗劫,但今日的慈禧陵隆恩殿及东西配殿依然透露着货真价实的金碧辉煌。

这句话中的"货真价实的"应该删除,难道其中有假?既然记者经过核实,这些宫廷建筑不是仿造的,用料也无瑕疵,现存的建筑仍旧保持了原样,那就没有必要刻意用一个形容词来强调其"货真价实",因为通过你的叙述受众心里已经明白它们是货真价实的,再说,用"货真价实"修饰"金碧辉煌"也不准确。其实,"透露着"也属多余。

再看一例副词使用不当的案例。2014 年 9 月 7 日的《河南日报》新闻《河南女大学生失踪案告破 男子强奸未遂将其杀害》中有一句话:备受社会关注的河南大学民生学院女大学生张琳琳失踪案成功告破。

该句话中"成功"纯属多余,既然命案已经"告破"了,就肯定了警察破案成功了,有必要再加一个"成功"吗?如果加上这个副词,就相当于同义反复,与记者爱用的"凯旋归来"相似。值得注意的是,在动词前用副词"成功"修饰的表述在新闻中屡见不鲜,比如:成功到达、成功实现、成功完成等。

其实,慎重使用修饰词好处多多,这样做既能体现新闻的客观性原则,又能使句子简洁有力。

新闻写作的规范要求客观、真实、准确、平衡,不流露记者个人的情感和观点。删除修饰词后,语言显得比较中性、平实,符合新闻专业主义所倡导的客观性法则。虽然记者心中有情感好恶,也有个人的观点,但应通过对事实材料的选择和报道的角度自然而然体现出来。

(三)用主动句

《新京报》2014 年 9 月 3 日新闻《哈尔滨 3 人越狱细节:哨兵曾询问并鸣枪》中有一句话:

当时,被闯入那家的老人被吓死了,"王大民也被警察带走",该村民称。

这句话令受众费解。一般而言,主动句好理解,符合人们的思维惯性,被动句因为常常省略了主语,或者主语与宾语调换了位置,不注意会产生误解,影响阅读理解,所以,根据新闻语言力求通俗易懂的特点,应少用被动语态。

《新京报》的这篇报道中,这句话用了三个"被",令人费解,增加了受众的阅读迷雾指数,不合适,不如改成:那家的老人见到王大民一伙闯进家,当场吓死了。

新闻语言中主动句便于理解,被动句一般用于法制新闻中,如:犯罪嫌疑人已被警方抓获。

(四)遵守约定俗成的规范

《南方都市报》2014 年 9 月 3 日新闻《索贿百余万 惠东原副县长获刑 6 年半》有三句话表述有瑕疵:

(1)因为在惠东房地产发展最迅猛的几年时间里,他手握大权且索贿受贿"手很长,很敢"。

这句话的引语部分有残缺,"很敢"是个省略句子成分的表达,虽然当事人就是这样说的,但记者在引用时应对表达有缺损的句子做补充,为了与原话作明显的区别,可以将补缺的词置于括号里,比如"很敢(收钱)"。这样做,既不违反新闻真实性,也充分考虑到了易读性,使受众能准确、完整地接受信息,不至于出现误读费解。

(2)阿友还认为庄伟平是一名比较有人情味的领导,在他手下工作过的人,多有吃过他请客的饭。

"在他手下工作过的人,多有吃过他请客的饭"这句话也许是当地人的习惯表达,在当地的语境中能够容易沟通交流,但从大众传播媒介需要规范使用语言文字的要求考虑,记者有责任按照现代汉语的严谨表达修改这句话,使其顺畅、通俗,比如"他常请手下人吃饭"。

(3)庭审显示,在庄伟平的 4 笔索贿中,拿到钱后他都交给了一名温姓的女子。

按照约定俗成的语言表达习惯,"一名温姓的女子"可改为"一名温姓女子"或者"一名姓温的女子"。

(五)朴实无华,言简义丰

毕业季,校园里挂起了横幅。有一条红底白字的横幅:"毕业是你们的事,不舍是我们一起的事。"品味这句话,其实只需两个词:毕业,不舍。短短两个词表达的含义比原句更为丰富,也耐人寻味。

木心在散文集《素履之往》中讲了一个寓言故事:一儒生贫困无米下锅,决定卖掉祖传的一口锅。寄卖商店的店主将其锅斜靠在临街显眼处。儒生写了"出卖旧锅"纸条贴在锅边。有人建议他删掉第一个字。儒生觉得在理,擦掉了"出"。又一人说第二个字也不要,儒生听了,擦掉了第二个字。第三人提议把"旧"去掉,新旧货人们认得出来。第四人认为

"锅"也是多余的,谁都认识它是锅。最后,儒生扯掉了纸条。俗话说:"有话则长,无话则短。"不需要的空话套话,不如不要。酸腐的儒生掉书袋闹了笑话。

(六)用中性词体现客观

2017年4月19日内地媒体纷纷刊播改写自香港媒体的新闻《香港"贼王"叶继欢今晨病逝,曾持械打劫多家金行被判监41年》,对其背景的介绍:

叶继欢(1961—2017),出生于广东海丰,十七岁偷渡来港,成为香港人,是香港著名的罪犯,外号大贼、贼王。2017年4月19日凌晨在香港病逝,终年55岁。

所有的报道中都对叶继欢之死用了"病逝"和"去世"这样的字眼,没有使用带贬义的"死了""见阎王去了""下地狱了"等,面对这样一个号称香港第一个持AK-47步枪抢劫珠宝店的严重刑事犯,使用"病逝"和"去世"这样不带情感的中性词汇是为了体现新闻报道的客观性原则。

消息语言主要是叙述。叙述语言平实、直白,有助于人们理解事实。具体而言,简洁意味着增一字则多,减一字则少,事实明了,严丝合缝。通俗要求语言晓畅朴实,容易理解,像白居易写的诗老妇都能听懂,没有佶屈聱牙的词句,不需要费神耗时查字典,都是大白话,这样有利于信息的广泛传播。准确就是语言符合事物真实自然的样子,不扭曲变形,不粉饰夸张,原原本本,原汁原味,不会让人产生歧义,误解事实。具体就是对人对事的记录实实在在,不空不虚,言之有物,具象可感,字字句句都有信息含量,能够清晰地呈现事实,让受众能够感知,如精确的数字,物体的形状、大小、颜色、味道、光影等,让人一目了然。叙述语言中常用对比、比喻、摹状、摹声等增加语言的清晰度。

特稿语言更为自由灵活,叙述、描写、议论、抒情都可以使用。其中,最主要的是叙述和描写。描写要求作者用细节表现事实,呈现画面,栩栩如生,让人感受到现场的场景和氛围。特稿因为篇幅长,需要大量的细节为文章增添色彩,使文章充满吸引力,让受众目光所及不忍离开,有一种欲罢不能的张力,如同磁铁吸住了铁屑一样。细节呈现的画面如同照相机镜头拍摄的照片,如同摄影机拍摄的片段,聚焦于事实的关键点,纤毫毕现,让人端详,如同置身于现场,明察秋毫。好的细节来自于记者对现场的观察,也来自于记者采访的追问。

平时批改学生作业、浏览网络文章,发现不少人不擅长用叙述手法讲故事。有的人写的东西压根就是一篇跑题的文章,有的写得大而空、看标题吓人而实际上没有灵魂……最难的叙述,是用最精练的文字、最朴素的语言传递出深刻的思想。叙述是新闻语言写作的基础。我们平时应多阅读《参考消息》这种高品质的报纸,从好新闻中学习新闻语言,同时也要多读经典文学作品,像沈从文、梁实秋、杨绛、龙应台、章诒和、孙犁、汪曾祺、季羡林、张中行、余秋雨、莫言、贾平凹等大家的作品语言表现力值得我们借鉴。用朴实无华的语言述说引人入胜的故事,让读者读完之后思考、回味、感动,这样的叙述才是成熟的。

新闻传播注重时效,追求表达效率。用好动词、短句、小段落,慎用修饰词,体现客观性,使语言具有可读性。这就需要记者注重培养语言修养,多阅读经典文学作品,多动手练习写作,善于从生活中汲取鲜活的时代语言。语言修养非一朝一夕之功,需要长期勤学苦练才有收获。

在媒介融合背景下,网络语言对人们的影响较大,不少网络词汇因为富有想象力和创新思维而受到人们欢迎,已经成为人们日常交流的口头语,如"给力""颜值""灌水""拍砖""粉丝""女神""女汉子""土豪""正能量""点赞""逆袭""洪荒之力"等,这些已经约定俗成的词汇

新闻采访与写作

可以用于新闻报道当中,体现时尚和潮流,拉近与受众的距离,但也有一些冷僻、粗陋的词汇充斥在网络上,对于这种非主流甚至不入流的表达,我们在做新闻的时候还是保持理性和克制,不要为了迎合少数人的喜好而任性使用,给受众带来困扰。

(七)不要堆砌数据

新闻中少不了数据,它是新闻事实的有力组成部分。尤其在经济新闻中,数据更多。"在许多新闻故事中,数据为整个新闻定性,有时候书本身就是新闻。"(《〈华尔街日报〉是如何讲故事的》,第160页)例如新闻《河南:男子偷500万现金　嫌太重只搬了一半》中,"500万现金"就是新闻价值的显著性,没有这个数字,新闻就没有吸引力。但数据也有先天缺陷,大数字比较抽象,数字堆砌会使报道枯燥、乏味。

1. 让数字变得重要:挑选受众最感兴趣的数字

使用数字时应从受众感兴趣的角度斟酌考虑,精挑细选能够凸显新闻价值的数据,尽量不要在一个段落中出现过多的数据。如:

4月18日,中央纪委国家监委通报了2018年第一季度全国纪检监察机关审查调查情况:共接受信访举报75万件次,处置问题线索28.6万件,谈话函询5.9万件次,立案11.9万件,处分9.6万人(其中党纪处分8万人)。其中,处分省部级及以上干部22人。

这段话96个字包含了10个数据,会影响受众的阅读兴趣。从受众关心的角度看,只需要五个数据:4月18日,中央纪委国家监委通报了2018年第一季度全国纪检监察机关审查调查情况:共处分党员干部9.6万人(其中党纪处分8万人)。其中,处分省部级及以上干部22人。对于受众而言,纪检监察机关收到多少举报不是关键,最重要的是查处了多少人。

2. 将数据变得可感:运用修辞手法、提供参照物

中央电视台1996年3月28日《东方时空》节目主持人在报道时说:

3月22日至28日是我国"节约用水宣传周"。我国的水资源拥有量只占世界人口平均数的1/4,我国600多座城市,就有300座缺水,其中有108座城市严重缺水。打个比喻,如果世界人平每天一桶水的话,那么我国南方人平只有一壶水,而华北地区人平只有一杯水。

这种比喻是将庞大的数字简化为分数,同时采用比喻的方法,将大数字换算成容易让人感知的具体的小数字,这种转换有接近性,更形象,更容易理解。相似的表述有:

在目前的中印贸易中,每发生1块钱的交易,大约8毛钱是印度在买中国商品,只有大约2毛钱是中国在购买印度商品。印度希望以此为条件,要求中国增加对印度的投资。

2002年9月16日杭州《新闻晨报》的新闻《一年喝掉1个西湖　我国酒依赖患病率10年3.7倍》中有这样的表述:

仅仅10年间,我国的酒依赖患病率上升了3.7倍,每年消耗掉的酒量相当于一个西湖的水量,且酗酒者低龄化,女性的比例不断增加,嗜酒者预期寿命平均低于53岁。因此酒依赖已成为社会问题。

该段落对于庞大的酒消耗数据使用了倍数简化处理,同时采用了一个具体的、熟悉的参照物,受众看了这样的表述,自然会对嗜酒的危害性留下极其深刻的印象。

《北京青年报》2002年2月1日刊登的报道《聚焦"五毒"贪官张二江:案卷高2米情妇107个》,虽然从标题到立意都比较媚俗,品位不高,但其中的一段表述倒是别具匠心:

高峰时有100多名工作人员进驻天门,整理出的案卷有两米多高,共82卷,连市纪委新买的复印机都"累"坏了。

这句话的结尾用拟人化的表达对抽象数字进行了诠释,言简意赅,富有情趣和色彩,加深了人们对事实的理解。

尽管世界大部分地区的经济都在增长,但收入差距依然巨大:全世界最富的 2％ 的人拥有一半以上的财富,而最穷的 50％ 的人却只有全球财富的 1％。(《扫描全球展望未来》,《参考消息》,2008-01-09)

广州市民黄先生向本报投诉:他是慢性肝炎患者长期在广州中山三院看病。两个月前,黄先生发现医生开的"健肝灵"每盒价格从 15 元涨到 32 元,包装从 60 粒变成 24 粒,生产厂家从广州白云山光华药业变成了山西天星。算下来,每粒药的价格至少比原来贵 5 倍。(《零售 7 元,投标价 561 元;医院药价高于零售价数倍为何? ——好药频出局　竟因报价低》,《羊城晚报》,2006-07-07)

上述段落第一个对数字采用了百分数对比,第二个采用了数字对比的方法。俗话说得好:有比较才有鉴别。将两种有差别的事物放在一起对比,如黑与白、高与低、苦与甜等,不用更多的语言,其本质特点一目了然,令人印象深刻。

3. 让数字易读:用百分比、分数、倍数等简化大数字

有一个宣传健康保健的网页是这样表述的:

中国的烟民有 3 亿多,占全世界烟民总数的三分之一,居世界第一。

据有关资料,我国 30 至 40 岁的男性中,有四分之一被确诊患有脂肪肝;患病年龄逐年降低,年轻的上班族首当其冲。脂肪肝已成为青年男性健康的头号杀手。在慢性肝病患者中,男人是女人的 4 倍。

北京市每年死亡者的总数中:肺癌的死亡已占癌症总死亡的 1/4。在我国引起肺癌的原因,男性有 70％～80％ 归因于吸烟。

男人胃病的发病率比女人平均高出 6.2 倍;男人患心肌梗死而入院治疗的比例是女人的 7～10 倍。

原本庞大的数据被简易化处理后,更容易理解。

增强数字易读、可感、好懂的方法还有给新闻数字配图表、用多媒体动画等。对于广播电视诉诸听觉的特点,将数字取整数,用概数易懂,如 3015.5 千克变成 3000 多千克。

【注释】

1. 余秋雨:《霜冷长河》,北京:作家出版社,2006 年,第 460 页。

2. 木心:《素履之往》,桂林:广西师范大学出版社,2013 年,第 84 页。

3. 威廉・E. 布隆代尔:《〈华尔街日报〉是如何讲故事的》,徐扬译,北京:华夏出版社,2006 年,第 120 页。

【思考与练习】

1. 你作为一个受众,阅读了下面的语言后判断一下它们是否符合新闻语言的要求。

(1) 有段子说:每个保安都是哲学家,他们每天反复追问三个哲学终极问题——"你是谁""你从哪里来""你要到哪里去"。这个段子能成为段子的一个隐含冲突点就是,保安的低文化层次跟"哲学家"的睿哲精深之间,隔着无数个次元。

（2）据"名侦探赵五儿"爆料，林丹在妻子谢杏芳孕期出轨。当天，林丹被拍到牵手长腿嫩妹，深夜两人还在酒店内上演激情戏码，亲热、拥抱、掐屁股，整个画面充满了潮湿的荷尔蒙气息。

（3）宁波城市职业技术学院的机房很多机子被勒索软件中招了。

（4）1946年到延安，任新华总社英语专家，后加入中国共产党；1949年在苏联任报纸编辑的斯特朗被指控为间谍，被投入监狱，其间第一任中国妻子与他离婚；1953年，斯大林死后被释放，在中央人民广播电台担任外国专家，与王玉琳结识，1956年结婚。

（5）"文化大革命"期间，表现得非常激进，1967年他成为"白求恩—延安造反团"头目，并在中国国际广播电台掌权。

（6）晚上回家，正在拿钥匙开门，突然被陌生男子从背后砸头。10月16日，邗江某小区居民小莲（化名）遭遇了惊魂一刻，她赶紧掏钱，摆脱对方。案发2天后，犯罪嫌疑人王某落网。令人未想到的是，他通过小莲丢弃的快递单等信息锁定对方信息，本欲性侵小莲，因对方掏钱，他方寸大乱，拿钱逃跑。昨天，犯罪嫌疑人王某因涉嫌强奸罪，被邗江区检察院批准逮捕。

（7）在慈禧陵，记者看到，虽历经洗劫，但今日的慈禧陵隆恩殿及东西配殿依然透露着货真价实的金碧辉煌。

（8）备受社会关注的河南大学民生学院女大学生张琳琳失踪案成功告破。

（9）作为快乐大本营主持人这么多年，前段时间的身材暴瘦和在节目中痛哭，这应该是近些年来维嘉受到关注度最多的时候。对于一向微胖的维嘉而言，身材发生如此巨大的变化，除了情场失意。但最近维嘉疑似正面回应了这件事情，就连谢娜都吓了一跳。

（10）央视网消息：近日，位于天山北麓的新疆玛纳斯国家湿地公园迎来降雪降温天气，给在这里栖息过冬的候鸟也造成了不小影响。

（11）美国防部说，除化学武器储存设施和指挥所外，还有研究设施被针对。

（12）没有一片树叶没有2个以上的弹孔，没有一所房子可以遮风挡雨。

（13）就历史而言，除了从印度传入佛教之外，其他不少方面古代印度对中华文化的影响要远大于反方向的作用。

2.请阅读下列新闻，对其语言做出评析。

我院新生军训圆满结束

来源：《浙江东方学院报》 时间：2010年9月

本报讯 炎炎烈日，口号阵阵。2010年9月14日至19日，我院2010级新生进行了为期六天的军事训练。经过严格训练，新生们精神面貌为之一变。19日下午，2010级新生在学院操场上以饱满的热情、昂扬的士气接受检阅。

标准有力的动作、响彻天空的口号、神采飞扬的笑容，同学们用自己的汗水对此次军训进行了完美的诠释。大家认为，军训让大家亲身了解、体验了军营的生活，磨炼了自己的意志，提高了吃苦耐劳的能力，促进了德智体美劳的全面发展，为自己今后的专业学习以及步入社会打下了坚实的基础。

【延伸阅读】

如何成为一个合格的新闻人

是否要去上新闻学院,这并不重要;但是应该在大学里接受过全面的博雅教育。要学习有关历史、艺术、音乐、社会学、经济学等方面的知识。否则你就不过是个单一维度的人。你的新闻业训练应该是在校报上得到的,而不是在教室里得到的。

要不断地阅读各种各样的作品,而且你应该开始对各门学科有一个广泛的归档系统。如果你能够创造相应的档案材料并把它们保存好,那么,你就真的能马上成为各学科的专家。

要花大力气培养你的信息来源——不是培养朋友圈,而是培养提供线索的人脉。这是最重要的部分。要培养一种让别人立即就信任你、喜欢你的能力。他们会感觉更轻松舒适。他们会把他们从未告诉别人的东西告诉你。培养你的人脉,使他们对你的人格有很大的信心。

最后,别人回答说"不"的时候,你要能够坚持寻求真相。"不"只不过意味着你要换一种方式提问。邀请采访对象的朋友来调节一下采访过程。要不断和他说话以便获得对方对你的信任。决不放弃。为你提供线索的人崇拜你,意识到你是真正值得信赖的——因为你有高水准的专业技能,有奉献精神,为人正直,机智多谋,所以他认为你一定能带来变化。

——美国《沃斯港明星电讯报》专栏作家戴夫·利伯,选自苏载特·马丁内兹·斯坦德灵著《专栏写作的艺术》第1版,第115页,熊锡源译,南方日报出版社,2014年12月。

【图书推荐】

1. 傅高义:《邓小平时代》,冯克利译,北京:生活·读书·新知三联书店,2013年。
2. 吴晓波:《激荡三十年》,北京:中信出版社,2007年。
3. 郑谦:《中国是怎样从"文革"走向改革的》,北京:北京出版社,2016年。
4. 凤凰书品:《中国那些年(1949—1978):你所不知道的历史真相》,北京:团结出版社,2014年。
5. 约翰·托兰:《希特勒传——从乞丐到元首》,郭伟强译,杭州:浙江文艺出版社,2016年。

拓展资源

第十章
新闻稿件的结构

写作要遵循章法,这个章法就是结构。结构一旦形成并为人们所接受,就成为写作者遵守的作文规范。新闻结构如同盖房子,要善于将地基、墙体、房梁、屋顶、门窗等几个部分搭配组合好,才能构建成一座融为一体的房子。

在新闻写作中,记者根据确立的主题谋篇布局,对采访获得的材料进行组合、对段落进行安排,使之成为一篇完整的作品,这就是新闻结构。新闻结构分为三个部分:导语(开头第一句话或第一自然段);主体(导语之后到结束的所有段落,也称正文或躯干);结尾。

常见的新闻结构有:倒金字塔结构、时间顺序结构、沙漏结构、悬念式结构、并列式结构、华尔街日报体等。西方新闻学对报道体裁的分类是,硬新闻属于新闻报道,即消息;软新闻属于特稿(深度报道属于报道形式)。

用何种结构能够最好地表达主题、实现传播效果最大化,记者首先需要根据新闻价值对事实进行准确判断,其次要经过严谨、扎实的采访,搜集完整、准确、全面的事实材料。在吃透采访材料的基础上,思考并确立报道主题,并根据主题的需要明确报道的结构。新闻报道的结构服务于内容。

一、硬新闻结构

倒金字塔结构

倒金字塔结构是新闻写作中最常用的文体结构。它突出了新闻文化的特点:及时、简明、高效地传播信息。在某种程度上,它是新闻报道(消息)的代表结构,也是纯新闻的标志性结构。它最适合报道动态事件,简明扼要,直截了当。

倒金字塔结构的特点是,用最简洁的语言将一篇新闻最新鲜、最重要、最吸引人的事实呈现在导语中,作为全篇的起点,通常是"何时""何地""何事+结果",其中"何事"要素是核心,遭遇重大突发事件可以在导语中只突出这一个要素,如第二次世界大战时期的经典导语"日本投降了"。导语之后是主体和结尾部分,它们是围绕导语展开的,是对导语的补充和延伸。倒金字塔结构的段落按照材料重要性递减的顺序来安排,即从导语到结尾的材料排列逻辑是:最重要—次重要—不重要。也称倒三角结构。

倒金字塔结构的优点:便于受众花最少的时间获知最重要的信息,只需看完导语就对报道的重点一目了然,传播效率高;便于记者对事件做出快速、及时的报道;便于编辑根据版面空间或播出时间的限制,高效、迅速地从新闻的尾部开始进行删减,有的新闻只需保留导语即可,如广播电视新闻编辑在从报纸或网站选编新闻时就是这样做的。

倒金字塔结构最合适报道刚发生、正在发生或马上要发生的事件。倒金字塔结构新闻的导语要简短,清华大学李希光教授认为,事件新闻导语应控制在 50 个汉字之内。导语短,要求记者用凝练的文笔,准确、清晰、具体地概括事实。主体部分到结尾围绕导语进行补充、扩展、延伸相关事实,支持导语,需要使用新闻背景或增强新闻表现力的直接引语。使用倒金字塔结构需要考虑:"哪些信息会对读者造成最大影响? 导语提出了什么问题需要得到立刻回答? 哪个支持性引语是最强有力的?"[1]

浙江首次截获活体箭毒蛙　发一次毒液能杀 10 个成人

来源:新华网　　时间:2014-08-14

新华网杭州 8 月 14 日电(记者屈凌燕)[电头、消息头]记者 14 日从浙江出入境检验检疫局获悉,浙江首次截获 4 只活体箭毒蛙,是全球毒性最强的物种之一。[导语 简洁概括全文最重要的事实:什么时间、什么地方、发生了什么事? "首次"与"全球毒性最强的物种之一"是新闻背景,突出了报道的新闻价值]

浙江检验检疫局萧山邮办的现场工作人员 11 日在对进境邮寄物进行查验时,从一件来自香港的邮包中查获 4 只活的类似蛙科动物。经初步鉴定为箭毒蛙。而寄件人在面单填写上采用了虚假申报的手段,声明内容物为布公仔。[主体 1 全文较重要事实。对导语中概括的事实"浙江首次截获 4 只活体箭毒蛙"进行更为具体、细致的补充交代:谁、何时、从何处发现箭毒蛙的? 这事是谁干的? 究竟怎么回事?]

这是浙江省首次截获箭毒蛙。目前,这 4 只箭毒蛙已被送往实验室进行进一步的种类鉴定。[主体 2 全文次重要事实。紧接上一段落,重复导语中的背景"首次截获箭毒蛙",凸显该事件的新鲜,突出新闻价值。扩展导语中未呈现的事实:结果如何?]

资料显示,箭毒蛙,即箭毒蛙科,是世界上最美丽的青蛙,也是毒性最强的物种之一。原产于中美洲及南美洲,因为当地部族将它们身上的毒素涂在箭上得名。箭毒蛙体型细小,长 1 至 6 厘米,通身鲜明多彩,其中毒性最强的品种一次发射的毒液量就能杀死 10 个成年男子。根据世界自然保护联盟(IUCN)名录,金色箭毒蛙和三色箭毒蛙被列为濒危物种,红带箭毒蛙被列为极危物种。[主体 3 全文不重要事实。对导语之外事实的延伸。紧接上一段落,对"箭毒蛙"的背景知识作比较详细的说明,便于受众了解这种陌生的生物。如果报纸版面或广播电视时间紧张,可以删除]

浙江检验检疫局提醒,公众要增强守法意识,不要从国外邮寄动植物进境,更不要随意放生从国外进境的生物物种,一旦一些危险物种在我国境内定殖、扩散,将给农林业生产、生态安全乃至人们身体健康造成难以预计的损失。[结尾 全文最不重要事实。对导语之外事实的延伸。紧接上一段落,向公众普及法律意识,借以传播该新闻报道的警示意义,如果报纸版面或广播电视时间紧张,可最先删除]

倒金字塔结构的缺点是,多数新闻写作都是同一类型的结构,容易给人模式化的感觉,似乎难以写出新意,似曾相识。另外,由于最重要的事实在前两个自然段都呈现了,读者不用看其他段落也差不多了解了核心事实。由于其优点非常突出,即传播效率性高,文风简洁明了,所以它的地位是稳定的,无可取代。在当下碎片化传播的移动互联网时代,倒金字塔结构依然有着旺盛的生命活力。

二、软新闻结构

(一)时间顺序结构

依照新闻事件自身发生的先后顺序,从发生、发展到结束安排材料和段落的一种消息结构形式,又称编年体式结构,也称金字塔结构。它符合人们的思维习惯,如同线性传播,从前到后,自始至终。

该结构一般用于线索单一的事件,适合题材重大、情节离奇的新闻,也适合人情味新闻。现场目击新闻、现场直播报道常采用时间顺序结构。因其叙事节奏慢、效率性不高,为吸引受众,需要取个吸引人的标题。对重要新闻的背景说明或新闻分析等也可采用时间顺序结构。另外,在新闻期刊中,非虚构写作常采用时间顺序结构,对事件曲曲折折、千回百转的情节进行生动、细腻、清晰的描述。

福特总统遇刺　幸而无恙

【合众国际社加利福尼亚州萨克拉门托 1975 年 9 月 6 日电】今天晴空万里,阳光明媚,那个娇小玲珑的红衣女郎同群众一道等待着福特总统从他们面前走过。[为什么记者在开头要从一群人中聚焦这个"娇小玲珑的红衣女郎"? 给人一种神秘感,引发受众的好奇心,预感可能这个故事与她有关]

大多数前来欢迎总统的人都希望同他握手。[让受众误会红衣女郎的目的]

这个红衣女郎携带着一支枪。[设置悬念,为后文埋下伏笔]

勒奈特·阿丽丝·弗洛姆 27 岁,属于查尔斯·曼森那个恐怖主义团体。在这个团体中她的代号是"雏鸽"。据目击者说,她一声不响地站在人群的后排,站在州议会大厦前等待总统光临。[核心段落,为结局预设伏笔,做好了铺垫]

她对人群中一位名叫凯伦·斯凯尔顿的 14 岁姑娘说:"啊,今天天气太好了!"[细节,引语,营造现场感]

事件发生后,凯伦说:"她看上去像吉普赛人。"[第一个信源,相关逸闻]

"雏鸽"身穿红色长袍,头戴红色无檐帽,同她的红头发很相配。[细节,对开头简约提及的女郎着装进行补充,给受众画面感]

她的前额上有一个红色的"X"记号,这是 1971 年曼森及其 3 名女追随者因谋杀罪名成立在洛杉矶受审时她自己刻上的。[核心段落,细节与背景]

"雏鸽"特地从北加利福尼亚赶到萨克拉门托,从而步正在服刑的 41 岁的曼森的后尘。现在,她正耐心地等待总统的到来。[核心段落,营造悬念,为结局作铺垫]

她的手提袋里藏着一支 0.45 厘米口径的自动手枪。[核心段落,回应、重复、补充第三自然段,让事实更具体]

太阳热辣辣地直晒下来,气温是 90 多华氏度,人们热得不耐烦,不由得走来走去。[现场场景,渲染气氛]

突然,欢迎人群振作起来了,原来福特总统出现在参议员大饭店门口,接着走上一条人行道,穿过州议会大厦前的停车场朝着人群走了过来。他的前后左右都是特工人员。[现场场景,呈现转折、变动的事实,引发受众关注]

福特止步,向欢迎的人群挥手致意。[现场场景,细节]

欢迎的群众被绳子拦在后面,他们纷纷向前涌去,同总统打招呼。[现场场景,细节]

总统向左转过身去,他伸出双臂,去握欢迎群众伸出来的手。[现场场景,细节]

每同一个人握手,他就说一句:"早晨好!"[现场场景,细节]

"雏鸽"仍没有采取行动。[悬念,受众为之感到意外和好奇]

突然,她从人群后面挤到前面来,边挤边用双臂拨开周围的人。[现场场景,细节,变动的事实,受众心里开始紧张]

警察说,她挤到离总统只有两英尺的地方时,突然拔枪瞄准总统。[第二个权威的信源,呈现现场场景,受众心里紧张了]

凯伦·斯凯尔顿说,总统见到这支左轮手枪时,"脸唰地白了"。[第三个信源,现场场景,细节,变动的事实,情节的高潮]

另一位欢迎群众 50 岁的罗伊·米顿说,福特"大吃一惊,吓坏了,把脖子缩了起来"。[第四个信源,现场场景,细节,变动的事实,受众心里开始紧张,情节的高潮]

说时迟,那时快,特工人员莱瑞·布恩道夫立即采取措施保卫总统生命安全。[现场场景,细节,变动的事实,悬念,情节高潮]

他冒着生命危险,冲到"雏鸽"和福特中间。[现场场景,细节,变动的事实,悬念,情节高潮]

接着他把"雏鸽"摔在地上,同警察一道缴了她的枪。[现场场景,细节,变动的事实,受众紧张感消失,紧绷的心舒缓]

"雏鸽"尖声叫道:"他不是你们的公仆!"[引语,逸闻]

她还对警察说:"别激动,伙计们,别打我,枪不是没响吗?"[引语,戏剧性的逸闻趣事,令人会心一笑,情绪放松]

四五名特工人员同时围了上来,把福特与群众隔开,旋即簇拥着他离开。[现场场景,细节,转折]

福特的膝部一向有毛病,这次在惊吓中几乎支持不住自己,但他很快就站稳了。[补充交代相关事实]

当警察给"雏鸽"戴手铐时,她喊道:"美国乱透了! 那家伙不是你们的总统!"[现场场景,引语,令受众捧腹的戏剧效果]

过了一小会儿,警车把她送走,这时,她的脸上浮现出一丝微笑,神情似乎很镇定。[现场场景,细节,令人意外的结尾]

你对这篇时间顺序结构的新闻感觉怎样? 是否有一种阅读快感? 小段落、快节奏、现场感、简洁的语言、生动的细节、鲜活的直接引语等都增强了这篇新闻的表现力。这篇新闻写得如同看电视现场直播,栩栩如生。

预设的伏笔,核心事实段落,曲折、紧张的情节,生动的现场细节描写,悬念、神秘感,事件从发生、发展到结尾的高潮,这些是时间顺序结构引人关注的前提,平铺直叙、缺乏戏剧性会给受众带来拖沓、沉闷的阅读体验,导致受众对报道感到乏味而难以保持阅读兴趣。

如果你喜欢读人物传记就会发现,多数传记是使用时间顺序结构的,主人公从出生到死亡,按照其人生的历程讲故事,这样安排材料的优点是脉络清晰,易懂易读。其难度是,如果没有精彩的细节和曲折的情节,节奏拖沓,故事平淡,受众就会失去阅读的耐心。

(二)沙漏结构

沙漏结构是新闻的开始与倒金字塔结构相似,即导语中概括新闻最重要的事实,然后在主体到结尾部分按照时间循序叙述安排材料和段落。有一种说法称沙漏结构是倒金字塔＋金字塔结构。

沙漏是古代计时的工具,像阿拉伯数字8,用它来比喻这种特殊的新闻结构对材料的安排比较神似,即两头大、中间小,导语概述最重要的事实,然后开始按照事件发生的先后顺序展开,到结尾是新闻的高潮。

在法治新闻或突发事件报道中,这种结构比较实用。它在新闻开头体现了倒金字塔结构的优点,开门见山,传播信息效率高,在导语中概括最重要的事实;它也体现了金字塔结构的优点,在主体到结尾中以讲故事吸引受众。

4 万块越南买妻 5 万元卖给朋友
17 岁女子被卖 3 次已归国,无良男子宁乡被判 5 年半

来源:人民网   作者:潘显璇 邓梦曦   时间:2013-12-18

本报 12 月 17 日讯 羡慕同村人买来的越南老婆温柔贤惠,30 岁的单身汉陈彪一咬牙,花 4 万元买回个越南老婆。不料,越南老婆成天寸步不离,陈彪没法外出赚钱,半年后他又以近 5 万元的价格将其转卖给了朋友。今天,记者从宁乡县人民法院了解到,陈彪因犯拐卖妇女罪获刑 5 年半。[概括性导语:何人、何事、何因、结果。人物姓名、身份等可放在主体中交代,使导语更简洁凝练]

急

单身汉花 4 万娶越南女

陈彪是娄底新化的一个农民,平时在外务工,30 岁了还没对象,陈家人急得不行。由于村里穷,不少人找对象困难,就有人花钱买越南老婆。

"我看同村人娶的越南老婆温柔、贤惠、漂亮,所以我也想娶个越南老婆。"陈彪交代,他托一个在云南做生意的朋友杨新帮忙,得知杨新的老婆就是越南人,他正准备给 20 岁的小姨子卢草(化名)找对象。

去年 4 月,陈彪拿着家里攒的老婆本去到云南。初次见面,长相标致的卢草就表示愿意与陈彪结婚,陈彪很高兴,毫不犹豫地花 42800 元带回了卢草。几天后,陈彪带着卢草回到老家,热热闹闹地办了结婚宴,但没有正式领结婚证。不过,按照当地的习俗,这也算是夫妻了。[支持导语的事实:交代事件发生的过程,让受众清楚来龙去脉]

烦

嫌老婆黏人卖给朋友

但相处两个多月后,陈彪开始觉得卢草一点都不让他省心。"她成天黏着我,寸步不离。

我要外出打工赚钱,她也非得跟着我去,我都没法出去工作。这样的生活,我受不了。"陈彪说,双方婚后感情不和,卢草一直闹着要回家。

"我不想跟她在一起了,想离婚,但又不想蚀掉已经花了的老婆本。"2012年年底,陈彪得知宁乡的朋友李峰对越南新娘感兴趣时,就将卢草带到了宁乡,给李峰做起了介绍。

40岁的单身汉李峰对卢草比较中意,答应以49900元的价格成交,陈彪收钱后借故离开。不料,找不到陈彪的卢草在李家大哭大闹,对嫁给李峰之事毫不知情,李家人怀疑卢草是被骗过来的,于是报了警。[支持导语的事实:继续交代事件发生的过程,让受众清楚来龙去脉]

悲

17岁女子已被卖3次

警方调查得知,卢草今年才17岁,是越南来州人,她2012年3月被两名越南男子拐骗到了中国云南,然后被卖给了杨新做老婆。而到报案为止,这已是卢草第三次被人贩卖。[背景,解释一个越南女子何以来到中国,她的命运如何,让受众清楚地了解全部的事实]

宁乡公安随后将陈彪抓获,卢草也被送回越南与家人团聚。

法庭上,陈彪对自己的罪行供认不讳,后悔自己不懂法,不知道犯罪了。法院认为,陈彪拐卖妇女,构成拐卖妇女罪,判处有期徒刑5年6个月,并处罚金5000元。(涉案当事人姓名均系化名)[事实结尾,事件高潮,呼应导语]

通过上述新闻,我们会发现,沙漏结构新闻导语与结尾形成互动呼应的关系。由于最重要的事实前后有重复,它就不如倒金字塔结构那样简洁。该新闻的主标题应改为:湖南宁乡一男子被判刑5年半。

(三)悬念式结构

通常在新闻的导语里设置悬念,而后总体上按照新闻事件发生的时间顺序展开新闻叙事,在结尾解开悬疑,呈现最精彩的事实,形成高潮,让受众豁然开朗,恍然大悟,简言之,它是一种按照"设置悬念—剖解悬念"来组合材料与段落的结构形式。

咬伤蟒蛇遭逮捕
来源:《参考消息》 时间:2011-09-04

【美联社加利福尼亚州萨克拉门托9月2日电】在萨克拉门托北部社区发生的一桩人蛇撕咬案让受害者身受重伤,但受伤一方并非如你所想。[设置悬念,让人好奇究竟哪一方受伤了]

警方说,在一男子被控咬了一条蟒蛇两次后,该蛇接受了紧急手术。[透露戏剧性事实,人咬伤了蟒蛇。同时设置悬念:哪一方先发起攻击的?人是否受伤?]

安德鲁·佩蒂特警官说,警方在接到电话后于昨晚6点半赶到德尔帕索海茨社区。之前曾有名过路人报告说,看到一男子躺在地上,也许遭到了袭击。当警察到达现场时,他们发现54岁的戴维·申克仍躺在那儿。但警方说,他不是遭到袭击的一方。[按照事件发生的时间顺序,交代更为详尽的戏剧性新闻发生的过程,依然设置了悬念:男子躺在地上,有人报告他也许遭到袭击,随后释疑]

佩蒂特说,另一男子迎向警察,指控申克咬了其宠物蟒蛇两口。[解开悬念:是人发动的袭击。同时也设置了悬念：此人会受到法律追究吗？]

申克涉嫌非法令蛇致残或外形受损而被捕，其保释金为 1 万美元。[解开悬念，男子咬伤蛇承担法律责任]

受众在作者有意设置的悬念驱动下，兴趣渐浓，直至读完整篇新闻之后解开所有悬念，获得阅读的趣味体验。它适合用讲故事的叙述方式呈现前后反差大的新闻题材，也适合于本身就有戏剧性的新闻题材。

（四）并列式结构

并列式结构适合对某一社会问题和现象进行的综合报道。它在导语中概括新闻中最重要的事实，在主体到结尾部分通常安排三个相互独立又有内在联系的材料和段落，为同一个主题服务。并列式结构主体部分的各段落呈现并列关系，每个段落会用一个主导句作提要，每一个提要前可以用特殊的符号如"——"或数字符号如"一、二、三"标明，也可以采用字数均等、句式整齐的小标题明示要点。有的教材称其为并蒂结构，也叫提要式结构。

"中国制造 2025"引领制造业从"大"到"强"
来源：《人民日报》　时间：2017-04-13

新华社北京 4 月 12 日电（记者　马湛）"中国制造 2025"将助力中国加强制造业创新，促进产业转型升级，成为"高科技天堂"——美国《福布斯》杂志、西班牙《世界报》等海外媒体日前这样评价中国实施制造强国战略第一个十年的行动纲领。[借用美国《福布斯》杂志、西班牙《世界报》等海外媒体评价中国实施制造强国战略第一个十年的行动纲领的一句话为由头]

制造业是国民经济的主体，是科技创新的主战场，是立国之本、兴国之器、强国之基。2015 年出台的"中国制造 2025"持续引起海外制造业专家和舆论的普遍关注。专家认为，"中国制造 2025"为中国制造业发展和产业升级指明了道路和方向。[两个自然段构成复合导语，第二自然段是对新闻最重要事实的概括，总括全文]

创新促进产业升级[第一个小标题，关键词"创新"]

当前，中国正处于经济结构调整转型升级的关键期，而"中国制造 2025"则是助力中国经济转型、迈向创新社会的重要举措。"中国制造 2025"指出，要把结构调整作为建设制造强国的关键环节，大力发展先进制造业，改造提升传统产业。

《福布斯》杂志网站日前刊文说，"中国制造 2025"表明中国正在推进创新，加快产业升级步伐。中国需要通过创新在全球发展中保持竞争优势，立于不败之地。

澳大利亚罗伊国际问题研究所研究员蔡源说，中国经济现在正处于转型阶段，传统制造业的优势正逐渐降低，水、电、土地等生产资料成本上升，人工成本也不断攀升，这促使中国制造业必须升级。

近年来，中国传统产业与互联网融合发展明显提速，促使智能制造水平持续提升，一批核心技术装备研发应用取得新突破，为传统产业转型升级提供了强大动力。

蔡源说，中国有一些产业，包括轨道交通装备、通信、电力装备等已经具有很强的国际竞争力。以通信产业为例，以华为、中兴为代表的中国企业具有很强的市场竞争力，已经进入发达国家市场。

英国诺森比亚大学纽卡斯尔商学院终身讲席教授熊榆说，中国引进或借鉴其他国家的一些技术或创新,在经过中国市场培育后,又催生了创新和变革,进而形成了世界性的影响力。[第一部分有四个新闻来源:"中国制造2025"、《福布斯》杂志网站、澳大利亚罗伊国际问题研究所研究员蔡源、英国诺森比亚大学纽卡斯尔商学院终身讲席教授熊榆,都是专业的、权威的信源,有助于新闻传播效果的说服力和影响力]

目标瞄准新兴产业[第二个小标题,关键词"目标"]

在信息化浪潮下,工业化发展面临诸多挑战。"中国制造2025"围绕实现制造强国的战略目标,明确了9项战略任务和重点,在推动传统产业转型升级的同时,瞄准全球新一轮产业发展方向,促进传统产业与三维打印、机器人、人工智能等新兴产业紧密结合。

英国《金融时报》刊文说,中国企业正开始主导过去30年来一直由韩国和日本制造商引领的锂离子电池行业。随着环保观念深入人心以及汽车制造商加大对电动车的投入,锂离子电池生产至少在未来10年内会是一项重要技术。

研究机构基准矿业情报总经理西蒙·穆尔斯在接受新华社记者专访时表示,在全球电动车市场中,从小型电动自行车到大型纯电动汽车都在快速发展,中国锂离子电池行业正在占据世界领先地位。

据基准矿业情报测算,2020年中国锂离子电池生产能力将占全球的62%,美国和韩国分别占22%和13%。

此外,作为"中国制造2025"重点发展领域之一,在新旧动能转换之际,机器人产业成为新亮点之一。工信部数据显示,2016年中国工业机器人产量已经达到7.24万台,同比增长34.3%。目前已建成和在建的机器人产业园区超过40个,机器人企业数量超过800家。

熊榆说,中国同时具备庞大内需和科技实力,推动结合人工智能、大数据、互联网的制造业革新是中国制造业发展的大方向。[第二部分有五个新闻来源:英国《金融时报》、研究机构基准矿业情报总经理西蒙·穆尔斯、基准矿业情报、英国诺森比亚大学纽卡斯尔商学院终身讲席教授熊榆、工信部数据,都是专业的、权威的信源,有助于新闻传播效果的说服力和影响力]

国家推动长远发展[第三个小标题,关键词"国家"]

"中国制造2025"针对全球传统和新兴产业发展趋势,结合不同产业发展现状,合理制定了逐步提升制造业的方案,使中国在全球各产业的价值链地位全面提升。

专家认为,产业升级是中国经济发展的必要行动,要想确保持续竞争力,还需要国家财政支持和不断的科技研发。埃及埃中商业理事会副主席穆斯塔法·易卜拉欣表示,产业升级不能单纯依靠商业利益驱动,还需要国家从远期规划和财政两方面提供指导和支持。

为完成目标任务,"中国制造2025"提出了完善金融扶持政策、加大财税政策支持力度等8个方面的战略支撑和保障。

中国人民银行等五部门日前公布《关于金融支持制造强国建设的指导意见》,旨在围绕"中国制造2025"重点领域和关键任务,着力加强对制造业科技创新、转型升级的金融支持。

西班牙《世界报》报道,中国希望到2025年成为知识密集型产业中最具活力的"高科技天堂",雄厚的资金投入无疑将使很多中国企业在世界经济秩序中占据优势。

中德"工业4.0"联盟执委会副主席罗家福说,德国"工业4.0"与"中国制造2025"有类似之处,政府都在其中发挥引导和扶持作用。中国企业只要有创新能力和高质量的产品,就会提升自身在全球经济中的地位。[第三部分有四个新闻来源:埃及埃中商业理事会副主席穆斯塔法·易卜拉欣、中国人民银行等五部门日前公布《关于金融支持制造强国建设的指导意见》、西班牙《世界报》、中德"工业4.0"联盟执委会副主席罗家福,都是专业的、权威的信源,有助于新闻传播效果的说服力和影响力]

这篇新闻的主题是导语中的最后两句话:2015年出台的"中国制造2025"持续引起海外制造业专家和舆论的普遍关注。专家认为,"中国制造2025"为中国制造业发展和产业升级指明了道路和方向。

该新闻用了三个提要(小标题)为同一个主题服务:(1)创新促进产业升级;(2)目标瞄准新兴产业;(3)国家推动长远发展。这三个提要是并列的结构,没有主次之分。由此可见,并列式结构使新闻的结构呈现稳定、整齐的形态,适用于报道时间跨度大、内容范围广的经济新闻、综合新闻。

(五)华尔街日报体

华尔街日报体又称"DEE"写作法:它由三个英语单词的开头字母组成,"D"代表"描写"(description),中间一个"E"代表"解释"(explanation),后面一个"E"代表"评价"(evaluation)。

"DEE"写作法的基本特征是:"从描写某个具体的个人或事实入手,通过对事件进行一些解释和恰如其分的背景交代,进而点出报道主题,最后再引述当事人或权威人士的话,对所报道的新闻事件做出评价,指出其意义所在,并尽可能预测其发展方向。"[2]

义乌面临严峻的圣诞节

来源:《澳大利亚人报》 时间:2011-12-08

从张文美(音)店铺前的围墙一直到视线尽头,你会发现圣诞节就在义乌:能用12种欧洲语言唱歌的塑料驯鹿和装饰着金属亮片的石膏矮人在竞相吸引买主。然而,自从9月以来,有种现象却一直缺失:圣诞节前的繁忙生意。张说,她的圣诞工艺品公司生意一直很糟。

在这个世界最大批发市场里,这种问题并非张一家独有。11月,中国的出口增长比前一个月下降,政府预计2012年全球贸易形势会很"严峻"。人民币对美元汇率连续多日下跌。官方贸易数据将在本周公布,对那些担忧世界第二大经济体"硬着陆"式减速的市场而言,情况远非乐观。

义乌被一些经济学家认为是中国出口状况最透明的脉冲点之一,但来自义乌的信号却模糊不清。前些年,张女士能向美英和欧元区的大供应商出售价值600万元人民币的廉价圣诞树饰品。而今年,能达到400万就算幸运了。

类似的绝望故事正在中国东部贸易中心义乌的数千家商铺里上演。每家都代表着一个随时准备增加产量的工厂——产品从遥控汽车到仿真瑞士布谷鸟钟,然而却缺少至关重要的海外订单。

在义乌的南边——广东省的工业心脏地带,同样的问题也正制造着类似痛苦。西方需求放缓再次暴露出中国很多制造加工地区的产能过剩。加上工人要求涨工资,近几周来,罢工已导致当地一些西方和日本企业生产瘫痪。

中国能安然无恙避开欧元区混乱的观点不再出现。中国商务部也表示,明年欧美不会出现根本性好转,国内成本将维持和今年一样高的水平,所以明年的对外贸易形势将是严峻的。(作者:利奥·刘易斯,翻译:陈一)

华尔街日报体适合深度报道之一——解释性报道的写作,其优势是,使得枯燥乏味的财经新闻变得有趣可读。以上文为例,如果把开头删除,该报道会索然寡味。它的开头从义乌商贩张文美的现场故事说起,第二自然段从具体的场景切换到导致当地商业不景气的根源——提供宏大的新闻背景,从具象到宏观,由点到面。第三自然段过渡到这种大背景下义乌受到的波及。第四自然段紧接上一段的整体背景,镜头从远焦到近焦,告诉受众在义乌的数千家商铺里正在经历着萧条的影响,列举了两种商品作为缩影。然后,镜头再次切换到义乌南边——作为出口商品生产基地的广东面临的困境。结尾对这一经济形势的消极影响作了评估和预测。实际上,整篇报道的主题就是解释2011年中国出口何以下降。华尔街日报体采用讲故事的方法使得经济报道生动、易读。

【注释】

1. 卡罗尔·里奇:《新闻写作与报道训练教程》,钟新主译,北京:中国人民大学出版社,2004年,第209页。

2. 陈作平:《新闻报道新思路——新闻报道认识论原理及应用》,北京:中国广播电视出版社,2000年,第154页。

【思考与练习】

请对下面这两篇新闻的结构进行分析解读。

私家侦探召开首届国际侦探公司年会

本报讯 他们走起路来,皮鞋并不吱吱作响,他们也不用撇嘴角示意来代替说话,他们更无意朝着什么人的下巴猛击一拳。

这十几个于昨晚在舍尔曼旅馆聚会的貌不出众的人,都是不折不扣的私家侦探。在那里,他们召开了战后首届国际侦探公司年会。

为首的是大名鼎鼎的纽约侦探雷埃·斯琴德勒。与会者中还有测谎器的发明者里奥纳德·吉勒,兰辛公司的乐·莫因·斯尼德博士,他曾任密歇根州警察局法医部主任;此外还有克拉克·赛勒,此人是洛杉矶的鉴别笔迹和文件的头号权威,曾参与林德堡之子被绑架一案的破案工作。

从表面上看,他们同电影中的侦探如阿兰·赖德、汉弗莱·博加特、迪克·鲍威尔之流完全不同。前者是英俊小生,而他们都是五六十岁的秃顶老头。

但是他们中至少有一位说了几句话,赞扬电影中的侦探。艾奥瓦州苏城的哈里·路易说:"这些家伙说话的口气满大,并且不断闯祸。但是,不管怎么说,他们把事情办了。"(选自美国《解释性报道》,科蒂斯·麦克道格尔著,1938年版)

日本著名作家渡边淳一去世
来源:《参考消息》 时间:2014-05-06 11:58

【共同社东京5月5日电】日本著名作家渡边淳一4月30日晚11点42分因前列腺癌在东京自家的住宅内去世,享年80岁。渡边以《失乐园》等爱情小说和医疗题材作品闻名,曾获得直木奖。

渡边是北海道人,在札幌医科大学就读时就发表了小说作品。毕业后,他留校担任讲师,但之后为了成为专业作家赴东京发展。渡边运用当过医生的经历,执笔过多部医疗题材小说,1970年因《光与影》获得直木奖。1980年,渡边凭借描写日本名医野口英世人生的《遥远的落日》和《长崎俄罗斯游女馆》赢得吉川英治文学奖。

自20世纪80年代起,渡边连续发表描写"爱"与"性"的《化妆》《雪舞》《化身》等多部爱情小说。其中,描写中年男女婚外恋的《失乐园》销量突破250万册,成为超级畅销书。

另外,《失乐园》和《爱的流放地》等多部作品被拍成电影。在海外,渡边的翻译作品出版也很多。在中国,他与村上春树一样拥有超高人气。

【延伸阅读】

西方记者职业道德规范
职业新闻记者协会(SPJ)职业伦理规范

1996年9月制定

绪言

职业新闻记者协会成员相信,公众的启蒙是正义的先驱,民主的基石。新闻记者的职责就是通过追求真实,提供关于事件和问题的全面公平的叙述,达到启蒙公众的目的。来自所有专门领域和媒体的有责任感的记者,都努力彻底和忠实地为公众服务。职业正直感是记者信誉的基础,协会成员因此对于职业道德行为产生共同认识,并采用本规范作为协会实践原则和标准的声明。

追求真实并加以报道

新闻记者应该忠实、公正和勇敢地搜集报道和转述信息。

新闻记者应该:

• 检验来自所有来源的信息的准确性,小心避免无意的错误。绝不允许故意扭曲。

• 努力找到报道的主体,给他们对于声称的错误行为做出反应的机会。

• 任何可能的时候,都要指明消息来源。公众应该有尽可能多的信息来判断消息来源的可靠性。

• 在承诺保证信息来源匿名之前,永远要质问一下信息来源的动机。要对为换取信息而做出的承诺中各种可能的情况都做出清楚的说明,一旦承诺,则保守诺言。

• 确保标题、导读和其他突出处理的材料、照片、音像、图表、声音和印语都没有误表达。

• 避免在转述和连续性的报道中误导。如果有必要转述别的媒体一条新闻,可以这样做,但要标识清楚。

• 除非传统的公开的方法不能得到对公众至关重要的信息,不要采用秘密的或窃听式的方法获取信息。如果使用了这样的方法,在报道中应该加以说明。

• 永远不要剽窃。

• 勇敢地讲述关于人类经验多样性和广泛性的报道,尽管这些经验可能是不经常有的。

• 检查自己的文化价值观念,并避免将这些价值观念强加给别人。

• 观察人时不要被民族、性别、年龄、宗教、种族、地理、性取向、是否残障、外貌或社会地位这些因素框住。

• 支持公开的意见交流,即使这些意见自己很反感。

- 让无声的人们发出声音；官方信息和非官方的信息被以同样价值对待。
- 在鼓吹文章和新闻报道之间做出明确区分。分析性文章和评论应被明确标出，以免与事实和报道文本相混。
- 对广告和新闻做区分，避免出现模糊二者界限的杂交式文章。
- 认识到自己的特殊使命，要确保公众事务是公开处理的，而且政府记录可以公开查阅。

减小伤害

有职业操守的记者把新闻来源、采访对象和同事都看作值得尊敬的人。

新闻记者应该：

- 对那些可能因为新闻报道而受到负面影响的人们表示同情。当面对孩子和没有经验的新闻来源或新闻主体时，要特别小心。
- 当采访和使用正在悲伤中的人们的照片时，要特别小心。
- 要认识到采集和报道信息会引起伤害和不适，报道新闻并不意味着你就可以傲慢自大。
- 要认识到，一般人比公共官员和追求权力、影响和希望引起人们注意的其他人，有更多的权利保有关于自己的信息。只有当有十分迫切的公共需要时，侵入任何人的私人领域获取信息才是正当的。
- 品位要高。避免迎合任何低级趣味。
- 在指出青少年犯罪嫌疑人或性犯罪受害人时，要非常谨慎。
- 在正式控诉文件出来之前指明犯罪嫌疑人时，要非常审慎。
- 在公众被告知的权利和犯罪嫌疑人被公正审判的权利之间寻求平衡。

独立行动

除了公众的知情权，新闻记者不应该对任何其他利益负有责任。

新闻记者应该：

- 避免自己的利益与采访发生冲突，不管是现实的利益还是可能的利益。
- 不参加任何可能伤害自己公正和信誉的组织和活动。
- 如果将伤害记者的正直感，拒绝一切礼物、好处、费用、免费旅游和特殊对待，并避免第二职业、政治涉入、在公共办公机构或社区机构工作。
- 如果这些冲突必不可免，那么将它们暴露出来。
- 勇敢地要求那些拥有权力的负起责任。
- 拒绝广告商的优厚待遇和特殊利益，抵制他们企图影响新闻报道的压力。
- 警惕新闻来源为了好处或金钱而提供信息，避免力求新闻出现的心理。

可信

新闻记者在他们读者、听众、观众的眼中是可信的。

新闻记者应该：

- 澄清和解释新闻报道，就新闻界的行为邀请公众对话。
- 鼓励公众说出他们对新闻媒体的不满。
- 承认错误，并迅速纠正。
- 揭露新闻记者和新闻媒体的不道德行为。
- 遵守他们对于别人提出的高要求。

【图书推荐】

1. 石野：《生死暗访》，重庆：重庆出版社，2011年。
2. 闾丘露薇：《我所理解的世界》，上海：上海交通大学出版社，2016年。
3. 杨绛：《洗澡》，北京：人民文学出版社，2004年。
4. 沈复：《浮生六记》，张佳玮译，天津：天津人民出版社，2015年。
5. 沈从文：《边城》，南京：江苏人民出版社，2014年。
6. 余秋雨：《文化苦旅》，武汉：长江文艺出版社，2014年。

拓展资源

第十一章
新闻标题

我们阅读报纸,总是先浏览每个版面的标题,然后才开始挑选其中感兴趣的新闻留心阅读,吸引我们并引导我们阅读的新闻首先是标题抓住了我们的眼睛。为何报纸版面上标题是最大字号、最粗字体? 为何标题如此简洁? 其实这正是为了"吸睛"效果。因此,有一句话称"标题是报纸的眼睛"。

眼睛对于一个人的重要性不言而喻。由此可见标题对于报纸传播效果起着一锤定音的作用,所谓"看书看皮,看报看题"说的正是这个理。广播电视会用简练的新闻提要来吸引受众。如今,我们更多地使用移动互联网新媒体获取信息,新闻标题的价值显得更为重要了,因为与传统的平面媒体新闻以整体完全呈现在同一个空间的形态不同,在互联网新媒体上,标题与新闻内容是分隔在两个物理空间的,标题不吸引人,网民就会在拥有海量信息的互联网上被其他五光十色的信息迷惑,放弃点击阅读一篇有价值的新闻。因此,互联网新闻阅读率的高低取决于标题,标题对于互联网新闻的重要性超过了传统媒体。我们浏览以下 2018 年 1 月新浪网的 8 篇新闻的标题感受一下网络编辑的"匠心":

中纪委全会后"打虎"落马者曾被国务院点名通报

这 4 名履新的副省长 8 年前是"戴帽"京官

杜特尔特力挺中国的这个决定让菲律宾国内炸了

一次性把手机充电到 100%? 绝大多数人都错了

中国人口最少的地市一把手升任副省长

中央发话:这些人的待遇要提高 快看看有你吗?

我们会发现,这些消息的标题与传统媒体的新闻标题相比有"创新",都故意制造悬念,不直截了当地把最重要的事实信息清晰地告知受众,勾起受众渴求事实真相、揭开谜底的欲望。还有一种网络新闻标题的形式是,从新闻中寻找离奇的、反常的、令人意外的细节作标题,哪怕这仅仅是报道中的一句话而已,如有网站将对一位研究铁路技术的知名教授的报道的题目修改为"工作累了就听周杰伦的院士 让中国高铁领跑世界",就是从新闻结尾处挑了一句当事人的业余爱好的话作标题,因为编辑认为一个年过古稀的科学家听周杰伦的歌似乎反常,也许该标题会吸引受众。当下互联网媒体流行在标题上挖空心思、制造噱头赢得点击量,初衷没错,但一些商业网站哗众取宠,断章取义,故弄玄虚,胡编乱造,甚至用新闻史上"黄色新闻"的标题形式招徕受众,就成了为人不齿的"标题党"了。如 2016 年 4 月 24 日,新浪娱乐自行编发一篇消息的标题是"baby 胸部丰满 金钟国盛赞:中国最好女演员",故意将 baby 被赞为"中国好演员"和"胸部丰满"联系起来,逻辑荒诞,用词露骨低俗。新媒体的标题当然可以"新",但得遵循新闻传播的规律,得有底线。事实上,为一篇新闻取一个好标题的难度仅次于写一个好导语,它是记者、编辑文字功底和新闻素养融合的精粹,容不得半点马虎。俗话说"题好一半文",如何制作新闻标题呢?

一、硬新闻标题类型

(一)单行标题

单行标题是消息标题中使用率最高的,也称单一结构标题。它用最简洁的文字(一个"主—谓—宾"结构的简单句)概括主要新闻事实。制作单行标题简明扼要、省时高效,符合新闻传播时效性的要求。如:

习近平:支持海南岛成为中国首个自由贸易港《联合早报》2018-04-14

094A 型首次曝光 国产核潜艇亮相南中国海大阅兵《联合早报》2018-04-14

中国平均每分钟 7 人确诊患癌症 肺癌排首位 央视新闻 2018-04-16

中国数字阅读大会在杭开幕 去年人均阅读 10 本书 浙江新闻 2018-04-13

西安花 1200 万建"除霾塔" 全球仅一座《联合早报》2018-04-19

上述标题都达到了消息标题的基本要求,即用完整的简单句建构标题,准确、简洁、清晰、具体地概括新闻的主要事实,揭示核心内容,展现新闻的精华,引起受众关注。按照传统媒体的规范,消息单行标题要简洁:一般控制在 20 字左右以内比较合适。单行标题实际上就是整篇消息的主题。

(二)多行标题

也称复合标题或复合结构标题,通常由两行或三行标题构成,以"标题群"形态呈现。它通常由三种形态构成。

1. 引题(或称眉题、肩题)＋正题(或称主标题)

如《浙江日报》2018 年 1 月 18 日的两行标题:

2019 年浙江高考选考科目要求出炉(引题)

物理可填报专业覆盖最广(正题)

2. 正题(或称主标题)＋副题(或称子题、辅题)

如《杭州日报》2018 年 1 月 18 日的两行标题:

诸暨人包高铁到杭州上班!(正题)

杭报记者体验通勤高铁"西施号"同城出行(副题)

3. 双正题(或称主标题)

如香港《大公报》2018 年 1 月 18 日的两行标题:

新加息周期已来临(正题)

利率仍有上升空间(正题)

4. 引题（或称眉题、肩题）＋正题（或称主标题）＋副题（或称子题、辅题）

如《人民日报》2018年1月17日1版标题：

张高丽在推进"一带一路"建设工作会议上强调（引题）

以习近平新时代中国特色社会主义思想为指导

推动"一带一路"建设不断取得新的更大进展（正题）

王沪宁出席（副题）

在报纸版面上，标题与图片除了吸引受众对新闻产生兴趣，还起着美化版面的作用。我们会发现，标题的字体字号都是"浓眉大眼"，十分耀眼，如果是多行标题，正题字号最大，与引题和副题的区分十分明显。引题是为了引出正题，它的功能是介绍新闻背景，展示新闻意义。副题紧随正题，其作用是补充说明正题；或者对正题的来源和结果作交代；或者补充新闻要素；或者揭示新闻意义强化新闻影响力。由于三行标题占用空间多，制作比较费时，如今比较少见。从上述案例可以得出结论：多行标题中至少得有一个是实标题，不能全都是虚标题。所谓实标题即含有具体信息，句子完整呈现新闻要素，准确、清晰地概括新闻的核心事实，一般可以单独作标题；虚标题是议论说理，体现价值判断。党报在报道重大政治新闻时会采用加大单行标题或双行标题字号、套红、用黑底色衬托等方式突出新闻报道的重要性，或者采用通栏或者跨栏标题起到强化视觉冲击的传播效果。

二、硬新闻标题制作

（一）标题应准确概括消息内容，做到题文相符

新闻标题首先要准确地概括新闻内容，做到题文相符，否则就会误导受众。准确与新闻真实直接关联。新闻标题要把准确作为第一目标。如今，商业网站在转载其他媒体的新闻时，为了追求利益最大化，会修改原报道标题来吸引眼球，有的将原报道标题修改得走了样，引发负面影响，例如：

台媒称大陆留学从精英化走向大众化：求职竞争日趋激烈（参考消息网2017年10月22日）

台媒称大陆留学从精英化走向大众化：竞争日趋激烈（凤凰网修改标题）

原新闻标题符合新闻内容，意为：大陆留学生数量激增，回国后"求职"竞争变得日趋激烈。如果去掉"求职"，意思就变成了"留学"的竞争日趋激烈了。

我国公布建设网络强国的时间表和路线图（新华网2016年7月28日）

中国将成为网络强国：2050年世界无敌（凤凰科技修改标题）

新华网的报道中没有提及中国网络建设规划"2050年世界无敌"，凤凰网编辑修改的标题以夸大的方式吸引眼球，无中生有。

西城区北京第二实验小学白云路分校多名学生同天流鼻血请假（《法制晚报》2016年6月2日）

北京西城多名小学生同天流鼻血 白细胞计数不正常（搜狐网修改标题）

原消息中并未提及白细胞的内容，搜狐网编辑在推荐文章时擅自添加无中生有的内容，令标题引发读者误解。

(二)标题要清晰地呈现最重要的新闻事实

标题语言要概括新闻最主要、最吸引人的事实要素,这种概括应使用新闻语言,应具体表现事实,展现新闻价值,让受众可以感知。概述宜用精确的具体名词,不用空洞、抽象的词汇,不用带有情感倾向的修饰词。例如:

邓小平弟弟邓垦逝世　家在武汉,曾任湖北省副省长(《湖北日报》客户端,2017-10-31)

邓小平弟弟邓垦逝世　享年106岁

对比这两个标题,第二个用"享年106岁"取代了第一个标题中不重要的事实"家在武汉",是对该消息最主要事实"邓小平弟弟邓垦逝世"的补充,使之更具体、更清晰。"106岁"这个数字具有显著性的新闻价值。"曾任湖北省副省长"没有新闻价值。

南京一小区垃圾清运不及时　城管"堵门执法"引争议(江苏网络电视台,2017-07-15)

秦淮区一女士投诉:家门口被城管堆垃圾封门

社区负责人:当事人将这堆垃圾存放小区一个多月

原标题不准确,将一个人的事说成了一个小区的事,"堵门执法"对事实的呈现也不准确、不清晰。按照报道内容,笔者将其改为双正题结构,符合平衡报道的规范。

赴台大陆游客减六成　台东饭店歇业严重(央视新闻,2017-05-28)

赴台大陆游客减六成　景区温泉车落满蜘蛛网(凤凰网修改标题)

凤凰网修改的标题更好,比原标题更为具体形象。

(三)标题要突出新闻价值

将新闻背景用于标题中能够突出新闻价值,吸引受众的注意。如:

"海警3062"轮被货船撞沉,所幸8名公务人员全获救!(信德海事,2017-04-20)

海警3062船在广州撞货船沉没 曾在黄岩岛执法(凤凰网修改标题)

对比这两个标题,我们会发现,凤凰网修改的标题使用了简洁的新闻背景说明,突出了该事件的新闻价值,把"看点"凸显出来了,比原标题更吸引人。原标题给人的感觉是,这只是一起普通的事故。加点新闻背景就不一样了,因为在此之前,中菲曾为黄岩岛发生过争执和对抗,"黄岩岛"三个字具有显著性,借此就提升了海警3062船遭遇事故沉没的吸引力。

(四)标题要简洁生动

消息标题应追求简明扼要,句子简短节奏感强,易读易记,便于理解。

舟山初步攻克世界性难题　带鱼养殖破了带鱼"离海即死"魔咒(《都市快报》,2017-07-13)

舟山初步攻克世界性难题:带鱼人工饲养成功(凤凰网改编标题)

原标题啰唆冗长,对最重要的事实"人工饲养带鱼成功"没有清晰地呈现出来。修改的标题突出了最主要的事实,简洁明了,比原标题好。

开网店卖食品:借3万赔光,朋友投5万打水漂

转行卖渔具:投入40万,月销售额却只有两三百

如果拥有这些创业经历的主角是你,你还会继续坚持下去吗?

看荣成小伙咋用鱼竿实现"咸鱼"翻身

(《威海晚报》,2015-10-22,A23版)

这个标题冗长，其网站照旧使用未修改。它的第三行标题平淡无奇，完全可以删除。最后一行正题表述不够清晰，"用鱼竿翻身"会让人误解主人公靠钓鱼发财了，用口头语"小伙"不正式，有情感。经商亏本是正常现象，无须如此煽情表述，该新闻主人公的经历在商界不算离奇，根据新闻内容改成单行标题即可：荣成一男子开渔具店 月营业额 2 万。

(五)标题要遵循客观性法则

消息被称为"纯新闻"，"纯"指的就是消息写作恪守的新闻客观性法则。既然消息的内容要求客观，标题作为其组成部分，没有理由超越客观性。但是如今新媒体时代，"后真相"以情感代替事实的现象呈愈演愈烈之势，新媒体的标题存在着以偏概全、渲染煽情、主观引导等方面的不足。例如：

上方山泼猴闯进苏州市区一个月　居民家惨遭"毒手"（江苏网络电视台，2017-07-14）

"惨遭"是主观表达，应删除。如今网络新闻标题中出现该词汇比较常见。

国家象征岂容亵渎！门源公安严肃查处一起侮辱国旗案（青海省委政法委员会官方微博，2017-11-17）

该标题是新闻评论标题，带有鲜明的价值判断。应改为：青海一家餐厅负责人涉侮辱国旗被拘留十五日。

暖心！高位截瘫女孩一篇网帖引男友千里追求（搜狐新闻，2017-10-26）

"暖心"是观点，删除才客观。男友应改为"男子"，他追求她的时候还不是她的男友。

女版孙杨！中国泳坛 12 岁新蝶后诞生（凤凰网体育，2017-10-22）

标题前半句是主观评价，应删除。连主人公姓名都没有放在标题里，应改为：12 岁山东运动员王一淳获全国游泳锦标赛 50 米蝶泳冠军。

中国最强老人南美被撞离世，骑三轮游 20 国 17 万公里（凤凰网，2017-10-22）

用形容词最高级形式是网络流行语的格调，应谨慎使用，除非得到印证。该标题宜改为：61 岁的徐州人陈冠明在南美车祸离世，曾骑三轮游 20 国。

浙江一女士脑袋真的被人气炸了！医生说，这类人容易"炸"（杭州网，2017-11-18）

该标题系主观想象，故弄玄虚，渲染夸张。实际上对方隐患高血压，受到情感刺激后导致脑部血管破裂。用"脑袋气炸"不准确、不客观，违背科学。

警方扫毒现场被惊到！毒贩竟能从 7 楼一跃而下！（搜狐新闻客户端，2017-03-29）

根据新闻内容，该毒贩打算跳楼但被警察控制了。搜狐新闻编辑用想象代替事实作标题，违背了事实真相，不符合新闻客观性原理。

"想搞死老子没那么容易"，一名新生儿手握避孕环出生（澎湃新闻，2017-05-09）

婴儿一出生就会说话？手握避孕环又是怎么回事？真不知该新闻的编辑是不是戏剧家！

绍兴姑娘菜地干活时被"禽兽"袭击！还在她身上留下痕迹……（搜狐新闻客户端，2017-09-15）

该标题与美国新闻史上"黄色新闻"时代的标题有得一比。搜狐新闻编辑用自己的主观想象渲染煽情，故弄玄虚，轻佻油滑，拿下流当有趣，挑逗人的窥私欲望。

杭州保姆纵火案明开庭,灾难后林爸爸的 223 天(紫牛新闻,2018-02-01)

该标题称呼当事人"林爸爸"呈现了记者鲜明的情感倾向。作为公众代言人,记者如此称呼男主人公不准确、不规范。

(六)标题要通俗易懂

新闻作为大众传播的文化快餐,通俗易懂是其本质属性。标题作为消息吸引受众的第一扇窗口,记者编辑没有理由卖弄知识、玩弄字眼、故作高深。

10 名"摸金校尉"夜盗古墓 吸入毒气 4 人身亡(《贵阳晚报》,2017-03-09)

"摸金校尉"据称是曹操发明的官衔,专门负责盗墓,该名词并非人人尽知,新闻中也无相关背景知识介绍,用在标题中令人费解。写新闻千万别卖弄知识,通俗、平实才是上策。

马英九演讲被大陆女生"表白"回应:我也喜欢你(凤凰网,2017-11-21)

为何要用被动句呢?被动句费解,在新闻写作中宜使用主动句通俗易懂。该标题应改为:马英九大学演讲回应大陆女生:我也喜欢你。

携程旅行捆绑销售遭炮轰,演员韩雪被套路发文谴责被力挺!(网易,2017-10-12)

一句话里面出现了两个"被",佶屈聱牙,费解难懂。

台州小伙遭遇现实版蛋疼 睾丸扭转差点变成公公(《台州晚报》,2017-04-21)

这标题真够粗俗的。"通俗"与"粗俗"就差一个字,新闻语言要通俗得贴近生活,但生活中不乏粗俗、粗陋、粗鄙的口头禅,不加选择地使用有违新闻的文化品位,大众传媒毕竟是引领文化的精神产业,得有底线——社会责任感,涉及不雅字词的该回避的要回避。此外,该标题中的"公公"明显带有对当事人的歧视和嘲弄,不科学,也不准确。应用标准的书面语:台州一男子睾丸扭结入院治愈。

"嘎勒面孔!"女子吃完日料穿走别人价值 6000 多的旧鞋,面对失主竟说出这番话!(《新闻晨报》,2018-01-24)

女子吃完日料穿走别人 6000 多元鞋 面对失主说这话(新浪新闻,2018-01-24)

原标题开头的引语是上海方言,外地人费解。方言土语如果成为流行语,可用在新闻标题中,如因赵本山小品而普及的东北方言"忽悠",否则不应用之于新闻标题,即便用于新闻内容中,也得作通俗解释。此外,原标题中将"日本料理"简化为"日料"不准确、不清晰,不如简化为"日餐"。新浪新闻修改的标题删掉了方言和主观情感词汇,但仍旧偏长。该标题宜改为:女子吃完日餐穿走别人价值 6000 多的旧鞋。

三、软新闻标题制作

软新闻标题比硬新闻委婉,它体现"讲故事"的风格,比较注重标题的表现力,即突出新闻标题的审美效果,会借用文学艺术的表现方式、修辞手法等,或突出报道的戏剧性、冲突性和人情味等,用细节或有张力的事实作标题。如以娱乐性、趣味性、人情味见长的特稿标题,常常会比硬新闻更为抽象、含蓄、唯美,追求一种耐人寻味的意境,营造一种令人深思的意象。软新闻的标题比硬新闻更简洁,通常硬新闻的标题使用 20 个字左右,而软新闻的标题10 个字左右就够了。软新闻标题不同于硬新闻标题,使用一个完整的简单句,也不像硬新闻那样把事件的结果清晰地告知受众,它会用偏正结构、并列结构、动宾结构的词组,或者有特殊含义的一个字或一个词来建构标题,强调对受众视觉和情感的冲击力。如《中国青年报·冰点周刊》的开篇之作《北京最后的粪桶》,就是一个特写镜头式的标题。2014 年揭露广东东莞"黄色产业"的《东莞制造》,巧妙地将物质产品制造业基地同时也以"莞式服务"色情产业闻名遐迩的东莞以"制造"这个看似普通其实暗含讽喻的字眼粘连在了一起。

调查性新闻的标题也可借鉴特稿标题形式。如华东师范大学出版社出版的《别对我撒谎:23 篇震撼世界的调查性新闻报道》中,玛莎·盖尔霍恩 1945 年的名篇《达豪》就突出了她现场采访调查的臭名昭著的第二次世界大战德国法西斯集中营达豪这个地名。又如西摩·赫什 1970 年的名篇《美莱大屠杀》、1996 年阿米拉·哈斯的名篇《重围之下》、2004 年乔·怀尔丁的名篇《见证费卢杰》。

制作硬新闻标题主要突出记者的新闻素养,能够准确地把握新闻价值,语言直白简洁;而制作软新闻标题不但需要记者具备扎实的新闻素养,还得兼具文学、影视、艺术、哲学、人文精神等综合素养,比制作硬新闻标题更难。

软新闻常用修辞手法增强标题表现力,如比喻、拟人、反问、反衬、粘连等可以使新闻标题富有表现力,耐人寻味。

两条小黄鱼"吃"掉顾客 4628 元(《深圳晚报》,2008-03-01)

该标题运用了拟人的修辞手法,简洁而耐人寻味,含义丰富。

美梦不美　安倍不安(《联合早报》,2017-04-02)

该标题采用了反衬的修辞手法,语言齐整,言简意赅,生动深刻。

民船"参军",我军战损舰船有了专属座驾(《解放军报》,2017-04-16)

前半句采用了拟人化手法,后半句使用了比喻修辞格,该标题简洁生动,一目了然,尽显新闻精髓。

"伤薪"台湾难留人才(《联合早报》,2017-04-02)

用"伤心"的谐音"伤薪",一语双关,直面现实,别有深意,信息量大,有趣味。

澳洲旧墓地 衍生新目的 (《联合早报》,2017-11-21)

"墓地"与"目的"谐音,两句话形成对偶关系,简洁生动,易读性强,朗朗上口。

【思考与练习】

1. 对下列新闻标题进行分析。

(1)好色之徒必去　长兴"扫黄"攻略(新浪网,2017-10-28)提示:主题是长兴秋季银杏树叶黄了,风景很美。

(2)台州 3 名采花大盗疯狂作案　好几家人遭毒手(台州公安,2017-10-25)提示:主题是台州三男子晚上偷花。

(3)台州:俩酒后"砸车哥"被拘(浙江省公安厅,2014-06-17)提示:该不该称呼这两男子为"砸车哥"?

(4)思聪前女友雪梨孕期喝奶补充营养　上围暴涨(新浪娱乐,2017-10-27)提示:图片说明是,王思聪前女友雪梨在微博晒出孕期保养心得,虽然雪梨肚子又大了不少,但脸蛋依旧清纯可人。

2.请分析下列标题对你是否有吸引力,为什么?

(1)男子围观居民楼火灾还吐槽 结果发现烧的是自己家

(2)霸王防脱洗发水老板被网友吐槽:你自己也脱发啊

(3)一封101年前的情书 引来网友猜世纪大结局

(4)15岁女生出版6万字英文小说 从小学五年级写到初一

(5)中央政治局成员也要述职了

(6)中国农村外出务工劳动力总量达1.74亿人

【延伸阅读】

记者行为准则宣言

国际新闻记者联合会

(1954年4月国际新闻记者联合会第二届代表大会通过,1986年6月修订)

本国际宣言,经正式宣布为从事新闻采访、传递、发行与评论者,以及从事事件之描述者的职业行为标准。

一、尊重真理及尊重公众获得真实消息的权利,是新闻记者的首要责任。

二、为履行这一责任,新闻记者要维护两项原则:忠实采集和发表新闻的自由及公正评论与批评的权利。

三、新闻记者仅报道知道来源的事实,不得扣压重要新闻或假造资料。

四、新闻记者只用公开方法获得新闻、照片和资料。

五、新闻记者发现已发表的新闻有伤害性的讹误,应尽最大努力予以更正。

六、新闻记者对秘密获得的消息来源,应保守职业秘密。

七、新闻记者应警惕正由报刊加剧的各种歧视的危险,对于建立在种族、性别、性取向、语言、宗教、政治或其他观念,以及民族或社会出身等基础上的种种歧视,应尽力避免为之推波助澜。

八、新闻记者视下列行为为严重的职业罪恶:

——抄袭、剽窃;

——中伤、诬蔑、诽谤和缺乏根据的指控;

——因接受贿赂而发表或扣押消息。

九、名副其实的新闻记者应把忠实地遵循以上原则视为自己的责任。在每一个国家的一般法律的范围内,新闻记者在职业问题上只承认同业间的裁决,拒绝政府或其他方面的任何干涉。

【图书推荐】

1.宫崎市定:《宫崎市定解读〈史记〉》,北京:中信出版社,2018年。

2.弗兰克·特纳:《从卢梭到尼采:耶鲁大学公选课》,北京:北京大学出版社,2017年。

3.古斯塔夫·勒庞:《乌合之众:大众心理研究》,北京:中央编译出版社,2011年。

4.西格蒙德·弗洛伊德:《梦的解析》,殷世钞译,南昌:江西人民出版社,2014年。

拓展资源

第十二章
新闻电头与导语

　　西方把新闻分成硬新闻和软新闻。硬新闻即消息,指时效性强(刚发生、正在发生、即将发生)的事件新闻报道,以"新、快、短"为特点,也称纯新闻,采用倒金字塔结构,第三人称叙事,一事一报;软新闻即特稿,侧重于具有人情味的故事,采用叙事和描写等手法展示人物、事件和问题,为受众提供教育性和娱乐性信息。"新闻"这个词广义包含所有的新闻体裁,狭义专指消息。

　　新闻的开头叫"导语"。硬新闻导语是告知信息的导语,注重时效性,通常就是报道的第一自然段,在导语前会有一个"消息头",即电头。新闻电头+导语是硬新闻的标志性符号。软新闻导语是讲故事的导语,时效性不强,它可以是新闻开头的第一个自然段,也可以由多个段落组成复合式导语。

一、新闻电头

(一)电头的界定

　　电头也称消息头,即在消息导语开始之前的"通讯社(媒体)名称+地点+几月+几日+电(讯)",如:人民网郑州 1 月 23 日电(记者……)、新华社北京 1 月 24 日电(记者……)。电头是消息的显著标志。

(二)电头的形式

　　电头有两种形式,即"电"和"讯",指消息文本不同的传输手段。"电"指过去用电报、电话、电传,如今用电邮方式传回报社的新闻报道。"讯"主要指过去通过邮寄或者直接交给编辑部的新闻报道,传统的报社通常将记者在本地采访报道的消息标明"本地讯",从外地邮递来的稿件会标明地点和时间,如"本报广州 6 月 9 日讯"。其实,在电头中加入发出报道的地点有一个潜在的含义,即该报道是记者在当地采访获知的,真实客观;同样,电头中的发稿时间与导语中的事发时间形成对照,受众一看便知其时效性做得如何。如果发稿媒体综合编辑其他媒体的消息,电头不注明地点,如 2018 年 1 月 25 日海外网消息《浸大两学生遭停学港大民主墙现辱骂钱大康标语》是根据香港东网 24 日消息、香港《星岛日报》21 日报道和网上疯传的一段现场视频综合编辑而成,因此其电头是"海外网1月25日电"。

如今,除了新华社、《人民日报》等严肃的国家级媒体对电头标注比较规范、完整,一般地市级报纸媒体不够重视电头,简单地一律冠之以"本报讯",有的干脆连电头也省略了,只在消息结尾处将记者的名字放在括号里。现在又出现了一些新的变化,有媒体将原本置于电头中的"地点"移植到了记者名字之后,如"大公网1月28日讯(记者贺鹏飞南京报道)";此外,还有媒体将本该放在导语开始之前的电头融合在了新闻报道中,以"媒体名称"或"媒体名称+记者"形式反复出现,变成了内容,如"2018年1月14日,蓬安县民警邓力帆告诉澎湃新闻……"这些做法不符合传统的规范。

(三)电头的作用

1. 标明版权所属

电头是传媒对消息生产拥有知识产权的明确声明,其他单位和个人在没有得到授权前,没有权利任意使用消息生产者的产品,否则就是侵权行为。即便购买了稿件的使用权,也不拥有新闻的知识产权,在刊用时必须注明原稿产出的通讯社或媒体名称,如果要进行编辑或修改,也该注明"据某通讯社(媒体名称)报道"。如广播电视台在使用新华社的消息时,主持人都会在正文开始前说"新华社消息"。

2. 承担社会责任

电头准确、清晰地呈现了信息生产的单位名称,这其实就是在向受众宣告该新闻的生产传媒为之真实、客观负责,承担传播的社会责任,接受社会各界监督。

3. 传播特殊信息

西方媒体在使用电头时比较灵活,隐含了特殊的信息。以2018年1月24日的《参考消息》为例:

[路透社首尔1月23日电]韩国总统府青瓦台周二表示,拒不接受有关下个月举行的平昌冬奥会将变成"平壤冬奥会"的批评,称冬奥会将有助于缓解朝鲜核和导弹计划带来的紧张关系。

上述电头中的精确时间"1月23日"与导语中的"周二"是同一时间,导语中不再重复"1月23日"字眼也是为了使其更简洁、传播信息的节奏更快。

二、新闻导语

导语是整篇新闻写作的起点,它决定了全文的走向,"导语提出的事实和信息决定着接下来出现的内容的侧重点和方向"。[1]一篇新闻有什么样的开头,就会有什么样的新闻结构,新闻材料和新闻段落的应用就会有差别。导语的目的有两个:(1)吸引受众的注意;(2)使受众产生继续阅读新闻的兴趣。写作新闻,第一难就是写作导语。构思一个合适的导语需要花费写作一篇新闻一半甚至更多的时间。

好的导语是新闻写作成功的第一步。希腊悲剧大师欧里庇得斯说:"没有好的开头,就不会有好的结局。"[2]导语浓缩凝练了新闻中最重要、最精华的事实,将新闻的核心内容——最有新闻价值的要素高效率地、有趣地传达给受众,紧紧地粘住他们,体现新闻文化的魅力。

导语的黏性决定着新闻的黏性。"三秒钟内读者会决定阅读或转到下一个报道。你必须在三秒钟内抓住读者视线并留住读者视线,你必须在这个时间里吸引读者并向其提供信息。"[3]

从新闻内容展开的方式上,导语可分为硬新闻导语和软新闻导语。从报道的语言表现方式上,导语可分为概括式导语、影响式导语、描写式导语、轶事式导语、叙述式导语、对比式导语、直接引语建构的导语、提问式导语等。导语必须言之有物,忌虚空、忌晦涩、忌跑题、忌冗长。

三、硬新闻导语

硬新闻导语也叫硬导语、直接式导语、概括式导语。它的突出特点是,开门见山,第一句话就概括报道最新鲜、最主要的内容,直截了当、直言不讳,通常就是一句话或最多两句话,使读者对新闻要点一目了然。硬新闻导语决定了其后主体到结尾的写作方向:(1)补充导语中未展开的新闻要素;(2)提供导语中未提及的新闻要素。清华大学李希光教授建议,硬新闻导语不要超过50个字。

硬新闻导语要求记者从新闻事实中迅速判断"六要素"中哪一个或哪几个是受众最为关心的核心要素,用简单句叙述具体事实,高效率地传播信息。报道重大事件、突发事件、时效性强的硬新闻,直接式导语简明扼要。记者要在导语中告知受众:发生了什么事,结果如何。例如:

【本报讯】欧洲大战于昨天拂晓爆发!——《德军入侵波兰 欧战爆发!》1939年9月2日

【美联社8月14日电】日本投降了!——《东京宣布无条件投降》1945年8月14日

【路透社达拉斯11月22日电】急电:肯尼迪总统今天在这里遭到刺客枪击身死。——《肯尼迪遇刺丧命》1963年11月22日

【美联社北京2月2日电】美国总统理查德·尼克松的座机今天格林尼治时间3时27分(北京时间11时27分)在北京机场着陆,他将对中国大陆进行具有历史意义的访问。——《尼克松到达北京》1972年2月2日

上述导语伴随着倒金字塔结构,是新闻媒体上出现最多的导语形式。它用直白、平实的语言,简明地概括新闻最重要的内容,用新闻价值蕴含的吸引力引起受众关注。

(一)概括式导语

从新闻"六要素"何人、何事、何时、何地、为何、如何(结果怎样)当中挑选出符合新闻主题的最重要的部分要素写进导语,将其他非最关键要素植入第二自然段或者第三自然段,概括事实的语言简洁、具体、清晰,有信息含量。

【美联社柏林4月10日电】一位德国历史学家说,纳粹领袖阿道夫·希特勒曾在一所属于一名犹太商人的房子内住了将近10年。(1998年)

【德新社伦敦12月31日电】今天公布的令人震惊的新统计数据显示,烟民每吸一支烟就减寿11分钟。(2000年)

【美联社雅典10月27日电】希腊总统25日扬言,如果雅典申办2004年奥运会失败,希腊将永不申办奥运会。(1996年)

概括式导语特点:(1)要注重时效性;(2)语言要简洁、具体,不写空话;(3)用简单句,"主—谓—宾"结构易读易懂;(4)用一句话,最多两句;(5)用主动句(法治新闻的标题和导语常出现被动句,如:案发后45小时,两名持枪犯罪嫌疑人就被警方戴上了手铐);(6)何时、何人、何事、何种结果是概括式导语使用最多的几个要素;(7)一般把权威的新闻来源置于导语开始的位置。

概括式导语常用的时间表达法是:几月几日、今天、昨天。下面这个导语的时间由头呈现不当:

前天中午11点40分,绍兴市人民医院门诊楼一楼的女厕所里,正在打扫卫生的保洁员突然停下了手中的活。

她听见其中一个隔间,似乎传来微弱的婴儿哭声,地板上还不断有鲜红的血水向外漫出。怎么回事?

保洁员伸手推门,门已经被人反锁起来了。她赶紧往医院护士台跑,向医护人员报告这个消息。

她没有想到,自己因此挽救了一个幼小的生命。(《女子医院厕所产子 护士破门而入看见孩子躺在马桶里》,中新网,2016-10-16)

"前天中午"是哪一天?受众看了还得查一下日历或者掰着指头算一算,这岂不麻烦?类似的表达还有如"前天""后天""大前天""大后天""本周一"等,都不好。受众会疑惑,增加了阅读迷雾指数。尤其对于广播电视等线性传播的媒介,这种需要人们计算的日期就更容易使人犯迷糊了。对于距离当下久远的时间,不如直截了当用"几月几日"表述更为清晰。中新网2017年5月7日新闻《海南一女子求前夫复婚未果带4子女喝农药 已致2死》的导语对时间要素的交代就更令人疑惑了:

中新网海口5月6日电(记者洪坚鹏 王晓斌)5日晚在海南临高发生母亲带4名未成年子女喝农药中毒事件,到6日晚,一名子女不幸身亡。该事件已致2人死亡3人受伤。

该导语中一连串出现了5个阿拉伯数字,其中有两个时间要素,容易把受众搞晕。其实,只要交代最新鲜的时间要素即可,详细经过可在主体中从头说起。电头中已经有了最新鲜的时间,导语可以直截了当地概括最主要事实:海南一女子求前夫复婚未果带4名未成年子女喝农药中毒,已致2人死亡3人受伤。新闻要注重叙述的表达效率,通俗易懂,直白清晰。

我们常见的硬新闻概括式导语大多将最新鲜的时间放在导语开始的地方。对于时效性强、新闻价值重要的硬新闻,这样做比较合理,但并非所有的概括式导语都得这样写,显得过于机械刻板了。最终决定将哪一个新闻要素置于导语开头这个突出的位置,记者还得具体问题具体分析,通过比较,哪个要素最重要就强调哪个,灵活应变。

我们对发生在2017年4月18日的一则法治新闻的概括式导语设计出如下几种写法:

(1)何事。

80余个电信网络诈骗窝点被捣毁,500余名案犯被拘,1600余万条公民个人信息被查获。这是广东省公安厅18日披露的信息。

(2)何人。

广东省公安厅破获两起特大电信网络诈骗案。80余个窝点被捣毁,500余名案犯被拘,1600余万条公民个人信息被查获。

（3）何时。

4月18日，广东省公安厅披露，警方捣毁了80余个电信网络诈骗案窝点，抓获了500余人，查获了1600余万条公民个人信息。

（4）何地。

发生在湖南、福建等省的两起特大电信网络诈骗案被广东警方破获。80余个窝点被捣毁，500余名案犯被拘，1600余万条公民个人信息被查获。

（5）何因。

因涉嫌两起特大电信网络诈骗，80余个窝点被广东警方捣毁，500余名案犯被抓，1600余万条公民个人信息被查获。

通过对比上述同题导语，我们会发现，由于强调要素的不同，同一主题的概括式导语的传播效果也不同。第一条导语强调广东警方此次行动的成果，更容易引起受众的关注，因为近年来利用电信网络诈骗的犯罪活动十分猖獗，看到犯罪嫌疑人被抓获，这是受众最大的快慰。

（1）概括式导语"时间"的应用技巧。

①要用距离新闻发表最近的时间"点"。

10月11日至昨日，湖州菱湖镇在南栅桥河的河道清淤过程中，发现了十四枚迫击炮弹。发现后，菱湖所立即向党委政府和上级公安机关汇报了。分局第一时间会同市特警支队到现场进行处理。目前，分局已成功将所有炮弹安全运往湖州市危险物品收缴库存放。（《湖州菱湖河底挖出14枚迫击炮弹　虽年代久远但威力依旧》，新浪浙江，2016-10-16）该导语的时间由头表述不当，用了一个"时间轴"，即"从过去到现在"的起止时间，记者不懂得新闻的时新性是用精确的、距离发稿最近的时间"点"来表示的。该导语的时间应该使用最新鲜的"昨天"，改为：湖州菱湖镇公安分局昨天将河道清淤中发现的十四枚迫击炮弹运往湖州市危险物品收缴库存放。

浏览一块块展板，聆听一个个故事，研读一组组数据……4月上旬，新疆军区某师邀请数百名驻地群众和院校师生走进军营，开展以"维护国家地理安全，确保边疆山川秀美"为主题的全民国家安全教育日活动。（《信息安全风险潜伏你我身边——各部队结合担负任务实际开展第二个全民国家安全教育日活动扫描》，中国新闻网，2017-04-11）

该导语第一句话表述文学化，不准确、不具体，可删除。关键问题在于其时间表达"4月上旬"模糊不清。既然该活动是持续进行的，记者在写作时完全不必拘泥于其过时的时间"起点"，而应从它延续到发稿前最新的一次活动或者截止到发稿前最新鲜的活动结束日期作为新闻的由头，这样"时间"就新鲜了。

用没有新闻价值的时间作由头就更是失误了。例如：

每年的3—4月份，都是人流高峰期，最近这一个月来，市一医院的人流手术量为300多例。

对于孕早期要求终止妊娠的患者，不论选择人工流产还是药物流产，都需要在医生的监护下进行。但杭州一位22岁的姑娘小叶，在发现意外怀孕后羞于启齿，竟上网搜索了一张堕胎中药方自行服用，结果大出血被送入市一医院抢救。（《杭州22岁女子百度中药方堕胎突然大出血险丧命》，《杭州日报》，2017-04-11）

导语一般就用一句话或一个自然段，该导语用了两个自然段显然冗长了。其第一自然段中的两个时间"每年的 3—4 月份"和"最近这一个月来"都不当,没有新闻价值。"每年的 3—4 月份"说明"人流高峰期"不新鲜了,不是新闻了,那就没必要放在导语的开头;"最近这一个月来"没有最新鲜的时间"点",是一个笼统模糊的表达,与前一个时间相联系,说的还是一个老生常谈的事,其实也没有新闻价值。

第一自然段其实是一个新闻背景,放在主体中才合适。看完第二自然段,我们可以发现,这件事新闻价值不大,也不是突发事件,它主要是为受众提供知识:意外怀孕别擅自服用中药堕胎。因此,时效性不是它最关注的要素,而是这件事本身。其导语应该是:杭州一位 22 岁的姑娘在发现意外怀孕后上网搜索了一张堕胎中药方自行服用,结果大出血被送入市一医院抢救。在新闻写作中,"近日""最近""不久前""前不久""连日来""最近一段时间以来""一直以来"等模糊的时间表达令受众疑惑不解。

②用电头中的发稿时间替换导语中不新鲜的时间。

隐去过于陈旧的时间,用发稿时间代替。如【埃菲社柏林 10 月 14 日电】尼日利亚总统穆罕马杜·布哈里在对柏林访问期间的一些言论令德国总理默克尔感到尴尬。布哈里说,他的妻子艾莎的位置在厨房而不是政坛。(《尼总统夫妻争论令默克尔尴尬》,《参考消息》,2016-10-16)

该新闻通篇没有具体时间要素,作为一条花絮,它是对时政新闻尼日利亚总统穆罕马杜·布哈里访问柏林的拾遗补阙,体现的是新闻的趣味性,所以"什么人"和"什么事"是它的重点,受众只要知道它是最近发生的事,满足了对政坛高层的"窥私欲"心理就足够了。

③把不够新鲜的时间植入导语句子之中。

不少人写新闻习惯于用时间作为由头,其实这是思维简单化了。新闻导语开头究竟该以哪个要素领头,要根据其在新闻中的重要价值来衡量,通过对比找出最需要领头的要素作为由头才是科学的方法。例如:

在历经一年多的升级改造后,坐落于美国加利福尼亚州约巴林达市的理查德·尼克松总统图书馆 14 日重新揭幕面向公众开放。(《尼克松图书馆重新开放　中国馆引人注目》,新华网,2016-10-16)

该导语将两天前的时间"14 日"放在了导语临近结束的位置,显然记者写作时用心了,该时间不新鲜也不重要,最重要的要素是"理查德·尼克松总统图书馆重新揭幕面向公众开放"这件事,"理查德·尼克松总统图书馆"体现了新闻价值的显著性,比不新鲜的时间要素更为重要。

④突出有冲击力的事件,将导语中的"时间"要素后置到主体中。

反常、离奇、罕见等事件的发生是受众所关心的,这些情节稀奇的事件只要是受众第一次听说都会感兴趣,因此,时间要素并不是最重要的,可以不放在导语的开头。例如:

妻子不堪忍受家庭暴力,独自离开河南老家到上海投奔女儿。丈夫为了面子来沪寻妻,跟踪她到集贸市场,遭拒后便操起肉摊的剔骨刀砍死妻子。(《河南女子受家暴多年　躲上海被丈夫找到当街砍死》,澎湃新闻,2016-10-14)

(2)寻找新鲜的时间由头。

①以新带旧:以有关联的一件新鲜事引出时间不新鲜的报道。

相比同为南亚大国的印度和巴基斯坦,孟加拉国的"存在感"要弱很多。

昨天,国家主席习近平出访孟加拉国,让很多人重新关注起了这个国家。

外事儿(微信公众号)前两天在网上以"中国＋孟加拉"进行检索,结果发现一条令人诧异的消息:

孟加拉国居然是中国人十大移民目的地国之一!(《一年有 16 万多中国人"移民"孟加拉国? 别说,还真有可能……》,外事儿微信公众号,2016-10-16)

这是一条微信客户端新闻,其写作语言比传统媒体轻松。它借用最新鲜的习近平主席出访孟加拉国的时间"昨天",引出不新鲜的时间"前两天"发生在网络上引发人们热议的话题。

②由近及远:以动态事件最新的时间为起点。

小李在杭州富阳的煌巢宾馆做前台,上个月 13 号凌晨,有一对男女要住店,被小李拒绝了,结果挨了打。(《杭州男女凌晨开房不登记身份证　被拒绝后殴打前台姑娘》,1818 黄金眼,2016-10-16)

该导语中"上个月 13 号凌晨"过于陈旧了,其实记者可以在采访完这件事后,追踪事件的最新进展,比如被打的人近况如何。将最新的时间用在导语里,以新带旧,让新闻变得新鲜。我们不妨以 2014 年 5 月 18 日 23 时 18 分发生在南京的一起抢劫案为例:

微博、微信、新闻客户端等网络媒体和广播电视可以在第一时间报道:

两名"持枪"歹徒 23 时 18 分闯入南京鼓楼一家超市,抢劫了 4000 多元营业款,还划伤了一名女营业员的脖子。目前犯罪嫌疑人在逃。

该新闻发生的时间对于报纸是最不利的。次日的早报新闻导语对不新鲜的事实可以写成:

两名"持枪"歹徒昨天晚上 11 点 18 分闯入南京鼓楼一家超市,抢劫了 4000 多元营业款,还划伤了一名女营业员的脖子。目前犯罪嫌疑人在逃。

5 月 19 日下午出版的晚报该怎么让导语事实变的新鲜呢? 用心构思,可以这样写:

南京警方今天早晨发布微博称,两名"持枪"抢劫一家超市的歹徒仍然在逃,警方正在追捕。5 月 18 日深夜,这两名犯罪嫌疑人闯入南京鼓楼一家超市,抢劫了 4000 多元营业款,还划伤了一名女营业员的脖子。

各媒体在第一时间发出报道后,可以去超市采访营业员,用细节描写还原事发时的现场新闻。周报的记者只能从这一步开始采访,同时采访警方,挖掘新闻背后的细节和情节,提出思考:这件事为什么会发生? 该如何防范?

如果此案在第三天破获了,犯罪嫌疑人被捕的消息传来,采访核实之后,其他媒体可以及时报道动态,作为周报记者此时会通过专业技巧,让导语有一个新的由头。5 月 18 日是星期天,犯罪嫌疑人是在 5 月 20 日星期二晚间被捕的,周报只能在 24 日报道新闻,用心的记者会这样写导语:

南京警方昨天发布微博称,两名"持枪"抢劫一家超市的犯罪嫌疑人 5 月 21 日从山东枣庄被押解回南京后,对犯罪事实供认不讳,21 日当天他们指认了抢劫现场。

如果 24 日这一天媒体要发表深度报道,可以通过联系警方对犯罪嫌疑人面对面采访,提供一个内容新鲜的导语:

两名抢劫南京一家超市的犯罪嫌疑人和他们的幕后"军师"昨天在看守所对记者说,他们对自己的犯罪行为感到后悔。警方称,这三人 5 月 18 日深夜抢劫了 4000 多元后逃到了山东枣庄,没想到 45 小时后就被警方一网打尽。5 月 21 日他们被押解回南京。

③以事物变动的"临界点"作由头。

《波音 737-300 客机告别中国民航市场》(2017-05-08)的导语是：

【联合早报网讯】在中国国内执飞的最后一架波音 737-300 客机今天(8 日)在郑州国际机场退役,该型号客机亦正式告别中国民航市场。

事物是从量变到质变的一种流动过程,新闻为凸显其变化的分水岭,选准其量变到质变的最关键时刻的时间点,突出新闻价值,让新闻引发受众的关注。

(二)影响式导语

国内教科书多将此类导语定性为议论型导语或述评性导语。美国阿拉斯加安克雷奇大学新闻学教授卡罗尔·里奇称之为:影响式导语,即"解释读者和观众如何受到某个问题影响……能使报道看起来新鲜而有针对性"。[4] 笔者采纳了卡罗尔·里奇的说法,因为新闻的客观性法则最重要的一条就是"事实与观点分开",用议论性导语或述评性导语冠名,会给学习者带来困惑。影响式导语常见于政治新闻报道,此外,重大历史事件、重大发现、重大工程、重要成果类的报道,也可采用这种导语形式。

【联合早报网讯】中国首艘国产航母今天正式下水,标志着中国打造拥有远洋能力的海军强国的又一里程碑。(《中国首艘国产航母下水　朝海军强国迈进一步》,《联合早报》,2017-04-26)

画线部分是对中国首艘航母下水的意义做的事实判断,引导受众对这一事件做出准确的认知。

【路透社上海 4 月 22 日电】官方的新华社报道,中国第一艘货运飞船天舟一号 22 日成功与天宫二号空间实验室对接,标志着北京向在 2022 年前建立永久载人空间站的目标迈出重大一步。(《天舟一号首份快递送抵天宫》,《参考消息》,2017-04-23)

画线部分指明了天舟一号与天宫二号对接的意义。对于类似重大科技成果,也许受众限于自身知识不足,不点明其意义可能不会引起人们的阅读兴趣,传播效果受到影响。

【本报讯】昨天,杭州又一条重要的过江通道——博奥隧道正式破土动工,这意味着,钱塘江南北之间又增加了一条新的过江通道,以后这是从江北去江南观看亚运会最便捷的道路了。(《博奥隧道正式破土动工　还规划了 3 条过江通道》,《杭州日报》,2017-04-19)

画线部分是记者基于博奥隧道动工做出的符合客观情况的事实判断;其一,又增加了一条新过江通道;其二,这条隧道将给 2022 年第 19 届杭州亚运会带来便利,它点明了这条隧道与受众之间的关系,给受众生活带来的影响,但记者没有写清楚杭州亚运会信息是失误。

【新华社北京 4 月 19 日电】(记者 廖翊)著名电视女导演杨洁日前去世,其导演的"86 版"电视连续剧《西游记》引发社会热议。该电视剧 30 年间播出 3000 多次,如此反复播出而观众依然爱看,堪称电视剧的一个"神话"。(《观众怀念"86 版"〈西游记〉是最权威的评价》,新华社,2017-04-19)

"神话"评价与《西游记》题材对应,是建立在这部电视剧 30 年间播出 3000 多次的事实基础上做出的事实判断。该导语中时间"日前"不清晰。

【美联社盐湖城 6 月 14 日电】在盐湖城犹他爵士队主场,看迈克尔·乔丹如何投中最后两球,从而以一分优势为公牛队夺取本赛季 NBA 总冠军,你不得不相信,天才就是天才!(《芝加哥公牛队再获 NBA 总冠军》,美联社,1998-06-14)

迈克尔·乔丹在最后时刻投中两个关键球,使得公牛队以一分胜出,在巨大的压力和阻力面前取得这样的成绩的确是天才才有的能力,因此,最后的结果"意味着"乔丹是天才球员,这是基于比赛的过程和结局得出的自然而然的事实判断,是客观的。

通过上述案例,我们会发现,影响式导语先陈述事实,然后用简短的一句话指明其影响是什么。这种导语对新闻事实结果延伸出的"影响"是从受众角度思考的,简洁明了,判断独特有新意。要注意的是,这类导语写作需要审慎,否则会出现记者主观意志影响新闻客观公正的败笔。

记者写影响式导语应首先客观陈述新闻事实,然后,使用事实判断,即回答该新闻事实影响受众的"是什么"或意味着"什么"。事实判断是客观的,是唯一的,无争议的,它基于记者对客观事实的判断得出的结论。而价值判断是主观的,它是关于"应该怎样"的问题,它不是唯一的,是有争议的。记者切忌用自己的价值观发表观点,如果我挑选上述第三条导语改动一下:

昨天,杭州又一条重要的过江通道——博奥隧道正式破土动工。*记者在现场看到其壮观的规划设计图不禁感叹:这条过江通道的建设体现出市政府情系百姓的执政理念,值得大书特书。*

这样表达是记者基于自身的价值观对博奥隧道正式破土动工的一种"应然"判断,通过与原导语对比不难发现,未必受众都会认同这种价值判断。为避免记者自己对新闻事实结果带来何种影响的判断出现失误,最好的方法是借他人之口来做出事实判断。

【俄罗斯"卫星"通讯社3月27日报道】中国媒体称,中国正在独立建造的第二艘航母可能于2017年4月末下水。俄罗斯政治和军事分析研究所副所长亚历山大·赫拉姆奇欣对"卫星"通讯社称,新航母加入中国人民解放军海军序列将显著改变太平洋力量平衡,向着有利于中方方向发展。20~30年后,中国海军在该地区将在实力上超过美国海军。

引述他人的话可以是转述,也可以是直接引语,找到最合适的人说最合适的话是关键。

四、硬新闻导语写作

硬新闻导语写作中常见的问题有以下几个。

(一)导语未将最重要的事实具体表现出来

本报讯 两头牛闯入高速公路,导致两辆货车发生追尾,一名司机罹难。死者家属将牛主人、前车急刹司机、高速公路业主统统告上法院要求赔偿。日前,永嘉县法院对此案做出一审判决。(《牛闯高速酿追尾悲剧》,《温州都市报》,2011-11-16)

硬新闻导语的传播优势是:快速、高效、准确,一句话就抓住受众眼球。该导语用了79个字却没有把具体的、受众最关心的、最重要的事实——判决结果说出来。应该修改为:因为两头牛闯入高速公路导致追尾事故,一名司机罹难。永嘉县法院日前对这起案件做出一审判决:牛主人、前车司机、高速公路业主各自承担死者的部分赔偿。

(二)缺乏对最重要事实的提炼

昨天 16:23,杭州一先生来电:文一西路财经学院,一个男生刚才打篮球的时候晕倒在地,不晓得怎么回事……

据了解,晕倒的男生被就近送到了一家医院抢救。

17:15,医院抢救室外坐着一帮大男生,十一二个,清一色短发、戴眼镜,看穿着都像是大学生。

记者凑近问情况,大家七嘴八舌地说着,口气里都带点惊惶。

"我们才刚开始打篮球,他突然就倒地了,平时也没听他说他有什么病啊……"

"在里面抢救了 1 个多小时,一点消息都没有。刚进去的时候医生就说,情况可能很不乐观。"

记者问大家是否是浙江财经大学的学生,带头的一个一米八多、戴黑框眼镜的男生摇摇头。"我们都是外校的,进去玩玩而已。"(《杭州 1 小伙打球时突然倒地口吐白沫 送医后不治身亡》,杭州网,2016-12-05)

这个导语有 7 个自然段,长达 237 字,突破了直接型导语的极限。记者将自己采访的笔记拿出来作导语了。新闻文化的审美本质是简洁、明晰。直接型导语要直截了当、一语道破天机:出什么事了,结果什么样。记者不能让冗余信息干扰了最重要事实的传播。上述新闻导语其实一句话概括:杭州一名 22 岁的男大学生昨天下午打篮球时突然倒地口吐白沫,送医后不治身亡。

(三)未将时间和地点细节以及小人物姓名置于主体中

6 月 16 日下午 4 时左右,气温高达 36 摄氏度,在磁县林坛镇一个人口不足千人的小村子里,村民陈海兵一家三口为捞坠落粪坑里的手机,竟全部中毒倒在了粪坑中。村民见状,自发施救,陈海兵最终被抢救生还。(《手机坠落粪坑急于捞寻 磁县一家三口两人身亡》,《燕赵都市报》,2013-06-27)

硬新闻导语为了简洁,常对小人物姓名作省略处理,对时间和地点取大舍小,延迟到主体部分中,这样就能从原来的 85 字减少到 26 字:6 月 16 日,磁县一家三口为捞坠落粪坑里的手机,两人中毒身亡。

(四)将详尽的新闻背景写进导语中,叙事节奏缓慢

刚刚过去的这个国庆长假,对浙江大学大四学生王扬(化名)来说,可能是最为难忘的一个长假。10 月 5 日凌晨,他乘坐的 D933 次列车从广州南出发抵达杭州东站,刚走出出站口,就遇到了"三元"骗局。想起两年前在杭州城站火车站的同样遭遇,王扬决定在出站口揭穿这些骗子的丑恶行为,结果被恼羞成怒的行骗人员殴打在地,头部缝了三针。

事情发生 3 天后,昨天下午,打人的其中 1 名诈骗女子被铁路警方抓住,通过王扬的现场辨认,确定是当天涉事人员。目前该女子已经被铁路警方控制,另外几个相关涉事人员还在进一步调查中。(《浙大男生火车站揭露"3 元"骗术被骗子辱骂掌掴》,《钱江晚报》,2016-10-09)

该导语的第一自然段都是新闻背景,是对已经过去了的新闻发生过程的叙述,宜置于导语之后的新闻主体段落之中。该导语可以改为:杭州铁路警方昨天下午抓获一名涉嫌打伤

浙江大学一男生的诈骗女子。另外几个相关涉事嫌疑人在逃。

（五）用宣传语言作导语的开头，空洞乏味

为有效净化社会风气，有效打击卖淫嫖娼等丑恶违法犯罪活动，温州仙岩派出所在前段时间对辖区内易涉黄场所全面整治的基础上，日前又展开了突击检查，6 月 7 日，又当场抓获一对卖淫嫖娼男女。（《温州 23 岁女子按摩店内卖淫当场被抓　160 元一次》，新浪新闻，2016-06-16）

导语用"为了……"这样的句式不是传播信息，是揭示当地派出所打击卖淫嫖娼行动的意义，这种套话不宜用于新闻中；"温州仙岩派出所在前段时间对辖区内易涉黄场所全面整治的基础上，日前又展开了突击检查"是新闻背景，应置于新闻主体中；"6 月 7 日，又当场抓获一对卖淫嫖娼男女"无论时间还是事实都不新鲜了，作导语显然不合适。动态新闻（事件新闻）是"易碎品"，第一时间报道才能彰显其价值。如果记者从"又当场抓获一对卖淫嫖娼男女"这件事中找到了与它之前的同样案件有区别的新鲜之处，经过对比抓住这件事的特点，并将其写入导语，那么这则新闻就有了意义和价值。

（六）用新闻背景作导语，未突出新闻价值

杭绍台铁路先期开工段——九龙山隧道位于台州与绍兴交界处，线路经过绍兴市新昌县儒岙镇，台州市天台县白鹤镇、平桥镇，全长 8.823km，其中台州境内 5.443km，隧道贯穿工期 29.1 月。（浙江在线，2016-12-24）

该导语没有突出"杭绍台铁路"是全国首条民资控股铁路的新闻价值，误将新闻主体中起"说明"意义的背景当成了最重要事实。受众看了这样的新闻导语会误以为它不过是一个普通的工程，再加上它充满了数字，语言也枯燥乏味，根本起不到导语吸引受众关注并使受众产生继续阅读兴趣的作用。其实，该新闻的导语用一句话就能引起受众的关注：全国首条民资控股铁路在浙江动工。

原导语都是新闻背景，放在主体部分合适。该导语写作的失败警示我们：记者要有认识问题的宏观视野，把一件事放在时代和历史的高度来比较，从它对全国、对世界的影响来衡量，找准其新闻价值。

（七）导语缺乏受众本位意识

《中华人民共和国物权法》由十届人大五次会议高票通过，自 2007 年 10 月 1 日起施行，按照党报的导语写作模式，从宣传本位意识思考，可以写成：

备受各界瞩目的《中华人民共和国物权法》自 1993 年启动立法的进程，历经立法机关八次审议，于昨日（16 日）由十届人大五次会议高票通过，这是中华人民共和国第一部物权法。

按照直接式导语的规范，上述导语没有硬伤，但它有一个最大的"软伤"：受众感觉不到这部牵涉到保护百姓财产利益的重要法律和自己的密切关系，它缺少了受众的视角，没有人情味，影响了这则重要新闻的传播效果。如果改成下面这样就有"温度"了：

十届人大五次会议昨天（16 日）通过《中华人民共和国物权法》，它将于今年 10 月 1 日正式实施。这是中华人民共和国第一部物权法，它改变了过去数十年包括土地所有权拥有的相关规定，将影响全中国每一个家庭的财产价值。

最后一句话是从受众的角度来换位思考写作的导语,它点明了这部法律的价值和意义,拉近了这条硬新闻与受众的距离,让受众看一眼就发现了该新闻与自身利益的关联,感受到其重要性,会从无意的一瞥转为专注阅读。

(八)受文学思维误导,导语带有主观想象

新闻的功能重在传递信息,要求记者写作时秉持客观性法则,将事实与意见分开,零度情感,不用想象和推测代替事实,这就是人们称之为"纯新闻"的由来。在下面这则四个自然段、长达249字的导语中,记者的主观情感和观点昭然若揭:

这是昨天杭州最萌的一起"离家出走"案:3个小孩子光脚光身子在建德乾潭镇上闲逛,最大的姐姐"一丝不挂",两个小的穿着尿不湿摇啊摇,摆啊摆……

吓呆了:最大的姐姐今年2岁,另两个小的是龙凤双胞胎,他们悄悄地从家里溜出来,走出门,走上街,他们是太渴望诗和远方了吧。

无论你信还是不信,事情就是这样离奇地发生了。

一个2岁的孩子,带着她只有一岁的弟弟和妹妹,三个步履蹒跚的小家伙历时近1个小时,从6楼的房间开始离家出走,其间还得穿过防盗铁门,走过30米长的露天平台,走到街上,走到了对他们来说已经很远很远的地方……(《加起来才4岁的三姐弟,组团去远方 这可能是史上最萌的"离家出走案"》,《钱江晚报》,2016-06-14)

上述导语中表露出作者明显的情感倾向和观点,加上不必要的细节,使导语冗长,记者有意渲染其趣味性,反而迟滞了受众的阅读兴趣,多余的文字变成了堵塞信息快速流通的"噪声",使得叙述的效率低下。不如用两句话概括:一个2岁的孩子带着她一岁的弟弟和妹妹,赤身裸体从6楼离家出走,来到街道上。派出所民警偶然发现了他们。

(九)冗余信息淹没了导语对最主要的事实的呈现

过完寒假,便是新的学期。不少仍在读书的网友将开学戏称为一年两次的"灾难大片"。

从假期的轻松愉悦中猛地抽离出来,回到具有压力的学习中,确实是一件不太惬意的事情,所谓的"开学综合征",也由此而来。

在刚刚过去的开学季,采荷派出所接连接到了两起女孩出走报警,情况还有点相似:要开学了,女孩却离家出走了。

找回孩子,这事民警们拿手,可要把孩子的心拉回来,这可就得考验家长的"内功"了……(《杭州16岁女生出走穿短裙化浓妆 称反正考不上好大学》,《杭州日报》,2016-03-04)

从标题看,该新闻的主题应该集中于报道一件事,即16岁离家出走的女生,新闻标题是导语的浓缩。但看导语,四个自然段中,163个字压根就没有提及16岁女孩出走这件事。按照导语的写作规律,应交代最重要的事实,该导语啰唆且没有具体信息,与主题无直接关联,实属不当。根据这篇新闻的内容,其导语只需一句话:一名离家出走7天的16岁高中女生在杭州一家酒吧门前被警察找到。

(十)导语未表现最新鲜的时间"点"和最重要的事实

写作直接式导语不要受到写汇报材料或者说明文的影响,由远及近、平铺直叙、不紧不慢、徐徐道来,不要用笼统的、模糊的、陈旧的时间,要精心挑选出最精确的新鲜时间如"几月

几日""今天""昨天",重大新闻甚至要精确到"几点几分",像运载火箭发射甚至要精确到"几分几秒"。

除了时间新鲜,事实也应该是最新鲜的。始终要牢记:导语是对最新鲜的精确时间发生的最新鲜的具体事实和最终结局的准确概括。

为向高校学子宣传普及预防电信网络诈骗的常识和技巧,9月27日起,由陕西省公安厅、西安市公安局、华商报社、西安电子科技大学、西安四叶草信息技术有限公司联合举办的"网络安全与个人信息保护专题巡展",在西安拉开帷幕。昨日是巡展的最后一天,分别在陕西师范大学长安校区和长安大学渭水校区举行。(《有学生被同一骗子同一骗术连骗5次》,《华商报》,2016-09-30)

导语宜改为:由陕西省公安厅等五家单位联合举办的"网络安全与个人信息保护专题巡展"昨日在陕西师范大学长安校区和长安大学渭水校区落下帷幕。

将这项活动的报道时机锁定在最后一天结束时刻是最好的由头,在它结束的那一刻,将最新鲜的时间点和最新鲜的活动结局作为导语,这样这条新闻导语就变得鲜活、简洁、具体了。

五、软新闻导语

软新闻导语也叫延迟式导语、延缓性导语、软导语、特写导语。软新闻导语与硬新闻导语形成鲜明的对照,它有意不直截了当告诉受众报道的最主要的事实,有意放慢导语的表现节奏,采用描写或者讲故事的手法,用趣味吸引受众。

西方记者在特稿写作中常用软新闻导语,其中描写场景的手法为多,提供现场感或画面感,引发受众兴趣。软新闻导语可以包含多个段落,这些段落可以用情节、细节、引语、故事的精彩片段等激发受众的兴趣,逐渐切入正题。

软新闻导语适合用于故事性强、十分有趣味的新闻、特稿、调查性新闻、解释性新闻等。它不适合用于突发事件报道、时效性突出的新闻、有重要新闻价值的新闻。实际上,采用延缓性导语首先是因为新闻本身包含戏剧性、冲突性、不可思议、离奇荒诞、有故事元素、情感召唤等新闻事实要素。此外,尽管延缓性导语有意营造悬念吊起受众胃口,引发好奇和关注,但需要把握好"度",最迟应在第三自然段或第五自然段揭晓悬念,不能没完没了地延迟,故弄玄虚,让受众焦虑,丧失继续阅读的兴趣。以下是软新闻导语示范案例:

【迈阿密先驱论坛报讯】他的最后一餐价值三万美元,却使他送了命。

三万美元的一顿饭居然使人送命?原来,一个贩毒者为了逃避检查,把装有可卡因的胶囊吞下肚去,因胶囊破裂而被毒死。这一令人诧异的结局使得该导语的悬念显得自然而然。

【路透社洛杉矶(2000年)3月17日电】就连好莱坞也编造不出这样的故事:为了侦破一起神秘的盗窃案,一个联合特别行动组成立了;联邦调查局也被请来了;一条特殊的电话热线开通了,悬赏破案的赏金是5万美元。

什么被偷了?英王皇冠上的珠宝?比尔·盖茨的财产?都不是。被盗的是对洛杉矶市来说重要得多的东西:奥斯卡金像奖不见了!

该导语用虚写造成悬念,吸引读者。第二段先用三个问句引起受众的好奇,然后揭开谜底,说明究竟是何事,实写,解开悬念。

【美联社美国缅因州不伦瑞克(2007年)1月15日电】成千上万的人去珠穆朗玛峰登山,是因为攀登世界之巅极具挑战。但让杰夫·克拉普感兴趣的,却是这些人留下的垃圾。

该导语同样建立在主人公行为与众不同的反常性上,设置的悬念顺理成章,虚写。第二自然段"写实":美国人克拉普看一部纪录片为珠峰的垃圾而震惊,他2004年前往尼泊尔并将在珠峰上找到的一些被废弃的氧气瓶运回美国制作纪念品。第三自然段为核心段落:克拉普已售出了33个钟和碗,他和他的妻子还制作了1万个圣诞节装饰品。

【西班牙《阿贝赛报》7月28日报道】也许对于任何一名水手来说,在海上天气恶劣时遇到船只故障都是最可怕的梦魇。而这种不幸恰恰被航行在北冰洋的一艘小艇上的船员们碰上了。而他们做梦也想不到,自己将亲历历史上最奇特的海上救援行动。(《俄潜艇搭救遇难小艇》,《参考消息》,2014-07-31)

这个导语用"也许"引出一个戏剧性的事件,人物命运的跌宕起伏和惊险刺激说一半留一半,留下了悬念,让读者恨不得一口气读完,知道最终的结果。

对比上面的延缓性导语,我们不难发现它们的一个共同特点:新闻事实本身就具有戏剧性、荒诞性、趣味性、反常性等性质。

(一)描写式导语

用美术白描的技法将人物、地方或者事件的细节表现出来,呈现富有特色的现场场景,凸显画面感,让受众有身临其境的感觉。

枪响以后

5月2日下午2时,在法国敦刻尔克,两名青年驾车风驰电掣地开到市中心大道,一名大学生正在人行道上平静地行走,突然一声枪响,年轻的学生应声倒地,血流如注。[描写式导语,栩栩如生,营造现场感,设置悬念]

另一辆汽车正飞快地驶来,带走了受伤者。行人立即报警,警察紧急出动封锁现场,寻找线索。[现场描写,生动形象,延续悬念]

一名用摄像机拍摄暗杀场面的学生终于向警方吐露真情:凶器是一支信号枪,假伤员在枪响后立即捅破口袋,让牛血喷洒出来。[核心段落,解开前两段的悬念]

这5名初学摄影者是根据学习计划在拍摄一部片子。[核心段落,解开前两段的悬念]

对他们来说,这部幻想片到此为止了。[再次设置了悬念]

他们被警方拘留审问数小时后,由检察院下令释放。[故事的高潮,最重要的事实,解开上一个自然段的悬念,出人意料]

这篇新闻如同一部微电影,用蒙太奇镜头语言将现场多个画面叠加组装,结构紧凑,简洁明快,可读性强。其描写手法的应用令人赞叹。

描写式导语让受众有沉浸感,仿佛置身现场。如何写得简洁而生动是描写式导语的难点。如:

昨天凌晨3时许,广州萝岗宏明路与开创大道交界处上演电影般的"街头枪战"。一辆小车突然加速撞向正准备靠近该车的几名男子。这些男子中,有人见状掏枪朝天开了一两枪,但小车依然冲了过来。几名男子果断朝小车开枪。小车继续夺路逃窜,几名男子上车追击,最后在开创大道发现被追小车侧翻在花基上,驾车男子受伤。事后广州警方证实,开枪男子实为便衣警察,这是警方堵截抓捕驾车逃窜的涉毒犯罪嫌疑人的特别行动,行动中一驾车犯罪嫌疑人受伤抢救无效死亡。(《广州街头枪战:警察拔枪追射 嫌犯车翻人亡》,《新快报》,2014-03-29)

该导语可改写成:

昨天凌晨3时许,广州萝岗宏明路与开创大道交界处,一辆小车突然加速撞向企图靠近的几名男子。这几名男子中有人掏出手枪朝天鸣枪,小车依然冲了过来。他们朝小车开枪,小车夺路逃窜。几名男子上车追击。小车在开创大道侧翻在花基上……

原导语的最后一句话其实可以延缓到正文的第二自然段。软新闻导语给受众的心理悬置一个待解之谜才有吸引力。

(二)逸事式导语

逸事就是我们常说的逸闻趣事,是有趣的小事。在软新闻导语中,直接设置一个现场场景,提供一个有趣的小事,或者直接从一件有意思的小事开始讲起。

逸事式导语在特稿写作中比较常见。下面是特稿《乌镇,感受得到风水的地方》(《参考消息》,2005-11-08)的导语,它是从一个场景描写加有关"姑嫂饼"的逸事开始的:

身穿青花布上衣的孙,把头巾扎在脑后。在中国南方长江流域的乌镇,数百年来女子都是这种装束。孙把面粉、白糖、盐、芝麻和花粉和成一团,切块,然后用纸包起来。她告诉我们,这种叫"姑嫂饼"的乌镇特产有一个典故。从前,开糕店的人家只把秘方传给儿媳。女儿出于嫉妒,把盐撒在嫂子和的面里。没想到这样做出来的糕点味道反而更好。从此,这种点心就得名"姑嫂饼"。

在采访中,记者要善于从聆听中发掘似乎不起眼的逸事并通过提问让受访者解释清楚,或者从资料中采撷有趣的轶事。在软新闻中应用逸事能活跃文风,增强报道的可读性,让受众获得审美的享受。

(三)叙述式导语

叙述式导语以生动的情节讲故事。它借用文学手法如对话、情景描写和构建悬念,用预设的伏笔提示受众将要发生的事实。叙述式导语与概括式导语的差别是:前者讲故事,设置悬念,曲折婉转,追求生动有趣、引人入胜,娓娓道来,语言形象生动,采用时间顺序结构;后者传播信息,毫无悬念,开门见山告诉受众发生了何事、何种结果,语言直白平实,采用倒金字塔结构。下面是采用叙述式导语的新闻案例。

18岁少女带避孕套见网友 开房遇阻赴警局求助

7月7日凌晨0点刚过,杭州闸弄口派出所值班室里,一个辖区旅馆的工作人员,带着一对年轻情侣走了进来,说是要请民警开一下住宿用的身份证明。

"小姑娘身份证没带。"旅馆工作人员告诉民警,这对小情侣之前已经连着在闸弄口地区找了五六家小旅馆,但因为女孩没带身份证,无法进行身份登记,没有一家旅馆肯给他们住宿。"他们找来我们店里,我说你们不去派出所开证明,再跑多少家旅馆都不会让你住的,我带你们去开吧,他们才肯来的。"

値夜班的王警官看了看眼前这对小情侣,感觉不大对头。"男孩子20岁出头的样子,说是在杭州这边打工的。我观察他,应该是出来蛮多年,很有社会经验的。但女孩子就完全另一回事了,胖乎乎的、白白净净、戴着粗框眼镜、一脸稚气,感觉还是个中学生。"

王警官把女孩叫到一旁,问她多大年纪,怎么会来杭州的。女孩支支吾吾地说,自己18岁,刚刚高考结束,是南京人。她暑假里无聊玩起了交友软件,前几天在上面认识了这个男子。对方善解人意、温柔体贴,她觉得自己坠入了爱河。

应"男友"邀请,她背着爸爸妈妈坐火车来了杭州。民警看了看女孩的随身行李,一把雨伞、一面小镜子、5筒薯片,还有一只女孩自己备好的避孕套。

"她身上找了找,买了来杭州的火车票,只剩下30.2元。我说小姑娘你已经成年了,今晚要不要跟这个男孩子去住旅馆,你可以自己决定。但叔叔劝你一句,望你三思。说得不好听一点,这个才认识两天的男孩子,你们要是因为各种原因分开了,你身上才30.2元,打算怎么回南京?"女孩被王警官说得直低头。

见女孩有点认清现实,王警官帮她联系了南京的爸爸妈妈。孩子父母已经急疯了,说是在当地找女儿已经找了一整天,连连感谢杭州警方。当天凌晨4点,女孩父母开着私家车,从南京一路火急火燎赶到了闸弄口派出所,接走了女儿。本要跟女孩开房的小伙子,也被民警劝回了家。(《都市快报》,2016-07-09)

这篇新闻的瑕疵是,何人要素交代的不够清晰,如旅馆工作人员无姓无名,派出所的警察有姓无名。如果一篇新闻中全都是匿名,其可信度就会降低。

(四)对比式导语

有比较才有鉴别。对比是新闻写作常用的手法,它能使人或事物的特点在比较中显得更加鲜明,彰显新闻价值,更有助于人们了解其不同之处,加深印象,难以忘怀。

【俄罗斯晨报网站7月28日报道】十月革命前,俄东正教曾有过"清醒日",该节日在苏联时期被取消了。如今,"清醒日"即将重设。莫斯科教区官网上称,俄东正教会最高会议批准了两位主教的提议,通过了恢复"清醒日"传统的决定。(《参考消息》,2014-07-30)

这个导语用昔日与今日俄罗斯东正教"清醒日"因政治原因的两种命运对比,凸显了该宗教节日恢复的新闻价值。它把新闻主题"恢复清醒日"的相关背景用简洁的两句话交代清楚,体现了其在变动中所折射的时代意义。

【美国华盛顿时报网站7月28日报道】美国总统奥巴马周一告诉参加会议的非洲青年领袖,不要再为非洲大陆落后的经济发展"找借口"。而在大学时代,奥巴马的第一个政治抗议就是针对西方对非洲国家的压迫。(《参考消息》,2014-07-30)

这个导语采用了对同一个人过去与现在行为反差的事实对比手法,两句话就把奥巴马的现在与过去的政治观点的变化和冲突凸现出来,毫不隐讳地揭了奥巴马的老底,勾起了受众对新闻欲先睹为快的好奇心。

走在中国的街头,肯定会看到理财产品的广告。在日本的证券公司柜台等处也能看到投资信托的海报。相比起来,中国的广告多为手写,预期收益率非常诱人。"1个月、收益率4.27%、低风险","投资期限120天、收益率4.9%、高端客户专享",这些类型的理财产品很受欢迎。(《日本经济新闻》,2017-04-17)

该导语将日本和中国的理财产品广告进行对比,指出了中国理财广告与日本的不同:多为手写、预期收益率非常有诱惑力。在接下来的段落中,日本记者列出了核心段落,指出了中国理财广告存在的风险。该新闻从导语到正文拿日本理财广告的规范与中国理财广告的陷阱进行对比,有助于人们看清问题的本质,防止投资风险,这种通过对发达的资本主义市场与市场经济秩序尚在建设之中的发展中国家市场进行对比,对受众具有说服力。

(五)用直接引语建构导语

当事人富有情感色彩或生动深刻的个性化表达令人激动,令人难忘,令人吃惊,引人联想到场景,这样的表述用于软新闻导语中,能够唤起受众的关注。此外,众人耳熟能详的歌词、诗句、流行语、经典电影对白等也可用于建构直接引语导语。

【联合报仰光 9 月 28 日电】"来啊,有种就杀了我! 我不怕。"一名愤怒的女子在仰光街头对镇暴军警咆哮。另一名老者也对军警大吼:"你们吃的是老百姓的食物,却杀害老百姓,还杀僧侣。"(2007 年)

这个导语开头和结尾使用了两个人的直接引语,当事人愤怒至极的情绪富有感染力,我们的脑海中会浮现出现场的画面,仿佛眼前出现了两个人扭曲的面容,听到了他们的呐喊声。由于导语写作总体上要求简洁明晰,所以,使用直接引语建构导语一定要恰到好处,引用多了会拖慢导语的节奏,使导语臃肿。下面这条导语引用的是引语中的两个关键词,把完整的直接引语放在了新闻的结尾,形成互补与对应关系,堪称巧妙。

【路透社马尼拉 11 月 2 日电】菲律宾总统杜特尔特周三责备美国停止向其国家出售 2.6 万支步枪的计划,称作此决定之人是"傻瓜"和"猴子",并表示他可能求助于俄罗斯和中国。

【结尾】杜特尔特在电视讲话中说:"看这些猴子,我们想买 2.6 万支步枪,他们不想卖。婊子养的,我们有很多国产枪支。这些美国傻瓜。"(《杜特尔特痛骂美对菲停售步枪》,《参考消息》,2016-11-03)

这些直接引语多么生动传神! 一个国家领导人如此率性实在罕见,个性鲜明,性格粗放,其引语的独特风格令人看一眼就忘不了。这样的引语给新闻增色,让新闻鲜活有趣。

需要注意的是,使用引语建构导语要交代清楚新闻来源。如:

"小孩掉西湖里了!"昨天下午 3 点半左右,杭州西湖边游人如织,市民江先生正在断桥边采风,突然看到好几位游客一路小跑冲上桥面,其中一位小伙子还焦急地喊着"发生意外啦"!(《杭州 4 岁男童不慎掉入西湖 母亲下湖与游客接力相救》,《青年时报》,2017-04-24)

该导语的不足是:开头第一句直接引语没有交代新闻来源,最后一句直接引语比较空洞,不如删除,用第一句直接引语就够了。此外,该导语还有一个缺陷,里面提及的人物"市民江先生"仅仅是事件的旁观者,之后的故事再也未提及他,因此放在导语里纯属多余。这条导语不如改成:

昨天下午 3 点半左右,杭州西湖边游人如织。突然,好几位游客一路小跑冲上桥面,有人喊道:"小孩掉西湖里了!"

(六)提问式导语

用一个精彩的、有思想的、有趣味的或令人意想不到的问题作导语的开头,能唤起受众的思考和参与意识,这种提问式的导语也是软新闻导语的一种常见类型。这种导语分为两种:一种是问答式,记者自问自答,提问是抓住新闻事实中的冲突性情节,回答是报道的新闻价值;第二种是疑问式,记者只提出关键的问题,答案就是正文。

本报讯 如果有一份让你断子绝孙的"宣誓书"摆在你的面前,你会签字吗? 近日,市民辜兰(化名)小姐就遇到了这样荒唐的事情。(《成都一公司要员工发誓:如偷公物断子绝孙》,《华西都市报》,2003-03-21)

这个导语提出的问题是匪夷所思的,也正是新闻事实的荒唐之处,记者把这样一个违反人伦道德常识的事件用问题摆出来,一下子就击中了人们的心灵,引起受众的惊奇和关注。一般的提问式导语都会像这样用第二人称"你"提问,口吻亲切自然,仿佛记者是在和每一个单独的受众面对面交流沟通,能拉近双方的距离。当然,该导语的"近日"其实可以删除。该导语属于提问式导语中的问答式。

【路透社洛杉矶 1 月 22 日电】谁说必须很棒才能在好莱坞得奖?

莎朗·斯通的《本能》极为成功;但是,去年的《本能 2》却一败涂地,已经入围第 27 届金酸梅奖,即最差电影奖。(《参考消息》,2007-01-24)

该导语用了一个反问句,看上去似乎不合情理,看了回答之后才令人恍然大悟。反问句设置了一个令人费解的悬念,回答先扬后抑,有起有伏,记者文笔之简约之生动令人赞叹。

【新华社北京 4 月 22 日电】(记者杨进欣)历史上曾先后出过宰相 59 人、大将军 59 人的山西省闻喜县裴氏家族,为何能声名显赫、经久不衰? 裴氏家规家训文化应该如何借鉴和传承?(《出过 59 个宰相的闻喜裴氏家族,有什么样的好家风?》,新华社,2017-04-22)

该导语由两个疑问句构成,第一个疑问句中用两个典型数字和相关历史事实作背景,提出令受众想知道答案的问题;第二个疑问句则是新闻的主题,是对第一个问题的引申和升华。两个问题环环相扣,唤起人们的思考,通过阅读全篇知晓答案。

六、软新闻导语写作

软新闻导语在写作上注重创意,记者的知识、才气、文笔等综合素养至关重要。要想写好软新闻导语,记者应避免下列失误。

(一)节奏拖沓

江湖传言,金华磐安胡宅乡一个叫后张的小村里,有人挖出了"红宝石"。很快,在刚刚过去的这个周末,海量网友强势围观,超过千人扛着锄头进村寻宝,当地的茶树和庄稼开始出现不同程度的损坏……

一边是热情高涨的寻宝队,一边是忧心忡忡的村民。

磐安县有关部门迅速行动。昨天下午,应磐安县国土资源局邀请,浙江省第三地质大队的教授级高工王才贵赶到了现场。王才贵今年 62 岁,从事地质工作已经有 45 年了。他一眼看到村民们挖出来的石头,心里就已经有了答案。

这石头到底什么来头? 究竟值不值钱? 记者从现场发回了王教授的"鉴定报告"。(《金华千人进村挖宝 专家称:不过是含铁的玻璃》,《钱江晚报》,2016-06-21)

该导语有四个自然段,222个字。删繁就简,该导语可改为:

金华磐安胡宅乡后张村出产"红宝石"? 专家在现场的鉴定报告给寻宝人兜头泼了一盆冷水:不过是含铁的玻璃。

软新闻导语可以先虚写,再实写,但过度节奏要快,语言要简洁。要抓住受众关切的要点,不能拖沓。

(二)堆砌事实

37频道的酒品广告,43频道的书画广告,54频道的航空航天纪念品……这些深夜12点才开始的购物广告,75岁的成都人秦大爷一看就是一个通宵,说是方便第二天下单购物。

从捡便宜骑车去大丰的"铁公鸡",到每个月都要收快递的"购物狂",秦大爷存下的15万元,不到1年被各类保健品、白酒、字画和纪念币消耗殆尽。

堆了半面墙的白酒,藏在柜子和床下的20多幅书画,立在床头代替糖尿病药品的各类保健品……为了这些,秦大爷和家里几乎决裂,过了一辈子的老两口分开做饭、互不言语,和两个儿子一见面就吵架。(《成都一75岁的大爷沉迷电话收藏,不到一年花光15万元存款》,《成都商报》,2017-04-18)

该新闻属于软新闻,其情节的荒诞反常尤其适合用软新闻导语。遗憾的是,记者不懂得对素材进行取舍,一次性在导语中挥霍掉了所有的冲突性场景,使得这篇软新闻的导语冗长而烦琐,消耗了受众的阅读时间,损害了新闻的传播效果。其实,通过对比不难发现,最能引发受众阅读兴趣的悬念是该导语的最后一个段落,它是冲突性的高潮,前面的场景放在主体中更好,增添新闻的表现色彩。记者在使用素材的时候,应该像中国园林艺术那样,"曲径通幽处,禅房花木深",把材料用活用精,虚实结合、错落有致、张弛有度、环环相扣,刻意营造曲曲折折、引人入胜的审美效果,始终给受众以新鲜的兴奋点,让受众有沉浸感,恍若置身于小巧却感觉有无穷天地的精美园林。

(三)铺陈过多

"医生说最严重会瘫痪,但你现在还没到最严重的时候,明年就高考了,你再熬一熬……"

妈妈的话,像紧箍咒一般箍住了黄姑娘,她感觉头痛得要炸开了。

黄姑娘今年17岁,桐庐人,是一个体校的体育特长生,她妈妈希望她能以体育特长生的身份被重点大学录取。但不幸的是,黄姑娘在一次比赛中受伤,她想终止训练,妈妈却不同意,母女之间爆发了一场大战。

在争吵中,黄姑娘几次痛哭,她不明白,难道读大学真比她的健康更重要吗?

昨天,黄姑娘致电杭报热线85109999,她想问一下,这道人生的选择题该怎么解答。(《杭州17岁体校女生将瘫痪仍被母亲逼着练:全家就靠你了》,《杭州日报》,2016-06-20)

该导语共五个段落,长达209字。应用一句话作导语:一位17岁的体校女生比赛受伤,她想终止训练,因为医生说最严重会瘫痪。但她的母亲却劝她再熬一熬,希望她能以体育特长生的身份上重点大学。延缓性导语应抓住新闻事实中的矛盾或冲突的关键点,将其高效地展现出来,引发受众的兴趣。

（四）平淡无奇

前天下午 2 点多,南京市民董先生夫妻与两名女子在鼓楼幕府山派出所里吵得不可开交。董先生称自己 80 多岁的父母被这两名女子忽悠了,买了一堆补品回来,已经付了 8700 元,还有 2 万多元没付。(《八旬老人 100 元游趟天目湖买回 3 万补品》,《扬子晚报》,2016-10-01)

该导语的缺点是,"前天下午 2 点多"这个时间不新鲜,而且不精确,给受众带来了理解的困扰,传播效果差,不如省去。其次,表述平淡无奇,冗长啰唆,没有把这件事的反常之处简明扼要地陈述出来。不如将主语换成当事人,这样表达就会简洁明了:南京市一对 80 多岁的夫妇花了 100 元参加某公司的天目湖旅游,结果花了 8700 元买回来一堆补品。该公司声称这些补品价值 3 万元,这对夫妇还欠公司 2 万多元。

（五）离题万里

发烧 22 天,昨天上午,李冰冰终于康复出院了。

她把在澳洲看病,又转院到北京就医的经历,写了一篇《澳囧经历,看病也得因地制宜,点赞祖国医护让我满血复活》发在了微博上。

在澳大利亚拍戏的她先是"九死一生"的高烧 14 天,虚脱到无法行走,澳洲医生摊手表示无法确诊,回国后才发现是化脓性扁桃体炎,国内医生找到病症之后,很快对症用药、治疗,昨天终于出院了。

这样囧的就医经历,其实也发生在刚刚从浙医一院出院的 24 岁小羽姑娘身上。在意大利,她同样经历了高烧不退而遇医生摊手的情况,最后她果断回杭,当天即在浙医一院得到确诊并住院治疗。医生说:小羽患上了严重的心内膜炎,险些因延误治疗,发生意外。

"如果不是那位台湾医生建议我马上回国,我可能现在命都没了。"24 岁的温州人小羽,3 个月来经历了人生中最惨淡的日子:持续莫名的高烧不退,家庭医生和医院专家都找不到原因,只建议她吃退烧药,直到自己路都走不动了,她咬牙登上回杭州的飞机。"来浙一的当天,医生就说'你不能回家必须住院,你的心脏发生感染,必须马上治疗'。"一周后,小羽接受了手术。连主刀医生倪一鸣都说,拖得这么迟才来就医的心内膜炎几年都没碰到了,实在太凶险!(《温州 24 岁姑娘在意大利高烧 3 月未确诊　打飞的回国查出病因》,《钱江晚报》,2015-12-24)

该导语有 435 个字,过度臃肿,堪比一条短消息的长度了!导语中花费了 148 个字写影星李冰冰从澳大利亚飞回国内治病的故事,这与该新闻主题一点边都不沾,纯属多余,使新闻变成了两个主题。记者应通过对比,抓住这名温州姑娘治病的离奇故事情节建构悬念导语:温州姑娘在意大利患心内膜炎 3 个月看医生未查明病因,飞回杭州求医当天确诊。一篇新闻一个主题,一事一报是写作的基本要领。

（六）逻辑混乱

《一千零一夜》里有一个著名的故事——《阿里巴巴和四十大盗》,这样的天方夜谭其实一直在杭州上演。

半个多月前,两个笨贼在杭州连抢 3 家便利店,结果只抢到 1800 多元现金,还不够买机票的钱。俩笨贼可能没想到,杭州早就进入移动支付时代了,要抢现金还真不是件容易的事。蚂蚁金服的数据显示,目前杭州超过 95％ 的超市、便利店都能使用支付宝付款;超过 98％ 的出租车支持移动支付。街头小店、流动摊位也全都能用支付宝。再告诉笨贼们一个"坏消息":5 年后,杭州将正式迈入无现金社会!

其实,无现金社会的构建,是以支付宝为代表的第三方移动支付给自己定的一个"小目标"。而以"全球移动支付之城"杭州为圆心辐射的浙江省智慧城市的版图,正在不断扩张。(《俩笨贼哀叹杭州抢不到现金:5 年后将正式迈入无现金社会》,《杭州日报》,2017-04-17)

该导语有两个铺垫:其一,《阿里巴巴和四十大盗》的故事;其二,俩贼在杭州连抢 3 家便利店,只抢到 1800 多元现金。其焦点是:5 年后,杭州将正式迈入无现金社会! 用时下流行的网络语言评价该导语:记者的脑洞大开太任性,让人烧脑。《阿里巴巴与四十大盗》是《天方夜谭》中著名的故事,塑造了 4 个人:阿里巴巴的勇敢、机智;他哥哥的贪心;女仆的聪明敏锐;强盗首领的残忍。该故事主题与这篇新闻的主题并无任何逻辑联系。该神话故事中的"强盗"与这篇新闻中的"小偷"在逻辑概念上也非同一类。该导语中"这样的天方夜谭其实一直在杭州上演"的表述更是令人莫名其妙。如果杭州天天都有贼偷钱,记者就应该提供新闻来源,同时用精确的事实而不是这样一句模糊的话。延缓性导语不是玩接龙游戏,不要堆砌两个悬念元素,尤其需要记者理清逻辑关联,应从 A 元素(事实悬念)自然而然引导出 B 元素(事实结局)。该导语应为:

俩贼半个多月前在杭州连抢 3 家便利店,结果只抢到 1800 多元现金。他们可能没想到,杭州抢钞票竟然这么难!

其实,杭州早就进入移动支付时代了。再告诉盗贼一个"坏消息":5 年后,杭州将正式迈入无现金社会!

延缓性导语要引人入胜,还要过渡自然、衔接自然。此外,悬念与揭晓谜底应有延缓过渡。

(七)令人费解

20 世纪 30 年代,美国人 K.瓦尔玛发明了一种杀虫剂,一名美国记者写了这样一条新闻导语:"十年前,当 K.瓦尔玛刮胡子的时候,困扰他的苍蝇们实在是太没有自知之明了。"

这条导语的失误是:记者通过想象,用文学的笔法虚构了一个场景,看上去似乎生动有趣,但无人知道记者想要表达什么主题,也无人能够联想到这与 K.瓦尔玛发明的杀虫剂有什么关系。

(八)格调低下

根据医学研究,处女子宫癌的发病率高于已婚妇女。于是,有记者挖空心思写了这样一条延缓性导语:"癌症是生锈的结果,而不是纵欲的结果。"

首先,记者将癌症的一个分支"子宫癌"简单地表述成"癌症",犯了以偏概全的形式逻辑错误。其次,从新闻语言的要求来说,这样表达也是不准确的。此外,记者将处女患子宫癌比喻成"生锈",暗示患病与没有性生活直接关联,同时暗示"已婚"等同于"纵欲",这些都是不科学、不严谨、不严肃的臆断,而且情趣低俗,格调低下,缺乏文化品位。

(九)违背科学

新闻的一个重要功能就是传播知识,记者不能违背科学常识信口雌黄,为受众传播错误的信息。2017年5月10日钱报网新闻《杭州1大学女教授10年穿着纸尿裤讲课 还会情不自禁漏尿》的导语是:"你知道女性生活的三大重要问题是什么吗?从前往后分别是:排尿、性生活和排便。"

不知你看懂了这条导语没有?难道"引导人类上升"的女性活着就为这三件事?这不是在侮辱天下女性吗?这哪里是人的生活,分明是在讲动物!记者缺乏最起码的常识,传播如此荒诞的信息,致使媒介的公信力遭到了羞辱。作为把关人的编辑难道对如此低级的失误视而不见?由此可见,知识修养和专业素养对于新闻人多么重要!

此外,对于时效性不新鲜的硬新闻,如果无法找到新鲜由头以新带旧、由近及远,可以将其改写成软新闻导语。例如:

母亲去世后,13岁女孩小红(化名)被继父性侵,长达半年之久。去年9月,小红的姨母报案,继父伪善的面具才被撕下。近日,小红的家属向法院提出监护人撤销之诉。

近年来,性侵未成年人案一直处于高发态势。今年,玉环县人民检察院已受理11起,绝大多数是"熟人"伸黑手。(《台州13岁少女母亲亡故 被继父性侵长达半年被告发》,《台州晚报》,2016-10-26)

该事件导语时效性不佳,将几乎所有新闻要素都集中在了导语中,第二自然段是与该事件无直接关联的新闻背景,不宜衔接导语。对于不新鲜的事件新闻,其本身具有反常性,写成软新闻导语更合适:谁能想到,一个天天被女儿叫"爸爸"的人竟然是色狼。玉环一名13岁的女孩被继父性侵长达半年之久。类似新闻价值不大又不新鲜的事件,采用软新闻导语可以吸引受众眼球,弥补时效性不足的薄弱点,以人情味或戏剧性增强其传播效果。

总之,不管是采用硬新闻导语还是软新闻导语,其前提都是:力求简洁。美国匹兹堡一位年轻科学家因为发明了几乎是最纯的真空而获得了一千美元奖金,有记者写的软新闻导语是"一位年轻的科学家因为造出什么也没有的东西于今天获得了一千美元"。这个导语仅用一句话就把该新闻有关科学发明的关键词"真空"用通俗的理解制造成悬念,巧妙地表达出来,堪称智慧。新闻事实本身的新奇、场景令人意外、结果令人诧异、情节反常、时效性不强等是构建延缓性导语的前提。

七、导语中的信源应用

(一)导语中需要指明新闻来源的几种情形

1. 记者从其他途径获得的二手信息

法国媒体20日报道说,巴黎香榭丽舍大街当地时间当晚8时许发生枪击事件,造成一名警察死亡、一名警察重伤。枪手已被击毙。(《巴黎香榭丽舍大街发生枪击事件 一名警察殉职》,新华社,2017-04-20)

2. 执法部门对犯罪嫌疑人发布的指控声明通报

德国联邦检察院21日通报称,一名据信为4月11日多特蒙德球队大巴爆炸案嫌犯的男子当天已在蒂宾根地区被逮捕。检方披露的案情显示,嫌犯在作案前购买了大量看跌多特蒙德队股票的期权,据推测其作案动机为通过爆炸引发股价下跌牟利。(《德国爆炸案真

凶落网　动机或系做空股票套利》,中国新闻网,2017-04-22)

3. 当事方或主管方对舆论监督的回应

针对网上反映安徽高职院校分类考试文化素质统一测试中存在的问题,安徽省教育招生考试院 30 日通报相关进展,通报称,通过技术手段,查明犯罪嫌疑人包某某、张某某、孙某某,均系包集中学高三学生,涉嫌组织考试作弊。(《安徽高职考试作弊事件追踪:三考生被采取强制措施》,中国新闻网,2017-03-31)

4. 权威部门公开发布的重要信息

北京教育考试院 **29** 日对外表示,今年北京高考政策有所调整,将实施本科录取批次改革,并对志愿设置进行调整。具体为:将本科普通批录取由三个调整为两个,取消本科三本,将本科二、三批合并为本科二批。(《北京教育考试院:今年高考将本科二、三批合并为本科二批》,中新网,**2017-03-29**)

5. 使用引语建构的导语

①直接引语。

北京时间 4 月 22 日上午,彭蕾在 2017 年哈佛中国论坛上表示:"'无现金'社会正在进行时,未来可以只带一部手机走遍全中国。出国只需记住三句话,你好、谢谢、支付宝。"(《蚂蚁金服彭蕾:不是支付宝有多好 是剁手党的支持》,新浪财经,2017-04-22)

②间接引语。

今年底,"嫦娥五号"将带月球样本返回,完成"探月"的最后一小步。中国人何时"登月"? 22 日,"两弹一星"元勋、中国科学院院士孙家栋在武汉接受记者专访时表示,只要国家立项,从科技发展趋势看,中国可在十年内实现载人登月梦想。(《"两弹一星"元勋:中国可在十年内实现载人登月》,《联合早报》,2017-04-23)

6. 对事件原因的推论

印度东部西孟加拉邦 22 日发生炸弹爆炸事故,造成至少八死四伤。警方初步调查相信,此案与恐怖袭击无关,而是当地黑帮在制作土制炸弹时,意外引爆所致。(《印度黑帮自制炸弹时爆炸 8 死 4 伤》,联合早报网,2017-04-22)

(二)导语中笼统交代新闻来源的几种情形

1. 预计或推测将要发生的新闻

对知情者预计的新闻暂时无法证实,所以导语中可延迟指明精确新闻来源,在主体部分进行清晰补充。

中国军事专家预计,中国新一代隐身战略轰炸机轰-20 最迟将在今年底前亮相。(《轰-20 或将于今年年底亮相　与美 B-2 轰炸机相似》,联合早报网,2017-04-22)

该新闻在主体部分清晰交代了这位中国军事专家的姓名:中国军事评论员陈光文 4 月 20 日在新浪军事撰文说……

2. 涉及多个新闻来源发表见解

对于新闻事实发表看法的新闻来源有两个或两个以上,为求导语简洁,宜延迟指明精确新闻来源,后置到主体部分补充交代。

恐怖组织伊斯兰国宣称,近年欧洲多起恐袭都是其"圣战士"所为,本周四法国巴黎刚发生的枪杀警察事件也不例外,不免令人感觉这个极端组织的势力越来越壮大,但是不少恐怖主义专家却认为,事实正好相反。(《分析师:近期恐袭规模大不如前　显示伊国组织正走向衰亡》,《联合早报》,2017-04-23)

该新闻在主体部分对导语中提及的"不少恐怖主义专家却认为"作了具体的补充:巴黎政治学院研究员菲吕 21 日发表博文指出、激进化专家胡斯罗卡瓦上个月指出、伦敦国王学院研究激进与政治暴力国际中心的资深研究员温特注意到、专门研究恐怖分子如何使用互联网的反恐机构 TAPSTRI 资深研究人员帕克认为……共四个新闻来源。

3. 对尚未证实的突发事件的报道

对于刑事案件的犯罪嫌疑人尚未判决,其犯罪事实还未得到证实,导语中用"据称"。

威斯康星州圣克罗克斯县一名 38 岁的假释谋杀犯已经被逮捕,据称他上个月在明尼阿波利斯绑架和强奸了两名 16 岁女孩……

他被指控两次一级性犯罪和两次绑架。(《圣保罗先驱报》)

(三)导语中不交代新闻来源的几种情形

1. 记者本人是事实的目击者

昨天上午,86 版《西游记》总导演杨洁遗体告别仪式在八宝山殡仪馆大礼堂举行。孙悟空扮演者六小龄童、第一任"唐僧"的扮演者汪粤、第二任"唐僧"的扮演者徐少华、"猪八戒"扮演者马德华、续集沙和尚扮演者刘大刚、"白龙马"的扮演者王伯昭,还有导演张纪中等人陆续到达,送杨洁导演最后一程。(《"唐僧师徒"四人八宝山送别杨洁》,北京青年报,2017-04-22)

记者在现场目击了事实并进行了提问采访,导语中写的是事实。

2. 记者依靠采访获得了第一手材料

记者通过采访搜集的第一手材料可信度高,导语中也可省略新闻来源,后置到主体部分详尽说明。

坐落于奥地利首都维也纳的弗洛伊德博物馆曾经是 20 世纪"精神分析之父"弗洛伊德生活和工作 47 年的地方。从今年开始,当地政府和弗洛伊德基金会将共同投资约 400 万欧元(约合 2950 万元人民币),对该博物馆进行改扩建,期待 2020 年以崭新面貌迎接参观者。(《奥地利将改扩建弗洛伊德博物馆》,新华社,2017-04-22)

记者在主体部分对新闻来源进行了交代:维也纳负责文化的市政委员毛伊拉特-波科尔尼 20 日在新闻发布会上强调……

3. 已经被指控犯罪的嫌疑人

出庭并受到指控的犯罪嫌疑人,得到了宣判结果,导语中直接叙述事实。

云南一自称幼教女子为牟取利益,参与组织执业药师考试作弊坐上被告席。昆明市呈贡区人民法院 11 日走进云南民族大学开庭审理此案,并以组织考试作弊罪判处该女子有期徒刑 1 年。(《云南一幼教组织人员考试作弊获刑 1 年》,中国新闻网,2017-04-11)

(四)新闻来源在导语中的空间位置

1. 新闻来源简洁、权威、重要,一般放在导语的最前面

美国军方官员 21 日说,俄罗斯空军战机 4 天 4 次飞临美国阿拉斯加州附近公海空域,美方出动战机跟踪监视。(《"传递战略信息"俄战机 4 天 4"探"美国》,新华网,2017-04-23)

该导语新闻来源简洁易读,将其放在导语最前面的突出位置有助于增强该新闻的权威性和可信度,也不影响叙事的节奏和效率。

2. 新闻来源冗长、名称绕口,不如事件的结果重要,可置于导语的结尾

4月21日,由中央网信办网络社会工作局、浙江省委网信办共同主办的网络名人助力"一带一路"活动在浙江舟山启动。来自全国的十多位网络名人将走访舟山、新昌、义乌三地,重温古代海上丝绸之路交汇地的历史遗存,感受"丝绸之路经济带"沿线城市的蓬勃发展,并积极向社会公众传播"一带一路"上的好声音。(《网络名人将实地走访浙江三地 探寻"一带一路"浙江印记》,新华网,2017-04-22)

该导语的新闻来源置于最前面不妥当,一是它比较长,二是它不如这项活动的意义重要,换言之,无论哪个单位倡议发起这样的活动,其结果都比这个单位的名称更重要,活动本身的意义大于新闻来源。因此,应将"由中央网信办网络社会工作局、浙江省委网信办共同主办的"置于导语的最后面。这样突出了新闻的重点要素,叙事的节奏和效果更好。

3. 直接引语撼人心魄,可将新闻来源置于其后

"老婆,别哭,挺住! 无论如何我都不会放弃对你的治疗……"在太原杨家峪乡淖马村,今年56岁的潘来福靠卖羊奶筹钱,给患尿毒症的妻子治病。(《男子牵羊卖奶筹钱救尿毒症妻:再难也要让她活下去》,《山西晚报》,2017-04-23)

我们可以尝试一下,如果将直接引语后面的何地+新闻来源+何事前置到最前面,该导语的表现力和吸引力都会下降,男主人公打动人心的话语穿透力也会削弱,不仅如此,还必须加一句话才能将两句话衔接在一起,不如像现在这样,简洁的两句话感人肺腑,令人难忘。

八、导语与记者思维

在教科书中,对导语的分类只是为了帮助记者正确认知导语写作的知识,有助于他们开阔视野,提供借鉴,启迪思路。作文有法,但没有定法,这个"法"指的是写作的规律。在新闻实践中,正如谁也无法预测明天会发生什么新闻一样,我们对导语写作也无法限定一个呆板的模式。导语写作需要记者在实践中探索创新,在熟知规律的前提下勇于追求创新,精益求精。遗憾的是,时下我们看到很多新闻导语写作十分冗长粗糙,没有章法,更没有创意。

让我们欣赏一些给力的导语吧。

新华网2010年12月3日的新闻《京沪高铁以时速486.1公里刷新世界铁路运营最高速》的导语是:

新华网江苏徐州12月3日电(记者齐中熙)时速486.1公里! 这是喷气飞机低速巡航的速度。时速486.1公里! 这是中国新一代高速动车组跑出的速度。时速486.1公里! 中国再度刷新世界铁路运营速度纪录,演绎"高铁奇迹"。

这条导语用了三个排比句,凸显了新闻要素中最重要的事实——我国高铁创造的世界速度,气势磅礴,精练生动。其实,这个导语并不新鲜,1989年7月21日新华社华盛顿电《泰森:85秒卫冕成功》这篇新闻,记者杨明就使用了这种导语:

85秒! 拳王泰森击败挑战者。85秒! 历史上最短的拳王卫冕战。85秒! 1300万美元尽入腰包。

相比较之下,杨明的导语更为凝练简洁。对比这两条导语,对于新闻人的启发是:搜集好的新闻作品作范本,模仿其技法,在模仿的基础上创新不失为一条捷径。

《新京报》2010年12月3日的新闻《日美今启动史上最大规模军演》的导语是:

韩美黄海大规模军演的"硝烟"刚刚散尽,日美联合军事演习的号角又在冲绳东部海域等地吹响。12月3日,在韩美军演结束两天后,日本自卫队与驻日美军开始了规模达4.5万人的海陆空大演习,这创下了日美联合军演的历史之最。

该导语第一句话呈现了画面感和现场音效,使导语变得形象可感。这种富有表现力的新闻语言值得称道。美国一位新闻人对报纸记者的忠告是:让读者看到,让读者在乎。就是说,新闻语言应营造视觉画面,唤起读者对报道的关注和喜欢,达到传播效果的最优化。

中国台湾记者黄明裕写的消息《重蹈覆辙?》(《参考消息》,2010-09-01)的导语是:

新流感如星星之火烧了起来!

一句话,多简洁!不禁令人联想到美联社报道日本战败投降的消息导语:"日本投降了!"台湾记者的这条导语有美联社的风格,美联社对导语写作要求非常严格,规定不超过35个单词。

英国《泰晤士报》驻北京记者马珍采写的消息《北京除"四害"迎国庆》(《参考消息》,2010-09-03)的导语为:

蚊子、老鼠、苍蝇和蟑螂可得小心了! 中国正在采取行动消灭你们。由于担心它们会破坏共产党执政60周年庆祝活动,北京决定消灭市中心的这些害虫。

这条导语多么生动! 采取了拟人的手法,将一条平淡无奇的新闻写活了,有了趣味性。

新闻《女儿要上大学总统老爸伤神》的导语是:

【美联社华盛顿7月28日电】一想到女儿马莉娅就要上大学了,美国总统奥巴马就禁不住黯然伤神。(《参考消息》,2014-07-30)

一句话设置了悬念,也将身为总统的奥巴马的"怜子如何不丈夫"的慈父情怀表现出来了。

2007年1月18日《参考消息》特稿《关颖珊代表美国担任新职务》的导语是:

【《今日美国报》网站1月16日报道】关颖珊不会参加下周在华盛顿州斯波坎举办的美国花样滑冰竞标赛,而是在另一个光滑的平面上检验自己是否能摆出不可思议的姿势。这个光滑的平面就是美国外交。

记者巧妙地应用了粘连的修辞手法,将美国华裔花样滑冰运动员关颖珊退役转行的特稿导语写得如此具有审美品位。

《参考消息》2007年3月9日的新闻《飞跃国际日期变更线时,"猛禽"折翼》的导语是:

【美国《防务新闻》网站3月5日报道】假如F22"猛禽"是一个时钟,而不是价值3.3亿美元的隐形战斗机,美国空军也许会考虑退货。

记者采用了虚拟语气将F22战斗机价格昂贵但质量有瑕疵的冲突性矛盾揭示得入木三分。"也许"用得好,毕竟这只是记者的推理。

香港《南华早报》2007年1月14日的报道《中国体育当局为扭转国家足球队的命运,寻求学者帮助》的导语是:

表现欠佳的中国国家足球队如果在今年7月的亚洲杯和2008年的奥运会上不能踢出最佳水平,那就没有任何理由来为自己开脱了。

英超联赛冠军切尔西的首席执行官彼得·凯尼恩同意让中国足球队员使用切尔西队的

训练设施,不仅如此,体育当局为激发他们的斗志,还请来了一位学者。

该导语第一自然段用了一个假设的条件状语从句,营造了一个让人意外和好奇的开头。

2011 年 11 月 29 日香港《亚洲时报》的新闻《中国寻找幸福》的导语显示了记者安托阿内塔·贝克尔对中国文学的深刻了解:

周作人曾经写道,要体验中国的风情,应该坐在一艘小木船上,缓缓在河上漂流,将周围景物尽收眼底。但是乘坐中国最先进的高速列车抵达上海的经历无疑表明,慢悠悠的小船再也不是体会今天传奇中国的恰当方式了。

该导语体现了这名西方记者深厚的文化修养和精湛的笔力。

从上述精彩导语可以总结出几点思考:写好导语首先要对主题胸有成竹,导语服务于主题,抓住主题是构思好导语的前提。其次,要从受众本位意识去想一想从哪个角度、采用哪种方法写出来的导语会吸引受众？还有,写作之前问问自己:新闻事实中最重要的、最难忘的、印象最深刻的要素是什么？另外,新闻是关于人的事情,当事人中有谁可以成为新闻的亮点,可以形象地诠释新闻的矛盾或问题？当事人说过什么话对你有所触动？

综上所述,导语是新闻的开始部分,受众对一篇新闻的感觉和第一印象是从导语开始的,导语好全篇新闻都会由此而生辉,导语精彩带给受众的阅读体验是难以言喻的,它是新闻的点睛之笔,是新闻文化最集中的体现,从中可以看到记者的职业态度、专业素养、文化底蕴、创新思维和语言功力,导语写作是对记者新闻写作水平的测试。用最通俗、最简洁、最准确、最鲜活的语言构建一个最精彩的导语,让受众感受到新闻文化的魅力。

【注释】

1.苏珊·佩普、休·费瑟斯通:《报纸新闻——从入门到精通》,周黎明译,北京:中国人民大学出版社,2010 年,第 37 页。

2.苏载特·马丁内兹·斯坦德灵:《专栏写作的艺术》,熊锡源译,广州:南方日报出版社,2014 年,第 18 页。

3.卡罗尔·里奇:《新闻写作与报道训练教程》,钟新主译,北京:中国人民大学出版社,2004 年,第 152 页。

4.卡罗尔·里奇:《新闻写作与报道训练教程》,钟新主译,北京:中国人民大学出版社,2004 年,第 166 页。

【思考与练习】

1.下面是 2017 年 4 月 19 日"新浪浙江"频道的新闻阅读排行榜,请你判断一下哪些适合用直接式导语、哪些适合用延缓性导语。

(1)杭州公布市长副市长工作分工　市长领导市政府全面工作

(2)谢震业跑出中国新速度　中国飞人百米以 9 秒 91 排亚洲第二

(3)杭州 1 对情侣忍了近半年　同租室友洗衣机里放排泄物

(4)5 年后将正式迈入无现金社会

(5)杭州地铁建设步伐加快　5 号线预计 2019 年底建成投入运营

(6)杭州 8 岁女孩掉进 3 米深水池　被吸入水闸 2 个多小时未能救回

(7)杭州 1 河道内发现一具男性尸体　衣着齐整体表无明显外伤

(8)宁波男子近百万买林肯新车　还没开到家就被撞

(9)绍兴一高层公寓玻璃窗自爆　女主人:还以为地震了呢

(10)漂亮女子来杭称要来白捡钱　钱没捡着却被贷款公司缠上

2.请判断下列导语的写作质量,如需要,进行修改。

(1)6月16日下午4时左右,气温高达36摄氏度,在磁县林坛镇一个人口不足千人的小村子里,村民陈海兵一家三口为捞坠落粪坑里的手机,竟全部中毒倒在了粪坑中。村民见状,自发施救,陈海兵最终被抢救生还。(《手机坠落粪坑急于捞寻　磁县一家三口两人身亡》,《燕赵都市报》,2013年6月27日)

(2)广州一车主在广从路华德加油站加油时,发现加油站员工正在追逐一名便衣男子,以为便衣男子在抢劫,于是路见不平见义勇为,开车将人撞倒身亡。但后来才知,被追的人是加油站经理,追人的员工是精神病患者。昨日上午,该车主蔡永杰被指控故意伤害罪,在广州市中院二次开庭。(《车主"见义勇为"误把无辜者当贼撞死》,新民网,2013年5月28日)

(3)"传"染绝望"销"毁人生。浙江人韩某和妻子俞某租住在合肥滨湖新区,深陷传销窝点,钱财被挥霍一空。怀疑妻子有婚外情,两人感情几近破裂。恼羞成怒后,韩某做出让人毛骨悚然的行为:从租住的11楼把结发妻子从阳台扔了出去。妻子及时抓住墙体,侥幸逃过一劫。警察赶到现场时,韩某竟又一次要把妻子从阳台上扔出去,被民警及时制止。(《怀疑妻子有外遇　疯狂男子将老婆扔出11楼》,中安在线,2013年12月17日)

(4)六安网红徐某,在当地可算是不大不小的知名人物。因参与拍摄制作某档本土网络栏目被六安人熟知,被六安网民称为"国民老表""六安小徐",作品在微信、微博领域具有广泛的传播量。可是,就是这位拥有一定知名度的公众人物,日前居然被公安机关拘留了,原因更令人咋舌——偷窥女厕所!《新安晚报》、安徽网记者5月14日从警方了解了相关情况。(《六安知名网红女厕偷窥被拘　落网后痛哭流涕》,安徽网,2017年5月15日)

(5)现年29岁的女护士王琳(化名)是上海市第六医院的护士,她与男友李明(化名)是同事。就在两人谈婚论嫁之时,双方因为婚房装修、送嫁妆等事宜产生分歧,并因此推迟婚期。

一次,李明留宿王琳家,王琳翻阅对方手机,发现男友还在和其他女性联系,怀疑对方不忠,趁李明不备在水中掺入安眠药,对熟睡中的李明注射胰岛素,导致对方死亡。被害人的母亲曾称,在发生矛盾后,原本一直为患肺癌的被害人舅舅注射止疼药的王琳,不再帮忙。

近日,王琳因涉嫌犯故意杀人罪,在上海市徐汇区人民法院受审。(《女护士疑男友不忠趁其熟睡将其"注射死"》,《京华时报》,2016年2月22日)

(6)什么叫过年?过年就是和全家人团圆,一起出去浪,好吃、好喝、好玩,该买的就买,如果就是闷在家里吃点喝点,看着邻居都兴高采烈地开着车出去玩,你好意思吗?

什么叫过年?只有去横店,才有权力说是过年。因为横店有大量影视剧组的拍摄,别说是恢复个过年的场景,举办各个朝代的庙会,就是把"皇帝""格格"们请出来陪你过年,都是轻轻松松的。(《横店春节大庙会:老铁们,你们以前过的可能都是假年!》,新浪,2018年1月11日)

【延伸阅读】

《波士顿邮报》前编辑 Walter V. Robinson 谈调查新闻采访

我常常靠的是本能,我观察事物,然后嘀咕"我想知道的是……会怎么样"——很多情况下,如果你好奇的话,你就能发现猫腻。我很喜欢耐着性子探究原委,专挑那些少有人关注的事来挖,经常探究社会里还没被报道过的领域,因为在那些不受关注的地方,常会有罪行发生,我喜欢的一件事就是让记者出去,找以往不常交流的人聊天,譬如去贫困的社区看看,让居民讲讲自己的生活状况、自己的遭遇,他们是怎么和政府打交道的、得到了什么回应。很多时候,你和别人聊天就能找到极佳的故事,有时候出去走走,花点时间以记者的敏锐多加思考,你也能发现报道由头,在工作之余,也要多观察、多提问题,例如:为什么事情会这样? 为什么我会看到这样的现象? 背后的缘由是什么?

我的一位同事 Stephen Kurkjian 有次花了一年做了篇调查,正是源于他一个很偶然的想法,有个周日他在外吃早餐,看到有辆警车开过来停在餐厅外面,里面有两位警察在读报纸,看上去这挺好的,但 Kurkjian 看到这情景后,内心却有了个疑问:"我好奇警察表现的好坏是怎么评定的呢?"于是,他历时一年调查此事,揭露出波士顿警局是美国最低效的警局之一。这调查能开始,仅仅是因为他往餐厅外望了望,然后心里嘀咕"我想知道……我想知道要是……会怎么样",这就引出了一个好故事。

——《对话"聚焦"小组前编辑:我们靠交谈"凿"破铜墙铁壁》原创 2016-10-15 GIJN STAFF 全球深度报道网

【图书推荐】

1. 余秋雨:《中国文脉》,武汉:长江文艺出版社,2013 年。
2. 余秋雨:《何谓文化》,武汉:长江文艺出版社,2012 年。
3. 梁实秋:《雅舍小品》,武汉:武汉出版社,2016 年。
4. 沈从文:《沈从文散文精选》,武汉:长江文艺出版社,2013 年。
5. 汪曾祺:《汪曾祺散文精选》,武汉:长江文艺出版社,2013 年。
6. 季羡林:《季羡林散文精选》,武汉:长江文艺出版社,2009 年。

拓展资源

第十三章
新闻主体与结尾

新闻主体是导语之后的段落,也叫正文部分。它拥有新闻结构中最大的容量、最多的篇幅。新闻主体也被称为躯干,它是对导语的补充和延伸,导语中提及的新闻要素限于篇幅没有交代清楚,主体中先补充这些要素,将其具体化呈现出来。同时,对于导语中没有提及的事实,如果是新闻主题必不可少的,那就要在主体到结尾中根据主题的需要延伸,告诉受众更多的信息,将事实完整、清晰地呈现出来。

一、新闻主体写作

新闻主体是导语之后的段落。如果把导语看作人体的头颅,新闻主体就是人体的"躯干"部分。它紧扣导语,重要性仅次于导语。新闻主体是围绕导语展开的比导语更为详尽的内容。它的写作要求是:对导语中提及但未展开的新闻要素进行补充,使之清晰具体;之后还要对导语中未提及的新闻要素进行补充,使得新闻的"5W1H"六要素(消息常使用"何故"之外的五要素)具体、完整、充实、明确,展现和深化新闻主题。如:

爱犬识途
来源:《参考消息》 时间:2005-08-30

【欧洲新闻社伦敦8月28日电】一只名叫阿奇的黑色拉布拉多犬与主人外出旅行时在苏格兰的一个火车站失散,随后独自乘坐火车回家,不仅车次准确,而且知道在哪一站下车,尽显聪明才智。

《星期日邮报》报道,阿奇与主人迈克·泰特在苏格兰东部的因弗鲁里车站失散后,安静地在原地等候了一会儿主人。在久等主人不来的情况下,阿奇"决定"登上列车独自回家。

车站内的许多工作人员和铁路警察都从监控录像中看到了这只狗。迈克说:"阿奇非常聪明。以前我们走散时它也知道自己坐车回家,所以这次我肯定它能安全回家。"

导语主要呈现了新闻写作的核心要素"What(何事)",其他关联要素如狗主人的姓名、火车站的具体信息等都不够清晰、明确。紧随导语之后的主体先是交代了新闻来源,让新闻真实可信,然后根据导语,补充了狗主人的完整姓名,随后补充了火车站的具体方位和名称,然后补充了狗与主人"失散"的具体事实。结尾提供的更为明晰的新闻背景起到了释疑解惑的作用。

（一）主体应避免重复导语内容

新闻主体是围绕导语展开的，是对导语的补充，在写作中，记者应在叙事上变换角度，避免主体部分的内容与导语机械重复，这会使得新闻冗长，让受众失去阅读的兴趣。例如：

男子在云南边防检查站刺伤武警、逃跑途中再伤人，拒捕被击毙

来源：澎湃新闻网　时间：2018-04-25 08:30

针对网友爆料的"一男子在云南文山州麻栗坡县边防检查站接受检查时持匕首刺伤执勤武警"一事，麻栗坡县公安局官方微信公众号4月24日晚通报称，麻栗坡县公安边防大队董占边境检查站执勤官兵在对一过往客车例行检查时，车上一形迹可疑男子拒不配合检查，掏出匕首刺伤一名执勤士兵后逃跑。公安民警和武警官兵对其进行抓捕，该男子持刀对峙并砍向民警和官兵，经鸣枪警告无效后，当场击毙。

澎湃新闻（www.thepaper.cn）从目击者处获得的视频显示，一名男子躺在地上，头部有血，三名武警战士正为其包扎伤口；旁边站着的一名武警战士疑似胸部受伤，两名武警战士正为其清理伤口。

麻栗坡县公安局发布的通报显示，4月24日14时许，麻栗坡县公安边防大队董占边境检查站执勤官兵在对一过往客车例行检查时，车上1名形迹可疑男子拒不配合检查，掏出匕首刺伤一名执勤士兵后逃跑，逃跑途中抢夺过往货车无果并刺伤货车司机。麻栗坡公安民警和武警官兵立即对其进行抓捕，该男子持刀对峙并砍向民警和官兵，经鸣枪警告无效后，当场击毙。

目前，受伤人员已送往医院救治，无生命危险。案件调查工作正在有序开展中。

这篇消息的导语和主体部分有太多重复叙事。如果改成下面这样，消息就会简洁、清晰。

一男子在云南边境刺伤两人被击毙

昨天，一男子在云南文山州麻栗坡县边境刺伤一名武警和一名司机被击毙。

麻栗坡县公安局官方微信公众号4月24日晚通报称，麻栗坡县公安边防大队董占边境检查站执勤官兵在对一过往客车例行检查时，车上一形迹可疑男子拒不配合检查，掏出匕首刺伤一名执勤武警后逃跑。

该男子在逃跑途中企图抢夺过往货车，刺伤一名货车司机。麻栗坡公安民警和武警官兵对其进行抓捕时，该男子持刀拒捕，警方鸣枪警告无效，当场将其击毙。

据目击者处提供的一段视频显示，一名疑为货车司机的男子躺在地上，头部有血，三名武警战士正为其包扎伤口；旁边站着的一名武警战士疑似胸部受伤，两名武警战士正为其清理伤口。

目前，受伤人员已送往医院救治，无生命危险。案件调查工作正在进行中。

原报道有421字，将原导语和主体部分重复的内容整合修改后变成了285字。原新闻的导语冗长，标题概括事实不准确、不简洁。

(二)主体应围绕导语一事一报

导语是新闻的"主心骨",它凝练了全篇最重要、最新鲜的事实。其后的主体和结尾都应围绕它补充展开的事实,主题集中。新闻《男子家里遇火灾先救财物 致妻儿等12人殒命》读后却令人抓狂,这条新闻的主体部分与标题和导语有三个段落无关,跑题了。

男子家里遇火灾先救财物 致妻儿等12人殒命
来源:《北京青年报》 时间:2014-07-12 04:18:17

本报讯(记者 李宁)去年小武基村村南一处出租大院起火,12人殒命。昨天北青报记者从消防工作人员那里了解到,那场大火致人死亡的主要原因是起火初期,家里男人去抢救财物,妇女儿童来不及逃生,最终出现悲剧。

昨天,北京消防监督检查人员在位于朝阳区十八里店乡小武基村村北的武基祥和市场进行消防安全检查时发现,该市场存在不少安全隐患,比如旧货部分四个大厅顶棚以可燃的聚苯乙烯夹心材料彩钢板搭建、旧家具厅内疏散通道仅有基本要求2.4米的一半宽、售货大厅内无实体墙或防火门分隔、整个市场没有消防控制室、没有烟感报警及喷淋等自动消防设施等。

对于能够立即整改的隐患,如消火栓阀门等,工作人员都当场进行了改正,但由于该市场年代比较久远,而且已经上报准备拆除进行升级改造,现正处于等待审批当中,所以那些现代化的自动报警、灭火设施一时还无法加装,市场方面也很无奈地表示,目前消防安全主要靠人力巡视来保证。

"去年11·19那场大火就发生在村南,离我们市场太近了,也给我们敲响了警钟。"昨天,武基祥和市场消防安全负责人许鸿告诉记者,那次火灾以后,他们采取了各种措施提高市场的安全系数,比如加大了人员巡查的力度、增加市场内灭火器的密度、培训商户使用灭火器,而且每天晚上6点准时清场,关门、断电,杜绝了市场内住人的现象。

据悉,去年11月19日晚10点左右,小武基村村南一处二三百平方米的出租大院内发生了火灾,共造成12名妇女儿童死亡。那个大院由在汽配城做生意的堂兄弟三个家庭共同租住,除了居住用房外,主要是存放货物的仓库。

目前,起火大院已在事故原因调查和处理完毕后被全部拆除了,现在只剩下一片空地,等待规划和重建。记者从消防工作人员处了解到,那场大火致人死亡的主要原因是,火刚着起来时,家里的男人没有及时组织妇女、孩子往外逃生,而是去抢救财物了,没想到火很快就烧大了,这时已经错过逃生的第一时间,而妇女、孩子等弱势群体已无法自行跑出逃生。

该新闻的主体部分前三个自然段与导语无关。该新闻导语概括了"去年小武基村村南一处出租大院起火,12人殒命"这件最重要的事实。按照倒金字塔结构,主体部分也应该集中写这件事,对导语中信息进行详尽补充和完善,使其丰富、完整。但纵观该新闻的主体部分,前三个段落都与该新闻导语没有关联,把主题转移到了"武基祥和市场昨天进行消防安全检查时发现存在安全隐患"。主体的第四自然段和结尾才与导语是同一个主题。该新闻实际上包含了两个主题。其一是北京朝阳区十八里店乡小武基村村南一处出租大院去年11月起火导致12人殒命。这件事不新鲜了,但如果火灾原因新鲜,可以报道(即原文的第1、5、6自然段)。其二是北京消防监督检查人员昨天在位于朝阳区十八里店乡小武基村村北的武基祥和市场进行消防安全检查时发现存在安全隐患。这是一件新鲜事,值得报道(即原文的第 2、3、4 自然段)。记者应该按照一事一报的新闻写作原理,分别写两篇新闻。

(三)主体应提供准确的事实

新闻应为受众提供准确、客观、清晰、完整的事实信息。导语概括全篇最重要的事实要素,主体对导语中的新闻要素和导语中没有提及的要素进行具体补充展开,使新闻事实具体、清晰地呈现出来,句句有出处,句句有信息,句句有事实。忌讳空话套话,忌讳含糊不清,忌讳枯燥乏味。如:

朝鲜媒体披露金正日"最后一刻"
来源:新华网　　时间:2011-12-23

【朝中社平壤 12 月 21 日电】领袖金正日去世前最后几天冒着恶劣天气辛苦视察的事迹感动着全国人民的心。

那是 12 月 16 日,金正日到一家音乐信息中心和超市视察后,又按预定计划踏上前进的征程。那天非常冷,还刮着大风,气温创下了 1985 年来的最低纪录。

17 日清晨,金正日乘坐火车行进在去对人民进行现场指导的途中,气温比平时骤降 4 至 7 摄氏度,是今年入冬以来的最低温度。如此恶劣的天气使人更深切地感受到金正日的辛劳奔波,他冒着刺骨的严寒依旧去进行现场指导,充满了对祖国的热爱与忠诚。

气象专家称,在长途跋涉视察的途中,雨雪等恶劣气候的天数要多于晴好天气,金正日同志在寒风中一直战斗到生命的最后一刻。在这种爱国奉献精神鼓舞下,社会主义朝鲜的繁荣之春一定会到来。

这篇新闻主体中的语言表述不具体、不准确。如"那天非常冷,还刮着大风,气温创下了1985 年来的最低纪录"这句话也不符合新闻语言的要求。新闻语言要求准确、具体,这种含蓄的表述是文学语言。不如说当天刮几级风、气温是多少度。"金正日乘坐火车行进在去对人民进行现场指导的途中"也不具体,他去哪里? 应说清地点。人已经去世多日了,说清地点无碍安全。"气温比平时骤降 4 至 7 摄氏度,是今年入冬以来的最低温度"读完后,受众仍旧不知道那天究竟多少度。"他冒着刺骨的严寒依旧去进行现场指导,充满了对祖国的热爱与忠诚"不如用一个细节来描述,新闻需要用细节讲故事,这样说不形象、不生动。"气象专家称"是匿名消息来源,不如真名实姓的消息来源可靠、真实、可信。"在长途跋涉视察的途中,雨雪等恶劣气候的天数要多于晴好天气",长途跋涉抽象,不如精确地表述他连续行程多少千米;恶劣天气多少天? 晴好天气多少天? 我们不知道。"金正日同志在寒风中一直战斗到生命的最后一刻。在这种爱国奉献精神鼓舞下,社会主义朝鲜的繁荣之春一定会到来"这句话空洞、乏味,是口号式的宣传语言,不如用平实、具体的事实更有说服力。其实,该新闻文风的空洞从导语就开始了,导语没有突出新闻的时效性,即便不新鲜的"新闻",也应找一个最新的由头。"辛苦视察的事迹感动着全国人民的心"不是新闻语言,而是宣传语言。新闻语言陈述事实,不发表个人的观点,即使要评价,也应借采访对象之口来说。总之,新闻主体应言之有物,把一件事简洁、明了地叙述完整、清晰。

（四）主体应呈现完整的事实

中国新闻网消息《山西失踪国土所长被证实已死亡》(新浪改标题为《山西国土所长下车小便后失踪警方证实其已死亡》)读后令人疑惑不解。

山西失踪国土所长被证实已死亡

来源:中国新闻网　时间:2014-09-21

中新网晋中 9 月 21 日电（宋立超）21 日,山西省晋中市灵石县公安局通过官方微博发布消息称,此前失踪的当地一国土所长已经死亡。

9 月 10 日,山西省晋中市灵石县坛镇乡国土所所长曹方在回县城的路上下车小便,随后失踪。两天后,晋中市公安局在官方微博上发布寻人启事,并引发舆论关注。

据媒体报道,当地警方在事发后成立专案组开展全面调查工作。据与失踪者曹方同行的张海军介绍,事发时他突然听到曹方"啊"的一声大叫后,看到曹方疯狂往县城的反方向奔跑。张海军报警后,搜救人员在旁边的树林里只找到曹方的一只鞋子。

9 月 21 日,晋中市灵石县公安局官方微博"灵石公安"称,9 月 10 日灵石县国土局曹姓工作人员失踪后,警方参与多方查找,并向周边发出协查通报。9 月 19 日,山西省霍州市辛置派出所在辖区汾河中发现一男尸,民警和其家属即赴霍州。后经晋中市公安局 DNA 鉴定,确定此尸确为曹。

警方表示,结合尸检及深入调查已排除案件可能。

这条新闻标题和导语没有问题。问题出在主体部分和结尾。主体部分是对新闻主要事实的具体呈现,即对导语中"此前失踪的当地一国土所长已经死亡"这个事实进行补充和完善,将完整的故事告诉受众。该新闻主体部分最大的失误是,对当事人死亡的经过提供了一个现场细节,但没有对此信息的具体过程作完整的、准确的、清晰的叙述,留下了种种悬疑:曹方下车的具体地点是哪里?他下车前正常吗?他下车后,同行的张海军在干吗?事发时张海军突然听到曹方"啊"的一声大叫后,看到曹方疯狂往县城的反方向奔跑,他看到了异常情况吗?他做了什么?张海军报警后,警方多长时间赶到了现场?来了几个人?他们做了什么?曹方当时穿得什么鞋?警方随后采取了哪些措施寻找失踪者?曹在失踪前精神是否正常?为什么会发生这样的事?对于曹方的意外,他的同单位领导和群众怎么看?曹方的简历?……该新闻的结尾仅仅只有一句话,"排除案件的可能"含混不清。应该采访警方,用法医鉴定报告中最直接、最关键的事实回答受众关心的问题:死亡原因是自杀?他杀?该新闻写得不清不楚,不明不白,难怪引发了网友跟帖质疑:"一看就是杀人灭口,居然这么快排除了案件可能。""肯定是被谋杀了。""此事很诡异。""警方初步结论:灵异事件。按照老百姓的说法就是:见鬼了!"

（五）主体应紧扣导语,文脉顺畅

消息写作应在精心写好导语之后,从主体到结尾结构平稳、紧凑,在叙事的节奏感与表达效率上体现出和谐共振的效果,如同行云流水一般自然流畅,一气呵成,文脉清晰通畅,过渡如水乳交融,令人爱读。下面这篇消息在写作上略有不足。

"中传女生遇害案"凶手被判死刑

来源:新京报网　时间:2016-12-30

新京报快讯(记者刘洋)今天上午,备受关注的中传女生遇害案在北京三中院公开宣判,李斯达因故意杀人罪被判处死刑,剥夺政治权利终身。刑事附带民事赔偿部分,判决李斯达赔偿被害人5万余元。

去年8月9日,22岁的中国传媒大学女硕士生周云露,被同校同学李斯达以拍电影为名骗至出租屋残忍杀害。

今日上午9时许,三中院的十四法庭内便坐进了多家媒体。半小时后,周云露的父亲出现在法庭,神色凝重。周母并没有来,周云露的多名同学朋友也坐在了旁听席。新京报记者得知,作为李斯达的代理人之一的李父也没有来。

10时许,李斯达穿一件深色夹克被带上法庭,法庭宣读上述判决。宣判后,李斯达表示上诉。

从文本上分析,该新闻写作遵循了消息写作的经典结构——"倒金字塔结构",即把最重要的事实"结果"写入导语,以最新鲜的时间为由头。主体部分用新闻背景交代事实的前因后果、来龙去脉,通俗易懂;其次,新闻要素齐全,脉络清晰;有细节,如"周云露的父亲出现在法庭,神色凝重""李斯达穿一件深色夹克被带上法庭",寥寥几个字就勾勒出了现场的"画面",如同现场直播呈现了场景。该新闻语言准确、通俗、简洁、生动。但这篇新闻的主体部分有瑕疵,主体部分的第一段"去年8月9日,22岁的中国传媒大学女硕士生周云露,被同校同学李斯达以拍电影为名骗至出租屋残忍杀害"是新闻背景,它隔断了导语与主体之间在时间逻辑上自然衔接的文脉,如果放在结尾更合适。

(六)主体应增强导语中的事实

消息的主体不仅仅承担着注释和补充导语的任务,它还起着使新闻饱满、生动,增强报道表现力,提升新闻可读性的重要作用。2014年釜山亚运会新闻《孙朴之争冒"程咬金"萩野公介200米封王》的主体就体现出记者讲故事的用心。

孙朴之争冒"程咬金"　萩野公介200米封王

来源:新华网　时间:2014-09-21

新华网仁川9月21日体育专电(记者:周欣、权香兰)当所有人都把目光聚焦孙杨和朴泰桓的男子200米自由泳冠军之争时,日本全能型选手萩野公介在最后5米爆发,以"得利渔翁"的姿态赢得仁川亚运会游泳比赛的第一金,孙杨以百分之五秒的差距收获银牌,朴泰桓名列第三。

三个人的成绩在今年的世界排行榜上名列前五。让这场亚运会的比赛成为世界级较量。

200米自由泳因为该项目两届亚运冠军朴泰桓和中国名将孙杨的竞争格外引人注意。比赛的前150米二人交替领先,但最后一个50米转身后,此前一直徘徊于第三位的萩野公介越游越快,在最后5米处追到了与孙杨、朴泰桓并驾齐驱的位置,并最终率先触壁,成绩是1分45秒23,孙杨触壁时左手大拇指意外打滑,以0秒05的差距无缘首金,成绩是1分45

秒 28,朴泰桓以 1 分 45 秒 85 获得铜牌。

作为亚洲纪录保持者,孙杨的最好成绩是 1 分 44 秒 47,朴泰桓保持着 1 分 44 秒 80 的亚运会纪录,只有获野公介把自己此前的最好成绩 1 分 45 秒 89 提高了 0 秒 66。

月底即将年满 20 岁的获野公介在此后的男子 100 米仰泳中不敌队友入江陵介和中国选手徐嘉余,获得第三名。获野公介说:"赛前我想,这是一场两个巨人的战斗,我没有想到过会胜利。我只想尽力做好自己,我希望能够提高自己的最好成绩。我很意外得到冠军,我击败了两位高手!我非常高兴。说实话,我认为,如果孙杨和朴泰桓保持很好的状态,我不会赢,他们的实力比我强。"

孙杨出水后一直揉着自己的左手大拇指,他透露,在最后触壁的那一瞬间,左手大拇指奋力击壁的时候打滑了,现在非常疼。"今天我的到边慢了,不过我对第一个晚上的比赛很满意,毕竟我恢复的时间很短,从上半年的全国冠军赛到现在还是有一定的进步,前 150 米游得不错,只是最近忽略了最后冲刺的训练,太专注于训练速度和无氧,忽略了冲刺,最后只是 0 秒 05 的差距。这警示我以后要处处努力。这是个教训。"

作为亚运会三朝元老,朴泰桓表示,站在这个以自己名字命名的游泳馆里比赛让他压力"山大"。"今天,我得到了一个可能会令许多人遗憾的铜牌。这是我的第三次亚运会,也是在韩国举行的亚运会,第一场比赛对我非常重要,大家都希望能够三连冠。我的压力很大,我一直希望战胜它,但是很遗憾。我一直很努力地进行训练才走到了现在。我想,正是因为我的团队和我一起努力,我才得到了这块铜牌,我要谢谢大家。"

对于半路杀出来的获野公介,孙杨认为:"我的注意力都在朴泰桓身上,可能有些忽略他了。我想在以后很长的一段时间里,我们三个都是实力相近的竞争对手。"

这篇新闻的主体部分将男子 200 米自由泳的意外结果写得比较生动。其次,它将比赛结束后三名获奖选手的表现平衡展现给受众,使用了较多直接引语,与记者的书面语叙述语言形成对比和互补,增添了新闻的客观真实,也使文风活泼,巧妙地传达出潜在的信息,还能引发受众的联想,扩大了新闻的信息量。该消息在主体和结尾中的四个段落里引用了获野公介、孙杨和朴泰桓的四段现场采访,都是发自内心的话,真诚而富有情感,有吸引力。赛前被受众忽略的日本选手获野公介爆冷后的欣喜、兴奋、自豪和谦逊;夺金热门人物孙杨意外失手后的无奈、遗憾、自责、反思与客观分析;朴泰桓对个人亚运会辉煌历史的回顾,本次亚运会背负的希望与压力,失利后的抱憾、无助与理性……通过这三位游泳健儿的赛后真诚的话语,我们在阅读文字时仿佛置身于现场,体会到了他们内心世界的波澜起伏与微妙之处,感受到了比赛的激烈与残酷,通过联想仿佛看到了他们比赛的画面。这条新闻中记者对比赛结果数据的精确应用也可圈可点。该新闻的瑕疵是,第五自然段第一句话与该消息主题无关,可删。

(七)主体以"跳笔"强化叙事节奏感

新闻主体中不应堆积事实材料,眉毛胡子一把抓分不清主次会损害报道的主题,也令受众望而生畏。即便材料详略得当,逻辑衔接严谨,也得注意起承转合,让报道的结构清晰,层次分明,有好的传播效果。下面这篇消息采用了"跳笔"写作,可读性强。

奥地利一名嫌犯戴着奥巴马总统面具抢银行

来源:中国网　时间:2011-01-22

中新网 1 月 22 日电 据英国广播公司 21 日报道,奥地利警方正在追捕一名戴着美国总统奥巴马面具抢银行的枪手。

尽管这名枪手戴着奥巴马面具,他说话的口音非常像本地人。

星期四(1 月 20 日),犯罪嫌疑人在奥地利西部的汉登贝格持枪抢劫了一家银行。

警方表示,这是此人 2008 年以来在奥地利因河地区第六次作案。

犯罪嫌疑人威胁招数没有改变,他只是换了逃跑用的车。

此人选择在银行快要关门前戴着面具、手持银色手枪、背着黑色背包闯进去。

当地警方发言人说,犯罪嫌疑人的口音是本地口音,但是可能是来自因河区或者毗邻的德国巴伐利亚州。

据信,他此次作案,抢走了 1 万欧元。

奥地利一家新闻网站报道,此人劫持最多的一次是 2009 年 7 月,当时他抢走 4 万欧元。

据了解,在早期案件中,犯罪嫌疑人戴着一张"老人"面具。

一句话一个自然段,这是"跳笔"技法的特点。像是诗歌的句子排列方式,读起来十分轻松。新闻跳笔是一种重要的新闻写作笔法,即在叙述和描写新闻事件时,打破一般写作讲究文字连贯和上下文衔接的规律,不按事件发生的先后次序和逻辑次序面面俱到叙述和描写事件,省略不太重要的情节、片段和段落,简洁勾勒新闻事件,在句子与句子之间、段落与段落之间有较大的跨越,达到特有的传播效果。不知你注意到没有,它特别适合移动互联网终端的碎片化信息传播,用户体验好。其实,有的客户端新闻就是借鉴了"跳笔"的这种方法来呈现内容的。

二、新闻结尾写作

(一)用事实结尾

新闻事件叙述完整、清晰之后,新闻报道就戛然而止,不拖泥带水,这是一种自然而然结尾法。初学者对此不习惯,感觉似乎新闻写作没有结尾。

用新闻事实来结束全篇,这也是消息最常用的结尾方式。长期受到小学、中学记叙文写作训练的大学生、受文学影响的记者(通讯员)对这种自然结尾的消息范式可能会不适应,会写出自己表达情感或观点的"画蛇添足"式结尾。例如 2013 年 9 月 28 日浙江在线新闻网《捡到的钱包里有 3000 元　拾荒小伙把它交给警察》的结尾:

松年,你在哪里?

宾馆东侧,停着一辆红色的大巴,刷着大字:中国梦想秀,让梦飞起来。

那么,让我们也一起祝福有善念的松年吧!

这种写法是记者的主观情感的表达,违反了新闻的客观性法则,应删除。记住:新闻记者只负责陈述事实,把结论和感慨交给受众。

2014 年 09 月 25 日《南方都市报》新闻《民办高校新校区落成 挂世界名校道贺条幅》的主题是：贵州城市职业学院新校区落成后，挂出 9 所世界名校道贺的虚假条幅引发网友围观和吐槽。其结尾是：

事实上，在贵州高校中近期引发"与国际接轨"吐槽的，并不只有贵州城市职业学院一家。

有网友日前爆料，贵阳学院 400 余名新生在 9 月 18 日军训结束后，收到了学校方面派送的"开学大礼包"——"避孕五件套"，"每人一盒避孕套、一盒避孕药、一盒润滑油，还有两样不知用来干吗的东西！"

该结尾脱离了新闻主题，应删除。一篇新闻的结尾应该跟随主体，与导语紧密相连。

(二)用引语结尾

硬新闻和特稿用引语结尾比较常见。当事人表达情感、观点的话有助于总结报道的基调，产生余音绕梁之感。使用引语结尾要在它的前面加上新闻来源，例如新华社 2016 年 12 月 30 日的报道《中国元旦将现"7 时 59 分 60 秒"：多的一秒为闰秒》的结尾：

记者注意到，这凭空多出的 1 秒钟引起了网民和段子手们的调侃。"多一秒，用来想她。""让我稳稳的幸福，再飞一秒。""为了想这一秒用来干啥，我浪费了整整一个小时。"

(三)用新闻背景结尾

新华网 2012 年 10 月 11 日新闻《中国作家莫言获 2012 年诺贝尔文学奖》的导语是：

瑞典文学院 11 日宣布，将 2012 年诺贝尔文学奖授予中国作家莫言。

该新闻的结尾是：

他的主要作品包括《丰乳肥臀》《蛙》《红高粱家族》《檀香刑》《生死疲劳》《四十一炮》等。其中，《红高粱家族》被译为 20 余种文字在全世界发行，并被张艺谋改编为电影获得国际大奖；长篇小说《蛙》2011 年获得第八届茅盾文学奖。

该结尾与导语有直接的关联，它提供了新闻人物的相关背景，十分简洁。它为莫言获诺贝尔文学奖提供了解释性知识，衬托了新闻主题，烘托了新闻价值。

新闻结尾是完整事实的结束，不能故弄玄虚，令人疑虑。2017 年 5 月 13 日钱江晚报网新闻《衢州一老板让妻子卖淫接客还嫌弃她太贱要离婚》的结尾是：

可妻子不答应离婚，考虑到家里的孩子，徐某最终还是没有离婚，但荒唐仍在继续。

这个结尾模棱两可，没有交代清楚究竟真相如何，"但荒唐仍在继续"令人疑惑不解。这种结尾不符合新闻完整、清晰的写作要求。

【思考与练习】

阅读评析下列消息的结构、语言、写作质量。如有问题请修改。

离石枣林乡发生山体滑坡

来源：吕梁发布综合　时间：2018-04-30 11:28

2018 年 4 月 30 日 4 时 57 分，接到群众报警，离石区枣林乡彩家庄南沟发生山体滑坡。

灾害发生后，吕梁市政府立即启动应急响应，市、区领导在第一时间赶赴现场，成立了抢险救援指挥部,迅速组织消防、公安、国土、安监、卫计等部门 100 余人,大型机械 4 台、救护车 5 辆开展救援。经核实,共有 9 人被埋,3 人确认已死亡。

目前,救援工作正在紧张进行中。

【延伸阅读】

《波士顿邮报》前编辑 Walter V. Robinson 谈调查新闻采访

我认为新闻最基本的技巧——从 19 世纪到 20 世纪、21 世纪从未改变过——就是与他人交谈,并让他们明白,讲出自己的经历是一件非常重要的事。因为,对我来讲,有多少技术可以用、技术有多么优良、数据库多么完善,都没那么重要,最好的报道从来都不是不问即来,我们需要去寻找它们。

很多愿意对我们讲述过往的人,都曾经历难以启齿的伤痛。如果我们仅仅是打个电话、发封邮件,他们是不会吐露心声的。在他们愿意讲述之前,我们必须敲开他们的家门,结识他们,取得他们的信任。任何报道最关键的部分,都是人们所讲的亲身经历。

我认为数字媒体为我们以前做不了的调查报道打下了一个绝佳的基础,不过它并非代表调查报道的中级阶段,也非核心,而是关键的助推因素,它让我们有机会用数据证明以前证明不了的事,让报道有机会具有更深远的影响,但它并不能代替记者敏锐的直觉判断,也不会降低人们讲述其经历的重要性——讲述始终是报道至关重要的部分,(假使)你把世界所有数据都拿到手,但在人们讲出事件经过之前,你仍无法做出完整的故事。

——《对话"聚焦"小组前编辑:我们靠交谈"凿"破铜墙铁壁》原创 2016-10-15 GIJN STAFF 全球深度报道网

【图书推荐】

1. 伊凡·雅布隆卡:《蕾蒂西娅,或人类的终结》,陈新华译,北京:中信出版社,2018 年。

2. 卡尔·梅耶、谢林·布莱尔·布里萨克:《谁在收藏中国》,北京:中信出版社,2015 年。

3. 史蒂芬·霍金:《时间简史》,长沙:湖南科学技术出版社,2007 年。

拓展资源

第十四章
新闻背景

新闻报道要完整,除了新闻要素,还包含新闻背景。新闻背景是为烘托新闻主题、衬托新闻价值服务的,它是对新闻事件发生的历史、环境、条件和原因的说明,用于解释事件发生、人物成长的主客观条件以及其实际意义。"没有背景,报道可能是单薄的。"[1] "新闻背景是紧扣新闻要素中'为什么'而展开,是对形成新闻事实的来龙去脉、因果关系、诸种矛盾之间内在的辩证关系,放在一定的相关环境和历史条件中予以剖析与揭示。通常被称为新闻中的新闻、新闻背后的新闻。"[2]

一、新闻背景分类

新闻背景的分类和作用可以细化成多种,复旦大学教授刘海贵认为,主要有三种:衬托性、解释性和启示性。

(一)衬托性新闻背景

"衬托性新闻背景也称深度性新闻背景材料。即提供一些鲜为人知、更接近事物本质与真相的材料,与一般性的现实材料作对比、衬托,以增强新闻报道的厚度。"[3] 2014 年 7 月 23 日,我国在境内成功进行一次陆基反导技术试验。出于军事保密等方面的原因,国防部仅仅发布了一篇 50 字的简讯,只告知了这一事件的简单信息,对人们关注的其他相关完整事实只字不提,这就导致一般人不清楚这一句话意味着什么。新浪军事补充了 400 余字鲜为人知的相关背景信息,衬托出国防部一句话简讯主题背后的重要价值。

我国在境内成功进行一次陆基反导技术试验
来源:国防部网站　时间:2014-07-24 07:40

记者从国防部新闻事务局获悉,2014 年 7 月 23 日,中国在境内进行了一次陆基反导技术试验,试验达到了预期目的。

延伸阅读

我国已成功进行至少三次陆基反导试验

据相关资料,2010 年 1 月 11 日,中国进行了第一次陆基中段反导拦截技术试验,试验达到预期目的。当时,有分析认为,此举暗示我国已初步掌握反弹道导弹技术。2013 年 1 月 27 日,中国再次在境内进行陆基中段反导试验。昨天,我国防部称在境内成功进行陆基反导技术试验。

意义:我反导实验意义不亚于两弹一星

分析人士认为,在高技术条件下的现代战争中,一旦需要,战略防御武器可立即转入战略进攻状态。中国打造中段反导能力的战略意义绝不亚于两弹一星工程。这标志着包括信息处理、侦查预警、拦截武器、武器传输、制导精度和反应速度在内的反导技术达到新阶段。

为何说中段反导拦截需要强大技术能力?

弹道导弹从发射到进入中段飞行的时间很短,如果想要在中段拦截,就要尽可能提前发现对方发射的导弹,同时要在其上方进行跟踪、计算飞行弹道,这样才能计算出最佳拦截点,紧接着将中段拦截弹发射到拦截点位置,释放拦截弹头。这样才算完成一个完整的拦截过程。(新浪军事)

(二)解释性新闻背景

"解释性新闻背景也称诠注性新闻背景材料。本着新闻报道一切以受众接受和明白为原则,凡是报道中涉及的可能使受众产生困惑不解的事实,记者应适时提供这一新闻事实产生的原因、环境和条件等背景材料,帮助受众释疑解惑。"[4] 在新闻中对新闻事实产生的有关联的政治、地理、历史、思想、物质条件等情况做出介绍和交代,揭示事物发生或变化的意义;对知识概念、术语行话、历史事件和人物、科学技术、风俗人情进行通俗解释,其功能在于使受众在阅读新闻时,用不着查阅档案资料就能够轻松地理解新闻,获得知识,增长见闻。

2018 年 4 月 13 日,中共中央总书记、国家主席、中央军委主席习近平在庆祝海南建省办经济特区 30 周年大会上发表重要讲话宣布:党中央决定支持海南全岛建设自由贸易试验区,支持海南逐步探索、稳步推进中国特色自由贸易港建设,分步骤、分阶段建立自由贸易港政策和制度体系。次日,《人民日报》海外版微信公众号"侠客岛"发布解释性新闻《为什么中央选择了海南?》,详细说明、解释了其中的原因和意义,使得公众对中央的这一决策有了清醒的认识。此外,说明解释性新闻背景还使得新闻通俗易懂,使受众增长见识。如新闻《中企在吉尔吉斯斯坦投资金矿遭当地千人纵火破坏吉总理下令严查》(2018-04-13)中提供了这样的新闻背景:

《中国矿业报》2014 年 10 月曾报道,吉尔吉斯斯坦的矿产资源非常丰富,尤其是金矿资源在独联体国家居第二位。据统计,吉尔吉斯斯坦黄金探明储量有 700 余吨,黄金总资源量为 2500~3000 吨,年产黄金 30 余吨。

矿业是吉国支柱产业,金矿业贡献了该国矿业产值的 90%;工业产值的一半;以及该国 60% 的出口收入。

该国原先只有本国和俄罗斯矿企经营,20 世纪 90 年代加拿大库姆托尔金矿公司进入该国。近年来,由于吉尔吉斯斯坦立法保护外国投资、投资环境相对宽松、现行政策鼓励外国投资者参与其矿产资源勘探开发,在"走出去"战略的指引下,中国许多矿业公司对该领域的投资热情日益高涨,2015 年以后,中国紫金矿业公司、富金矿业公司和哈萨克斯坦矿产公司先后进入该国金矿业。

如果没有这些新闻背景,受众对这件事发生的原因缺乏清晰、准确的理解。中国企业为何要去那里投资？何时开始进入吉国的？解释清楚了，整个事实就完整了。在报道动态的事件时，对最新进展之前的事实要做出简洁的说明，这样便于第一次看新闻的公众了解其来龙去脉，不至于疑惑。如《北美留学生日报》2017 年 10 月 22 日 10:25 刊登新闻《爆炸！特朗普将公布肯尼迪遇刺机密，或揭露美国史上最大阴谋》，说美国时间周六一大早，美国总统特朗普又在推特上发布了重磅炸弹。他称"根据收到的进一步信息，作为总统，我允许公开长期受阻止和保密的肯尼迪档案"。通篇新闻就这一句新鲜事实，之后提供的是关于肯尼迪遇刺后的种种历史疑团，都是新闻背景。对于新闻发生在特殊的地点或人们不熟悉的地方要提供简明的解释。总之，说明解释性新闻背景让新闻通俗易懂，彰显主题的价值，加深人们对新闻的理解，有更好的传播效果。这体现的其实也是媒体的受众服务意识，要时刻记得：你报道的新闻背后有哪些相关联的事实，为什么会是这样的结果，前因是什么，可能受众不知道。

（三）启示性新闻背景

启示性新闻背景也称引发性新闻背景材料。新闻报道以客观性、真实性为准绳，尤其在纯新闻写作中，记者不表达个人判断和情感，只呈现事实，如何让新闻主题得到明确的阐释？记者在报道中将背景材料呈现出来，看似不经意，实则隐含深意。受众对比事实，自己分析判断，即可思考辨识报道的意义和价值，感知新闻主题的重要性，这是一种春秋笔法，体现出新闻客观性的原理。

总参：过半军用机场净空遭破坏　已致飞行事故近百起

来源：《京华时报》　时间：2014-07-25 02:42

据新华社电 记者从解放军总参谋部主管军事设施保护的部门获悉，在过去的近 20 年中，我国 50％以上的军用机场净空环境遭到了人为破坏，已经导致飞行事故近百起，10 多个军用机场被迫关闭或搬迁。

净空环境，指为保证飞机起飞、着陆和复飞的安全，在机场周边划定的限制物体高度的空间区域。由于军用飞机作战训练的特殊需求，军机起降对军用机场的净空环境提出了更高更多要求。改革开放后，随着城市规模不断扩大，相当一部分军用机场和新城区、开发区等城市环境相连相融，军用机场的净空环境呈持续恶化的趋势。

来自总参谋部的统计表示，目前全军在用的军用机场周边净空范围内，超高建筑多达 1000 多处，最严重的超高了 300 多米。有的建筑刚好修建在军机起降的航路上，存在重大安全隐患；有的军用机场已经不能满足军机的正常飞行，因为净空环境引发的飞行事故接连不断。同时，军用机场的净空区内，饲养鸽子等飞禽、放飞空飘物和航模等小型飞行器的事件也时常发生，牵扯了部队官兵精力，也干扰了部队战备训练。

在该新闻中，第二自然段对相关专业术语进行了通俗化解释，便于公众理解新闻。第三自然段，记者引用了总参谋部的统计资料，不动声色地表达了立场和观点：这一事件得管一管了，不然会严重影响空军的战备执勤和训练。

二、新闻背景应用

新闻背景是新闻报道(消息)中衬托主题、烘托新闻价值、增强报道易读性的重要补充材料,在深度报道如调查性新闻中,它的地位更为重要,往往就是揭开事实真相的"硬证据",是报道的全部事实。在新闻(消息)写作中,要掌握住度,缺失或过度使用新闻背景都不利于表现主题,使用不精巧也会打乱新闻报道的节奏。

(一)新闻背景使用过度,分散了主题

新闻背景是为新闻主题服务的,它是新闻中起衬托和辅助作用的材料,对于烘托新闻主题不可或缺。但新闻背景使用宜适度,过度使用反而削弱了报道主题,甚至会形成一篇报道两个主题的现象。例如:

普京自爆很忙　没手机不上网
来源:《中时电子报》　时间:2018-02-10 10:03

俄罗斯强人总统普京 8 日再度骄傲地表明"我没有智慧手机"。去年他曾透露自己几乎不上网,对时下风行的社群网站一点兴趣也没有,更不用说使用 Instagram。

65 岁的普京 8 日和科学家及学者一同出席总统科学与教育委员会会议。俄罗斯国家科研中心"库尔恰托夫研究所"所长科瓦利丘克谈到科技发展迅速以及智慧设备越来越普及,他举例说:"你们每个人口袋里都有手机。"普京随即反驳:"您刚才说,大家都有智慧手机,可是我就没有。"

此言一出,立刻引来听众的笑声。

据法新社报道,普京在 2005 年就说过自己没有手机。去年普京和小学生会谈时被问:"空闲的时间会上 Instagram 等社群网站吗?"他回答:"我个人几乎不上网,但我的工作人员确实会上网。"他还补充说:"我每天辛苦工作到很晚,没时间上 Instagram。"

52 岁的俄国总理梅德韦杰夫则和普京形成鲜明对比。他经常被看到频繁在使用 iPhone 等电子设备,还不断在 Instagram 主页上传照片。

尽管自己不用,普京却懂得支持与推广国产智慧手机。2014 年 11 月,普京出席 APEC 会议,将俄自主研发的全球首款双屏幕智慧手机 YotaPhone 2,亲手送给中国国家主席习近平。此机号称"俄罗斯的 iPhone",2015 年初就在中国开卖。

普京对于汽车的兴趣比较浓厚。俄罗斯中央选举委员会网站近日公布普京的财产状况显示,他有 4 辆车,包括 2 辆 GAZ M21 汽车、1 辆拉达 Niva 汽车及 1 辆露营拖车。

2011 年,时任总理的普京还曾骑着一辆哈雷摩托车,率领车队参加一项纪念第二次世界大战的活动。当时他一身"骑士"劲装也被媒体广泛报道。

俄罗斯大选将于 3 月 18 日举行。参选人除普京,还有俄罗斯联邦共产党推荐的格鲁季宁、自由民主党主席日里诺夫斯基等人;目前普京以支持率 69.9% 领先。

上述消息中,主题涉及的关键词是"手机",这就限定了所有的材料都应与"手机"相关,不管是新闻事实,还是背景事实。其最后三个自然段明显超出了这一范围,这样的新闻背景

就跑题了,应该删除。导语中的第二句话在主体中重复了,本身这句话不是该报道中最重要的事实,不应该放在导语中,应删除。与主题无关的新闻背景削弱了主题,同时也导致新闻冗长,信息冗余。

(二)缺失新闻背景导致新闻主题令人费解

新闻背景在新闻中不可或缺,它的主要作用是"解释"或"说明"与新鲜新闻事实有因果关系的旧闻、术语、地名、人名、新科技、新知识等。使用新闻背景的目的在于让新闻通俗易懂,便于受众理解,也传播了知识,同时还能够衬托新闻价值,烘托主题。联合早报网消息《港人出价近 12 万元 标得 850 克重白松露》缺少了新闻背景,使得报道主题令受众费解:

港人出价近 12 万元 标得 850 克重白松露

来源:联合早报网 时间:2017-11-14

(阿尔巴路透电)白松露深受老饕推崇,意大利西北部皮埃蒙特星期天举行的"世界阿尔巴白松露拍卖会"上,一名香港买家以 7.5 万欧元(约 11.89 万新元)标得重约 850 克的白松露。

意大利国家松露研究中心的专家贾尼克洛指出,由于拍卖所得将捐作慈善用途,因此拍卖价只具象征意义,未必反映白松露真正的市场价格。不过,由于气候干旱导致白松露今年的产量减少,因此它的价格已从去年的每公斤 3000 至 4000 欧元,飙升至每公斤 6000 欧元。

贾尼克洛强调,气候干旱仅导致产量减少,品质并不受影响。她说:"最近的情况有所好转,但显然地,今年不是个好年头。肯定的是,即使仍然有品质非常好的松露,但不会有很大块的松露拍卖。"

这篇新闻缺少了"白松露"的背景解释。白松露昂贵而稀罕,是食品中的奢侈品,所以,一般受众恐怕连听也没听说过。记者在报道新闻时,要避免自己知道的事就想当然认为受众也知道,要从受众的角度思考问题,不在新闻中留下任何疑惑不解的死角,要为受众提供周到细致的信息服务。该新闻应该在结尾补充新闻背景:

白松露是野生植物菌类,近似冬菇、牛肝菌之类,产于意大利。在好的年份,白松露的世界产量也只有 3 吨。目前尚无法实现人工栽培。由于珍贵,有"白色钻石"之称。白松露是食物的调味料,生吃,免煮,有似蒜头的浓郁香味。白松露于 1950 年首次被发现,因社会名流的偏爱而走红。

这样就便于受众理解为何白松露卖这么贵,为何它会成为新闻,同时,受众也获得了相关的知识。

(三)新闻背景宜巧用,避免影响文脉畅通

新闻背景在新闻中应用比较灵活,可以根据需要灵活穿插在标题、导语、主体、结尾的任何地方。如代表新闻价值的"首次""第一次""处女航""最大""最先进""领先"等字眼的新闻背景应展现在标题和导语中。连续性活动的新闻背景宜用于结尾补充与新事实相关联的旧事实。但新闻背景要巧用,不能阻塞文气的连贯,妨碍文脉的通畅。例如:

短道速滑 3000 米接力中国第一晋级 改写冬奥会纪录

来源:凤凰网体育　时间:2018-02-10 20:10:42

北京时间 2 月 10 日,2018 平昌冬奥会短道速滑女子 3000 米接力预赛进行。由周洋、范可新、韩雨桐、曲春雨组成的中国队分在第二组,与意大利、日本和荷兰队同场竞技。最终中国队以 4 分 05 秒 315,排名小组第一晋级决赛。值得一提的是,中国队创造新的冬奥会纪录。

2017 荷兰鹿特丹短道速滑世锦赛上,范可新、郭奕含、臧一泽、林悦组成的中国女队以 4 分 14.058 秒的成绩称霸 3000 米接力项目,时隔三年再获世锦赛该项目的冠军。本届冬奥会,女子 3000 米接力也是中国的摘金点。

比赛开始,匈牙利队,韩国队,加拿大队,俄罗斯奥运选手队被分在第一组。第一组比赛开始,韩国队交接出现失误落在最后,加拿大处在领先位置。不过,韩国队最后 2 圈连续超越匈牙利和加拿大队处于第一,俄罗斯奥运队则有选手摔出赛道。最终韩国队以 4 分 06 秒 40 获得小组头名,携手第二名的加拿大队晋级决赛。

中国队第二组出场,最终以 4 分 05 秒 315,排名小组第一,携手意大利晋级。重要的是,中国队创造新的冬奥会纪录。(艾斯)

该消息的第二自然段是新闻背景,对于该报道而言,它是需要的,是对新闻导语的补充,起到了解释相关事实的作用,但它应该放在该消息的结尾,与其他段落的材料相比较,它是最不重要的事实,放在第二自然段的位置将新闻事件割裂了,阻断了文脉的顺畅,影响了报道的节奏。此外,该消息的导语不简洁,结尾与导语重复,两个段落应合并凝练成一段话作导语。

(四)新闻背景作导语,损害硬新闻的传播效率

我们知道,消息适合报道事件,尤其是关系到国计民生的重大事件和突发事件,它体现了消息传播信息的功能。这种采用倒金字塔结构的消息一事一报、篇幅简短、时间新鲜、叙事节奏快。其新闻价值大,传播迅捷,也被称之为硬新闻。硬新闻写作要求导语必须把最重要的事实的结果尽量浓缩为一句话告知受众,其由头通常是最新鲜的时间。如果记者用新闻背景作硬新闻导语,就会损害其传播效率。例如:

湖南湘乡市政协副主席刘鹤群驾私车在暴雨中失联

来源:中国网　时间:2017-07-02

中国网 7 月 2 日讯　6 月 30 日至 7 月 1 日,湖南省湘乡市普降大暴雨,局部特大暴雨,尤其是湘乡西北部的壶天、翻江、金薮、金石等乡镇最为严重,全市进入防汛Ⅱ级应急响应。

昨日 12:45 左右,湘潭湘乡市政协副主席刘鹤群与其妻曾淑英驾驶私车(由其妻驾驶)在金薮乡永乐村扶康地段因道路被水淹没车辆滑入河中,其妻被当地群众所救,刘鹤群被水冲走。

事发后,湘乡市人大常委会党组副书记、副主任刘许生立即赶赴现场组织营救,消防武警随即赶到。

湘乡市委书记彭瑞林专题开会研究部署救援工作,市委副书记白云峰,副市长、市公安

局长崔勇赶赴金薮乡永乐村督导搜救工作，全力展开搜救。

目前，失事车辆已找到，刘鹤群搜救工作仍在进行。

该消息的导语是新闻背景，不是最重要的事实，应置于消息的结尾。硬新闻导语应突显消息最新鲜、最重要的事实，该消息应该改为：

中国网7月2日讯 被洪水冲走的湘潭湘乡市政协副主席刘鹤群的搜救工作目前仍在进行。

新闻背景的使用要灵巧，在新闻写作中宜扮演好衬托主题"红花"的"绿叶"，错落有致，得体适当，该用在何处并无定法，只要能突出新闻主题而又不影响报道的节奏和文脉即可。不多不少，不繁不杂，够用为度，恰到好处，适可而止。新闻背景应用切忌因缺失而导致主题报道价值削弱或令受众看不懂新闻，也切忌机械盲目应用而喧宾夺主，淹没主题。

【注释】

1. 梅尔文·门彻：《新闻报道与写作》第9版，展江主译，北京：华夏出版社，2003年，第327页。

2. 刘海贵：《中国新闻采访写作学》，上海：复旦大学出版社，2011年，第138页。

3. 刘海贵：《中国新闻采访写作学》，上海：复旦大学出版社，2011年，第137页。

4. 刘海贵：《中国新闻采访写作学》，上海：复旦大学出版社，2011年，第139页。

【思考与练习】

1. 请分析下列新闻背景的作用。

"杭州保姆纵火案"一审宣判　莫焕晶被判死刑
来源：央视　时间：2018-02-09 09:54

"杭州保姆纵火案"今早9:30在杭州市中级人民法院公开宣判，被告人莫焕晶一审被判死刑。去年6月22日凌晨5点左右，浙江杭州蓝色钱江小区发生纵火，造成4人死亡，纵火者为该户保姆莫焕晶。2018年2月1日，杭州中院一审开庭审理了本案。（央视记者：李文杰）

2. 请分析下面这篇消息中的新闻背景应用是否合适。

在杭男子把狗扔河里试会不会游泳　自己却失足落水溺亡
来源：杭州网　时间：2016-06-20 08:02

昨天下午3点多，余杭临平星光街某工厂附近，一男子落水身亡。

男子20岁出头，湖北人，是名维修工。

据男子的女友说，今年2月份，男子花了2000元买了条拉布拉多幼犬，之前从来没有让狗游过泳。事发前，男友和她在遛狗，突然想起来狗会游泳，于是把狗带到附近一条河边，试试狗到底会不会游。

刚好河道上有一根燃气管道，于是男子爬到管道上，把狗扔进河里，不料不小心自己也失足掉进河里，结果狗上来了，自己却再也没爬上来……

事发后，男子被附近工友救了上来，送到医院，但还是没能抢救过来。

据男子女友说，男子本来懂水性，但事发前他喝过酒，刚好又穿着拖鞋，站在河边湿滑的管道上时，不小心滑入河里。据附近的人说，河中最深处有 2 到 3 米深。

拉布拉多犬到底会不会游泳？

杭州张旭动物医院院长张旭说，拉布拉多犬是有名的"游泳健将"，水性非常好，即便初次下水，也基本会游，不需要特别训练。除了拉布拉多犬外，平时我们常见的泰迪、贵宾、比熊、博美等宠物犬也都懂水性，但像斗牛犬等扁脸的宠物狗品种，这方面则显得弱一点。

【延伸阅读】

谈新闻真实

1. 作为记者对原型实事的复写，新闻真实是模拟新闻本源的结晶，构成记者认识同事物原貌的反映与被反映关系。把新闻事实当作反映对象，向受众告知客观事件的本相，记者丝毫不能游离于客观事实。

2. 原型真实是指新闻中被选择的事实符合报道事件的原貌，呈现客观事实的本真状态。其外延囊括全部选择的结晶，其中主体事实不仅准确无误——据实陈述事件的时空、过程、细节、人物的语言和动作、新闻来源、引用的数字、引语、用典及背景材料，而且指涉的事实筛选即真相与实际也没有任何出入。所以，新闻真实有两个层次，一是新闻反映的事件原型客观存在，二是新闻事实的真相被如实披露。

3. 新闻再现本源只有达到反映对象的精要之处和反应能力及反应方式相适应的情境，才有可能实现原型真实。以想象、推测再现事件，以希望代替现实，以道听途说判断事实，实事的原型便被肢解与扭曲。

———刘建明《新闻真实空壳论的范畴拯救》，《新闻爱好者》，2016 年第 9 期

【图书推荐】

1. 柏拉图：《理想国》，张竹明译，南京：译林出版社，2015 年。

2. 达尔文：《物种起源》，苗德岁译，南京：译林出版社，2013 年。

3. 金观涛：《历史的巨镜》，北京：法律出版社，2015 年。

4. 贾雷德·戴蒙德：《第三种黑猩猩——人类的身世与未来》，王道还译，上海：上海译文出版社，2012 年。

拓展资源

第十五章
特稿写作

有一年的期末考试，我出了一道题，要求学生阅读《南方周末》特稿《女大学生冷静的回家路》，并将其改写成 300 字左右的消息。有一位交卷的女生红着眼睛告诉我，她阅读这篇特稿时，看到结尾处差点掉下眼泪，想哭。相信每一位阅读了这篇人情味特稿的受众都会有相似的阅读体验。我还做过一次实验，在课堂上要求学生用手机阅读《新京报》的特稿《一个家暴死刑犯的罪与罚——内蒙古女记者家暴死亡事件》，起初有学生小声抱怨："这么长！"但很快，全班都沉浸在深度阅读的氛围中，屏气凝神。这就是特稿，让你一见倾心，忍不住要一口气读完，读完后被文章中的精彩细节深深打动，掩卷沉思。这就是特稿的感染力。

一、特稿概说

特稿诞生于美国。它起源于 19 世纪 30 年代，但由于最初的特稿在便士报上的主要题材是关于家庭悲剧和违法事件的，被当时的新闻主编认为是"不道德的和堕落的"（霍勒斯·格里利）。到了 19 世纪和 20 世纪之交，美国两大报业巨头普利策和赫斯特为争夺市场进行了激烈竞争，为招徕读者，他们竟相用充斥着虚构多于事实的极度煽情、刺激细节的犯罪报道、体育新闻、社会新闻、科学新闻等特稿角逐报业市场，这一时期史称"黄色新闻"时代。一名为赫斯特的某报工作的记者把一份典型的赫斯特报纸形容为："一个喉咙被割破了的女人尖叫着沿着大街跑。"[1] 正是因为"黄色新闻"时代的特稿格调不高、品位低下、虚构事实，随着第一次世界大战结束和 1929 年至 1933 年之间美国经济大萧条时代的到来，有责任感的报纸开始倡导更为严肃的新闻理想，特稿受到了冷落。

1979 年，普利策奖委员会设立了"高度的文学品质和原创性"的特稿奖项，评出了首届特稿获奖作品《凯利太太的妖怪》，这是一篇读起来像小说的医学报道。至此，特稿开始在美国受到青睐，走入公众的视野，特稿时代悄然到来。在中国，特稿出现于 20 世纪 90 年代，之前是以宣传意识主导的通讯占据着长篇报道的版面。1995 年 1 月《中国青年报》推出"冰点"特稿专刊；1996 年《华西都市报》成立特稿部并开辟专门版面刊登特别报道；《南方周末》随后对特稿进行了中国化的风格探索。财经、体育等专业领域的报刊也纷纷开始推出自己的特稿报道。特稿新闻故事化和人情味的选题优势也影响了中国的广播电视媒体。1993 年中央电视台的"电视杂志"新节目《东方时空》的子栏目《生活空间》以"讲述老百姓自己的故事"受到观众喜欢。这种新闻故事化的报道方式逐渐在央视其他频道和栏目得到借鉴。

特稿在西方也被称为"特写"（内涵比中国的"特写"博杂）。美国新闻学者梅尔文·门彻认为："特稿是写来供人娱乐的。作者让个人的动作和意见来传递故事。特稿通常是以延迟式导语开头——阐明特稿要点的一个事件或趣闻轶事。主体包括补充性事件、一些引语和新闻题材。结尾或许对全文加以概括或者制造一个高潮。"[2] 梅尔文·门彻的这个定义主要是区分了新闻报道与特稿的功能和写作方法的差异。香港树仁大学新闻学教授刘其中对特稿的定义是："特稿是用文学技巧来报道新闻事件、新闻人物、社会生活的特殊新闻文体。与普通新闻一样，特稿的内容必须完全真实；与普通新闻不同，它虽然也向读者提供信息，但却更侧重于向读者提供教育和启迪，或使他们得到娱乐和精神上的享受。""广义地说，特稿还包括评论、综述、花絮，等等。"[3] 刘其中教授的定义界定了特稿的写作特点、报道对象、功能、本质属性和涵盖的体裁。在西方新闻界，除了硬新闻或突发性新闻，其他所有新闻报道体裁都被归类为特稿。在对特稿的认知实践上，国内与西方有别。在国内，一般媒体是从报道篇幅的长度来区分特稿与新闻（消息）的，如几十字至上千字为新闻（消息），千余字至近万字为特稿，在版面的呈现上体现出了这一特点。以特稿写作有影响力的中国《青年报·冰点周刊》和《南方周末》为例，它们的特稿通常在 6000～8000 字。以《参考消息》刊登的西方记者的特稿为例，数百字和千余字较多。以突出深阅读的西方新闻类期刊的特稿篇幅较长，有的采用连载形式，最后会结集出版成书。在西方，除了硬新闻和突发事件报道，所有的软新闻（凸显人情味、娱乐性、趣味性）的新闻无论长短都是特稿，即哪怕只有区区几百字的人情味故事、娱乐故事也是特稿。此外，在国内，评论与新闻是各自独立存在的体裁，而在西方，评论（如书评、影评等）、个人专栏，甚至广告都是特稿。换言之，西方对特稿的界定在内涵和外延上都比国内更为宽泛、博杂。

在美国，特稿又分为新闻特稿（时效性次于消息）和非新闻特稿（对时效性无要求）。如何区分新闻特稿和非新闻特稿呢？仅仅是两者在时效性上的不同吗？梅尔文·门彻认为"新闻特稿通常提供突发性新闻事件背后人的因素，或通过解释和解说提供背景，以运用对现场新闻加以补充的信息。""非新闻特稿旨在娱乐和（或）以侧重于讲故事来提供信息。"[4] 由此可见，新闻特稿的显著特点是：时效性比新闻报道（消息）延迟；侧重于新闻事件中的人或者为新闻事件提供背景解读。非新闻特稿的显著特点是：不注重时效性；功能在于娱乐或用故事来展示信息。英国新闻学者苏珊·佩普和休·费瑟斯通在论述特稿与新闻报道（消息）在时效性的明显差异时称："在新闻记者扮演'气喘吁吁的讯息传递者'（breathless messenger）角色时，特稿作者却能够成为'闲聊的人、敏锐的分析者、行为古怪的专家、富于同情心的顾问、专横的独家新闻发布者、鼓舞人心的领路人'等角色。"[5] 实际上，新闻特稿和非新闻特稿的写作手法相似，都要借鉴文学手法讲故事。综上所述，特稿在尊重新闻真实、客观规律的基础上，借用文学表现手法，以冲突性、戏剧性的情节和形象可感的细节，凸显趣味和人情味，以更长的篇幅对新闻事件或问题中的人们产生的影响进行深入的、富有作者个人风格的软新闻报道，其焦点侧重于人物。新闻特稿与非新闻特稿的差异首先是报道的时效性，其次是前者更侧重于新闻事件对人的影响或需要关注解决的问题。它们的共同点是善于创造性地用细节展现故事。

《北方回声报》（Northern Echo）特稿主编尼克·莫里森指出，特稿经常被用来为一个现有的新闻报道提供背景，而且挖掘得比较深入。"正如新闻报道告诉你有关事件或情景的

'内容'一样,特稿能够解释'原因',"他说,"特稿除了涉及更多细节,给报纸增添了更多的实质内容和分量外,在细节上注重富有人情味的故事。"[6]

英国新闻学者安德鲁·包爱德说:"硬性新闻的写作模式,要求新闻的'肉'要在第一行就出现……特稿的风格则以把读者带进故事里为主,而不会在第一行就开门见山地呈现事实。特稿的形式较为自由,侧重娱乐性,以轻松的笔触叙事,不像硬性新闻报道那般平铺直叙或不带感情。""不过我们不应该把特稿视作娱乐的同义词,特稿也会以较长的篇幅处理严肃的话题,其深度往往是简单的新闻所做不到的。"[7]

特稿是新闻报道的一种体裁,它与新闻(消息)本质上相同,都要尊重新闻规律,恪守新闻报道的真实和客观。掌握新闻报道(消息)写作技巧对于特稿写作有直接的帮助。新闻报道需要记者清晰、准确、客观地呈现事实,秉承新闻专业主义精神,准确、清晰、完整、全面、公正、平衡地报道事实,提供真实可信的新闻要素、新闻来源、新闻背景和引语。这些新闻写作的基本素养也是特稿写作不可缺少的。那么,特稿写作与新闻报道的写作有什么差别呢?

关于温州动车事故,最早的两篇消息源自新华社。在事故发生 56 分钟之后,新华网发出了一句话的快讯,随后适时更新动态新闻,字数一般都在 200~300 字,以跟踪式的报道一步步逼近真相。这就体现了新闻报道的特点:短、新、快。西方称之为 KISS 原则,即英文 Keep It Short and Simple 的简称,意为"简洁易懂"。而特稿虽然也要求语言像新闻(消息)那样,做到准确、通俗、简洁,但其篇幅却要更长。以新闻特稿《永不抵达的列车》为例,有 6700 多字。如果采用新闻报道(消息)体裁报道这篇特稿的内容,其信息含量只有 201 字。

中国传媒大学两名学生在温州动车组事故中遇难

在 7 月 23 日温州方向双屿路段发生的 D301 与 D3115 动车相撞事故中,中国传媒大学的两名学生遇难。

新华社发布的消息称,截至 25 日 23 时许,这起动车追尾事故已经造成 39 人死亡。其他包括中国传媒大学的两名大学生朱平和陆海天,他们分别是中国传媒大学动画学院的大一女生和中国传媒大学信息工程学院大二男生。

根据新华社的报道,事发当天,在温州方向双屿路段下吞路的一座高架桥上 D301 前方的另一辆动车 D3115 遭雷击后失去动力。20 时 26 分,两车相撞。

通过上述新闻(消息)与特稿《永不抵达的列车》对比,我们发现特稿与新闻报道在恪守新闻的真实、客观原理上是相同的,必须提供事实信息,提供清晰、准确的新闻六要(5W1H),即何人、何事、何故、何时、何地以及如何。英国自由记者琳恩·格林伍德就告诫:"特稿并不仅仅是'辞藻浮华的作品',同样包含着大量事实,即使这些事实随意散落在背景或花絮之中。因此,要使特稿生动和有趣。"[8] 但它们也有如下的差别。

(一)由头

新闻(消息)写作在导语中要呈现由头,常用的由头是新鲜的时间,即距离事件发生的"最近点"。而特稿的由头可以在导语中呈现,也可以在导语之后的段落中呈现,也可以没有明显的由头,而是将个人体验到的离奇或者非同寻常的内容联系起来,以第一人称直接展开叙事,如非新闻特稿。

(二)角度

碰到突发事件,新闻(消息)和特稿选取的报道角度和处理内容的方法各有特点。比如温州"7·23"动车事故,作为传播信息的新闻(消息),视角聚焦于追踪报道新闻的六要素(5H1W)、救援伤者、处理事故等的动态事实,从开始到结束;特稿作者的视角在第一时间会投向灾难中令人同情或感动的一个人、两个大学生、一家人或一个群体,人物的故事能打动人、感染人。

(三)结构

新闻(消息)有稳定的结构——倒金字塔结构,写作模式化、程序化,即导语呈现最重要的事实,从开头到结尾,按照从最重要到最不重要的降序逻辑排列新闻事实。特稿写作结构更为灵活、自由,构思布局别具一格,尽量将事实与背景穿插使用,融会贯通,在冲突性、戏剧性的情节中展现人情味故事,力求细节生动、对话(引语)鲜活,语言富有文学色彩,具象、细腻,从头至尾刻意追求跌宕起伏,使读者沉浸其中欲罢不能,在阅读快感中情不自禁地被记者的情感打动,对人物的命运感到悲伤、痛苦、愤怒、叹息……不知不觉读完全文并掩卷沉思。《永不抵达的列车》有 6735 字,但因为结构设计精巧,情感丰沛,撼人心魄,我们的阅读体验起起伏伏,并不觉得其篇幅长。特稿写作的结构布局需要记者从中外名著、电影中汲取有益的成分,用自己擅长的构思表现故事主题。这是它比消息写作灵活自由,富有创造性的地方,也是对记者才华和写作能力的挑战。对于富有新闻理想的记者,特稿写作颇具吸引力,它给记者带来成就感。《永不抵达的列车》以时间为节点,制作了三个小标题,使得长篇人物故事在结构上分为三个部分,显得整篇报道结构平稳、过渡自然、脉络清晰,便于受众阅读,体现易读性。对于字数多、篇幅长的报道采用小标题(插题)的方式是特稿写作中常用的方法,每个小标题就是一个故事片段(情节)的提要或焦点,受众可以按照顺序阅读,也可以根据小标题的焦点选择自己感兴趣的片段。与消息"虎头蛇尾"结构不同的是,特稿的结尾往往是故事的高潮,令人流泪的部分往往是在临近结束的时候。特稿《永不抵达的列车》有两处令人悲情流泪的"点",第一处是在第二部分的结尾五个自然段;第二处是第三部分的结尾三个自然段,这也是全文的结尾。倒金字塔结构的消息便于编辑从结尾向上删减,版面不足或时间不够,只保留呈现了最重要事实的导语即可。特稿就不能这样做了,特稿的重点通常不在开头,而在中间部分或临近结尾。

(四)标题

新闻(消息)标题简明扼要地概括新闻最重要的事实(发生了什么事、结果),语言准确、具体,是一个完整的简单句,注重信息传播的效率。写人的新闻特稿标题委婉、含蓄、抽象,语言更为凝练,通常不是一个完整句,传递情感,展示人文精神,善用修辞(象征、隐喻、对比),兼顾信息与审美价值,耐人寻味。

(五)导语

新闻(消息)的导语是对全篇最重要事实的概括,简明扼要,用一两句话构成一个段落,通常就是消息的第一自然段,事件消息的导语一般不超过 50 字。特稿的导语可以由多个段落组合而成,引语、场景、细节、逸闻趣事、引人关注的问题等都可以作为吸引受众的开头。我们可以对比特稿《永不抵达的列车》的开头与笔者改写的消息的开头。虽然特稿导语不像消息那样一定要直截了当叙述最重要的事实,但记者在写作中仍旧要展现想象力,有趣味,有信息,与主题关联,空洞乏味或东拉西扯都会败坏读者的阅读兴致。如《龙井43号已少量开采 喝性价比高的西湖龙井要再等等》(浙江新闻客户端,2018-03-20 07:45)的导语是:

春节雪水吃得饱,前段时间又提前让人"预览"了一把夏天的感觉,到了三月中下旬,很多人都已把目光锁定在龙井上。

什么时候开采?产量如何?今年第一杯新茶啥时候能喝上?一个个问号都亟待破题。

记者日前到村里打探,带来一波好消息——目前西湖龙井43号已经不是零星开采,而是晋级到少量开采模式。

这个特稿导语开头就缺乏吸引力。第一句前半句信息不明确,可能是说杭州2018年春节下过大雪、在3月20日前有好几天天气温度比往年同期高,但这和龙井茶有什么关系?后半句显得作者太过主观武断,凭什么断定"很多人"到了这个时间就一定要关注龙井茶?一句话里提供了三个彼此没有关联的事实,且说得不清晰,似是而非,让人猜不透。第二句作者一连提出了三个问题,其实作为消费者,也许只关心第三个问题。这句话其实没有什么想象力,不吸引人。最后一句话对信息的呈现也不清晰,"村里"是哪里?"一波"用词准否?"西湖龙井43号"对于非专业人士而言是一个费解的概念。"少量开采模式"表达不明晰。该导语应该改为:

茅家埠村,梅灵路和西湖群山茶园之间,有一线小河,茶农们头戴斗笠、背着茶篓,三三两两结伴,走大石头搭建的汀步过河,上山采茶。

3月19日上午细雨氤氲,村民老周精挑长壮的嫩叶,两个小时,才得了4两"西湖龙井43号"的青叶儿,只刚好盖住茶篓的底:"大部分叶片还很小。4两青叶儿,大概能炒制一两西湖龙井干茶吧。"

梅家坞村人均茶地多、茶地总量大、高高的山头也比较多(光照多出茶早),所以下来的茶叶就相对比较多了。

"你们今年来得那么晚啊!"村民老朱跟记者开起了玩笑。

原来,村民卢江梅家已经收了梅家坞村、梵村、满觉陇村等村茶农们的2700多斤青叶儿,48小时连轴转炒制新茶。

"跟往年同期比,今年算是产茶早的。"卢江梅说,按照目前这个量来看,比去年提前了一周左右。

这个导语结合了场景、逸事和引语,有趣味,有信息含量,与主题直接关联,抓住了问题的本质,比该特稿的原导语要有特色,可读性强,有吸引力。

(六)人称

新闻(消息)一般采用第三人称,凸显其客观性,记者作为旁观者,以中立的视角呈现事实,不直接在新闻表述中出现。特稿使用人称比较灵活,可以用第三人称,也可以用第一人称。

(七)节奏

新闻(消息)节奏快,简洁明了,直截了当,事实信息传播效率高。特稿侧重于娓娓道来展现故事。

(八)篇幅

新闻(消息)一事一报,传播信息,篇幅短小。特稿涉及与人物相关联的场景、过程、背景、细节等诸多因素,立体化地展示故事,篇幅相对长。

(九)写作对象

新闻(消息)的写作对象主要是整个事件;特稿通常聚焦新闻事件中的人。特稿《永不抵达的列车》的写作对象是从 39 个死难者当中挑选出来的两个 20 岁的、同一所大学的学生,因为他们的故事情节丰富、细节充足,能够建构一个有人情味的、感人至深的新闻故事,使受众对这两个年轻生命的凋零产生同情共鸣,由此引发人们对所有死难者的哀思悲悯,唤起人们对这次重大交通事故的关注与思考。而从该特稿改写的消息把焦点转向了对温州发生两列动车相撞这一事件的报道,旨在快速、及时地告知人们这一灾难信息,只在结尾提及了因公殉职的 D301 次列车的司机,因为他为减少更多人的死伤尽到了自己的责任。两名大学生作为 39 名乘客中的死难者,在以报道事件为主题的消息中可不用提及。

(十)写作手法

新闻(消息)以叙述为主,记者恪守客观性准则,公正中立,不表达记者的个性;特稿采用叙述、描写相结合的手法,穿插大量的对话和丰富的引语,表现主题特征与表达记者的个性兼容。特稿还可以在适当的地方适度表达记者的情感和意见。按照西方的特稿概念,影评、书评等表达观点的评论也算特稿。

(十一)情感

新闻(消息)是"纯新闻",体现新闻的客观性,要求记者在写作时恪守"零度情感",不用抽象的、空洞的、主观的、带有情感的修饰词,用简单句呈现事实,理性、中立、平实,一事一报。消息适合用于报道事件,尤其是突发事件之类的硬新闻。读者看消息一般是不会感动的,也不会流下眼泪。特稿要求记者与受众分享自己的感观体验,体现人情味,关注事件中的小人物的生存与命运,以情动人。特稿到结尾处往往会催人泪下。正如美联社的资深编辑和写作指导雷尼·卡彭所说的,"借助色彩、神韵、机智、想象、表现情感的词汇、对话和人物特征来丰富报道内容"。[9] 为丰富受众的阅读体验,特稿语言以简单句为主,适当穿插易懂的长句,叙事与描写相结合,借鉴文学的表现手法,体现记者的个性化写作风格。《永不抵达的列车》之所以感人,就在于其对人性、情感的细腻表现。

(十二)引语

新闻(消息)中使用引语少而精,通常用一句或两句体现新闻真实性、客观性,展现人物个性特征,活跃文风,调整节奏。若无精彩引语,可不用。特稿中需要大量使用引语,除具备消息引语的特征,引语还能传神地展现人物心理、思想的微妙之处,丰富报道的意境,深化主题,呈现现场感、画面感,使报道形象生动,具有可读性。鲜活、生动而丰富的引语是增强特稿表现力和吸引力的重要手段,这就提醒记者采访要深入、全面、细致,善于通过倾听从新闻来源处搜集表述有特点、有意义的引语。

(十三)对话

新闻(消息)限于篇幅短小,鲜少使用对话;而特稿需要对话建构场景,让受众联想现场画面,揣摩当事人的性格、心理等潜在信息。

(十四)场景

新闻(消息)写作只需交代清晰的地点,不展示事件发生的精细场景;特稿写作在交代清晰的地点时,还必须呈现这个地点的场景特征,还原现场,为人物的故事情节和细节的展开、变化提供合理的环境。

(十五)细节

新闻(消息)为快速传播信息,须简洁明了,一般采用叙述手法,具体、准确地概括事实,勾勒事件的线条,不展开细节。特稿必须用大量细节呈现故事情节的冲突性、戏剧性,使之具有现场画面的传播效果,饶有趣味,感人至深,用细节呈现人物的独特形象。没有感人的、有趣的细节,数千字、上万字的特稿就会枯燥乏味,无法让人读下去。

(十六)新闻来源

新闻(消息)的新闻来源可以是一个权威机构、媒体、读物、公众人物等,冲突性事件需要交叉信源求证,突发事件需要两个或更多信源还原事实真相。特稿因为要追求事实的全面、细腻,力求还原当时的场景、细节、人物的心理活动等,采访投入的时间和精力更多,对有价值的每一个碎片场景、对话等都要挖掘还原,重建现场,构成一个完整的事实链条,细致入微,因此,记者采访的人更多,新闻来源更为广泛、多样。如《永不抵达的列车》中的新闻来源是当事人的新浪微博、人人网、短信、室友、同乡、同学、亲人、新华社消息等。在作品呈现新闻来源上,特稿为了追求叙事的流畅和节奏的连贯,使得文脉如行云流水一般自然,增强阅读体验的快感,不像消息那样对每一个事实的出处都清晰、准确地交代新闻来源,如上文中对现场场景、人物生前细节的呈现都仿佛是记者亲历的第一手材料。这种全知的叙事视角对文本的可读性有益,但会给受众带来真实性的疑问。对此,采取文后提供备注解释说明是必要的。

(十七)新闻背景

无论在新闻(消息)中还是在特稿中,新闻背景都是必不可少的,有所不同的是,新闻(消息)的背景十分简洁,而特稿中新闻背景相对更为丰富,它们穿插于故事情节之中,使得特稿中所有的新闻要素事实在受众需要的时候都能得到清晰的解释或说明。

通过对比,我们可以发现消息和特稿各有所长,作为通风报信的信息使者,以"短、新、快"为特征的消息无疑是新闻传播的主角,它可以在最快的时间、用最短的篇幅告知人们最新鲜的事件,对于记者和媒体,在突发事件发生时,第一时间、第一现场、第一报道最为重要,短短一句话的快讯抢先发布就能够抢占信息制高点,赢得受众关注,打响媒介品牌。由于消息写作主要采用倒金字塔结构,因此在硬新闻报道中记者没有写作创新的余地,只需将采访获得的事实"干货"按照重要性从导语到结尾降序排列即可,这是一种套路化的写作,在智能时代,机器人就可以完成事件消息写作,且效率远远高于人工。由此可以看出,新闻报道(消息)是一种刻板的模式化的写作,记者只要遵循其通用的倒金字塔结构的程式化套路即可。所以,关于温州动车事故的上述消息,每个记者写出来的文本其实都差不多,只要按照新闻规律,把事实报道准确、清晰、客观即可。而特稿写作却是体现记者写作个性和才华的大舞台,每个记者都有自己的构思。以人性温度见长的特稿是机器人所难以完成的。这也是新媒体时代记者职业不会凋零的"蓝海"。以温州动车事故为例,在 39 个死难者和约 200 名伤员中,记者究竟该写哪一个人的故事,这里面有机缘巧合,记者的兴趣、爱好、情感、思想与有故事的人物恰好相遇了,撞出了灵感和火花,记者本人的情感激起了朵朵浪花,产生了强烈的写作冲动欲望,迫不及待地想要分享这种发自心底的真情实感,一篇好的特稿就此产生了。换言之,消息注重新闻价值,新闻价值决定了一篇消息的传播效果。事实本身的影响力决定着消息传播的影响力。而特稿报道的人物可能并无显著的新闻价值,它依靠记者个人的经历、思想、情感等特质来建构真实的人物形象,它更关注被社会遗忘在边边角角的小人物的悲欢离合,以此拨动受众内心深处最柔软的情感之弦,达到共鸣的效果。新闻报道比的是速度,特稿比的是深度。但尊重新闻真实、客观的基本规律是它们的共同底色,这是新闻作品必须恪守的底线,不可逾越。所以,新闻报道的功底是写作特稿的基本新闻素养,这正如新闻学者 B. 亨尼西所言:"如果特稿作者不具备写作新闻报道的基本报道能力的话,就不能准确地构建事实、细节和名称,那么,……在特稿文章中,涉及人情味的深度、想象力和敏感度都将白费。"[10]

在新闻(消息)的采访与写作中,记者扮演的是一个冷静的旁观者,需要清醒地、不动情感地报道事实真相,而在特稿的采访与写作中,记者不是局外人,他自己被要报道的人物感动了才能够下笔有神,饱含情感地写出感人的特稿。2009 年 5 月 6 日《中国青年报》刊登记者林天宏采写的特稿《回家》,讲的是四川汶川地震灾区的程林祥夫妇背着儿子的遗体回家的故事,他和摄影记者贺延光一同进行了全程跟踪采访。林天宏在写作的时候,趁贺延光不在,自己关起门来,写一会就捂着被子大哭一阵。新华社记者朱玉从灾区返回后,话更少了,有时看到"北川"两个字就会痛哭一场。有一天家里的保姆给她一个橘子,随口说了一句"北川是不是也产橘子啊,那里的橘子不知熟了没有",朱玉立即捂着脸号啕大哭。朱玉在写报告文学《天堂上的云朵——汶川大地震,那些刻骨铭心的生命记忆》的时候,每一次采访,每一个晚上,每一次单独待着都会流泪。[11]可见,感动记者的人物是促使其写作特稿的动力,感动记者的人物也能感动读者,毕竟人心都是肉长的,不管你身处何地,从事何种职业,面对那些与自己有过相同经历或不同经历的小人物的悲伤、苦难、磨砺、挣扎……这些人世间至洁至纯的真实人性总是能够打动我们,人们的情感是相通的。《永不抵达的列车》记者赵涵漠谈及写作感受时称:"我觉得特稿最重要的是记录,记录这个社会真正在发生什么,记录那些平常你不会注意的人和事,为你看这个世界提供多一个角度。我们这个时代就是由小人物组成的,他们是一个个具体的人。如果我们不去讲述普通人的故事,下一个悲剧的主角可能就是你我这样的普通人。悲剧没有旁观者,在高速飞奔的中国列车上,我们每一位都是乘客。"[12]这番话说出了特稿的价值。《永不抵达的列车》刊发后,仅两条推荐贴文,微博转发就有近 10 万条,评论 1.5 万条。很多人读完之后潸然泪下。上海网友 Jenny 沉痛感言:"文字里有种灿烂青春的味道。人生刚刚展开,瞬间灰飞烟灭。"鼓励原创的《南方都市报》、事发本地的《钱江晚报》都转载了这篇特稿。特稿承载着记者的新闻职业理想,也是记者写作功力和才气的体现。戏剧性、情感和人性背景等素材是特稿吸引人的要素。关于新闻报道与特稿的区别,美联社特稿撰稿人朱尔斯·骆用形象的比喻做了解读:"新闻撰稿人告诉你一座桥坍塌了,告诉你有多少辆车掉入水中。特稿撰稿人则告诉你当时那里的情况是什么样的——当乔·斯密斯刚开始过桥的时候,桥开始摇晃,他紧抓住栏杆——诸如此类的细节。"[13]

消息以报道事件为主,采用第三人称叙事手法,传播信息,强调"零度情感"和无记者个人意见的客观性,寥寥几笔勾勒出事件的轮廓。而特稿擅长表现事件中的人,用叙事和描写讲故事,体现人情味,带有浓郁的情感,关注经历坎坷的小人物。《永不抵达的列车》作者赵涵漠就说过:"再大的悲伤也比不上这一个个具体而微的悲伤。因为人们更容易记住一些小的悲伤,胜于记住那些具体的数字。"《冰点》栏目的"招牌菜"——《哪是我的家?》《302 路有轨电车》《当年落户在留村》《五叔五婶》等特稿都像《北京最后的粪桶》一样感动了无数的读者。如今,时隔 20 余年了,这些曾经成为"现象级"的特稿至今读起来仍然能够打动人心。这也是特稿与注重时效性的消息不同的传播效果,它的生命力更持久,优秀的特稿揭示的是人性中的本真,具有永恒的新闻审美价值。而消息的功能单纯,就是告知你何处发生了何事及其相关要素,它被称为易碎品,只有一天的生命。追求客观性的消息读起来是理性的、生硬的、冰冷的,限于篇幅不展开细节,不表达情感。相比,以情感人的特稿文字优美如同文学作品,人物命运千回百转令人牵肠挂肚,情感真切、质朴、淳厚宛如一杯浓酒,细节栩栩如生宛如电影画面……这种阅读的快感和体验怎不令人心动? 当然,挖掘没有显著性新闻价值的小人物的真实人生是特稿的选题,关注温州动车事故这样大事件背景下的小人物同样是特稿的选题,借助热点事件的新闻背景,报道小人物的特稿故事更容易引燃受众的情感,也更具有传播的价值。消息写作是技术活,特稿写作更需要记者用情、用心、用综合素养来完成。碰到大事件,记者可以先写消息通风报信,然后深入全面采访更多的人、挖掘更多的细节写作特稿。特稿写作因为采访和构思花费时间较多,在时效性上不如新闻报道那样迅速,尤其是新闻价值不明显的特稿不注重时效性。在新媒体时代,对于突发事件,为了抢占舆论的制高点和影响力,特稿写作也应尽量突出时效性,因为热点过去了,人们的关注度下降了,特稿的影响力也随之降低。2017 年 11 月 18 日,北京市大兴区西红门镇新建村聚福缘公寓发生火灾,火灾导致 19 人死亡,8 人受伤。《中国经营报》在 20 日的上午 10:03:47 就在网站上发表了记者郭婧婷和张晓迪的特稿《"11·18"火灾:北京边缘的幸存者》。

借用文学手法讲述人情味故事的特稿比传播信息的新闻报道(消息)更有趣味,它展现软新闻动之以情的传播特点,但需要提醒的是,新闻与特稿并非截然分离的,它们拥有共同的原则——都源自客观事实、都必须真实。记者要为受众写作,这一点也是特稿与新闻报道的共性,心里装着受众,满足受众对新闻作品的需要和期待,以人们喜闻乐见的方式去写作,这才是记者应有的职业态度。"有些特稿发人深省,有些令人捧腹大笑或难过垂泪;有些促进我们吸收知识或质疑自己的想法。还有的让我们从不同的角度去看事情,或是照亮某个阴暗的角落。更有些就单纯是一篇脍炙人口的好文章。学习特稿写作的秘诀,就在于多读别人的作品,然后吸引别人来读你的作品。特稿跟所有的新闻写作一样,应该是为读者而写,不是为作者而写。"[14]

二、特稿种类

一般情况下,不对"特稿"做出"新闻特稿"和"特稿"的区分,均以"特稿"称呼。实际上,不同种类的特稿有共性,它们与新闻报道(消息)的区别是相似的。下面对特稿的分类只是为了便于区分特稿与新闻报道的差异,对特稿作一个清晰的介绍。

(一)新闻特稿

2011年7月23日,温州发生了两列动车相撞事故。四天之后,《中国青年报》刊发了6735字的特稿《永不抵达的列车》,聚焦此次事故中两名罹难的大学生。从报道的时效性上判断,它属于新闻特稿。新闻特稿有写人的,有写事的,还有为新闻事件提供背景解释或解说的特稿。

1.人物特稿

人物特稿顾名思义是写人的,它需要的故事元素是:角色(有新闻价值的小人物、受众感兴趣的公众人物)、困境(主人公面对困难付出了怎样的奋斗)、场景(人物生活的具体时空环境)、过程(完整的故事情节与凸显人物思想与形象的细节)和结局(告知受众主人公的拼搏与奋斗的成败得失)。用具有戏剧性、冲突性的情节和具有人情味的细节展示人物的形象,这是特稿有别于消息的优势所在。前面我们说过,特稿长于写人。但人性的复杂与记者采访时间的限制是矛盾的,把人物写活并不容易,记者的采访能力、写作能力都会经受艰巨的考验。记者需要在查阅资料、找到更多受访者通过提问、倾听、观察获得足够多的素材,这些素材中精彩的细节和对话对于表现人物形象至关重要。需要注意的是,写人并不意味着可以忽略事件,将人物置于事件背景中动感地呈现其所思、所想、所作、所为,立体地、多视角地展示给受众,人物形象才立得起来,才能打动受众。

"老报童"罗伊去世了

(美)底特律《自由新闻报》尼尔·夏恩

罗伊·迈尔斯的追悼会将于星期一举行。四分之一世纪以来,他是《自由新闻》大楼附近的一个近乎传奇式的人物,也是不管年岁多大都被人叫作报童的那号人当中的仅存者之一。

《自由新闻》的一整代记者、编辑和其他职员都只知道他的名字叫"罗伊"的迈尔斯先生,本星期早些时候在他度过一生最后几年的疗养所中死去,终年67岁。

直到几个月以前,由于健康状况恶化而终于无法撑持下去为止,他一直把《纽约时报》和其他外埠报纸送到订户桌上,并且在《自由新闻》大楼外的人行道上叫卖上述报纸和《底特律新闻》。

去年有一个月他尝试了一下退休的滋味,但不久又重操卖报的旧业。

他双目几乎失明,戴着一副像定量酒杯的底那样厚的眼镜,要把头往后仰起才能看得见东西。

他形容枯槁，白发苍苍，体弱多病，吃力地背着笨重的帆布报兜，背带深深勒进瘦削的肩头。然而，在他衰弱的外貌下，却隐藏着强烈的自立精神。他对工作极为认真，也能滔滔不绝地神聊一气。"罗伊，你今天干得怎么样啊？"一位打算买报的顾客会这样招呼他。

"要买份《时报》？"他会这样回答，声音粗得像是从沙石上蹦出来的一样刮耳。

有一次，罗伊从《自由新闻》大楼的电梯上走下来，正好赶上采编人员在那里开会。也许是由于他视力不佳，也许是由于他脾气倔强，反正他把报纸都分发给了在场的记者。会议只好中断，直到罗伊把报纸分完。

"两毛五？"一个记者有一次在罗伊对他说了《芝加哥论坛报》的价钱以后提出了抗议。"见鬼，罗伊，我花一毛五就能买到一份。"

"是喽，不过你得上芝加哥去。"

有些记者在收报费的日子没有钱付款就躲着罗伊，这是大伙都知道的。要做到这一点并不难，因为罗伊瞎得很厉害。只要订户的位子上有人坐着，他就去催付，不管那人是谁。有一次罗伊误把一个女记者当作一个长着胡子的男记者，因为他往常就是坐在那张桌子后边的。

还有一个记者在刚参加《自由新闻》工作的时候，发现他桌上每天都有一份《纽约时报》，感到很诧异，但他以为这是由于工作需要而发给他的。然而到了月底，他终于发现这是怎么回事。"一共六块二毛五，"罗伊粗声粗气地对他说。

罗伊死后留下一个女儿，德乐勒斯·塔尔曼夫人，还有一个姊妹和一个孙儿。追悼会将于星期一午后二时在红河区西杰弗逊街 10783 号格尔巴赫殡仪馆举行。他将安葬在河景区费恩代尔公墓。(伍仁译)[15]

这篇人物特稿译成中文仅 821 字。它写的是一个平凡人，一个"老报童"的故事。他的不平凡在于他对卖报事业的挚爱。从第五自然到第十二自然段，记者用细节描写、对话、逸闻趣事将这个平凡的卖报人自立自强的精神、倔强的个性、执着任性的行为，带着一丝狡黠的小聪明，还有幽默感展现得栩栩如生，现场感、画面感效果十分传神，令受众如见其人，如闻其声。导语的第一句与结尾形成呼应关系。导语的第二句点明了该人物特稿的新闻价值——平凡人的不平凡之处。作者没有采访这个天天见面的小人物，但通过长期的、细致的观察积累了丰富的第一手材料，用简洁的文笔刻画了这个平凡人的可亲可近、甘于平凡、热爱工作，可爱又令人有点烦的一个"老报童"的形象，令人难以忘怀。该人物特稿结构精巧、段落简练、过渡自然流畅、故事情节和细节饶有趣味，颇具可读性。

2. 事件特稿

受众感兴趣的新闻事件，也是特稿表现的题材。上面我们提到了人物特稿需要将主人公置于事件背景当中展现其故事，同样，写事件特稿也需要记者呈现人物的动态，在突出事件的过程中让受众看到人性的善、恶、真、假、美、丑，不能看不到人物的影子。同人物特稿写作一样，事件的戏剧性、冲突性是事件特稿可读性的要点，精彩的细节和对话、可视化的场景和有信息含量的逸闻趣事同样不可或缺。例如笔者在 2002 年 1 月采写的新闻特稿《袁大夫之死》就属于事件特稿：

袁大夫之死

记者:武斌　时间:2002-01-19

上海闵行区吴泾医院副主任医师袁慧英从上海赶赴新疆抢救 12 名肉毒梭状菌中毒患者,意外遇车祸身亡。但是,关于那次车祸几乎所有媒体都一笔带过称:袁大夫为了抢救患者不幸遇车祸身亡。袁大夫究竟如何身亡的? 本文记者独家揭开了新闻背后鲜为人知的真相。

2002 年 1 月 17 日,记者通过长途电话采访了袁慧英医生的丈夫——上海闵行区吴泾医院退休大夫赵克敏。赵大夫告诉记者:1 月 6 日,他们全家人和袁医生生前的好友、同事及她曾经抢救过的一些病人约 600 人怀着沉痛的心情,在上海龙华殡仪馆向袁医生的遗体告别。袁医生 18 年前抢救成功的肉毒梭状菌中毒患者刘玉玲一家三口为了送别恩人,专程提前一个星期从江苏赶到上海。人们为失去医术高明、敬业爱岗、全心全意为人民服务的好大夫袁慧英而感到悲痛和遗憾。上海电视台对袁医生的追悼会做了报道。

赵克敏大夫告诉记者,他的心情比一个月前平静一些了。但是,由于袁医生离去得这样突然,他有时候常常有梦幻般的感觉:好像老伴并没有走,她还活在亲人的身边。赵克敏还说,他的思绪有时不知不觉地就被那过去的一幕幕情景所牵扯着。他常常在回忆老伴 2001 年 12 月 13 日中午离开家之前的每一个场景。他伤感地说,现在怎么也回忆不起来袁大夫当天离家前到底吃的什么饭了。平时,每天中午的饭都是自己提前给老伴做好的,老伴 11 点下班回家就能吃到可口的饭菜,唯独 13 日那一天,因为上海东方电视台记者采访耽搁了做午饭的时间。赵克敏说,他现在最遗憾的就是那天没给老伴做一顿她爱吃的饭菜。

在袁大夫的追悼会举行之前,她的长子赵群曾打电话给记者,询问他母亲遭遇车祸的细节。他对相关方面和媒体的含糊其辞感到疑惑。其实,自《新疆广播电视报》刊发笔者写的特稿《老伴我为你骄傲》之后,也不时有人询问笔者同样的问题:袁大夫是怎么出事的? 为什么媒体的报道不清楚? 要回答这个问题,还得追述发生在一个月前的那段营救 12 位民工的往事。

2001 年 12 月 9 日,轮台县 12 位安徽灵璧县民工因为吃了自制的豆豉而发生肉毒梭菌中毒。由于当地没有发生过类似事件,患者自述得了感冒,医院也没有能力立即诊断清楚病因,仅仅采取了通常的抢救措施。12 月 10 日下午 4 点 27 分,年仅 14 岁的中毒患者卓云云因中毒太重,不幸身亡。随后,轮台县医院院长葛彬彦经过询问病人家属,得知他们吃了自制的豆瓣酱。他推断,这些患者可能是肉毒梭菌中毒。而当地根本就没有专门治这种症状的抗毒血清。经过询问,医院得知,全国仅有兰州生物制药厂独家生产这种特效药。紧接着,求救的电波一个接一个地在轮台、库尔勒、乌鲁木齐、兰州之间响彻不停。没想到,这种药并非常用药,兰州生物制药厂当时也没有存货了。接到新疆方面的呼救电话,厂方表示,不惜一切,派人乘飞机到外地去回收这种药,同时立即开工生产新药。

由于年仅 14 岁的卓云云不治身亡,原来误以为得了感冒,没把中毒当回事的安徽民工们开始恐慌了。从 10 日晚上到次日凌晨,这些民工纷纷自己找车,在轮台县医护人员的陪护下,迅速赶往巴州人民医院急诊科。肉毒梭状菌是最毒的致死毒素之一。据推算,仅一亿分之七克的肉毒梭状菌就能毒死一个成年人。由于巴州乃至自治区防疫站当时都没有特效药,住院的 11 名患者中有 3 人病危。此时,轮台县、巴州、自治区三级卫生防疫部门一直在紧急行动。他们一边化验导致民工中毒的豆豉,确定其病毒型号,一边不断地与兰州联系。

而民工们却误认为新疆没有药，经济发达的上海一定有，他们自己打长途电话请内地的家人到上海找药。没想到上海也没有。于是请上海东方电视台播出信息，呼吁全社会提供援助。上海闵行区吴泾医院副主任医师袁慧英看到电视后，立即向东方台提供了药源信息。东方台马上向兰州生物药品厂联系，告之新疆发生的情况。他们在 13 日匆忙决定，邀请有经验的袁慧英大夫飞赴新疆参与抢救工作，到现场拍一个万里救人的好新闻。

其实，如果这个时候，上海东方电视台慎重一些，只要打电话与新疆联系一下，就不会发生后面的车祸悲剧了。因为在 12 月 12 日中午，兰州方面就将 40 支抗毒血清空运到了乌鲁木齐，当天晚上就转运到了库尔勒，给病人用上了。紧接着，第二批共 90 支抗毒血清又从兰州空运到了乌鲁木齐。当天晚上运到了轮台。只要有药，病人的生命就可以得到拯救。

12 月 14 日凌晨 4 点 30 分，袁大夫和东方电视台的两名记者风尘仆仆地赶到库尔勒。上午 10 点，袁慧英大夫和两名记者就到巴州人民医院急诊科去看望病人。当袁大夫走进病房，看到病人正在转危为安，新疆方面的抢救工作有条不紊时，她感到十分欣慰。查完房以后，巴州人民医院又召开了一个座谈会，其间，袁大夫对巴州医院的诊断和采取的措施以及疗效都非常满意。当地的医务工作者都很认真地记录了她提的几点有关临床治疗的建议。袁大夫在巴州人民医院待了一个多小时后返回宾馆休息。

12 月 15 日，好客的巴州党委、政府相关领导盛情挽留袁大夫在巴州逗留几天，顺便玩一玩。然后，随同巴州政府赴上海的一个经贸团一同回去。袁大夫接受了主人的美意。而上海东方电视台的两名记者执意赶往乌鲁木齐，准备飞回上海发新闻。于是，12 月 15 日，巴州州委办公室派了一辆桑塔纳 2000 轿车送袁大夫去轮台游览沙漠公路的风光。开车的司机是刘玉宏，陪同的人员有巴州州委办公室秘书陈英、轮台县县委秘书韩宪良和《巴音郭楞报》记者廖新文。有媒体报道称，是袁大夫自己要求去轮台县现场查看中毒民工的豆豉样品。这是无稽之谈。12 月 12 日自治区卫生防疫站的王涛和张琼就将豆豉的化验结果鉴定出来了。肉毒梭状菌分为 A、B、C、D 四种型号。不经过科学检验是不敢在 12 日晚上就给病人注射的。

《巴音郭楞报》记者廖新文告诉记者，15 日傍晚，袁大夫及其陪同人员游览了沙漠公路的风光之后，乘车返回。7 时许，天已经黑了。轿车以 120 多公里的时速在平坦的柏油路上疾驶。在距离轮台县 18 公里附近，驾驶员刘玉宏突然发现前方有一辆装满柴火的拖拉机，他猛地把方向盘朝左打，想超过去。没想到，车高速拐到左车道上，就要超越那辆拖拉机的时候，刘玉宏忽然发现迎面有一辆大车正快速驶来。情急之下，他慌忙把方向盘朝右打，试图驶往右车道。由于车速太快，再加上慌乱之中方向盘被拧死了，轿车避开迎面而来的大车，急拐到右车道后，瞬间就失去了重心，开始倾覆。就在翻车之前，除司机之外，其他四个人都在打盹。当他们被轿车连续两个急拐弯所产生的惯性惊醒时，危险已经降临。司机刘玉宏本能地紧紧握住了方向盘，他身后的廖新文、陈英也都俯身抱住了前排座。而坐在副驾驶员位置的袁慧英和她身后的韩宪良却没有来得及做应急准备。车翻第一个跟头时，是顺势而倒，幅度不大。到第二个连续翻滚时，由于惯性大，整个车几乎被抛到了半空中。袁大夫和韩宪良在剧烈的撞击中，被猛然抛出车外，重重地摔在了公路上。紧接着，轿车又翻了个跟头。第四个跟头翻到了路基下的沙地上。司机刘玉宏、记者廖新文和州委秘书陈英先后从破碎的车窗中钻了出来。他们互相呼喊着对方的名字，发现少了袁大夫和韩秘书。就在他们犹豫不决，不知道该不该到车里去找人时，远方驶来了车辆。陈英就着公路上跳跃的车灯,发现似乎不远处的路面上躺着两个人。三个幸存者相互搀扶着,快步走到公路上。果然发现袁大夫和韩秘书一动不动地躺着。他们呼喊着两人的名字,但没有反应。就着由远方射来的车灯,他们惊恐地看到:袁大夫和韩秘书的头部已经被正在流淌着、还泛着血泡的鲜血染红了。血,路面上也是血。他们被这一幕惨状惊呆了。片刻之后,他们冷静了。救人要紧! 他们赶紧向来往的车辆招手呼救,但是,有三辆车冷漠地一闪而过。陈英赶紧打手机向州委领导汇报情况,同时,紧急向110和120呼救。这时,一辆路过的车牌为新M22638号的面包车见此情形,立即停车救人。这辆车是轮台县油脂厂的车。随后,轮台县的警车也赶到了事发现场。交警们吃惊地看到,翻到路面下的桑塔纳2000在路面上砸出了三个清晰的坑,可以想象那一瞬间的连续翻车是多么的惊险、恐怖!

遭遇车祸的5个人被送到了轮台县医院急诊科。但是,袁大夫和韩秘书早已经停止了呼吸。事后有人认为,如果出事前袁大夫系上了安全带,也许她不会有生命危险。令人唏嘘感叹的是,韩宪良年仅26岁,刚结婚两年。他的孩子甚至还不会喊他一声爸爸。所幸的是,司机刘玉宏的手臂和腿部被擦伤,陈英基本完好无损,廖新文因为保护摄影机被撞断了三根肋骨。零点时分,巴州人民医院的医生和巴州州委的领导也赶到了轮台县人民医院。这意外的悲剧令在场的人感到震惊。随后,上海东方电视台的三拨记者闻讯赶来,对袁大夫不幸遇难进行了报道。之后,新疆各主要媒体、新华社等都报道了袁大夫的事。12月21日,应袁大夫家人的请求,上海闵行区吴泾医院党委书记项振熙专程赴新疆护送袁大夫的遗体返回上海。

令记者意外的是,在采访袁大夫在库尔勒探望病人和因车祸不幸身亡的过程中,记者遇到的是冷漠和回避。原来,这是由于相关部门的一些人认为,上海东方电视台在报道袁医生的事迹时,也许是为了追求新闻价值,把袁大夫来新疆参与抢救中毒患者的作用夸大了,这引起了他们的委屈和不满。另外,也有人担心袁大夫的家人会为这起意外的事件提出什么要求。

当记者将这些真实的情况告诉袁医生的儿子赵群之后,他沉默了片刻说:"母亲是为了抢救病人,是带着一颗爱心到新疆去的,她的离去只是一个意外。不管怎么说,我们都不会玷污母亲的声誉。我们全家人都为母亲的医德而感到骄傲。"

该事件特稿采用了类似消息的沙漏结构,像是一篇事件消息的扩充版:更加详尽地展示了事件的过程,提供了大量的细节。该事件特稿的重点在于展现主人公(角色)之死的完整过程,提供全面的事实真相,告诉受众事件发生的原因。与事件消息一事一报、简明扼要不同的是,事件特稿篇幅长、容量大,提供的信息量更为丰富,将与主题相关的事实和轶事都写入了特稿,用情节和细节还原了事件的来龙去脉。事件特稿更偏重于信息模式,即为受众提供新闻事件背后鲜为人知的事实信息,提供真相;人物特稿更偏重于故事模式,即用具有人情味的故事感动受众。

3. 提供新闻背景的特稿

<h3 style="text-align:center">枪击案后,美国人为何更爱枪?</h3>

来源:环球网　记者:劳木　时间:2017-10-06 11:19

10月1日赌城枪击案发生后,美国国内在震惊、声讨、哀悼和发出控枪呼吁的同时,也出现了让局外人匪夷所思的情景:与枪支有关的股价闻声上涨;在允许公开带枪的得克萨斯州,人们出门纷纷佩枪,在超市,在餐馆,在学校,在大街上,年轻人自不必说,连抱孩子的妇女，白发苍苍的老者，都把枪放在身体最显眼的位置，枪似乎被当成能降妖伏魔的护身法宝。

除了拉斯维加斯所在的得克萨斯州，其他一些可以公开带枪的州，像密西西比、威斯康星、犹他、俄勒冈等州也都有类似情况。

上述现象至少说明两点。一是美国民众真的被吓怕了。试想，欢乐之际，祸从天降，59人死亡，500多人受伤，音乐会顷刻变成杀戮场，这对人心理的震撼无疑是巨大的。

媒体对美国枪击案严重性的集中报道，更加剧了民众的恐惧。过去8年，美国至少有10万人死在枪口下；自20世纪70年代以来，美国死于枪支(包括谋杀、自杀和意外)的人数超过自美国独立战争以来死于所有战争的人数；美国每10万人中就有2.91人死于枪杀，在西方发达国家中遥遥领先，这一比例是法国的55倍，日本的336倍。美国媒体悲观地预计，"如果说历史给我们什么指引的话，那就是很快将有更多人丧生"。

二是百姓对政府控枪禁枪不抱任何希望，因而对个人拥枪自卫看得更重。

枪击悲剧发生后，特朗普总统在讲话中称枪击案是"纯粹的邪恶行为"。但美国媒体形容他"只是空洞地打着官腔，呼吁民众保持团结，而完全回避控枪问题"。事实上，特朗普总统是不主张控枪的。半年前，他在出席全国步枪协会年会时就表示，过去8年民主党政府对枪支拥有者权利的侵犯已经结束，"现在你们在白宫拥有一位真正的朋友和支持者"。而拥有500万会员的步枪协会是控枪的坚定反对者，且具有呼风唤雨的影响力。在去年大选中，该协会给予特朗普大力支持。特朗普上任一个月后，就废除了奥巴马时期的控枪令，算是投桃报李。

美国控枪难，除了共和党的不支持、军火商的阻挠和步枪协会的强烈抵制，还有两大障碍。

其一，美国宪法1791年第二修正案规定保障公民享有持枪权。在宪法面前，任何控枪的政令都会显得苍白无力。何况，美国目前共有枪支3亿多支，真要控枪禁枪谈何容易。

其二，主张个人拥枪自卫具有较广泛的民意基础。由于历史和社会原因，美国民众有根深蒂固的拥枪自卫的传统观念。他们认为，允许人们持枪可以降低枪击发生的可能性，所持例证是，大多数枪击都是针对"无枪区"的人群，像学校，电影院，音乐厅，在那些地方，两手空空的受害者只能任暴徒逞凶，毫无还手之力。如果在场的人持枪，情况会大不相同。去年的一项民调显示，54%的人赞成让更多人合法持枪，用于自卫，不赞成的比例为42%。

共和党人指责民主党人将武器而不是犯罪者妖魔化，而且试图利用悲剧来侵犯宪法所规定的自由。当年里根总统遭枪击受伤后说，"不是枪杀人，是人杀人"。共和党的观点和里根的这番话，引起很多美国人的共鸣。

拉斯维加斯惨案扑朔迷离，案件正在调查中。最新报道称，枪击案真正的凶手不是此前认定的64岁的帕多克，而是IS。分析认为，帕多克没有犯罪前科，也找不出作案的充足理由，何况，凭他一己之力把那么多枪支弹药运进旅馆也不可想象。事实很可能是：IS早就选好了帕多克住进的那个房间作为作案地点，他们行凶后杀害帕多克，制造他自杀的假象，转移警方视线，然后逃之夭夭。

不论这种分析是对是错，但对美国人来说都是严重的警示：如果IS渗透进美国，搜罗不满现实者、仇恨社会者和同情IS者，并给他们洗脑，这对枪支泛滥的美国，祸患之大，将不堪设想。

2017年10月1日，美国又一次发生了枪击案。枪手斯蒂芬·帕多克从曼德勒海湾酒店 32 楼的一个窗台向正在参加露天音乐节的人群开枪,造成至少 59 人丧生以及 500 余人受伤。惨案发生后,人们想在第一时间获知事发的信息,之后想知道枪手是个什么样的人,他为什么会这样,同时,人们还想了解在枪击案中的死难者在案发时的悲惨经历,包括见义勇为者的故事、警察与枪手搏斗的故事、医护人员救援的故事等,事件平息后,人们从情感的创伤中渐渐平复,这时开始理性地思考:为什么美国一再发生这样的事? 该不该禁枪? 为何禁枪的问题会长期困扰美国? 这时,为新闻事件提供相关的背景解释或解读,旨在探讨解决问题之道就成为新闻特稿的主题。上述新闻特稿正是为了满足受众对禁枪问题的关切而做的。该特稿以新近的突发事件为由头,告诉受众这次惨案发生后,美国多地人人自危,人们携枪而行,作者对此进行了两点分析,剖析了这种非正常现象出现的社会原因。接着,作者对美国控枪难的两大障碍进行了清晰的解读。在重大突发事件发生后,根据受众对信息的需求心理策划、安排报道的节奏是媒体的职责,除了报道事件、事件中的人,最终还要提供如上述特稿这样的对事件背后原因的探究和解读。

值得注意的是,这种解读新闻背景的特稿与关注突发事件中的人有区别,首先是标题,关注人的标题富有人情味,一般不用完整的句子,简洁凝练,耐人寻味,而解读事件中的新闻背景的特稿的标题常用完整的、平实的句子,直截了当地提出问题;其次,在内容呈现上,解读背景类特稿更注重以严谨、平实的剖析解决人们心头的疑问,其人情味、故事性不如写人的新闻特稿。

(二)非新闻特稿

除了上述以人情味见长的新闻特稿,还有突出娱乐性的特稿,这些特稿的写作风格可谓多姿多彩,没有既定的公式。与新闻特稿注重时效性,关注新闻事件中的人所不同的是,非新闻特稿更关注娱乐性、故事化传播信息。它们之间最明显的差异是时效性,前者"蹭热点",时效性仅次于新闻报道,后者时效性较弱。

1. 传播信息的特稿

柬埔寨新娘嫁到中国:为钱结婚 能挣钱寄回家

来源:未来网 时间:2017-05-02

当本塔离开柬埔寨嫁给一个中国男人时,她确实是为了钱,而不是因为爱。

当时她 32 岁,未婚,很难有机会为家里挣钱。她家位于柬埔寨磅湛省的农村。她从电视上看到的中国是一个富裕的国家,所以当一个介绍人——同村的一个媒婆——给她介绍中国江西农村的一个男人时,她满以为正在走向光明的未来。

但当她来到黄冈——一个不见得比她的家乡富裕的地方,这种美好的希望很快便暗淡了。性别选择和一些地方的重男轻女扭曲了中国人口性别比例。中国社会科学院预测,到2020 年,将有 2400 万适婚年龄的男性无法找到配偶,其中很多是在农村地区。大约 1 万到2 万美元(约合人民币 7 万到 14 万元)的婚介费——尽管这对一个普通的中国农民来说确实昂贵,但与农村地区的彩礼相比,还算便宜。所以,一个想要成家的单身汉可以找个柬埔寨新娘。

最近几年,大量柬埔寨女性嫁到了中国江西、浙江和福建省,使她们家乡和中国这些地方的婚姻介绍人的钱包鼓了起来。虽然两国政府都没有公布有关这种情况的移民人数,但据《柬埔寨日报》报道,中国公安部的官员告诉他们的柬埔寨同行说,2016年8月,在中国国内生活的中柬跨国夫妻有7000对。

与本塔一样,许多来到中国的柬埔寨女性知道她们将要嫁给中国男人,但并不完全清楚其中蕴含的各种风险。根据联合国打击贩卖人口合作行动项目发表的一份报告,她们一旦到了中国农村,就可能被迫与毫不了解的中国男人结婚。有些妇女对她们的中国丈夫很满意,她们找到了工作,而且能寄钱回家。她们把自己的婚姻当成是过上幸福生活的途径。

本塔却不那么肯定。自2013年12月起,她就是52岁中国男人邹的妻子了。她给他生了两个男孩,一个2岁半,一个6个月大。(本塔和邹的全名部分省略,以保护他们的身份。)尽管她说丈夫待她还不错,但她还是想家,常常觉得很孤单。在这个她和丈夫生活的城市里,她只认识另一位柬埔寨新娘。

由于丈夫是打短工的,干的是收入低的重体力活,赚钱养活一家四口不容易,所以本塔知道她想过更好的生活并寄钱回家的希望无法实现。现在她很纠结。她想待在中国抚养她的两个儿子,但她忍不住后悔当初决定到中国来。(编译:宋彩萍,美国"中参馆"网站2017年4月19日报道)

该特稿773字,采用了华尔街日报体结构。导语采用了软新闻导语常用的悬念式导语,第二自然段为核心段落——对导语进行补充,第三、四、五自然段为新闻背景(属于社会背景),解释女主人公之所以如此选择的社会大背景,使故事的结果有了一个清晰的脉络(前因)。新闻背景将事件的来龙去脉呈现清楚,不会令受众疑惑费解,同时也帮助受众了解了更多的知识,扩大了信息含量。最后两个自然段与导语形成呼应,回到女主人公的故事中来,对第一和第二自然段交代的部分事实进行补充完善,让受众了解与她相关的更为全面的信息。该特稿的一点缺憾是,第三自然段第一句话没有清楚交代女主人公与江西籍农村男子邹先生结婚后跟着他来到湖北黄冈打工,容易让受众产生疑惑。

2.传播知识的特稿

长见识!古代的"元旦"原来是这个意思

来源:《天津日报》、新华网、中国新闻网微信公众号　时间:2017-12-31

"元旦",就是每年阳历的一月一日,是我国也是世界上很多国家传统的新年。但在中国古代,"元旦"一词的意思,与今天有着很大的区别。

颛顼开始农历纪年,以正月为元,初一为旦。但此后的夏、商、周、秦、汉的元旦日期也并不一致。据《史记》记载,"元旦"在夏代是正月初一,在商代是十二月初一,在周代是十一月初一,在秦代是十月初一。汉武帝时候恢复夏历,仍以正月初一为元旦,这就是我们如今的"春节"。

正月初一,我们现在称"春节"或者"过年",但在古代却称为"元旦"。

不过,不同朝代仍有不同的称呼:先秦时期叫"上元""元日""改岁""献岁"等等;两汉时期则称为"三朝""岁旦""正旦""正日";魏晋时期又叫作"元辰""元日""元首""岁朝"等;唐宋元明时期,称为"元旦""元日""岁日""新正""新元"等;而到了清朝,就一直叫"元旦"或"元日"了。

从以上各朝各代对"春节"的称呼中我们可以看出,"春节"在古时候叫得最多的就是"元日"或"元旦"。也就是说,他们所说的元旦,并不是我们现在说的阳历一月一日。

"元旦"是一个合成词,按单个字来讲,"元",在甲骨文中就是人的"头",有开始、第一之意。"元日"就是新年的头一天,《书·舜典》:"月正元日,舜格于文相祖。"孔传:"月正,正月;元日,上日也。"《东京赋》:"于是孟春元日,群后旁庾。"还有唐朝孟浩然脍炙人口的《田家元日》诗和宋朝王安石家喻户晓的《元日》诗等,诗文中的"元日"都是我们如今的"春节"。

"旦",是天明天亮的意思。《说文解字》认为"旦"是"从日见一上,一,地也"。"旦"是个象形字,表示太阳刚刚从地平线上升起,也就是早晨的意思。那么,"元旦"二字合在一起就是新年的第一个早晨了。

单从"元旦"一词来说,它最早出自南朝诗人萧子云的《介雅》诗:"四气新元旦,万寿初今朝。"宋代吴自牧《梦梁录》中也对"元旦"作了解释:"正月朔日,谓之元旦,俗呼为新年。"

房玄龄在《晋书》中也说:"颛帝以孟春三月为元,其时正朔元旦之春。"还有唐人成文斡《元旦》诗以及南宋诗人陆游《己酉元旦》诗等,这里的"元旦"都是"春节"的意思。

其他称呼和出处就不一一介绍了,在清朝消失以前,没有把"过年"称为"春节"的,大都称为"元旦"。也就是说,这以前的"元旦"都不是阳历的一月一日。

这篇特稿旨在传播知识,它选择了一个比较合适的时机——2017年12月31日来介绍中国文化中关于"元旦"的前世今生的知识。传播知识核心在于准确无误,为此,作者的新闻来源是《史记》《书·舜典》《东京赋》《田家元日》《元日》《说文解字》《介雅》《梦梁录》《晋书》《元旦》《己酉元旦》等十一种之多的古籍、古诗词,引用了其中的典型句子,可见写作者的匠心。该特稿有助于向受众普及中国文化知识,体现媒介的文化品位,展示新闻媒体弘扬文化、传承文明的责任感和使命感。

3. 趣味性的特稿

中国女毕业生丢掉学位帽和学位服,穿起了婚纱

来源:《华尔街日报》网站 时间:2014-07-02

核心提示:有几个小伙子也穿上婚纱,拍起了搞笑毕业照。残酷的就业市场正等待着毕业生,所以他们正在享受自由与创意的最后爆发。

6月的一个阴天,20名女学生身穿婚纱,在草地上站成了一排。她们一早上都在摆弄彼此的发型和妆容,现在终于迎来了重要时刻,一起冲着相机露出甜蜜的笑容。

这其实是毕业典礼,不是婚礼。

在中国,女大学生正在抛弃学位帽和学位服,转而选择用白色婚纱来纪念毕业。

那天摆造型拍毕业照的人当中就包括刘香萍(音),她和同学都穿了一身白色。小刘说:"有谁不爱婚纱呢?"

今年,刘香萍从西安工程大学国际经济与贸易专业毕业,但"婚纱风"不仅仅席卷了位于西安的这一个校园。在中国各地,毕业季似乎更像是结婚季,女生们都忙着去店里租婚纱。

小刘说:"婚纱让人感觉更有意义。"她和同学以每天7美元(1美元约合6.15元人民币)左右的价格租到了婚纱,其他许多毕业生也和她们一样拍婚纱照,并通过网络与朋友分享。还有学生戴上宝石头饰或王冠,也有人选择面纱或者拖地长裙。

中国的毕业典礼通常不会邀请名人发表演讲,学生家长也很少参加。由于在这方面缺乏根深蒂固的传统,所以个性化的新纪念形式就被嫁接到相对死板的官方毕业典礼上来。

毕业照就是其中一种新纪念形式,毕业生纷纷以诙谐的方式展现自我。有人打扮成海

盗,还有人打扮成清朝人的样子。上海社会科学院社会学研究所的陆晓文认为,残酷的就业市场正等待着毕业生,所以他们正在享受自由与创意的最后爆发。

小张最近和5位室友凑钱请了一名同校学生帮她们拍毕业照。6个女孩一起在校园各处合影留念,摄影费用是三个钟头100元人民币,每天还需另外支出100元租婚纱。据小张介绍,她们6人从大一开始住在一起,希望用这种特殊的方式彼此道别。

小张说:"大学毕业是一件充满意义的事。"她说自己和室友拍照时先后遇到三拨同样穿婚纱摆造型的学生。

越来越有创意的毕业照在中国层出不穷,"婚纱毕业主题"甚至普及到就连男生也想一试身手的地步。有几个小伙子也穿上婚纱,拍起了搞笑毕业照。

23岁的范欣欣(音)今年从南京航空航天大学毕业。对于那些想要展示独特魅力、拍出更特别婚纱照的毕业生来说,南航是个独具优势的地方。她告诉记者:"(因为)我们学校有飞机。"小范和同学做起了生意,向拍毕业照的学生出租各种服装行头,包括婚纱。截至目前,已有60多名毕业生使用了小范的服务,其中就有几个人身着全套婚礼盛装以校内飞机为背景留了影。(参考消息网 2014-07-04 07:59:13)

这个特稿故事简洁生动,有3位主人公:大学生刘香萍、小张、范欣欣。她们的故事各有特色。刘香萍和同学以每天7美元(1美元约合6.15元人民币)左右的价格租婚纱拍摄特别的毕业照,并通过网络与朋友分享。小张和5位室友凑钱请了1名同校学生帮她们拍毕业照,纪念她们大学四年同居一室的友情。范欣欣则炫耀了自己学校拍婚纱照的环境优势:以飞机为背景,她和同学联手向拍摄毕业照的同学出租服装行头(包括婚纱)赚钱。

特稿从一开头就写得十分轻松有趣,沿用了惯常的情景描写开头。对3个主人公的故事都使用了简洁而各具特色的引语。值得注意的是,本篇特稿中穿插了3段新闻背景(见第7、8、11自然段),这3段新闻背景的使用十分巧妙。前2段告诉受众"为什么中国大学生要以个性化的新纪念形式纪念大学毕业"。第3个新闻背景则是对新闻故事的延伸:男生也忍不住心动了,拍摄婚纱毕业照搞笑,它是对第2段新闻背景"残酷的就业市场正等待着毕业生,所以他们正在享受自由与创意的最后爆发"的事实佐证。新闻背景深化了新闻主题,扩大了新闻内涵,也起到了解释和说明的作用,让新闻通俗易懂,让受众轻松阅读并理解新闻。在本文中,这些新闻背景还在结构上起到了串联3个人物故事的作用。作者匠心独运,使新闻背景形神兼备,在内容和形式上发挥了最大的价值。

4. 娱乐性的特稿

温州新生儿取名趣味多　有8个马云13个范冰冰
来源:《温州商报》　时间:2018-01-12 07:59

知不知道温州有人名字叫温州?知不知道温州有很多人叫"有钱"?知不知道温州还有人叫"奔驰"?正如外地人眼里的温州一样,因为温州老板很多。有的老板比较直接,名字就充满了老板的意味。

据微信浙江新生儿重名查询系统显示:截至2017年12月31日,温州共有4个林总、5个王总、9个李总、9个陈总。而且做生意似乎也比较顺风顺水。以陈姓为例,有346个陈如意、194个陈胜利、62个陈顺利、49个陈宏伟、27个陈凯旋、26个陈吉祥、21个陈伟业、13个陈发展、7个陈顺风、5个陈大业、5个陈开业、4个陈有利、4个陈有钱、3个陈大吉、3个陈发财。13人名叫黄金,1人名叫白银。

温州人很有礼貌

温州人以经商为生,懂礼貌、知人情很重要。从温州人的名字也可以看出这一点。

在温州,有62人名叫倪好,谐音与"你好"无异,是不是叫着很温馨?

温州有8人更直接,名叫谢谢!大家一团和气,不管如何,谢了再说。所以说,温州人很讲礼貌。

于是乎,许多人名字也和礼貌有"血缘关系":23人叫李茂、18人叫李貌、9人叫李卯、8人叫李矛、5人叫李茅、3人叫李锚、2人叫李瑁。为了证明有礼貌,我们更在乎礼节。温州全市共有717人叫李杰、649人叫李洁、74人叫李捷、39人叫李节。

温州人有时也"偷懒"

有一位邮政局上班的哥们,生了孩子之后不知道该叫什么名字好。老婆说,你们单位不是有很多信吗,去看看有什么启发。这哥们果然去看,看到一封信的收件人叫雷奇,很有感觉,回家和老婆一说,立马决定,就叫雷奇。比这名字更奇的是,他们家叫雷奇的孩子是女孩……

偷懒的一种方式是直接按照姓氏叠字取名。温州共有81人叫林林、46人叫陈陈、36人叫方方、17人叫金金、17人叫张张、12人叫李李、8人叫周周、7人叫毛毛。还有叠字取着取着就变成了数字游戏。有1人叫吴吴(55)、1人叫陆陆(66)、1人叫齐齐(77)、1人最赶潮流,叫陆六六(666)。

说起数字,温州人还有更直接的偷懒方式。比如陈姓,陈一有67人、陈二有1人、陈三有4人、陈四有2人、陈五有1人、陈六有1人、陈七有1人。八九十都没有了。估计是因为一家人生七个以上的实在太少。即使有,父母也没有想到给孩子编号取名的"绝妙办法"。

温州还有155人叫陈三豹、70人叫林三豹、57人叫李三豹、54人叫黄三豹、46人叫王三豹、41人叫徐三豹、38人叫张三豹、25人叫周三豹。不用怀疑,这些人绝大部分是家中的老三或者家中兄弟中的老三。

还有一种方式是直接用地名取名字。温州共有3人叫温州、1人叫温瑞安(父母是不是70年代的武侠迷?)、1人叫温永嘉、1人叫温文成。还有14人和泰顺县城同名,叫罗阳。

"名人"随处可见

说说影视明星。温州作为全省的人口大市,自然是星光闪耀。

林心如有104人、范冰冰有13人、李冰冰有96人,刘诗诗16人。还有1人叫苏有朋。陈晓看来是大路货,温州就有499人。表情帝周杰在温州有415个分身。小鲜肉小鲜花也不少。杨洋306人、吴亦凡22人。老头子周星驰也有7人。四大天王温州无一缺席:刘德华13人、张学友6人、黎明6人、郭富城3人。

富豪也不少。李嘉诚62人、马云8人、王思聪6人、王健林也有2人。新科首富许家印这样稀罕的名字在温州也有1人。马化腾估计名字更加稀罕,在温州倒是没有。

再说古人。南唐后主李煜,名字比较吃香,在温州可以找到68人。李白也不赖,有15人。张飞有49人,也是大明星了。赵子龙16人,估计文成人居多。帝王刘邦2人、刘备4人、李世民5人、李渊41人。李渊名头远不如前4人,为何在温州这么吃香?是源于对企业创始人的尊重吗?

"牛人"无所不在

温州有人名字就叫郑能量！还有人叫郑派。一听就是阳光普照。有人干脆肩挑责任，名叫郑书记。有人似乎从小就渴望从军，名叫吕展。这孩子当年一再向人解释：我叫吕展，可不是军长旅长的旅长哦！还有人直接就叫军长。不过是陈军长。

还有2人名字就叫雷锋。很多姓氏里都有名叫大善的。还有许多姓氏中有名叫帮助的。比如有2人叫黄帮助，是不是有黄帮主的即视感？姓黄的温州人中，还有298人叫黄河、27人叫黄山、1人奇葩点叫黄果树。更有1人直接叫黄上，是不是见了都要山呼万岁？太上皇似乎非常MAN，因为除了黄上，还有38个黄弟。只是皇弟分分钟会被人误认为是皇帝，不知孤家寡人的皇上做何感想？不过，估计皇上是太上皇的长子。因为根本找不到皇兄（黄兄）。

美女也不甘落后。在温州，715人叫陈金花、454人叫林金花、280人叫黄金花、106人叫金花、12人名叫梅花、11人名叫胡娇（找不到辣椒啊）、2人叫陈小姐、2人叫周小姐、1人叫张小姐。只是找不到董小姐。

还有3人叫陈小三、3人叫林小三、3人叫黄小三、2人叫刘小三、1人叫李小三。但愿不是女的。

这篇特稿看着就让人发笑，颇具戏剧化效果，简直是一出喜剧或者小品，笑料多。记者对选题的新闻敏感值得称道，报道角度巧妙，从档案资料中找出了新闻。做这样的新闻，记者的思维十分关键，不怕做不到，就怕想不到，只要想到了这样的主题，相信当地的记者都有能力将其做出来。记者能够发现这样的"静态"新闻，联想思维的能力比较有用，通过对身边人名字的特殊性产生兴趣，然后顺着这个思路联想，会突然顿悟：也许这里面有新闻。通过便捷的互联网技术，进行一番搜索和筛选，最终就能够挖掘出需要的素材，完成这样的特稿，供人娱乐时，也获取了相关的信息。当然，就文本写作而言，上述特稿有点瑕疵，其导语中表现的事实与下面的几个小标题内容应该是并列关系，不是导语，不如直接加一个小标题。

5.传播观点的特稿

从开封到纽约——辉煌如过眼烟云

来源：中新网　时间：2015-05-24

【美国《纽约时报》5月22日文章】（记者尼古拉斯·克里斯托夫发自开封）历史走进了一个新的千年，纽约成了全世界最重要的城市。虽然没什么官方认可，但说是世界的首都恐怕没人会不同意。然而，我们这些纽约客切不可狂妄自大，回望中国中部消失在历史尘埃里的大都会开封，也许会使我们更清醒。

公元1000年，坐落在泥沙淤塞的黄河岸边的古城开封，是世界上最重要的城市。我这篇文章用了个汉语标题，叫做《辉煌如过眼烟云》，这样做是为了说明汉语是许多美国人将来都要学习的语言，而"繁华如梦"的哲理也是美国人需要了解的。

作为世界上唯一的超级大国，美国也许会认为自己在世界上这种"一览众山小"的地位是理所当然的。然而，回望大浪淘沙般的历史长河，你会看到辉煌，特别是某一个城市的辉煌，多么像萤火般转瞬即逝，也会为这种无常的兴替感到震惊。

在我看来，公元前2000年之前世界上最重要城市是伊拉克的乌尔，公元前1500年之前，也许是埃及的底比斯。公元前1000年，很难说哪个城市有绝对优势，不过很多人会认为是黎巴嫩的西顿。公元前 500 年是波斯的波斯波利斯，公元元年是罗马，公元 500 年前后也许是中国的长安，公元 1000 年是中国的开封，公元 1500 年是意大利的佛罗伦萨，公元 2000 年是纽约；到了公元 2500 年，上述这些城市可能一个都不再能挨上边儿。

今天的开封肮脏贫穷，连个省会也不是，地位无足轻重，所以连机场都没有。这种破落相更让我们看清楚了财富聚散的无常。11 世纪的开封是宋朝的首都，人口超过 100 万，而当时伦敦的人口只有 1.5 万左右。

北京的故宫博物院藏有一幅长达 17 英尺的古画（指《清明上河图》），展示了古代开封的繁华：街道上行人如织，摩肩擦踵，驼队载着商品沿着丝绸之路云集而来，茶楼酒肆熙熙攘攘，生意兴隆。

开封的地位吸引了世界各地的人们，包括成百的犹太人。在今天的开封还可以看到一些犹太后裔，他们的面貌和一般中国人并无二致，却声称自己是犹太人，从来不吃猪肉。

漫步在开封街头，我不停询问当地居民为什么一个曾经的国际大都会却沦落到如此模样，从他们的回答里我听到了不少开封人对纽约的美慕。有一个男子说他准备花 2.5 万美元偷渡到美国。不过，当地的许多人坚持认为，中国已经上了路，正在朝着恢复自己的大国地位的目标迈进。

"中国越来越红火。"开封市郊一位名叫王瑞娜（译音）的年轻农妇说，"再过几十年，我们就会赶上美国，说不定还能超过美国呢！"

她说得对。在 1 个多世纪里，美国拥有全世界最繁荣的经济。但许多人预测，按实际购买力计算，再过 15 年，中国的经济将超过美国。

那么，从开封衰落的历史里，纽约能学到些什么呢？

教训之一，是保持科技活力，实行正确的经济政策。古代中国繁荣的原因之一，是采取促进经济增长、促进贸易往来的政策，鼓励技术创新，如铁铧犁、印刷术、纸币等方面的技术革新。等到后来中国重农轻商，它的个人所得便不再增长了，一停就停了 600 年。教训之二，是要避免狂妄自大。当时的中国认为无须向外国学习——中国的衰败也就从此开始了。

从这两方面看，我都为美国捏一把汗。美国目前经济管理懈怠，无法解决农业补助或长期预算赤字问题。技术虽然领先，但公立中小学学生的数学和科学水平只能算作二流。美国人对外国缺乏兴趣，这与中国人勉力进取、发奋向上、意志坚定的面貌形成了鲜明对比。中国人就是靠这种斗志再次走向了世界的前沿。

在黄河边上，我遇到了一个 70 岁的农民，名叫郝望（译音），一天学也没有上过，连自己的名字都不会写，但他的儿孙辈却大不一样了。"俺家俩孙娃儿都上了大学，"他得意地说。说完，又开始谈论家里的电脑。

思考开封的兴衰，使我们猛醒。我们应该不懈奋斗，改进我们的高科技创新力，增强教育实力，改善促进经济增长的政策。如果我们在经济繁荣的桂冠下流连不前，即使像纽约这样伟大的城市，也总有一天会堕落为哈得逊河上的"开封"。（春风译）

该特稿刊登于《纽约时报》的评论版，作者回顾 1000 多年前全球最繁荣城市开封衰落的历史，借此提醒美国人中国正在复兴，美国切不可骄矜自傲。当时，中国的 GDP 排名在日本、德国之后，名列世界第四，作者已经预感到了中国的崛起不可阻挡，从 2001 年迄今，中国 GDP 跃入世界第二的行列。这位美国新闻人准确的预判令人佩服，这 1501 字显得非常有分量。作者将当今世界上最著名的城市美国纽约和公元 1000 年全球最繁华的城市开封进行了对比,用开封的衰落来警示美国人:要记住中国人的一句话——辉煌如过眼烟云,汲取开封从北宋繁荣的国际化城市到如今默默无闻、落后欠发达城市的教训,要保持危机感。作者引用开封郊区年轻农村妇女王瑞娜的话提醒美国人:中国正在奋力追赶世界强国美国,将在不远的未来超过美国。作者借用开封的"辉煌如过眼烟云"的历史殷鉴总结了两点教训:一是保持技术优势和合理的经济政策至关重要;二是狂妄自大十分危险。作者以开封70岁的农民的话作为论据诠释了自己的上述两个论点。作者选择的对比"点"非常巧妙,开封在黄河边上,纽约在哈得逊河边上;开封在公元1000年左右曾经辉煌如今日的纽约,它之后的衰落对于今日作为国际化大都市的纽约具有警示意义。实际上,作者在对比两个城市中使用了暗喻的手法,他用开封代表着中国历史上从世界第一强国衰落到一个积贫积弱的发展中国家,而今开始觉醒,再度发愤图强,迅速崛起,充满了勃勃雄心和后发优势。他用纽约代表美国作为全球第一强国的荣光,如今正面临着中国的快速追赶,不努力,可能就是公元1000年的开封由盛到衰的命运。这种从具象的"点"对"点"的对比暗示中国与美国的国运正在发生变化,以小见大,从微观到宏观,可见其构思之妙。作者在对比开封和纽约时,不但进行了纵向对比,还进行了横向对比,用颇具历史事实的资料对比4000多年来人类历史上多个国家名城的盛衰史,还将繁盛时的开封与伦敦进行了对比,引用了《清明上河图》所描绘的历史画面,纵横捭阖,显示出高超的驾驭主题的写作能力,其新闻来源十分丰富。作者用这些充足的历史与现实事实作为论据,从故事到总结,从典型事实到抽象结论,信息量丰富,有前瞻眼光,文风有趣而深刻,可谓高屋建瓴,作者的知识修养和写作技巧值得称颂。新华社知名记者杨继绳说过:"如果一位记者的成就是一个三角形的面积,那么,调查,读书,思考,就是这个三角形的三个边。三个边越长,面积就越大,缺少任何一个边,面积就等于零。"对照这篇特稿,颇有道理。

6.名人专访特稿

专访姚晨:遇见中国的安吉丽娜·朱莉

来源:英国《每日电讯报》网站　作者:萨拉·金利赛德　时间:2014-08-24

当演员姚晨将咖啡杯举到嘴边的时候,我问她:"就像拥有超能力一样?"她的翻译将我的意思传达给她,她露出一个大大的微笑。她说:"我正在变得更加成熟。"她避开了这个问题,"这些日子我小心和谨慎多了"。

人们可以用"谦逊"这个词来形容姚晨,因为姚晨在新浪微博上的粉丝比英国总人口还要多。直接告诉你好了,她的粉丝超过7000万。

事实上,这种影响力是如此巨大,使她拥有了点点鼠标就可以改变别人人生的能力。这样的故事有很多:她的微博粉丝捐钱给孩子做手术。甚至还有这样一件事:由于她在网络上力挺父亲好友的人格,这个原先受到谴责的男人突然间被盛赞为英雄。

那么,在中国东南沿海的一个小城默默无闻成长起来的姚晨如何能够跻身美国《时代》周刊评选出的全球最具影响力的100位人物?

她前来接受采访时完全素面朝天,头发简单地扎成马尾,身穿白色T恤衫和黑色皮裙,脚蹬布洛克皮鞋。

姚晨并不是那种回头率百分之百的美女—她也不是符合中国标准的传统美女—但她的吸引力是显而易见的。

电影《爱出色》的导演陈奕利说:"她肯定不是那种千篇一律的女性。我认为,人们这么喜欢她是因为她总是做自己。她不会戴面具。"

随便看看中国的网络留言板似乎就可以证明陈奕利的观点。一名网友留言说:"她真的是用心在说话。"另一名网友说:"她是所有名人当中最不假的。不像其他人那么虚伪……"

姚晨是否也认为,正是她的务实性格令她受到这么多人的喜爱?她说:"我比较适合过正常生活。熟悉的事物让我感到安全。"当然,这么说是非常合情合理的,不过不要忘了这样一个事实,许多明星并没有设法保持这种水平的正常生活。

她还说:"对我来说,人生的最大乐趣之一仍然是自己出去买菜。我在市场买菜时讨价还价,花时间与家人在一起,为他们做饭。我非常幸运。"

报道称,谦逊在中国总是受到欢迎。因此,不装腔作势的姚晨成为全民明星并不是什么令人意外的事情。还有一件事情或许也在意料之中,那就是4年前,她被联合国难民署任命为中国区代言人,并于去年升任中国亲善大使,就像安吉丽娜·朱莉一样(姚晨说,朱莉是她接受这项工作的一个原因)。

姚晨显然对这项工作非常有热情。当她谈到访问埃塞俄比亚和黎巴嫩等国家的经历时,她话语当中的那种直率和热情是亲眼看见过苦难的人才有的,并不仅仅是为了沽名钓誉而在一个慈善机构挂名。

她说:"我觉得我肩负着巨大的责任,需要将我看到的告诉其他人。"结果自不必多说:在2012年至2013年期间,联合国难民署接受的来自中国大陆的捐款增至原来的三倍。(《参考消息》,2014-08-26)

人物专访是人物报道的一个分支。人物报道一般包括:人物新闻、人物专访、人物特稿等。人物专访是记者根据提炼的主题,对新闻人物作一对一的访问。该文主题是展现姚晨作为联合国难民署任命的中国区代言人兼中国亲善大使的谦逊美德。在电视新闻或网络视频中,人物专访比较常见,它节省节目制作成本,而且因人物知名度高或者新闻价值高且人物善于表达而有好的收视率。作为电视(网络视频)人物专访,它具有平面媒体所不具备的一对一人际交流优势:从人物的声音和情态画面中可以体现出人情味、人物的性格特征等言语交流之外的潜在信息,综合考量,其信息量大于纯文字的记录。在平面媒体上,此类报道也比较常见,一般有两种文本结构。其一,问答式。即根据采访录音整理加工而成,删除与报道主题无关的文字、梳理逻辑顺序。一般会在正文前写一个人物简介作引文,然后列出问题和受访者的回答。为呈现现场情景,记者还可以括号内附注方式将人物的情态注明,让受众联想到现场气氛。它的不足也是显而易见的,文字篇幅长,占的版面多,更适合广播电视媒体的传播特点。其二,描述式。记者对访谈内容进行提炼,根据主题进行概述,只挑选少量精彩的对话作为引语,这种文本的优点是,篇幅短小,内容凝练,扬平面媒体之长,书面文字的简洁深刻与口语的通俗易懂互为融合,可读性强。这种结构的人物专访要写好导语,可以采用场景描写、引语、轶事或概述最吸引人的事实。在写作中记者应尽早告知受众访谈的重要性。《专访姚晨:遇见中国的安吉丽娜·朱莉》采用了描述式结构。文中有叙述,有描写,有鲜活的引语,简洁、生动、易读,体现出人物专访特稿的特征。名人专访前需要记者做好查阅资料的准备,对名人的相关背景有全面的了解,列好采访提纲,这样在采访时才能把握住机会。美国著名演员费雯丽有一次接受采访时,男记者开口便问:"请问你演过什么电影?"费雯丽气得拂袖而去,她说:"我不愿意和一位白痴交谈。"采访前做好查阅资料的准备,一开口就会给对方留下好印象,使采访对象对记者的专业和敬业产生好感,这就为进入采访沟通的境界做了铺垫。查阅资料的另一个好处是,对于其他媒体报道过的相关事实不用再次提问了,写作需要时可以直接使用,这样,记者只提问新鲜的问题,节约时间,采写效率高,会使名人对记者的提问产生兴趣。当然,提问时不能照着提前准备好的采访提纲一个问题接一个问题挨着问,也不要总是埋头记录,要平视对方,通过对人物的观察和聆听提出即兴式的问题,交谈自然,激发对方谈话的欲望和灵感。采访名人,记者应保持职业的尊严和素养,不要有盲目崇拜的追星的心态,也不要有自卑的心理,要记住自己是公众的代言人身份,是为了公共利益去采访名人的,只有职业的不同,没有高低贵贱之分。保持平等的姿态,注重礼仪,不回避公众需要知道的敏感问题,不亢不卑,大方自然。提问从寒暄拉近距离开始,然后切入正题,适当多一点开放式问题,正式提问的第一个问题最好从对方最新鲜的事情入手。问题的顺序根据受众的关心度排列。将敏感的、苛刻的、可能令对方尴尬的问题留到采访临近结束时委婉提问。"无论哪种情况,都要密切关注名人对遇到的每一位新闻记者所叙述的奇闻轶事和哲学思考。要知道,许多被专访的人们往往旧事重提,而且,在采访过程中,要看你是否能够提出一个新颖的、与众不同的或更为有趣的视角。如果没有其他内容要问的话,那么,一个新颖的问题或此前没有询问过的问题也会有助于被采访者做出更为积极的反应……"[16]名人受到采访的请求太多了,他们会对记者和媒体挑三拣四,有的会以"没有时间"为借口推脱,即便同意接受专访,有的会提出简短的时间限制,不管如何,说服对方接受采访就成功了一半,用好问题使对方积极与记者互动忘却时间限定是最好的方法,不要在提出三个问题后就令对方索然无味,甚至抱怨:"你们记者怎么提问都一样啊?"

7. 非名人专访特稿

2006年的记者节,笔者采访了《中国青年报·冰点周刊》的创办人、高级编辑李大同,以下是采访的片段《李大同如何看待〈冰点〉特稿》:

武:有人说李大同是"中国第一编辑",是吗?

李:这显然是溢美之词,实际上这个世界上没有第一也没有第二,比如在一家报纸,他的第一编辑是谁呢? 总编。没有什么疑问的,第一编辑肯定是总编辑。这种说法没什么实际意义,他是一种炒作,我不认可这样的评价。你可以说李大同是一位很独特的编辑,像第一第二的排位完全没有任何道理、没有任何根据。

武:当时《冰点》的探索在国内外都产生影响,在20世纪80年代国外一家媒体把《中国青年报》的《冰点》说成是"中国激进改革派的喉舌",你觉得这种评价准确吗?

李:在20世纪80年代这种评价是非常接近的,80年代的《中国青年报》绝对是当了启蒙意识的排头兵,可以说是不计手段地为变革摇旗呐喊,在80年代以国外这样的视角说是可以理解的,当然,今天回过头去看,发现那份报纸也暴露了一些明显的弱点,就是不够专业,为了理念优先,用反新闻的手法,但是当时反改革的人们只能听懂这一套语言,你只能用这套语言来回敬他,这是比较特殊的新闻史上的一个过程,没有特别重要的意义。

武:你在一篇文章中说过这样一句话:信息的价值往往就是新闻价值。这句话你是怎样理解的? 在我们传统的新闻教科书上是没有这种说法的。

李:其实我说这样的话也有我从事《冰点》的背景,我们不可能在一般的新闻意义上衡量一篇特稿的新闻价值。一般的"本报讯"是发现性事件,一般发现报道,大家蜂拥而上去报道,这种新闻可以说是经典的只有一天的生命,它就一天的生命,没有人会翻过头去看以前的"本报讯"。但是特稿不一样,特稿的信息,甚至它的表达方式都会比一般的新闻有更长的延续性,我们现在可以看到各种各样特稿的集子,"普利策新闻特稿卷",但是你拿不出"本报讯"这样的新闻作品卷,不会有人编这样的集子。

武:请你分析一下特稿生命力恒久的原因是什么? 为什么它颠覆了新闻学上的一条定律?

李:不能说是颠覆,因为特稿不是经典的新闻研究,经典的新闻研究还是主要于发生性事件,而特稿的功能是另外一个途径,认识事物的成就,它在很大程度上取决于它的文学价值。文学不是虚构的价值,而是导引读者阅读兴趣的这样一种价值,因此有那么多的特稿记者把自己称为诗人。

我给大家讲一个小小的故事,某年某月某日,美国一个池塘边上,一个母亲忘了拉手刹,车子在斜坡倒进了湖中,而这里头后座是她的两个两三岁的孩子,这车子眼瞅着就掉下去。这样一件事导致了一场大营救,孩子获救了,美联社当即报道发生了什么,因为是儿童,新闻马上播出去了。你想想美联社这样的顶级新闻社已经发了消息,它还能成为什么东西吗? 还能成为新闻的源泉吗? 一般认为是不可以的。美联社有一个实习生,女孩子,而且是大学刚毕业进来的,觉得这事好像还没报完,她说我再去看看,他们说好啊你就再去看看,反正是实习生不把她当回事。结果她到了事发当地作了覆盖性采访,这种采访让我们都很开眼界,我们要是采访到了每一个人,我们就觉得这个采访比较到位,但是这个女孩子认为不对,在当时那种慌乱的营救状态下,一个人说的东西很可能是假的。比如说约翰说我当时看到什么。她说的是真的吗? 可能是假的。这个女孩子做了交叉取证。她让在场的另外五个人说那个人当时在干什么,来加以分析。结果出现了大量意想不到的生动的细节,是对话,是生动的言语。她回去写了篇2000多字的特稿。结果这篇特稿获得了"普利策特稿奖"。我想这就是特稿的价值。

我们报道很多东西,譬如说,我们发表了龙应台这篇文章(即《你可能不知道的台湾——观连宋访大陆有感》,《冰点》,2005 年 5 月 25 日),它是新闻吗? 它不是。但它是信息,它是人们知道很少但又是天然关注的信息。新闻一定要有发生性事件出现它才叫新闻。但是特稿不取决于发生性,取决于存在性、持久性、矛盾性、爆炸性。它是隐含在信息下面的。譬如说,我们发表了一篇《我为孩子讨说法》(《冰点》,1998 年 4 月 8 日),就是一篇为自己孩子在受教育过程中受到不公正待遇跟学校叫板的事情。故事令人毛骨悚然,你很难想象在教育这样的一片净土里,你甚至可以把它当作精神集中营来说,很多次早上孩子听到要上学,立即跪在父母面前,求你不要让我去。有一个上了大学的孩子给我们来信说,他现在走到小学门口,浑身还不由自主地发抖。我想那就是新闻特稿,一般消息报道出这种来是不可能的,但特稿可以。

人物专访特稿常见于新闻杂志中,有名人专访,也有对普通新闻人物的专访。名人具有显著性新闻价值,而平凡人做了不平凡的事也具有显著性。专访平凡人同样需要记者做好采访前的准备,如查阅资料,有的平凡人不容易查阅其资料,记者可以事先访问熟悉他们的其家人、亲朋好友、单位的同事等,先做一个了解,从外围掌握一些有用的信息,这样一开口就会令对方惊讶并产生好感。实际上,平凡人不容易掩饰自己的真情实感,对记者更为尊重,也更配合记者的采访。记者带着平等、尊重、友好的态度提问,在亲和的氛围中互动交流,用真诚沟通获得采访的成功。上述专访采用了问答式结构。不管是名人专访还是非名人专访,记者在采访中要注意观察对方的衣着、举止、神态、表情等,发现对方的特征和个性方面的信息,这有助于让报道生动有趣。此外,要根据对方的职业或背景提问,不提冗长的、大而空的问题,不提与报道主题无关的或者显而易见不用回答的问题。问题之间应自然衔接,连贯顺畅。还有,一定要当场核实相关的时间、日期、地点、地址、人名、统计数据等事实,不能带着疑惑不解的问题结束采访。

8. 社会见闻特稿

圣彼得堡见闻

【法国《星期四事件》周刊10月22日一期文章】(记者:让·罗兰达尼埃尔·莱内)我们一行人来到了前沙皇俄国的首都圣彼得堡。尽管报纸把整个俄罗斯描绘得如何混乱,但圣彼得堡的街道却弥漫着一种宁静甚至是繁荣的气氛。姑娘们长得很漂亮,一些古迹正得到修葺,商店里的货物也不少。

我们来到了格里博耶多夫运河边上的露天快餐店,坐下没多久,就看到两个吉卜赛小男孩跑来把空桌上纸盘里剩的东西一扫而光。后来又看到一个男子走来,很有礼貌地请求我们把水瓶里的水喝光、把空瓶给他。之后,我们还看到一些俄罗斯孩子钻进饭馆去行乞。

随后,我们来到了运河边的人行道上,像城里其他很多地方一样,这里也有一些老妇人从早到晚地站在那里偷偷摸摸地兜售一些像袜子、毛衣或者不成套的书籍之类的东西。她们当中有些人也伸手行乞。

在兵工厂和炮兵学校所在街区的一个停车场里,一群孩子在玩耍打闹。一个长着棕红色头发的16岁的孩子大概是他们的头目。他叫安德烈,在技校学习机械。他希望将来到“私营部门”去工作。卢布暴跌的问题似乎并没有引起安德烈多大的关心,其他几个孩子——大萨沙、小萨沙、罗曼、德尼等——也是一样。其中两个孩子的头发几乎已全部剃光,只在前额上留下一小绺,就像印第安人一样。安德烈没有见过他的爸爸,罗曼的爸爸“到莫斯科去了”,一去就杳无音信。安德烈的妈妈在家料理家务,罗曼的妈妈则偷偷地卖一些小商品。家里的大人们大都酗酒。过去,所有的人都在附近的工厂工作。工厂停工后,安德烈和他的伙伴们就把工厂里的一些金属物品拿去卖,为此还跟当地的民兵发生过纠纷。这里所有的居民都住在集体的住房里,两三家共用厨房、厕所和洗澡间。房间里到处是蟑螂。大家都想尽快离开这个他们认为是圣彼得堡最糟糕的地方。

但是,如果你到附近院子里走一走,你会发现有一个停有很多高级轿车的停车场。它属于一个神秘的石油公司。这里是禁止外人进入的。如果你硬要推门进去,就会看到有四五个大汉在那里把守,叫你赶快走开。这就是在旧俄罗斯的废墟之中诞生的“新俄罗斯”。

穿过共青团街,我们来到了芬兰车站广场。1917年4月,从瑞士流亡归来的列宁正是在这里向激动的人群作了演讲。如今这里还立着一座巨大的列宁塑像。今天正是礼拜五,车站附近的人很多,有买食品的,有来银行打听他们的退休金情况的,也有推车来出售他们自己的商品的。但人流主要是流向郊区,流向农村。在那里,几乎每一个圣彼得堡家庭都拥有一处乡村住宅。一般说来,这些住宅都是些包括两至三个房间、周围有花园的木头房子,花园里种着蔬菜和一些观赏植物,因为任何危机都不会使俄罗斯人失去对鲜花的兴趣。

在普通俄罗斯人的日常生活中,土豆起了很重要的作用。有一种略带苦味、在冬天能够保存很长时间的红色浆果。在圣彼得堡街头,经常可以看到一些妇女在出售从她们的乡间

新闻采访与写作

住宅弄来的土豆和这种浆果。

在布尔什维克大街上，我们看到人们排起了三个长队：第一队是在一个银行门口，第二个队是在一个卖廉价面粉的商店门口，第三个队是在一个废品收购站的门口。在这里，一个小的空酒瓶能卖5个戈比，大的能卖50戈比。

大部分俄罗斯人都必须从事好几种职业才能维持生活，比如，一个教师可以去当导游，当搬运工，去守夜，甚至可以去扫地、帮人家做家务。卖废品很可能还不算是最坏的第二职业。50来岁的斯韦特兰娜说，她卖空瓶子、包装纸有时一天也能卖10至15个卢布，相当于一个多美元。此外，斯韦特兰娜还负责四幢楼房的垃圾清扫。她自认为还算是很幸运的，因为很多人都争着干这样的工作，因为可以捡到不少包装纸和其他东西。斯韦特兰娜和她的丈夫沃洛佳、两个孩子以及一位小姑娘一起住在一处有三间房的住所里，他们还养着一些禽畜。厅房里发出一种臭味，报箱全都坏了，地窖里似乎进了水。很可能因为斯韦特兰娜是孤儿出身，所以她是圣彼得堡少有的没有乡间住宅的人之一。也可能是出于同一原因，她很少抱怨自己的命运，她看不惯社会上的那些渣滓——行乞者、流浪汉等，她认为懒惰或酗酒才是他们这些人落到如此地步的原因。但她认为那些老人例外，她说他们当中很多确实是没有办法才这样的。（《参考消息》，1998-12-06）

苏联于1922年12月30日成立，1991年12月25日解体。解体后的俄罗斯究竟是怎样的情形？人们过着怎样的生活？这是当时外界比较关注的。法国记者选择了有代表性的俄罗斯名城圣彼得堡，用自己的亲身体验作了一番生动的场景描述，让人们对苏联解体后的发达城市圣彼得堡市民的平凡生活有了"直抵现场"般的感受。圣彼得堡是俄罗斯的中央直辖市，是俄罗斯第二大城市，从1712年至1918年的200多年的时间里，这里都是俄罗斯文化、政治、经济的中心。圣彼得堡和历史中心古迹群成为联合国教科文组织世界遗产。这座历史名城也是俄罗斯最西方化的城市，是俄罗斯通往欧洲的窗口，许多外国领事馆、跨国公司、银行和其他业务据点均位于圣彼得堡，它还是一座科学技术和工业高度发展的国际化城市。因此，记者选择这座城市实地体验观察，获取第一手材料，有"解剖麻雀"的典型意义，能够让受众"窥一斑而知全豹"。社会见闻特稿考验记者的观察能力，观察现场场景、观察人。同时，也需要记者与观察到的对象进行沟通交流的能力。上述特稿主要是记者在街头巷尾、居民家的观察和体验。开头先介绍了记者此行的总体感受。第二自然段描写了记者在格里博耶多夫运河边上的露天快餐店这个场景的感观。第三自然段描写了记者在运河边的人行道上看到的场景。第四自然段描写了记者在兵工厂和炮兵学校所在街区的一个停车场里，对一群在玩耍打闹的孩子的观察，这是本文详写的部分，是核心段落。也许是孩子对外人缺少戒心，心地单纯，说大实话，所以记者把注意力放在了这个场景中，通过观察和交流，获得了孩子们家里的故事。记者清晰地交代了5个孩子的名字，还简洁地描述了他们的家庭拮据的住房条件，众所周知，苏联将重工业和军事工业作为优先发展的产业。记者着力叙述的第三自然段目的就是为了使得受众对苏联解体后，圣彼得堡军工企业的现状和工人的生活状况有一个比较清晰的了解。第五自然段描述了记者接近附近院子里神秘的石油公司的场景。记者描绘了"很多高级轿车的停车场"和把门的"四五个大汉"的蛮横画面，展现了俄罗斯新贵的权势与傲慢，与上一自然段展现军工企业工人的生活场景对比，形成明显的反差。由此揭示了俄罗斯社会阶层两极分化之严重。第六自然段描述了记者在核心场景芬兰车站广场的观察，1917年4月，从瑞士流亡归来的列宁正是在这里向激动的人群作了演讲。记者在这个核心段落中对看到的场景做了比较细致的描写,对圣彼得堡市民在从计划经济年代转向了市场经济体制下的真实生活状态进行了准确展示。第七自然段是一个过渡段落,是新闻背景,告诉人们俄罗斯人日常生活中最常见的食物是土豆和浆果,在圣彼得堡街头有一些妇女在出售这两种食物。第八自然段同样是过渡段落,记者用画面叠加了三个"排队"的场景:银行门口、卖廉价面粉的商店门口、废品收购站的门口。在苏联时代,普通人因为日常生活物资供应紧张不得不饱受排队之苦,苏联解体后仍旧是这样。记者有心,特意选择了这三个场景并列展示,暗示人们:普通人的生活依然是清贫的。第九自然段是结尾,是记者着力刻画的核心段落,是全文的重心所在,与之前记者扫描圣彼得堡的不同场景相比较,这个段落比第四自然段篇幅更长,是全文最长的段落,与第四自然段简洁描述了5个孩子不同,这一段聚焦了一个人物:50来岁的斯韦特兰娜,作者将她作为圣彼得堡普通市民的典型,描述了她的工作、生活、住所。记者用近距离的观察和提问,呈现了斯韦特兰娜的生活场景与故事细节。至此,人们对圣彼得堡人在苏联解体后生活窘困但人的精神面貌乐观平和有了比较具体的感知。记者讲完斯韦特兰娜的故事后戛然而止,留给受众想象与思考。从多场景中的群像扫描到一个具体场景中的一个人的镜头聚焦,这种电影蒙太奇的叙事技巧值得学习。要说不足的话,该特稿缺少了引语或对话。这种社会见闻特稿旨在用故事传播丰富信息,记者对采访前的资料查阅、对观察对象的选择、与被观察者的沟通都是完成特稿写作前需要悉心准备的。

9. 专业特稿

为何妈妈醒得比爸爸早

来源:《参考消息》 时间:2011-05-09

【美国趣味科学网站5月6日报道】(记者:詹妮弗·韦尔什)男性和女性之间肯定存在差异——但有些差异稀奇古怪。新的研究发现,女性的睡眠周期往往比男性更短。这就使得女性一般会比男性更早上床,但也更早醒来。这也会造成女性患失眠和季节性抑郁症的几率更高。

哈佛大学医学院学者珍妮·达菲说:"这对研究如何轻易入睡以及如何保持良好睡眠具有意义。这可能改变和促成个体间容易入睡或醒来的差异。"

研究者们发现,女性平均24小时的入睡——醒来周期(所谓的昼夜节律)大约比男性短6分钟,但在实际睡眠和清醒的时间中,这相当于早起约30分钟。

达菲和导师查尔斯·蔡斯勒领导的研究小组在2~6周的时间里在实验室研究了52名女性和105名男性的睡眠周期。他们研究了两个昼夜节律的指标:研究对象的体核温度和褪黑素水平。在实验时,研究对象要在光线昏暗的房间中执行极端的时间表,即遵循一天20小时或28小时的睡眠活动周期,而不是正常的24小时。据信体核温度和褪黑素水平指标在形成入睡——醒来周期中起作用。(注:笔者将该段落中第二句的长句改成了第二、三、四三个短句)

这种环境可以让研究者们测量个体正常的昼夜节律,而正常情况下昼夜节律会因为暴露于自然光而每天重新设定。没有外部的因素,机体会恢复到自然的周期,而这个周期有时会比24小时长,有时又短于24小时。在这项研究中,大约35%的女性昼夜节律短于24小时,而只有14%的男性出现同样问题。

新闻采访与写作

这种差异对于患有季节性抑郁症的人很重要,可以用光疗法重新设定他们的昼夜节律来进行治疗。如果他们的周期短于 24 小时,就需要用夜晚的光线来使之同步。如果周期长于 24 小时,就需要在早晨用光线照射他们。

研究者们说,这一发现与雌激素水平差异有关。这就意味着激素水平可能会改变昼夜节律,尽管对绝经前后的女性所做的研究表明,睡眠周期与生长期而不是成年后的激素水平有关。

位于波特兰的俄勒冈卫生科学大学的艾尔弗雷德·卢伊说,搞清楚是什么控制着我们的生物钟"在目前的人类年代学研究中是最重要的问题之一"。

没有参与这项研究的卢伊说:"这个问题已经取得了辉煌的成绩,具有重要的临床意义。"

这项研究 5 月 2 日发表在《国家科学院学报》月刊网站上。

这是一篇科技报道特稿。这个标题富有人情味,令人"一见钟情"。按照一般新闻人的写作手法,这篇报道标题可能会处理成"为何女性醒得比男性早""为何女人醒得比男人早"或"为何女士醒得比男士早",都可以表达同样的意思,也符合新闻标题准确、简练的基本要求,没有什么问题。但比较之下就会凭直觉发现,它们太中规中矩了,显得比较平淡,与读者有距离感。通过对比,不难发现,还是"为何妈妈醒得比爸爸早"这个新闻标题既符合标题制作准确、简洁的基本要求,还有生动、温情的一面,它更有人情味。众所周知,人与动物的区别之一是有感情,新闻传播要想提升传播效果,获得良好的到达率,别忽视了以情动人的优势。科技报道因为内容是传播新技术、新科学知识的,而这些知识一般不容易为大众所理解,加之科技报道用语严谨,语言比较规范,不容易吸引人,所以,从新闻标题上就要下一番苦功夫,力求鲜活、生动、人性化,吸引眼球,让看似寻常的一句话因为让读者感觉到其有"体温"而顿生情愫,一抹温情让冷冰冰的科技报道贴近了读者的情感,因而具有了传播力。专业特稿涉及专业领域,专业的知识术语往往令受众费解,这就要求记者写作时在尊重科学的前提下,用通俗、易懂的语言准确传播知识,使文章具有可读性。对于不得不使用的科学术语,要提供背景解释或说明。上述这篇科技特稿除了标题有人情味,吸引人,记者使用小段落、引语、多信源、新闻背景等手段使得报道具有易读性。另外,该特稿只使用了三个科学术语,即入睡—醒来周期(所谓的昼夜节律)、体核温度和褪黑素水平,并且对它们都做了通俗化的解释或说明。作者采用了讲故事的方法来传播科学知识信息,按照新闻报道(消息)的写作模式,会将结尾作为导语的由头及新闻来源,采用倒金字塔结构,用硬新闻的信息传播模式,报道会显得没有趣味。如何才能写好上述这类有关健康的特稿呢? 擅长这类题材的自由撰稿人朱莉·吉林说:

我发现,医生常常不习惯用外行词语进行交谈。所以,我首先让他们尽可能简单地解释医学现象;然后,我要他们再对告诉我的每一部分内容进行解释。每次,我都设法让他们拆分专业术语,这样,像我一样的人就能够理解专业术语了。

有时,在我成为某个领域的专家之前,我要与另一位有着丰富经验的医生进行交谈,这有助于我掌握某个复杂的主题,并帮助我回避专门名称。[17]

朱莉·吉林的经验为专业特稿撰写人提供了借鉴。专业特稿有特定的主题,如健康、科学、教育、体育比赛、艺术、文化、旅游、汽车、房产、军事、电影、电视、图书、环保、商业、饮食、时尚、垂钓、园艺、养生、茶艺、游戏、犯罪、个人专栏、软文广告、史话(历史人物或事件回顾)

等。专业特稿需要写作者具备专业知识,一般会选择具有专业学科背景的记者撰写,有的媒体也会约请该领域的专家学者撰稿。软文广告虽然是收费的,也应该力求客观、真实,以人情味和逸闻趣事吸引受众阅读。采写专业特稿需要记者将专家的话"翻译"给受众,即用新闻语言将科学语言进行适度的转化,使其变得通俗易懂,有人情味。要想成为一名合格的专业特稿撰写人,记者首先要使自己成为专业报道领域内的一个懂行的人,俗话说得好:"外行看热闹,内行看门道。"对专业知识一窍不通,根本无法与专家学者对话交流,没法采访,得不到素材,纵使你有再好的想法也写不出一篇有趣味的特稿。2006年6月17—24日,英国著名物理学家霍金第三次访问中国,在北京出席了国际弦理论大会并发表演讲。霍金在友谊宾馆举行了一场记者招待会。会议组织者提前通告媒体,让他们提供问题,从中挑出若干合适的,让霍金过目,预先准备好答案,存在电脑中。这样在现场可节约许多时间。但直到记者会头一天晚上,吴忠超他们也没收集到合适的问题。吴忠超说,中国记者最爱问的问题往往是"你认为我国的科学已经达到何等水平""中国人何时能得到诺贝尔奖"之类的,或者是易经玄学和科学的关系等。他拿到问题后一看,果然不出所料。"这类问题相当于一个女人问来家的访客:'我是否漂亮?'你让来客如何回答? 我认为这些问题都是不恰当的,所以只得另拟了五道问题。"[18]记者能够将新闻专业主义精神和专业领域的科学精神相结合,善于将硬新闻的客观性、真实性与软新闻的人情味、趣味性融为一体,拥有专业知识,有丰富的专家学者人脉资源,就有了报道好专业特稿的条件。

如何让专业特稿为受众所喜闻乐见呢? 除了写好文本,还得采用多种元素提高特稿的表现力。"记住,在你撰写专业特稿的时候,一定要使用图像。图像与你所撰写的主题一样重要,而且,确实能够把版面上大片的正文文字分解开来。图像包括图片、图形、漫画和绘画,它们在专业特稿中使用的概率通常要比在新闻报道中使用的概率大。"[19]在当下新媒体传播时代,聚合式融媒体报道风行,为专业特稿配置图片、图形、图表、漫画、绘画、表情包、视频,绘声绘色,直观形象,深入浅出,能够突出互联网媒体的传播优势,吸引受众的注意力,提升传播效果。

10. 新闻背景介绍

百年核武器竞赛

来源:《参考消息》 时间:2005-09-10

1905年9月,爱因斯坦在他的相对论中提出了下述想法:一块只有一个原子大小的物质在发生反应时也可以释放出巨大的能量。

1914年《星际战争》的作者、英国作家威尔斯在《解放的毁灭》中描绘了一场1956年发生的世界冲突:"原子弹"将纽约夷为平地。一次国际会议重建了和平,人类从此开始利用取之不尽用之不竭的原子能源。

1939年发现人工放射性5年后,弗雷德里克·约里奥和伊雷娜·居里注册了两项专利:一项确定了核反应堆产生能量的原理;另一项是核炸弹的设计。研究工作在德国、意大利和英国同时展开。

1945年7月16日,特里尼蒂,第一颗核裂变炸弹(原子弹)在新墨西哥州的沙漠爆炸。8月6日,"埃诺拉·盖伊号"轰炸机在广岛投下"小男孩"。9日,"胖子"摧毁长崎。

1949年8月29日,苏联试爆了自己的第一颗原子弹,这是一颗与广岛原子弹类似的核炸弹,核竞赛开始。

1952 年 11 月 1 日,美国人在太平洋引爆了第一颗氢弹(热核聚变):威力相当于广岛原子弹的 1000 倍。

1961 年 10 月,苏联人引爆了到那时为止威力最大的氢弹:相当于广岛原子弹的 3846 倍,可以使 100 公里外的人产生三度烧伤。

1960 年 2 月 13 日,法国第一枚原子弹在阿尔及利亚撒哈拉地区的拉甘爆炸。随后在波利尼西亚进行了几次试验。法国成了第四个核国家,排在美国、苏联和英国(1952 年)之后,中国(1964 年)之前。

1970 年 3 月 5 日,《核不扩散条约》禁止签约国转让它们的军用原子技术,但是鼓励在民用领域进行"尽可能广泛的"合作。

1985 年 7 月 10 日,法国特工在奥克兰港(新西兰)炸沉了"绿色和平"环保组织的旗舰"彩虹勇士号",造成一人死亡。该组织反对法国在太平洋上进行的核试验。

1991 年冷战结束。7 月 31 日美苏之间签订《削减战略武器条约》,建议削减两个核大国三分之一的核武器库。原苏联各国拆除了几千枚核弹头。联合国开始在伊拉克的核查工作。

1998 年 5 月,印度进行了 5 次地下核试验。作为反击,巴基斯坦也进行了一系列试验。两个冤家对头之间的紧张关系达到了顶点。

2005 年 2 月 10 日,朝鲜宣布它拥有原子弹并拒绝任何国际核查。该国于 2003 年退出《核不扩散条约》。伊朗重新启动其核计划。(法国《趣味》月刊 2005 年 8 月号文章)

这是一篇依靠查阅资料完成的特稿,全部都是新闻背景。其新闻由头是,2005 年 2 月 10 日,朝鲜宣布它拥有原子弹并拒绝任何国际核查。同年,伊朗重新启动其核计划。"新闻背景介绍是一种重要的特稿,因为它为新闻提供背景。新闻背景介绍提供了有关人物或事件的附加信息和细节,这些信息和细节刊登在报纸其他地方的一则新闻报道中。举例来说,一则刊登在头版、250~400 字的新闻报道可能在结尾部分有一个注释,让读者参阅报纸刊登的新闻背景介绍,或者如果新闻报道刊登在新闻版内页上的话,那么,新闻背景介绍就经常会出现在旁边的位置上或相同版面的下方。"[20] 一件重大的新闻事件发生后,在报道中为受众提供与新闻直接关联的新闻背景,让受众不用查阅资料就能够毫无疑惑地阅读新闻,有助于受众认识新闻价值、烘托新闻主题。此外,记者(编辑)通过查阅梳理历史资料,用新闻语言进行改写,撰写与新闻事件有关的详尽背景知识介绍独立成篇,与新闻报道组合叠加,这样的特稿可以为受众提供新闻背后宏观的事实信息,能够满足人们开阔视野、增长见识的需求,有助于人们从历史的坐标中通过横向和纵向的比较,更深入、更全面地理解新闻的价值和意义,这是媒介受众本位意识的体现,是媒介赢得市场公信力的服务理念的展示。

特稿的种类繁多,前面介绍过,西方新闻界将新闻体裁分为新闻报道(消息)和特稿,换言之,除了新闻(消息),其他的报道都是特稿。特稿的范围是如此之宽,除了上述特稿种类外,还有以下两种。

(1)特色报道,即附着于新闻事件背后不同寻常的、离奇的或者有趣的事情。比如 2017 年 11 月 9 日下午,小米公司创始人、董事长兼 CEO 雷军在微博上晒出当晚的国宴邀请函,将受邀出席美国总统特朗普访华晚宴菜品曝光,引发媒体关注;2018 年 3 月 14 日英国著名物理学家斯蒂芬·威廉·霍金去世,联合新闻网 3 月 16 日特稿《霍金反对天眼计划　曾警告中国"千万别回答外星讯号"》；2018年北京"两会"部长通道3月13日上午的联合采访活动上，中国第一财经女记者梁相宜，疑不满获准向国资委主任肖亚庆提问的美国"全美电视台"女记者张慧君过于啰唆和炫耀职务，在电视直播中对张慧君上下打量，又翻白眼拧头两度表示不满。相关镜头截图上传网络后，两女爆红。3月17日联合新闻网刊登特稿《"梁张飙戏" 打开网民想象空间》。

（2）后续报道，即对报道过的新闻事件或新闻人物进行追踪回访，在合适的时机（祭日、纪念日等）刊发有新鲜信息的特稿。如1994年12月8日，克拉玛依市友谊馆剧场发生火灾，导致325人死亡，130人受伤。其中遇难者中288人是中小学生，其他为教师、工作人员与学生家长等。当时因为新闻报道受到了管控，真相并不为外人所知。在这起悲剧发生12年之后的2006年12月8日这一天，上海《新闻晨报》刊发特稿《克拉玛依大火四名幸存师生的十年》，《南方周末》刊发特稿《一个轮回后的真相 1994—2006年：克拉玛依大火》，再一次唤起了人们对这起悲剧的反思。特稿写作者是一个会讲故事的人，"为故事写作需要相信故事，相信你自己；为故事写作要求仅忠实于故事本身，而忘了你自己；为故事写作意味着调整自己的声音，使它不会与你的人物的声音竞争。只有不自信的作家，才想要像他的采访对象那样风趣和富有戏剧性；只有不自信的作家，才禁不住向读者强调他自己的感受；只有不自信的作家，才不能舒缓地引导读者从故事中得到顿悟，而使读者认为是靠他才得到感受的"。[21]

三、特稿选题

所谓选题，简言之，就是报道的内容。特稿选题来源可以是记者的亲身经历，可以是在新闻事件中记者寻找的线索，还可以是从其他媒体的报道中受到启发深度挖掘的故事……下面这篇特稿的选题就来自于记者个人的经历：

"我在打电话"，大多数观众也是

来源：《参考消息》 时间：2011-05-11

【英国《每日电讯报》网站5月9日报道】（记者：约瑟芬·麦克德莫特）"她刚穿着芭蕾舞裙出场了。""现在她正在旋转。""对，我们在上海大剧院。""还行，有些无聊。"这是两三年前我在上海的主要演出场所观看一个美国剧团表演的《天鹅湖》时听到的"实况报道"。坐在我和我的中国朋友旁边的一名女子在电话中向朋友详细描述舞台上的每一个场景。最后，我的朋友对她解释说她必须保持安静，并低声抱怨说她不知怎样做才得体。我们在这里说的是那些在奥黛特和西格弗里德王子跳入湖中时打电话跟朋友攀谈的人。

上周五，在同一个地方，这令曾在英国广播公司卡迪夫世界歌唱家大赛中获得金奖的沈洋无法忍受。据报道，他在独唱演出的后半段不得不暂停演出。吵闹的手机铃声，喋喋不休的谈话，再加上一些人拍照，这显然对目前住在纽约的这位27岁的华人歌唱家而言太过分了。作为对此事的反应，剧院方面称其将采取更多措施来"教育"观众。但几乎没有什么其他真正能采取的措施。舞台侧面打出了提示，告诉人们不要接打电话，引座员也试图阻止人们拍照。剧院甚至称其已经安装了屏蔽手机信号的装置。其余能做的就是将有不良行为的人请出观众席。

以前,德国小提琴家安妮·索菲·穆特和中国钢琴家傅聪也曾因为观众的打扰而提前结束表演。

在电影院,来自观众谈话和手机铃声的噪声只有在屏幕上出现格外惊人的画面时才会停止,因此观看惊险片或恐怖片时情况会更好。有时,观众似乎有意等待一个适当的时机来用自己的自然声音提高电影配乐的音量。去年,我观看了影片《孔子》。正当有人将中国文明之父孔子称作"一位真正的君子"时,观众席中一名男子打起了呼噜,声音在观众席回响。

在世博会之后的疯狂建设阶段,上海格外缺少安静。随着这座城市的野心不断膨胀,每个住在市区的人都不得不面对持续不断的钻孔和敲打声。牧师在圣餐仪式上不得不提高嗓门;按摩师不得不增大涓涓细流进入水疗场所的声音。通常能让人享受安静的"避难所"都不复存在。

或许可怜的沈洋已经离开中国太久了。他应该意识到安静是上海最宝贵、最难寻的东西。

演出现场观众不文明现象在国内屡见不鲜,估计每个人在剧场都有过外国记者报道中遇到的相似经历。笔者在电影院看《梅兰芳》时,有两个中年男女一直在嘀嘀咕咕地聊天,似乎入场不是为了看电影。看《南京,南京》也碰到有人小声说话。看《山楂树之恋》,两个中年女士一直聊到快结尾的时候才聚精会神地看电影,出电影院的时候她们居然挂着泪珠。接听手机或打电话的事就更寻常了,已经成为电影院里或剧院里司空见惯的事。但我从未想到这些令人烦恼的小事与特稿有什么关系。该特稿提示我们:特稿选题是多元的,你个人的经验也许就是一个不错的选题,思考、联想对于确立主题有直接的帮助。

导语是从作者真实的生活经历开始的。作者接连使用了四句现场的直接引语,宛如电视直播画面,直观而逼真地描写了两三年前记者在上海大剧院观看美国剧团表演的《天鹅湖》时令人心烦的"现场实况","一名女子在电话中向朋友详细描述舞台上的每一个场景",这个逸事风格的导语将高雅的艺术表演与观众的不文明素养的冲突呈现给了读者,引起了人们的关注和阅读兴趣。时间由头并不新鲜,但由于采用了描写式导语,读者被绘声绘色的"现场"所吸引。主体部分有四个自然段。记者在报道的主体部分的第一自然段讲了一个新鲜的故事:"上周五,在同一个地方,这令曾在英国广播公司卡迪夫世界歌唱家大赛中获得金奖的沈洋无法忍受。"因为观众的手机铃声和聊天声令他沮丧而愤怒。"他在独唱演出的后半段不得不暂停演出。"这是一个新闻背景,是记者通过他人的报道获知的信息。为了增强报道的说服力,记者用另一个简洁的段落呈现了另一起不文明事件:"德国小提琴家安妮·索菲·穆特和中国钢琴家傅聪也曾因为观众的打扰而提前结束表演。"这两个段落是故事的核心段落,它们旨在告诉受众:导语中作者提及的两三年前的亲历不是偶然的小事件,而是带有普遍性的问题了,时间过去了两三年,如今剧场内观众的不文明行为非但没有减少,反而愈演愈烈,这就引发了读者的强烈关注。人们读到这里会情不自禁地问:"为什么会这样?该怎么办?"

主体的第三、第四自然段是故事的发展阶段。作者再次使用了自己的经历,描述在电影院里的亲身感受,用了对比的修辞手法:"去年,我观看了影片《孔子》。正当有人将中国文明之父孔子称作'一位真正的君子'时,观众席中一名男子打起了呼噜,声音在观众席回响。"这句话十分精妙,带有暗讽的意味。对比在新闻写作中是常用的手法,能使事物的特点鲜明地呈现出来。在主体部分的第四自然段,作者将故事的场景从剧场内转向更为宏大的上海市外景,用事实告诉受众:正在快速发展中的上海整个大环境都是"喧哗"的,由此,我们不难体会作者多么希望能在剧场内获得艺术的享受,哪怕是片刻的宁静,大环境的噪声是自然的,经济发展需要建设,而剧场内的噪声本应该可以避免。作者渴望上海观众提高文明素养的焦虑与期待跃然纸上,获得了读者的共鸣。结尾用了一句话呼应主体部分的第一段,借助对沈洋的同情表达了个人的感受:在繁华的上海,最难得的就是"安静"。记者在上述特稿中使用了电影蒙太奇式的镜头语言,用了八个场景的转换叠加组合了这篇特稿,故事中充满了声音与画面叠加的动感,节奏明快,栩栩如生,可读性强,展示了记者精湛的写作功力。如果记者没有亲身经历和感受、不熟悉上海的生活场景、没有丰富的新闻来源,那就很难写出上述有趣味、有信息含量的特稿。

从互联网自媒体中发掘特稿选题是当下比较实用的方法。2013 年,时任深圳《晶报》驻台湾记者黎勇从新浪微博上看到有网友说,在台湾旅游时"内急"不用担心,可以随时就近去各个公务机关上厕所。这个"传言"使黎勇产生了灵感。他决定亲自体验一下,验证网友的说法是不是真的。他决定,每路过一处公务机构,都进去上厕所,看看究竟会发生什么情况。他先去了台北西门町附近的台北市警察局,被婉拒;然后去了台北"英雄馆"大门正对面的"宪兵总队",也被阻挡;接着他去忠孝东路与中山北路路口的台湾当局最高行政机关所在地,又吃了闭门羹;随后,他去了台湾地区领导人的办公楼,也没能进去。于是,他得出结论,网友的话夸大其词了,台湾并非任何公务机关的厕所都可以想进就进,不过,这些特殊权力机关态度热情、礼貌值得称赞。但之后,他都成功了,如去台北市政府、台湾当局最高监察机关、台湾当局教育行政主管机关等,的确方便。于是,他将自己的体验和见闻写成特稿《台北公务机构里撒泡尿,好爽!》。该特稿因新鲜的信息、趣味性和以小见大的视角在海峡两岸受到了网民的好评和热议。

从其他媒体的新闻报道中敏感地发现适合写特稿的线索,确立选题也是一个好途径。《中国青年报·冰点周刊》的开篇之作《北京最后的粪桶》写的是北京市三位背粪工人的故事,其新闻线索来源于《北京晚报》上的一张照片。照片的说明写道:"北京只剩下最后的 7 只粪桶了,背粪桶的人全都是老知青。"就是这样一张不起眼的照片和简简单单的一句话打动了时任主编李大同的心灵。当过 8 年知青、熟知共和国历史、对同代人命运具有接近性的李大同认为这是一个好选题。于是他派记者王伟群作体验式采访,感受这几个背粪工人的生活,深入现场挖掘他们的人生经历和内心的感受。这是一群生活在社会最底层的小人物,他们不是名人,也没有做过惊天动地的事,曾经有过梦想,曾经有过美好的年华,但在新的时代里他们被抛弃、被遗忘在了繁华都市的角落。从新闻价值来判断,这几名背粪工人的事不是新闻,但他们的悲欢离合和无可奈何的生活状态与很多平凡人的命运相连。于是,特稿刊发后,打动了各行各业的读者。中科院新闻研究所的一名研究员禁不住两次提笔赞颂这篇特稿,他说自己"全然没有了职业研究者的架子","动情了,流泪了,像一个普通读者一样,拍案叫绝,感慨万千……"有的选题更适合写特稿,如 1995 年 4 月的一天,笔者偶然从自己工作的电台新闻节目中听到了一条人物新闻,主人公是一位意外去世后被表彰的医生,他没有显著的成就,是一位爱岗敬业的平凡人。当时我想,为何一位平凡的人物会受到当地市政府的表彰呢?消息篇幅短,没有提供故事细节,我产生了想了解这位医生的冲动,于是汇报了选题后,与一位老记者去医院采访,经过 10 多天对该医生的同事、朋友、病人以及他的父母、妻女、妹妹等的拉网式采访,挖掘到了丰富的素材,仅采访录音就有 10 盘,共计 60 个小时。

1995 年 5 月 8 日播出的这篇特稿获得了次年的全国广播奖新闻专题节目二等奖。

联想思维是记者发现线索,找到特稿选题的另一个途径。记者可以从对一件事、一个人的采访报道中获得相关联的新的线索、新的灵感,可以接着写多篇特稿。2002 年 7 月 6 日笔者去新疆南疆报道了《喀什地区首批商品甜瓜运往广州》的新闻。通过在田间地头采访维吾尔族瓜农、目睹他们种瓜的场景、听农业专家和销售商讲述相关的背景,在掌握了大量素材的基础上,笔者突然想到一篇特稿的主题:商品哈密瓜的精细化生产技术带给当地农民的不仅仅是金钱增加的喜悦,它背后更有意义的是促进了当地少数民族农民的现代农业科技水平、对哈密瓜商业市场的认知、对订单农业契约的执行等。于是,笔者一气呵成完成了特稿《甜瓜生产给喀什农民带来了什么》。回到宾馆,笔者与一位研究哈密瓜的科技人员晚饭后散步聊天,无意中听到了他对当地官员决定扩大商品哈密瓜种植面积、提高产量的担忧,于是通过进一步深入采访,笔者完成了第二篇特稿《喀什甜瓜生产 请一路走好》,对当地政府盲目追求产量和产值、忽略商品市场销售前景的想法提出了预警。两篇特稿都是在为完成新闻报道去采访之前所没有想到的。

发现特稿线索后,它是否适合作为选题,记者需要思考。萨利·亚当斯建议,你要考虑研究结果,并向自己提出如下问题:

(1)你发现了什么最惊人的事实?

(2)你挖出了什么最有趣的逸闻?

(3)最令人震惊的引句是什么?

(4)最出乎意料的事件是什么?

(5)最具新闻价值的是哪一部分?[22]

四、特稿采访

采访是记者为写作而进行的搜集素材的活动,目的性十分明确。就采访的方式方法而言,特稿采访与消息采访本质上是相同的,如通过采访获得新闻的六要素、呈现新闻来源、还原事实、验证事实、确认真相,细微的差别是,消息关注的核心要素是"何事(what)",特稿的核心要素是"如何(how)""为何(why)"。消息为快速传播信息,动态事件只要搞清楚三个要素"何时(when)""何地(where)"和"何事(what)"就可以发报道,然后步步追踪,滚动报道,直到事件结束;而特稿必须将六个要素全部采访得清清楚楚才能写作。此外,消息通常不需要细节描写,主要是简明扼要地叙事;而特稿写作需要用大量的细节建构场景、还原具体的过程、展示戏剧性和冲突性的情节、呈现人物形象、表现人情味。如何挖掘细节就成为特稿写作的最为关键的环节,要确保每一个细节都真实可信,需要记者投入更多的精力采访、核实事实真相,了解清楚整个过程和重要情节的每一个细节,保证写入特稿的每一个细节都有出处。消息写作可以使用一个权威新闻来源提供的材料,如会议文字材料、其他媒体报道,或通过电话采访,不与新闻当事人面对面就可以报道;而特稿要面对面采访当事人、其他相关的新闻来源,要深入现场观察场景,提问要挖掘故事中的情节和细节,采访时间更长,搜集的材料更多。简言之,特稿采访原则与消息相同,但采访所花费的时间和精力更多,采访的人也更多,搜集的材料远比消息丰富,尤其是要特别留心发现细节、精彩的对话和引语。

(一)劝服受访者

在采访中,记者要找到关键人物并劝服对方接受采访。记者赵涵漠的体会是,刚刚经历过灾难的人非常脆弱,他们希望找到一个愿意安静地听一听他们讲话的人。当他们觉得记者能够读懂他们的痛苦时,他们是很愿意接受采访的。记者要善于用真诚换真情,以诚恳和善意打动对方。湖北京山一位 22 岁大学生家境贫困,车祸去世后,他父母要把孩子的器官和一大块皮肤捐献出来救人。当时有当地记者去采访,进入现场就拍照,结果闪光灯一亮就被男孩的家人轰出去了。赵涵漠进去后与他们聊了一个小时,他们怎么都不肯接受采访。赵涵漠也没勉强他们,离开后发了一条短信给这位死亡大学生的爸爸,让他们好好照顾自己,毕竟家里唯一的儿子走了,工作也朝不保夕,如果有困难就可以找她帮忙。她的体贴和安慰打动了男孩的父亲,他很感动,给赵涵漠打电话表示谢意。于是,赵涵漠就成了第一个采访到他们的人。温州"7·23"动车事故发生之后的第二天,赵涵漠开始通过当时大学生使用最多的"人人网"联系两位遇难大学生的同学。但由于死者朱平的父母年岁已高,朱平的好友黄一宁以及朱平、陆海天生前的同学都是比较了解媒体的中国传媒大学学生,他们担心记者的采访会揭开受难家属的伤疤,造成二次伤害,因此对于采访非常谨慎。怎样说服受难者亲友接受采访? 赵涵漠回忆当时的尝试:"其实打开心扉不是方法问题,而是你的心态、态度问题。如果采访的时候抱着很功利的心态,而不是很真诚地去了解他们的感受和痛苦,他们就无法完全信任你,你也就无法和他们站在同一条线上对话。"[23] 除了让自己去了解那种痛苦,她还将自己以前写过的稿子给他们看,并表示绝对不会打扰到朱平的父母。赵涵漠的这种诚挚的态度使得对方消除了顾虑,配合她完成了采访。

(二)理清脉络

特稿需要记者做深度采访,采访的人多,花费的时间长。记者更多的时间扮演的是一个聆听者的角色,但需要注意的是,受访者在还原事实时可能会出现跳跃或逻辑上的纠结。在采访中,由于事件来龙去脉纷繁复杂、人物的故事跨越了多个时空,记者的提问一定要梳理清楚故事从发生—发展—起伏—高潮—结束的过程,对事件的所有新闻要素尤其是背后的原因、过程等核心事实要按照先后顺序,理清头绪,搞清楚故事的脉络。不留下任何疏漏和疑惑。

(三)挖掘细节

采访中要注意聆听并对细节线索顺藤摸瓜,打破砂锅问到底,同时要注意观察。《永不抵达的列车》用很多细节还原了死者朱平生前的生活。采访时,赵涵漠问黄一宁:"你觉得朱平什么时候最漂亮?"他说觉得朱平那天穿了件裙子配了一双高跟鞋很漂亮,于是她又问那个高跟鞋和裙子是什么样的。这样不厌其烦地追问细节,才有了文章中朱平鲜活的形象,如"她去商场里买了一双楔形跟的彩带凉鞋,又配上了一条素色的褶皱连衣裙。"还提到了死去的朱平"脖子上的项链坠子是一个黄铜的小相机,那正是他(黄一宁)陪着朱平在北京南锣鼓巷的小店里买的"。[24] 黄一宁还给赵涵漠看了他的日记,里面写道:"如果这趟列车能够抵达,会不会哪一天我突然爱上了你。"[25] 赵涵漠把这句富有人情味的话用在了特稿中。

(四)重建现场

记者在采访中应力求多信源、多途径获得详尽事实信息,还原现场场景。在温州

"7·23"动车事故发生后,赵涵漠立刻找到了一期杂志上刊登的发生事故后一组动车正常的车厢内照片,用照片中看到的元素去还原事故前的场景:"夜晚已经来临,有人买了一份包括油焖大虾和番茄炒蛋的盒饭,有人正在用 iPad 玩'斗地主',还有人喝下了一罐冰镇的喜力啤酒。"[26]记者在特稿写作中用文字去还原当时的现场不能凭空现象,而要通过各种途径找到事实根据。

(五)逼近真相

事实并不等于真相,真相是被遮蔽的事实。记者在采访中需要跟进事实,以执着和韧性逼近真相。2002 年 12 月初,山西省临汾市尧都区阳泉沟煤矿发生一起多人伤亡的瓦斯爆炸事故。事故发生后,到底有多少矿工遇难,人们说法不一,央视《新闻调查》记者赶赴山西临汾对这起原因并不复杂的矿难进行调查的时候,得到一份遇难矿工的死亡名单。为了证明这份名单,央视记者进行了历时半个月的调查追踪,足迹遍及三个省。在采访中,记者发现疑点后应追踪挖掘事实背后的真相。以《袁大夫之死》为例。2001 年 12 月 15 日,笔者从其他媒体获知,轮台县 12 位安徽灵璧县民工因为吃了自制的豆豉而发生肉毒梭菌中毒,上海市闵行区吴泾医院副主任医师袁慧英为了抢救他们专程飞赴新疆轮台县,不幸遇车祸身亡。笔者立即赶赴轮台县采访,不料在县委宣传部和县领导那里都被冷漠拒绝。这令笔者疑惑不解,觉得他们似乎在隐藏什么。无奈之下,笔者赶到轮台县医院了解情况,同样遭到了拒绝,唯一获得的信息是中毒病患者都被送到了库尔勒巴州人民医院抢救。于是,我赶紧赶往库尔勒,在巴州州委宣传部,采访也不顺利,宣传部接待笔者的一位干部不愿意多谈。我只好去巴州人民医院采访中毒的患者近况,令我惊奇的是,他们对袁大夫的去世同样神情淡漠,更焦虑自己的生活费和医药费能否得到补贴。我得知,他们中毒后就被送到巴州人民医院了,袁大夫到医院的时候他们已经被注射了特效药转危为安了,袁大夫在医院病房待了数十分钟就离开了,之后的事他们就不知道了。我找到医院的医生求证,证实了患者的说法,巴州人民医院的医生告诉我,其实肉毒梭菌中毒不算什么疑难杂症,只要有专门治这种症状的抗毒血清就能挽救生命。因为上海东方电视台的两名记者带着袁大夫从上海赶来时并没有携带这种药,当时医院已经给病人注射了,所以袁大夫来后只是探视了一下患者,觉得他们病情稳定了,就与巴州人民医院急诊科的医护人员开了一个座谈会,详细了解了整个治疗的方案,肯定了他们的做法,然后就离开了,前后也就一个多小时。至于袁大夫第二天是如何遭遇车祸的,他们也不清楚。我去库尔勒卫生防疫站采访了相关专家,获得了肉毒梭菌中毒的相关背景知识,写了一篇中毒民工即将出院的消息发回编辑部。当天晚上我没睡踏实,始终想知道袁大夫怎么出的事,为什么出了事公开报道说不清楚而方方面面都不愿意介绍细节。第二天上午,我在报摊上买了当地的《巴音郭楞报》,发现上面也有报道袁大夫的新闻,内容与我读过的其他媒体的报道大同小异,唯一令我眼前一亮的是,我看到了这家报纸全程报道袁大夫到新疆探望中毒病人的记者名字,我给该报编辑部打电话,询问这名记者的联系方式,对方告诉我,这名记者与袁大夫同车遭遇了车祸,三根肋骨断了,正在巴州人民医院外科住院。我直奔巴州人民医院,推开病房,恳切地说明来意,躺在病床上的记者答应了我的采访请求。我终于搞清楚了袁大夫的死因:她是在离开医院后由当地政府安排的旅游中遭遇车祸离世的。返回乌鲁木齐后,我又通过长途电话采访了袁慧英大夫的丈夫和儿子,把袁大夫为何当时要赶到新疆来救治中毒患者的详细经过问清楚了。我了解到,我是所有记者中唯一采访这三个核心新闻来源的,其他记者的报道都是根据巴州宣传部单一信源报道的,按照官方有意模糊袁大夫死因的口径做的新闻。估计当地官方从宣传的角度看问题,隐瞒真相是为了让媒体弘扬袁大夫的热心肠,同时避免意外的车祸细节被媒体报道后对袁大夫和自己的声誉产生负面影响。该报道采访的经验是,当新闻事件发生时,记者应从采访的疑点入手追查细节,从中获得真相。

(六)客观真实

记者在采访时要真情投入,打动受访者;在写作时要从情境中抽身而出,做理性的观察者、记录者。特稿写作应尊重新闻规律,记者要借鉴"纯新闻"报道奉行的金科玉律:坚持客观真实,保持公正平衡的新闻专业主义精神。赵涵漠谈自己的采写体验是:"我采访时会离采访对象非常近,我必须走进被访者的内心深处,在我走进去之后可能他有很多东西会打动我。但是,你必须在写作时保持距离,不能把自己想象成当事人,你只有让自己成为一个旁观者和记录者,写出来的东西才会真实。其实特稿和滥情文章只有一线之差。为了保护这些采访对象,为了这篇报道发挥它真正的作用,不能将自己带入写作。我当时也在另一辆动车上,我的感觉非常强烈,很后怕,但真的要让自己抽离一点。因为我真心希望自己这篇稿子能对得起那些我讲述的主体。"[27]采访决定写作,特稿需要更为丰富的素材,其新闻来源要比消息写作更多。记者需要去现场观察场景,需要耐心、细致的提问将所有的新闻要素弄个水落石出,把整个故事的情节脉络通过追问理得清清楚楚,对细节精细化还原。好的细节和人物对话对于特稿写作至关重要。

(七)事实准确

特稿因为涉及更多的人物、地点、情节等信息,记者在采访时一定要留心将故事中涉及的每一个人的名字、每一个地名做好清晰、准确的记录,人物的姓氏、年龄、生日,事实变动中的时间节点等基本要素要核实精确,没有遗漏。确保新闻事实信息准确、清晰。

(八)记录引语、对话

特稿写作需要引语和对话再现现场情境,增强其表现力。"优秀的引语必须通过巧妙的提问、耐心的倾听、循循善诱的引导,由被采访者讲述出来。"[28]记者在采访中要特别注意搜集有特色、有情趣、有意义的引语和对话,记录准确无误。原汁原味的引语和对话使得特稿生动、易读。如果记录大量的引语和对话素材有困难,录音是简易便捷的方法。

五、特稿元素

意在笔先。任何写作都是这样,每个人在落笔之前先得想一想:我要写什么。这是写作的第一步——谋篇。考虑清楚了,有了主题,接下来就要考虑第二个问题:怎么写?即采用何种结构、如何合理安排材料、采用何种语言风格、如何把主题表达清晰。主题是文章的灵魂,立意高,则文章能够高屋建瓴,耐人寻味;立意新,则文章能够引来人们的好奇心;立意巧,则文章能够引发读者共鸣。特稿是讲故事的新闻体裁,记者要擅长利用各种故事元素来吸引受众。

（一）人情味

特稿作为深度的新闻报道,文字多、篇幅长,以新闻故事传播信息、旨趣、情感、娱乐、意见等,人情味是打动人心的重要因素。

特稿注重人情味,这就提醒记者在发现新闻线索、确定新闻选题和提炼主题时,要有人文关怀精神,有悲天悯人的情怀,同情弱势者,关心困难群体,心系苍生疾苦,关注百姓冷暖,从人性的角度关心新闻事件当中有特点的人和需要关心的人、关心生活中平凡人的不平凡故事,讴歌人间真情,展现人性真实。下面这篇特稿值得点赞。

地震三年后,应对生活

来源:《参考消息》 时间:2011-05-12

他们努力愈合身心的伤口,继续生活下去,但是对于那些被强震深深伤害过的人们来说,生活仍然是一场艰难的奋斗。

他们思念死难的所爱,牵挂受伤的亲人,与此相比,获救时的喜悦算不了什么。

25岁的何春桃(音)只有在万不得已的情况下才会出门。她是在其工作的什邡一所化工厂倒塌两天后才从瓦砾中被救出来的,但是医生不得不截掉了她的两条腿。

她说:"我不想出门。我还是觉得出门太难为情。我不想别人盯着我看。"

为了康复,她把家从广安搬到了省会成都。现在她在德阳的一个中心,训练如何使用两条假肢。

她靠过去所工作的工厂发放的一点补贴生活。她还开了一家卖衣服的网店。她说:"生活要慢慢来,但是前面的道路太漫长了。"

映秀镇57岁的马路清扫工陈枝秀(音)甚至都不愿意去考虑未来。她的儿子在地震中死去,留下一个8岁的女儿要她抚养。她的儿子在地震前就离婚了。她说:"我每天都在想念我的儿子。他只有29岁。现在我的生活都是围着我的孙女转。"

她的生活现在愈发艰难,因为她用来养猪的山间土地已经被毁,而她离映秀镇又太远,享受不到映秀镇重建成为一个旅游景点所带来的好处。

她很高兴现在有一份工作,但是担心这份工作干不长。她说:"我们都知道这不是一份长期的工作,我都不愿去想今后上哪里挣钱。我老了,又没文化,在招聘市场里没人要。以后我该怎么办?"

即便那些没有怎么受到地震影响的人们也需要时间从创伤中恢复。

高二学生杨双(音)说她花了三年时间才开始找回内心的平静。地震摧毁北川中学时她正在上物理课。杨双被救出来了,但是学校共有一千多名师生罹难。

她说:"想忘掉这些回忆是根本不可能的。我经常做噩梦,梦到那些同学。"

地震后她先是在武汉一家军队医院治疗脊柱损伤,后来在一所临时搭建的学校学习,最后进入了重建的新北川中学。

杨双还得到了留在北川帮助幸存者治愈心理创伤的心理学家的帮助。她说:"我和他们交谈,还做游戏。我告诉自己不能情绪低落或者回想那些痛苦的事情,生活还要继续。"(香港《南华早报》2011年5月11日报道,记者:庄屏卉)

在纪念汶川地震三周年之际,国内和国外媒体集中报道了汶川灾后重建的成就。国内很多媒体将目光聚焦于灾区新貌：人们住上了别墅式的新房、灾民们深切感谢党和国家的关怀、灾区群众现在的幸福生活……没错，这都是事实，但总觉得只从一个角度报道今日汶川，浓墨重彩地渲染新环境、新生活，突出人们的幸福与喜悦，似乎少了点什么。看到《参考消息》上的这篇报道，我被深深地吸引住了。新闻报道要全面、客观，报道角度不应单一化，报道主题也应丰富多样，不宜只讲"一面理"。不可否认，我们国内媒体考虑的是宣传价值与新闻价值的融合，视角雷同，主题相似。这一类报道需不需要？当然需要。汶川地震重建举世瞩目，成就斐然，理应报道。但众多媒体一窝蜂似的"宏大叙事""单一叙事"，忽略了在热闹与喧哗的大背景中小人物的内心深处的情感，忽略了震后人们心理的创伤是否复原，缺少了人文关怀。

2010 年 6 月 3 日《南方周末》报道龙应台时引用了她的一句话："所有的大叙述，如果没有哪一个最柔软的、小小的个人作为核心，它都不是真实的。"处于社会底层的平凡人是常常被大众媒介忽略的群体，称他们为"弱势群体"一点也不夸张，"马太效应"使他们的存在几乎成为被忽略的大多数，无论社会的物质分配还是精神层面被关注的程度，他们都远远低于那些政治人物、商界巨贾、演艺明星、白领阶层，人们冠之以"边缘人"之称谓。正因为如此，他们的艰辛和痛苦、他们的悲喜与哀愁、他们的挣扎与奋斗……那些看似不起眼、容易被忽视的悲欢离合的故事才显得那样真实，他们的情怀如山野的清泉不掺杂质、清澈明净，他们与命运的抗争是那样的坚韧与无奈，正是这些平平凡凡的人物常常让我们泪流满面。对于地震中遭受惨重打击的人们，即使再好的物质条件，恐怕也难以平复他们内心被撕裂的创痛。那结痂的伤疤，不时会再次渗出殷红的鲜血。这篇报道选取了三个小人物的故事，他们是25 岁的何春桃、57 岁的马路清扫工陈枝秀和高二学生杨双，他们代表着那些因地震而至今仍饱尝痛苦的许许多多的平凡人。她们的内心一直在挣扎着，怀念过去作为一个健全者的日子，怀念阴阳两隔的亲人，怀念生离死别的同伴，在难以抹平的伤痛中坚强地活着。

美国新闻学家、"深度报道"概念的创立者尼尔·高普鲁说，当你"写一个马戏班子的矮子的时候，不必提他的周薪多少，而要告诉读者，在这一切为'高'人而设的世界里他生活遇到的困难。不要写一个百万富翁如何挥金如土，而写他进餐前看到菜单上的价目时是否面有难色。不要写北极地带到处都是熊和鹿，而写那里的居民如何洗涤衣服"。这段话形象地告诉我们：记者应该体贴人、关心人，尤其要关注那些容易被忽略的小人物，把他们的冷暖与悲伤挂在心上。一个好记者要有人文关怀精神和悲天悯人的情怀，有了这种至洁至纯的人性之美，才能有大成就。与上述特稿相反的情况是，我们不时看到突发事件报道中死难者的信息被压缩，记者用了三分之二甚至更多的篇幅表扬地方各级领导如何批示、指示、指挥抢险救灾的"壮举"。还有记者在提及重大灾难事故之后给人们造成的损伤时，轻描淡写地称：当地群众情绪稳定。这种冷血的语言令人心冷齿寒。记者的人文精神丧失殆尽。受众看到这样的报道怎能"情绪稳定"？这不是增加了社会的负能量吗？

美国剧作家泡特·爱默生·布朗在谈自己的创作心得时说："我必定得让我的角色按他们自己坚持走的路去演。我本人不过是个不偏不倚的旁观者。我的剧作则应当置于实际、真相和人道的基础之上。"[29] 最后一句话启迪我们：实际、真相和人道是写作的基础，彰显人情味的特稿尤其需要以人为本，展现人道主义精神。2017 年 5 月 4 日母亲节这一天，浙江某媒体报道了一位养猪农民在为一头小猪分栏时被一头母猪咬伤下体，其主题竟然是讴歌这头母猪爱护小猪的"母爱"，偏偏忽略了被咬伤的人，这实在是荒诞。下面这篇特稿在主题上也跑偏了。

金华 10 对夫妻共同生活在同一个工棚里

来源：金华新闻网　时间：2014-05-15

每当华灯初上，10 对夫妻就像倦鸟归巢般从工地回到工棚。女的抓紧淘米洗菜，在公用厨房区点火做饭，男的则沏杯茶，点根烟，望着近在咫尺的城市，静静地休息一会。

10 对夫妻均来自贵州省兴仁县百德镇，其丈夫间是堂兄弟关系或是更远一点的亲戚关系。这种相对亲近的关系，是他们能一起在新建的公铁线上挖桩基，一起在工棚内生活的主要原因。

他们的工棚设在金华市区迎宾大道旁的高铁立交桥下，10 对夫妻共住两个居住区，一块硕大的彩条布把居住区包围起来。工棚内，用施工木板搭建的简易床，是各自的私人空间，他们在床上绣花、聊天、看电视……床与床之间，有的面面相对，有的仅用一块薄木板、一块布相隔。对方说什么，做什么，听得真真切切，但大家都会互相尊重。

"大家一起生活，开始觉得有些尴尬，现在好多了。"今年 30 岁的田维海如是说。对于这一点，他的妻子盛贵香颇有同感。刚开始，她不愿意跟大家住在一起，但因工地条件限制，不得不接受这个现实。现在，她反而觉得大家住在一起也蛮好，同样的家乡话，使得他们有了共同语言；相同的饮食文化，使得大家可以同吃一盘菜，更为重要的是，若谁家有个头痛脑热，相互之间还有一个照应。5 天前，唐明江、任金艳夫妇为了一点小事，闹得不可开交，后来在他们一床之隔的表弟黄平夫妇的劝说下，两人重归于好，打消了离婚的念头。

夜晚，10 对夫妻聊得最多的是各自的孩子，孩子们在祖辈的照料下，生活得好不好，学习成绩怎么样，何时能成家立业。每当孩子们遇到什么不愉快的事情，大家都会说出来，你一句，我一语，说者茅塞顿开，听者有了前车之鉴。如果哪家孩子传来喜讯，大家会一起分享快乐。

在记者发稿时，10 对夫妻已转移到了下一个施工点。"受工地条件影响，我们还会像过去一样蜗居在一起。"田维海说。因为，他们挖桩基，属于包工包料，工程建设方不会给他们提供住处，工棚里的鸳鸯床还将继续。（记者：钱启仁）

特稿《金华 10 对夫妻共同生活在同一个工棚里》读完之后，感觉到记者将这 10 家人同居一个简陋工棚的生活写得十分温馨幸福。这个工棚究竟有多大面积，记者采访时忽略了，应该提供准确的信息。从新闻照片和新闻文字中可以断定，这个工棚面积不大，10 户人家蜗居其中，床与床之间，有的面面相对，有的仅用一块薄木板、一块布相隔。对方说什么，做什么，听得真真切切……这样的日子绝对不是他们愿意的，这种居住条件不能保护个人隐私，又十分逼仄，生活在其中肯定不是一件快乐的事。人盖房子居住除了防御自然的危害、满足安全舒适的需求，还有与人类社会进化相伴随的隐私权的需要。像本篇特稿中所描写的居住现状，民工生存现状之恶劣可想而知，仅仅是勉强度日而已，安全、舒适和隐私等都谈不上，这样的居住环境能让人感觉幸福吗？

这篇特稿值得写，它贴近生活、贴近实际、贴近百姓，但从什么样的角度写，值得记者思量。我想，应该将主题集中在民工如此低劣的居住条件带给他们的烦恼和痛苦，用具有人情味的故事引发受众对这群生活在底层的人多一分理解，多一份同情和关爱，而不应该以歌颂他们的和谐欢乐为主。说白了，这种友善的相处是他们无奈的选择，因为没有选择的余地，不得不接受残酷的现实，卑微地活着。从祥和欢喜的角度写一群人的不幸生活，会让不公平的社会真相被温情脉脉的面纱所笼罩,会让受众精神麻木,失去对弱势群体的真切了解,失去同情心,仿佛这样的生活是他们甘之如饴的选择,淡化了媒体直面现实、同情被压迫者、为公平和正义而呐喊的社会责任感。新闻人要有人文关怀精神。我在一份报纸上看到一种经典的对"人文"的解释:"人文"就是一种根植于内心的素养,以约束为前提的自由,能设身处地地为别人着想的善良。换位思考,记者如果生存在如此恶劣的环境中,幸福指数会高吗?对比思考、联想思考、换位思考……这些思维方式是我们面对特稿选题时构思主题的途径,最终的目的是将主题"置于实际、真相和人道的基础之上",展示人情味。

(二)人物描写

特稿中的人物应该是有个性魅力的"这一个",记者在采访时近距离、多角度的精确观察十分重要,将看到的人物的言谈举止的特征记下来,表现出来,使之血肉丰满,让读者仿佛看到这个人就在眼前活动着,这样的文字画面才能抓住受众的注意力,让人有沉浸感,陷入人物活动的场景不能自拔。特稿《五叔五婶》(记者:蔡平)描写的是湘西土家族苗族自治州保靖县一对清贫的夫妇为供养两个儿子读书在困境中的挣扎,这篇特稿打动了许多读者。记者描写了在山顶上见到五叔五婶时的人物形象:

一个面色焦黄的女人,垂着头,扶着墙,吃力地迈过门坎,一步一步从里面挪出来,她冲我咧了咧嘴,无力地坐在角落里的小木椅上,不再抬头。蓬乱的头发,盖着浮肿的脸。已是六月天气,她还穿着旧棉衣,灰色的破棉絮,从两边袖口耷拉出来,肥大的旧裤子,补着颜色不相称的大补丁。聚拢来的乡亲,都用怜悯的眼光看她。写信的陈长佼告诉我:"这就是我五婶。"

五叔陈远绍下田刚刚回来,背着大竹篓,矮矮的个子,说着难以听懂的当地土话。一身破旧的衣服,线背心漏着窟窿,光脚踩着双破解放鞋,没有鞋带,用两根稻草系着。鞋上沾满泥水。

五婶患有肝炎没钱治疗,五叔常年劳作身高不足1.6米。看到这样的人物形象,我们的心一下子就隐隐作痛,眼眶发热了。

特稿《地下室里的沈文裕》(记者:赵涵漠)中,钢琴家沈文裕是这样出现在读者面前的:

沈文裕趿拉着高飞狗图案的拖鞋,与160多厘米的身高相比,头的比例显得过大。留了很久的长卷发前段时间被剪掉了,他拍了拍头,"别人说我像个小学生。"但当双手放在钢琴上时,他展现出掌控一切的自信,先弹了一段《月光》,接着弹《夜曲》和《葬礼进行曲》。"你听,声音就像针一样,"他抬头微笑,"就像针落进海水里。"

沈文裕当时27岁,竟然穿着"高飞狗图案"的拖鞋,而且是"趿拉着"拖鞋见记者,这一句话就把文章后面展开的人物故事所表现出的沈文裕因父母的过度"溺爱",毫无生活自理能力的形象展示出来了。与之形成鲜明对比的是,当他把双手放在钢琴上的时候,他对艺术的酷爱和自信与刚露面时判若两人,这是他作为艺术家的形象特征。

特稿《北京零点后》(记者:王天挺)是这样描写夜班助产士芦静的:

每当有孕妇送进医院,夜班助产士芦静所在的待产室就响起急促的警铃,正在休息的她会立刻起身撞开产房的门,开始自己的工作。"宝贝儿,再加把劲!"她那音域宽广的女高音在黑夜里有节奏地响起,直到新生婴儿更加高亢的哭声把它盖过去。

一个在紧急时刻果敢、干练、麻利的职业助产士的形象跃然纸上。人物的职业特征十分鲜明。

(三)场景描写

新闻是记者和媒介建构的"拟态环境",要让受众在文字中有在场的感知,记者应用精确的描写建构场景,还原现场。视觉、触觉、味觉……受众的感觉器官通过记者精妙的文字被调动起来,才有置身现场的感受,身心才能沉浸于人物活动的场景。特稿《北京零点后》正是用电影蒙太奇技法建构了多个颇具视觉效果的场景,在特定的环境中烘托出了报道的现场气氛,彰显了新闻真实客观的色彩。

2017年6月22日《南方周末》龙应台的文章《歌如历史,自己有脚》其中有一个片段是这样写的:

榻榻米上就放一张藤椅,七岁的我看那张藤椅,怎么看都是一张破烂——体重下沉的地方藤条断裂,破了个洞,但父亲坐在那里,非常怡然自得。

他穿着白色的短袖棉布汗衫。七岁的我所看见的汗衫,怎么看都像一条破抹布,因为不断搓洗,薄到几乎要破,腋下还有一点肥皂怎么洗也洗不掉的汗迹。

我的七岁,1959年,是父亲因为战争离乡背井,到一个海岛上重新求存的第十年。十年中,藤椅断了破了,汗衫穿到稀薄了,原以为马上就会回家的希望,逐渐变成了绝对回不了家的痛苦觉悟。

他坐在那个铺着榻榻米的房间里,背对着光,光从他后面一格一格的木头窗子照进来,把他的轮廓变成一个黑色的剪影。窗台上有一个留声机,黑胶唱片在转,他在打拍子,跟着唱。他大概已经唱了十年,而我一定已经听了七年,所以知道他在唱什么——有不少动物,鸟啊,龙啊,老虎啊:

杨延辉坐宫院自思自叹;想起了当年/好不惨然;我好比笼中鸟/有翅难展;我好比虎离山/受了孤单;我好比南来雁/失群飞散;我好比浅水龙/困在沙滩;想当年沙滩会一场血战,只杀得众儿郎滚下马鞍……思老母思得我把肝肠痛断……

中间有好长一段,我完全不知道、也没兴趣知道在唱什么。但我知道叮叮咚咚过一会儿,要唱到"母亲! 千拜万拜折不过儿的罪来"。这时,父亲就会从口袋里掏出那折成整齐方块的手帕,低头擦眼泪。

这个片段展现了龙应台简洁、明了、流畅和鲜活的文风,体现出应用描写手法的纯熟技巧,她建构了一个场景:"铺着榻榻米的房间里,背对着光,光从他后面一格一格的木头窗子照进来,把他的轮廓变成一个黑色的剪影。窗台上有一个留声机,黑胶唱片在转,他在打拍子,跟着唱。"这个场景衬托了"父亲"这个人物形象风烛残年时的孤寂和落寞,抒发了作者淡淡的忧伤和哀怨。作者用场景重建还原记忆中的现场,呈现出一幅幅流动的、连续的画面,从破旧藤椅—椅面上有个破洞—薄如蝉翼的白色短袖汗衫—汗衫腋下的汗渍—窗户透进来的光线—父亲背光的轮廓变成剪纸一样的黑影—留声机、黑色胶木唱片—京剧《四郎探母》—打拍子跟唱—流泪—低头擦泪,这一系列连贯的动作,将场景中的人物形象呈现得十分具体,让读者仿佛置身于场景之中,看到了这一幕幕正在发生的情景,让读者凝视、感动、沉思、遐想,一个物质生活清贫、简朴,以《四郎探母》寄托思乡怀旧情感的父亲形象栩栩如生浮现在眼前。在这段简洁朴实、蕴含信息量的语言中,有动作、有色彩、有光与影、有声音、有节奏、有起伏……作者仅仅用一个凝练的细节描写"父亲就会从口袋里掏出那折成整齐方块的手帕,低头擦眼泪"就表达出了潜在的信息含量:(1)她的父亲是军人出身,所以才会把一块手帕折叠得如此方方正正,表现出其个性的严谨;(2)她的父亲毕竟是中国人,对情感的表达是含蓄的、节制的,所以才会默默流泪不作声,会低下头再擦泪,不想让人看到他的巨大悲伤。这样的表达耐人寻味、引人深思。对于发生在 57 年前的往事,龙应台描写得如此传神,点点滴滴都那么鲜活,可见当年作者对现场的观察多么专注、细心。描写需要作者这种明察秋毫、细致入微的观察体验,多角度、全方位、全过程,对人物的表情、体态、举止、言语及其所处的环境背景,事无巨细地尽收眼底。自己观察到位,感触深刻,写出来才能感动受众。特稿的写作也要这样,记者要于有声处见场景,于无声处听惊雷,用姿势、形状、色彩、声音、味道等让读者可以感觉、可以触摸得到的语汇打动人心,塑造人物的个性,体现浓郁的人情味。龙应台的文字细腻、形象、生动,语言流畅、可读性强。这提示我们:要写好特稿,尤其是人物特稿,记者应多读文学作品、人物传记,从中借鉴叙事描写的技巧。那么,特稿中的场景如何"再现"真实的原貌呢?

1. 深入现场观察场景

要想在特稿中向受众再现报道的场景,记者应去现场用心观察,带着报道主题,有意识地观察身边的一切值得写入报道的场景,将其引入脑海。也可用镜头记录,以便用文字记录,写作时能够精确地描述。2003 年 9 月 12 日笔者和一位同事去乌鲁木齐郊外的旅游风景区南山白杨沟采访,在特稿《白杨沟的哈萨克人家》中描写了进入白杨沟看到的场景:

我们乘坐的轿车一进入海拔 2200 多米的山区,就感觉到了阵阵凉意。一进入白杨沟的沟谷,看见蓝天下群山峻峭,牛羊成群,密林绿野,溪流淙淙。在云杉的掩映下,毡房点点,风光如画。远处青青的草地上,游客们或骑马奔驰,或驾着动力伞在空中滑翔。抬头看,只见碧空如洗,白云悠悠。一只雄鹰正骄傲地盘旋着。深深地呼吸一口,纯净凉爽的空气沁人心脾。环顾四周,不仅令人想到了 20 世纪 50 年代的一篇脍炙人口的散文《天山景物记》。眼前的一切令远离喧嚣的都市人心旷神怡。

该场景用感觉、视觉、嗅觉建构了一个立体的现场场景,符合人对新鲜环境的感知特征。从远景到中景,从平视到仰视,多维度、多视角地呈现了现场场景。

2. 通过采访提问,让新闻来源还原场景

1999 年,笔者在报道乌鲁木齐市登山探险协会 8 名队员完成了中国人首次登上 5445 米的博格达峰的故事时,通过采访追问,让登山队员细致地重建了登山过程中的具体场景,写作时笔者仿佛身临其境,如描写他们准确冲顶的场景:

8 月 4 日早晨 7 点钟,王铁男和张东喝了点水又开始从海拔 5080 米的地方向博格达峰攀登。在陡坡上爬了 8 个多小时后,他们终于看见了近在咫尺的主峰。然而,一条上百米深的悬崖隔断了去路,眼前只有三个大小像凳子面一样并列的石柱。只要跨过这三个石柱,胜利就在眼前。但是稍有不慎,就会摔得粉身碎骨。是进?是退?王铁男有点犹豫了。"胜利和失败就是一尺之隔。最后我问张东怎么办。张东说:'我们现在不能下撤。'他给了我很大的勇气。在石柱上打保险绳的地方都没有。张东非常勇敢。他说:'我先过。'他把包放下来。他用冰镐拨拉拨拉,把石头露出来,一步跨上去,那个步子很大,完了后,他再让我把包背上,再过去,狭路相逢勇者胜吧,硬过,就过去了。"

该场景描述使用了精确的数据,体现了新闻语言的特点:准确。从远景到近景,展现的场景具象、清晰,有画面感。叙述与描写语言相结合,同时呈现了登山者的心理活动。该场景描述同时还引用了当事人绘声绘色的直接引语还原当时的场景。这种多种描述结合的手段建构的场景用画面和声音组合成了视觉、听觉与触觉的现场感,同时也营造了立体感和纵深感的空间效应。特稿《五星红旗插上博格达顶峰》中类似的现场描写从头到尾绵延不绝,它们与叙事手段相结合,根据需要,或短或长,或简或繁,分布穿插于全文,调动了手中的感觉系统,用文字建构了一个鲜活的现场,使受众产生代入感,仿佛看到了画面,获得了在场的体验。

3. 根据新闻来源提供的图片建构场景

笔者1999年撰写的特稿《藏羚羊面临灭顶之灾》的开头对阿尔金山场景的描写是根据新闻来源提供的大量现场照片"复活"的:

蓝天白云、雪山清泉、奇花异草、飞禽走兽……这一幅幅宛如世外桃源一般的画面勾画出了阿尔金山的倩影。可以毫不夸张地说,几乎每一个逃离了喧嚣的都市人被阿尔金山拥抱的时候,他都会情不自禁地产生一种飘飘欲仙的幻觉。阿尔金山的冰清玉洁和原始粗犷之美的确引人入胜。然而,近年来,阿尔金山原本静谧的夜空却常常被刺耳的枪声和藏羚羊的哀鸣声划破。圣洁无瑕的阿尔金山遭到了盗猎者的践踏。

在当下新媒体时代,记者可利用自媒体中的海量新闻来源如手机照片、短视频等建构场景。

4. 根据新闻来源提供的视频资料还原场景

兰新铁路新疆段26处近15千米被洪水冲毁,上万名旅客滞留新疆哈密市,与笔者协同采访的记者高天龙赶到哈密去采访时已经晚了一步,他灵机一动,找到当地电视台记者请求观看他们之前拍摄的志愿者救助旅客的现场视频,终于"看到"了当时的场景。于是,笔者撰写的特稿《冲不垮的生命线》有了下面这两段重建的现场场景描写:

铁路中断,旅客滞留后,哈密铁路分局一边转送旅客,一边免费开放铁路第一小学的校舍和铁路俱乐部,让旅客们有一个休息的地方。正当旅客们饥渴难耐的时候,一个令他们惊讶的场面出现了:1800多位铁路分局的老妈妈和铁嫂子络绎不绝地送来了开水和饭菜。听说这一切都是免费供应,按需索取,很多旅客不敢相信自己的耳朵。面对着汗流浃背的大娘大婶,听着那一声声亲人般的问候,一些旅客禁不住热泪盈眶。

一位叫冯佩英的老妈妈在送饭的时候,看到一位四川老人捂着肚子喊疼,立即搀扶他去一家个体诊所。听说冯佩英帮助的是一位素不相识的旅客,开诊所的残疾人一分钱也没收。

该场景从"面"(1800多位铁路分局的老妈妈和铁嫂子络绎不绝地送来了开水和饭菜)到"点"(志愿者冯佩英的故事),从全景到近景,从长镜头到特写镜头,从散点到聚焦,从宏观到微观,多场景转换叠加,借用了电影蒙太奇的表现技巧,丰富了受众的视觉体验,有视觉冲击的审美感受。

(四)逸事回顾

所谓逸事,指的是人们不知道的事,多指琐事。在特稿中,逸事往往能调动人们的阅读兴趣,使用发生在过去的逸事,与呈现当下的事实相融合,能增强特稿语言的表现力,满足人们对渴望了解不知道的信息的好奇心,使得故事好看、有张力。特稿《北京零点后》建构、穿插了大量逸事,例如下面的片段:

在很多警察与记者没有注意到的豪华场所里,欲望正在不受约束地滋长。北京拥有63家五星级酒店和127家四星级酒店,每间房每晚的平均消费分别是792元和473元——这只是官方数字。很少有人知道豪华酒店一个房间的单日成本只有100元,其中毛巾和床单的清洁费用30元,供暖、照明、磨损折旧费15元,房间服务员的工资每打扫一间房大约是12元,而她使用的清洁用品只要3元钱。但这样一个房间每晚的价格大多在千元以上。在一些酒店,一张床在5年间要承受300吨以上的睡眠重量,和2000对以上做爱的情侣。

在北京夜间入住酒店的最多的外国人来自美国,其次是韩国人。但酒店员工们最欢迎的还是来自中东和俄罗斯的客人。一位来自俄罗斯的石油大亨在从酒店门口豪华轿车迈出第一步开始直到走进电梯,3分钟的时间一共给出了750英镑的小费,所有的酒店员工都想方设法在他可能路过的地方出现。

深夜的遮蔽放纵了欲望与狂欢。一名服务人员发誓亲眼看到一位来自捷克的乐队成员把包括钢琴和架子鼓在内的全套家伙搬进了套房;几天前,还有1斤的Almas鱼子酱,2根特立尼达雪茄和4瓶Krug顶级香槟被一位来自南方的保险商人一次性买走,总价超过了10万元;而一个住在一晚要价80000人民币总统套间的金融高管,在喝掉迷你酒吧里的酒之后,把尿撒在了里面,反正大多数酒都是黄颜色的。

在这三个自然段里,第一自然段呈现的是新闻背景,看似琐碎,但透过新闻忽略的这些逸闻趣事,提供给受众未知的信息,满足人们获取真相的心理、窥视的心理、娱乐的心理。第二自然段作者给受众展示了一个俄罗斯"土豪"的豪气与慷慨,令人吃惊;第三个自然段组合了三件琐事,让人看到了人性的复杂和多样,让人五味杂陈。这些逸闻趣事契合特稿《北京零点后》的主题,用电影纪录片的风格全视角、多焦点地展示了北京零点后很多受众不知道的人间百态,信息量大、场景鲜活,令人有身临其境的满足感。三个段落中高密度、零碎的事实信息被作者的如椽之笔组合得有条不紊、逻辑脉络清晰,使受众有阅读的快感。作者在每个段落开始时用一个主题句,将多而散的信息经纬纵横地编织在了井然有序的叙事单元中,写作技巧值得赞叹。我们还要特别留意作者对新闻语言的应用,像上述三个自然段中含有大量精确的数据,对事实的呈现准确、具体、清晰,这正是特稿的新闻属性的展示。

《新京报》特稿《宝能之后再怼乐视 刘姝威"没有温柔"》(记者任娇)写的是中央财经大学中国企业研究中心主任、研究员刘姝威的故事,其中有一个逸事是:

在2016年4月的一次公开演讲中,她分享了一个自己的小故事:我小时候的热爱是歌舞,即便上了50岁,我还坚持每个星期到北京舞蹈学院上三次芭蕾课,所以50岁的我身体气质还可以。在我40多岁时,有一天我骑着一百多块钱的自行车,穿着一件20多块钱在小摊上买的连衣裙,戴着一顶在小商品市场花了30多块钱买的彩色草帽,骑行在魏公村的路上,我发现后面有人追上来,说我们可以认识一下吗?我回头一看,是个20多岁的小伙子。当时我就笑了,只要是保持中国的传统就可以。

这个逸事丰富了人物的形象,呈现了学者刘姝威刚烈、火爆、较真的多面性格中温婉的一面,使得主人公有立体感。读到这里,文风变得轻松有趣了,受众也许会会心一笑,阅读的体验更为丰富。

"长安街知事"新闻客户端特稿《许世友上将夫人离世 "笑对丈夫枪口"成佳话》有如下段落:

战争年代的爱情,别有一番味道。两人的定情信物,是一双拥军鞋和一颗子弹头。在收到田普亲手做的"拥军鞋"后,许世友赠送给心爱的姑娘一颗子弹头。

他说:"我一无所有,只有这颗小小的弹头,送给你做纪念。这是万源保卫战时,敌人打进我肩膀里的,我用刀尖划破皮肉把它抠了出来。这么多年,一直带在身边。"

相恋两年,1943年春天,一次战斗之后,许世友和田普举行了婚礼。两人的婚礼十分简单,却也非常精彩。许世友是少林出身,一身功夫,此外枪法也十分了得。婚礼上,便有人提议许世友表演枪法。许世友走到妻子面前,笑着说:"小田,你来给我当个助手吧!"

接着,婚礼场所转移到室外的场坪上。许世友把来宾献的花分成三束,分别放在新娘的两肩和头顶,并安慰新娘:"你不要怕,千万不要动,咱俩为来宾开开眼,助助兴。"

对丈夫十分了解的田普满面笑容,点了点头。这时,许世友疾步离开新娘五六步远,掏出驳壳枪指向了新娘,随着"叭、叭、叭"三声枪响,花儿已经从新娘的头顶和双肩坠落下来,在场众人无不拍手叫绝。

这些逸闻趣事符合人物性格与职业特征,烘托了人物形象,增添了报道的黏性,令人在阅读中又紧张又好笑,难以忘怀。作为记者,应在采访中想方设法多方搜集各种有利于特稿的材料,尤其不要放过上述这样鲜活的逸闻趣事,它们使特稿生动、可读。

(五)细节描写

《中国青年报》的徐百柯认为,《冰点周刊》对一些重大事件的报道往往从细节入手,对新闻报道的态度是"故事故事,细节细节","精实态度,精致阅读","手工作坊式的写作"。他认为,好新闻的评价标准是"击中心灵,打动头脑"。特稿让受众痴迷的是细节,增强可读性的是细节,让受众难以忘怀的还是细节。细节是特稿抓住受众注意力的关键,也是特稿能否产生传播效果的要素。细节来自记者在采访中不厌其烦的追问,来自记者明察秋毫的观察,来自记者对受访者还原事实场景的聆听。在搜集、见证、印证了丰厚素材基础上,记者要善于精挑细选,从中发掘出最有表现力、最有价值的细节,并能够用细腻、精准的文笔重建现场、还原细节。

著名作家梁实秋在叙事散文《吃相》中描写了他目睹的吃饭的细节:

我看见过两次真正痛快淋漓的吃,印象至今犹新。一次在北京的"灶温",那是一爿道地的北京小吃馆。棉帘启处,进来了一位赶车的,即是赶轿车的车夫,辫子盘在额上,衣襟掀起塞在褡布底下,大摇大摆,手里托着菜叶裹着的生猪肉一块,提着一根马兰系着的一撮韭黄,把食物往柜台上一拍:"掌柜的,烙一斤饼!再来一碗炖肉!"等一下,肉丝炒韭黄端上来了,两张家常饼一碗炖肉也端上来了。他把菜肴分为两份,一份倒在一张饼上,把饼一卷,比拳头还要粗,两手扶着矗立在盘子上,张开血盆巨口,左一口,右一口,中间一口!不大的工夫,一张饼下肚,又一张也不见了,只吃得他青筋暴露满脸大汗,挺起腰身连打两个大饱嗝。又一次,我在青岛寓所的后山坡上看见一群石匠在凿山造房,晌午歇工,有人送饭,打开笼屉热气腾腾,里面是半尺来长的发面蒸饺,工人蜂拥而上,每人拍拍手掌便抓起饺子来咬,饺子里面露出绿韭菜馅。又有人挑来一桶开水,上面漂着一个瓢,一个个红光满面围着桶舀水吃。这时候又有挑着大葱的小贩赶来兜售那像甘蔗一般粗细的大葱,登时又人手一截,像是饭后进水果一般。[30]

我读完梁实秋的这本散文集很久了,对这篇《吃相》中的上述细节一直难以忘怀,其写得惟妙惟肖,如同视频画面一般。这就是细节的魅力。特稿写作对于记者的新闻素养和文笔有着非常高的要求,特稿的文本应呈现出记者的写作功力,精致、耐读。优秀的特稿因为精彩的细节而具有了审美的品性,不会随着时间很快被人们遗忘。至今我们阅读《中国青年报》《南方周末》《南方都市报》等10多年前的优秀特稿,仍然会被记者的描写所吸引,仍然值得品味。正如之前提及特稿场景的呈现一样,细节的来源有:记者身临一线悉心地观察现场、通过对受访者的详尽追问还原现场、通过图像等新闻来源复活现场。普利策奖得主斯特兹·特克尔《劫后人语——第二次世界大战亲历者谈话实录》中有这样一个细节:

> 我看见过一个蹲着的日本机枪手,被我们的勃朗宁自动步枪手打死了,连天灵盖也给揭了。那天下了整整一夜的雨。不知道为什么,这个人竟然没有倒下去,两只胳膊耷拉在两边,眼睛瞪得老大。下了一夜的雨,他的脑壳里积满了雨水。当时,我正垫着钢盔在四下张望,等着来人换班。我看见我的一个伙伴从三英尺开外往那脑壳里扔珊瑚石块,扔进一块,就溅起一片水化,这使我想起小男孩往水坑里扔石子的情形。

这段话极富表现力,用简单句、动词描绘了一个有震撼力的画面:一个日本军人蹲着死去了、天灵盖掀开了、两只胳膊耷拉在身体两侧、眼睛圆睁着、脑壳里积满了雨水。这些干净而生动的句子令人"看到"了现场的情形,是"视觉描写"。接着,作者又提供了"视觉描写"和"听觉描写":一个美国大兵朝死去的日本兵脑壳里扔石块,溅起水花,我们读到这里,不仅"看到"了现场的画面,还仿佛"听到"了现场的声音。

令人赞叹的是,整段话没有多余的字。其中,两次提到了"雨":"那天下了整整一夜的雨""下了一夜的雨",为什么作者要在惜墨如金的语言中不厌其烦地说两次"下雨"的事,其实这里面是有匠心的。由于日本兵天灵盖被打掉,而天在下雨,才会脑壳里积满雨水;而由于下了一夜的雨,地面泥泞,美国大兵才会垫着钢盔站着,既有为恶劣天气所困扰、渴望换班同伴到来的急切心理,也是为了防潮。正是这样的铺垫,结尾说美国兵因为无聊朝日本兵脑壳里扔珊瑚石会溅起水花才不让读者费解。每一句的衔接和逻辑十分缜密,表达准确、清晰。

这段话洗练而传神地把读者带到了硝烟弥漫的战场,精确而细致地借助画面的呈现揪住了读者的心弦,形象地揭示出战争的残酷和野蛮,最后一句"这使我想起小男孩往水坑里扔石子的情形"令人震惊,让人深思:战争让人失去了人性,对生命的轻视宛如小孩子玩游戏一样!特稿如果没有上述这种冷静、准确、细腻的描写,作品就会索然无味。

需要注意的是,细节描写一定要真实,所有的材料必须有事实依据,要么来源于记者的现场观察,要么是记者经过细致的提问获得的,不能凭借想象虚构。在涉及心理活动的细节描写上记者应提供新闻来源,即是当事人事后告诉你的。如一篇写一男子强奸KTV"啤酒妹"(啤酒推销员,笔者注)的故事。(《男子装醉诱奸好心送他的"啤酒妹"》,新华报业网,2010-01-24)该新闻故事中有这样一段话:

> 其实这个陈长贵早就垂涎赵红的美色,总想着能把赵红弄到手。"她答应晚上跟我吃饭就行,到时我就装喝多了,让她送我去旅馆休息,到时候一个房间就我们两人,她还不凭我处置!"想到此处,陈长贵洋洋得意。

看完之后我们不禁要问,对方心理的活动记者怎么会知道?细节是特稿的血肉,是让特稿形象、生动、有趣的有效传播手段,但记者不能违反新闻写作客观、真实的原则。

(六)对话与引语

对话与引语穿插于记者的叙事中,能够为受众建构现场氛围,为特稿带来画面感,能够活跃特稿文风。如果数千字、上万字的特稿都是记者的叙述语言,会使受众的阅读感变得沉闷、乏味、单调,出现"审美疲劳"。记者的叙述是书面语,人物对话和引语是口头语,两种语言风格不同,融合在一起能够调节特稿语言的节奏,带给受众更为丰富的审美体验。对话和引语能够体现当事人的阅历、修养、性格、性别、知识、心理等潜在的信息,精彩的对话和个性化的引语能唤起受众的联想,仿佛"看到""听到"了当事人在自己的眼前说话,受众可以想象其情态、表情,揣摩其微妙的心理活动,对人物产生亲近感,拉近受众与特稿的距离。"引语赋予特稿生命。引语可以提升作品,增加真实性,增加事实和解释,使作品具有人情味、特色、生动性和幽默感。"[31]澎湃新闻记者张小莲的特稿《16岁到26岁:一位河北少年身陷传销被"劫持"的十年青春》(2018-02-27)中有四个段落密集使用了直接引语:

"这个传销太害人!"韩福恨恨地说,夹烟的手都在抖,"人有多少个十年!"他想让媒体曝光,让警察把这些"非法分子"全抓起来,不要再害人了。然后小声问记者:"能让这个传销组织给点补偿吗?"

韩福叹了口气,说儿子回家,他又高兴又烦恼,"烦恼的是孩子这么大了,需要我操持"。

"别人家的孩子出去十年八年,开着车带着老婆孩子回来,衣锦还乡,那才是天大的喜事。"韩福语气无奈,"他已经很难受了,我不能再责备他。"

在当地,兄弟必须分家,但韩福还欠着债没还,已无力再盖一栋房。"人家要的话,做过门女婿也可以。"

我看完第一个自然段的最后一个引语,禁不住笑出声来。它把韩福复杂的心理展现得十分传神。第三个自然段的引语表现了韩福的企望与失望交织的无奈挣扎。最后一句表达的是他觉得无路可走的悲哀心理。这四个自然段中的引语将韩福喜怒哀乐、百味杂陈的内心世界揭示得十分深刻,引发受众对主人公被传销组织祸害十年导致人生巨大损失的同情和悲悯。

特稿《舞!舞!舞!公园老年相亲角里最后的疯狂》(作者:盛梦露)主题表现的是北京菖蒲河公园相亲角的老年爱情故事。其中有如下片段:

一月的一个周六,王玉兰穿着貂皮大衣,在菖蒲河公园的墙边晒太阳。一个高大的北京男人过来搭讪。两人相识一年多,一见面,王玉兰就问他:"钱准备好了吗?"

男人笑了:"这样,一百万再加一豪华婚礼,怎么样?"

"不行,涨了,三百万!三百万拿来,我这人就给你了,你杀了都可以,卖窑子里也成。"王玉兰故作严肃,说完拍拍男人的手臂。她的考虑是,300万,其中一部分把女儿的房贷还清,剩下的她拿着,跟老头一起终老。

"你要不跟她谈谈,她年轻,五十多",王玉兰指身边另一个穿貂皮大衣的女人。

"我就相上你了。"男人眯着笑眼对边上的人说,"我就相上她那狂劲儿了。"

这段对话将老年人相亲赤裸裸的商品物化意识展现得淋漓尽致。双方毫不掩饰,直来直去,为了物质利益而结合的功利心态呈现出了真实的人间百态。

特稿《五叔五婶》(记者蔡平)中用了大量的对话,如下面的片段:

12岁的陈长将,身材矮小得可怜,像个七八岁的孩子。双肩向前扣着,有些驼背。谈话时,脸上始终没有一些笑容,比起哥哥,他的心理压力似乎更重一些。但据乡亲们说,长将过去是个活泼开朗的孩子,爱说爱笑,招人喜爱,寨子里的人都愿意逗他玩,给他东西吃。此时他坐着小板凳,双手规矩地放在膝盖上,身子挺得笔直,一句一句简短地回答我的问题。

"长将,你多长时间回家一次?"

"两个星期。"

"回家都做些什么呢？"

"帮爸爸妈妈炒菜做饭放牛。"

"你能做饭？你够得着灶台吗？"

"够得着，站在板凳上。"

"你的衣服是谁给你买的呀？"

"哥哥穿过的。"

"鞋子呢？"

"爸爸买的。"

"你每月多少生活费呀？"

"一周6元。"

"你想上民族中学吗？"

"想去，可是……可是我家没钱。"

我低头记着，突然发现声音不对，再一抬头，小小的孩子正使劲仰头望着屋顶，泪水就在眼角边上，却不让它流出来。

这个片段具有现场感和画面感，简洁、自然的对话中呈现出12岁的陈长将承受着生活窘迫的心理压力，它能够唤起受众的联想，在内心里建构记者与陈长将面对面时的现场场景，有身临其境、感同身受的体验。读到这里，我们的内心里也涌起感伤，对这个在湘西土家族苗族自治州保靖县清贫的五叔五婶一家面临的困苦产生了深深的同情。对话展示的现场感和人情味细腻而感人，增加了特稿的可读性和感染力。"要挑选那些能够增加分量、说明、特色以及幽默的引语，这样的引语有助于推动报道向前发展。"[32]

六、特稿结构

美国新闻学家梅尔文·门彻认为，特稿写作应遵循以下指南：

(1)展示正在做事情的人。

(2)让他们说话。

(3)朴实无华。让动作和对话构成全篇。

(4)保证文章具有动感。

这需要一双有辨识能力的眼睛去观察所要讲述的行为，需要有识别力的耳朵来捕捉有启发的引语。[33]

美国的迈克·华莱士和贝丝·诺伯尔认为，特稿大部分的展开应当"依靠情节和对话"。他们还认为，撰写特稿的法则是"展示，而非讲述"。[34]迈克·华莱士和贝丝·诺伯尔总结了《华尔街日报》最常用的特稿结构：

(1)逸事风格导语。此类导语通常以某人或某群人的故事，或是真实的生活经历开始，从某种程度上与整篇报道主题有关。导语挑起了一种冲突或提出了一个问题，尽管可能并没有真的告诉你这个故事是关于什么的。写逸事的关键在于吸引读者。

(2)核心段落。同样，核心段落是概括全文精髓的段落。揭示了文章想要说明的大趋势。如果以一则逸事开始，读者可能说："好吧，这挺有意思。但意义在哪儿呢？你为什么要告诉我这个？真正的问题又在哪里？"这就是核心段落需要解释的。

（3）故事发展。这是述说故事主要部分的地方。这里的叙述方式往往跟着时间线索，尽管并不是必须这样。但故事的发展也不是如倒金字塔结构那样从重要信息排到次要信息。

（4）解答。一篇特写往往在结尾处回到开头。如果你在开头介绍了某些人物，那么就要解释在他们身上发生了什么。如果你问了一个问题，就必须要给出回答。如果你描述了一个争议性问题，就要解释它是怎样被解决的，或者为什么还没有被解决。[35]

（一）开头

开头是叙事文章吸引受众的部分，需要刻意构思。通过特稿的开头可以窥见其鲜明的写作特色。2017年年底，西安交通大学博士生杨宝德自杀身亡引发网络热议。一名前程远大的好学青年何以用这样决绝的方式撒手人寰？《中国青年报》记者郭路瑶用特稿讲述了这起悲剧的来龙去脉（2018年01月17日10版）。该特稿的开头是：

至少在去世前的某一刻，杨宝德相信，自己有一个光明的未来。

那时，导师答应送他出国留学，他兴奋地拨通了女友的电话。这位西安交通大学药理学博士生，同远在北京读博的女友吴梦商量：两人都申请公派去美国留学一年，等回国后他们就结婚。

然而，一周后的圣诞节，这位29岁的博士生走向了死亡。2017年12月25日下午，他独自从学校离开，没有带手机和钱包。当天夜晚，他在灞河溺亡，警方认定，没有证据表明系刑事案件。

对于杨宝德身边绝大多数亲友来说，一切发生得毫无征兆。

我们会发现，特稿的开头与之前我们学习的新闻（消息）写作有明显的不同。新闻（消息）导语通常会采用硬导语直截了当、简明扼要地概括事实，如杨宝德自杀身亡的新闻导语应该是：12月25日下午，西安交通大学一名药理学博士生在灞河溺亡，警方认定，没有证据表明系刑事案件。新闻（消息）导语只需这么一句话40个字将该事件最重要的事实（结果）告诉受众，着重于传播信息，不带情感。而特稿的导语叙事节奏比新闻缓慢，更注重展现吸引人的事实，娓娓道来，隐含写作者的情感，带有文学色彩，在传播信息的同时，彰显了人情味，让受众感受到冲突、刺激、惊喜、悲伤和绝望，从开始到结尾，始终紧紧地抓住受众的注意力。好开头不但决定了新闻作品的传播效果，还是记者为全文定调的起始音，好像唱歌的人开口起唱的第一声，又宛如一个乐队的第一小提琴。特稿的开头一般使用软导语，常常使用描写式的导语，突出场景画面，将受众带入现场。英国新闻学者托尼·哈尔卡普认为："特稿的导言经常侧重在特定的焦点上，或凸显人性面，或描写细微之处，只写局部，不写全局。但是切记，不要泛泛没有重心，或岔出太多的枝叶。"它提醒我们：特稿是为受众而写的，特稿的导语能抓住受众的眼睛才是成功的。"特稿不像硬性的新闻报道，其导言可能看似走进死胡同，转个弯却又柳暗花明；也可能像是在旁敲侧击兜圈子，或是漫不经心地东张西望，却仍然走到了目的地。只要有个目的地，只要读者也愿意跟着走，那一切都不打紧。"[36]特稿导语有以下几种常见的类型。

1. 作者现身说法

六年前，我刚搬到上海不久，有天我无意间听到隔壁一对夫妻在激烈争吵。夫妻俩扯着嗓子对喊,然后传来分明是手掌打在皮肤上的声音——一记,两记,三记。这种声音一直持续了 15 分钟。我和邻居既没有介入,也没有报警。

这是多幕连续剧情的开始。当我向朋友描述我对于邻居持续家暴的无助感时,朋友常用一句中国谚语回答我:"清官难断家务事。"我一个中国朋友建议说:"你什么也做不了。要是你打电话报警,他们会叫你管好自己的事。"(《当一名女性敢于在中国说"他打我"时》,美国彭博新闻社网站,记者:亚当·明特,2011-09-15)

该特稿主题是中国的家暴问题,作者用自己经历的一件事作为由头,以第一人称拉近与受众的距离,引发读者的注意,也为接下来的内容定调;第二自然段用引语呈现了在中国解决家暴问题的困难之处,由此唤起读者对中国家暴的关切,想知道作者的报道思路,为什么会这样?如何解决这个难题?读者带着思考和求解的心理产生了继续阅读下文的兴趣。

2. 展示场景

死亡的气味是在 5 月 15 日下午开始在北川县城里弥漫开来的。那是一种甜、臭和焦煳的味道。地震在北川为害最烈,由于缺少尸袋,仍有大量遗体被摆放在街道上废墟的空隙间等待处理。废墟下面可能仍埋有上万人之多,正在不断死去。几千名军警和消防队员已经又饿又累。傍晚,成都军区某集团军坦克团的士兵们在河边广场上集结,开始吃这一天的第一顿饭:火腿肠,瓶装水。他们置身于真实的灾难现场,克制着挫败感。一个接受南方周末记者采访的士兵说:"这里有好事,也有坏事。"这句概括在此后被一再验证,直到 5 月 19 日哀悼日的下午。

北川县城处在一个几乎封闭的山谷之中,救援所需的人力、机械和物资都必须通过南方的山口进入。至 15 日下午,山口公路仍未打通,而官兵们修建的一条临时通道又在当日上午被山体滑坡阻塞,旁边树林中的"之"字形的小道也一度无法通行,士兵们只能用绳子把入城者吊下山坡。不断有躺在担架上的伤者被抬出。(《灾后北川残酷一面》,《南方周末》,记者:李海鹏、陈江,2008-05-22)

该特稿开头用地震后现场弥漫的"死亡的味道"为全篇定下了基调,看到这样的场景,人们仿佛置身于惨烈的、令人恐惧的环境中,感受到了这"死亡的味道"。从嗅觉到视觉的描写使受众产生了代入感,进入了故事发生的现场。

3. 戏剧化描写

天下着大雨,6 名农民工卷着裤管,打着伞,深夜站在广州街头一个露天大屏幕下,仰着脖子凝神观看正在转播的世界杯。因为大屏幕只有画面而没有声音,为此,他们中的一人专门花 65 元钱买了部收音机,6 个人支着脖子,边听广播电台的直播,边看无声的大屏幕。(《无声的世界杯》,《中国青年报》,记者:包丽敏、李润文,2006-07-12)

这个开头也是对故事场景的细节描写,故事中的当事人听广播声音、看无声电视大屏幕直播世界杯图像,这种反常的、少见的场景一下子就让受众产生了欲知未知的阅读兴趣。然后引出农民工生活境遇卑微、精神生活贫困的故事。

4. 展示一个人的故事

不久以前,张国苗(音)想看电影的时候,就去村里的操场。巡回放映员在那里挂一个屏幕,放露天电影。

47 岁的张国苗说:"如果想坐着看,我们只能自己带板凳。"他还记得,母鸡在脚边咯咯叫着,旁边人在大声聊着天,"你听不大清楚电影里的对白"。

最近他去了一家多屏幕豪华电影院看电影,里面是 3D 银幕,软席座位,还有进口美国爆米花。这位农民跟朋友一起到电影院里观看获奥斯卡金像奖提名的电影《盗梦空间》。影片中的科幻特技和音响效果以及影院整洁的地面都令他震惊。

张国苗说:"这部电影不太容易看明白,但影院让人觉得很舒服。身为农民,我觉得实在是很豪华。"(《中国正在兴起影院建设热》,《洛杉矶时报》,记者:戴维·皮尔逊,2011-03-06)

这篇特稿在选材上颇显匠心,它选取了浙江嵊州作为管窥中国影院建设热的窗口,以此来表现中国影院建设热潮给中国农村和农民业余文化生活带来的变化和意义。它以当地农民张国苗的故事为由头,通过今昔对比,展示了中国影院建设走进农村给他的生活带来的变化。这是华尔街日报体常见的讲故事的方法,即以一个小人物的故事为由头,由点到面,过渡到一个宏大的主题背景上,展示嵊州电影院建设的整体背景,中间穿插嵊州时代电影大世界影院的年轻经理潘夏明痴迷电影事业的故事,结尾描写当地观众在潘夏明承包的新影院中观影的场景,以潘夏明的一句引语结束。这种结构还经常在结尾与开头提到的人物呼应,用开头人物的一个细节描写和引语结束全篇。

5. 冲突性描写

从陈秉安家位于 14 楼的阳台望去,可以清晰地看到深圳蛇口的深港西部大桥。这座由深港两地合作兴建、于 2007 年投入使用的白色大桥,是连接深圳与香港的重要通道,在大多数时间里,桥上车流滚滚,一片繁忙景象。

但在碧水白桥背后,却有着一段几乎被人遗忘的惨痛历史——20 世纪 50 年代至 80 年代,有将近 100 万名内地居民,由深圳越境逃往香港。这被研究者认为是冷战时期历时最长、人数最多的群体性逃亡事件,史称"大逃港"。深港西部大桥所在的深圳湾,便是当年逃港者的一条主要路线。

为了弄清这段历史,陈秉安前后用了 22 年时间,采访了百余名相关人物,收集了大量资料。今年 10 月,其长篇报告文学《大逃港》公开出版。

深圳特区成立 30 周年之际,陈秉安这部 30 多万字的作品的问世,有着极为重要的象征意义。因为,"这段此起彼伏规模宏大的逃港风潮,为中国改革开放最为重要的决策之一——深圳经济特区的设立,做了一个深刻而令人心酸的铺垫"。该特稿的开头是一个具有冲突性的细节描写:如今连接深圳与香港的碧水白桥展示的是深圳欣欣向荣的景象,而 30 年前却是内地人冒着生命危险出逃去香港谋生的生死路线。

6. 逸闻趣事

20 世纪 90 年代末,北京流传着一个笑话,说的是疯狂进取的中国与持重古板的美国之间的差异。

在美国的帕洛阿尔托市,一名年轻女子与一位中国企业家外出共进晚餐。在开车送她回家途中,他在黄灯马上要变红灯时加速冲过十字路口。到家后,那名女子没有邀请他进门。她说,他显然靠不住。他在十字路口将她的生命置于险境。在北京,这名企业家与另一名女子约会,并送她回家。在黄灯前,他停了下来。在她家门口,她也冷落了他。他为什么要停下来?显然,他不知道在机会出现时如何抓住它。(《中国正经历"狼吞虎咽的时代"》,《华盛顿邮报》网站,2014-05-17)

这个开头轻松搞笑,有寓意,它暗示人们中国之所以高速崛起是因为"疯狂进取"的速度,对比之下,美国人的循规蹈矩、老成持重的刻板正在拖住其发展的后腿。采用逸事开头也是特稿常采用的手段。

7. "你"导语

如果你发现今天的人类行为令人泄气，想象 100 年前发生了什么。1914 年，一位火星人向下凝视地球，或许会看到一个和平繁荣有共同文化的欧洲。人人基本都吃得饱。英国人听瓦格纳，德国人欣赏莎士比亚，俄国贵族模仿法国人，莫扎特和意大利歌剧得到所有人的喜爱。随后，欧洲内爆了。

1914 年 7 月 28 日，奥匈帝国对塞尔维亚宣战，使欧洲陷入这场大战。(《一战并未使人类变得明智》，美国《大西洋》月刊网站，2014-07-27)

这个开头采用了假设，用了第二人称"你"，显得宛如一个老朋友邂逅挥手致意，拉近了写作者与受众的心理距离，平易近人，令人顿生好感。

8. 对比式导语

坎普尔人几天前还咒骂中国"侵入"印度边境，如今却准备用中国制造的国旗庆祝印度第 67 个独立日，这已经不是什么秘密。(《现在，印度国旗在中国制造》，《印度时报》，2013-08-15)

这个开头采用了对比修辞手法，令人印象深刻。

9. 比喻＋对比式导语

在美国，电子商务只是蛋糕上的糖霜，而在中国，电子商务是整个蛋糕。(《中国消费数字化》，《华尔街日报》，作者：弗兰克·拉文，2013-07-24)

这个开头运用了比喻＋对比的修辞手法，十分形象生动。

10. 意象导语

腐败是人类走向最黑暗之夜的旅程。正如作家弗朗西斯·斯科特·菲茨杰拉德所说，人心深处最黑暗的时刻"总是停在凌晨三点钟"。这条路上有一个道德和伦理收费站，但也有经济成本。(《腐败每年"吃掉"欧盟超千亿欧元》，西班牙《国家报》，2013-08-11)

意象的含义是意思的形象，即人的情感创造出来的艺术形象。该特稿导语用了"黑暗""收费站"来作为抽象词汇腐败的艺术形象。语言生动、深刻而富有哲理。

11. 对话导语

"谁是朝鲜最有钱的人？"

"我们都是平等的。"

"金日成对你意味着什么？"

"他是我的心灵支柱。"

"朝鲜女性觉得金正恩帅吗？"

"这真是个过分的问题！"

"外国年轻人会买有洞的牛仔裤。"

"我不相信，你一定是在开玩笑。"

"汉堡真的是金正日发明的吗？"

"没错，在 2009 年。"……

(《法国摄影师，讲述一个真实的朝鲜》，《环球人物》，2014-05-05)

这段对话发生在法国摄影师艾瑞克·拉福格和朝鲜女孩小金之间。2014 年艾瑞克·拉福格第六次来到朝鲜，他去过那里的很多城市，而翻译小金从未离开过平壤。通过两人的对话不难看出生活在封闭的朝鲜,小金显得仿佛与世隔绝,头脑被格式化了,对外界几乎一无所知。这个饶有趣味却令人品味后辛酸的对话把朝鲜的封闭和保守展示得淋漓尽致。

12. 直接引语建构导语

2011年3月22日的《参考消息》刊登了台湾《联合报》记者陈东旭写的特稿《挤！北京地铁脸贴脸不许动……》。它的开头是:

北京地铁的拥挤超有名,最近更流传一句笑话"人进去,相片出来;饼干进去,面粉出来"。无论男女老少上车或下车,都被挤得毫无尊严,"脸靠脸,那只毛茸茸的手就在我胸前"。

这篇特稿的开头使用了北京人流传的一则有趣的顺口溜,还引用了一句直接引语,饶有趣味,引人发笑,继而有兴趣阅读下面的段落。

13. 叙述式导语

自新学期开学以来,在北京东郊东坝乡尘土飞扬的街道上,人们的交谈总是围绕着这样一个问题——"你的孩子找到新学校了吗?"(《学生在打工子弟学校关闭后被遗忘》,美国《时代》周刊网站,2011-09-14)

这种开头关注时下问题的方式直接呈现报道的焦点,引起受众关注,传播效率高。特稿毕竟是新闻作品,在尊重新闻传播规律,展现新闻价值方面,它与新闻(消息)是一脉相承的。过去的事实与当下的受众有什么关系,记者在建构特稿导语时得从新闻的视角予以观照。如:

5年前,简·斯迈思无忧无虑,充满着欢乐……

不如改为:

5年前,简·斯迈思认为自己很漂亮。今天,她对……就没有把握了。

用过去与今天的对比就要比从过去的起点展开叙事更能够吸引受众。"你也许要对过去发生的事情进行调查研究,但要把现在撰写它的理由找出来,给出其最新的进展,并使之与今天的读者有关。"[37]

14. 问句式导语

还记得夏文金吗？他已死了50天,但"死得不明不白"。

他是一个移民,也是一名小偷。

因为偷盗,他被抓进了警局并被送往了拘留所,没想到几天后却离奇死亡。

在被发现死亡的前11个小时,他在拘留所受了伤,坐着轮椅被推进医院就医。11小时后,他却被发现浮尸于拘留所外的一处鱼塘。

云南普洱警方说,警方于5月14日凌晨提前将夏文金释放,随后溺亡,并说他身上的部分伤痕是"鱼吃的"。(《那个"小偷",偷不来自己死亡的答案》,澎湃见习记者:刘海川,2014-07-04 10:07)

用问句开头的好处是,它能勾起受众参与思考、解答疑问的欲望,促使人们赶紧通过阅读全文寻找问题的答案。

15. 悬念式导语

在北京潘家园这个巨大的古玩市场上,满是珠宝首饰、鼻烟壶、老钟表、铜镇纸、瓷器以及颜色多样、品质存疑的大块玉石。它给人的感觉和全世界的跳蚤市场没什么两样,这些地方都宣传自己卖的是古董,却并不总是提供真东西。但在潘家园市场里漫步,你会发现是不

是真品无关紧要。(《探秘北京潘家园古玩市场　是不是真品无关紧要》,《纽约时报》,2016-07-25)

《纽约时报》的这篇特稿的导语在结尾设置了悬念,让人产生好奇心,萌生探秘解惑的心理,想知道为什么"在潘家园市场里漫步,你会发现是不是真品无关紧要"。这就是悬念式导语的优点,它能对人产生吸引力,驱使读者继续阅读下文。

通过以上特稿导语案例我们可以得出结论:与硬新闻导语突出要点、一语中的、一目了然的简明风格不同,特稿导语可以展现记者个人的写作风格和创意。

(二)中间部分

中间部分是特稿的主体,是故事的展开,也是特稿内容篇幅最多、空间最大的部分。特稿的主题是在其中间部分得到全面阐释的,因此,记者要在中间部分呈现事件的完整过程,揭示事件的原因和影响。它需要记者围绕导语建构的事实对读者产生的阅读兴趣,用完整的情节、故事发生的场景、个性化的细节、穿插的新闻背景、引语和对话、富有情感的叙述推动故事的发展,以具有冲突性、戏剧性和人情味的事实一步步引导读者怀着不竭的动力饶有兴致地读下去。在特稿的中间部分,之前我们学习过的构成特稿的所有写作要素,如事实、引语、对话、描写、轶事、意见、分析等,都会得到全面的应用或多个要素重叠,以增强特稿的可信可读,使特稿的意义得以展现。我们以美国《华尔街日报》2011年3月22日特稿《中国派出大巴解救本国民众》(《参考消息》,2011-03-24)为例,对特稿的中间部分进行剖析,看看它与开头和结尾之间的关系。该特稿的导语是:

上周抵达宫城县女川的旅游大巴是不速之客。海啸袭击了这个渔村后,通信中断,为数不多的幸存者一直在寒冷空旷的体育馆避难。这里是临时疏散大厅。

避难者并非都是日本人。蜷缩在大厅中央一堆毯子下的一些人是中国劳工。那辆大巴是为她们而来。

特稿导语如同电影的开头,一种是从展现宏大的场景开始,从远景的宏大环境到近景的人物,通过镜头追踪式的描述,把镜头拉近到主人公身上,建构故事的核心人物。如描写式导语、悬念式导语、讲故事导语等。另一种是从特写镜头展开故事。如引语式导语、疑问句导语、"你"导语、逸闻趣事导语、表述式导语等。上述导语属于第一种,即先从一个场景展开。开头第一句"上周抵达宫城县女川的旅游大巴是不速之客"为这篇特稿设置了悬念。第二句展现了故事的场景:海啸袭击了故事发生的渔村,避难的幸存者待在体育馆里。第二自然段将第一自然段的远景拉近到了故事要表现的核心——"中国劳工",他们当时在体育馆里的场景。第二自然段的最后一句话揭开了开头第一句设置的悬念:大巴是来接她们的。

接下来,故事开始展开,特稿进入了中间部分:

刘雪妮(音)是一名在日本生活了13年的中国公民。她走进疏散大厅,说她来自中国驻日本大使馆,与她同行的还有王磊(音),王磊在邻近石卷町的一家公司工作。不一会儿,几十名中国人就走上前来,在王磊周围围成一个圈,几乎都是年轻女子。他告诉她们,中国政府带她们回中国。她们爆发出热烈的欢呼,很多人禁不住哭泣起来。

这一段将镜头聚焦到了两个人物身上:刘雪妮和王磊,他们是代表中国驻日本大使馆来接中国劳工的。作者用简洁的语言分别对他们的身份做了背景说明。他们的到来引发了何种反应,记者展现了当时的场景,用镜头语言呈现了现场感。这一段的最后三句话表现了中国劳工对于回国的渴望、期盼和感动的多重心理变化,展现了他们的真实情感。

这些劳工是赴日研修生,一直在女川的渔场工作。日本政府的研修生项目专门帮助发展中国家的工人在日本学习技能。批评人士说,该项目现在被当作剥削廉价劳动力的一种途径。

这一段是新闻背景。它向读者说明,这些中国劳工为什么会在日本这个偏远的小渔村里避难。这段穿插的背景起到了释疑解惑的作用,使得新闻故事不至于到此令人费解而导致阅读停顿。

旅游巴士上的中国人很快卷入了一场与小镇负责人的外交争执中。小镇负责人不愿让这些工人跟中国志愿者走,因为这些志愿者仅有的证明文件是在中国驻日本大使馆工作的一名官员的名片以及 36 个工人的名字。

有一句老话说:"文似看山不喜平。"起伏的情节是故事的看点。这个段落呈现了故事的"戏剧冲突":中国驻日大使馆来接人受到了小镇负责人的阻挠,这使新闻故事的情节变得紧张起来,人们想知道这是为什么。最后一句话交代了部分原因,为下文设置了悬念。

在疏散中心外,约有 100 名中国人在排队。许多人拎着一个塑料袋或背包,里面装着他们的所有家当。王磊和刘雪妮开始宣读名单上的名字,被叫到名字的人一一走出队伍。

这一段展示了现场场景:中国劳工开始排队等候点名。第二句话是细节描写,说明这些中国劳工的处境并不好,没有太多家当。第一句话中的数字与上一个自然段对比,暗示了日本小镇负责人与中国志愿者冲突的矛盾:拿着 36 人的名单想接走约 100 人。读到这里,人们对于日本小镇负责人不愿意让中国劳工离开仍旧心存疑团,悬念并未完全揭开。

刘雪妮开始带领一群人离开疏散中心。她们轻快地走过被夷为平地的房屋、变形的钢筋和四轮朝天的汽车。

这一段用两句话呈现了现场场景,第一句展现了刘雪妮的干练作风,第二句场景描写让受众"看到"了当地的地震、海啸导致的损失之严重,这一句中"轻快"一词展现出中国劳工对于回国的愉快心理。我们会发现,从导语之后展开故事的这几个自然段的描写充满了动感,现场画面被描写得栩栩如生。

女川町町长安住宣孝质问王磊,你以为只要说"我们走吧,我们走吧"然后就可以不通知雇主把这些人带走吗?你要知道,这是日本。王磊回答说,你可以保证你能保护她们的性命吗?这里是日本,但她们是中国公民。

看到上一段,受众误以为双方的冲突告一段落,中国志愿者带着中国劳工顺利离开了。看到这一段话人们才知道事实并非如此,"女川町町长安住宣孝质问王磊"暗示双方的冲突加剧了。记者用了简洁的直接引语,还用间接引语呈现了双方的口舌之争。这一自然段表现了双方冲突的升级,也为受众继续设置了悬念,人们想知道这件事发展下去会如何收场。

根据研修项目要求,这些中国工人要在渔场做满三年。渔场也要照顾好她们。由于镇上多数渔场已经毁坏,这些规则难以执行。另外,他们多数人的护照和其他身份证明也已经在海啸中被冲走了。负责将中国公民撤出日本的中国使馆官员证实,王磊和刘雪妮正以志愿者身份为政府工作,因为他们熟悉这一地区。使馆官员没有责怪安住宣孝,因为他似乎是为了工人们好。

这一自然段用了四句话作为新闻背景解释了日本女川町町长安住宣孝不让王磊接走中国劳工的主要原因。第五句为双方冲突结束提供了铺垫,中国使馆官员证实了王磊和刘雪妮的身份。但受众对于这场冲突的全部原因仍然留有疑问，记者在最后一句话中用了"似乎"这个词，为双方冲突的最终解开继续设置了悬念。

安住宣孝、王磊、刘雪妮和女川町多家水产公司的社长们一起，驱车回到市内给中国驻日大使馆打电话。海产品公司 YKSuisan 雇有 29 名中国研修生，其社长木村喜一（音）说，我想确认中国政府的确希望这些人马上回国。他挂断电话后对町长说："中国人说，日本不安全，所以想带他们走。"

这一段话是双方冲突争执升级后的高潮。一方要走，一方不让走，怎么办？冲突总要解决。双方打电话给中国驻日大使馆仲裁，日本人想得到确认是中国政府要接这些劳工回国。最后一句用了简洁的直接引语，表明日本人得到了证实。这一自然段也体现了日本人做事严谨、细心的品性。

安住宣孝说，如果雇主同意，他就会放他们走。在场的四位社长全都同意，女川町共有16 家企业聘有中国研修生，其他社长至少有两三人已经死亡。

这一段话是问题的解决。它表明日本人刻板地按照合同约定行事的处事风格，同时他们也是通情达理的。最后一句话穿插了新闻背景，说明了女川町聘请中国劳工的具体情况，也说明了遭遇灾害后当地日本社长遇难情况。最后一句话结尾也间接暗示这次灾害的严重性。至此，受众对于双方冲突的全部原因搞清楚了，悬念得到了彻底的解疑。原来日本的小官吏担心中国研修生被不明身份的人接走会出事，是一种责任心的体现，同时也是出于对当地雇主的权益的尊重。通过"危机"的处理，作者将两位中国志愿者的干练、中国研修生逃离灾区的迫切心情和日本人做事的严谨细致展现得十分形象，给读者留下深刻的印象。

在太阳即将下山的时候，载着约 40 名中国工人的大巴开走了。木村喜一看着汽车离开说道："哇，这就是你们的中国政府。"

这个结尾与开头形成了呼应关系。第一句话描写了现场场景。第二句话记者借用一名在场的日本社长的直接引语表达了他对中国政府关心海外劳工的赞美之情，同时也是对开头同处一个避难场所的日本幸存者形成的对比反差，从日本社长的感叹声中，读者不禁思考：日本政府在关心国民方面是不是做得不好呢？好的特稿结尾应该令读者获得启迪和思考，有余音绕梁之效果。通过剖析上述特稿，我们会感知到，一篇特稿在过渡上应衔接自然，在叙事上应流畅生动。

特稿的中间部分是全文的重心，"特稿内容的安排必须井然有序，主题的铺陈、重点的转换与语气的改变，都必须有一定的逻辑顺序。这个逻辑是内在的逻辑而不是公式，会因不同的特稿和不同的记者而有差别。"[38]需要提示的是，在推动故事发展的中间部分，记者需要借鉴文学艺术的表现手法，但这绝不意味着记者可以为了追求其表现力而刻意、做作地渲染、煽情，而是要尊重故事本身的逻辑，忠于事实。"为故事写作需要相信故事，相信你自己；为故事写作要求仅忠实于故事本身，而忘了你自己；为故事写作意味着调整自己的声音，使它不会与你的人物的声音竞争。只有不自信的作家，才想要像他的采访对象那样风趣和富有戏剧性；只有不自信的作家，才禁不住向读者强调他自己的感受；只有不自信的作家，才不能舒缓地引导读者从故事中得到顿悟，而使读者认为是靠他才得到感受的。"[39]

（三）结尾

特稿的结尾与倒金字塔结构消息的结尾明显不同，后者"头重脚轻"，给人一种有头无尾的感觉。特稿的结尾与导语一样重要，甚至更为重要，它与导语形成一种对称关系，使报道平稳过渡，在结尾形成高潮，令人回味无穷。特稿结尾唤起受众共鸣，让受众思索并接受报道的主题。

1. 展现高潮

记者将特稿最激动人心或最感动人心的事实片段置于文章的最后，将故事的结束推向全文的高潮，令人感同身受，浮想联翩。如特稿《永不抵达的列车》（《中国青年报》，2011-07-27）的结尾：

23 日晚上，22 时左右，朱平家的电话铃声曾经响起。朱妈妈连忙从厨房跑去接电话，来电显示是朱平的手机。"你到了?"母亲兴奋地问。

电话里没有听到女儿的回答，听筒里只传来一点极其轻微的声响。这个以为马上就能见到女儿的母亲以为，那只是手机信号出了问题。

似乎不会再有别的可能了——那是在那辆永不能抵达的列车上，重伤的朱平用尽力气留给等待她的母亲的最后一点讯息。

记者用这样一个细节描写结束了全篇，看到这里，人们会抑制不住内心的悲伤，泪如雨下。

2. 余音绕梁

记者在特稿结尾处突然展现故事叙事中不期而至的变化，或者意外地呈现主人公命运的急转，与主体部分的叙事形成鲜明的对比反差，令受众惊讶或震惊，耐人寻味，心里久久难以平静。《华尔街日报》记者肯恩特写的特稿《德克托战役的价值》结尾如下：

有关德克托战役的分析与评论已经写得太多了，还有更多的人会继续写。但是，一位年轻的医护兵理查·克拉默坐在八七三高地的顶上，四周全是炸毁烧黑的树桩，余烟袅绕，灰烬遍野，弹坑处处，满目疮痍。装备杂物散乱一地，尸体多过活人。"这场战争对远隔重洋万英里之外的美国重要吗? 我们的后代会在历史上看到八七三高地之战的记载吗?"他讽刺地问道。

八七三高地之下，直升机忙着卸下装备、尸体与伤兵。钢盔、武器与装备堆积得犹如金字塔，塔顶上有一本血渍斑斑的平装书本——如何预备上大学。[40]

"塔顶上有一本血渍斑斑的平装书本——如何预备上大学"这个细节太刺激人的感情了! 残酷、冰冷的描写中隐含着记者的悲愤：究竟是谁把这些梦想着步入大学殿堂的青年葬送在了异国他乡?! 读完这句话，令人忍不住掩卷沉思。

3. 留下悬念

记者在报道的结尾对关键的问题或需要解答的疑惑不给出答案，让受众自己思考人物的最终命运或事件的最终发展趋势。这样的结尾要么是事实如此，记者对结果未知；要么是记者为了刺激受众思考讨论而有意增强传播效果。《华南虎能否重振虎威》（美国《时代周刊》，作者：安德鲁·马歇尔，2010-02-1）的结尾是：

罗恩·蒂尔森反对饲养虎。他说很多国家林业局的官员私下里也反对饲养老虎。他认为中国官方和民间对动物保护的态度正在迅速发生变化，因此中国的过往记录不能代表未来的行动。他强调："那是过去。这是现在。"中国下一步的行动可能决定着这个虎年是不是值得庆祝。（《参考消息》，2010-02-24）

这个结尾信息量丰富，有显在的，如专家反对饲养虎；也有潜在的，如中国林业局官员私下里的表态。寥寥几笔就浓缩了中国官场的生态。我们还知道了中国上上下下的态度在变化,同时看到了专家的评价,为了表明专家的态度,引用了两句精练的直接引语。最后一句语意隽永,暗示我们中国的华南虎回归自然习性的计划任重而道远,也为这一计划的成功与否留下了悬念。

4. 回应开头

特稿结尾还可以采用与导语呼应对照的方式,例如《柬埔寨新娘嫁到中国:为钱结婚 能挣钱寄回家》(未来网,2017-05-02)的开头是:

当本塔离开柬埔寨嫁给一个中国男人时,她确实是为了钱,而不是因为爱。

其结尾是:

由于丈夫是打短工的,干的是收入低的重体力活,赚钱养活一家四口不容易,所以本塔知道她想过更好的生活并寄钱回家的希望无法实现。现在她很纠结。她想待在中国抚养她的两个儿子,但她忍不住后悔当初决定到中国来。

这个结尾的优点是,你只能读完全篇才能获知所有的事实信息。

5. 耐人寻味

特稿注重娱乐功能,尤其是与文化、娱乐业等相关联的专业特稿,用轻松有趣的结尾能够博得受众的青睐。美国《福布斯》双周刊网站 2014 年 2 月 23 日的特稿《更多中国人选择网上看春晚》的结尾是:

美国已故著名建筑师弗兰克·劳埃德·赖特称电视节目是“思想的口香糖”。中央电视台春晚这块口香糖的味道还将持续。而且看似中国老百姓也没有把这块不是那么美味的口香糖吐掉的打算。这让人开始期待 2015 年春晚。(《参考消息》,2014-02-25)

该结尾耐人寻味,它以引语表达了隐喻,使结尾饶有趣味,富有寓意。

6. 意蕴深长

香港《南华早报》2010 年 2 月 23 日发表的新闻分析《航母访香港表明中美斗而不破》(《参考消息》,2010-02-24)开头是:

20 日,随着美国“尼米兹号”航空母舰在春天的薄雾中驶离香港,该航母成为日益复杂的中美关系的象征。……

其结尾是:

1975 年开始服役的“尼米兹号”航母的钢铁船体可能体现了影响东亚几十年的战略设想,但是一个日益崛起的中国对未来构成的挑战意味着它必定会驶向更灰暗的天际。

这个结尾很短,与开头遥相呼应,还捎带着介绍了“尼米兹号”航母的一点背景信息,同时点明了它在东亚为维护美国霸权利益所起的作用,最后一句话应用了文学修辞“象征”的手法,蕴含着中国崛起对未来美国在东亚的利益是一种的挑战,“灰暗的天际”令人遐想。

7. 风趣幽默

特稿注重娱乐性。用引语结尾表达情感、观点有助于展示报道的基调,令人联想,蕴含潜在信息。例如新华社的报道《中国元旦将现“7 时 59 分 60 秒”:多的一秒为闰秒》的结尾:

记者注意到,这凭空多出的 1 秒钟引起了网民和段子手们的调侃。“多一秒,用来想她。”“让我稳稳的幸福,再飞一秒。”“为了想这一秒用来干啥,我浪费了整整一个小时。”(新华网,2016-12-30)

该结尾契合报道的旨趣,风趣幽默的引语让受众会心一笑,使得整篇报道浑然一体,令受众陶醉于新闻文化的审美愉悦之中。

8. 延展信息

新闻的首要功能是传播信息,无论消息还是特稿,在这一点上具有共性。2002年1月19日笔者独家报道了上海吴泾医院副主任医师袁慧英远赴新疆轮台县去救治12名肉毒梭状菌中毒患者过程中遇车祸身亡的故事。其结尾是:

令记者意外的是,在采访袁大夫在库尔勒探望病人和因车祸不幸身亡的过程中,记者遇到的是冷漠和回避。原来,这是由于相关部门的一些人认为,上海电视台在报道袁医生的事迹时,也许是为了追求新闻价值,把袁大夫来新疆参与抢救中毒患者的作用夸大了,这引起了他们的委屈和不满。另外,也有人担心袁大夫的家人会为这起意外的事件提出什么要求。

当记者将这些真实的情况告诉袁医生的儿子赵群之后,他沉默了片刻说,"母亲是为了抢救病人,是带着一颗爱心到新疆去的,她的离去只是一个意外。不管怎么说,我们都不会玷污母亲的声誉。我们全家人都为母亲的医德而感到骄傲。"

在消息写作中,为使主题集中于"一事一报",上述无关核心新闻事件的信息应删除,但特稿追求故事的饱满,可在结尾将相关联的细节作为事件的补充信息进行延展,这样可以将事件的来龙去脉细腻地传达给受众。

写好特稿的结尾要防止两种倾向,其一是话说得太满。新京报客户端"政事儿"特稿《涉"四宗罪"的奢靡女厅官》(2017)揭露了山西国信投资集团有限公司董事长、党委书记上官永清涉嫌"受贿、贪污、职务侵占、挪用资金"四宗罪的事实。其结尾是:

有媒体曾问上官永清,任命你当晋商银行董事长的时候,你犹豫过没有?"没有!党让你干什么就干什么,我走了这么多地方,没有后悔和犹豫过。党让你去做这个事情了,就要踏踏实实地把事情做好,无论在哪个岗位上,都要认认真真地履行岗位职责,我的想法很简单,就是把责任尽到,把工作做好。"上官永清说。

然而,这位奢靡的女厅官最终还是干了不少党不让她干的事。

本来这是一个精彩的结尾,用这位权倾一时的贪官曾经说过的豪言壮语对照其犯"四宗罪"的事实,发人警醒,有讽刺的效果,令人发笑,让人沉思。按理说,到这里就戛然而止是最好的结尾,记者不言,让贪官自己打自己的脸,一切尽在不言中,留给受众去回味。遗憾的是,记者没有意识到写作的节制,偏偏多了最后一句话(画线部分),实在是画蛇添足,令一个好结尾黯然失色了。写作的艺术如同中国画中留白的艺术,齐白石画的虾没有看到水,但通过受众的想象,感觉它就在水中游动着,大面积的留白唤起了受众的联想。写作也是这样,事实已经交代清晰了,记者就应该惜字如金,不再多言。结尾要留给受众玩味才有味道。

特稿结尾常见的第二种弊端是:宣传思维导向使得记者用主观、空洞的话语渲染人物形象。如《揭秘南疆武警排爆手:练习机械手臂夹鸡蛋》的结尾:

家人和朋友常问,你后悔过吗?高凯总是默默地微笑着。是啊,他确实不用回答。当党和人民需要的时候,即使让他献出生命,他也会义无反顾,这就是勇者的气概。(中国新闻网,2014-02-21)

该结尾删除最后两句(画线部分)效果更好。记者精心选择并展现事实,让受众自己去品味并得出结论才是上策。新闻的事实是最有穿透力的,记者没有必要刻意用自己的主观意见作结尾,把意见硬塞给受众。

美国哥伦比亚大学新闻学院教授、《纽约时报》专栏作家塞谬尔·G.佛里德曼说:"伟大的新闻记者绝不会只停留在阅读报章杂志、收集新闻材料和收听新闻报道上,而会在文学、电影和爵士乐等伟大艺术中寻找养分和催化剂。"[41]这句话提醒我们:写好特稿需要全面的文学艺术修养,要精心构思特稿结尾,使其能唤起受众共鸣,让受众思索并接受报道的主题。

【注释】

1.梅尔文·门彻:《新闻报道与写作》第9版,展江主译,北京:华夏出版社,2003年,第215页。

2.梅尔文·门彻:《新闻报道与写作》第9版,展江主译,北京:华夏出版社,2003年,第214页。

3.转引自白贵、彭焕萍:《当代新闻写作》,北京:中国人民大学出版社,2013年,第91页。

4.梅尔文·门彻:《新闻报道与写作》第9版,展江主译,北京:华夏出版社,2003年,第214页。

5.苏珊·佩普、休·费瑟斯通:《特稿写作——从入门到精通》,周黎明译,北京:中国人民大学出版社,2011年,第2页。

6.苏珊·佩普、休·费瑟斯通:《特稿写作——从入门到精通》,周黎明译,北京:中国人民大学出版社,2011年,第2页。

7.托尼·哈尔卡普:《新闻学原理与实务》,董素兰、顾淑馨译,台北:台北学富文化事业有限公司,2011年,第236页。

8.苏珊·佩普、休·费瑟斯通:《特稿写作——从入门到精通》,周黎明译,北京:中国人民大学出版社,2011年,第46页。

9.凯利·莱特尔等:《全能记者必备》第7版,宋铁军译,北京:中国人民大学出版社,2005年,第175页。

10.苏珊·佩普、休·费瑟斯通:《特稿写作——从入门到精通》,周黎明译,北京:中国人民大学出版社,2011年,第46页。

11.南香红:《巨灾时代的媒体操作:南方都市报汶川地震报道全记录》,广州:南方日报出版社,2009年,第152页。

12.刘虹岑:《永不抵达的列车,灾难中人性未缺席》,http://news.nandu.com/html/201211/04/34.html 2012-11-04 15:15:05。

13.梅尔文·门彻:《新闻报道与写作》第9版,展江主译,北京:华夏出版社,2003年,第217页。

14.托尼·哈尔卡普:《新闻学原理与实务》,董素兰、顾淑馨译,台北:台北学富文化事业有限公司,2011年,第240页。

15.刘明华:《西方新闻采访与写作》,北京:中国人民大学出版社,1993年,第281—283页。

16.苏珊·佩普、休·费瑟斯通:《特稿写作——从入门到精通》,周黎明译,北京:中国人民大学出版社,2011年,第106页。

17.苏珊·佩普、休·费瑟斯通:《特稿写作——从入门到精通》,周黎明译,北京:中国人民大学出版社,2011年,第149页。

18.《霍金三次访华往事:喜欢中国食物 最欣赏中国女性》,《中国新闻周刊》2018 年 03 月 17 日。

19.苏珊·佩普、休·费瑟斯通:《特稿写作——从入门到精通》,周黎明译,北京:中国人民大学出版社,2011 年,第 149 页。

20.苏珊·佩普、休·费瑟斯通:《特稿写作——从入门到精通》,周黎明译,北京:中国人民大学出版社,2011 年,第 95 页。

21.塞缪尔·G.佛里德曼:《媒体的真相:致年轻记者》,梁岩、王星桥译,北京:中信出版社,2007 年,第 97 页。

22.托尼·哈尔卡普:《新闻学原理与实务》,董素兰、顾淑馨译,台北:台北学富文化事业有限公司,2011 年,第 243 页。

23—27.刘虹岑:《永不抵达的列车,灾难中人性未缺席》,http://news. nandu. com/html/201211/04/34. html 2012-11-04 15:15:05。

28.苏珊·佩普、休·费瑟斯通:《特稿写作——从入门到精通》,周黎明译,北京:中国人民大学出版社,2011 年,第 52 页。

29.约翰·托兰:《漫长的战斗:美国人眼中的朝鲜战争》,孟庆龙等译,北京:中国社会科学出版社,1993 年,中文版作者自序。

30.梁实秋:《人生不过如此而已》,北京:北京时代华文书局,2015 年,第 229—230 页。

31.苏珊·佩普、休·费瑟斯通:《特稿写作——从入门到精通》,周黎明译,北京:中国人民大学出版社,2011 年,第 51 页。

32.苏珊·佩普、休·费瑟斯通:《特稿写作——从入门到精通》,周黎明译,北京:中国人民大学出版社,2011 年,第 52 页。

33.梅尔文·门彻:《新闻报道与写作》第 9 版,展江主译,北京:华夏出版社,2003 年,第 219 页。

34.迈克·华莱士、贝丝·诺伯尔:《光与热:新一代媒体人不可不知的新闻法则》,华超超、许坤译,北京:中国人民大学出版社,2017 年,第 105 页。

35.迈克·华莱士、贝丝·诺伯尔:《光与热:新一代媒体人不可不知的新闻法则》,华超超、许坤译,北京:中国人民大学出版社,2017 年,第 104 页。

36.托尼·哈尔卡普:《新闻学原理与实务》,董素兰、顾淑馨译,台北:台北学富文化事业有限公司,2011 年,第 236 页。

37.苏珊·佩普、休·费瑟斯通:《特稿写作——从入门到精通》,周黎明译,北京:中国人民大学出版社,2011 年,第 58 页。

38.托尼·哈尔卡普:《新闻学原理与实务》,董素兰、顾淑馨译,台北:台北学富文化事业有限公司,2011 年,第 250 页。

39.塞缪尔·G.佛里德曼:《媒体的真相——致年轻记者》,梁岩、王星桥译,北京:中信出版社,2007 年,第 97 页。

40.弗朗西斯·迪利:《〈华尔街日报〉:告诉你一张报纸打天下的秘密》,张连康译,北京:企业管理出版社,1998 年,第 142 页。

41.塞缪尔·G.佛里德曼:《媒体的真相:致年轻记者》,梁岩、王星桥译,北京:中信出版社,2007 年,序言。

【思考与练习】

阅读并分析下面这篇特稿,你的阅读感受是什么?你如何评价这篇特稿写作?

漠大线上的小夫妻

黑龙江的最北端漠河,地处中俄边境。一条跨越国境的石油管道,把两国的友谊和经济链接在群山叠岭之中。

10月底,记者又一次跟随路桥公司,走进了巍巍的大兴安岭。

经过8个多小时的行程,终于抵达了我采访的第一站——中俄石油管道伴行公路漠河县城的临时指挥部。

第二天上午,我们驱车70多公里来到了L4标段,在这里,我认识了五处施工二组的队长赵林和测量员李艳红夫妇。

这对新婚小两口,是今年3月25日结婚的,按说婚礼过后,两个人应该出去旅游,可婚后一个星期,赵林就带着队员先行到了漠大线。

新娘子艳红随后也到了漠大线。

当同事们问起的时候,艳红说:"我们是既到中国最北端漠河旅游,又到这里工作,革命生活两不误啊!"

赵林所带领的施工二组,今年承担着L4标段很重要的一段,备料、拉运、山体爆破,样样都在考验着这位年轻的队长。

而妻子艳红每天要背着沉重的测量仪奔走在工地上。

虽然是赵林手下的兵,工作很辛苦也很累,但是艳红没有埋怨他。她总是说:"我要比别人做得更好,这才是对他工作最大的支持。"

在现场,记者没有发现他们是对夫妻,他们常在一起研究图纸,一起校正测量仪的精准度,一起在实地上确定最终的点、线。

艳红说:"有的时候也羡慕那些新婚夫妻,一起逛商店,吃肯德基……但是,我宁愿守候在漠大线。"

"更多的时候工作就是生活,生活就是工作,习惯了。"赵林笑着说。

在漠大线的工程建设中,熬夜如家常便饭,从领导到工人,几乎每天都要熬夜。赵林所在的标段现在有40多人在一线忙碌。在施工现场,所有工人都是两班倒,就算是替换休息的时候,身为队长的他,也得24小时手机开机。即使是半夜,一旦施工遇到了难题,只要电话响起,他就立刻赶去解决。

艳红说:"我能理解,多一些谅解,生活就很幸福。"

在漠大线这半年多,夫妻俩从未一起看过一次电影,一起逛过一次街。长年在野外工作,不管纪念日,还是生日,小两口的生活里从来没有过玫瑰、礼物和烛光晚餐,却从不缺少浪漫。

吃完晚饭,夫妻俩去了施工现场,这也算作是能一起出来遛遛弯了。

"最大的感触就是很有成就感,眼看着路一天一个模样,很自豪啊!"艳红说。

闲的时候,艳红也拿出俩人的结婚照看看。

"有的时候看着照片,也挺想家的,因为刚结完婚一周就回来,也没待够啊!"艳红眼里有泪花在闪动。

我单独和她聊天时，才发现，这个女孩对爱情、对生活、对事业，都有着细腻的理解。

在道路施工的最前线，像赵林、李艳红这样奋战在前沿战场上的"夫妻档"还有很多，他们都以路桥员工简单、质朴的言行履行着"舍小家、为大家"的承诺，用实际行动确保一条又一条道路的安全畅通。也许他们失去了很多夫妻间该有的情调、浪漫，但他们收获的幸福与快乐恐怕只有他们自己才最能体会。

记者感言：

在采访返回的途中，我脑海中一直回旋着赵林夫妻那快乐的笑声。

这里远离人群、信息闭塞，我体会到生活的单调和寂寞。然而，他们还是选择了跋山涉水，选择了四海为家，选择了苦中作乐。

可他们学会了互相搀扶，互相鼓励，互相安慰。这或许就是生活中不可或缺的吧？

【延伸阅读】

克劳伦斯·巴荣对新闻写作的7条建议

提到《华尔街日报》，有一个人不能不提，他就是克劳伦斯·巴荣。1900年，由于内部分歧，《华尔街日报》转手给克劳伦斯·巴荣。巴荣在创立自己的公司——巴荣新闻局之前，曾经在《波士顿日报》财经版当过5年记者和12年的编辑，是一位杰出的报人，深谙采访之道。他提出了优良报道与写作的7大要点。

1. 勇敢无畏。你是代表《华尔街日报》的，当代最重要的是财经新闻。不像一般报纸的记者，我们的读者是依据你们的报道而做决定的。因此你有责任访问任何人，每一个该访问的人。

2. 无我。当你持笔在手时，你就不要管他是亨利、杰姆斯或是福特。

3. 句法简单。不要用副词、形容词，直截了当评述其事，一律用主动语态。当然，也有例外，不过这些例外都是给《纽约时报》用的。

4. 清楚易懂。你写的是不是你所要说的？把婴儿连洗澡水一起泼出去，如果意味着决心牺牲，则是一个很聪明的讽喻。

5. 抓住正确的要点。编辑可以为你改写，但是只有你们才能搜集到事实的真相。这些一定要在前三段之中交代清楚。

6. 说一个故事。引用已证实的资料是强有力的旁白工具。当然要安排在高潮处。

7. 开头重于一切。修改30次，最后第31次的尝试，选出流畅完美的一段来。

——弗朗西斯·迪利：《〈华尔街日报〉：告诉你一张报纸打天下的秘密》，张连康译，北京：企业管理出版社，1998年9月，第24页

【图书推荐】

1. 盖伊·特立斯：《被仰望与被遗忘的》，范晓彬、姜伊敏译，上海：上海人民出版社，2017年。

2. 魏斐德：《中华帝国的衰落》，梅静译，北京：民主与建设出版社，2017年。

3. 蕾切尔·卡森：《寂静的春天》，黄中宪译，北京：文化发展出版社，2018年。

4. 罗伯特·博因顿：《新新闻主义：美国顶尖非虚构作家写作技巧访谈录》，刘蒙之译，北京：北京师范大学出版社，2018年。

5. 约翰·托兰:《最后一百天:希特勒第三帝国覆亡记》,刘永刚译,杭州:浙江文艺出版社,2017 年。

6. 约翰·托兰:《日本帝国衰亡史:1936—1945》,郭伟强译,北京:中信出版社,2015 年。

拓展资源

第十六章
深度报道

互联网新媒体的崛起使得以优质的内容和公信力取胜的传统媒体走出了"最好的"时代，碎片化、娱乐化成为网民热衷的轻阅读方式。《时尚先生 Esquire》2016年1月刊出的深度报道《太平洋大逃杀》细致入微地展现了对极端境遇下人的复杂性的拷问，仅在微信平台就曾获得超过3000万阅读量，覆盖人数接近《盗墓笔记》。最终乐视影业在十几家影视机构的竞争中脱颖而出，以百万元级价格获得影视改编权。2017年3月23日《南方周末》的深度报道《刺死辱母者》一周内引爆了全国，网易上的跟帖互动量高达239万，在微信朋友圈转发后阅读量超过了10万。网民的刷屏直接引发了舆论的沸点，在"两微一端"和新闻网站形成了"现象级传播"效果。《新京报》《人民日报》闻风而动，及时刊发两篇重量级评论——《"刺死辱母者"案法院未认定"正当防卫"，值得商榷》《"辱母杀人案"：法律如何回应伦理困局》引导舆论。《"刺死辱母者"案法院未认定"正当防卫"，值得商榷》对事件的全面还原报道形成的舆论监督促成了法制的公平正义。2017年6月23日上午9时，山东省高级人民法院在该院第22审判庭公开宣判上诉人于欢故意伤害一案，于欢由无期徒刑改为有期徒刑5年，法院认定其刺死1人行为系防卫过当。《太平洋大逃杀》17346字，《"刺死辱母者"案法院未认定"正当防卫"，值得商榷》3397字，这两篇深度报道的影响力证明：即便当下人们陶醉于移动互联网碎片化阅读的场景下，优质的内容仍旧能够吸引受众。

一、深度报道概论

深度报道源自20世纪初的美国，调查性报道和解释性报道是它的两种主要报道形式。

调查性报道滥觞于20世纪初的美国"扒粪运动"，即揭黑报道。1902年年底，《麦克卢尔》杂志发表了林肯·斯蒂芬斯写的《城市的耻辱》、艾达·塔贝尔写的《美孚石油公司的历史》和雷·斯坦纳德·贝克写的《工作的权利》，这三组揭露美国社会丑恶现实的深度新闻拉开了调查性报道的序幕。从1902年至1914年，美国报纸发表了揭发美国社会腐败现象的大量调查性报道，时任美国总统西奥多·罗斯福称这些报道的记者是"扒粪者"。对此，美国调查记者欣然接受。"扒粪运动"由此得名。

解释性报道诞生于20世纪30年代的美国。第一次世界大战和1929年世界性的经济危机震惊了美国新闻界。以"倒金字塔结构"为代表的客观性新闻只告诉人们"是什么"，却无法解释事件"为什么",人们开始要求记者在真实、全面和理智报道新闻的同时,分析事件产生的原因、后果和社会影响,从而使读者获悉新闻事件的历史走向,洞察其意义。美国政论家沃尔特·李普曼提出:"一个'为什么'变得与'是什么'同样重要的时代开始了。"[1]

1933年美国报纸编辑协会通过决议,要求报纸做好解释性报道,"用于提供信息的背景,以便使得普通读者能够充分了解事件的进程和意义"。[2]这标志着解释性报道诞生。

1960年,美国内布拉斯加大学(University of Nebraska)新闻学院副教授尼尔·高普鲁出版《深度报道》一书,在理论上和学术上确定了深度报道的地位。尼尔·高普鲁明确提出深度报道是"以今日的事态,核对昨日的背景,从而说出明日的意义来"。

1985年,美国普利策评奖委员会推出了两个新奖项:解释性报道奖和调查性报道奖。这一举措促进了深度报道的繁荣。

20世纪80年代中期,深度报道开始在我国兴起。1986年,全国好新闻评选设立了深度报道奖项;1987年被新闻界业内人士称为"深度报道年",多篇有影响力的深度报道如《红色的警告》(1987年6月24日)、《黑色的咏叹》(1987年6月27日)、《绿色的悲哀》(1987年7月1日)、《命运备忘录》(1987年12月2日)、《关广梅现象》(1987年5月12日)、《中国改革的历史方位》(1987年10月6日)等受到读者和新闻界瞩目。进入20世纪90年代,国内电子媒体开始探索深度报道,以1994年4月1日中央电视台《焦点访谈》、1996年5月17日中央电视台《新闻调查》的创办为标志,深度报道开始在央视其他节目如《今日说法》出现,中央人民广播电台《新闻纵横》代表了广播深度报道的兴起;20世纪90年代末,《南方周末》开始发力深度报道并由此塑造了报纸的风格和品牌;21世纪初期,以《中国经营报》《21世纪经济报道》《经济观察报》《财经》杂志等为代表的纸质媒体开始着力打造品牌深度报道。如今,不少传统媒体精英跳槽转战互联网新媒体,利用新媒体的平台和渠道优势坚守深度报道的职业理想,如网易的"人间"、腾讯的"谷雨"、界面的"正午"、微信公众号"真实故事计划""全民故事计划""中国三明治""犀牛故事"等。

(一)深度报道的界定

深度报道是记者对新闻事实通过深入调查和深刻研究,对相关联的事实信息进行全面、立体探究,致力于探析新闻背后的新闻,以揭开新闻真相、揭示新闻深层次意义为目的的报道。它是对新闻事实的深刻原因或全面过程进行调查、解释或分析的新闻报道。"深度报道有广义和狭义之分。广义的深度报道包括所有追踪新闻事件的来龙去脉、刨根究底回答'How'和'Why'的新闻报道;而狭义的深度报道以'Why'为中心,即主要以解释'为何'为旨趣,以解释性新闻、分析性新闻、调查性新闻为代表。"[3]与客观性新闻比较,深度报道需要记者投入更多的精力、花费更多的时间、找到更多的新闻来源、付出更多的成本对新闻事实进行深入采访和调查研究,抵达现场,探明真相,使新闻报道全面详细地展现新闻的脉络,深刻剖析新闻背景,深入解析新闻的影响与发展趋势,将新闻事实变动的状态、原因和意义进行全面详尽的展示。

"深度报道与一般客观报道最大的区别体现在内容的侧重点上。深度报道不满足于只向受众提供简单的新闻事实,它们大多强调多层次、综合地把握和解释新闻事件的过程及新闻事件与社会的联系,探索时代的精神状况,描述隐藏在行为背后的深层含义。客观报道通常把报道的重点放在叙述'新闻六要素'的前四项内容——'When''Where''Who''What'

上,而深度报道则把报道的重点放在叙述'新闻六要素'的后两项内容——'Why'和'How'上。深度报道的首要任务是详细地告诉受众新闻的意义和它发生的前因后果,它经常要通过解释和分析表达客观报道难以表达的内容。"[4]

美国新闻学者梅尔文·门彻将深度报道称为"长篇报道":"一些事件和形式是如此复杂,只有给予长期关注才行得通。或者情形是如此有趣,篇幅长成了一个可贵的优点。读者、观众和听众将全程跟踪,为每一个意想不到的改变和转机而着迷。"[5]从梅尔文·门彻的这段话可以判断,新闻(消息)和特稿是报道体裁,而深度报道不是一种报道体裁,它是新闻报道的扩容与延伸,它的称谓源自内容的深刻性与广延性,这是它与特稿的细微区别。其次,特稿可长可短,而深度报道相对篇幅长,多为"长篇"报道。另外,特稿关注人,倾向于以人情味或娱乐性为旨趣的软新闻报道,如2017年美国普利策新闻奖特稿获奖作品是《纽约时报》记者C.J.奇弗斯的《斗士》,它用2万字的篇幅讲述了一位参加过阿富汗战争的海军陆战队士兵在回国之后,因战争创伤产生严重的应激反应,被暴力行为和念头所困扰,根本无法适应美国国内的平和生活。深度报道则偏重于对重大事件和重要问题真相的报道,是对硬新闻的深度和广度的挖掘,它呈现事件或问题的全部事实内幕,如2017年普利策新闻奖调查新闻报道奖颁发给了《查尔斯顿邮报》记者埃里克·埃尔,他冒着重重压力,报道了在西弗吉尼亚州里一些全国阿片药物死亡率最高的县城出现的鸦片类药剂肆虐的情况;2017年普利策新闻奖解释性报道奖花落国际调查记者联盟和《迈阿密先驱报》,该报道由六大洲超过300位记者联合起来揭露了一个海外避税天堂,揭露了政商界大量高层犯罪和腐败问题。此外,在报道题材上,特稿题材杂博(从软新闻、个人专栏、评论到广告软文),重视的新闻要素是"How(如何)";而深度报道题材偏向于重要社会事件和重大社会问题,它既重视新闻要素"How(如何)",同时也重视对新闻要素"Why(为何)"的挖掘。当然,无论特稿还是深度报道,在采访方式和写作方式上,两者有相通之处,都要通过多信源搜集丰富的素材,以场景、细节、引语、对话等元素建构具有人情味、冲突性、戏剧性的故事,以吸引受众在柳暗花明、跌宕起伏的故事情节中获得独特的审美体验。深度报道不是新闻体裁,而是一种报道方式,它借鉴特稿的写作技巧,追求故事性和可读性,忌讳冗长沉闷的文字。

(二)深度报道的特点

1.选题深刻

"深刻"是深度报道的属性,同新闻(消息)简明、扼要、客观、中立传递事实信息和特稿长于展现人情味或娱乐性故事不同,深度报道的选题是具有广泛影响的重大的社会问题、重要的社会事件。它要求记者以科学研究的精神,借鉴哲学、社会学、文学、传播学、心理学、政治学等综合知识,本着理性、严谨、求实、精进的态度,对事实进行宏观整体把握,多侧面、全方位、立体化、多层次地观照事物,由表及里,追根溯源,细致入微,最终能够揭露真相,挖掘原因,揭示本质。深度报道需要记者用准确、通俗、简洁、生动的语言,揭示事物从表层到深层、从事件到认知、从事件本身到事件之间、事件与人的联系,以丰富的、优质的信息量和可读耐读的文本系统、深入揭示事物的来龙去脉、前因后果、内外联系和发展趋势,事理融合,厚重深层,满足受众多样化、多层次的媒介文化需求。深度报道的选题包括:社会矛盾、社会冲突、社会问题、重大伤害事件、腐败人物和事件、带来震荡的社会变革、社会的大趋势、大事件的成因与意义等。如2017普利策新闻奖调查性报道奖获奖作品是《查尔斯顿邮报》的系列报道《药品公司为西弗吉尼亚农村处方药失控推波助澜》《7.8亿氢可酮和氧可酮药片导致1728人死亡》《谁在漠视处方药流通法规》,该报道矛头直指黑药房和州政府,报道揭露在6年时间里,医药公司在这些地方销售了超过7.8亿氢可酮和氧可酮药片,这两种药导致西弗吉尼亚地区1728人的死亡。报道还用一系列图表展示了这两种药翔实的销售数据。不仅如此,该报道还从州立法规讲起,揭露为何西弗吉尼亚州对于处方药流通的监管如此缺失,为何药房委员会在接到药剂公司的报告(还很少)后没有行动。这组系列报道先后刊发在2016年5月22日、2016年12月17日、2016年12月18日的《查尔斯顿邮报》上,从发现问题、追踪报道到追查原因,将这一重大社会问题的前因后果揭示得完整清晰。深度报道追求新闻的永恒价值。深度报道选题的"深刻"源自记者个人的知识、阅历、情怀和睿智,对社会的深入观察,对人类命运的深刻思考,对人性的深切参悟,对生活持久的好奇心,可以说,深度报道的记者更像一个哲学家或社会学家。一个杰出的深度报道记者应该是某一个领域的研究专家,同时拥有作家兼记者的出色文笔,他始终致力于最权威的调查、最出色的思想和最优美的文笔。优秀的深度报道展示的是记者的思想和灵魂,它呼唤公平与正义,它关注科学与人文精神,它体现的是记者社会责任的担当,为推动社会的进步鼓与呼。

2. 形式多样

深度报道在形式上有单独成篇的,也有采用立体综合式报道、系列报道、连续报道、组合报道、追踪报道、问题讨论报道等集合类形式。由于深度报道注重对新闻背景的解读,新闻背景材料在报道中占有远比新闻(消息)更为详尽全面的篇幅,有的深度报道就是一篇数千字的新闻背景解读,所以深度报道是新闻中的"长篇报道"。调查性报道一般都有数千字的篇幅,重大事件和重要问题报道可以长达数十万字,媒体连续刊登一年,然后结集出版成书,使之具备了文献或专著的传播价值,具有了恒久的影响力。同样的选题,不同媒体会根据自身的传播特点采用不同的报道形式,例如2005年6月11日河北省定州市绳油村因建设火电厂强行征地引发村民反对,火电厂项目方在原定州市委书记和风等人的授意下,纠集300余人持械袭击护地村民,导致6名村民死亡、多人受伤。《新京报》在惨案发生的第三天刊登1135字的记者调查《河北定州村民遭百人袭击六人死亡 疑因征地引起》,第四天刊发1026字的后续报道《定州市委书记市长被免职》。《中国经济时报》根据《新京报》的报道跟进采访,在当年的6月20日刊登了一篇逾万字的长篇调查报道《河北定州村民遭袭事件调查》。同年7月1日《三联生活周刊》刊登了一篇3796字的调查报道。在传统媒体时代,一篇深度报道或组合式深度报道要根据文字匹配图表、照片等版面元素。在当下互联网新媒体时代,融合新闻报道聚合了传统媒体的所有能够彰显深度报道传播效果的视觉、听觉元素,除了以文字为主打,还叠加了音频、视频、图表、照片、漫画、动画、表情包等元素,使得报道贴近年轻受众,让沟通变得没有距离。

3. 生产周期长

深度报道生产周期长,按照美国杂志深度报道的经验,一篇调查性报道一般需要3到5个月的生产周期。首先,做深度报道的记者要在采访和写作上花费较多的时间和精力,挖掘事实真相。《南方人物周刊》2007年12月1日第103期动用10个版面推出了封面报道《少年杀母事件》,该报道作者林珊珊从开始采访到报道刊出,用了5个月时间,采访记录用了3个笔记本,采访录音至少有40个小时。为了寻访悲剧的成因,林珊珊用了一个月的时间采访杀母少年的父亲,还分别与该少年QQ上的72名网友聊天取证,深入该少年学习、生活、打工的地方现场采访。《时尚先生 Esquire》2016 年 1 月刊出的杜强的《太平洋大逃杀》广受赞誉,它讲述的是"鲁荣渔 2682 号"渔船载 33 名船员出海,11 名生存船员杀害 22 名同伴的故事。事件发生后,杜强等了 4 年,终于找到其中一位刑满释放者。他跟访十几天(细致到诸如"左手递刀还是右手递刀"的反复追问),最终还原了整个故事。2016 年优步中国正式宣布与滴滴合并,《智族 GQ》重发了雷磊撰写的关于滴滴公司的特稿。雷磊称,为了写这篇报道,他采访了 50 多个人,在滴滴"趴"了一个多月。可见,从采访到写作,深度报道是一种在传播旨趣上突出深刻和全面的新闻报道,其文本以深度和广度为特点。从 2004 年到 2005 年《纽约客》连续刊登了伊丽莎白·克尔伯特关于"全球气候变暖"的深度报道,为此,这名"极为专注又很善于利用时间的记者"在科学层面和政治层面对"全球气候变暖"进行了深入探讨,用了整整一年时间才完成报道。杂志刊登完这数十万字的长篇报道后即由出版社结集出版,实际上该长篇深度报道就是一部专著。美国知名的新闻杂志《时代》和《新闻周刊》则采用"工业化新闻生产"的流程,即将一篇深度报道分割成几个部分,由编辑部组织协调,由多名记者分工搜集素材,然后交由一个杰出记者执笔,在周五晚上或周六早上将所有零部件组合成篇。2004 年年初,《新闻周刊》策划了一组系列报道《幕后》,揭秘约翰·福布斯·克里和乔治·沃克·布什别称"小布什")竞选美国总统的幕后深度新闻,该报道花了一年时间,调动了 8 到 10 名记者做实地采访,全方位接触克里和布什周围的人,最后由一名优秀的作家兼记者撰稿,在年末完成了这一大型调查项目,在《新闻周刊》连载后赢得了美国"国家杂志奖",最后出版成书。英国调查记者保罗·富特对 1989 年泛美航空公司 103 班机洛克比空难造成 270 人死亡事件及其后不公正审判的调查长达 11 年,他的结论是:对这一事件的审判是一场掩饰真相的大骗局。美国记者西摩·赫什为了写有关基辛格滥权的《权力的代价》这本书,花了 4 年时间,访问了 1000 多人。调查采访美军将领滥杀伊拉克士兵,他花了 6 个月时间,访问了 300 多人。

其次,深度报道恪守新闻真实、客观、权威和公正的报道原则,融深入采访、深邃思想和优美文笔于一体,以高质量的深度新闻赢得市场的公信力,维护良好的声誉。为此,把关人审稿须严格细致,一丝不苟,精益求精。《纽约客》执行总编辑多萝西·威肯登称,"如果一篇稿件的报道不够充分,我们会让那个记者再回去做更深入的采访"。[6] 以"推动了解释性报道发展"的美国知名杂志《纽约客》周刊为例,编辑部力求提前大约 6 个月安排好每期的重头报道,因为这样的长篇重头报道需要记者花费平均 6 个月时间采写,之后编辑部的专职事实核查员会对记者报道中的每一个事实小心求证,资深编辑还会花费大量时间深入地参与报道写作的每一个环节,如风格、精确性、报道深度等,力求报道质量精益求精、尽善尽美,一篇报道在刊登前编辑会逐字逐句审读,最多要经过上百次的修改才定稿。曾任美国知名的人文杂志《大西洋月刊》副总编辑托比·莱斯特说,该杂志给所有撰稿者建立了一个安全体系,对深度报道真实性的核对(编辑负责语言文字审阅、相关领域专家负责知识审阅)和法律上的审查两者相结合:"我们有五个工作人员,他们所有的时间都是在核对文章的真实性。如果你给我们写一篇文章,我们会要求你在手稿中注明所有涉及资料的来源。如果你从一本书上引用了一些东西,你要注明资料来源,以便我们核对。如果你采访了某个人,你或者给我们采访笔记,或者是采访录音。如果是一个没有录音的采访,请给我们被采访者的联系方式,以便我们联系对方,对他的话进行核实。"[7] 该杂志编辑部对深度报道精雕细刻,要求报道在字里行间让受众有触电般的感觉,呈现音乐般的节奏,简洁优雅。如果作者特别尖锐地批评了一个人，比较敏感，《大西洋月刊》会花费不菲资金给律师过目，确保报道不构成诽谤，客观公正才刊登。对于报道中涉及的专业内容，该杂志编辑会把文章的一整节选出来，请相关领域的专家审阅，提出问题：作者的这种说法有道理吗？作者在这个地方突破常规，自成一派，你认为他的观点有道理吗？这种严谨的把关机制确保了《大西洋月刊》深度报道的准确公正和高质量，保证了杂志的品质和格调。

（三）深度报道的价值

苏联的叶甫根尼·叶夫图申科说过一句话："当真相被沉默取代，沉默就是谎言。"深度报道关注社会重大事件和重要问题，报道被掩盖的事实真相或鲜为人知的完整事实，体现了媒体的社会责任，传播面广、影响力大，对社会的启迪意义深远。"调查性报道能够对推动国家和社会进步起到不可忽视的作用，是媒体行使权力、承担社会责任的重要标志。我们常说，新闻是易碎品，但一篇好的调查性报道，却往往能历经岁月洗礼。"[8] 在 2016 年普利策新闻奖的各个奖项中，获得"公共服务奖"的是美联社的一组包括 7 篇长篇调查和两则视频的报道《血汗海鲜》。4 名女记者玛莎·门多萨、罗宾·麦克道尔、埃丝特、玛吉·梅森花了整整一年时间、冒着生命危险在本吉纳岛及周边海域的印尼海岛村镇进行调查，采访了逾 40 名奴工以及前奴工。美联社记录了一艘装运奴工渔获的大型货船的海上之旅，通过卫星跟踪它至一处满布沙砾的泰国港口。船靠岸后，美联社记者跟踪发现，装载海鲜的货车用四个晚上，将它们运往几十家工厂、冷藏库以及该国最大的鱼产品市场。《血汗海鲜》调查报道揭开了泰国海产品产业广泛存在了几十年的奴役非法移民劳工的罪恶行径，解救了 2000 多名被囚禁、被虐待奴役了几年乃至几十年的非法移民，引发了该行业的广泛反思和整顿。

深度报道的价值不仅仅在于记录历史，更重要的是，正如普利策所言，记者扮演着"船头的瞭望者"，及时"发现浅滩暗礁并发出警报"。深度报道在报道真相的同时，影响今天，通过对新闻背景的深度解读，预测未来。1960 年以连续报道形式刊发的美国海洋生物学家蕾切尔·卡逊的《寂静的春天》，是人类历史上第一次系统地揭示杀虫剂对环境危害的深度报道，在全世界引起强烈反响。该连续报道于 1962 年出版成书。正是这一不同寻常的深度报道，在世界范围内引起人们对野生动物的关注，唤起了公众的环境保护意识，引起了各国政府对环境保护的关切。在它的影响下，全球各种环境保护组织纷纷成立，从而促使联合国于 1972 年 6 月 12 日在斯德哥尔摩召开了"人类环境大会"，各国签署了《人类环境宣言》，开始了环境保护事业。迄今为止，这本书仍旧畅销，是 50 年以来全球最具影响力的著作之一。国内调查记者王克勤的两篇调查性报道《兰州证券黑市狂洗"股民"》和《公选"劣迹人"引曝黑幕》将 160 多名犯罪分子送进了监狱；陈锋、王雷的《被收容者孙志刚之死》结束了一部恶法——《城市流浪乞讨人员收容遣送办法》。这些报道维护了社会公平正义，保护了公众的合法权益，推动了社会的文明、民主和进步。如果说"今天的新闻，明天的历史"成立，那只有调查性报道才配得上这份荣誉。美国记者奥尔曼说："真实客观的新闻不仅要准确记录下事实，而且要准确表达出事件的意义。这样的新闻不仅在当时令人信服，而且足以接受时间的考验；不仅因为其消息来源可靠而产生广泛的影响，而且将会在历史的演进中接受证明。10 年、20 年、50 年后，这些新闻报道仍然能为有关事件提供真实而睿智的镜鉴。"[9]

二、独立文体深度报道

（一）调查性报道

在新浪微博上，如果你自封"调查记者"，粉丝数量会很快上升。由此可见在人们的心目中调查记者的分量。1880年《纽约世界报》记者内莉·布莱假装精神病患者进入纽约疯人院暗访，揭发了该医院虐待病人的黑幕，引发社会震动，这是调查性报道诞生的萌芽。19世纪下半叶，美国新闻界掀起监督政府、实践社会公平正义的"扒粪运动"（muckraking），以林肯·斯蒂芬斯、埃达·塔贝尔为代表的美国记者对垄断资本主义无视企业员工和公众利益，唯利是图的经营哲学强烈不满，他们以调查采访写作内幕新闻，揭露政府、实业界的丑闻。

20世纪60年代（1960—1969年），美国社会普遍存在学运、反战等动荡，美国新闻界认为记者有责任揭露社会黑暗面和政府贪腐等，调查性报道成为普遍的报道方式。1967年美联社成立了"调查性报道特别任务小组"，负责报道非公开性的政府活动，一年就发表了268篇调查性报道。

20世纪70年代，美国新闻媒体越来越多地投入人力、财力从事调查性报道。1972年，《华盛顿邮报》的两位记者鲍勃·伍德沃德和卡尔·伯恩斯坦花了5个多月时间采写的调查性报道因揭露了白宫与水门事件之间的联系，最终促使理查德·尼克松总统辞职。这一事件使得调查性报道迅速走红，以至于当时报考大学新闻学院的美国考生数量大增。两名年轻记者践行了《华盛顿邮报》发行人尤金·迈耶在1933年提出的办报理念：报纸的第一使命是说明真相，说明经过调查证实的全部真相。水门事件调查性报道更为深远的影响是："它向受众、记者和编辑们表明，在面对强权千方百计企图隐瞒事实真相时，毅力和执着是打开真相之门的钥匙。"[10]调查性报道20世纪六七十年代在美国盛行有四个原因：（1）政治权力集中导致官僚体系的腐化；（2）政党之间互揭丑闻有增无减；（3）报纸讨好当权者引发信任危机；（4）调查性报道的形式和内容迎合了读者的阅读需求。

1985年，普利策新闻奖设立了"地方调查性报道"奖项，以鼓励媒体和记者做调查性新闻。那么，什么是调查性报道呢？它是记者凭借进取精神全面系统披露事实真相信息，深入揭露问题，对公众有重要意义的一种报道形式。同一般的批评性报道根据处理结果"打死老虎"比较，调查性报道注重于记者独立、亲自调查，通过彻底全面的采访搜集证据，深度挖掘被有意掩盖的内幕，深入揭露不为人知的新闻事件的真相，向公众剖析事件深层内在的、隐秘的联系。政府和公共机构的腐败和丑闻是调查性报道的热门选题，但调查性报道的领域不限于此。"调查性报道主题不一定限于揭发犯罪或政府贪污行为，它可以呼应社会注意贫穷问题，也可以探讨环境污染、族群不和等问题。"[11]"调查性新闻的选题没有限制，从百姓的衣食住行，到国家的政策司法；从小商贩的违法行为，到官员的腐败渎职；从突发事件报道，到某行业的长期追踪调查。"[12]

新闻敏感、职业的社会责任感、独立冷静的思考能力、挖掘真相的采访突破能力是从事新闻调查性报道的基本素质。2003年《南方都市报》记者陈锋、王雷采写的《被收容者孙志刚之死》导致了一部"恶法"——《城市流浪乞讨人员收容遣送办法》被废止。当年，陈锋在

"西祠胡同"里面的讨论版和一些媒体人聊天,正好有一个孙志刚同学的同学在把大学生孙志刚因未带身份证晚上上街被强行收容最后遭殴打致死的事情发生了讨论版里。当时其他媒体的记者都觉得这个事情牵涉到公检法强力部门,采访难度大,不太好做。陈锋把这个线索报上去获得了通过。关于孙志刚之死的线索是网站上公开的,但最终只有陈锋和王雷去调查了事件的真相。可见,调查性报道需要记者具备勇气和担当。根据调查性报道的题材,可将其分为单项揭丑式(事件调查)和综合分析式(问题调查)两类。"调查性报道基本上是针对客观报道的缺失,在写作时,保留重视客观事实的传统,但是它以客观新闻为线索,对新闻报道不足的地方,或新闻来源企图掩饰之处,加以调查和揭发。"[13]

调查性报道代表了记者职业的荣耀。美国记者西摩·赫什堪称世界调查记者第一人。1970年,他揭露了美军在越南美莱村屠杀300多名无辜百姓的真相,震惊全球。同年,他揭发了CIA滥权在国内搞非法监听;基辛格密谋暗杀智利总统阿连德。1980年,他揭发了苏联误击侵入领空的韩航客机内幕。1990年,他揭发了以色列发展核武器的秘密。2004年,他揭发了美军将领在第一次海湾战争结束后仍滥杀伊拉克士兵。[14]

1. 明确主题

调查性报道应根据对典型事件或问题的深刻分析,梳理清楚其内在的肌理,把脉其报道的价值和意义。在明确主题之前,记者先要选择值得报道的题材,李希光教授认为需要从以下几个方面思考判断:

(1)所揭露的问题是否具有反常性(即某个人或某个机构辜负了公众信任)。

(2)所揭露的问题是否具有冲击性(问题或事件的深度和广度决定了报道新闻价值的高低)。

(3)所揭露的问题是否具有时效性(报道以前的时间要与现在有关联)。

(4)所揭露的问题是否具有接近性(能够突破地域限制的调查性报道往往要在心理接近性上下功夫)。

(5)所揭露的问题是否具有显著性(涉及了有钱的人、有权力的人,或者有名望的组织机构,新闻报道的价值会陡然增加)。

(6)所揭露的问题是否具有冲突性(最大的冲突是被调查对象所做的事和公众利益的冲突)。

(7)所揭露的问题是否具有利益性(越是与受众利益或公众利益紧密相关的问题,就越能引起受众注意,越具有新闻价值)[15]

确定了选题之后,记者就要着手搜集背景资料,明晰事实,根据掌握的具体证据,找到切入点,思考如何明确报道主题:这件事是如何发生的?为什么?它可能涉及什么人?它对于社会有怎样的影响?它对于保护公众利益会产生什么样的作用?我采访报道它的意义在哪里?问题如何解决?……《被收容者孙志刚之死》的作者陈锋认为,记者在调查前先静下心来搜集研究书证对于明确报道主题,确立报道角度有非常大的帮助。"我们在做很多报道时,对书证没有充分利用,不去做充分梳理,甚至有大量记者会说:手头这么厚的材料咋看呀?会有反感和厌恶的情绪。我过去也出现过这种情况,但'孙志刚案件'报道之后对此有了新的认识:你给我提供越多的书证,我就越放心,哪怕这些书证无关紧要,哪怕别人梳理过的东西,也许也能从中找出一些别人看不到的东西。不少案件中,记者碰到过很多书证,但这些书证要不就没人看,要不就没认真梳理,或者没有充分利用,很可惜。"[16]

以《被收容者孙志刚之死》为例,如果前期陈锋和王雷没有从律师手中拿到孙志刚入院抢救的护理记录、中山大学中山医学院法医鉴定中心出具的检验鉴定、孙志刚离开收容站去医院时填写的一张"离站征询意见表"等书证材料,就无法正确判断孙志刚死亡的真实原因,仅凭公权力机构和医院的说辞,会误判其新闻价值,低估这件事背后的内在深层次社会背景——它与侵害公民权益的"收容审查"法规有直接逻辑关系,仅仅将其当成一件孤立的事件来报道,从表面浅层次采访,其主题和报道角度就会变成对孙志刚之死维权纠纷的关注。按照这样的报道主题,孙志刚事件的结果是其家人获得一笔补偿,内幕无法揭露,真相永远沉睡。如此,则报道的社会价值和意义黯然失色。2004 年《新京报》用了 5 个版揭露了北京新兴医院用虚假广告欺诈消费者的黑幕,报道深度超过了京城的其他媒体,《新京报》的记者对主题思考的突破口是搜集了该医院之前做过的大量的广告,还从这家医院的网站上查阅了所有有用的资料,通过对这些广告和网络资料的研究理清了问题,明确了报道主题和角度,以子之矛攻子之盾,按图索骥对应核实真相,使得新兴医院吹嘘的神话破灭。善于研究书证有利于明确调查性报道主题,做出高质量的新闻。1982 年 3 月 15 日《美国新闻与世界报道》周刊刊登了一篇调查性报道《一个出差奢侈的内阁》,揭露了美国政府高级官员出差奢侈浪费的行为。该报道的记者对美国两任政府近 1000 名高官的出差报告进行了研究分析,从中获得了精准、确凿的证据。因此,这篇调查性报道中的每一件事例都有清晰的人名、时间和地点,所有钱款数字都精确到小数点后两位,做到了客观、真实,使得美国政府高官无法抵赖。

我们做调查性报道要谨防为宣扬某种价值观而设计的主题先行的新闻策划。那种先确立报道主题,然后去现实生活中找素材拼接的"硬做"新闻的手法常常是违反事实逻辑的,新闻报道违反了真实性原则。在这方面新闻界是有教训的,比如中央重视精神文明建设了,某媒体就想方设法策划一个从反面典型来衬托中央精神的意义和价值,于是让记者在平时的采访中留意搜集素材,最终,记者发现某国有企业将俱乐部租给私人搞营业性演出生意了,于是找几个老工人提问引导性的问题,让其按照自己设计好的思路回答这种做法的"弊端",于是批评这家国有企业只顾赚钱,将工人俱乐部这个精神文明的阵地丢了,这个采访预设了立场,在缺乏事实证据的前提下,记者将该企业的俱乐部出租等同于丢弃了精神文明建设,是简单的思维,过于武断。用全面、完整、客观、公正的事实呈现真相,这才是调查性报道的方法。通过对材料与事实之间的逻辑关系梳理,找出疑点,记者就可以像科研研究那样,提出假设,通过已知证据推理事实之间的联系,这样就可以确立主题,然后进行采访调查来逐一验证逻辑链条中的可疑之处。

2. 深入采访

调查性报道对于记者是最有挑战性的工作,是记者新闻理想主义精神的体现,也是记者职业能力的标志。调查性报道要求记者主动出击,小心求证。"记者调查的目的不是为了证明一个结论,而是为了发现尽可能全面的各种事实,并思考这些事实指向的深层含义或结论。"[17]李希光教授认为,记者在做调查性报道采访开始的时候,应该先采访与事件无关的客观中立的信源,如专家、学者等,这样的好处是,可以为自己的采访建立一个科学评估的基点,同时获得有用的专业知识背景,这样就不会被涉入事件的当事人双方或多方所误导。俗话说:"入深水者得蛟龙。"为了验证事实,记者应深入现场获取事实、探明真相、搜寻证据,与采访对象面对面。在整个调查过程中,记者始终要在质疑、核实中推进调查,由表及里,由浅入深,查明事实,排除干扰,保持独立的判断、理智的分析、清醒的思考。记者只忠于事实,只对事实负责,对调查中的所有问题都要找到能够证明它的事实。"它不是学术研究,但从事这类报道的记者必须有某些专案小组成员的'精明'。他像历史家、社会学者、政治家、民意调查专家,要有资料搜集能力,敏锐地找出问题,又能小心求证。"[18]调查性报道一般的步骤是:

(1)事前熟悉背景,了解问题概略面貌。但不设定立场与结论。

(2)拟出提纲,列出计划,锁定选择对象、采访重点与追踪角度。

(3)依预先排定的人物逐一访问。包括当事人、目击者、专家、学者、主管机关人员等等。

(4)深入主题现场,体验现场的感染力,并机动访问可能未预定名单的关系人物。

(5)采访时尽可能运用摄影、录音佐证。如能取得相关文件、被访者的亲笔资料,当然更好。

(6)把取得的各方资料,逐一整理、分类、组合,再加研究,归纳分析完成调查作业。

(7)切忌以学术演绎式生硬写法;尽可能在围绕主题中,有生动的现场感,掌握被访问者的对白与突出证词,使读者容易阅读又感到有兴趣。(注:此处删除开头一句)[19]

在挖掘和分析调查中获得的海量信息时,理清思路和头绪对于顺利完成调查至关重要。我们可以从电影、电视反映司法机关破案的情节中获得启发,司法机关的工作人员会适时召开案情分析会,将案件的疑点一一标在白板上,对已获得的事实的真伪和下一步的行动计划、突破难点的方向展开讨论,采用头脑风暴法集思广益,进行推演,找到正确的路线。李希光教授认为这样几种常用的方法可行:

(1)时间线。整理时间线可以帮助你全面地审视事件发生的前后顺序和来龙去脉,发现整个事件的关键节点或关键转折。

(2)关系图。当情况允许时,分析各个参与者或利益团体之间的关系、利益走向和相互的影响能让记者发现更深层次的信息。

(3)金钱线索。……也就是追寻财务线索,发现钱从哪来,最后又到哪去。

(4)排除法。排除法要求记者列出所有可能的结论、因果关系、证据,再综合考虑收集到的各种信息,对比已知的事实,一步步排除掉不可能的结论或原因。[20]

在揭露被权力或资本掩盖的事实真相时,记者为了获得第一手材料会面临各种艰难困苦和精神上的巨大压力,甚至会面临各种不可预知的风险。"这条路不是每一个人都能走的,性格薄弱的人,绝对不能走这条路,特别是那些只有安定的地位才能维持心灵平衡的人。"(马克斯·韦伯,钱永祥译)2005年河北定州血案的采访记者就经历了种种险境,从最早揭露真相的《新京报》记者刘炳路写的采访手记可以看出这次采访的艰难(有删节):

我们到达定州县城。由于来接我们的村民都没有手机,只好轮流在出站口等我们。好在没有什么波折,我们跟着村民上了他们的车,开往绳油村去。村民告诉我们,整个村子自案发后一直处在戒严状态,定州市的警车守在进村路口,没有他们接,我们根本没法安全进村。全国各地的记者,被软禁在定州某宾馆里的仍有几十名,包括凤凰卫视的两位记者,这使我们的心情沉重起来。

绳油村在定州西南约30千米,行车约45分钟。我们选的时间比较好,中午堵在村口的警察大多回县城吃饭了,只留下两个人守着警车,见是村里的车,并未盘查,我们坐的车直接开进村里,我松了一口气。

……

我们在死者灵前一一上香鞠躬,然后开始拍摄。当洛洛拿着DV机走到灵棚门口,准备拍摄那条条幅时，一个干部模样的人从大院外走进来上厕所，发现了我们，匆匆走了出去。过了几分钟，就有十几名穿衬衫皮鞋的人聚到了大院门口。因为怕激怒守灵的村民，(他们)不敢进入大院。村民告诉我们，这是定州市八大局"蹲点"监视的人。

我们躲进灵堂里面，把相机当成望远镜，看外面的情况。大约对峙了半个小时，门口的人没有走的意思。我看见一个人掏出手机打了个电话，觉得不妙。若是守在村外的警察进村，恐怕难免一场冲突。这时一位大婶进来，叫我们不要怕，说她在喇叭里喊一声，全村村民都会来保护我们，只要有老百姓在我们就不会出事。我心里一热，几乎掉下泪来，赶紧让她不要惊动其他村民，告诉她这样对村子、对我们都没有好处。

聚在大院门口的便衣有些焦躁，可能在办公室里待惯了，受不了外面的高温。我灵机一动，走到院门正对的一间灵堂里，跪在遗像前烧了几叠纸，用身子挡着门外的视线，拿出一瓶驱蚊水滴在手心里，在两眼上狠狠揉了几下，转过身来，已是泪流满面。我们挽着那位大婶，装成死者家属，往院外走。走到大院门口，转过脸去狠狠盯了他们一眼，他们大概被我吓住了，没有上前盘问。院里的几个村民也随我们出了大院。

我们在村里的小巷中七拐八拐，进了一户村民的家，主人把我们迎进去，把门紧紧锁上，我们松了口气。(今早村民告诉我们，那天中午有4个人企图跟踪我们，被闻讯赶来的村民拦住了)我们感到了危险，决定先休息一下，天黑以后再行动。

……

村民与县上的人僵持到晚上十一点多，后者才离开村子撤回县城。村子里一片黑暗，我们借着星光往大院走去。这时候一部分村民已经回家，聚在大院里外的大约还有200人。我们悄悄走进大院，采访了几位死者家属。

血案当天袭击者来不及带走的凶器，被村民收集起来，锁在大院仓库里，一位村民代表给我们打开了仓库。装在几个编织袋里的有钩镰枪(将铁管一头削尖，焊上镰刀)、灭火枪、灭火器、打断的木棒、双筒猎枪的子弹壳、袭击者留下的头盔和迷彩服。我们一一拍照录像。回到村民家中，已经是深夜两点了。

晚上屋里闷热得难以入睡，我们爬上村民家的房顶，这一天疲惫不堪，躺下就睡着了。

凌晨四点多，天蒙蒙亮，我们爬起来去看血案现场(即前述的四百亩地)。地在村子的南面，离村子大约1千米。

……

在现场，我们见到了几辆被烧毁的摩托车，染着血迹的衣服，被烧毁的窝棚……可以想见当时的一幕是何等惨烈。

……

在地南头，我们发现有辆警车还停在公路边上，车旁有几个人。借树林的遮挡，我们用远焦拍下了他们的镜头。

……血案发生后，也正是新乐120先来到现场救治(定州120直到案发后5个小时才到现场)，所以大部分伤者都住在新乐医院。

车行约1小时，到了新乐人民医院。定州派来监视医院的便衣一般八点到，我们时间很有限。我让一位村民先进去与伤者打声招呼，如果被便衣发现，就装成伤者亲属。

医院共六层，村子里的伤者大都住在四、五、六层的病房里。楼两头是楼梯，中间是电梯。我和洛洛约定，他进病房采访伤者，我在外面望风，一旦发现可疑的人，马上打他的手机。

在上到六层的时候，一位村民赶来说，公安局的人到了。我们迅速收起设备，离开医院回到车上，往火车站行去。

到了新乐火车站，同来的村民们执意要送我们上车。我说人多引人注意，劝他们赶紧回去。

进了车站才发现没有去北京的火车。我们商量了一下，准备先坐长途汽车到石家庄，再从石家庄回京。由于时间尚早，我们准备先在车站对面的一个早餐摊上填填肚子。谁知刚坐下，就开来一辆警车，两个警察从车上下来冲进了车站。我暗叫一声好险。

警车开走后我们上了开往石家庄的长途车，坐在车后面拉下窗帘。车八点多开动，九点半到达石家庄。我们赶到石家庄车站，已是十点半。买了十一点多的车票，顺利地检票上车。火车开动，我们才出了一口长气。

该记者在手记中还提到了时任《中国经济时报》的调查记者王克勤在当地暗访后逃离警方封锁的经过：

最后一天村里（绳油村）记者撤离时，整个村子已经全部被当地政府调派的人手包围了。于是，王克勤让其他同行从村西北角先撤离，那个方向是防范重点，然后他自己悄悄地从东南角离开村子。当然，毫无疑问这个方向也是重兵把守。临行前王换上农民衣服，再把头发搞乱，把笔记本电脑和相机藏到一个装满麸皮的麻袋里，然后和另外一个农民开着一辆手扶拖拉机扮成去邻县卖麸皮的农民，沿路一共经过了三个关卡，都是警车四处逡巡拦截，王老兄靠着抽烟遮挡，最后终于成功地"窜"到了邻县。

调查记者渴望真相，他们带着质疑的眼睛观察世界。他们就像安徒生童话《皇帝的新衣》中那个小男孩一样，在众人懵懂沉默时勇敢地大喊："国王没穿衣服！"做事件调查性报道时，记者面对艰难险阻，既要有直面邪恶、无所畏惧的勇气，又要有像侦探一样的机敏和智慧，更要有排除万难、勇往直前的韧性。意大利女记者奥里亚娜·法拉奇1968年2月在墨西哥城第三文化广场采访学生和工人游行示威抗议政府时，军队和警察包围人群开枪，她身旁的同事被机枪子弹打死，她中弹负伤不省人事，被扔到一个染满鲜血的肮脏的房间地板上几个小时无人过问，一名好心的护士悄悄帮她打电话给意大利大使馆。她被救出后，医生从她的后背上取出两片弹片，从她的膝盖后面取出一片。手术一结束，她就在病床上用录音机录下了要报道的文章。奥里亚娜·法拉奇说："做一名记者，对我来说，意味着做一个不听话的人；而做一个不听话的人，对我来说，又意味着站在了主流观点的对立面。但我必须要讲述真相，因为真相往往站在了主流观点的对立面。"[21]这句话荡气回肠，它揭示了调查性报道记者的责任和使命。美国女记者玛莎·盖尔霍恩（第二次世界大战后移居英国）1985年得知英国发生矿工大罢工后，当时已经75岁的她驾车进入威尔士的谷地，走遍每一个小村倾听矿工的声音，用调查性报道揭露警察毒打罢工工人的丑行；1989年，美国入侵巴拿马，80岁的玛莎立即飞到现场。当时美国官方称，这次入侵致使数百名平民死亡。玛莎表示怀疑，她在首都巴拿马城挨家挨户采访了幸存者后发表报道称，真实的死亡人数接近8000人。针对美国政府污蔑她"反美"，她回应："真相总是带有颠覆性。"[22]调查记者在揭黑报道发表后，面临着被恐吓、被打击报复的精神压力，有的为新闻的正义付出了血的代价。2006年10月7日，因为直言不讳批评俄罗斯政府的车臣政策而出名的俄罗斯著名新闻调查记者安娜·波利特科夫斯卡娅当天在其位于莫斯科的公寓楼内惨遭枪杀，她的尸体倒伏在公寓楼内的电梯里……国内调查记者王克勤因揭露了甘肃的"黑"证券坑害股民的真相，还曝光了甘肃省定西地区岷县堡子乡干部为非作歹欺压村民的恶行,有人扬言要用 500 万元买他的人头。最终《西部商报》迫于压力竟然将他开除。杨海鹏采写的调查报道《一个弥天大谎的诞生》,因揭露天演公司经理唐天林的所谓"天演速生杨"夸大宣传牟利,对方打电话威胁他要拿 200 万元买他的手,当时吓得他打哆嗦,有一段时间,他的包里装了一把刀防身。"见不得人的当权者最憎恨尽职的记者:因为他们推开幕布,窥探冠冕堂皇背后的真相,搬起重重压着的巨石。来自权力上层的辱骂正是记者们的荣誉勋章。"[23]

调查性报道还可能面临着制作成本高,无法刊播的风险。电视调查性报道制作成本高昂,中央电视台《新闻调查》节目在 2003 年时共有 38 人,每周一期 45 分钟的节目投资达 10 万元。每年有 5 期制作好的节目因为外在的压力不能播出。1994 年 12 月 8 日那天发生在克拉玛依的大火烧死 325 人,其中 288 人是中小学生。央视一位记者千里迢迢采访制作了调查性报道,却被当时的台长杨伟光以"题材敏感"为由,担心节目播出后影响当地受害者家属的情绪而不予审查通过,这名记者当时就抱头失声痛哭。《新闻调查》节目组为了安抚记者的情绪,对于达到播出水平但限于不可抗拒的原因未能播出的节目计算 80% 的工作量。作为一名调查记者,要有格外强大的抗压心理,从确定选题开始到完成报道刊播都有不可预知的重重阻力。

3. 遵德守法

调查性报道记者要恪守新闻真实的底线。有电视记者去某地报道抗洪救灾的新闻,对当地没有给予热情接待感到不满,于是在当地歌舞厅偷拍一些画面,然后进行剪辑组合做了一期"新闻调查",电视画面的场景是:一面是水流湍急的大坝上人们一身泥一身汗在紧张防洪,一面却是城市里歌舞升平。报道主题是批评当地对抗洪工作不重视,这两件事其实毫不相干,没有逻辑关联。这种为发泄个人情绪而非理性地做新闻用心不良,违反了职业伦理。

从事调查性报道的记者必须遵守法律。"深入了解刑事和民事案件中取证的原则,懂得在诽谤中,何种情况下重要证据才能被采用,以保护秘密消息源的身份。"[24]记者在采访前就应该咨询法律专家,搞清楚法律的边界,如保护当事人的隐私权(名誉权、肖像权)等公民权益,保护国家机密等。为了调查取证,在迫不得已的情况下,针对某种特殊场合、特殊题材或特殊采访对象采用隐性采访,但应控制在法律和新闻道德允许的范围之内,或已经得到有关部门的授权,切勿盲目滥用。"在所有符合法律和道德规范的情况下,做到一个作为肉身加思想的人所能做到的极致这就足够了。关键是这个过程,你要尽心尽力。"[25]创刊于 1843 年的英国最畅销的周末小报《世界新闻报》以报道耸人听闻的刑事案件、名人丑闻等著称。自 2006 年年底开始,陆续有媒体曝出该报靠非法窃听获取新闻线索和新闻选题。2009 年,英国《卫报》揭露《世界新闻报》窃听了 3000 名政客名人的电话。此外,该报还采取了其他一些"黑魔法",例如欺诈(装作电话公司或银行,套取个人信息),非法搜索警察局和政府部门的内部信息,或者利用手机号码获取私人地址等。2011 年,这家拥有 168 年历史的报纸迫于压力不得不寿终正寝。

调查性报道记者必须遵守新闻职业道德和行业准则。"调查性新闻的制作过程当中,记者必须摈弃自以为是的警察心态,在观察过程当中,记者不可主动参与,只能静观其变。否则一来失去记者客观的原则,二来影响记者本身工作实效,溯本归源,记者必须遵守公平、客观的原则。"[26]换言之,记者从事调查性报道代表公众利益,不为私利,不预设立场,客观、公正、平衡地报道事实真相,不要在隐性采访调查中迷失方向,参与到被调查者的活动中沾上污点。"做'调查'的人,对社会有种责任感。其实还应该有另外一个词,就是'专业主义'。我们恪守理性、平衡,不是为了制造轰动效应去做节目的,必须符合专业理念和道德规范。本来有些节目足以制造轰动,但是用专业标准来要求,不去炒作和放大,甚至只说七分到八分。"[27]摒弃偏见,克制情绪,用有据可查的事实而不是个人观点明示或暗示结论。记者深入现场,面对面访问,细心观察,多信源获得全面、完整的报道材料,借助档案记录等文字材料为证据,采用问卷调查等方式进行科学、系统的数据分析,借用卫星、无人机等先进的科技辅助搜证等有助于调查性报道的准确、客观、完整,有助于完成高质量的深度报道。调查性报道有的线索来自于知情者,记者在报道中为保护新闻来源的名誉和安全,不在报道中透露新闻线索,不暴露他们的任何信息。这是符合新闻职业道德的。这一特点是调查性报道与纯新闻的细微差别。王克勤认为,"我们的力量源于解释与记录真相,铁证般的真相是记者最安全有力的保障。对真相的不断传播与报道,本身就是对弱者最有力的帮助,对公民权利最有力的捍卫"。[28]

4. 证据确凿

原《南方周末》著名调查记者杨海鹏说:"我的采访作业方式,时间消耗比较长,别人找一个证据,我可能找三个证明同一个事实。"[29]记者做调查性新闻要有证据意识。做调查性新闻的记者既要胆大,又要心细,面对有权有势的不法行为者,记者将面临对方的重重阻挠干扰,甚至恫吓和极端暴力胁迫。如果调查开始没有获得充足的、有力的证据,就无法确立主题,采访也许就无法持续进行下去。"当记者找到了与调查直接相关的档案资料后,他才真正掌握了调查的主动权,才能够决定报道意向、调查内容和报道方向。"[30]报道刊发后,这些不法者会千方百计构陷记者,打击报复。因此,记者采访要下苦功夫,不急于求成,把全面的事实和整体脉络搞清楚,核实每一处细节,要有一份证据说一分话,报道建立在完整、准确的证据链上,所有的事实可以相互印证,逻辑严密清晰。这需要记者"不断地用各种证据来支撑自己的调查,深入报道事件,披露深层消息"[31],做到无懈可击,使被曝光者在事实铁证面前无空子可钻。照片、录音、录像、文字材料都是从事调查性报道的记者努力搜集的事实证据。《被收容者孙志刚之死》的记者在采访中搜集了一系列的"白纸黑字"证据,如孙志刚入院抢救的护理记录、中山大学中山医学院法医鉴定中心出具的检验鉴定、孙志刚离开收容站去医院时填写的一张"离站征询意见表"、《广东省收容遣送管理规定》、3月17日至3月20日的有关气象资料,同时,他们还采访了广州市第一人民医院的一名外科医生、孙志刚的同事成先生(化名)、孙志刚的两个叔叔孙兵武和孙海松、孙志刚的同班同学李小玲、广州市民政局事务处处长谢志棠等人。这些物证和人证能够非常清楚地勾勒出孙志刚在这几天中的行程,建构一个坚实、完整的证据链条。其中,最直接有力的证据是他们从律师那里获得的具有法律效力的法医鉴定,它足以证明孙志刚是被人殴打致死。没有法医鉴定,《被收容者孙志刚之死》的内幕是难以披露的,记者可能会面临法律诉讼。

记者在做新闻调查过程中,一般的路径是顺藤摸瓜,但当你发现传言或匿名提供的线索无法坐实证据时,可以保持关注,静候事态的发展。2015年10月29日,江苏电视台城市频道报道南京江宁区的城市交通运输学校里存在一家神秘KTV,内有女学生做三陪含特殊服务。记者做了三次暗访,前两次什么证据也没有搜集到,第三次最终见到了5名女孩,但只是陪唱,记者连她们的真实身份也没有搞清楚,新闻来源是KTV负责人吴总和女子小敏,但他们在接受暗访时都没有明确地告诉记者有"特殊服务",记者也没有见到或遭遇违法行为的蛛丝马迹,拿不出任何直接的证据证明该KTV有三陪含特殊服务。按理说,这样捕风捉影的节目是不能播出的,仅仅停滞在传言的层面,没有坐实证据,没有真相。调查记者王克勤说:"我一直倡导记者的写作应该是史学家,记录真实的历史而不是谎言。"[32]

如果线索与事实有出入,应该主动放弃报道主题。2007年6月,北京电视台生活频道《透明度》栏目记者訾北佳听说有不法分子用纸箱加工包子馅。他通过秘密调查,没有发现有人制作、出售肉馅内掺纸的包子。于是,他化名"胡月",冒充建筑工地负责人,携带秘拍设备、纸箱和自己购买的面粉、肉馅等到北京市朝阳区太阳宫乡十字口村13号院内的一家早餐店,以喂狗为由,要求卫全峰等四人将浸泡后的纸箱板剁碎掺入肉馅,制作了20余个"纸箱馅包子"。訾北佳秘拍了制作"纸箱馅包子"的过程。在节目后期制作中,訾北佳采用剪辑画面、虚假配音等方法,编辑制作了虚假电视新闻调查《纸做的包子》,该报道于2007年7月8日在北京电视台生活频道《透明度》栏目播出,造成了恶劣影响。

如果在调查中得不到确凿证据,不要硬做。2018年1月31日,内地各大新闻网站基本都被澎湃报道的"汤兰兰案"刷屏了。这篇名为《寻找汤兰兰:少女称遭亲友性侵,11人入狱多年其人"失联"》的调查性报道讲述了2008年发生在黑龙江省五大连池市龙镇的一离奇案件:14岁少女汤兰兰把包括其父母在内的11人"送"进了监狱,罪涉强奸罪、嫖宿幼女罪,其父母还被判强迫卖淫罪。汤兰兰母亲出狱后喊冤,称存在刑讯逼供等问题,欲寻找女儿翻案。五大连池市政法委在报道刊发当天就在网上回应:其母串联炒作企图翻案。网络上随后掀起了对该报道媒体和记者的围攻、质疑。网友对该报道的情绪以负面为主,斥责其为不实报道。同《被收容者孙志刚之死》比较,该调查性报道缺乏有力的档案资料证据、新闻来源主要是汤兰兰之母和其律师、文风带有记者的情感倾向是其硬伤。事件真相不明不白。调查记者陈锋的经验值得借鉴,"案件是否典型,证据是否确凿,这两点最重要。我反对记者介入你自己都感觉含糊不清的事件"[33]。

分析《被收容者孙志刚之死》会发现,该调查性报道的四个小标题建构了一个全面、完整、清晰的证据链条:孙志刚死了(先被带至派出所,后被送往收容站,再被送往收容人员救治站,之后不治)—孙志刚是被打死的(尸检结果表明:孙志刚死前几天内曾遭毒打并最终导致死亡)—孙志刚该被收容吗?(有工作单位,有正常居所,有身份证,只缺一张暂住证)—孙志刚是被谁打死的?(民政局认为收容站不可能打人,救治站否认孙的外伤发生在住院期间,黄村街派出所拒绝接受采访)。记者将调查的事实真相展示出来,用第一手材料作为实证,不放过任何疑点,质疑核实,环环相扣,层层递进,逼近真相,呈现事实。陈锋在总结回顾孙志刚事件的报道经验时认为,"我个人比较反对记者介入事实不清、责任难以认定的纠纷式报道,而应该选择那些事实清楚、具有标本意义的事件,作为深度报道更是如此,记者本身对新闻事实都吃不透,如何让读者看明白?当然,很多事件本身事实是含糊不清的,需要各方的努力,需要透过表面现象看本质,更需要选择好的角度。从操作方式上讲,就是该等的时候要等,尽量在新闻事实清楚以后再介入,而且要争取在采访细致的基础上一锤定音。……所以我和王雷一直在等法医的鉴定结果出来。在这个结果出来以后,还等到了律师的取证。这两组材料成了南都孙志刚报道中最坚固的两块基石,以此为基础配合其他各方的采访,一篇报道就基本还原了事件的外部过程,把新闻的意义提升到了新的高度"[34]。在调查过程中,采访、观察和档案资料研究始终是记者寻找证据的工具。"调查性报道在很大程度上是一个问责过程。一两个表面现象或事实背后可能存在多种可能性。同侦探一样,调查记者应尽最大努力全面调查,不冤枉无辜的人。"[35]"记住,成功的调查性报道的基石是单调的,通常令人厌恶、反复地核查警察局、行政部门和法院的记录。随意地翻阅几遍记录和材料是不足以掌握其内容的。记者必须熟悉到相当程度,以至于凭其'培养起来的直觉'就知道哪些材料是可用的,它们保存在何处,包括有哪些信息。"[36]

5. 叙事视角

调查性报道因挖掘不为人知的内幕而对受众具有吸引力。常见的叙事角度有两种。一是用第一人称,展示记者调查的过程,报道故事性强,尤其是惊险离奇的调查过程使受众有身临其境之感,也满足了人们的好奇心。《中国青年报》2000年的调查性报道《世纪末的弥天大谎》曝光了湖北省十堰市辖属的丹江口市均县镇闵家沟村党支部书记闵德伟这个被塑造出来的假典型的真相。记者蔡平通读了有关闵德伟事迹的数十篇报道,对调查主题和角度了然于胸。该报道使用了第一人称展示记者的调查过程:

在进闵家沟的前一天,我请来了一些闵家沟村村民在武当山脚下座谈,走访了些从闵家沟搬出来的村民。

我向他们询问闵德伟的事迹,没想到村民们竟异常愤怒:"假的,全是假的!他是个典型的村霸!"

村民们给了我两份材料,一份是1997年元月的《请愿书》,检举闵德伟当村主任之后在村里的种种劣迹;另一份是1999年11月的检举书——《检举丹江口市均县镇树立的全省假典型闵德伟》,里面列数了闵德伟与宣传报道不符的27条行为。

"我们三年前就告他,结果现在他死了还是典型!"

我根据报道中闵德伟的事迹,逐条向村民们询问。

……

正月十三这天夜里,雨下了整整一夜。第二天一早,准备陪我回闵家沟的村民犹豫了:"路没法走啊,有30多里,粘得很。""下雨车都不开了,过汉江的船也没有了。""让村里干部看见,一上报,我们将来日子没法过了。"

这最后一句话才是关键。见我坚持要去,村民和我讲好,把我带过江,就不再管我,免得被人看见。

冒着蒙蒙细雨,转过几道山梁,当我连滚带爬来到江边,过江船却已经开走了。

"今天,我游泳也要过去。"我坐在地上说。两位村民看看我,开始对着江里的一条小船大喊,好不容易,小船划过来了,一个年轻人摇着双桨。

这种第一人称展现调查过程的叙事角度拉近了传播者与受众的距离,让受众感觉仿佛与记者一同到达了现场,看到了场景。"用调查者本人的调查经历来写调查性报道,从理论上说,是最为自然合理的叙事方式,它体现了调查过程中时间和空间上的逻辑联系。"[37]这种第一人称的叙事角度要注意节制主观情感,谨防渲染情感影响调查性报道的客观、公正和平衡。不要写得过于琐碎,以免报道冗长乏味。美国女记者玛莎·盖尔霍恩是1945年第一批进入达豪(Dachau)纳粹集中营的记者,她在调查性报道《达豪》中有三处表达了情感。当她在现场得知这个集中营曾挑选800人左右的身体最强壮的囚犯做特殊实验,想验证飞行员在不携带氧气的状态下能生存多久、飞多高。结果这些囚犯在缺氧状态下15分钟都惨死了。玛莎·盖尔霍恩感慨道:

我不知道如何形容自己的感受,除了感到强烈的愤怒,我感到羞耻。我为人类感到羞耻。

当她在采访中得知达豪集中营的纳粹用种种非人道的实验和虐待将大量囚犯活活折磨致死的事实真相后写道：

在一堆囚犯尸体的后面躺着几具德国士兵的尸体，衣着齐整、形容健康。他们是在美军进入达豪时被击毙的。而看到他们，是我生平第一次看到死人却心怀喜悦。

在这篇报道的结尾，玛莎·盖尔霍恩是这样写的：

我们坐在房间里，在这所被诅咒的坟墓般的监狱里，没有人再多说什么。然而我还是觉得，达豪是整个欧洲最适合听闻胜利捷报的地方。因为这场战争的意义就是要让达豪、其他类似达豪的所在，以及达豪所代表的一切，从这个世界上消失，永远消失。[38]

玛莎·盖尔霍恩揭露了达豪集中营的惨状，被耳闻目睹的惨状所震惊，在展现大量事实的基础上，她表达了自己的情感，从以上三处表达情感的话可以判断，她写作时努力控制了自己的情绪，表达情感简洁适度，有分寸。

第二种叙事方法是第三人称客观性叙事。记者以中立的角度叙述情境，把个人从报道中隐去，将场景、情节、细节、对话、引语、新闻背景等元素按照报道内在的逻辑穿插衔接组合，将事实层层深入地展示在受众面前，结构显得浑然天成，严丝合缝。杨海鹏《一个弥天大谎的诞生》采用了中立角度叙事：

记者最初的疑问来自于媒体对这一"伟大创造"过程叙述的过于简单化的报道。

《光明日报》称唐天林培育"天演杨"的过程是："他组织专家，卧薪尝胆，昼夜兼程，在生物世界里拓荒、跋涉、搏击，终于使构思变成现实。"

《科技日报》则更为简单："他请到了全国最著名的林业专家来共同研究——五年的辛苦终于换来了成功的喜悦。1998年，一种名叫'天演速生杨'的杨树展现在世人面前。"

至于这个（些）林业专家姓甚名谁，记者手头掌握的所有报道都没有提及。对此唐天林的解释是"不方便说，他们都在大专院校科研机构工作，不是我们的职工，而与我们保持着密切的合作"。

为了进一步证实唐天林所称的"天演杨"的神奇作用，记者请他提供一些专家名单，他频频提到两位中国科学院院士：田波和魏江春。

但当记者好不容易拨通这两位院士的电话，才发现他们并不是研究杨树的专家。他们同在中科院微生物研究所，田波院士研究的是生物工程病毒学，魏江春院士研究的是真菌。

两位院士都是通过别人介绍才认识唐天林的，魏春江院士说："我没见过那种杨树，只是看到了他带来的叶子，比一般的杨树叶要大得多。他说是自己的发明，还给了一些报道。我觉得真是这样那将是了不起的成就。"

"我建议他写一份科学报告，只有经过技术整理和专家认定，才是可信的东西。"魏院士说，"我对这种树有些好奇，曾问他要一片年轮切片，他没送来；如他所说，有空去树种现场看一看，但他也没有安排。"

田波院士则说："没有亲眼见过他的树种，只是听他的一面之词，没有对他说的那种杨树本身发表任何意见。"

这种中立的叙事视角采用了第三人称，作者用"记者"代替了"我"，其优点是文本客观，文风平实，零度情感。但这种全知视角的叙事要有清晰的新闻来源，要避免报道平淡乏味，记者要应用特稿写作中的情节、场景、细节、对话、引语让报道生动可读，要巧妙地将新闻事实与细节进行组合，用故事内在的事实张力吸引受众。

6. 展示细节

　　"新闻的核心价值是真相,而真相主要是通过具体生动的细节和准确的数字来证明的。"[39]《被收容者孙志刚之死》的作者陈锋认为:"如果记者抓住了足够的细节,那么细节就会使读者脑中'拼出'生动的场景。"[40] 在该报道的第二部分中,记者用细节呈现了最为关键的核心事实,证明孙志刚是被打死的(尸检结果表明:孙志刚死前几天内曾遭毒打并最终导致死亡):

　　在中山大学中山医学院法医鉴定中心 4 月 18 日出具的检验鉴定书中,明确指出:"综合分析,孙志刚符合大面积软组织损伤致创伤性休克死亡。"

　　虽然孙的身体表面上看不出致命伤痕,但是在切开腰背部以后,法医发现,孙志刚的皮下组织出现了厚达 3.5 厘米的出血,其范围更是大到 60 厘米×50 厘米。孙志刚生前是一个身高一米七四、肩宽背阔的小伙子,这么大的出血范围,意味着他整个背部差不多全都是出血区了。

　　"翻开肌肉,到处都是一坨坨的血块"。4 月 3 日,中山大学中山医学院法医鉴定中心解剖孙志刚尸体,孙志刚的两个叔叔孙兵武和孙海松在现场目睹了解剖过程。"惨不忍睹!"孙兵武说,"尸体上没穿衣服,所以伤很明显。"

　　孙兵武说,他看到孙志刚双肩各有两个直径约 1.5 厘米的圆形黑印,每个膝盖上,也有五六个这样的黑印,这些黑印就像是"滴到白墙上的黑油漆那样明显"。孙兵武说,他当时听到一名参加尸体解剖的人说"这肯定是火烫的"。

　　孙兵武说,他看到在孙志刚的左肋部,有一团拳头大小的红肿,背部的伤甚至把负责尸检的医生"吓了一跳","从肩到臀部,全是暗红色,还有很多条长条状伤痕"。医生从背部切下第一刀,随着手术刀划动,一条黑线显现出来,切下第二刀的时候,显现出一坨坨的黑血块。

　　法医的检查还证明,死者的其他内脏器官没有出现问题,"未见致死性病理改变"。

　　法医的尸检结果表明:孙志刚死亡的原因,就是背部大面积的内伤。

　　鉴定书上的"分析说明"还指出,孙的身体表面有多处挫擦伤,背部可以明显看到条形皮下出血,除了腰背部的大面积出血以外,肋间肌肉也可以看到大面积出血。

　　……

　　更值得注意的是,孙身体表面的伤痕并不多,而皮下组织却有大面积软组织创伤,法医告诉记者,一般情况,在冬季穿着很厚的衣服的情况下,如果被打,就会出现这种情况。

　　而 3 月 17 日至 3 月 20 日的有关气象资料表明,广州市温度在 16℃～28℃之间,这样的天气,孙当然不可能"穿得像冬天一样"。

　　上述细节中,记者将法医的鉴定结果和孙志刚的两个叔叔孙兵武和孙海松在现场目睹的解剖实情进行对比交叉印证,引用了法医鉴定书中和孙兵武的直接引语,没有流露记者个人的任何主观情绪,用事实细节还原真相,以克制和理性的叙述中立地展现事实。记者没有使用形容词和副词,没有表达个人观点,如同倒金字塔结构的硬新闻的叙事风格。这与注重人情味的软新闻——特稿写作形成了鲜明的对照。在揭露丑恶的调查性报道中,记者抒发情感、表达意见会被批评者抓住辫子,引发法律诉讼。陈锋回顾孙志刚案采访的经历时说:"孙志刚案采访的难度也是比较大的,……主要是体现在对细节的抓取上。我和王雷为了得到本案中的各个细节,除了依据材料所构筑的基本事实以外,多次采访孙志刚的家人和朋友,反复核对细节,最后的采访记录也是厚厚一本,虽然多数采访到的细节最后都没有用上,但是确使我和王雷对整个事件的发展有了一个比较清楚的认识。"[41]

7. 比较鉴别

记者在调查性报道中的"观点"体现在对事实的比较呈现上,让受众鉴别,结论不言自明。记者不要用煽情和观点来代替事实。《瞭望东方周刊》2004 年揭露北京新兴医院"黑幕"时有如下片段:

高雅儒,北京新兴医院不孕不育诊疗中心副主任。高曾被誉为"男女不孕不育的克星"和"送子观音"。但早在 2001 年就有媒体披露,高"曾是北京一家企业医院的主治医师,只学过西医"。

在高雅儒退休前的工作单位——北京市政二公司,保存着高雅儒的全部档案。档案中的记载与新兴医院网站上对高雅儒的介绍存在出入。

"1941 年出生于中医世家",这是新兴医院网站对高雅儒的介绍。而在其档案中对高的祖父记录如下:"在清朝时代武昌起义时在吴佩孚领导下为旅长阶级。又在河北省武清县崔黄口镇当过办事处长,有涝地 150 亩,房 19 间。"

其中《关于高雅儒之父高泽民调查材料》显示高雅儒父亲高泽民为"地主出身",成分为"旧军人",高中文化,曾经当过教员、文书、农民、砖瓦厂伙食员、管理员和会计。

新兴医院网站的介绍文字说高雅儒"从事中医内、外、妇、儿科等疑难杂症的治疗近 40 年"。而其档案显示高只有从事内科、儿科医疗的经历。

1960 年,高从北京酒仙桥职工医院卫生学校毕业。此后在北京酒仙桥职工医院、贵州凯里八一八医院工作。1978—1991 年,在北京市政二公司三工区做医务工作,1991 年以后在北京市政二公司门诊部任主治医师。

高的工龄从 1960 年 12 月份算起,也就是说到 1988 年为止,高本人的档案并没有表明高曾经有过妇科的治疗经历,至于"不育不孕"更是丝毫不曾提及。

新兴医院网站的介绍文字说高雅儒"尤其擅长运用中医辨证施治的方法治疗男女不孕不育症,有着一套非常行之有效的独到医学理论。曾因此被特邀赴巴基斯坦、印度、菲律宾、斯里兰卡等国进行大型学术交流,并主持援外医疗工作"。

对高雅儒的宣传并不局限于新兴医院自己的网页上,另一篇介绍高雅儒的文章来源于2000 年 6 月 16 日《国防报》第 7 版,题目为"不孕不育症专家高雅儒"。

文章说,"中学毕业后,她如愿考上了北京中医药大学,圆了她从小就做了很久的梦"。但高的档案却显示高于中学毕业后在北京酒仙桥职工医院卫生学校就读,在一份名为"1994年完善基本工资增资审批表"的档案中,"文化程度"一栏显示高为"中专"文化。

文章为了说明高的医术高明,列举了北京铁路分局丰台站职工赵小云和济南长途汽车运输公司的刘凤华,都是因为有了高雅儒的医治才得以香火延续。

但经向上述二单位负责人事的工作人员查证,赵小云和刘凤华都不存在。关于这篇文章的来历,《国防报》一位编辑说,刊载这篇文章的版面为广告版,现在这个版面已经按照规定撤销了。

像高雅儒这样的"专家",新兴医院里不在少数。8 月 19 日的《新京报》对新兴医院的"主打"医生高成禄、陈德贷、沈明秀进行了细致的质疑,发现了许多漏洞。

记者深入挖掘并曝光隐藏的事实,将真假事实进行对比,观点尽在不言中,让受众通过对照事实不难鉴别真伪,得出自己的结论。在新闻调查采访报道中,记者要防止错误地将"事实"与"价值"混杂,用主观的价值判断代替事实判断,为了追求报道的"意义"用逻辑上孤立的、零碎的细节误导受众。"新闻的一个突出问题是把事件孤立成零散的片断来看,这造成了大的背景和趋势的模糊。"[42]有记者报道某市一图书馆因为新馆尚未建成而闭馆,采访中馆长诉苦图书馆经费少,希望获得更多的投入。结果记者没有顺藤摸瓜,搜集相关档案书证并通过调查用事实来证明该馆长的说法,搞清楚"经费少"的事实真相,找到解决办法,而是掉头去调查全市有多少歌舞厅,让人估算一个歌舞厅的投资额度有多少,将两者进行对比,以此呼吁有关部门重视图书馆的投入。图书馆是依靠政府投入的社会公益设施,应该重视,但将商业化经营的歌舞厅与之放在一起对比是在扭曲事实,误导受众。除非该图书馆馆长有证据表明:市政府挪用了给图书馆的公共资金投资了某个商业歌舞厅攫取非法利益,记者可以通过追踪调查图书馆公益资金被挪用是否属实,然后寻找更多的人证和物证,不断深入事件的内核,逼近真相,最终挖出事件全部的内幕,用事实回答:有多少公共资金被挪用?这件事是如何发生的?究竟是谁该为此负责?为什么会出现这样的问题?该如何防止类似的事件重演?记者用当事人的狡辩和调查获得的事实和数据证据一一对照,结论就清楚了。如果记者缺乏独立思考,缺失理性判断,丧失中立立场,忽视证据意识,对报道选题先入为主、偏听偏信、情绪冲动、性格偏执、预设结论,那他无法代表公众利益做调查性报道。

(二)解释性报道

20世纪20年代末,随着美国公众教育水平大幅度提升、新科技的发展、社会的急剧变化,世事日益复杂,人们不满足于倒金字塔结构的纯新闻"告知"的局限性,以大量新闻背景解释新闻这种新型报道形式应运而生。第一次世界大战的爆发使得不知真实原因的美国民众惊慌失措,促使解释性报道蔚然成风。"美联社率先改变作风,不仅报道新闻,同时也分析它的来龙去脉,其他新闻机构也纷纷跟进,到了1929年发生经济大恐慌,新闻需要解释的客观形势愈来愈明,后来罗斯福总统实行新政,诸种措施,对社会及个人的影响巨大,更需解释性的新闻,直到第二次世界大战爆发,大多数人都了解战争之不可避免,和第一次大战相较,民众认知的程度大不相同,其间差异要归功于新闻时事对背景资料的提供及解释。"[43]

20世纪50年代,电视业崛起,不少人认为这种声画合一的新媒体会取代报纸,纸媒希望以深度的解释性报道与传播速度快、形象直观的电视新闻竞争。新技术的日新月异也使得报业竞争加剧,解释性报道也成为纸媒之间竞争的报道形式。新闻杂志与文摘杂志的兴起,也刺激了读者对于解释性报道的需求。

解释性报道是在纯新闻的基础上发展起来的,它恪守新闻报道的规范,即呈现事实,记者不表达个人观点和情感倾向。《纽约时报星期刊》总编辑里斯特·迈克尔认为解释性报道是建立健全舆论所必需的,他对"解释性新闻"做了最简单的解释,即"事实是看到的,解释是知道的,而意见则是感到的"[44]。他举例:

报道苏俄正在发动一次和平攻势,这是新闻。

说明苏俄为什么在这个时候让和平之鸽叽叽咕咕地叫,这是解释。

表示对任何苏俄的和平试探都应加以拒绝,这是意见。

解释,是新闻版中不可或缺的一部分。意见则应限于社论版。[45]

解释性报道如何界定呢?它是用准确、通俗、简洁的新闻语言对比较复杂、比较深奥或者不完整的事实进行深入浅出的、完整的报道,使公众理解新闻事实的"本质"意义,比如重要事件和重大问题背后隐含的意义,新颁布(修改)的法案、法律条文和其他司法文件,新签订的国与国之间的条约、协定和其他的外交文件,重要的学术论文,重要会议的报告和决议,新出台的大政方针政策等。这些重要的事件和问题因为抽象难懂,认知有距离,可能会被公众忽视,这时候,就需要记者和媒体关注这些事件和问题隐含的意义和价值,用通俗易懂的新闻语言或者新媒体融合技术活泼生动地解读,使其更简洁、更有趣、更有接近性,起到应有的传播效果。对于走红的新闻人物和离世的名人,其生平不为人知,记者通过及时跟进采访、深度挖掘其成名背后鲜为人知的故事,能够满足人们的好奇心和求知欲。那么,记者如何才能写好带有引导性的解释性报道同时又把握好度,用事实来解释事实,将个人隐藏在事实背后,避免一不留神将解释性报道写成带有记者个人鲜明主观意见的评论作品呢?

新闻学者约翰·霍亨伯格提出了八点建议:

(1)在印刷媒介中,解释性新闻可以写在主要新闻里面,或是单独写成一篇分析性的报道。在电子媒介中,可以在新闻播报中,作解释性的叙述,或是在播报之后,由各分析家做一单独的评论。

(2)在各媒介中,解释性新闻如果写在主要新闻里面,其程序是先把事实讲出来,然后在适当的地方,说明这事实的意义,而看不出哪个是对的,则应根据事实一一加以解释,由读者自行判断。

(3)如果一条新闻有"解释型导言"则应马上举证以充实你的解释。如果对于一件事实的解释尚不十分完全,还是先写事实,再解释的好。

(4)当写一条配合性的解释性新闻时,应该略去主要新闻中所已讲述的事实。但在开头的地方,应清楚地指出所要解释的问题。

(5)解释性新闻往往是记者署名的,以示负责。当写到"某权威人士说""某观察家相信",或"消息灵通人士说"时,要有根有据,记者要真的跟他谈过或访问过。

(6)当一条新闻报道本身已做了解释,就不必另外再重复。假如是一篇连续性新闻报道,但这通常并不就构成解释性新闻。

(7)当记者可以把上述大部分的解释性报道应用到电子媒介中时,在广播和电视提供解释性报道的主要问题是:相对上较少的新闻人员被容许那样做。

(8)在为新闻性杂志或报纸星期版的综合报道写作时,新闻人员的一个倾向是分析或解释过度。尤其是当读者已经知道其基本事实,而且他们并没有什么兴趣的时候,叙说太多的意见是一种错误。这也是许多社论版的基本弱点。[46]

霍亨伯格的上述分析启迪我们,在做解释性报道时,应该遵循其内在的规律:解释性报道首先要依附于完整的新闻事实,它是用事实解释事实,写作手法是叙事,而不是判断。不能脱离要解释的事实本身任性发挥。在对复杂事实进行解释时,记者可以借用外脑,让专业的、权威的人士依据新闻事实多角度阐释其多种可能性价值或意义。他还启示我们,不同媒体做解释性报道要根据自身的传播特点扬长避短,报纸是平面媒体,适合用文字、图表、图片等做出深度解释性新闻;广播则要体现声音口语传播的优势;电视可在声音口语传播同时配以静态的图表、字幕和动态的画面、动画等。当今互联网新媒体时代则可以以融合新闻方式聚合解释性报道内容,形式和内容更丰富多彩。

解释性报道需要记者具备杂家的知识,更需要具备某一领域的专家学识,这样才能用科学的、专业的方法解释新闻。解释性报道可以融解释、分析、调查、预测等综合手段为一体，从而在报道的深度和广度上体现权威性和引导力，满足受众对新闻深一度的需求，挖掘新闻事实蕴含的"金矿"，激活事实中潜在的、更有价值的信息，揭开事物表面的面纱，露出其深层的、本质的价值，应用大量的背景解读使得事实的来龙去脉一目了然，通过对事实的纵横对比分析揭示其对当下的影响，对其发展走向的趋势做出多种可能性的预测，让公众恍然大悟，获得对事实真相立体的、全方位的、深入的理解。但解释性报道有难度：解释过度、篇幅过长，会显露明显的观点倾向，解释不足、缺乏深度或广度给人以"多此一举"的感觉。同时，解释性报道还要掐准时机，事实初露端倪受众还不知晓就忙着解释，公众会疑惑丛生；新闻事件显露出重要性的现象或问题了，应及时跟进解释，否则关注度就会减弱。"解释性新闻的功能虽然也在告知，但报道的方法重在分析、阐释，使读者不仅知道发生了什么大事，同时也告诉'因何发生'的原委。"[47]

用新闻事实解释新闻产生的根源，即记者提供丰富的、大量的新闻背景和内幕材料对新闻深层的原因进行释疑解惑，揭示新闻人物、新闻事件、新闻现象、新闻问题等的来龙去脉，对其深层的意义和价值做出分析报道。与新闻报道（消息）中担任"绿叶"（补充、说明）衬托"红花"（主题）的极简新闻背景比较，解释性报道中的背景构成了报道中的全部或主要篇幅。在新闻六要素中，解释性报道突出"为何（Why）"这一要素。记者在做解释性报道时，除了应用采访写作的基本技巧，还应具备对新闻事实的分析能力：

（1）顾及背景资料的完整性，如果能对主题多面、通盘性的呈现，亦即符合客观和公平的原则。

（2）解释过程当中，尽量举例数字和事实，而非记者个人意见，以便增加信实度。

（3）记者应深入了解主题，有时数字和事实不能说清问题的真相，因此要借助记者有关方面的知识和过往处理新闻所累积的判断力。[48]

2018年4月4日北京时间4日凌晨，美国政府依据301调查单方认定结果，宣布将对原产于中国的1300余种进口商品加征25％的关税，涉及约500亿美元的中国对美出口额。4日下午，中国就亮出了反击的"底牌"，涉及中国自美约500亿美元的进口额。4月5日06：04《人民日报》海外版微信公众号"侠客岛"就发布了解释性报道《精准打击！ 中国对美的500亿反击清单大有玄机》。

精准打击！ 中国对美的500亿反击清单大有玄机

北京时间4日凌晨，美国政府依据301调查单方认定结果，宣布将对原产于中国的1300余种进口商品加征25％的关税，涉及航空航天、信息和通信技术、机器人和机械等行业，涉及约500亿美元的中国对美出口额。

4日下午，经国务院批准，国务院关税税则委员会决定，对原产于美国的大豆、汽车、化工品等14类106项商品加征25％的关税，涉及中国自美约500亿美元的进口额。

不到24小时，中国就以实际行动表明，针对美国挑起的贸易战，中国"不惹事，也不怕事"。

反击

对于美国这一违反世界贸易组织相关规则，严重侵害中国利益的行为，中国自然不会忍气吞声，今天，外交部、商务部、财政部等多个权威部门已经发声，谴责美方严重侵犯中国合法权益。

4 日,外交部发言人耿爽在例行记者会上就说,"该说的都已经说得差不多了,下面就该做了"。财政部副部长今天在国新办的吹风会上表示,中国不希望贸易战,但不会屈服于外部压力。商务部则更直截了当,副部长王受文说,如果有人坚持要打,我们奉陪到底,如果有人愿意谈,大门是敞开的。

中国驻美大使崔天凯在接受采访时所说,中方坚决反对美国刚刚公布的对华 301 贸易制裁清单,这是"在错误的方向上又往前走了一步",并将"同等力度同等规模"予以回击。

果然,500 亿美元对 500 亿美元,中国绝不含糊。话说回来,任何打击都要求精准,打到对方软肋,仔细看,中国今天开出的这份加征关税的商品清单,还是大有玄机的。

梳理可以发现,清单上的商品,大致可以分为三大类:农产品(大豆为代表)、汽车以及化工品,在商务部国际贸易经济合作研究院研究员梅新育看来,中国这次的反击可以用两个词来概括:精准、有力。选取这 14 类 106 项商品,体现了三个原则:一、这些产品大量出口中国;二、产品产地主要来自于特朗普的票仓;三、产品具有可替代性。

下面,岛叔就来详细说一说,中国的反击将如何打击美国的"七寸"。

"七寸"

先讲一个趣闻吧。不知大家是否还记得那个投放广告,苦心规劝特朗普"回心转意"的美国农民?

"我支持特朗普政府,但我对目前在贸易和关税方面的行动很担忧。实际上,中国是大豆的第一大顾客,这令我们十分脆弱。我们所有人的农场将成为贸易战中的牺牲品。"印第安纳州农民布伦特·拜布尔在一则 30 秒的广告中说。

为了让总统看到自己的忧虑,用心良苦的美国农业界不仅在福克斯、CNN 等电视台黄金时段投放此广告,还特意针对了华盛顿特区和佛罗里达州投放,为的就是总统即使回到佛罗里达州度周末,也不会错过。

值得一提的是,这个广告投放的时间点,恰是在中国商务部发布了针对美国"232 措施",拟对自美进口 7 类、128 个税项产品加征关税时。当时的清单还暂时未包含大豆。未包含大豆的清单已经让美国农业界忧心忡忡,这次将大豆列入清单,可谓给了美国农业界当头一棒。

要知道,中国是美国大豆的第一大出口市场,美国大豆出口总量约有 62% 销往中国。去年,中国大豆进口总量接近 400 亿美元,从美国进口的大豆就值约 140 亿美元,占其对华农产品出口额 58%。这次中国对美国大豆等农产品加征关税,毫无疑问是使出了"撒手锏",将对美国农业市场产生巨大冲击。

对世界来说,中国是最大的农产品消费国,且每年的消费额还在快速增长;对美国来说,中国现在是美国第二大农产品出口市场,占美国农产品出口的 15%,美国虽然对中国整体上是贸易逆差,但在农产品上却是顺差。更要命的是,对特朗普而言,中部农业州是他核心的支持者,是共和党的票仓。中国选准这些州的出口产业来精准反制,相信美国国内的压力会很快往特朗普身上聚集。

当然,不少人会担心对美国大豆加征关税,会不会影响中国国内的消费市场。其实,中国已经在对"大豆反制措施"做了积极准备。

4 月 3 日,中国农业农村部与财政部联合发布了 2018 年财政重点强农惠农政策,将实施大豆补贴,且大豆补贴标准要高于玉米。这也释放了一种信号,即便离开美国大豆,中国也可依靠自身维护粮食安全。

更不用提在国际大豆市场地位稳步提升的巴西和阿根廷了，面对中美贸易摩擦，这两国的大豆生产商早已蠢蠢欲动了，比如最近，他们就四处散布舆论，提出巴西和阿根廷的大豆比美国大豆性价比更高。

这就是可替代性。

汽车和化工品

汽车和化工品也不会让特朗普太好受。

中国已经是连续几年世界上最大的汽车生产国和消费国了。截至去年6月，美国生产的汽车16%都销往了中国。2016年，中国自美进口汽车25.5万辆，金额121.2亿美元。2017年，进口数量则达到了28万台，金额131亿美元，占到中国整体进口车510亿金额份额的26%。

作为美国重要的支柱产业，汽车行业如果白白丢失掉如此大的市场，这怒火与不满恐怕也会让特朗普难受一阵子。

以汽车工业十分发达的密歇根州为例。

在特朗普的竞选中，密歇根州被认为发挥了标杆的作用，也是特朗普的重要票仓。北京大学国际关系学院副教授王栋认为，现在特朗普已经进入竞选连任的模式，对他和共和党而言，不久后举行的中期选举将特别重要。这次，中国对汽车发起增加关税的措施，对密歇根州来说，不是一个好消息，如果利益受损，势必会影响密歇根州对特朗普的支持。

况且，美国汽车也并非无可替代。

据中国汽车工业协会统计分析，2016年，中国汽车产销分别完成2811.9万辆和2802.8万辆，较上年增长14.5%和13.7%，全年中国汽车产销均超2800万辆，连续八年蝉联全球第一。韩国日本德国等汽车企业，都紧盯着中国市场。这次中国对美国汽车加征关税，恐怕肉疼的是特朗普那一众票仓的选民了。

清单里的化工品亦是如此。

众所周知，在特朗普背后，站着一众美国能源行业的金主。以非常有名的科氏兄弟为例，科氏工业是仅次于美国嘉吉公司的世界第二大私人持股公司，同时也是全球最大的非上市公司，其业务包括石油、能源、化工等。特朗普上台提出的振兴实业、发展能源，多少都与之有关。

自从美国搞了页岩革命后，美国的油气价格一直很低，其石油化工产业大幅度增长。之前各方也一直强调，如果要扩大对美国的进口，可以更多地进口其相关产品。因此，对于美国能源行业来说，中国这一大买家本应该成为其未来可预见的最大增长点。

但可以预见的是，如果这次双方的措施都付诸行动，对于美国相关产业来说，损失的不仅仅是当前的消费额，还有增长的前景，这个打击将是格外沉重的。

飞机

此外，值得注意的是清单的最后一项——

空载重量超过15000千克，但不超过45000千克的飞机及其他航空器。

这其中包括了波音对中国出口的主要机型——波音737系列和737 MAX 7，意味着波音这两款机型，未来可能成为中美贸易战的"靶子"。

众所周知，中国是波音的重要市场，目前中国正在使用的商用飞机中，超过50%由波音生产。去年,波音在全球交付的飞机中有四分之一销往中国。单单本次涉及的 737 系列飞机,我国的进口量就占据了波音全球产量的三分之一左右。

虽然波音和空客对中国加征关税的决定均不予置评,但是两家公司一忧一喜怕是肯定的了。毕竟竞争关系摆在那儿了。这次中国采取反制措施后,美国的波音、通用等飞机制造业厂商将受到较大影响。反而其竞争机型、同属此空载重量范围之内的空客 A320 倒是有了新的市场空间。

在 2016 年,波音公司时任副总裁雷·康纳就曾表示,来自中国的订单支持了 15 万个美国就业岗位。对此,国际投资研究机构 Morning Star 分析师胡崧认为,波音公司可能会以在美国当地企业裁员为借口,向特朗普政府施压。

应对

如果细心的你,应该可以看到这么一句话:实施日期将视美国政府对我商品加征关税实施情况,由国务院关税税则委员会另行公布。

也就是说,这次双方公布的清单并没有落地。这有点像两个武林高手,在对打之前,要先试探下对方内力,还没到动手动脚的时候。

今天,特朗普在推特上发了一条消息,声称并不是想跟中国打贸易战,而是为了给多年前积累下的贸易不公“平反”。这个态度其实很明显了,亮出加征关税的商品清单不是为了实施,只是增加谈判的筹码。中美双方现在都在“隔空斗法”,互相试探对方反应。不过从目前来看,特朗普面对的国内压力更大,尤其是中期选举迫在眉睫,更着急的还是特朗普。而中国这边,大可以不变应万变。毕竟这事是美国挑起来的,着急的是他们。

当然中国也不能掉以轻心。

王栋认为,对中国来讲,最重要的是千万不能因为跟美国的贸易摩擦,而影响我们深化改革、扩大开放的步伐和节奏。一方面中国要针尖对麦芒,做出精准对等的反应,但不能过度反应,气急败坏,反倒着了美国的道。另一方面,我们自己要以这次挑战为机遇,把外部的压力转变成我们深化改革的动力。毕竟,压力倒逼改革,是中国改革成功的一条重要经验。

该报道配了四幅图表:压题照片以由淡蓝色海洋与白色陆地组成的世界地图为背景,两只黑色袖子伸出带着红色拳击手套的大拳头正面相对,左边拳头握着中国国旗,右边拳头握着美国国旗;第二张图是印第安纳州农民布伦特·拜布尔在一则 30 秒的广告中劝特朗普放弃对中国的贸易战;第三张图是特朗普的演讲照片;表格是中国开出的对美加征关税的商品清单。该解释性报道简洁明了,将中国公布对美的 500 亿反击清单蕴含的“玄机”、产生的影响和如何理性看待中美贸易战用事实解释了事实,回答了公众欲知未知的新闻事实背后的新闻,突出新闻要素“为什么”,即中国为什么选择对原产于美国的大豆、汽车、化工品等 14 类 106 项商品加征 25％的关税。该报道用背景事实作了详尽透彻的解说,语言通俗易懂,开阔了公众的视野,让公众知其然更知其所以然,满足了公众的求知欲和对新闻文化的深度信息的需要。

做好解释性报道要防止两个误区。其一,不要用猜测代替事实。在做解释性报道时,记者首先要搞清楚事实,对于真相不明的事实需要进行采访,如果只凭借个人的猜测作主观臆断,那就违背了解释性报道必须用事实解释事实的基本原理。2018 年 3 月 30 日下午,360创始人周鸿祎在微信朋友圈发了一句:“我的人生竟然如此失败,没有任何意义。”而就在这一天,正值 360 回归 A 股上市满月,凭借这场战役让周鸿祎身家涨到千亿元! 一时间大家都十分疑惑,不知道红运当头的周鸿祎为什么突然说出这样沮丧的话。微信公众号"商悟社"张志雪在当天 19 时 37 分就发文对周鸿祎这句话进行了解释性报道,作者通过对周鸿祎平时逸闻趣事、创业者毛侃侃患忧郁症服药治疗、搜狐 CEO 张朝阳也曾患过忧郁症的叙述暗示:周鸿祎也可能同样因为精神压力大患了"微笑型抑郁症"。也有人发文解释,可能与鼓励回归 A 股上市的 CDR 政策出台有关。还有人解释,是周鸿祎开始担忧公司未来前景。4月1日,周鸿祎发微博回应,称挫败感源自平衡不好工作和家庭的无能,希望大家不必牵强附会地瞎猜胡乱联想。其二,要防止解释性报道"解释不足"的失败。2018 年 3 月 30 日美籍华人陈香梅女士于华盛顿家中去世,享年 94 岁。4 月 5 日浙江新闻刊发了 1518 字的解释性报道《飞虎队将军陈纳德之妻陈香梅去世 她与浙江有不解之缘》,但与这个主题相关联的解释性文字仅仅 341 字,其余 1177 字都是之前媒体已经公开报道的新闻内容。这种解释性信息量不足用新闻内容凑字数的做法带给公众的阅读体验是让公众感觉遭到了愚弄。解释性报道应该是对新闻内幕的深度挖掘,用不为人知的事实做出解释报道,深化新闻的广度和深度,扩展其厚度,即告诉人们新闻为什么是这样的,让公众对新闻的意义和价值有一个更为深刻的理性认知。

(三)预测性报道

预测性报道着眼于对重大题材未来趋势的可能性做出预见性报道。"它是一种根据已知推测未知、根据过去或现在而着眼于未来的新闻报道方式。"[49] 以发表顶尖思想家和作家文章而知名的《大西洋月刊》是美国最有影响力的人文杂志之一。曾任该刊副总编辑的托比·莱斯特说:"我们希望成为这样一本杂志:能够把新观念介绍给普通读者;或者,我们会颠覆他们固有的看待世界的方式。一直以来,这两者已经成为《大西洋月刊》上主体文章的标志。"[50]"我们总是观察这样一些变化:无论是政治层面的,还是社会意义上的,这些变化发生得很缓慢,慢得不大会被人察觉,但事实上这种变化比我们平常每天在新闻中听到的东西意义更重大。一个好的类比是就像冰川一样,你每天看到的是冰面上的部分,看起来没有什么事情发生,但实际上冰面下的部分正在发生巨大的变化,一些将影响未来的变化。我们总是努力寻找,寻找那种能够让我们实现这种理念的作者和主题。因为难度太大,所以没有人注意,但一旦你认识到正在发生什么深刻的变化,那些日常新闻就会变得非常微不足道。"[51] 托比·莱斯特认为,《大西洋月刊》的优势是通过对很多社会现象做了预见性的报道,即便是十年前的杂志上的文章也仍旧能帮助人们理解社会。从《大西洋月刊》的影响力可以看出预测性报道对于公众的价值。

20 世纪 30 年代以调查性报道和解释性报道为代表的深度报道崛起,尤其是两次世界大战中受众对战事发展的关切,为预测性报道提供了诞生的温床。1935 年,美国心理学家 G. H. 盖洛普创立美国舆论研究所,开始对美国当时的政治和社会问题开展全国性的大规模民意测验,这种实证研究的科学方法为预测性报道写作提供了借鉴;1943 年,德国社会学家弗勒希特海姆在美国首创未来学,在第二次世界大战后兴起,为预测性报道提供了理论基础。于是,预测性报道成为深度报道的一种重要形式。作为一种典型的深度报道形式,预测性报道以事物之间的相互联系为基础,根据过去、现在已知的事实信息预测未来事物发展的可能趋向、后果或结局,虽然具有不确定性,但能够为公众提供事物未来变化或然性选项的纵深信息,有较高的准确度,有助于人们理性、科学地把握好当下的情势,激发人类的好奇心和不倦的探索精神,展现人类的远见卓识,促进人类社会的文明与进步,因此,在经济、政治、科技、军事、环境等领域,预测性报道一露面就受到了媒体和公众的青睐。在西方主流媒体上,预测性报道占据着重要的位置和版面。20世纪90年代后半期,预测性报道受到国内媒体的关注并成为重要的报道形式。预测性报道与一般的动态新闻(纯新闻)和解释性报道有何不同呢?"一般的动态新闻着眼于'现在'——刚刚发生、正在进展的事情;解释性新闻着眼于'过去'——事件的来龙去脉;预测性新闻则着眼于'未来'——现在尚未出现,但今后有可能出现的事情。"[52]

1. 预测性报道与预告性报道的区别

预测性报道是根据以往或现在的事实状况对事件未来的结果和趋势做出科学的推测的新闻报道。由于预测的内容是没有发生的事实,它包含着不确定因素,因此报道中不能把话说满,避免绝对和肯定的表达方式,用词应谨慎,留有余地,以免违背新闻的客观性准则。常用的词汇是:"据估计""或将""可能""也许""预计""将会"等。如:

太阳系外发现七个类似地球行星　三行星可能含液态水可孕育生命

来源:《联合早报》　时间:2017-02-24

(巴黎综合电)科学家发现了我们的太阳系以外的七个状似地球的行星,这些在银河系内的星体围绕一个小星体运转。这个星系或许是迄今为止人类探寻太阳系外生命迹象的最大发现。

发现这个行星系的国际天文学家小组在期刊《自然》发表的报告说,这七个星体的大小与质量都与地球接近,并且几乎肯定的是表层皆为岩石,在适当的大气条件下,可能有液态水。其中三颗位于宜居带的行星含液态水的概率最高,表面甚至可能存在能孕育生命的海洋。

研究小组是借助美国航天局的斯皮策(Spitzer Space Telescope)红外探测太空望远镜,在宝瓶星座中发现这七颗围绕超冷矮星Trappist-1运转的行星。

关键的一点是,它们相对接近地球,而且它们围绕的超冷矮星黯淡,利于天文学家解析每个星体的大气,寻找生物活动的化学特征。

上述报告的联合撰写人剑桥大学科学家阿穆里·托奥德在新闻发布会上说:"我们在太空中寻找生命的努力迈出了关键的一步……现在,我们有了明确的目标。"

距离地球39光年(即约380万亿公里)的Trappist-1星系,为迄今在太阳系外发现的环绕单一恒星运转、宜居带行星数量最多的一个星系。它也在所谓的"温带"(temperate zone)中,不会热致水被蒸发,也不会冷致水冻结。

研究报告的主要撰写人、比利时列日大学教授迈克尔·吉伦说:"这是首度发现这么多这类行星绕着同一颗恒星,且它们的大小与地球惊人地相似。"

这组行星彼此非常接近。中国新闻社引述报告说,如果有人站在其中一颗行星的表面,就可以看到相邻星球上的地貌特征和云层。

吉伦在报告发布前告诉记者,研究团队自2010年开始追踪观察Trappist-1,并于2016年公布他们发现三颗围绕这颗超冷矮星运转的行星。

新华社引述报告说,比利时和英国等国的研究人员利用位于智利的大型天文望远镜观测发现,Trappist-1每隔一定时间会变暗,说明有物体在它面向地球一侧经过。研究员经过计算和分析后,发现了三颗行星。随后,他们又借助"斯皮策"望远镜等设备,总共发现了七颗行星。此后,科研人员测算出了各行星的大小、质量等。基于行星密度,天文学家推断这些行星为岩态。

Trappist-1 在恒星中归类为超冷矮星。超冷矮星是近年来天文学领域的"明星",更是太阳系外搜寻外星生命的热点地区。不过这颗恒星和太阳很不同,其质量还不到太阳的10%,半径为太阳的12%,其表面温度为 2288 摄氏度,比太阳的 5538 摄氏度低得多。由于温度较低,围绕着它近距离运转的行星可能存有液态水。

人类一直在茫茫宇宙中寻找外星人,这个国际团队的惊人发现,让科学家掌握了更多的知识,去探讨银河系中是否真的还有生命生活在与我们的太阳系类似的星系中。

上述报道中引用了准确清晰的多信源、语气上用了较多的"可能",呈现的是对未来人类寻找到外星人的推测事实:在科学技术不断进步的条件下,人类有可能找到外星人。预告性报道是对肯定会发生的新闻事实的提前告知,如重要会议、体育比赛日程、文化演出安排、节假日、社会活动、名人行踪、重大决定等。如:

习近平将出席博鳌亚洲论坛 2018 年年会
来源:《人民日报》客户端　时间:2018-04-03

国务委员兼外交部部长王毅 3 日宣布,国家主席习近平将应邀出席博鳌亚洲论坛 2018 年年会开幕式并发表重要主旨演讲。

预告性报道的语气、语态不同于预测性报道,它报道的对象是已经安排好的、带有必然性结果的新闻事件,所以用语是肯定的、准确无歧义的。

2. 预测性报道与新闻分析的区别

新闻分析是对新闻事件本身产生的影响的判断,它以述评形式表达意见,是观点的言说。而预测性报道是以当下或过往的事实为条件,着重于对将来可能发生的事实进行推测性报道,它是以叙事形式呈现事实,是深度的新闻报道。例如:

中国深化改革开放　亚洲共谋发展繁荣
今年博鳌亚洲论坛值得期待
来源:人民网—《人民日报》海外版　记者:叶子　时间:2018-04-04

4 月 8 日—11 日,博鳌亚洲论坛 2018 年年会将在风光秀丽的海南拉开帷幕,亚洲乃至全世界将进入一年一度的"博鳌时间"。作为今年中国主场外交的开篇之作,今年的博鳌亚洲论坛不仅办会规格和规模超过往届,而且看点多多,值得期待。

释放改革开放新信号

3 日,外交部举行中外媒体吹风会,国务委员兼外交部部长王毅介绍习近平主席出席博鳌亚洲论坛 2018 年年会开幕式并举行有关活动相关情况。王毅宣布,中国国家主席习近平将应邀出席论坛年会开幕式并发表重要主旨演讲。

"这是今年博鳌亚洲论坛的最大亮点。"博鳌亚洲论坛研究院执行院长杨希雨在接受记者采访时表示,"2018 年是中国改革开放 40 周年,也是贯彻落实十九大精神的开局之年,刚刚结束的两会又对诸多具体领域的工作做出了安排部署,在这一重要历史时刻,习近平主席的演讲将给世界提供一个零距离观察中国的重要机会。"

年会期间,习近平主席将对中国改革开放伟大成就、重要经验和启示、世界意义和影响,以及在新的历史当口中国将如何推动对外开放再扩大、深化改革再出发做出最权威的阐释，一系列新的改革开放重要举措都将在年会期间宣布。

"我相信，这些即将公布的举措意味着中国将以更加坚定且果断的步伐深化改革、扩大开放。"杨希雨认为，中国的改革开放将从40年前"摸着石头过河"的状态，步入到顶层设计引领的"升级版"改革开放阶段，此次博鳌亚洲论坛上释放的新的政策信号必将吸引世界目光。

致力推动亚洲一体化

自成立之初，博鳌亚洲论坛就聚焦亚洲发展，致力于推动亚洲一体化。本次年会以"开放创新的亚洲，繁荣发展的世界"为主题，设置了"全球化与一带一路""开放的亚洲""创新"和"改革再出发"4个板块、共60多场正式讨论，紧扣现实需要，引发各方高度关注。

杨希雨认为，虽然世界经济初步迎来企稳回升态势，但这一态势仍较脆弱。过去几十年来，亚洲包括中国崛起的两个重要驱动因素正发生变化：一是亚洲的经济发展背景——全球化浪潮，面临巨大挑战；二是亚洲的发展方式、开放模式需要进一步创新。因此，今年的博鳌亚洲论坛聚焦亚洲如何坚持开放创新，邀请中外官产学各界人士来共同讨论就显得尤其必要而且重要。

今年，博鳌亚洲论坛将继续推出《亚洲经济一体化》《新兴经济体报告》《亚洲竞争力报告》，这3份学术报告都是围绕促进亚洲共同发展建言献策。

中国国际经济交流中心学术委员会委员、中原银行首席经济学家王军在接受记者采访时说："中国作为一个负责任的大国，始终推动区域一体化和经济全球化，通过'一带一路'建设、亚投行等，实现了共赢共建共享。更重要的是，繁荣、稳定、持续发展的亚洲，对世界也将是非常大的正能量。"

构建人类命运共同体

博鳌亚洲论坛成立17年来，规模和影响不断扩大。今年，来自各国的2000多位各界嘉宾将汇聚一堂，共商合作共赢大计，共谋发展繁荣良方，为亚洲和世界提供"博鳌智慧"，贡献"博鳌力量"。

王毅介绍，本次年会期间，习近平主席将把握时代潮流和世界大势，直面人类社会发展面临的现实难题，就进一步推动构建亚洲和人类命运共同体，开创亚洲和世界美好未来鲜明地发出中国声音、阐明中国立场。

王军认为，构建人类命运共同体的理念，不仅受到国际上越来越多的认可和欢迎，而且被写入联合国多份决议和文件。今年将参加论坛的国际嘉宾，不仅有亚洲区域内的，还包括奥地利总统范德贝伦、荷兰首相吕特、联合国秘书长古特雷斯和国际货币基金组织总裁拉加德等，博鳌亚洲论坛的舞台越来越大。

杨希雨表示，作为一个非官方的交流平台，博鳌亚洲论坛一直以"润物细无声"的方式奠定各国、各组织在经济、政治、文化等方面合作的基础，已经成为连接中国和世界的重要桥梁，成为兼具亚洲特色和全球影响的国际交流平台，为推动构建人类命运共同体发挥重要作用。

这是一篇对2018年博鳌亚洲论坛看点的展望，它说的也是未来将要发生的，但文章中的语气、语态都是肯定的、确认的。也就是说，它基于过往的经验断定将要发生的事有哪些意义，记者采用了夹叙夹议的写作手法，通过两位专家学者杨希雨、王军的观点对这一活动本身的意义进行了基于事实基础之上个人的主观判断,属于述评性新闻,重在评论新闻事实。观点是这篇新闻分析的重点,是专家学者对将要发生的事实内在的规律性做出的当下的主观判断。而预测性报道重在对未来可能发生的不确定或不知道的事实的叙述,是客观的叙事。

预测性报道具有超前性、科学性和深刻性的特点。它包括"对已知事件后果的预测,也包括对尚未发生的事件的预测,而且,在实际报道活动中,后者的量是很大的。"[53]

3. 预测性报道的采访

(1)站在历史的高度对事实做出准确的预判。

记者是历史的见证者,优秀的记者有历史的眼光,能够立足大局预见大势,见微知著,从具体的小事预见宏大的未来。1941 年 4 月 6 日美国著名作家欧内斯特·海明威以纽约时事报纸《下午报》特派记者的身份踏上重庆的土地,成为第一个报道中国抗战正面战场的美国记者。随行的是他的新婚妻子——美国著名的战地女记者玛莎·盖尔霍恩。4 月 14 日,就在离开中国的前一天,海明威夫妇在中共中央南方局干部王炳南的德籍夫人王安娜的引领下,在一间只有一张桌子和三把椅子的地下室里,秘密会见了周恩来。当时周恩来穿着一件短袖开领的白衬衫和一条黑色裤子,用法语和他们夫妇交流。玛莎后来在回忆录中说:"我们认为他是我们在中国见到的真正的好人,他可能是个胜利者。假如他是中国共产党人的典范,那么,未来就是他们的。"在结束为期三个月的访华行程后,回到美国的海明威写出《苏日签订条约》《日本必须征服中国》《美国对中国的援助》《日本在中国的地位》《中国需要改善空军》和《中国加紧建设机场》一组 6 篇关于中国抗战的报道,刊载在《下午报》上。在这些报道中,海明威表达了这样一个观点:中国有丰富的人力和物力,中国人民有勤劳勇敢、不怕艰难牺牲的精神。他们能对日本发动反攻,而且必将取得最后胜利。后来的历史证明,当年海明威对中国抗战局势的预测是准确的,他的妻子玛莎·盖尔霍恩对中共未来的预测也是准确的。[54]对历史的预测是记者的职业素质,写作预测性报道的记者尤其需要具备这种历史的、全局的洞察力。日本共同社的原寿雄在《新闻记者》中写道:"对于打算成为历史记录者的新闻记者来说,历史意识是不可缺少的条件。这一点怎样强调也不为过分。"[55]

(2)站在时代的高处敏感地把握住预测性事实。

具备了历史意识的记者才能站在时代的高处,有问题意识和忧患意识,能够在现实生活中以准确的新闻敏感发现预测性新闻线索,及时进行采访报道。2003 年非典疫情发生后,所有人都想知道其病原究竟是什么。2 月 18 日下午,新华社发出通稿,国家疾病预防控制中心宣布非典的病原是衣原体。一直在跟踪采访报道非典疫情的《南方日报》记者段功伟对于这个"权威结论"表示怀疑。他通过采访发现广东专家大多数持不同意见。在各媒体都转载"衣原体结论"当天,唯独《南方日报》独树一帜推出了段功伟采写的下面这篇预测性报道:

非典型肺炎病原是衣原体? 广东专家保留意见

昨天(2 月 18 日),新华社发布消息,称经中国疾病预防控制中心和广东省疾病预防控制中心的共同努力,引起广东省部分地区非典型肺炎的病原基本可确定为衣原体。但广东的绝大多数专家对此持保留意见,他们认为是病毒性肺炎的可能性很大。

为什么将本次非典型肺炎的病原基本确定为衣原体呢? 新华社报道说,中国疾病预防控制中心病毒预防控制所报告,通过电镜观察发现两份死于本次肺炎病人的尸检肺标本上有典型的衣原体的包涵体,肺细胞质内衣原体颗粒十分典型。

报道说,衣原体是一种在真核细胞内寄生的原核微生物。某些衣原体曾经被归为病毒,可通过呼吸道分泌物、气溶胶,直接与病人接触,以及与病禽或鸟类接触而传播,临床表现为肺炎和支气管炎。衣原体引起的肺炎采用针对性强的抗生素治疗非常有效,但必须是全程、足量的规范化治疗。同时对病人加强护理和休息,供给营养丰富、易于消化吸收的食物及充足水分。

报道称,该病是完全可以预防的。

昨晚,记者采访了很多广东专家,他们认为本次非典型肺炎是病毒性肺炎的可能性极大,因而对病原是衣原体的结论持保留意见。理由大致如下:一、衣原体肺炎一般呈散发性,即零零星星地发生,所以流行的可能性不大,但这次广东局部地区发生的非典型肺炎有局部流行的特点;二、衣原体肺炎死亡率不高,大概在 $0.1‰ \sim 1‰$ 之间,而且发病也不凶险,比如发烧热度不会太高,这与本次发生的非典型肺炎不同;三、衣原体肺炎属肺间质肺炎,肺泡隔会增宽,但这次非典型肺炎死亡病例尸检显示,肺泡隔变化不大;四、在本次发生的非典型肺炎病例中找到了病毒包涵体,这是诊断为病毒性肺炎的重要依据。

鉴于此,还有专家说,不能按衣原体的结论来制订治疗方案,否则可能造成可怕后果。他们表示会按既定预防治疗方案行事。

专家们说,虽然本次非典型肺炎属病毒性肺炎可能性极大,但到底是何种病毒引起尚难确定。这需要多长时间很难说。因为病毒有很多种,很难分离。不过暂时找不到病原体不可怕,可以针对具体症状,对症治疗。(《南方日报》,2003-02-19)

2003 年 3 月 28 日,世界卫生组织正式将这次非典型肺炎命名为"冠状病毒严重呼吸系统综合征",英文简称 SARS,这与上述报道提到的广东专家早期的结论是吻合的。段功伟顶着压力及时采写了预测性报道,为避免非典疫情防治走弯路起到了重要作用。"预测性报道的新闻敏感往往也是这样产生的——记者自己有了某种先见性的看法,他将这种看法置于头脑之中,平时留心这方面的问题,在这种情况下,一旦遇到有人对同类问题发表了科学预测,那么,记者的新闻鼻便可以立即嗅出它的价值,进入采访。"[56]

(3)以权威的新闻来源提升预测的科学性。

在生活中,芸芸众生都可以对某种事物或某个问题的未来进行自己的预测,利用自媒体发声,众声喧哗。但是,互联网上的海量信息中有价值的并不多,大音希声,见识短浅的普通人限于知识的欠缺,无法对专业性强、复杂多变的事件和现实问题做出高瞻远瞩的预见。因此,记者采访专家学者、权威机构,以权威的声音来回应互联网上嘈杂的声音,对事件或问题提出通俗、科学、有理、有据的预测,这样才能保证以高质量的预测性新闻维护公众的知情权。下面这篇预测性报道源自权威的机构——世界经济合作与发展组织:

你的饭碗稳当吗? 经合组织称机器人或将取代 6600 万个岗位

来源:参考消息网　时间:2018-04-07

据英国《卫报》报道,经济合作与发展组织警告称,其成员国未能帮助工人们为自动化的到来做好准备,而这场自动化革命可能会使 6600 万人在未来几年被机器取代。

经合组织的一份最新报告发现,在被调查的 32 个国家中,平均每 7 个工人中就有一个工人面临着被机器人抢走工作的危险。而这些工人即使想接受帮助改变困境,也比那些工作相对稳定的工人们困难得多。

经合组织表示，发达国家中有14％的工作岗位是非常容易实现自动化的，而另外32％的工作岗位可能也会经历重大变化。

该报告称，低技能人群和年轻人最为危险。从事食品行业、清洁和劳动等低技能行业的人群失业风险最高。在一年中，从事完全自动化工作的工人比从事非自动化工作的工人参加在职培训的可能性要低三倍以上。失业风险最高的这些人也不太可能参加正规教育或远程学习。

经合组织表示，有必要帮助年轻人在学习期间获得工作经验，并强调了对那些因结构调整或大规模裁员而丢掉工作的人进行再培训和提供社会保障的重要性。

报告称："与此同时，很多工人由于自动化的影响可能会经历明显的工作变化，他们应号召国家完善成人教育政策，为工作要求的变化做好准备。"（编译：潘文婷）

（4）以严肃、谨慎的态度规避预测的风险性。

预测未来的事存在或然性，即有可能变为现实，也有可能不是当初人们想象的那样，因此，作为社会公器的新闻媒体在做预测性报道时应保持严肃、谨慎的态度，任何疏忽大意都会给公众造成误导，引发社会焦虑或恐慌。第一，新闻人要强化自身的知识素养，避免文化冲突带来的误会。1984年4月国内媒体不知西方有"愚人节"，转载了巴西《阅读》杂志愚人节逗乐的假新闻——西德汉堡大学的两名生物学家首次将牛细胞同西红柿细胞进行杂交，成功地得到了外形像西红柿的果实，果皮有韧性，果肉中的蛋白质含量比普通西红柿高四十倍。报道耸人听闻地预测这项科技发明将给全世界人类健康带来革命性变化。第二，新闻人要对转自其他媒体尤其是境外媒体的预测性新闻带着质疑的态度。1989年12月14日我国媒体转发外媒关于小行星将撞击地球的预测性报道引发了公众恐慌心理，后来发现这是工作失误产生的错误预测。第三，提高新闻专业主义素养，恪守新闻的客观性原理，避免先入为主、预设立场。2008年8月9日，一些国内的报纸推出彩版奥运特刊，浓墨重彩地预测中国射击运动员杜丽肯定夺下首金，结果这一建立在主观愿望而不是已知的科学事实基础上的预测化作了泡影。第四，要防止缺乏理论论据支撑的主观臆断。2007年1月13日，千岛群岛以南500千米附近的太平洋西北海域发生了里氏8.3级地震，国内一些网站就毫无根据地预测：上海今年将遭遇地震海啸袭击。第五，遵守法律法规，如对地震和重大灾情的预测要遵守《地震预报管理条例》《发布天气预报管理暂行办法》和《气象法》等，不能为了抢新闻而轻率地发布预测性报道，导致社会恐慌和混乱。第六，提高科学知识素养，提高鉴别能力，防止伪科学预测性报道。1999年，国外友人散布所谓8月18日"天体大十字"出现将给地球带来毁灭性灾难的荒谬预测，后来证明这不过是新闻炒作。实际上，面对上述问题，媒体记者或编辑只需具备最基本的专业素养，打个电话向专家学者核实、确认一下，采访全面、认真一点就不难得出理性的判断。

4. 预测性报道的写作

预测性报道的写作建立在对已有事实分析的基础上，是针对过往或现实事实的推测。

（1）以充分的现实事实为依据。

对大数据搜集得越全面丰富，对历史和现实分析得越深刻，预测性报道就越准确、可靠。1986年6月19日，新华社播发了一篇对当时正在激烈进行的第十三届世界杯足球赛的预测性报道《哪4个队将进入世界杯足球赛决赛圈？》。稿件通过对有关足球队过去与现在的战绩、技术与战术水平、队员的身体与心理素质、集体配合与个人特征，还有赛场的环境、气候、球迷等各种情况都做出详细分析，最后得出哪4支球队能够进入决赛圈的结论，赛后的结果表明其预测完全准确。新加坡《联合早报》在事后专门发稿《新华社记者料事如神，预测胜负丝毫不爽》，高度赞扬那篇预测性报道的准确。如果预测性报道没有充分的根据乱测一气，结论与事实大相径庭，就会使媒体和作者的声望大受影响，甚至给人留下长久的笑柄。

（2）以事件发展的多种走向和结果为旨趣。

新闻事件发生的过程具有复杂因素，有时它可能是多种成因导致的。从不同的角度去分析思考，可能会得出不一样的结论。记者在写作预测性报道时，根据已经掌握的材料进行评估，对于比较矛盾纠结、纷纭多变的事实做出预测，单向思维或惯性思维肯定是幼稚的，这样做报道也会陷入死胡同，让公众难以信服。这时，记者利用发散性思维，对事件的走向做出多种可能的预测，让受众自己去思考答案反而更有利，避免了自己的简单思维误导受众，也使得受众有参与感，对预测性报道的结果产生好奇心，对最终的真实结果更为期待。如2003年3月13日《今日美国》发表的佩里·史密斯撰写的《臆测萨达姆结局》就体现了作者的智慧，他通过梳理历史资料，将现代世界史上9个与萨达姆性格有共同点的强人的结局作为镜鉴，臆测了当时尚未被美军抓获的萨达姆最终命运的可能性，提供了9个思考路径：山本五十六结局、墨索里尼结局、希特勒结局、戈林结局、东条英机结局、格瓦拉结局、阿明结局、米洛舍维奇结局、本·拉登结局。面对复杂的局势，这样写作避免了个人陷入思维的陷阱，显得客观理性，预测没有统一答案反而是最好的答案。因为萨达姆的命运也许就是这9个历史强人中的某一个人结局的重复。最终答案揭晓，在这篇预测性报道发表9个月后，即2003年12月13日，萨达姆被美军活捉。2006年12月30日，萨达姆被绞刑处死。这个结果和预测性报道中的墨索里尼的命运高度相似。作者利用历史知识作预测性报道的科学方法值得借鉴。央视在直播萨达姆政权被推翻的节目时，邀请了多位国内的军事专家对以美国为首的联军进攻伊拉克作预测性报道，由于专家们对美军和伊拉克军队的实情缺乏了解，也未对问题的复杂性做出多样化的探析，结果预测与事实反差太大，遭到了观众的嘲笑。

（3）保持谦逊，对预测的风险留有退路。

斯宾诺莎说："最大的骄傲与最大的自卑都表示心灵的最软弱无力。"预测性报道是对事件未来的推论，难以做到100％准确。即便现在借助计算机技术拥有了更为强大的大数据搜集测算能力，预测未来滴水不漏也难以做到。这就需要记者在写作预测性报道时保持谦逊和理性，任何一个偶然因素就有可能导致你意想不到的结果。比如，某人去了几个公园，看到的天鹅都是白色的，于是下结论说，所有天鹅都是白色的，就可能有失误。也许他没去过的公园就有黑天鹅。最好的方法是不要把话说满，即不要犯逻辑上绝对判断的错误。这种错误的实质是：判断本身导致与这个判断相矛盾的事例的产生。在写作预测性报道时，记者应尽量避免使用绝对化的字眼，而尝试用"估计""可能""也许"取而代之；其次，养成"有一份证据说一分话"的思维习惯，在预测事实时先想一想自己的依据是什么、这些依据本身是否站得住脚；最后，尊重新闻规律，避免个人情绪和预设立场影响对客观事实的预测报道。

三、组合文体深度报道

深度报道除了单篇报道,还有采用多篇组合形式的,被称为集合式深度报道,或称组合文体深度报道。集合式深度报道的优势是,可以对新闻事件展开全方位、立体式的呈现,即通过空间上(版面)和时间上(连续)的组合,以多层面、多角度、多线索、多样式的形式进行深度报道。集合式深度报道可以将非深度报道的新闻、新闻背景和新闻评论与深度报道在空间上和时间上都集纳在一个系统体系之中,犹如将五根指头合并握成拳头,产生"拳头效应"。

集合式深度报道常见的有三种形式,即时间上延续伴随的连续报道;多侧面、多角度、多层次铺排的系列报道;展示空间上拓展的整合报道。

(一)连续报道

对于正在发生的、持续不断变化状态中的新闻人物或新闻事件在一个时间段内进行持续不断报道,由三篇或三篇以上文风、修辞一致的报道组合成深度报道形式。它适合对比较重大的新闻事件的完整过程进行集中、全面的展示,采用风格相同的版式,突出传播目的,强化传播效果。连续报道的优势在于其时间上的强势,即在一个时间单元内以连环式的出击对事件或人物进行跟踪,每一篇报道的结尾留下一个悬念待解,结尾可能是大团圆,也可能有阴晴圆缺。"连续报道是进行式的,有动态感和新鲜感。连续报道由于时间持续长,声势大,容易引起受众关注。"(冯健,《新闻实用大辞典》,新华出版社,1996:89)同事件结束后单篇深度报道相比较,连续报道时效性好,篇幅短,新闻特征更明显。广播电视、网络视频直播的连续报道与事件同步,将重大事件过程全方位展示出来,传播优势明显。连续报道有三种常用形式。

(1)进行式。即以事件发生、发展、变化、结局的时间顺序为节点,不断地追踪报道。

(2)反应式。即对重要新闻事件报道和重要典型人物报道引起受众的反应为契机,连续不断地通过编辑或采访报道公众的反馈,彰显媒体的传播力和影响力。

(3)追溯式。以新闻事件或新闻人物报道为由头,连续追溯事件或人物过去的历史,或者事件的前因等,将事物之间的来龙去脉揭示得条理分明,使得新闻立体、深刻地呈现在公众面前。

在具体应用中,上述三种连续报道形式可以根据事件或人物的新闻价值组合使用,或者选择其中一种或两种,或者三者交替融合。只要能够凸显题材本身的新闻价值,可以灵活运用。以下这组 2000 年由笔者采制的广播新闻展示了连续报道的特点。

一男子声称抓住了一只新疆虎崽,专家鉴定是草原斑猫

▲各位听众,前一阵子,新疆旅游探险公司悬赏 100 万元寻找新疆虎的消息经过媒体的报道在社会上闹得沸沸扬扬。有句老话说,重赏之下,必有勇夫。这 100 万实在很诱人。这不,近日有人就声称抓住了新疆虎,想要领赏钱。下面就请听本台记者武斌的报道:

3 月 5 日,记者收到喀什市市民凯山寄来的两张彩色照片,上面是一只长得像猫一样的动物。凯山通过电话告诉记者,这是他 2 月 11 日在野外捕获的。他认为照片上的动物就是

新疆虎崽,请记者找专家鉴定。他还打听到何处去领 100 万元赏钱。

今天上午(3 月 6 日),记者拿着照片到自治区林业局采访了濒危物种进出口管理办公室副主任安尼瓦尔·木沙。一看见照片上的动物,安尼瓦尔·木沙就十分肯定地说,这不是什么新疆虎,而是野猫。随后,他找出一本全国野生保护动物图片集,找出了有关野猫的图片和文字说明。据了解,野猫又叫草原斑猫,分布在新疆和甘肃,数量稀少。它的个头和体重比家猫要大,最重的有 8 公斤。野猫喜欢吃啮齿类和其他小型脊椎动物,是国家二级保护野生动物。

自治区林业局野生动植物保护处处长朱福德告诉记者,这是新疆探险旅游公司寻找新疆虎所产生的负面效应。朱福德声明,自治区野生动植物保护部门对大张旗鼓地找虎行为不予支持,原因是自治区林业局在 1997 年到 2001 年进行的陆生野生动物资源调查没有发现新疆虎,这是一个比较科学和权威的调查结果。另外,这种大造声势的民间找虎行为会诱发利欲熏心的人乱捕乱猎野生动物。朱福德最后强调,作为一个公民,应该严格遵守国家制定的《野生动物保护管理条例》,任何乱捕乱猎的行为都将受到法律的惩处。他要求喀什市民凯山立即将捕获的野猫送到喀什地区林业局野生动植物保护管理办公室。

喀什地区林业局开始追查捕获草原斑猫的责任人

▲各位听众,3 月 6 日的《卫星新闻联播》节目里,我们给您报道了喀什市民凯山自称捕获了一只新疆虎崽,并将照片寄给我台记者要求鉴定的事。经过鉴定,所谓的新疆虎崽实际上是草原斑猫。节目播出后,引起了自治区林业局和喀什地区林业局的高度关注。请听本台记者武斌的追踪报道——《喀什地区林业局开始追查捕获草原斑猫的责任人》。

今天(3 月 8 日)上午,自治区林业局野生动植物保护处处长朱福德打电话告诉记者,喀什地区林业局昨天下午已经找到了给记者寄来野猫照片的喀什市民凯山。记者随后打电话给喀什地区林业公安局。林业公安局副局长艾思卡尔·司马义告诉记者,据凯山交代:野猫照片是他在疏附县的一位农民家里拍摄的。

凯山是喀什市茶畜公司的职工。他说,今年 2 月,当他得知新疆旅游探险公司悬赏 100 万寻找新疆虎的消息后,发财心切。立即联系了 4 个好伙伴一同到邻近的几个县去寻找新疆虎。2 月 11 日,他们在疏附县一位农民家发现了一只被夹子夹伤了左前腿的国家二级保护动物野猫。这只野猫重达 5 千克,爱吃肉,看见人后显得十分凶恶,于是,凯山误以为是新疆虎崽。决定等专家鉴定确认之后,花钱买下来领赏。

喀什地区林业公安局今天上午已经赶往疏附县,追查被捕获的国家二级保护动物野猫的下落。喀什地区林业公安局副局长艾思卡尔·司马义告诉记者,要通过这件事警示听众,决不能受商业炒作行为的诱惑而乱捕乱猎野生动物,其结果只能是害了动物也害了自己。

草原斑猫受到喀什林业局的关爱

▲各位听众,3 月 8 日的《卫星新闻联播》节目里,我们给您报道了喀什地区林业局开始追查把一只草原斑猫当成新疆虎崽的责任人。今天请听本台记者武斌的追踪报道——《草原斑猫受到喀什林业局的关爱》。

3 月 13 日,记者通过电话了解到,喀什地区林业局将涉案当事人吾甫力·哈森和阿不都克里木捕捉的草原斑猫从疏附县接到了喀什,这只草原斑猫目前健康状况良好。

喀什林业局动植物保护办公室主任戴志刚告诉记者:他们每天自费买来 500 克新鲜的牛羊肉喂食这只曾经被捕猎者当作"新疆虎"的草原斑猫。只是这只草原斑猫并不领情,每当工作人员给它送肉送水的时候,它就怒目圆睁,龇牙咧嘴,一边在笼子里向前猛扑,一边抖动着胡须、发出低沉而凶狠的吼叫声。

戴志刚说,自从新疆旅游探险公司大肆炒作"悬赏百万寻找新疆虎"之后,在当地产生了许多负面影响,一些人到处寻找新疆虎,连野猫也被当成了虎崽遭到猎捕。自治区林业局动植物保护处处长朱福德认为,新疆旅游探险公司悬赏新疆虎的做法,本身就是对《野生动物保护法》的一种践踏,这种行为应该立即停止。

戴志刚说,草原斑猫是国家二级保护动物,主要栖息分布于新疆、甘肃、宁夏等省区。又叫野猫、沙漠斑猫、土狸子等。现在他们正在照料中的这只体重 5 千克的草原斑猫体形比家猫大,体长 60 厘米左右,尾长在 30～35 厘米之间。

草原斑猫放归大自然

▲各位听众,3 月 13 日的《卫星新闻联播》节目里,我们给您报道了喀什地区林业局精心照料一只被人当成新疆虎崽捕获的草原斑猫的新闻。今天请听本台记者武斌的追踪报道——《草原斑猫放归大自然》。

被人当作新疆虎猎捕的草原斑猫今天上午(3 月 19 日)放归大自然。

喀什地区林业局动植物保护办公室主任戴志刚买了新鲜牛肉最后一次款待了草原斑猫。喀什地区林业局副局长周忠赞、林业公安局副局长艾斯卡尔·司马义和动植物保护办公室的工作人员一同护送草原斑猫前往疏附县英吾斯塘乡 7 村。

一路上,关在笼子里的草原斑猫不住地东张西望,显得十分好奇。上午 12 点半,当工作人员在现场打开笼子时,草原斑猫迟迟不愿意出来。当人们把它从笼子里倒出来时,它卧在地上一动不动,用树枝碰它,它也不动。最后,人们不得不一边大声吆喝,一边用脚踩地,这才惊动了草原斑猫。它迅速跑进了附近的一片沙枣树林。

捕捉草原斑猫的当事人吾甫力·哈森和阿不都克力木也来到了现场。望着离去的草原斑猫,他们表示,今后再也不干危害野生动物的事了。

喀什地区林业局依照有关条例规定,对捕获国家二级保护野生动物草原斑猫的吾甫力·哈森和阿不都克力木给予罚款 20875 元的行政处罚。对凯山等其他有关人员进行了批评教育。

由上述连续报道我们可以看出连续报道的特点。(1)每一篇报道的开头要照应前一篇报道的内容,用衔接性的语句使报道与报道之间形成呼应关系,构成一个整体,便于受众识别。(2)在报道内容上互为补充,环环相扣,篇篇衔接,报道风格保持一致。如上述广播连续报道都采用了"主持人导言+记者口头报道"的统一风格。这是为了保持一个整体的形态。(3)每一篇报道都要为下一篇留下余地。因为事件处于动态变化之中,最终走向记者难以肯定,所以不要匆忙下结论,不把话说满。有时,连续报道还要在结尾对下一篇的报道进行某种提示,比如:这件事是如何发生的?我们将持续关注。

(二)系列报道

系列报道与连续报道有相同点,即应该不少于三篇,在一个时间段内连续刊播。不同点是,连续报道以时间跟随为特征,而系列报道以视点铺陈为特点。连续报道首尾相连构成一个整体,阅读体验须从头到尾按照时间、事件从开始到结局的顺序逐一关注,如同一条线段;系列报道是由每一篇完整报道组合起来的,其开篇最为重要,往往是将整组报道的主题做一个总体概括呈现,与其后的报道构建成"总—分关系"。开篇之后的每篇报道集中于整个新闻事件的一个方面,每篇报道之间是一种"对立统一"的关系,即整体上的一致与个体上的相对独立,它们集合起来是一个整体,同时每一篇可以单独成篇,如同一座山的不同侧面。在报道时间的切入点上,连续报道是密切跟踪事件发生的全过程;而系列报道往往是记者在新闻事件发生之后纵观全局,对新闻的各个重要方面采用分析和综合的方法对事件的各个重要方面进行报道。在报道的风格呈现上,连续报道因受制于新闻事件的约束,是一个不确定的开放式的体系,记者只能根据事件发展进程顺势而为,报道风格难以保持统一,如篇幅、故事性、精彩程度等,在空间布局上显得不那么整齐划一,有点斑驳杂乱;而系列报道是记者在事后进行的宏观和微观的分析研究之后对每一个组成部分进行的精细的策划和执行,谋篇布局比连续报道更为从容自由,报道的风格统一,如从总体到每一篇的结构布局更为细腻精致,篇幅相近,内容均衡。

系列报道从不同角度、不同侧面、不同层次对典型的新闻事件、新闻人物、现象和问题进行相互关联的透视性、专题性报道。它注重对重要、复杂、多面的问题从深度、广度和力度上,从提出问题、分析问题到解决问题进行逐步深化的报道。常见的系列报道有三种类型。

(1)纵深式。即深入挖掘新闻背景,逐步展现一个新闻事件、新闻现象或现实问题的全貌,深入揭示其内在的本质。

(2)并列式。即多角度、多侧面、全方位地报道一个新闻事件、新闻人物的不同侧面,充分展现有关问题之间的多方面的联系。

(3)系列追踪式。即全景式、深刻性地揭示某一重大主题的内涵,在深度上挖掘事件的本质意义。记者按照时间脉络(非单纯以时间来报道)对一个重大事件的多个方面进行深度展示,启迪受众对这一事件的完整结果进行思考。如地震发生后,当地党员干部是如何发挥模范带头作用的、救援的军警是如何抢险救灾的、医护人员是如何抢救伤病员的、灾区的典型人物身上有什么感人的故事……这是依照地震发生之后的时间脉络来写的,但这样的系列报道是展示不同行业各个典型集体的故事,从几个面来深入报道全景式的地震发生之后具有人情味的故事。

下面是笔者1998年当记者时采写的一组系列报道,该报道获得了当年的"全国抗洪抢险优秀报道二等奖":

冲不垮的生命线

记者:武斌、高天龙　　时间:1998-07-21

一、三天三夜创造的奇迹

各位听众,对于如今乘坐火车行驶在兰新铁路上的人们来说,前不久那场特大山洪造成中断的事已经越来越遥远和陌生了。然而,对于亲身经历了这场洪水的人们来说,对于参加了铁路抢险的人们来说,这场经历恐怕一辈子也不会从他们的记忆中抹去。这是因为在铁路冲断近86个小时的时间里,铁路部门的干部职工与铁路沿线的各族干部群众在抢险铁路、救援旅客的战斗中,团结协作、无私奉献,谱写了一曲曲感人肺腑的乐章。从今天开始,本台连续播出记者武斌、高天龙采写的系列报道《冲不垮的生命线》。今天请听第一部分——《三天三夜创造的奇迹》。

发生在 7 月 13 日那场洪水,冲击了兰新铁路了墩到十三间房车站 43 公里的铁道线,26 处近 15 公里被冲毁。在受灾最为严重的 461 千米处,390 多米宽、10 米到 12 米高的路基被夷为平地。用乌鲁木齐铁路局局长郭敏杰的话说,这是兰新铁路自 1987 年以来遭受到的最大的一次洪水灾害。

兰新铁路中断惊动了铁道部和自治区党政领导,他们连夜指示有关地区和部门尽全力支持兰新铁路抗洪抢险工作。10 多个小时后,一场大规模的抗洪抢险战役在戈壁荒滩上展开了。

在两千抢险大军中,有乌鲁木齐铁路局、铁道部第一工程局、第十五工程局的干部职工;有八一钢铁总公司、吐哈油田、盐湖化工厂、三道岭煤矿等 40 多个铁路沿线单位的各族干部群众,人们不分昼夜,挥汗如雨。许多人累得不行了,在缺少铺盖的硬卧车厢里、在戈壁荒滩上、在各个车辆的驾驶室里、车厢下面,打个盹,就又投入抢修。为了确保抢修现场的燃料供应,一名叫刘向东的司机,历经 13 个小时,行程 4000 多千米,终于把施工现场急需的 13 吨柴油送到了工地。

不仅如此,采访中记者了解到,各路抢险大军从接到命令奔赴现场,到齐心协力抢修铁路,没有哪个单位把钱挂在嘴上,没有哪个人是为了钱而拼命的。在人们的心目中算着这样一笔大账:兰新铁路是新疆经济发展的生命线,中断一天,就会造成一千万元的损失。

自从到了抢修现场,乌鲁木齐铁路局局长郭敏杰就没有怎么休息过。由于过度劳累,他嗓子哑了,眼睛红了。但当谈起各路抢险大军的那种干劲时,这位局长显得十分激动:

"1987 年的水灾、1996 年的水灾已经体现过这种精神,这次又是一次再现。那么,一方有难,八方支援的精神,已经是良好的老传统了。虽然市场经济发展得比较快,经济价值观念对社会生活,包括思想意识都有新的影响,但是呢,从精神上来讲,一种理想、信念、追求是并不少的,这既是一个人的立身之本,也是一个国家、一个单位兴旺发达的根本。"

是的,正是凭着这种团结协作、无私奉献的精神,新疆先后战胜了 1987 年、1992 年和 1996 年在兰新线上暴发的大洪灾,也正是凭着这种精神,在人们的印象中,兰新铁路成了一条冲不垮的生命线。

到 7 月 17 日凌晨 1 点 18 分,在 7 月 13 日那场特大洪水中遭受袭击的兰新铁路恢复了通车,整个抢险过程仅用三天三夜时间。对于这样的速度,亲赴现场指挥抢险的中华全国铁路总工会主席陈效达给了这样的评价:

"按照常规的话,像这样大的工程至少要七天七夜,(而这次)就花了三天的时间把它拿下来了,也应该说在我们的组织抢险的历史上是罕见的。"

二、爱从这里延伸

各位听众,下面请听本台记者武斌、高天龙采写的系列报道《冲不垮的生命线》。今天请听第二部分——《爱从这里延伸》。

水灾发生以后,在柳树泉、了墩和红层三个小车站,有数千名乘客被困在了列车上。在哈密车站,滞留旅客近万人。如果不及时疏散旅客,高温的天气、食品补给的缺乏等不利因素都会引发意想不到的事。乌鲁木齐铁路局果断决策:用公共汽车将大部分滞留的旅客从红层车站、了墩车站、柳树泉车站和哈密车站转移到十三间房车站,再由临时救援列车从十三间房把旅客送往乌鲁木齐。

这是一次爱心大行动。鄯善县和吐哈石油运输公司接到铁路部门的求援之后,立即调集了 20 多辆公共汽车火速赶到十三间房车站。哈密地委、市委也紧急调集了 100 多辆大客车和中巴车,将滞留在哈密的旅客向十三间房转移。哈密的司机们听说是救援旅客的,揣上一块干馕和一瓶矿泉水就上路了,没有人开口索要报酬。

从红层车站到十三间房车站没有公路,洪水袭击后的便道上碎石密布,道路湿滑、泥泞,虽然仅有不到 30 千米的路程,汽车来回竟要耗去 6 个多小时。

15 日凌晨 2 点多钟,第一批 600 多名旅客到达了十三间房车站。乌鲁木齐铁路局的 60 多名科、处级干部和公安民警赶紧迎上前去扶老携幼,把旅客一个不漏地送到了救援列车上。

深夜的戈壁荒滩上,冷风呼啸,冻得人直起鸡皮疙瘩。尽管如此,记者看到 20 多位铁路公安民警穿着单薄的衣服,伫立在铁路边上,确保着旅客的生命财产安全。记者采访了正在执勤的警官赵兴启。他说:"一天我们也没有吃饭,也没有水喝。我们看到每一位旅客都是我们亲手送过来的,我们比较高兴。"

凌晨 5 点多钟,在旅客的欢呼声中,第一列救援专列缓缓驶离十三间房车站。第二批旅客还没有到站,趁着这段时间,救援人员抓紧时间休息。十三间房没有住宿条件,记者跟着全体救援人员在黑暗中摸索着,行走了一公里多,才找到了一节停在支线上的硬卧车厢。车厢中还有水,但是没有人去洗脸、洗脚。车厢里弥漫着刺鼻的脚气味,但是人们倒在床上仅仅几分钟,整节车厢里便鼾声如雷。上午 9 点多钟,大伙儿吃了点干馕,喝了点矿泉水,救援工作又开始了。

人们就这样度过了 48 小时。到 16 日下午 3 点 35 分,一共救援了 7600 多名旅客。其间,没有一名旅客挨饿,没有一名旅客病倒。乌鲁木齐铁路局客运处副处长朱本荣告诉记者:"有一趟旅客列车开过去以后,全列车的旅客向我们这些工作人员招手,而且最后大学生们喊:'共产党万岁!'我激动得流泪了。"

在十三间房车站,被转送到临时救援旅客列车上的大学生们发自内心地高呼:"共产党万岁!"在哈密车站,人们再次感受到了闪光的哈密精神。

铁路中断,旅客滞留后,哈密铁路分局一面负责转送旅客,一面免费开放铁路第一小学的校舍和铁路俱乐部,让旅客们有一个休息的地方。正当旅客们饥渴难耐的时候,一个令他们惊讶的场面出现了:1800 多位铁路分局的老妈妈和铁嫂子络绎不绝地送来了开水和饭菜。听说这一切都是免费供应,按需所取,很多旅客不敢相信自己的耳朵。面对着汗流浃背的大娘大婶,听着那一声声亲人般的问候,一些旅客禁不住热泪盈眶。

一位叫冯佩英的老妈妈在送饭的时候,看到一位四川老人捂着肚子喊疼,立即搀扶他去一家个体诊所。听说冯佩英帮助的是一位素不相识的旅客,开诊所的残疾人一分钱也没收。

这一幕幕感人的情景我们并不陌生。1987 年、1992 年和 1996 年的三次大洪水,哈密人都是这样做的。问及哈密人为什么会一如既往地这样做,老妈妈王钊说出了一番荡气回肠的话:"当年呢,旅客走的时候,就给火车上贴了这个:哈密精神万岁!我就感到这个哈密精神既然是要万岁,我们就要让它继续发扬。书写哈密精神的第一笔,就是从我们家属的一杯开水,一碗热饭,一勺炒菜,最终汇成了澎湃的大潮。"

三、难忘的五天五夜

各位听众,下面请听本台记者武斌、高天龙采写的系列报道《冲不垮的生命线》。今天播送第三篇——《难忘的五天五夜》。

　　7月13日11点33分,197次列车载着200多名旅客,在茫茫戈壁上奔驰。还有不到7个小时的路程就要和亲人团聚了,列车上的旅客和司乘人员心情显得迫切而愉快。列车驶过红层小站2公里多时,突然发出了刺耳的紧急刹车声,车厢内的旅客在火车的一阵颤抖中东倒西歪。怎么回事?出什么事了?乘务员和旅客从思乡的遐想中猛地惊醒,纷纷打开窗户,伸出头去向前方瞭望。

　　没等大伙儿愣过神来,火车开始后退了。列车退回红层车站没几分钟,天空中乌云密布。三点钟左右,天上下起了瓢泼大雨。

　　不一会儿,滔滔洪水淹没了铁轨。列车员张雅琴回忆说:"旅客都惊惶地把窗户打开,向外看。发洪水了!发洪水了!他们说:'我们的列车会不会淹没呀?会不会漂起来?'我第一个念头就是先把旅客稳定好,不要让旅客在车厢里面发生紧张,出现不必要的麻烦。"

　　大约4点钟时,雨停了。洪水慢慢地减少了。

　　此时,最苦恼的莫过于餐车厨师李万义了。早餐和中餐已经用完了几乎所有的备用蔬菜,肉也没有了。这晚饭可怎么办呢?列车上剩下的一点粉条、海带、木耳又不够。明天又怎么办呢?李万义决定利用广播动员旅客捐献粉条,他自己也把在郑州买的四十公斤粉条捐献出来。干菜总算凑够了。这天晚上,乘务人员和旅客都吃上了米饭和一份由粉条、木耳、海带组成的烩菜。哈萨克族列车员克里木发现有几个维吾尔族旅客没带吃的,而列车上又没有清真餐厅,就把自己带的6个馕全都送给了他们。

　　197次列车上1200多名旅客的安危引起了方方面面的高度关注。鄯善县委、县人民政府接到救援报告后,立即组织了2000多个馕饼、2400瓶矿泉水和5吨西瓜。当天中午,县委书记黄志忠、县长巴哈德尔就带队赶到了红层车站,将食品免费分发给了每一位旅客。

　　14日下午3点多钟,鄯善县派来了20辆公共汽车,准备绕过洪水地段,将旅客疏散到十三间房车站,列车员张雅琴说:"我当时看到轿子车(公交车)的时候,我激动得都想哭。旅客们爬到窗户(眼前),都高兴地欢呼:'我们可以回家了。'都比较激动和高兴。"

　　第一批疏散的旅客名额只有600多名,列车长张雅江决定让老人、妇女和儿童先走。天空中下着淅淅沥沥的小雨,乘务员都穿着短袖衬衣,但他们依旧按照列车到站后的惯例,穿戴整齐地站在车厢门口,扶一把下车的旅客。

　　铁路两边的低洼处都是积水。旅客到停车场要从铁路上走过去。铁路上的石碴很硌脚,于是列车工作人员搀扶着小孩或老人一路前行。

　　送第二批旅客的时候已经是15日凌晨2点钟了。雨停了,天黑沉沉的。没有灯,也没有手电。靠着警务人员和公安武警的引导和组织,600多名旅客安全地上了车。一些旅客下车前把自己带的矿泉水和食品留给了乘务员。他们说:"我们走了,你们还得留下。"

　　旅客走空了。乘务员们坐在黑暗而寂静的列车上,不由得想起家里的亲人。列检员克里木惦记着大女儿考大学的事;列车员罗志刚担心女儿当天手风琴国际考试;列车长张雅江说起自己上六年级的儿子李振生,禁不住泪水涟涟。"在这种情况下,也没有想着给家里面打电话。我的小孩从小就是父母一直给我照顾。小孩有病了,一般都是老人在那儿陪护和看护。哥哥姐姐因为他们都在下面工作,所以对我的孩子特别照顾,我也特别放心。"

　　7月16日上午12点多,197次列车接到上级命令,再次后退到柳树泉车站待命。人们的思念再一次拉长了。晚上11点,当751次列车上的600多名旅客在柳树泉车站下车,转到了 197 次列车上时,列车员又忙碌了起来。

7 月 18 日凌晨 1 点 18 分,兰新铁路恢复通车,凌晨 3 点半,197 次列车在经过了五天五夜的滞留后,到达了乌鲁木齐。下车的时候,记者看到有的列车员的眼中闪着泪花。

这三篇系列报道是在这次抗洪抢险结束的第 8 天刊播的。在赶赴现场采访前,编辑部就开了一个短会,策划了报道的主题,构思了报道计划。这体现出系列报道的一个特点:新闻事件发生后,记者站在一个纵观全局的高度对报道进行策划,做到胸有成竹。记者用了一周时间采访,一周时间写作,这表明了系列报道是事后对新闻事件、新闻人物或问题的深度报道。它集中体现出系列报道的特点:从三个层面报道了这次抗洪抢险所展现的铁路人的精神风貌。三篇报道有一个总的标题(这表明三篇报道是一个整体),每一篇各有一个标题(这表明三篇报道各自独立成篇),三篇报道字数相近,第一篇 1237 字,第二篇 1485 字,第三篇 1481 字,显示出系列报道的文本特点:结构平稳、内容均衡。其中第一篇有一个总括该系列报道的概括式导语,它集中于报道这次抗洪抢险铁路人的责任和意志,展示了他们勇于吃苦、敢于拼搏、能打硬仗的工作作风,正是这样一种不怕苦、不怕累的精神,使得这次抢险速度快、效率高,仅用三天三夜,中断的东西交通干线兰新铁路就抢修结束并通车,第一篇起到了"总括"该系列报道的作用;第二篇聚焦在洪水冲毁地段和新疆东大门哈密火车站这样一个大场景中人们对旅客的关心和帮助;第三篇聚焦因洪水被困的 197 次列车的工作人员敬业爱岗的故事。三篇报道从不同侧面体现了一个主题:通过这次洪灾,我们看到了铁路人尽职尽责、敬业奉献的崇高精神。

(三)整合报道

整合报道也称为组合报道,是根据编辑思想,为凸显报道的规模优势,将某一类新闻事件或某一新闻事件的各个侧面的报道集合在一起,通常是将多篇同主题或相近主题的、多种体裁的报道有序地综合排列,多视角报道新闻事件。受众从大容量的版面或时段中感受到编辑将新闻事实组合以强化报道主题的用心,在对事实之间的联系、对比、隐喻、暗示中深化了对报道的阅读体验和认知,这种冲击力超越了单篇、零星新闻事实的传播效果。在互联网新媒体时代,采用融合新闻报道,集文字、声音、图像、视频、图表、动漫等所有的报道形式于一体,汇聚的信息流对受众产生强烈的冲击力,增加了深化报道主题、强化报道深度和广度的张力,更突出了这种组合报道的巨大优势。组合报道还可以细分为两种。

1. 将单独成篇的报道组合成一个版面或一个栏目

2018 年 4 月 8 日至 4 月 11 日"2018 博鳌论坛"期间,各大主流媒体对论坛相关情况给予了关注。从 4 月 9 日开始,《人民日报》在第 5 版开设了整版的"特别报道"对论坛进行组合报道。4 月 10 日《人民日报》第 5 版的组合报道由这样几个部分组成:深度报道《一带一路 不解之缘》、记者手记《绿水青山 越过越美》、6 位政界名人和 1 位学者的发言片段集纳(《共鸣》)、5 张现场照片。版面上方通栏醒目地展示了本次博鳌论坛的主题词:开放创新的亚洲,开放创新的世界。这种汇集同一主题下的多题材、多体裁报道形成的组合报道的传播效果优于将其分散在不同版面上零星报道的形式。凤凰网开设的"2018 博鳌论坛"专题报道体现了互联网媒体聚合式新闻生产的优势,它开设了 7 个栏目,即主旨演讲、独家采访、主题聚焦、图片策划、梧桐夜话、高清大图、会议议程,采用媒介融合的方式,集文字、图片、视频直播、网友互动、信息分享等于一体,融合了消息、人物专访、解释性报道、预测性报道、观点等多种报道体裁,全方位、多视角地对这次论坛进行组合报道,其丰富多彩的信息量带给受众的冲击力和新闻审美体验是零星报道难以比拟的。

2. 将多个片段信息组合成一篇文章

2018 年 4 月 10 日《参考消息》第 16 版发表了《习近平博鳌演讲令世界期待》,该文包括三个小标题:"阐释开放新举措""提升亚洲竞争力""重申反对贸易战"。第一个小标题下由两篇境外媒体报道组合而成:俄罗斯《独立报》4 月 9 日文章《中国将展示何为"红色资本主义"》和英国《金融时报》网站 4 月 8 日文章《习近平将在贸易紧张之际阐述经济改革》。第二个小标题下由拉美社 4 月 8 日从北京发出的电讯报道组合而成,是对博鳌论坛发布的亚洲经济一体化进程 2018 年度报告的摘要。第三个小标题下是埃非社 4 月 8 日的一篇电讯稿,是对博鳌亚洲论坛秘书长周文重在记者会上发言呼吁美国总统特朗普停止采取保护主义政策,避免与中国展开贸易战的报道。这些侧重点各异的短篇幅报道组合成一篇报道就彰显出了主题的深度和广度。

【注释】

1. 李良荣:《西方新闻事业概论》,上海:复旦大学出版社,1997 年,第 121 页。

2. 李良荣:《西方新闻事业概论》,上海:复旦大学出版社,1997 年,第 122 页。

3. 郭光华:《新闻写作》,北京:中国传媒大学出版社,2006 年,第 204 页。

4. 方延明主编:《新闻写作教程》第 2 版,北京:高等教育出版社,2012 年,第 191 页。

5. 梅尔文·门彻:《新闻报道与写作》第 9 版,展江主译,北京:华夏出版社,2003 年,第 231 页。

6. 王栋:《卓越媒体的成功之道:对话美国顶尖杂志总编》,北京:作家出版社,2008 年,第 131 页。

7. 王栋:《卓越媒体的成功之道:对话美国顶尖杂志总编》,北京:作家出版社,2008 年,第 154 页。

8. 人民网—人民日报新闻研究网:《2017 年普利策新闻奖"划重点",解读新闻报道风向标》,研究事儿,2017 年 04 月 12 日。

9. 约翰·皮尔格选编:《别对我撒谎:23 篇震撼世界的新闻调查报道》(修订版),牟磊、许庆豫译,上海:华东师范大学出版社,2015 年,序。

10. 威廉·C.盖恩斯:《调查性报道》第 2 版,刘波、翁昌寿译,北京:中国人民大学出版社,2005 年,第 3 页。

11. 周庆祥、方怡文:《新闻采访写作》,台北:台北风云论坛有限公司,2003 年,第 340 页。

12. 李希光、孙静惟、王晶:《新闻采访写作教程》,北京:清华大学出版社,2011 年,第 732 页。

13. 李茂政:《新闻学新论》,台北:台北风云论坛有限公司,2005 年,第 243 页。

14. 王健壮:《凯撒不爱我:追寻新闻人的自由传统与典范》,桂林:广西师范大学出版社,2014 年,第 48 页。

15. 李希光、孙静惟、王晶:《新闻采访写作教程》,北京:清华大学出版社,2011 年,第 733 页。

16. 张志安:《报道如何深入:关于深度报道的精英访谈及经典案例》,广州:南方日报出版社,2006 年,第 126—127 页。

17. 李希光、孙静惟、王晶:《新闻采访写作教程》,北京:清华大学出版社,2011 年,第 737 页。

18. 沈征郎:《实用新闻编采写作》,台北:台北联经出版事业公司,1992 年,第 252 页。

19. 沈征郎:《实用新闻编采写作》,台北:台北联经出版事业公司,1992 年,第 252 页。

20. 李希光、孙静惟、王晶:《新闻采访写作教程》,北京:清华大学出版社,2011 年,第 738—741 页。

21. 克里斯蒂娜·德·斯特凡诺:《从不妥协:法拉奇传》,陈晗奕、魏然然译,北京:新星出版社,2014 年,封底。

22. 约翰·皮尔格选编:《别对我撒谎:23 篇震撼世界的新闻调查报道》(修订版),牟磊、许庆豫译,上海:华东师范大学出版社,2015 年,第 4 页。

23. 约翰·皮尔格选编:《别对我撒谎:23 篇震撼世界的新闻调查报道》(修订版),牟磊、许庆豫译,上海:华东师范大学出版社,2015 年,序。

24. 赵刚:《美国调查性报道的理念和操作》,转引自张志安著《报道如何深入:关于深度报道的精英访谈及经典案例》,广州:南方日报出版社,2006 年,第 287 页。

25. 张志安:《报道如何深入:关于深度报道的精英访谈及经典案例》,广州:南方日报出版社,2006 年,第 4 页。

26. 石丽东:《当代新闻报道》,台北:台北正中书局,1996 年,第 58 页。

27. 张志安:《报道如何深入:关于深度报道的精英访谈及经典案例》,广州:南方日报出版社,2006 年,第 16 页。

28. 张志安:《报道如何深入:关于深度报道的精英访谈及经典案例》,广州:南方日报出版社,2006 年,第 147 页。

29. 张志安:《报道如何深入:关于深度报道的精英访谈及经典案例》,广州:南方日报出版社,2006 年,第 184 页。

30. 威廉·C.盖恩斯:《调查性报道》第 2 版,刘波、翁昌寿译,北京:中国人民大学出版社,2005 年,第 24 页。

31. 威廉·C.盖恩斯:《调查性报道》第 2 版,刘波、翁昌寿译,北京:中国人民大学出版社,2005 年,第 25 页。

32. 张志安:《报道如何深入:关于深度报道的精英访谈及经典案例》,广州:南方日报出版社,2006 年,第 151 页。

33. 张志安:《报道如何深入:关于深度报道的精英访谈及经典案例》,广州:南方日报出版社,2006 年,第 127 页。

34. 张志安:《报道如何深入:关于深度报道的精英访谈及经典案例》,广州:南方日报出版社,2006 年,第 142—143 页。

35. 李希光、孙静惟、王晶:《新闻采访写作教程》,北京:清华大学出版社,2011 年,第 741 页。

36. 赵刚:《美国调查性报道的理念和操作》,转引自张志安著《报道如何深入:关于深度报道的精英访谈及经典案例》,广州:南方日报出版社,2006 年,第 288 页。

37.方延明主编:《新闻写作教程》第2版,北京:高等教育出版社,2012年,第195页。

38.约翰·皮尔格选编:《别对我撒谎:23篇震撼世界的新闻调查报道》(修订版),牟磊、许庆豫译,上海:华东师范大学出版社,2015年,第6—10页。

39.约翰·皮尔格选编:《别对我撒谎:23篇震撼世界的新闻调查报道》(修订版),牟磊、许庆豫译,上海:华东师范大学出版社,2015年,序·真相与救赎之道。

40.张志安:《报道如何深入:关于深度报道的精英访谈及经典案例》,广州:南方日报出版社,2006年,第143页。

41.张志安:《报道如何深入:关于深度报道的精英访谈及经典案例》,广州:南方日报出版社,2006年,第143页。

42.W.兰斯·班尼特:《新闻:政治的幻象》,杨晓红、王家全译,北京:当代中国出版社,2005年,第64页。

43.石丽东:《当代新闻报道》,台北:台北正中书局,1996年,第61页。

44.李茂政:《新闻学新论》,台北:台北风云论坛有限公司,2005年,第243页。

45.李茂政:《新闻学新论》,台北:台北风云论坛有限公司,2005年,第239页。

46.李茂政:《新闻学新论》,台北:台北风云论坛有限公司,2005年,第238—239页。

47.石丽东:《当代新闻报道》,台北:台北正中书局,1996年,第61页。

48.石丽东:《当代新闻报道》,台北:台北正中书局,1996年,第65页。

49.刘勇编著:《深度报道采访与写作》,合肥:合肥工业大学出版社,2006年,第227页。

50.王栋:《卓越媒体的成功之道:对话美国顶尖杂志总编》,北京:作家出版社,2008年,第146页。

51.王栋:《卓越媒体的成功之道:对话美国顶尖杂志总编》,北京:作家出版社,2008年,第146页。

52.刘明华:《西方新闻采访与写作》,北京:中国人民大学出版社,1993年,第124页。

53.刘明华:《西方新闻采访与写作》,北京:中国人民大学出版社,1993年,第124页。

54.周文冲、韩振:《海明威夫妇在中国抗战前线的报道:"中国必将取得最后胜利"》,新华网,2015年08月02日09:31:01。

55.刘明华:《西方新闻采访与写作》,北京:中国人民大学出版社,1993年,第135页。

56.刘明华:《西方新闻采访与写作》,北京:中国人民大学出版社,1993年,第135—136页。

【思考与练习】

从你身边寻找新闻线索,写一篇人物特稿或一篇小型的调查性报道。

【延伸阅读】

美国调查性报道技巧、记者素质和操作要领

调查性报道的主要技巧

1.全面了解市、县、州、联邦各级政府和部门的设置和运作,具有分析利益冲突、管理混论和腐败等基本问题的能力。

2.吃透《信息自由法》和地方、州和全国范围关于面向公众举行会议和公开会议记录的法规、条例和实际操作情况。

3.出于工作需要去了解法院系统以及刑事和民事案件所能提供的记录。例如遗嘱设立、青少年犯罪和交通官司等案件的审判过程。

4.清楚地区分市、县、州和联邦不能给各级调查人员和检察官的权限和责任,知道谁应该为在调查和检察过程中出现的差错和腐败承担责任。

5.懂得法律中程序合理的重要意义,特别是在法庭和行政部门制定各种法规和做出决定时,在获取证人和文件时,程序的合法至关重要。

6.了解国会和各州立法机关的运作,重点放在它们的立法、拨款、调查功能和行动上,特别要关注具有监督权的调查委员会的管辖范围和作用。

7.查阅国会记录、州立法机关的记录,特别要熟悉听证会的记录和各个委员会提供的报告。

8.了解各审计局的调查活动和报告,这些报告可用作关于市、县、州、联邦各级政府腐败和混乱问题的权威性背景资料。关于总审计局的知识应包括:总审计局的调查是如何启动和如何进行的;在一个特定的领域,其报告能提供哪些资料。

9.熟悉各地的选举法、选举程序以及获得选举记录和投票情况的途径。

10.详尽地了解政府丑闻的历史和调查性报道在揭发这些丑闻中的角色。

11.广泛阅读当地、州和联邦各级报纸上刊登的成功的和失败的调查性报道,从中学习最能保证获得关键证据和文件所应具有的分析、策划、技巧的基本知识。

12.对"自由的新闻界——公正的审判"问题有深入而平衡的理解,尽量避免不负责任和有争议的行为,不妨碍审判进程,保护被告的权利,提高公众对这一问题的认识。

13.透彻了解关于消息源保密的法律和司法实践,将消息源和记者的危险减少到最小,避免让报纸陷入到会被认为是不负责任和阻碍司法的争论中去。

14.熟悉与税收、资产评估、预算制作过程相关的法律,以及为保证诚实而公正地收集和分配政府资金而制定的法律。

15.熟悉根据各州法律而记载的一些基本记录,如关于出生、死亡、结婚、警察逮捕和问询、机动车登记、房产转移及抵押等。

16.深入了解刑事和民事案件中取证的原则,懂得在诽谤中,何种情况下重要证据才能被采用,以保护秘密消息源的身份。

调查性报道记者和编辑的素质

1.对政府部门和私人机构中存在的不公平、不公正和腐败现象,克制住自己的愤怒之情,用理性戳穿不公正和犯罪。

2.必须认识到,获得成功最大的机会在于进行公正和符合道德的调查,避免堕入党派偏见。如果以工人的标准来看,记者和编辑的行为有任何属于不合法、偏见甚至不公正的地方,那么都会阻碍和毁掉一次卓有成效的新闻调查。调查性报道记者必须知道其行为必须恪守诚实和道德的原则,任何非法和不道德的举措对记者、报纸和他们从事的工作来说都是危险的。

3.在处理消息和调查主题时,诚实、直接和平衡的方法是最佳的,并且是唯一能保证连续不断地做出成功的调查性报道的方法。必须认识到,如果记者和报纸误用了新闻界的权利,有意识地歪曲事实,或者热衷于肤浅的煽情手法,那么将失去消息源和公众的信任。

4.耐心并充满信心:诚实、坚持不懈、系统的调查将最终揭露事实真相,找出掩盖政府和私人机构管理混乱、腐败和职能失调的责任者。

5.定期抽身于报道之外,以旁观者的身份用人性的角度审视事件中的每一位当事者,省问自己是否公正地对待秘密的消息源、公开的消息源和批评对象。

6.有勇气承认自己在事实和观点上的错误,立即采取必要的措施加以纠正。

调查性报道的操作要领

1.即使完全是新手,也可以尝试着查询记录和就一些简单的主题进行采访,这是成为一名经验丰富的调查性报道记者和编辑的第一步。

2.没有必要等着编辑给你分配任务,你可以自己动手做第一步的工作。绝大多数编辑忙于处理每天的报纸内容,或是指导调查性报道小组,没有太多的时间教导初学者。自己动手做一些小选题,既没有太大的风险,又可以锻炼进行调查性报道的基本技巧。

3.记住,成功的调查性报道的基石是单调的,通常令人厌恶、反复地核查警察局、行政部门和法院的记录。随意地翻阅几遍记录和材料是不足以掌握其内容的。记者必须熟悉到相当程度,以至于凭其"培养起来的直觉"就知道哪些材料是可用的,它们保存在何处,包括有哪些消息。

4.当记者怀疑管理不善和腐败后,没有必要马上告诉编辑,可以先开始第一步的材料核查和常规采访。主编工作繁忙,如果记者向其反映的情况只是一些尚未确定的怀疑、传闻和未经证实的职责,他很可能做出消极的回答。

5.制定出一种简易而切实可行的保存调查记录的方法,确保迅速地查找到材料和保存材料。

6.学会分析政府弊端,制定出一项调查性报道所能获得的最大和最小的目标。

7.不必一直等到掌握了最大罪行的确凿证据之后,才刊登第一篇调查性报道。通常,关于小弊端的报道会促使官方调查人员和检察官采取实际行动。在另一些情况下,会在负责者中引起争论,促使关键人物通过新闻界向公众做出解释,或在调查中透露事实。

8.恰当的采访技巧因环境变化而各有差异,通常情况下是提简单的问题,以收集事实和解释,同时避免引起被访者的对抗。采访时,可以装作对情况不甚了解,但是表现出不知道相关事实、术语和法律却是很不利的。

9.调查性报道记者在与警察、政府调查者和检察人员打交道时必须极其小心。当调查性报道记者与诚实的官员交往时,一定程度的合作对双方都是有利的,但是记者必须避免因为这种关系而陷入党派之争。记者要认识到,警察和检察官即使动机纯正也会犯错误,记者要保持独立、客观和平衡。

——节选自赵刚《美国调查性报道的理念和操作》,《中国社会转型的守望者》,北京:中国海关出版社,2002年6月

【图书推荐】

1.斯塔夫里阿诺斯:《全球通史:从史前史到21世纪》,吴象婴译,北京:北京大学出版社,2006年。

2.宫崎市定:《亚洲史概说》,谢辰译,北京:民主与建设出版社,2017年。

3.吕思勉:《中国通史》,北京:群言出版社,2016年。

4. 冯友兰：《中国哲学简史》，涂又光、赵复三译，北京：北京大学出版社，2012年。

5. 黄仁宇：《万历十五年》，北京：生活·读书·新知三联书店，1997年。

6. 费孝通：《乡土中国》，北京：生活·读书·新知三联书店，1985年。

7. 费孝通：《江村经济》，北京：北京大学出版社，2012年。

拓展资源

第十七章
网络新媒体报道

从 20 世纪 80 年代中期到 2004 年,是互联网技术的 Web 1.0 时代,它"主要聚焦于数字化的出版和发行,同时还包括早期的电子邮件通信"。[1] 其特征是,从生产者到消费者是单向的信息传播。自 2004 年起,技术的进步使互联网技术跨入了 Web 2.0 时代,其特点是"极大增强的用户参与度,用户可以通过网络交流创意、创新和信息,进行内容分享,实现用户之间的知识产权交流"。[2] 在 Web 2.0 时代,博客、播客、微博、微信等融合了丰富的媒介形式,便于受众获取内容、参与互动,专业媒介内容生产者和业余媒介内容生产者之间的界限变得模糊起来,人类社会进入了"人人都有麦克风的时代",用户生产内容(UGC)成为互联网时代信息传播的高潮,由此产生了"公民记者"("草根记者")——自媒体人。从 2009 年起,媒介融合成为新闻传播的新生态。2013 年 12 月 4 日下午,工业和信息化部正式发放 4G 牌照,宣告我国通信行业进入 4G 时代。如今,有着迷你型电脑功能的智能手机成为人们如影随形的"第五媒体"。2018 年 2 月,中国互联网络信息中心(CNNIC)发布的第 41 次《中国互联网络发展状况统计报告》显示,截至 2017 年 12 月,我国网民规模达 7.72 亿,其中,手机网民规模达 7.53 亿,我国网民使用手机上网的比例达 97.5%。"网络空间的迅速发展将互联网变成一个全球经济和全国性及区域性基础设施运行的平台。一个具有极其强大和深远影响力的平行的数字世界正在建成,在这个世界中充满了信息、图像、观点和知识的自由传播与流动。"[3] 著名传播学家马歇尔·麦克卢汉在 20 世纪 60 年代提出的"地球村"概念在互联网新媒体时代成为现实。互联网新媒体改变了新闻传播的渠道和平台,它以互动性、参与性、分享性、即时性、开放性等无与伦比的信息传播优势颠覆了传统媒体的影响力,其多媒体、超文本、分组交换、同步传播和交互性的技术特征独领风骚,我们迈进了媒介融合的传播时代,但传统媒体的价值观和方法仍旧没有过时。

一、媒介融合时代的记者

2015 年 6 月 2 日凌晨,载有 400 多人的"东方之星"客轮在湖北监利境内的长江上沉没。《湖北日报》时政要闻部记者余宽宏赶到出事地点,搭乘一条小渔船靠近沉船现场,成为第一个登上现场救援船的记者。他建了一个微信群,把救援船上的所见所闻都用手机拍下来,编成文字传给后方的编辑。编辑将其同步发布在网站、客户端和微博上。他还根据受众的要求,利用手机拍摄救援现场、采访救援人员等,并将视频回传。他在救援船上蹲守了两天一夜,用手机发回 20 余条独家报道,拍摄图片 200 余张、视频 9 条,实时跟进报道救援进展,这些资讯成为当天最新、最权威的报道来源。2016 年 7 月 2 日,在湖北省黄冈市红安县华家河镇受灾现场,余宽宏用手机在斗鱼平台上进行了近 3 个小时的现场直播。这种即时性、现场感和互动性的传播颇具感染力,在线人数最多时达到了 8 万人,累计观看人数超过40 万人次。对于新媒体时代记者面临的转型压力,他的感受是:"面对移动互联网带来的巨大挑战,我们必须与时俱进,努力适应网络传播,学会换个方式'说话',加强自身'讲故事'的能力和音视频流媒体的制作能力。同时,我们还要强化传播思维,不仅要做好记者,还要做好的传播者,每次采访之前要认真思考如何形成完备的内容链、产品链和传播链。"[4]

20 世纪 90 年代国内媒体只是简单地将新闻内容在次日原封不动地搬到自建的网站上,烧钱不少却没有影响力。互联网进入 Web 2.0 时代,随着"两微一端"(微博、微信、移动客户端)的兴起,传统媒体人的思维被迫从"+互联网"转向了"互联网+"。向新媒体转型,走媒介融合之路成为必然的选择。这对习惯了旧媒体传播生态的新闻人而言,对新技术的本领恐慌不可避免地产生了失落感和无力感。《湖北日报》的余宽宏在谈及自己的感受时说:"现在每天更多的是拿着手机做直播、发微博、制作 H5 产品。稿子越写越短了,图片和视频却越来越多。"[5] 他坦言,在探索制作 H5 产品时,经历过多次失败,但通过不懈努力,他成为一名新媒体时代玩转新技术的融媒体记者。

按照芬兰《图尔库新闻报》(*Turun Sanomat*)总编辑阿里·瓦利亚卡的理解,"媒介融合就是充分利用素材,即我们眼中的新闻与实时信息,通过多种渠道为受众服务"[6]。斯蒂芬·奎恩认为:"媒介融合就是让新闻适用于所有媒介,从而使信息尽可能到达更多的受众。"[7]社交媒体和移动技术的突飞猛进,要求当下的记者能够把文字、音频、视频和静态图片进行整合,能够恪守传统媒体的价值观和方法,运用多种多样的媒体技术进行快节奏、多任务处理,以高效、优质的新闻策划、采集、组织和制作技能满足移动受众目标群的信息需求。在这样一个人人都是传播者的时代,记者的地位显得更为重要,因为"一个信息量过载的世界需要一个重构系统对信息价值进行再塑造。在这个过程中,分享和总结已有信息比盲目地制造新信息重要得多"(戴维·申克)[8]。只有受过专业训练的记者堪当此任。

媒介融合的关键取决于新闻人全媒体的思维方式。"尽管现在科技层出不穷,但是我们现在需要关注的不是科技,而是面对新的新闻世界所应具有的思维过程和思维方式。人们来这里不是学习软件,而是来思考如何在全媒体环境下讲故事。"[9] 全球报业联合会的诺斯拉普认为,新闻编辑室可能只有少数人拥有多项技能,但"如果想要创造出最有效地处理新闻故事的方式,所有的人都必须有'全媒体的大脑';全媒体新闻组织内的所有记者,都要理解他们呈现新闻故事时所采用的各种形式的长处、短处和传播力所在"[10]。新闻人要具备全媒体思维方式,就需要不断学习,通过培训提升自己的知识。2002 年 5 月,全球报业联合会编辑策略部负责人鲁斯·德·阿基诺在欧洲发表了有关媒介融合发展的报告。该报告提到了以下要点:

(1)对新闻工作者进行新媒体方面的培训,以使他们适应新型的、多样化的新闻采写方式。

(2)复合型记者和专业性记者合作,以达到互相帮助的目的。

(3)单个记者为所有新闻平台提供 24 小时的新闻,独立完成从制作到发送的所有工作。[11]

　　媒介融合背景下,呼唤着全能记者出现在新闻现场,要有一专多能的本领才能胜任全媒体的重任。"在数字时代,由于所有新闻媒体都在向网络聚合,一个记者每写一篇稿件都要想着它既有可能出现在报纸上,也有可能出现在杂志上,还有可能出现在该媒体的同步网站上,甚至有可能与图片、音频、视频打包为一个多媒体集成,同时在电台、电视台广播或是在网络上广播。"[12]美国记者比尔·詹泰尔被称为背包记者的先驱,从 1979 年到 2001 年,他独自一人背着装满采访设备的背包,先后深入尼加拉瓜战争、美军入侵巴拿马、美军入侵海地、海湾战争、伊拉克战争和阿富汗战争的战场,在战火中完成了纪录片拍摄和战地报道,其工作效率相当于一个采访报道的小团队。2012 年 2 月,美国特纳尔溪地区发生雪崩导致多名滑雪爱好者遇难。《纽约时报》记者约翰·布兰奇前往纳尔溪地区调查,独自完成了前期融合新闻素材的采集工作。《纽约时报》通过后期多个部门将他发回的素材进行加工制作,在当年 12 月 20 日推出了融合新闻——体验式特稿《雪崩》,几天之内就吸引了 290 万人次访问。该融合新闻荣获了普利策特稿奖。背包记者又称超级记者或全能型记者,即在采访报道中"一个独立的记者个体能够身兼文字记者、摄影记者、摄像记者、广播记者等数种角色,熟悉多种媒介采编设备与编辑软件,后期胜任文字编辑、图表编辑、音视频编辑工作,能够快速加工相关材料,及时发回融合新闻报道及相关素材"。[13]背包记者是一个形象的说法,指的是记者在包里备好了文字、图片、视频等全媒体采访的所有装备,单枪匹马现身新闻现场,对于费时长、事件复杂的报道,背包记者具有投入少、效率高的优势。当然,背包记者面临的困难和风险也比团队采访更甚。2009 年 3 月 17 日,美国潮流电视台韩裔女记者李丽娜和凌志美去朝鲜完成背包采访任务时,刚入境就被朝鲜边防军逮捕,被判处 12 年劳役。美国前总统克林顿飞赴平壤代表两名记者表示诚恳道歉,向时任朝鲜最高领导人金正日请求宽大处理,两名女记者才在当年 8 月 4 日被释放返回美国。

　　作为 21 世纪新闻报道的一种新浪潮,背包记者以其孤胆英雄般的无畏与高效赋予了新闻职业以理想光环,令有志者神往,但它注定属于那些有抱负、有情怀、有才干、有创新能力的人。"实践融合新闻需要理解媒介技术景观,并足够灵活地操作这些技术以便让新闻受众获益,与此同时又完美地坚守了新闻的准则。"[14]在当下手机新媒体风行的时代背景下,传统新闻学奉行客观、真实的报道原则和追求新闻专业主义的价值观没有过时。"条理清晰的写作、有理有据的内容及背景描述是一个新闻记者的基本功,这是亘古不变的。对从事广播和电视业的记者来说,清晰的表达也是基本的职责。同时,记者需要接受新的技术,并能够熟练地运用它们。"[15]

二、媒介融合时代的采访

　　在当下的公共场所,举目望去,几乎人人都在盯着手机,表情各异,自得其乐。移动互联网几乎将人人变成了"低头族"。过去人们有事会给媒体打电话求助或投诉,各媒体都设有热线电话,搜集新闻线索。如今,人们利用自媒体维权、发布信息,媒体随机应变,将 QQ、微博、微信作为报料渠道。记者通过互联网和移动互联网发掘新闻线索已经成为常态。如:

新余市委书记上山捡垃圾 网友"偶遇"牵出连串质疑

来源:《南方都市报》 时间:2014-09-01

一条网友"偶遇"江西新余市委书记捡垃圾的微博,这两天连遭网友质疑:为何网友发布爆料微博后,新余市委宣传部官微@新余发布仅过 6 分钟便作了转发,还称联系上了首发者@橙子 loveyou;有网友发现,@橙子 loveyou 的微博信息显示,她曾在宣传部门实习,工作就是"写微博";此外,针对各地网友有关策划的质疑,不止一位当地基层官员在互动中跟帖解释。这是为什么呢?

组照展示书记多个捡垃圾场景

"如果我没看错,这是刘捷书记?"8 月 30 日 11 时 58 分,网友@橙子 loveyou 发微博称,当天她和朋友去爬毓秀山,碰到市委书记刘捷在捡垃圾。她还将这条微博转给了@新余发布等当地政务及媒体官微。

与微博同时发布的一组 7 张照片显示,当时刘捷等一行数人,头戴写有"新余志愿者"的红色帽子,左臂戴着红色袖箍,提着黑色塑料袋正在捡拾山路边的垃圾。从背景看,7 张照片至少拍摄于不止一个地点或角度——有的在绿草丛中,有的在石阶边,还有一处是在有巨石的山体旁。

该微博发布后仅 6 分钟,@新余发布即进行了转发。微博称,工作人员联系上了@橙子 loveyou,并向她确认遇到刘捷的时间在当天 10 点钟左右。在后来回复网友@蝎子_大侠时,该官微进一步透露,"后来了解到,书记是作为一名志愿者参加活动的,同行的还有很多志愿者"。

官方资料显示,刘捷,1970 年生,2013 年 8 月任新余市委书记。"第一次近距离接触领导,感觉有点小激动。"@橙子 loveyou 在微博评论如是说。

基层官员反复跟帖"求别黑"

与诸多类似的"偶遇"一样,@橙子 loveyou 的说法随即遭到网友质疑。疑点之一,是作为一名普通网友,如何认得出一位头戴红帽、低头劳动的市委书记。包括@沃嘞个去在内的多位网友就称,"说实话,穿成这样,别说书记,就是更大的官在捡垃圾也认不出来""这位网友眼光还真够犀利"。同时,大批网友吐槽不认识自己所在省市领导,并感叹"偶遇市委书记拍张相就行了,没想到你还一路跟过去拍"。

另外,一些技术上的细节也引发部分网友好奇。比如,有网友在@橙子 loveyou 7 月 13 日发布的一条微博留言中发现,博主在当时与朋友互动时曾提到,她当时在新余市委宣传部实习,具体工作是"写微博"。这无疑增加了网友对@橙子 loveyou 所发微博是否为策划的猜测。

还有网友注意到,@橙子 loveyou 发布与刘捷偶遇的微博时,客户端显示为电脑。约过了一个小时,她更新微博宣布"和小伙伴毓秀山半日游终于结束了"时,用的却是手机。对此,@橙子 loveyou 在微博中没有解释,倒是认证为"新余市广播电视台台长"的@新余李虹曾向网友表示,"是用手机拍的,手机没流量就回家拷电脑上发的"。但这个说法不能解释当事人后来又用手机更新了微博,反倒添了更多质疑。

微博记录还显示,不厌其烦在微博上向网友解释的,并不只李虹一人,尽管这些人没有提供证据证明本人当时在场。例如,认证为"新余市网络中心主任"的@新郎说事,在@头条新闻的转载报道后反复给网友留言澄清,包括"书记利用周末当志愿者没什么""希望大家多支持这种志愿活动,让社会更美好"。

首发者:随手一转被当成阴谋

面对质疑,@橙子 loveyou 昨晚对南都记者解释,她的确是在与朋友爬山时偶然碰到的刘捷,之所以发微博,原本是觉得书记当志愿者是一条新闻,没想到网上的反应大大超出其预料。

与微博发布之初,她在与网友互动评论中给出的解释一样,@橙子 loveyou 表示,她当天和朋友两人一起爬山,看到很多志愿者在活动,"多看了几眼,结果觉得有人眼熟,后来想想是刘书记"。对于为何能认出刘捷,她给出的说法是,父亲每天都在看地方台新闻,自己平时也关心新闻和地方时政,"认出刘书记不难","我电脑收藏夹里有个文件夹都是新余新闻网、新余政府网、新余本地论坛"。

@橙子 loveyou 称,当时他们未与刘捷等人交流,但对方应发现有人在拍照。至于其微博中发布的那组照片背景显示不在一处,她承认的确是和同学用两部手机在两个地方拍的,因为他们一路上碰到刘捷等人不止一次。@橙子 loveyou 还表示,她不认识新余电视台台长李虹,至于先用电脑后用手机发微博,与流量无关,而是下山后发现手机快没电,所以用电脑上传了照片,然后洗漱吃饭,席间又用手机发了微博。

这位网友承认自己于 7 月 7 日到 8 月 7 日在新余市委宣传部实习,当时@新余发布招聘实习生,她报了名,然后就入选了。这次发微博时之所以转给@新余发布,她解释,"以前在宣传部实习就@过他们,觉得肯定是条新闻"。她坚称,"就是随手一发,也没想那么多,谁知道在有心人眼里有这么多阴谋"。(南都记者:张东锋)

过去,记者必须随身携带一个电话号码本方便与新闻来源联系,一旦丢失会非常沮丧;而今双方只需掏出手机扫描二维码互粉好友方便可随时随地保持联系,同时,在朋友圈中刷屏或闲聊即可发现新闻线索。记者通过微信、微博、QQ 建立广泛的人脉资源,发展、培育和巩固新闻来源,为自己建立源源不断的新闻线索宝库,还可以通过关注海外的网络信息发现有价值的新闻线索。2017 年国内媒体对中国留美学生遭遇突发意外事件的多篇报道就是记者通过浏览美国的网站发现的线索,通过电子邮件进行补充采访完整了报道。对于发生在异域的突发事件,记者在无法即刻赶赴现场的条件下,通过对网络各种信息的汇集整合,也能及时做出报道。"据美国报纸发行人协会及报纸读者协会的联合调查,读者对天灾人祸新闻的关心度仅次于国家大事或战争方面的报道。这一调查证实了多年来报纸编辑们的想法:当人们听到警报器鸣叫时,他们希望知道发生了什么事,更重要的是从新闻中得知是否涉及他们的亲友。"[16]

2014 年 12 月 31 日 23 时 35 分许,上海外滩陈毅广场发生拥挤踩踏事件。截至 2015 年 1 月 1 日上午 11 点,已有 36 人死亡,47 人受伤,伤员以年轻人为主,其中重伤 13 人。这一重大突发事件受到了台湾地区媒体的高度关注,事发 24 小时后的 1 月 2 日,中国台湾地区四份有影响力的报纸均以头版头条进行了报道,如《联合报》和《苹果日报》的报道占据了头版整版,《中国时报》和《自由时报》用了头版四分之三的版面。同时这四份报纸另辟一个新闻版面整版做专题报道。头版头条新闻"上海踩踏 36 死"和第二个版面的头条"现场目击报道"是四家报纸对踩踏事件报道的两个重点。对比发现,只有《联合报》派两位记者赶赴上海进行了采访,其他三份报纸都是根据内地网民现场发送的文字、照片、视频等资源整合改写的，从效果上看，比《联合报》记者的采访新闻来源更丰富，可读性更好。从图片对比看，《联合报》使用了 5 幅现场照片；《中国时报》使用了 7 幅现场照片；《苹果日报》使用了 5 幅现场照片；《自由时报》使用了 7 幅现场照片。这些照片都来源于网民发表在互联网上的照片。

在新媒体时代，媒体报道突发事件想做"独家新闻"越来越难，因为第一时间、第一现场的图像、视频和文字描述会在事件发生时瞬间就被上传到手机媒体和网络媒体上，草根记者和专业媒体的融合新闻跟踪事件进程时时更新，瞬间传遍全球。与此同时，新媒体传播的高效迅捷和海量资讯也为专业媒体新闻生产提供了便利、充足的新闻来源。台湾地区的记者赶到上海踩踏事故现场最快也得在 2015 年 1 月 2 日上午 11 点左右，此时事件现场已经清理，搜集第一手资料已不可能，获取第二手资料花费时间多、难度大，台湾记者再努力采访也无法超越新媒体上第一现场目击资料的信息量和冲击力，核心事实和关键信源在事发后的 24 小时几乎已经被新媒体掏干净了，而优化组合的编辑团队省却了采访的时间，分工明确、时间充足，从新媒体上搜集选择的信息丰富、全面，整合精华信息可获得"1＋1＞2"的传播效果。[17]

由于互联网是虚拟社区，在海量信息中难免泥沙俱下，真假混淆，记者在查阅、搜集资料时，要注意对比、鉴别、质疑、求证，不可轻信，更不可盲信。重庆大学教授董天策提出了 10 条评估网上信息的对策：

（1）网站或网页的拥有者是否可靠？如果网页上留有作者的联系方式或生平介绍，将被认为可以提高信息的可信度。

（2）网页是不是经常更新？

（3）网页提供的材料是否第一手的？

（4）信息的发布者是否在该领域具有权威性？

（5）信息的来源是否可靠？

（6）信息或数据能否得到相关的证实和支撑？

（7）信息发布的动机是什么？

（8）信息的准确程度如何？

（9）信息与观点是否前后一致，有没有自相矛盾之处？

（10）信息是不是最新的？[18]

互联网也是新闻采访重要的辅助工具。（1）查阅资料。记者采访前搜集、查询背景知识、相关资料，只需通过搜索引擎输入关键词即可快捷地找到海量的信息和各种可供参考的档案，这比过去依靠自己做卡片，去图书馆、档案馆查阅资料省时省力，高效便捷，这些资料可以随时下载、复制、保存、引用，为采访前的报道策划、寻找新闻焦点、明确采访目的、制订采访计划、撰写采访提纲等带来了极大的便利。（2）与采访对象沟通。记者采访前与受访者沟通，过去只能用电话，而今微博、微信、QQ 等即时通信软件都能辅助记者与受访者交流。此外，互联网也成了采访的通信工具。2018 年 5 月 8 日《南方都市报》刊发深度报道《起底伊利潘刚"失联"事件》，该报道用事实真相粉碎了自媒体公众号炒作伊利集团董事长潘刚出事的谣言。由于当事人潘刚在国外治病，《南方都市报》记者使用了手机视频对他进行了采访。手机作为一种互动性好、沟通便捷的新媒体，其语音、视频、文字在线交流功能为相隔千万里的记者和受访者提供了采访、联络的便利，仿佛时空距离已经消失。

利用互联网采访难以面对面访谈的名人不仅效率高，费用也远比长途电话低。诺贝尔经济学奖得主科斯和他的助手王宁2013年1月出版了《变革中国》一书，聚焦中国改革开放。对于这样重量级的人物，《深圳商报》记者通过出版方先获取了王宁的邮箱，通过邮件表达采访意愿。鉴于科斯已经103岁，读写都有困难，王宁希望记者将问题发送至邮箱，并表示将与科斯讨论后共同回答。据王宁介绍，科斯酷爱历史，孩提时代因为读到《马可·波罗游记》而醉心中国。科斯虽未到过中国，但长期关注中国改革，曾多次出资主办学术会议，为中国经济把脉。为了准备此次采访，记者花了大半个月读完了《变革中国》，再详细列了数十个问题电邮过去。经由王宁沟通联系，科斯和王宁在2013年5月回答了全部采访问题并回传记者。在洋洋万余言的详细回复中，科斯和王宁客观而审慎地分析了中国的市场经济之路，并对中国的未来经济发展进行了预测。稿件在《深圳商报》刊发后，对于塑造《深圳商报》品牌形象起到了很大的作用。[19]美国《科学》杂志曾刊登了一名女记者用电子邮件采访美国、英国、日本、瑞士、加拿大等国10位科学家的报道，该记者用电子邮件发出采访提纲，根据这些科学家的回复，仅仅花费了一周时间，足不出户就完成了新闻写作。

记者在做舆论监督报道时，利用手机定位可以便利地、精确地找到采访地点，如新华社2016年"3·15"前夕对河南辣条生产厂家的暗访就是根据超市买到的几种辣条的生产地址，用手机定位功能准确地找到了现场并完成了报道。采访前后记者与受访者的社交媒体交流记录，采访中的录音、录像、照片等既成为制作融合新闻的第一手素材，同时也是批评报道的法律证据。在遭遇采访中的困境和受到刁难时，记者利用社交媒体发声能够起到舆论监督和维权的作用。需要指出的是，利用网络采访有其局限性，如真实性难以把握、观察难以全面、对话沉浸感不足等，因此，在时间、环境、条件等客观条件允许的情况下，深入现场面对面采访、零距离全方位观察、当场核实验证材料仍旧有不可取代的优势。

三、媒介融合时代的写作

如今，传统媒体（报纸、广播、电视）纷纷将新媒体"两微一端"（微博、微信、移动客户端）作为新闻传播的重要平台，建构线上线下一体化的新生态，打造新旧媒介协同营销的增值效应。"两微一端"上刊登简洁的微新闻，纸质版上发表深度报道或系列报道，并刊登部分网民的反馈，线上线下相互呼应，以融合新闻形式立体报道。在新媒体时代，微博、微信和移动客户端具有传统媒体难以企及的传播优势，"当一个有新闻价值的事件发生，微博应及时发布消息和资讯，同时抓住事件中值得讨论的话题发布，以迅速引发关注和讨论；微信公号从公号不同定位出发，以不同角度推送经过整合和加工的特色文章，形式应以微信用户喜欢的图文结合、可视化呈现为主；客户端发布相较于前两者应更有深度、更为全面，形式上更为多样，如整合式的专题发布和图文直播、音视频直播形式更适用于客户端"。[20]手机拥有全媒体功能，带给人们的体验是线性传播的传统媒体难以比拟的。图文并茂、声画合一、迅捷互动的融合新闻以其轻松、趣味、幽默和多元的特征吸引着融媒体时代的用户。新媒体新闻写作追求简洁、有趣的风格，经典的倒金字塔结构具有显著优势，采用短句、小段落、多加小标题的碎片化传播能优化用户体验。当下新媒体的新闻生产和运营高层多为传统媒体跳槽的精英，可见，传统媒体新闻采访写作的价值观和方法是新媒体采访写作的基石。

（一）微博写作

在 2010 年微博成为最热门的网络新宠之前，人们热衷的是博客（Blog）写作。博客（网络日志）在 20 世纪 90 年代中后期诞生于美国，2002 年开始引入中国。2006 年博客爆红，人们竞相参与，形成网络写作热潮。但随着写作更加便捷轻松、传播互动更迅速、人际交流沟通更具亲和力、应用功能更全面、界面呈现更亲近友好的微博兴起之后，以新浪博客写作为时尚的潮流迅速退去。毕竟一篇博客就是一个网页，一个人每天花费大量时间坐在电脑前码字劳神劳力，写几十字不像样，几百字太苍白，几千字太累人，插入图片和视频耗时且不便利。而限定为 140 字符（包括标点符号）的微博就像聊天，不用花太多心思考虑主题，随时随地，随心所欲，在手机屏上动动手指，几个短句就轻松完成，可以融合新闻呈现，写作如同说话，简单高效，想多写还可以使用长微博功能，这就满足了不同人群的个性化需求。博客是一篇有头有尾、结构完整的文章，需要发布者具备写作功底，一个人很难坚持每天写一篇；而微博是碎片化的信息，只需片言只语，如同说话一样方便，门槛低，人人皆可参与，任何人都可以按照自己的兴趣利用碎片化时间随时发布，其频率和高效超过了博客，其文字简洁，时效性高，也更适合手机移动阅读体验。它标志着个人互联网时代的到来。

微博即微型博客（Microblog）的简称，它起源于美国的 Twitter，是一种通过关注机制分享简短实时信息的广播式的社交网络平台。微博将即时通信、网络论坛、博客、SNS（社交媒体）等多种产品特点融为一体，把社交与公共信息传播相结合。它是一个开放式的平台，其传播如同广场演讲，一篇如同简讯篇幅的微博经过多次转发形成病毒式传播，其影响力瞬间就超越时空，引爆网络，迅速引发围观效应。中国的微博应用始于 2007 年的"饭否"，但最终成大事者是新浪的微博。新浪微博 2009 年 8 月开始发力，2010 年强势崛起。2014 年 3 月 27 日晚间，在中国微博领域一枝独秀的新浪微博宣布改名为"微博"，并推出了新的标识，逐步淡化了新浪色彩。2015 年 1 月，微博放开 140 字的发布限制，少于 2000 字都可以，1 月 28 日对微博会员开放试用权限，2 月 28 日正式对微博全量用户开放。

微博要产生持久的影响力，每天应不间断地发布信息，高频率、信息密集，才能在每日数千万的信息海洋中始终被人有意无意地注意到并产生黏性。文字配图片、视频是常见的标配。图片具有收起、查看大图、向左旋转和向右旋转的功能。每条微博下方都有收藏、转发、评论和点赞四个互动功能。以《人民日报》2018 年 5 月 9 日的微博为例，全天共发布微博 34 条：

02:34【快讯：特朗普宣布美国退出伊核协议】[配"人民日报快讯"标识图片]

07:01【拒绝表演型努力，学习要有学习的样子】[配 9 幅解释图片]

07:27【退群！特朗普：伊核协议是"糟糕"的协议】[配央视视频]

07:49【中国成功发射高分五号卫星可有效监测大气污染气体！】[配 4 幅彩色照片]

08:21【铭记历史，珍惜和平】[配 9 幅黑白历史照片]

08:51【大片！中航工业发布震撼宣传片，片尾有彩蛋[酷]】[配《大国起飞》视频]

09:22【教育部：严禁宣传"高考状元"，一旦发现严肃处理】∞网页链接[配 2 幅照片]

09:50【干货转存！9 图了解#婚姻财产那些事儿#】[配 9 幅解释图片]

10:37【高考前夕,衡水中学的学霸说:考完想好好啃骨头吃条鱼,慢慢吃顿饭】[梨视频的秒拍视频]

11:16【一口满足! 里脊肉包饭团[馋嘴]】[配9幅照片]

11:50【♯汶川大地震10年♯,你还记得"空降兵十五勇士"和那"惊天一跳"吗?】[配9幅照片]

12:20【积累词汇时间到! 公园♯将西门翻译成Simon♯? 这可不行】[配9幅解释图片]

12:48【该以身高还是年龄,决定是否售卖儿童票? 你怎么看?[思考]】[中新视频的秒拍视频]

13:25【别人家的毕业礼物! 学霸的"阅读报告"证书为读博进图书馆629次】[紫金山视频的秒拍视频]

14:03【短片《抑郁症的生活》】[土豆的秒拍视频@土豆]

14:43【城管抢铁锤打砸占道经营摊档桌椅,用餐学生惊吓后退】[澎湃新闻的秒拍视频]

15:12【夫妻一方个人财产包括哪些?】[配9幅解释图片]

15:33【商务部就中方应邀派团赴美进行经贸磋商作出回应】[配"人民日报快讯"标识图]

15:53【泪奔! 感人微电影:小梦想大成就】[人民日报的秒拍视频]

16:27【2018一季度政务微博影响力排行榜出炉】[配9幅解释图片]

16:56【♯汶川大地震10年♯:那一刻,你在做什么?】[配9幅历史照片]

17:07【李克强:推动中日关系重回正常轨道】[配"人民日报快讯"标识图]

17:22【红烧大排】[配9幅照片]

18:10【幸福是一种能力】[配9幅解释图]

18:20【距离四六级考试不到40天,这些你都会翻译吗?】[配9幅解释图]

18:51【火力全开,空降兵现实版"吃鸡"】[我们的天空的秒拍视频]

19:42【"滞销大爷"照片被滥用 商家:看他好拉生意[怒]】[配9幅照片]

20:28【住建部再发声:坚持房地产调控目标不动摇、力度不放松】[配2幅照片]

20:43【♯汶川大地震10年♯|一镜穿越北川老城遗址,看新城重生】[快快看视频的秒拍视频]

21:12【人民微评:好形象不是打砸出来的】[澎湃新闻的秒拍视频]

21:45【10个动作,减掉腰腹部赘肉】[配9幅动图]

22:27【夜读:哪里有人生开挂,不过是厚积薄发】[配1幅宣传图]

23:01【惊艳! 未穿戴任何辅助呼吸装备,她在世界上最深泳池屏息跳舞[心]】[全球视频大魔王的秒拍视频]

23:25【♯你好,明天♯】[配9幅照片]

统计表明,《人民日报》2018年5月9日的34条微博中,共有14条服务性信息、11条硬新闻、3条软新闻、3条汶川大地震10年特别报道、2条娱乐信息、1条微评论。其中有1条硬新闻和1条软新闻进行了编辑重发,一条硬新闻附在微评论后重发。其中得到转发、评论和点赞最多的前4条微博是(标题后的三位数字分别是转发、评论和点赞):

【#汶川大地震10年#,你还记得"空降兵十五勇士"和那"惊天一跳"吗?】12815 8625 80350;

【积累词汇时间到!公园#将西门翻译成Simon#? 这可不行】16836 790 13759;

【惊艳! 未穿戴任何辅助呼吸装备,她在世界上最深泳池屏息跳舞[心]】4123 1271 10808;

【高考前夕,衡水中学的学霸说:考完想好好啃骨头吃条鱼,慢慢吃顿饭】2992 4098 9969。

其中得到转发、评论和点赞最少的4条微博均为硬新闻,它们是(标题后的三位数字分别是转发、评论和点赞):

【商务部就中方应邀派团赴美进行经贸磋商作出回应】118 224 573

【李克强:推动中日关系重回正常轨道】203 197 818

【2018一季度政务微博影响力排行榜出炉】451 240 628

【住建部再发声:坚持房地产调控目标不动摇、力度不放松】473 1037 1009

通过分析,可以得出结论,在社交媒体上,受众比较喜闻乐见的是:①具有特别重要意义的信息;②有用的服务性信息;③娱乐信息;④有人情味或关于人性的软新闻。硬新闻关注率低于上述信息,原因可能是受众可以通过其他信息传播渠道获得这些硬新闻,同时也说明社交媒体上人们更喜欢轻松、有趣、有用的信息。通过对《人民日报》微博与《人民日报》纸媒的对比,不难看出,《人民日报》微博凸显了新媒体语境下的信息传播的这些特点,与严肃、刻板的纸媒体风格截然不同。

《人民日报》微博发布的规律是,一般从早晨7点开始到晚上23点半之间的16个小时中,平均每个小时至少发两条微博。其中,上午10条,包含5条硬新闻、1条软新闻、4条服务性知识;中午3条,包含汶川地震10周年特别信息1条、服务性信息2条;下午10条,包含硬新闻4条、服务性知识4条、软新闻1条,汶川地震10周年特别信息1条;晚上11条,包含服务性知识5条、硬新闻2条、娱乐信息2条、微评论1条、软新闻1条。早晨7点的微博是励志＋服务＋早安问候,晚上最后一条微博会祝福大家晚安,在每天临近中午的11:16和下午的5:22正好是每个家庭做饭的时间,它会给粉丝提供做饭的菜谱,而且饭前、饭后安排的微博偏向于轻松、振奋、快乐的信息。这表明该微博运营团队有一套成熟的、规范的运作模式,每天的信息发布比较均衡,节奏把控平稳,按照时间段人们的生活规律编辑发布信息,既注重提供有益、有用、有趣的新闻和信息,博雅结合、老少咸宜,疏密有致、节奏适度,同时也展示出人性化服务的贴心和诚意,细微之处见精神。以服务性为例,《人民日报》微博有励志、求知、读书、保健、生活、娱乐等多方面的信息,深夜的"夜读"和"你好,明天"偏向于情感慰藉,滋养心灵。《人民日报》的每一条微博都配置了关联的图片或视频,体现了媒介融合的思维。它对城管抢铁锤打砸占道经营摊档桌椅事件的报道和随后发布的微评论体现出媒体的社会责任。它对其中的5篇新闻、信息提供了超链接延展,能够满足受众的多样化需求。对健身服务它提供了动作分解便于模仿的动图,对做饭烧菜它提供了有文字说明的操作图片,对即将到来的四六级英语考试它巧妙地以新闻为由头,以图片的解释文字扩展了信息量,这些都是用心服务的具体体现,目的是增加用户黏性,提升媒体品牌传播效果。

通过对《人民日报》微博分享、留言、点赞效果的观察,看出其影响力远超传统纸媒。在上述微博中,受到关注最少的新闻分享为118、留言为224、点赞为573。如果转发循环往复,其受众群体将呈几何级数增长,最终其传播效果影响上亿人。2011 年 11 月,Facebook 与米兰大学联合发布了一份研究报告。该研究报告认为,在 Facebook 上任何两个陌生人要建立联系,平均所需的中转联系人是 4.74 个。它颠覆了"六度分割"理论。[21]换言之,移动互联网信息传播使世界变小了,如同电视剧《编辑部的故事》中的主题歌:"世界很小,是个家庭。"

上述案例可以总结出微博写作的几个特点。

1. 关键词

用♯符号将简洁的关键词包括在内。如♯汶川大地震 10 年♯。设置关键词的好处是便于网络用户搜索、收藏新闻,有利于网站分类存档,以文献的形式永久展示。

2. 标题

用加黑的方括号【】将新闻的核心事实浓缩成一句话。突出具有吸引力的新闻事实,突出亮点,彰显新闻价值,让受众在无意浏览中被标题吸睛,产生阅读微博的兴趣和动力。最短的标题 4 个字,最长的有 28 个字,一般在 15～20 字。微博标题的特点:

(1)用问号、引号、感叹号等引起受众注目;

(2)口语化、人情味表达,如"高考前夕,衡水中学的学霸说:考完想好好啃骨头吃条鱼,慢慢吃顿饭""积累词汇时间到! 公园♯将西门翻译成 Simon♯? 这可不行";

(3)表达情感,如"大片!""一口满足!""惊艳!";

(4)使用网络流行语吸引受众,如"退群!""人生开挂""泪奔""吃鸡"等。

3. 内容

按照新闻写作 5W1H 六要素的要求,社交媒体重点是除 Why 之外的其他五个要素——Who(何人)、What(何事)、Where(何地)、When(何时)、How(如何)。提供新闻来源,客观呈现事实,把意见留给受众。语言准确、通俗、简洁、清晰。如:

【中国成功发射高分五号卫星 可有效监测大气污染气体!】9 日 2 时 28 分,我国在太原卫星发射中心用长征四号丙运载火箭成功发射高分五号卫星。高分五号是世界首颗实现对大气和陆地综合观测的全谱段高光谱卫星,也是我国光谱分辨率最高的卫星。高分五号卫星将填补国产卫星无法有效探测区域大气污染气体的空白。(冯华)[配 4 幅彩色照片]

从这篇微博的分析可以得出结论,微博写作其实就相当于传统媒体的消息简讯写作,主题集中于一人一报或一事一报,表达节奏快、效率高,适合即时传播,对于突发事件报道和重大事件的报道其优势尤其突出,记者可以采用视频、文字、图片、声音等组合成融合新闻形式同步传播现场场景。微博更为注重表达的鲜活、轻松、生动和亲和力,注重为用户提供有益、有趣、有用的服务性信息,不造谣、不传谣,不以煽情、刺激、低俗信息吸粉,也不以网络暴力语言撕裂族群情感,坚持传播的社会责任感和职业操守。

4. 结尾

微博发布信息时,可以在结尾对粉丝发布动员令,直截了当地发布指令,如"请点赞!"或者"一键转发!"也可以简洁地说:"转起! (转!)"对于忠诚的用户,这样的动员令具有强烈的激励效果,让沉醉在网络信息中的网民突然意识到该为自己喜欢的微博做点什么,听到明确的命令,他们会莫名产生受到召唤的感觉,焕发出一种责任感,不由自主地点击转发键,使得信息产生裂变式的传播效应。

5. 配图

图片以 9 幅组合比较匀称美观。也可发 1 幅或 3 幅配图。这样比较符合整齐均衡之美,图片最好是不同角度、不同场景的组合,这样能形成整体的视觉冲击。

微博的视频直播功能从 2016 年开始受到了网民的追捧,其融媒体应用的效能强大。2018 年 5 月 9 日,微博发布 2018 年第一季度财报显示,报告期内公司营收达到 22.13 亿元,连续 5 个季度保持 60% 以上增速。截至 2018 年 3 月,微博月活跃用户已增至 4.11 亿,成为全球第 7 家活跃用户规模超过 4 亿的社交产品。[22]

(二)微信公众号写作

微信(WeChat)是腾讯公司于 2011 年 1 月 21 日推出的一个为智能终端提供即时通信服务的免费应用程序。2012 年 7 月,微信推出微信公众平台,迅速成为媒体、公共机构、企业、明星以及个人用户继微博之后又一新媒体平台。微信公众号是开发者或商家在微信公众平台上申请的应用账号,通过公众号,商家可在微信平台上实现和特定群体的文字、图片、语音、视频的全方位沟通、互动。目前,获得微信公众平台认证的公众账号超过 3 万个,其运营内容主要涵盖新闻阅读、视频娱乐、明星艺人、生活服务、地方政务、科技数码,以及社交等。截至 2016 年 12 月,微信的月活跃用户数已达 8.89 亿。在超过 1000 万的微信公众账号中,传统媒体微信公众号数量和发文篇数普遍高于其他行业微信公众号。微信运营要体现:服务是硬道理。受众觉得有益、有用才会喜欢,才会在乎,才会互粉互动,参与留言点评生产内容。

微信可以将新闻信息直接推送到用户的手机上,微信还具有自动回复功能,用户可以对关键词进行搜索,随时随地获得整理打包的新闻资讯。不仅如此,微信几乎 100% 的受众到达率,使其成为传统媒体为用户打造小众化传播、精细化服务的最佳平台。休闲娱乐、获取生活百科、获取时事信息是用户使用微信公众号的主要动机。这就成为传统媒体传播信息不可忽略的渠道。截至 2017 年 2 月 28 日,全国广播、电视、报纸类微信公众号共有 2642 个,其中报纸类微信公众号有 1309 个。媒体微信公众号综合运用图片、文字、音频、视频等报道手段推送内容。当前,一个报业集团往往拥有多个客户端和微博、微信公众号,旨在以不同的新媒体产品全面占领新媒体用户和融合产品市场。如《人民日报》目前拥有 142 个微信公众账号、118 个微博机构账号及 31 个手机客户端,用户总计扩展到 3 亿。[23] 浙江日报报业集团拥有浙江新闻客户端、浙江 24 小时客户端、边锋浩方网络平台及客户端、媒体法人微博、微信公众号等 300 多个。[24]

传统媒体微信公众号的报道方式有图文结合形式、图文＋视频形式、语音＋图片＋文字形式、视频＋图片＋文字形式、纯语音形式、纯文字形式,其中大约 90% 的文章为图文结合形式。《人民日报》微信公众号每天早晨提供近 6 分钟的音频《新闻早班车》节目。目前,高频率使用图片为报纸微信公众号的主要特点,其中包括普通图片和 GIF 动图等形式。配图类型有新闻照片、娱乐性照片、背景图片、微信表情包、新闻漫画、新闻图表、新闻速写、动图、沙画、3D 画面等。有部分媒体的微信公众号文章,会在文章开头标注全文字数和大约阅读时长,体现受众服务意识。微信公众号中,点击量高的文章主要集中于政策解读、励志文章、提醒类信息、热点新闻、教育等方面。媒体要想打响微信公众号品牌,就要珍惜机会,均衡地、规律地、准时地利用好每天 10 次的信息推送权限,要善于根据人们作息规律,便于用户利用碎片化时间阅读信息。

1. 标题

腾讯公司规定微信公众号标题长度为 64 字以内。微信公众号标题多数在 16～45 字之间,以单行标题为多。根据手机界面的显示规律,单行标题应在 15 字左右。微信公众号常用标题形式:

(1)使用表达情感的口语化词汇和感叹词、感叹号、省略号、问号等。

如"我的天呐!""快来看""太缺德了!""厉害了""惊!""重磅!""大事件!",如"咚!咚!深圳一女子抢着铁锤狂砸自家宝马 20 分钟……什么仇什么怨?""85 后男,90 后女,你们摊上大事了! 请为国家多干 5～10 年!""一个喷嚏＋一个喷嚏＋一个喷嚏＝? 这烧脑的小学二年级问题,你能答出来吗?"。

(2)使用网络词语取悦年轻受众。

如"男子驾滑翔伞被高压线挂住……在线等! 急!""又一极具魔性的鬼畜视屏面世了"。

(3)使用"【】""|"等符号在标题中设置内容关键词,突出要点。

如"注意|卖掉闲置手机遭遇电信诈骗　保护隐私数据你该这么做""严管|低价旅游团狠到'没朋友'导游:不买做鬼也不放过你""【提醒】坐火车得了这个病,男子差点丢了命! 太可怕了"。

(4)口语化表达贴近受众。

如"别传谣了! 12306 喊你验证手机,但 12 月 3 日不是末日!""领导干部个人事项填报:房子少报一平米也不行,跟爱人没沟通好不是理由……"。

(5)采用提醒、警示、夸张或者恐惧诉求式的表述。

如"紧急提醒! 双 11 快到了,这六种红包千万不能抢! 一堆人中招了""注意! 除了电梯,你身边还有 6 个隐形杀手""从发现肿块到去世仅隔 14 天! 年轻人,胃不舒服你还在掉以轻心?"。

(6)语言彰显服务性。

如"超级震撼! 一张长图全景再现大阅兵(手机横过来看)""不止放开二胎! 五中全会还定了这些大事(附公报全文)"。

(7)设置悬念,吸引眼球。

如"【重磅】到底发生了什么? 人民币突然贬值 1000 多点!""中国技术封锁美国? 拿错剧本了吧?!"。

(8)故事化叙述令人遐想。

如"这一握,跨越了 66 年"。

(9)用文学语言提高标题表现力。

如"夜读|立秋:摇摇楸线风初紧　飐飐荷盘露欲倾"。

2. 导语

以凸显最重要事实的部分要素写作导语,采用倒金字塔结构中最常用的硬导语形式——概括式导语。如《人民日报》微信公众号 2018 年 5 月 12 日新闻《【关注】大学校长跑了! 警方奖励 10 万元缉捕》导语:

5 月 11 日,云南省公安厅发布 A 级通缉令,对涉案人员——云南林业大学校长蒋兆岗进行通缉。对将其抓捕归案的个人或单位,奖励人民币 10 万元。

3. 主体

(1)碎片化组合。

以《南方都市报》微信公众号在 2015 年 10 月 13 日推送的新闻为例。当日,公众号共推送了 8 篇专题新闻,然而新闻正文中段落总数却达到了 163 段,平均每篇新闻包含 20.38 个自然段,这在传统的新闻文本写作中是难以想象的。段落最多的一篇题为"女侠!三岁女童卡窗命悬一线,她徒手爬楼托举一小时"的新闻中,由于穿插了南都记者和新闻人物的采访对话,竟达到了 45 个自然段。从段落的文本含量看,该日 8 篇新闻的总字数达 12110 字,根据上文的段落数据,平均每段仅有 74.29 字。[25]

(2)突出图片作用。

在 2015 年 9 月 21 日到 9 月 27 日这一周的时间中,《南方都市报》微信公众号共推送了 48 条专题新闻,所配新闻图片数量达 523 幅,平均每条新闻 10.89 幅图片,这在传统的新闻文本写作中是难以想象的。其中娱乐专题新闻是其中使用图片的大户,在这七日的娱乐新闻中,图片平均使用量为 30.21 幅,从微信正文的版面安排角度看,至少占据了整篇新闻文本的半壁江山。[26] 2016 年 1 月 28 日《南方都市报》微信公众号"咩事"发布的《今早暴雨的广州上天了!美得让人哭起来了……》阅读量超过 10 万,它由 16 幅照片组成,文字仅 147 字。

(3)小标题使用频繁。

《南方都市报》微信公众号"咩事"2017 年 7 月 13 日推送的文章《副主任医师门诊 20 元,主任医师 30 元……广州看病大变革,周六执行!》不足 800 字使用了两个涂蓝加粗的小标题。在结尾附加的《广州医保的正确使用方法,你真的懂吗?》文章中,共使用了 6 个小标题,每个小标题下的文字在 100~300 字。这样使文章脉络清晰,易读性好。

(4)用色彩突出重点。

《南都周刊》微信公众号 2018 年 5 月 12 日发布的《客观看待空姐乘滴滴顺风车遇害事件》正文中 5 个小标题均为作者的价值判断,都采用了红色,十分醒目,文章中 4 句核心观点均用了加黑处理。《人民日报》微信公众号 2018 年 8 月 11 日发布的《空军出动轰炸机、侦察机双向绕飞台岛巡航! 苏-35 首飞巴士海峡!》,5 个自然段中有 6 句话用蓝色显示。如同考试前学生在书本上画重点一样,微信公众号发布的新闻使用这种色彩对比强调要点的方法便于受众用手机在碎片化时间里轻松、高效地接收信息,一目了然地抓住报道的重点。

4. 结尾

传统媒体新闻写作常用的方法是自然而然结尾,即对一件事叙述准确、完整、清晰就戛然而止,不多说任何一句与报道事实无关的话。微信公众号的结尾有着新媒体叙事的特征。

(1)鼓动、号召受众互动。

常用的方式是,在结尾发出明确、清晰的动员令:"觉得不错,请点赞↓↓↓"不要小看了这句话的价值,互动是新媒体的显著特征之一,恰恰是受众的参与丰富、延展了新闻的表达,体现出互联网"用户生产内容"的优势。有时,受众与编辑的互动比新闻内容更精彩。例如:2017 年 6 月 21 日,新华社微信公众号发布了 9 个字的新闻"刚刚,沙特王储被废了"。本来这条一句话新闻并无特别之处。没想到,微信推出 10 分钟后它的点击量就突破 10 万,发布仅 36 个小时便收获了 800 万点击量,转发量近 50 万。微信粉丝第一天增长 46 万,三天保守估计有 70 万左右的增粉量。什么原因?原来是互动使它逆天了。在跟帖评论中,网民发问:"就这 9 个字还用了 3 个编辑?"新华社"小编"则回复:"王朝负责刚刚,关开亮负责被废,陈子夏负责沙特王储。有意见???"网友跟帖:"看你们那回复,一脸天下第一的样子,你们怎么不上天?""小编"回复:"我们的确上过天,我们的特约记者景海鹏、陈冬在天宫 2 号上面还发过稿件,电头就是'新华社天宫 2 号电'。"……正是编辑这种机敏、俏皮而幽默的回怼一下子令网民亢奋了,网友们纷纷点赞示爱:"本来关注你是因为无聊,而今天却爱上了它……"编辑立刻回复:"爱我你怕了吗?"……编辑金句不断,如此卖萌与以往一本正经的国家级通讯社画风反差太大,收获粉丝无数,点赞络绎不绝。《人民日报》微信公众号"侠客岛"也非常注重与网民的互动和打趣斗嘴,凡此种种都加深了与粉丝的情感,提升了品牌影响力。

（2）提供新鲜信息,同时提供解决之道。

微信公众号新闻常常在结尾提供与新闻相关问题的解决方法,授人以鱼,同时还授人以渔。如《南方都市报》微信公众号"咩事"2016 年 2 月 22 日新闻《如果你家有电热水器,一定要看完这条!白云区已出事,两人身亡!》。在该新闻的结尾,编辑刻意附加了《使用电热水器,这些一定要知道》《遇人触电务必先断电源!》这两篇知识性、服务性短文。这样的结尾彰显了人性和人文关怀,让受众感到温馨。

（3）精选网友的评论作结尾。

2018 年 5 月 12 日《钱江晚报》微信公众号新闻《男子 2000 万买海景别墅,结果每天回家都要买门票》曝光了宁波象山松兰山景区白沙湾玫瑰园从 2018 年 4 月底开始,每位业主开车进出要办通行证,而且每年要换卡,很不方便驾车出入,对此业主意见很大。结尾编辑精选了 5 位网友的评论,既体现了新闻的客观真实,又让网友参与了新闻生产,媒体巧借网友之口表达了观点。这样做非常巧妙。这是对新闻发布之后的二次编辑生成,延展了新闻的深度。

（4）提供更多新闻背景开阔受众视野。

2018 年 5 月 12 日星期六《工人日报》微信公众号发布新闻《新变化!单位公积金缴存比例降低,对你影响有多大?》。在该新闻的最后,编辑附加了【多地发布公积金提取新政】《北京:公积金年内可手机提取》《上海:10 月起"足不出户"可提取公积金付房租》《浙江:在家刷脸就能提取公积金》……附加的这三个背景作结尾,每个 100 字左右,扩大了新闻的信息量。

（5）以视频作结尾补充延伸报道。

《南都周刊》2018 年 5 月 12 日星期六微文《马云特拉维夫大学演讲:"永不放弃,不要对自己失望"》用 300 字左右的篇幅和三幅现场照片做报道,在结束时提示:更多精彩内容请看完整版视频。接着附加了一个长 11 分 12 秒的马云现场演讲视频。用视频结尾体现了融媒体的传播优势,使受众在了解了事件之后有兴趣"去"新闻现场参与活动,产生体验现场氛围的感觉,从而对该新闻报道留下难忘的印象。

5. 叙事语言

（1）第一人称、第二人称叙事显示亲民性。

在传统媒体纯新闻写作中,为体现客观性,要求用第三人称叙事。而在微信公众号新闻中,要体现"圈子"传播中的亲民性,让受众产生"自己人效应",叙事常采用第一人称和第二人称,营造大家在一个圈里的归属感。如《人民日报》微信公众号 2018 年 5 月 12 日文章《【健康】一张"胆固醇含量表",照着吃不给心血管添堵》导语有一段话是:

今年5月为中国第三个"胆固醇月",权威专家教你科学管理胆固醇,防住心血管病。

(2)使用人格化的自我称谓亲近用户。

微信公众号作者在文章内发表意见时,谦称自己为"小编"给用户以亲近感。有的会将公众号拟人化,用一个人格化的称谓,向用户抛媚眼,颠覆传统媒体俯视众生的感觉,营造一种朋友聚会聊天场合的"人际传播"氛围。《光明日报》微信公众号称自己为"小明",《南都周刊》微信公众号自称"小南",多亲切! 宛如邻家小弟。《人民日报》公众号"侠客岛"作者自称"岛叔""岛妹";公众号"长安剑"自称"长安君";《南方都市报》公众号称自己为"南都君"……这些称呼平易近人,萌萌的,小清新,令用户顿生好感,见字如见其人,感觉就像好友把酒临风、促膝谈心。为了拉近与用户的距离,《人民日报》微信公众号还采用发红包和送流量等形式与读者互动。

(3)语言软文化、生活化、口语化、网络化,体现情感倾向。

新华社微信公众号在做党的十九大报告的报道时,一改传统媒体严肃、固化的生硬风格,使用颇具亲和力的语态,如《习近平直抵人心的19句话》精选了报告中的19句话,用户点开微信或者客户端几秒钟之内就可以全部看到,也符合新媒体快速阅读的需求,在众多同类网络作品中实现刷屏。此外,还有《十九大后总书记第一次离京,五个细节耐人寻味》《这三张图片,让总书记久久凝视》以及《198名省部级干部集中研讨四天,释放了哪些信号?》等作品都圈粉无数。不少时政新闻改变了传统媒体惯用的官话、套话、空话和刻板的宣传腔,用网友耳熟能详的网络词汇如"厉害了!""赞""城会玩""幸福感爆棚""打call"等,融入情感传播,获得了用户的青睐。

值得提醒的是,新媒体上应用网络词汇应恪守新闻文化的格调和品位,要警惕不文明的网络用语,如:装逼、草泥马、特么的、撕逼、玛拉戈壁、爆菊、JB、呆逼、本屌、齐B短裙、法克鱿、丢你老母、达菲鸡、装13、逼格、蛋疼、傻逼、绿茶婊、你妈的、表砸、屌爆了、买了个婊、已撸、吉跋猫、妈蛋、逗比、我靠、碧莲、碧池、然并卵、日了狗、屁民、吃翔、××狗、淫家、你妹、浮尸国、滚粗。这些粗俗的网络用语应避免出现在新媒体的报道写作中。

山东大学新闻学副教授刘冰对公众号的编撰提出了如下建议:

①做一个有足够诱惑力的标题。

②找到吸引眼球的首图,它能有效影响打开率。

③亮点前置,开头处一定要呈现有吸引力的内容。

④迅速进入主题。

⑤每300个字就加一个小标题。

⑥结构要简单,可以使用并列结构,传统媒体的报道并不欢迎采用阿拉伯数字序号,公众号没有这样的约束,可以大胆地列1、2、3,更加清晰地呈现信息。

⑦正文中融合图片、视频、音频,减缓用户的疲劳感。

⑧注重搜索引擎优化,将关键词嵌入文章当中,不断强化关键词。

⑨注重社交媒体优化,呈现值得分享的内容。

⑩排版要简洁、清晰。

⑪有用、有趣很关键,不要像传统媒体那么严肃。[27]

综上所述,"微信的运营者既要坚持'内容为王'的原则,又要坚持'用户至上'的原则;既要打造优质新闻产品,又要与用户多元连接,鼓励用户创造内容。"[28]按照齐思慧和胡洪江两位研究者的说法,内容运营的理念集中体现在信息含量、观点含量、情感含量三个重点。信息含量指信息的时效性、内容的贴近性、语言表达的人情味;观点含量即发挥舆论引导作用和主流价值观的启迪作用;情感含量即把微信公众号人格化、与用户建立情感连接。

【注释】

1. 查尔斯·斯特林:《大众传媒革命》,王家全等译,北京:中国人民大学出版社,2014年,第184页。

2. 查尔斯·斯特林:《大众传媒革命》,王家全等译,北京:中国人民大学出版社,2014年,第185页。

3. 查尔斯·斯特林:《大众传媒革命》,王家全等译,北京:中国人民大学出版社,2014年,第183页。

4. 余宽宏:《转型,我们一直在路上》,《青年记者》2017年第5期。

5. 余宽宏:《转型,我们一直在路上》,《青年记者》2017年第5期。

6. 斯蒂芬·奎恩:《融合新闻报道》,张龙等译,北京:北京大学出版社,2015年,第53页。

7. 斯蒂芬·奎恩:《融合新闻报道》,张龙等译,北京:北京大学出版社,2015年,第241页。

8. 斯蒂芬·奎恩:《融合新闻报道》,张龙等译,北京:北京大学出版社,2015年,第35页。

9. 斯蒂芬·奎恩:《融合新闻报道》,张龙等译,北京:北京大学出版社,2015年,第233页。

10. 斯蒂芬·奎恩:《融合新闻报道》,张龙等译,北京:北京大学出版社,2015年,第234页。

11. 斯蒂芬·奎恩:《融合新闻报道》,张龙等译,北京:北京大学出版社,2015年,第53页。

12. 查尔斯·斯特林:《大众传媒革命》,王家全等译,北京:中国人民大学出版社,2014年,第371页。

13. 刘冰:《融合新闻报道中的职业主体配备》,《中国出版》2015年第12期。

14. 珍妮特·柯罗茨:《融合新闻学实务》,嵇美云译,北京:清华大学出版社,2016年,第1页。

15. 斯蒂芬·奎恩:《融合新闻报道》,张龙等译,北京:北京大学出版社,2015年,第219页。

16. 布鲁克斯·甘乃迪等:《当代新闻采访与写作》,李利国、黄淑敏译,台北:台北周知文化实业股份有限公司,1997年,第189页。

17. 武斌:《突发事件报道中纸媒编辑的作用——以台湾四家报纸对上海跨年踩踏事件报道为例》,《青年记者》2015年第7期。

18. 董天策主编:《网络新闻传播学》,福州:福建人民出版社,2009年,第177—178页。

19. 何文琦:《如何发挥邮件采访优势——以深圳商报记者追访全球文化名家为例》,《新闻知识》2013年第11期。

20. 卢剑锋:《报业集团"两微一端"协同传播初探》,《编辑之友》2017 年第 10 期。

21. 彭兰:《网络传播概论》,北京:中国人民大学出版社,2001 年,第 219 页。

22.《微博一季度营收 22 亿元　月活用户突破 4 亿》,《证券时报》2018 年 05 月 09 日。

23. 唐绪军、黄楚新、王丹:《"互联网+"下的中国新媒体发展特色》,《新闻战线》2016 年第 6 期上。

24. 卢剑锋:《报业集团"两微一端"协同传播初探》,《编辑之友》2017 年第 10 期。

25. 李文:《〈南方都市报〉微信公众号新闻文本研究》,暨南大学,2016 年 4 月。

26. 李文:《〈南方都市报〉微信公众号新闻文本研究》,暨南大学,2016 年 4 月。

27. 刘冰:《融合新闻》,北京:清华大学出版社,2017 年,第 214 页。

28. 齐思慧、胡洪江:《综合排名第一的微信公众号是怎样运营的》,《新闻与写作》2016 年第 2 期。

【思考与练习】

阅读下列新闻,请对其写作进行评析。

浙江山区最冷达零下7℃　明日气温将触底反弹

来源:浙江新闻客户端　时间:2018-01-12

又到周五啦!

这个周五不简单呐,因为它如假包换是今冬最冷的一天……有了前两天的冷空气"打底",再加上晴朗天气缺少云层保暖,这天比冷空气刚到时还冷。

据省气象台消息,今天早晨全省大部最低气温零下 2℃到零下 4℃,有冰冻;山区最冷可以达到零下 7℃,有严重冰冻!浙北北部地区白天最高温度 4℃~6℃,浙南和东南沿海地区 9℃~11℃,其他地区 6℃~8℃。比昨天还低!

冷不仅仅是浙江的事。心怀天下的天气君发现,号称"全球最热"的撒哈拉沙漠竟然也冷到……背着我们下雪了!

当地时间 1 月 7 日,撒哈拉"沙漠之门"艾因塞弗拉小镇迎来了 40 年内第三次降雪。虽然积雪停留不久,但比浙江飘的几朵雪花好多了,至少能堆得起雪人。

民以食为天。冬天本来就是胡吃海喝的季节,这天气……会不会使蔬菜供应满足不了我们的胃?

这里请大家放心,超市的蔬菜都是可以从全国各地统一调配的,虽然最近降温明显,但本周并未出现严重冰雪天气,对蔬菜的种植和运输影响都不会太大噢。

所以,别害怕,别担心,请甩开膀子吃吧……

雪后寒,风后暖。前几天的大风刮过后,这一波降温终于走到尽头啦!

明天起,气温将触底反弹,一大波"升温"排着队对你虎视眈眈。全体队友准备好迎接战斗!

还不赶紧约上小姐妹,吃点麻辣烫、打点小麻将,让我们好好醉生梦死放松一下?

虽然最近天气奇冷,但是西湖吴山、孤山、植物园等地的蜡梅都已经渐次开放,超山梅花节也已经拉开序幕,吃饱喝足的朋友,要不要约一波啊!

【延伸阅读】

(美)罗伯特·加宁:清晰写作的十条原则

1.保持句子简短(指句子的平均长度);

2.宁可简单而不复杂;

3.尽量使用熟悉的词;

4.不用多余的词;

5.使用动作性强的动态动词;

6.按说话的方式写作;

7.使用读者可以想象画面的词语;

8.与读者的经历联系起来;

9.充分利用多样的变化;

10.通过写作来表达而不是追求轰动效应。

——[美]布鲁斯·D.伊图尔:《当代媒体新闻写作与报道》第 7 版,第 41 页,贾陆依译,中国人民大学出版社,2015 年

【图书推荐】

1.罗平汉:《墙上春秋:大字报的兴衰》,北京:中共党史出版社,2015 年。

2.邵燕祥:《我死过,我幸存,我作证》,北京:作家出版社,2016 年。

3.沈志华:《沈志华演讲录》,北京:九州出版社,2016 年。

4.杨奎松:《读史求实:中国现代史读史札记》,杭州:浙江大学出版社,2011 年。

5.杨天石:《找寻真实的蒋介石:蒋介石日记解读1》,重庆:重庆出版社,2015 年。

6.王年一:《大动乱的年代:1949—1976 年的中国》,北京:人民出版社,2009 年。

7.秦晖:《南非的启示》,南京:江苏文艺出版社,2013 年。

8.白修德:《追寻历史:一个记者和他的 20 世纪》,北京:中信出版社,2017 年。

拓展资源

第十八章
恪守新闻客观性原理

客观性法则起源于 19 世纪 30 年代,美联社为了赢得市场竞争发展出超党派、价值中立的新闻报道方式,逐渐衍生出强调事实与意见分开、排除个人价值、新闻报道仅限于客观事实的理念,该理念在当时被模式化为"5W1H"的导语格式和倒金字塔结构,成为世界新闻业遵循的规范。

作为媒介专业化的一个重要标志,客观性要求记者"在报道自身之外的对象时,不能用自己的意识、意志、情感等改变对象的本来面目,即不改变对象自身的内容"。[1] 但在新闻实践中,记者的情感偏向、价值判断和文学思维导致新闻写作违反客观性的案例屡见不鲜。

一、防止情感偏向

情感是人对于价值关系的主观反映,它影响着记者对事物的判断态度。记者情感脱离稳定的维度会产生冲动,容易导致预设立场,从采访选择事实开始就倾向于一边倒,忽视了一方的存在,获得的材料不公正、不平衡,写作自然就违反了客观性法则。

(一)记者道德好恶导致记者情感偏向

凡事喜欢站在道德高地直抒胸臆,臧否事实,表现个人鲜明的道德评价倾向,记者只愿意选择符合自己的道德价值判断的事实,选边站,拉偏架,这种个人情感影响记者采访和写作的客观性。2012 年 8 月 6 日,浙江松阳某报的新闻标题是"先是'老牛吃嫩草' 再来'霸王硬上弓' 情人做不成就想把小姑娘绑回家 富阳贱男绑走松阳姑娘"。画线部分带有强烈的情感色彩和对犯罪嫌疑人的地域和人格歧视,其实,按照客观性法则,记者应不偏不倚地陈述事实"一男子绑架前任情人被捕"。

(二)宣传思维定式导致记者情感偏向

宣传思维就是只说"一面理",要么赞美对方到极致,要么贬低对方到极致,一旦形成这种思维模式,久而久之就不自觉地成为习惯难以改变。2012 年 2 月 13 日《甘孜日报》新闻《安息吧,亲爱的战友——写在蒲东生烈士追悼大会现场》导语中有这样的表述:"英雄离我们远去,此时此刻,一切热爱平安和谐的人们,为失去这样一位优秀的公安民警而无比悲痛,为英雄的亲友失去年轻的孩子而深感沉痛。"画线部分的语言夸大了事实，整句话都显得十分空洞，是宣传语言。在报道英雄人物的消息中，类似的表达比比皆是，如提及英雄就是"英勇无畏的""不顾个人安危的"，坏人总是"穷凶极恶的"，最终"一颗正义的子弹结束了凶徒的性命"，记者形成了模式化、概念化的表述习惯，条件反射一般，一写英雄，类似的词汇情不自禁地流淌出来。

记者要防止消息写作中出现情感偏向，应将宣传语言转化为新闻语言，消除格式化的思维定式。如用富有表现力的画面语言呈现事实，准确、具体、通俗、简洁、可感。用好动词，不用形容词，慎用副词，不用没有信息含量的大话、空话、套话。客观性法则是新闻区别于其他文体的显著标志，"当你讲述而不是判断，当你用平实的语言写作，当你相信读者的理解能力，你就将控制感情而不是让感情控制你"。[2]

二、克制主观意见

观点是个人对事实主观的见解和主张，等同于意见，其本意是人们对事物所产生的看法或想法，即对各种社会现象、问题做出好与坏或应该与否的判断，这是一种价值判断。从19世纪30年代开始，新闻逐渐脱离政党报刊旗帜鲜明的"观点纸"，走向不带观点，适应任何党派受众的"事实纸"，即事实与观点脱离，由此新闻业进入了大众传播时代。新闻只提供事实，观点由受众从记者选择的事实框架中自己形成。

（一）记者在导语中对事实表达观点

2014年4月14日《北京青年报》新闻《同性恋用迷药猥亵抢劫　检方称法律空白难定罪》的导语："30余岁的同性恋男子，使用给被害人下迷药的方式，多次实施猥亵及抢劫行为，性质恶劣。"画线部分是记者个人的主观意见，是价值判断，不如客观呈现事实。导语是新闻的起点，引领全篇，记者掺杂个人的观点就会导致新闻写作风格偏离客观叙事。谨记，记者通过对事实的选择就已经表明了倾向性，结论应留给受众自己总结。

（二）记者在结尾对事实发表意见

2014年6月30日新华社新闻《张志军行程遭"台独"分子干扰：50人闹事有人泼漆》的结尾是："不畏浮云遮望眼，岂因杂音忘主流。两岸只要持续沟通，心与心就会越靠越近。对此，我们有信心，两岸同胞有信心！"倒金字塔结构硬新闻通常事实叙述结束就自然而然结尾，添加记者的评价实属画蛇添足。

新闻对受众的影响是潜移默化的，如果记者把自己的主观好恶硬塞给受众，反而会引发受众的反感，因为受众是新闻传播的接受主体，对新闻事实有自己的判断能力。如果新闻中需要价值判断，记者可以借他人之口。如果记者写完报道，觉得有必要亮明观点、引导舆论，可以在新闻结尾附加一个"记者手记"或"编者按"，把新闻事实与观点分离。总之，记者个人不应在新闻中亮明观点。

三、杜绝文学想象

文学思维也叫形象思维，主要借助于想象虚构艺术真实，语言可使用叙述、描写、议论、抒情四种手法，积极修辞与消极修辞并用，唤起人们的审美想象；而新闻写作必须呈现生活真实，主要使用叙述手法，用消极修辞，句句都应有出处，力求用通俗易懂、简洁准确的语言还原事实真相。文学求美，新闻求真，消息写作不可使用文学手法。

（一）用积极修辞代替客观事实

其一是记者通过想象用文学语言虚构事实。2014 年 7 月 13 日《湖南日报》新闻《李讷在韶山观看〈中国出了个毛泽东〉大型实景演出》称："夜幕降临，韶山冲上空，一场不期而至的阵雨，仿佛是毛主席知道了爱女来看他，流下了思念的眼泪……""李讷等待时的神情与其说是在等待这场文化艺术盛宴的上演，更像是等待再次与父亲一生故事的时空对话……"这些表述都是记者自己建构的虚拟的事实，违反了新闻真实性。真实是新闻的命脉，是新闻区别于文学的根本特征，是新闻媒介公信力之本，也是衡量一个记者职业道德的基本标准。

其二是应用夸张的修辞手法。2002 年 8 月 17 日《中国铁道建筑报》一则关于青藏铁路施工注重保护藏羚羊的新闻称："铁路夜间停止施工，拔走彩旗，灯光休眠，机器熄火；作为高原生命线的青藏公路，过往车辆在夜间停驶 3 个小时。这里又呈现一种远古洪荒的宁静……"不管施工方如何爱护野生动物，这么多施工人员和机器设备摆在藏羚羊繁育必经之地，即便悄无声息，总有各种野生动物敏感的气味和地形地貌的变化，怎么能重现"远古洪荒的宁静"呢？

（二）将写作者主体的联想当成事实

2012 年 9 月 19 日《天津日报》新闻《农运会新项目使农味更浓　农民积极参与热情高》称："富裕起来的农民，他们对美好生活的追求也更渴望，这次农运会在家门口举行，他们要来为自己的兄弟姐妹们加油，看着一些运动员近乎'滑稽'的表现，汗水砸在地面的艰辛，犹如看到了自己的影子。"新闻中的事实应该是记者通过采访获得的，字字有落实，句句有出处，如此仅凭想象任意发挥不符合新闻真实性的本质要求。新闻呈现事实，记者必须通过调查采访尽可能地还原真相，真实是新闻的生命。

（三）主观臆断新闻客体的心理活动

其一是记者主观猜测人物的心理活动。2003 年 1 月 11 日《中国铁道建筑报》新闻《中华浩浩五千载　谁见铁龙渡大海　今天火车登陆海南　吴邦国出席粤海铁路通道轮渡建成庆典》中有这样的心理描写："吴邦国站在布满鲜花飘扬彩旗的南岸栈桥上，临风而立，迎接渡船上岛。他满脸喜悦，似乎在对大海说：执政为民的共产党人彻底改写了海南与大陆不通火车的历史。"在写人物报道时，记者利用文学思维揣度人物的内心世界，把核实求证的前提忘到了爪哇国去了，将文学创作与新闻写作混搭，闹出了笑话。其二是记者在报道动物时，为了增加新闻的趣味性和可读性，不惜用拟人手法想象动物的心理活动。

2002年8月17日《中国铁道建筑报》关于青藏铁路施工方保护野生动物的新闻称："跨越铁路线,母藏羚羊若无其事,像跨过自己家的门槛一样,小羊羔紧依着母羊,流露出一种莫名其妙的惊喜。"

2012年3月2日广西新闻网新闻《明山上演"人蛇情未了" 获救蟒蛇多次返回》采用拟人手法,记者以第一人称"我"代指"蟒蛇",全文充斥蟒蛇"心理活动"的描写,如"老吴又把我搬到了笼子里,他们父子俩轮流给我喂温开水,还给我盖上了棉被。真暖啊!多暖的一个家啊!至此,我还有什么奢求的? 如果找不到治我病的良方,如果我不幸就此离去,老吴,你也不必太难过,天堂里,我会记得你的好! 好人一路平安!"蛇怎么会有如此复杂的"心理活动"? 心理活动是高等动物才具备的,记者生硬地将自己的心思强加在一个低等生物身上,荒诞离奇,将新闻写成了神话故事。为显示新闻写作的客观性,记者一般采用第三人称,记者用第一人称写一条蛇,出现上述荒诞不经的故事就难以避免了。

综上所述,"客观性是新闻专业主义的一个重要理念。在新闻界,新闻记者及其作品要获得称赞和荣誉,是否达到了客观性是重要的衡量标准,构成客观性的主要成分已经形成了一个公认的结论"[3]。这个结论正是客观性法则,即在新闻报道中,记者力求事实与观点分开、不带感情色彩,力求公正平衡。它自诞生之日起就始终是新闻业最主要的一项专业准则,一种职业理想。

【注释】

1. 杨保军:《新闻理论教程》,北京:中国人民大学出版社,2005年,第157页。
2. 塞缪尔·G.佛里德曼:《媒体的真相:致年轻记者》,梁岩、王星桥译,北京:中信出版社,2007年,第103页。
3. 孙健:《报刊客观性:一种崇高的理想》,北京:社会科学院出版社,2015年,第170页。

【思考与练习】

阅读下列新闻,对它进行分析评价并按照纯新闻的要求进行修改。

漫漫三千路 巾帼不输眉

没有虎一般的强壮,却有夸父逐日般的执着;没有豹一般的速度,却有愚公般的坚定;没有鹰一般的迅捷,却有泰山崩于前的沉着。还有必胜的信念,一次又一次向自我发起挑战。11月8日中午11点30分,女子3000米的预决赛正式开始。

随着枪声的响起,女将们冲出起跑线,沿着跑道,迎着风雨,向前不断奔跑,轻快的脚步渐渐沉重,却始终坚持如一地抬脚。最终,经管系编号为882的陈玲智以14分55秒的优异成绩荣获第一,工程系编号为1140的楼佳获得第二,经贸系编号为984的林秀霞获得第三。

或许会有人认为赛场是男生的天下,但赛场的女生用自己的实际行动告诉我们:她们同样可以驰骋赛场。在雨水与汗水的浸透下,参加女子3000米的运动员们成为运动场上一道亮丽的风景线。

【延伸阅读】

美国专栏作家吉姆·斯塔肖夫斯基谈文章修改方法

1. 割掉冗余的文字。每个段落都应该建立在出现文章开头的、清楚陈述出来的前提下，而不是重复这个前提。

2. 逐次审读全文以删除臃肿之处。

3. 朗读能让你发现眼睛看不到的错误。

4. 尽可能少用第一人称叙事，因为这会让读者分心。

5. 减少形容词。

6. 动词既产生动感，也能表现情绪。描述性的动词要用主动语态。

7. 陈词滥调听起来刺耳。创造新颖的表述方法。

8. 俏皮话用得过多。

9. 用清楚易懂的语言。

——苏载特·马丁内兹·斯坦德灵：《专栏写作的艺术》，熊锡源译，广州：南方日报出版社，2014年，第68页

【图书推荐】

1. 伊丽莎白·科尔伯特：《大灭绝时代：一部反常的自然史》，叶盛译，上海：上海译文出版社，2015年。

2. 拉莱·科林斯、多米尼克·拉皮埃尔：《为你，耶路撒冷》，晏可佳译，杭州：浙江人民出版社，2015年。

3. 拉莱·科林斯、多米尼克·拉皮埃尔：《巴黎烧了吗？》，董乐山译，南京：译林出版社，2005年。

拓展资源

参考文献

一、专著

奥里亚娜·法拉奇.风云人物采访记Ⅰ[M].嵇书佩,乐华,杨顺祥,译.南京:译林出版社.2012.

爱德华多·加莱亚诺.时日之子[M]路燕萍,译.北京:作家出版社,2015.

白贵、彭焕萍.当代新闻写作[M].北京:中国人民大学出版社,2013.

比尔·科瓦奇,汤姆·罗森斯蒂尔.新闻的十大基本原则[M].刘海龙,连晓东,译.北京:北京大学出版社,2014.

比尔·科瓦奇,汤姆·罗森斯蒂尔.真相:信息超载时代如何知道该相信什么[M].陆佳怡,孙志刚,译.北京:中国人民大学出版社,2014.

布鲁克斯·甘乃迪,等.当代新闻采访与写作[M].李利国,黄淑敏,译.台北:台北周知文化实业股份有限公司,1997.

布鲁斯·D.伊图尔,道德拉斯·A.安德森.当代媒体新闻写作与报道[M].贾陆依,译.7版.北京:中国人民大学出版社,2015.

查尔斯·斯特林.大众传媒革命[M].王家全,等译.北京:中国人民大学出版社,2014.

陈力丹.新闻理论十讲[M].上海:复旦大学出版社,2008.

陈作平.新闻报道新思路——新闻报道认识理论原理及应用[M].北京:中国人民大学出版社,2000.

成思行.一个记者能走多远——艾丰评传[M].北京:北京大学出版社,2007.

邓科.南方周末:后台(第三辑)[M].广州:南方日报出版社,2010.

董天策.网络新闻传播学[M].福州:福建人民出版社,2009.

方延明.新闻写作教程[M].2版.北京:高等教育出版社,2012.

飞利浦·马尔尚.麦克卢汉传——媒介及信使[M].何道宽,译.北京:中国人民大学出版社,2015.

弗朗西斯·迪利.《华尔街日报》:告诉你一张报纸打天下的秘密[M].张连康,译.北京:企业管理出版社,1998.

盖伊·塔奇曼.做新闻[M].麻争旗,刘笑盈,徐扬,译.北京:华夏出版社,2009.

盖伊·特里斯.王国与权力:撼动世界的《纽约时报》[M].张峰,唐宵峰,译.上海:上海人民出版社,2016.

郭光华.新闻写作[M].北京:中国传媒大学出版社,2006.

何梓华.新闻理论教程[M].北京:高等教育出版社,1999.

杰克·阿德尔斯坦.东京罪恶:一个美籍记者的日本警方采访实录[M].曾光,译.广州:南方日报出版社,2013.

杰里·施瓦茨.如何成为顶级记者:美联社新闻报道手册[M].曹俊,王蕊,译.北京:中央编译出版社,2003.

卡罗尔·里奇.新闻写作与报道训练教程[M].钟新,主译.北京:中国人民大学出版社,2004.

凯利·莱特尔,等.全能记者必备[M].宋铁军,译.7版.北京:中国人民大学出版社,2010.

克里斯蒂娜·德·斯特凡诺:从不妥协:法拉奇传[M].陈晗奕,魏然然,译.北京:新星出版社,2014.

肯·梅茨勒.创造性的采访[M].李丽颖译.北京:中国人民大学出版社,2012.

拉里·金,卡尔·福斯曼.非凡旅程:拉里·金自传[M].朱丽丽,吴海峰,王景婷,译.北京:中信出版社,2010.

李良荣.西方新闻事业概论[M].上海:复旦大学出版社,1997.

李茂政.新闻学新论[M].台北:台北风云论坛有限公司,2005.

李希光,孙静惟,王晶.新闻采访写作教程[M].北京:清华大学出版社,2011.

刘冰.融合新闻[M].北京:清华大学出版社,2017.

刘冰.新闻实务训练[M].北京:北京大学出版社,2017.

刘海贵.中国新闻采访写作学[M].上海:复旦大学出版社,2011.

刘明华.西方新闻采访与写作[M].北京:中国人民大学出版社,1993.

刘勇.深度报道采访与写作[M].合肥:合肥工业大学出版社,2006.

刘勇.媒介素养概论[M].北京:中国人民大学出版社,2016.

马歇尔·麦克卢汉.机器新娘:工业人的民俗[M].何道宽,译.北京:中国人民大学出版社,2004.

马歇尔·麦克卢汉.谷登堡星汉璀璨:印刷文明的诞生[M].杨晨光,译.北京:北京理工大学出版社,2014.

迈克·华莱士,贝丝·诺伯尔.光与热:新一代媒体人不可不知的新闻法则[M].华超超,许坤,译.北京:中国人民大学出版社,2017.

梅尔文·L.德弗勒,埃弗雷特·E.丹尼斯.大众传播通论[M].颜建军,译.北京:华夏出版社,1989.

梅尔文·门彻.新闻报道与写作[M].展江,主译.9版.北京:华夏出版社,2003.

南香红.巨灾时代的媒体操作:南方都市报汶川地震报道全记录[M].广州:南方日报出版社,2009.

彭兰.网络传播概论[M].北京:中国人民大学出版社,2001.

钱歌川.人贵自知[M].北京:大众文艺出版社,2006.

乔治·M.基兰葆,罗布·安德森.报道之前——新闻工作者采访与传播的技巧[M].李子新译.台北:台北:远流出版事业股份有限公司,1992.

清少纳言.枕草子[M].林文月,译.南京:译林出版社,2011.

萨利·亚当斯,文弗·希克斯.新闻采访:第一线采访手边书[M].郭琼俐,曾慧琦,译.上海:上海三联书店,2004.

塞缪尔·G.弗里德曼.媒体的真相:致年轻记者[M].梁岩、王星桥,译.北京:中信出版社,2007.

沈爱国.消息写作[M].杭州:浙江大学出版社,2009.

沈征郎.实用新闻编采写作[M].台北:台北联经出版事业公司,1992.

石黑一雄:长日将尽[M].张淑贞,译.台北:台湾新雨出版社,2015.

石丽东.当代新闻报道[M].台北:台北正中书局,1996.

斯蒂芬·奎恩.融合新闻报道[M].张龙,等译.北京:北京大学出版社,2015.

苏珊·佩普,休·费瑟斯通.报纸新闻——从入门到应用[M].周黎明,译.北京:中国人民大学出版社,2010.

苏珊·佩普,休·费瑟斯通.特稿写作——从入门到精通[M].周黎明,译.北京:中国人民大学出版社,2010.

苏珊·桑塔格.论摄影[M].黄灿然,译.上海:上海译文出版社,2010.

苏载特·马丁内兹·斯坦德灵.专栏写作的艺术[M].熊锡源,译.广东:南方日报出版社,2014.

孙德宏.新闻演讲录[M].北京:海豚出版社,2016.

孙健.报刊客观性:一种崇高的理想[M].北京:社会科学院出版社,2015.

索莱达·奥布莱恩.下一个大故事[M].达真理,译.广州:南方日报出版社,2016.

特里·K.甘布尔,迈克尔·甘布尔.有效传播[M].熊婷婷,译.7版.北京:清华大学出版社,2005.

托尼·哈尔卡普.新闻工作——从原则到应用[M].周黎明,译.北京:中国人民大学出版社,2010.

托尼·哈尔卡普.新闻学原理与实务[M].董素兰,顾淑馨,译.台北:台北学富文化事业有限公司.2011.

W.兰斯·班尼特.新闻:政治的幻象[M].杨晓红、王家全译.北京:当代中国出版社,2005.

王栋.卓越媒体的成功道:对话美国顶尖杂志总编[M].北京:作家出版社,2008.

王健壮.凯撒不爱我:追寻新闻人的自由传统与典范[M].桂林:广西师范大学出版社,2014.

威廉·C.盖恩斯.调查性报道[M].刘波,翁昌寿,译.2版.北京:中国人民大学出版社,2005.

威廉·E.布隆代尔.《华尔街日报》是如何讲故事[M].徐扬,译.北京:华夏出版社,2006.

武斌.新闻写作案例教程:范例、思路与技巧[M].广州:南方日报出版社,2014.

武斌.融媒体背景下的新闻采访[M].北京:电子工业出版社,2017.

徐宝璜.新闻学纲要[M].上海书店出版社,2011.

徐列.在追问中逼近真实:《南方周末》人物报道手册[M].广州:南方日报出版社,2006.

杨保军.新闻理论教程[M].北京:中国人民大学出版社,2005.

约翰·布雷迪.采访技巧[M].范东生,王志兴,译.北京:新华出版社,1986.

约翰·皮尔格.别对我撒谎:23篇震撼世界的新闻调查报道[M].牟磊,许庆豫,译.修订版.上海:华东师范大学出版社.2015.

约翰·托兰.漫长的战斗:美国人眼中的朝鲜战争[M].孟庆龙,等译.北京:中国社会科学出版社,1993.

臧国仁、蔡琰.新闻访问:理论与个案[M].台北:台北五南图书出版股份有限公司,2007.

詹姆斯·麦克格拉斯·莫里斯.新新监狱的玫瑰匠[M].张纯,胡群芳,译.广州:南方日报出版社,2016.

张志安.报道如何深入:关于深度报道的精英访谈及经典案例[M].广州:南方日报出版社,2006.

珍妮特·柯罗茨.融合新闻学实务[M].稽美云,译.北京:清华大学出版社,2016.

郑贞铭,廖俊杰,周庆祥.新闻采访与写作[M].台北:台北威仕曼文化事业股份有限公司,2010.

周庆祥,方怡文.新闻采访写作[M].台北:台北风云论坛有限公司,2003.

二、论文

陈力丹.尊重采访报道对象的正当要求——评对记者请陈道明审稿改稿的某些意见[J].新闻与写作,2015(5):42-46.

陈忠祥.用"脚"写出的一篇好通讯[J].视听天地,1999(06):35.

程金福,胡祥杰.现代新闻业起于何时[J].新闻大学,2014(05):25-31.

甘险峰,刘玉静.往事有余情 大风歌满楼——新中国60年新闻界60事件回眸[J].编辑之友,2009(9):75-94.

高陈.记者?法官?[J].现代传播,1994(03):10.

郭建斌.雾锁"田野":如何在媒体机构内做田野调查[J].新闻记者,2017(05):61-69.

何文琦.如何发挥邮件采访优势——以深圳商报记者追访全球文化名家为例[J].新闻知识,2013(11):104-105.

李东梅.王健:不忘初心,方得始终[J].青年记者,2016(12):32-34

李文.《南方都市报》微信公众号新闻文本研究[D].暨南大学,2016(04).

刘冰.融合新闻报道中的职业主体配备[J].中国出版,2015(12):41-44.

刘建明.新闻的品质不是审美标准而是思想定力[J].新闻爱好者,2017(04):4-7.

卢剑锋.报业集团"两微一端"协同传播初探[J].编辑之友,2017(10):58-63.

马锋.媒介变革与新闻传播教育"迁移"[J].青年记者,2017(31):59-60.

齐思慧,胡洪江.综合排名第一的微信公众号是怎样运营的[J].新闻与写作,2016(02):79-82.

上海市新闻道德委员会"媒体及从业人员新闻道德状况调研"课题组.上海新闻工作者的新闻道德认知与实践:2013年上海新闻道德状况调查报告[J].新闻记者,2014(3):9-12.

覃孟念,陈华明.传媒伦理道德的失范与规范[J].新闻界,2007(03):89-90.

唐绪军,黄楚新,王丹."互联网＋"下的中国新媒体发展特色[J].新闻战线,2016(06):37-40.

王亦高.新时代应警惕"新闻本质真实论"[J].新闻与写作,2015(07):58-61.

武斌.突发事件报道中纸媒编辑的作用——以台湾四家报纸对上海跨年踩踏事件报道为例 [J].青年记者,2015(07):36-37.

武斌.影响新闻写作客观性的因素[J].青年记者,2016(08):42-43.

许恺玲.怀揣初心和梦想,新闻之路还将继续[J].青年记者,2017((11):19.

杨保军.试论新闻道德理论的基本结构[J].当代传播,2009(01):14-19.

杨芳秀.用新闻影响今天——吴湘韩访谈录[J].新闻战线,2015(01):62-64.

余宽宏.转型,我们一直在路上[J].青年记者,2017(05):38.

张秋实.报纸微信公众号的传播内容研究[D].吉林大学,2017(05).

张小宇.勇立潮头唱东风——记第四届邹韬奋新闻奖获得者、《深圳特区报》副总编辑陈锡添[J].中国记者,2001(2):30-31.

张芷宾,王敬.关于"媒介审判"的思考[J].新闻传播,2008(4):48-49.

赵晖.数字时代记者还须"网勤"——从采访案例看"网络报料"的重要意义[J].新闻战线,2007(06):136-138.

郑保卫.简论新闻职业精神与职业道德建设[J].新闻战线,2004(05):32-34.

后　记

　　历时一年时间,终于完成了这本教材,而写作这本书的想法和资料的准备始于 10 年之前。

　　本教材是浙江省普通高校"十三五"首批新形态教材项目和绍兴市重点教材项目,得到了绍兴市重点教材项目的资金支持。得益于这两个项目的激励,本人夜以继日,不辞辛劳地写作,终于实现了夙愿。

　　写这本教材的目的主要是想把自己从事新闻实践 11 年和从事新闻采写教学 10 余年的经验和知识系统地进行总结,从国内外教科书中汲取精华,从经典的、鲜活的新闻作品案例中获得启迪,使个人的经验与系统的学科知识相融合,力求为读者奉献一本有趣、有益、有用的教科书。为此,在章节的设置、语言的论述和案例的选择上,本人都颇费了一番心思,每一篇案例都精挑细选,不管是成功的案例还是失败的案例,有的案例反反复复更换了多次。之所以如此,就是为了尽力突破窠臼,使得本书有个性和特色,能够吸引读者。

　　新闻采访与写作这门课本身就是侧重于培养学习者新闻采写技能的应用型课程。因此,教材是否有益于培养学习者的实践能力是检验其效果的试金石,如果偏向于知识传授和背诵记忆教条,那是背离人才培养方向。对于大一学习这门课程的学生而言,对新闻学一无所知,起初不免迷茫,不知该如何学习才能提高技能。为此,本书特意在每一章提供了对应的"思考与练习",同时为了开阔学生的视野,培养其综合素养,提高其对新闻采写的兴趣和能力,每一章都提供了"延伸阅读""网络阅读"和"图书推荐"。其中,"延伸阅读"主要是摘录与新闻学职业素养相关的名人名家心得或相关知识;"网络阅读"侧重于提供有影响的新闻报道目录作为学习范文,里面包含了《南方都市报》2003—2014 年的有影响力的深度报道、《中国青年报·冰点周刊》的深度报道和其他媒体有影响力的深度报道;"图书推荐"主要是为学习者提供读书指南。这是本书不同于其他教科书的鲜明特点,目的在于服务学习者,提供一份知识地图供大家选择前进的路线和方向,从中感悟到新闻文化的魅力,树立远大的新闻理想,知行合一,学以致用。

　　教学相长,如果不是从媒体转行到高校,本人是无法完成这本书的,学生的疑问和疑惑督促我思考与学习,从中升华了自己对新闻采访与写作知识的深刻理解。感谢这些年来学生给予我教学的支持和鼓励,感谢亲人好友的关心和支持。感谢浙江大学出版社李晨编辑的热诚帮助。感谢海南省白沙黎族自治县广播电视记者冯定坤参与本书的校对。特别感谢我的硕士论文指导老师——南京大学教授方延明先生对本书框架结构提出的建议。浙江大学传媒与国际文化学院教授沈爱国先生、浙江大学宁波理工学院传媒与设计学院教授李文明先生等为本书题写了推荐语，深表感谢。

期望这本书对新闻爱好者、新闻从业者提高专业技能有所助益，也期待得到读者诸君的反馈，使得它能够去伪存真，去粗存精，臻于完善。

作　者

2018 年 4 月 26 日于绍兴